C.F. Müller

**Ihr kostenloses Schwerpunkte-ebook exklusiv unter
www.cfmueller.de/ebook-download**

Mit dem Kauf dieses Buches erwerben Sie gleichzeitig ohne weiteres Entgelt das integrierte ebook. Es besteht aus:

- dem vollständigen Lehrbuchtext verlinkt mit
- höchstrichterlichen Entscheidungen im Volltext und den
- zitierten Normen im Wortlaut

So erhalten Sie Ihr ebook:

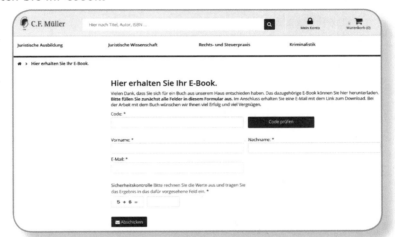

Unter www.cfmueller.de/ebook-download geben Sie den unten stehenden **Code**, Ihren Namen und Ihre E-Mail-Adresse ein. Sie erhalten einen Download-Link und können das ebook nach dem Herunterladen auf Ihrem Endgerät (Tablet, Laptop/PC, Smartphone) nutzen.

**Code: 7HZHG-6DURL-X46VL**

Für PC oder Notebook benötigen Sie einen Reader (z.B. Acrobat Digital Editions). Laden Sie das ebook auf Tablet PC oder Smartphone, brauchen Sie in der Regel keine weitere Software, da hier ein Reader (iBooks App, Bluefire Reader App, DL Reader) vorinstalliert ist. Bei Fragen informieren Sie sich bitte unter www.cfmueller.de/hilfe/FAQ/. Sollten Sie bei Ihrem ebook-Download auf Probleme stoßen, wenden Sie sich bitte an ebook-support@cfmueller.de.

W/H/E StrafR BT1

**Schwerpunkte Pflichtfach**   Wessels/Hettinger/Engländer · Strafrecht Besonderer Teil 1

**Schwerpunkte**

Eine systematische Darstellung der wichtigsten Rechtsgebiete anhand von Fällen
Begründet von Professor Dr. Harry Westermann †

# Strafrecht Besonderer Teil 1

Straftaten gegen Persönlichkeits- und Gemeinschaftswerte

Mit ebook: Lehrbuch, Entscheidungen, Gesetzestexte

begründet von

**Prof. Dr. Johannes Wessels †**

fortgeführt von

**Dr. Michael Hettinger**

Professor em. an der Universität Mainz

und

**Dr. Armin Engländer**

o. Professor an der Ludwig-Maximilians-Universität München

44., neu bearbeitete Auflage

Die Deutsche Nationalbibliothek verzeichnet diese Publikation in der Deutschen Nationalbibliografie; detaillierte bibliografische Daten sind im Internet über http://dnb.d-nb.de abrufbar.


ISBN 978-3-8114-4972-5


E-Mail: kundenservice@cfmueller.de
Telefon: +49 89 2183 7923
Telefax: +49 89 2183 7620

www.cfmueller.de
www.cfmueller-campus.de


© 2020 C.F. Müller GmbH, Waldhofer Straße 100, 69123 Heidelberg

Dieses Werk, einschließlich aller seiner Teile, ist urheberrechtlich geschützt. Jede Verwertung außerhalb der engen Grenzen des Urheberrechtsgesetzes ist ohne Zustimmung des Verlages unzulässig und strafbar. Dies gilt insbesondere für Vervielfältigungen, Übersetzungen, Mikroverfilmungen und die Einspeicherung und Verarbeitung in elektronischen Systemen.

Satz: preXtension, Grafrath
Druck: CPI books, Leck

# Vorwort

Mit der 44. Auflage liegt die vierte Auflage dieses Lehrbuchs in Co-Autorenschaft vor. Das Kapitel 4 wird erstmals von *Armin Engländer* verantwortet und ist für die Neuauflage grundlegend überarbeitet worden. Wie schon bei der Vorauflage haben *Armin Engländer* die Kapitel 1-3 sowie 7-12 und *Michael Hettinger* die Kapitel 5-6 bearbeitet. Die Neuauflage berücksichtigt Gesetzgebung, Rechtsprechung und Schrifttum bis Ende Juni 2020, zum Teil auch darüber hinaus. Eingearbeitet wurden die Änderungen der §§ 115 III, 185 ff und 241 durch das am 18.6.2020 beschlossene Gesetz zur Bekämpfung des Rechtsextremismus und der Hasskriminalität. Neu aufgenommen worden sind außerdem ua die Entscheidungen des BVerfG zur Verfassungswidrigkeit des § 217 (NJW 20, 905) und des BGH zum Tötungsvorsatz im Berliner Autoraser-Fall (BGH 4 StR 482/19 – Urt. v. 18.6.2020), zum Nichtvorliegen eines Mordes mit gemeingefährlichen Mitteln in den Fällen der bloßen Mehrfachtötung (NStZ 20, 284), zur weitgehenden Aufgabe des Erfordernisses einer feindseligen Willensrichtung als heimtückeeinschränkendem Merkmal (BGHSt 64, 111), zum mittelbaren Gebrauchen des Originaldokuments durch Vorlage einer Fotokopie oder Bilddatei bei § 281 (NStZ 19, 675; NStZ-RR 20, 106) und zur Brandlegung bei Flüchtlingsunterkünften (NJW 20, 942).

Das Lehrbuch erscheint **mit integriertem E-Book**. Diese elektronische Fassung enthält den **vollständigen Text des Buchs**, die **einschlägigen Gesetzestexte** und besonders ausbildungsrelevante **höchstrichterliche Entscheidungen im Volltext**. Verlinkungen ermöglichen dem Leser den direkten Zugriff auf die enthaltenen Normen und Urteile mit nur einem „Klick". Jeder Leserin und jedem Leser wird so das Nachschlagen von Gesetzestexten und die Lektüre der Entscheidungen mittels PC, Tablet oder Smartphone ermöglicht. Die nach didaktischen Gesichtspunkten ausgewählten, für die strafrechtliche Ausbildung und Praxis wegweisenden Entscheidungen sind mit freundlicher Genehmigung der *Wolters Kluwer Deutschland GmbH* (BGHSt) bzw. der *juris GmbH* veröffentlicht. Die **Hinweise** auf der ersten Seite des Buches erläutern Download und Nutzung des E-Books.

Die Rubrik **„Die aktuelle Entscheidung"** stellt Urteile und Beschlüsse zu „prüfungsverdächtigen", jedenfalls aber rechtlich und/oder tatsächlich interessanten Fällen nebst dem ersten Echo im Schrifttum vor. In die Neuauflage sind **drei aktuelle Entscheidungen** aufgenommen worden, drei sind in Rn 991, 1054 und 1153 verblieben, die gerade auch unter Prüfungsaspekten das Interesse der Leserinnen und Leser finden sollten.

Die Bände zum Besonderen Teil enthalten **Vorschläge zum Prüfungsaufbau** für einzelne Delikte, ergänzt um Hinweise auf je besonders Merkenswertes und auf Problematisches. In diesem Teilband 1 sind Aufbaumuster nur für die Straftatbestände aufgenommen, die in Prüfungsarbeiten erfahrungsgemäß häufig eine Rolle spielen und deren Struktur sich nicht schon auf den ersten Blick erschließt. Sie sind am Ende der Ausführungen zu dem jeweiligen Straftatbestand aufgeführt.

*Vorwort*

Besonderen Dank für Hilfe und Unterstützung bei der Erstellung der 44. Auflage schulden wir in Mainz Herrn Dr. *Sören Lichtenthäler* und dem gesamten Münchner Lehrstuhlteam, namentlich den wissenschaftlichen Mitarbeiterinnen Frau Dr. *Tanja Niedernhuber* und Frau Dr. *Kristina Peters*, den studentischen Hilfskräften Herrn *Adomas Jankauskis*, Herrn *Simon Knirsch*, Frau *Carlotta Kuchlmayr*, Frau *Andrea Rauch*, Frau *Elisabeth Tscharke*, Frau *Jana Wolf* und Herrn *Elias Zimmermann* sowie nicht zuletzt der Sekretärin Frau *Maryam Scherf.*

Alle Leserinnen und Leser sind herzlich eingeladen, sich mit Vorschlägen, Kritik und Lob unter hettinger@uni-mainz.de oder armin.englaender@jura.uni-muenchen.de an uns zu wenden.

Mainz/München, Juli 2020

*Michael Hettinger*
*Armin Engländer*

# Vorwort der 22. Auflage

Dieses Buch, das ich im Jahre 1976 geschaffen habe, ist von mir mehr als 20 Jahre lang betreut und fortwährend auf den neuesten Stand gebracht worden. Gesundheitliche Gründe haben mich veranlaßt, mein Werk jetzt in jüngere Hände zu legen. Zu meiner großen Freude ist es gelungen, in der Person von Herrn Professor Dr. Michael Hettinger einen Nachfolger zu finden, der seine hervorragende fachliche und pädagogische Befähigung bereits in zahlreichen Veröffentlichungen unter Beweis gestellt hat. Ich bin überzeugt, dass er die von ihm übernommene neue Aufgabe ebenfalls vortrefflich meistern wird. Für den Inhalt der Sachdarstellung trägt er die Verantwortung nunmehr allein.

Aufrichtigen Dank sage ich bei dieser Gelegenheit erneut meinen früheren Mitarbeiterinnen und Mitarbeitern, meinem Sohn Hans Ulrich sowie allen, die in vielfältiger Weise zum Erfolg meiner Arbeit beigetragen haben.

Münster, im November 1998                                                     *Johannes Wessels*

Das Niveau eines Lehrbuchs zu halten, das *Johannes Wessels* in 21 Auflagen erreicht und befestigt hat, wäre schon für sich genommen ein schwer zu bewältigendes Unterfangen. Danach mit Aussicht auf Erfolg zu streben, ist durch die geradezu überfallartige Verabschiedung des Sechsten Gesetzes zur Reform des Strafrechts fast unmöglich geworden. Dieses Gesetz mit seinen weitreichenden Änderungen des StGB stellt den bisherigen, hoffentlich letzten Höhepunkt eines Verfahrens und eines Stils der Gesetzgebung dar, die der Bedeutung des Rechtsgebiets in keiner Weise angemessen sind. Die Ergebnisse so gearteter Strafgesetzgebung treiben die Rechtsprechung zwangsläufig über die Grenzen des ihr nach den Vorgaben der Verfassung Zukommenden hinaus, worunter die Akzeptanz der Entscheidungen notwendig leiden muss. Die Judikatur soll immer häufiger das Recht erst finden, das die zuständige Instanz zu setzen hätte. Hier tut Besinnung not. „Man darf vom Richter das Höchste fordern, aber nur unter einer Voraussetzung: Das Gesetz, nach dem er richten soll, muss über jeden Zweifel erhaben sein" (*Paul Bockelmann*, 1952).

Daß es überhaupt möglich geworden ist, in kurzer Zeit eine Neubearbeitung dieses Lehrbuchs vorzulegen, ist auch ein Verdienst der Herren *Claus Barthel* und *Eric Simon*, die Rechtsprechung und Literatur, die seit der 21. Auflage erschienen sind, sorgfältig aufbereitet haben. Für diese mühevolle Arbeit danke ich ihnen sehr. Herzlicher Dank gebührt auch den treuen Hilfskräften in Würzburg und Mainz, besonders Herrn *Martin Wielant*, sowie Frau *Martha Merkes*, die alle Änderungen und Aktualisierungen mit Gelassenheit in kurzer Zeit bewältigt hat.

Veranlaßt durch das 6. StrRG sind Teile des Buchs neu geschrieben worden; der Text im übrigen ist durchgehend überarbeitet und aktualisiert (Stand: November 1998). Die vielfältigen Änderungen des Gesetzes machten es erforderlich, auch die Randnummern völlig neu zu ordnen. Gezielte Hinweise auf Kommentare und Lehrbücher wurden leicht vermehrt; sie wollen zu vertiefender Lektüre einladen, dienen teilweise aber auch der Entlastung der Darstellung von Einzelfragen, die in Hausarbeiten Bedeutung erlangen können, den Vorgang des Begreifens aber nicht fördern. Da eine Betrachtung des geltenden materiellen Rechts ohne eine Zusammenschau von Strafbarkeitsvoraussetzungen und Rechtsfolgen nicht auskommen kann, finden die Rechtsfolgen im Rahmen des Möglichen Berücksichtigung.

Mainz, im November 1998                                                     *Michael Hettinger*


# Vorwort der ersten Auflage

Der Besondere Teil des Strafgesetzbuchs mit seinen zahlreichen Tatbeständen läßt sich in einer Grundrißreihe festgelegten Umfanges nicht in einem Band bewältigen. Der Stoff ist daher auf zwei Bände verteilt worden. Das vorliegende Buch enthält die *Straftaten gegen Persönlichkeits- und Gemeinschaftswerte*, während die *Straftaten gegen Vermögenswerte* in einem weiteren Band behandelt werden, der alsbald folgen wird. Entsprechend der allgemeinen Zielsetzung dieser Grundrißreihe beschränkt die Darstellung sich auf solche Schwerpunkte, die erfahrungsgemäß für den akademischen Unterricht und die Anforderungen im Examen von besonderer Bedeutung sind. Auf eine Erörterung der Staatsschutz- und Sexualdelikte musste aus Raumgründen verzichtet werden. Tragbar dürfte das deshalb sein, weil diese Gebiete in Übungen und Prüfungen ausgespart zu werden pflegen. Im übrigen liegen dazu instruktive Einzelschriften vor (*F.C. Schroeder*, Der Schutz von Staat und Verfassung im Strafrecht, 1970; Das neue Sexualstrafrecht, 1975). Hinzu kommen informative Abhandlungen, die einen guten Überblick über die mehr oder weniger gelungene Reform des Sexualstrafrechts bieten (vgl ua *Bockelmann*, in: Festschrift für Maurach, 1972, S. 391; *Dreher*, JR 74, 45; *Hanack*, NJW 74, 1; *Sturm/Laufhütte/Horstkotte*, JZ 74, 1, 46, 84). Auf Vollständigkeit musste auch bei den Literaturhinweisen verzichtet werden; sie sind so ausgewählt, dass sie dem Studierenden möglichst über Einzelschriften und neuere Abhandlungen das reichhaltige Quellenmaterial erschließen.

Das Erscheinen dieses Bandes hat sich durch meine Tätigkeit in der akademischen Selbstverwaltung, durch richterliche Aufgaben, Prüfungsverpflichtungen und die Bearbeitung der Neuauflagen zum *Allgemeinen Teil* des Strafrechts (Bd. 7 dieser Reihe) verzögert. Dem Herausgeber wie dem Verlag schulde ich Dank für die insoweit gezeigte Geduld.

Die Darstellung geht im wesentlichen von dem Gesetzesstand Ende März 1976 aus. Das 14. und 15. StÄG, die den Bundestag bereits passiert haben, sind schon eingearbeitet, soweit die vorliegende Darstellung es erforderte und eine Änderung ihrer Fassung im weiteren Gesetzgebungsgang nicht mehr zu erwarten ist.

Meinen Mitarbeitern, den Herren Dr. Martin Becher, Franz Josef Flacke, Werner Patzwaldt und Ulrich Womelsdorf danke ich sehr herzlich für ihre tatkräftige Unterstützung.

Münster, im März 1976                                                     *Johannes Wessels*

# Inhaltsverzeichnis

|  | Rn | Seite |
|---|---|---|
| *Vorwort* . . . . . . . . . . . . . . . . . . . . . . . . . . . . . . . . . . . . . . . . . |  | V |
| *Vorwort der 22. Auflage* . . . . . . . . . . . . . . . . . . . . . . . . . . . . . |  | VII |
| *Vorwort der ersten Auflage* . . . . . . . . . . . . . . . . . . . . . . . . . . . |  | VIII |
| *Abkürzungsverzeichnis* . . . . . . . . . . . . . . . . . . . . . . . . . . . . . . . |  | XXI |
| *Literaturverzeichnis* . . . . . . . . . . . . . . . . . . . . . . . . . . . . . . . . . |  | XXVI |
| *Festschriftenverzeichnis* . . . . . . . . . . . . . . . . . . . . . . . . . . . . . |  | XXX |

Teil I
**Straftaten gegen Persönlichkeitswerte**

1. Kapitel
**Straftaten gegen das Leben**

|  | Rn | Seite |
|---|---|---|
| **§ 1  Der Lebensschutz im Strafrecht** . . . . . . . . . . . . . . . . . . . . | 1 | 1 |
| I. Der Grundsatz des sog. absoluten Lebensschutzes . . . . . . . . . . . | 2 | 1 |
| II. Beginn und Ende des strafrechtlichen Lebensschutzes . . . . . . . . | 4 | 2 |
| 1. Abgrenzung zwischen Tötungsdelikten und Schwangerschaftsabbruch . . . . . . . . . . . . . . . . . . . . . . . . . . . . . . . | 5 | 2 |
| 2. Der Beginn des Menschseins . . . . . . . . . . . . . . . . . . . . . . . | 8 | 3 |
| 3. Gentechnik und Fortpflanzungsmedizin . . . . . . . . . . . . . . . | 16 | 5 |
| 4. Das Ende des Lebensschutzes . . . . . . . . . . . . . . . . . . . . . . . | 18 | 5 |
| **§ 2  Die Tötungsdelikte** . . . . . . . . . . . . . . . . . . . . . . . . . . . . . . . | 24 | 7 |
| I. Systematischer Überblick . . . . . . . . . . . . . . . . . . . . . . . . . . . . | 25 | 7 |
| II. Totschlag . . . . . . . . . . . . . . . . . . . . . . . . . . . . . . . . . . . . . . . | 28 | 8 |
| 1. Tatbestandsvoraussetzungen . . . . . . . . . . . . . . . . . . . . . . . | 28 | 8 |
| 2. Der besonders schwere Fall . . . . . . . . . . . . . . . . . . . . . . . . | 34 | 11 |
| 3. Der minder schwere Fall . . . . . . . . . . . . . . . . . . . . . . . . . . | 35 | 12 |
| III. Mord . . . . . . . . . . . . . . . . . . . . . . . . . . . . . . . . . . . . . . . . . . | 37 | 13 |
| 1. Allgemeines . . . . . . . . . . . . . . . . . . . . . . . . . . . . . . . . . . . | 37 | 13 |
| 2. Verwerflichkeit des Beweggrundes . . . . . . . . . . . . . . . . . . . | 44 | 16 |
| 3. Verwerflichkeit der Begehungsweise . . . . . . . . . . . . . . . . . | 55 | 20 |
| 4. Verwerflichkeit des Handlungszwecks . . . . . . . . . . . . . . . . | 73 | 27 |
| 5. Aufbauhinweise . . . . . . . . . . . . . . . . . . . . . . . . . . . . . . . . | 83 | 31 |
| 6. Prüfungsaufbau: Mord, § 211 . . . . . . . . . . . . . . . . . . . . . . | 87 | 32 |
| IV. Täterschaft und Teilnahme bei §§ 212, 211 . . . . . . . . . . . . . . . | 88 | 33 |
| 1. Teilnahme und Akzessorietätslockerung . . . . . . . . . . . . . . . | 88 | 33 |
| 2. Fallkonstellationen . . . . . . . . . . . . . . . . . . . . . . . . . . . . . . | 93 | 35 |
| 3. Prüfungsaufbau: Teilnahme in den Fällen subjektiver Mordmerkmale . . . . . . . . . . . . . . . . . . . . . . . . . . . . . . . . . . | 104 | 37 |

*Inhaltsverzeichnis*

| | | | |
|---|---|---|---|
| V. | Tötung auf Verlangen | 105 | 38 |
| | 1. Allgemeines | 106 | 38 |
| | 2. Tatbestandsvoraussetzungen | 107 | 39 |
| | 3. Begehen durch Unterlassen | 112 | 40 |
| | 4. Aufbauhinweise | 113 | 41 |
| | 5. Prüfungsaufbau: Tötung auf Verlangen, § 216 | 114 | 41 |
| VI. | Die strafrechtliche Problematik der Selbsttötung | 115 | 42 |
| | 1. Problemübersicht | 116 | 42 |
| | 2. Freiverantwortlichkeit | 117 | 43 |
| | 3. Fremdtötung in mittelbarer Täterschaft | 118 | 44 |
| | 4. Abgrenzung von Selbsttötung und Fremdtötung | 121 | 46 |
| | 5. Unterlassungstäterschaft und unterlassene Hilfeleistung | 127 | 49 |
| | 6. Fahrlässigkeitstäterschaft und Selbsttötung in „mittelbarer Täterschaft" | 134 | 53 |
| | 7. Geschäftsmäßige Förderung der Selbsttötung | 137 | 54 |
| VII. | Sterbehilfe | 139 | 56 |
| | 1. Problemübersicht | 140 | 56 |
| | 2. Die Unterscheidung in aktive, passive und indirekte Sterbehilfe | 142 | 58 |
| | 3. Behandlungsabbruch | 149 | 62 |
| VIII. | Fahrlässige Tötung | 154 | 65 |

**§ 3 Aussetzung**   160   67

| | | | |
|---|---|---|---|
| I. | Schutzzweck und Systematik | 161 | 67 |
| II. | Tatbestandsmerkmale | 162 | 68 |
| | 1. Versetzen in eine hilflose Lage | 162 | 68 |
| | 2. Im-Stich-Lassen in einer hilflosen Lage | 164 | 68 |
| | 3. Konkrete Gefahr | 167 | 69 |
| | 4. Vorsatz | 168 | 70 |
| | 5. Qualifikationen | 170 | 70 |
| | 6. Konkurrenzfragen | 172 | 71 |
| | 7. Prüfungsaufbau: Aussetzung, § 221 | 173 | 72 |

2. Kapitel
**Straftaten gegen das ungeborene Leben**

**§ 4 Der Schwangerschaftsabbruch**   174   72

| | | | |
|---|---|---|---|
| I. | Verfassungsrechtliche Vorgaben | 175 | 72 |
| II. | Schutzzweck und systematischer Überblick | 181 | 74 |
| | 1. Systematischer Überblick | 181 | 74 |
| | 2. Schutzzweck | 184 | 75 |
| III. | Der Tatbestand des Schwangerschaftsabbruchs | 186 | 75 |
| IV. | Der gerechtfertigte Schwangerschaftsabbruch | 189 | 76 |
| V. | Der tatbestandslose Schwangerschaftsabbruch | 192 | 77 |
| VI. | Konkurrenzprobleme | 195 | 78 |
| | 1. Vorsätzliche Tötung der Schwangeren | 196 | 78 |

X

| | | |
|---|---|---|
| 2. Fälle des Versuchs der Tat | 197 | 78 |
| 3. Das Verhältnis zur Körperverletzung | 198 | 79 |
| VII. Prüfungsaufbau: Schwangerschaftsabbruch, § 218 | 199 | 79 |

## 3. Kapitel
## Straftaten gegen die körperliche Unversehrtheit

| | | |
|---|---|---|
| **§ 5 Körperverletzungstatbestände** | **200** | **80** |
| I. Schutzzweck und systematischer Überblick | 201 | 80 |
| 1. Schutzzweck | 201 | 80 |
| 2. Systematischer Überblick | 204 | 81 |
| 3. Strafantrag | 207 | 81 |
| II. Einfache vorsätzliche Körperverletzung | 209 | 82 |
| 1. Körperliche Misshandlung | 210 | 82 |
| 2. Gesundheitsschädigung | 213 | 83 |
| 3. Vorsatz | 215 | 83 |
| 4. Verhältnis der Tatbestandsalternativen und Konkurrenzen | 216 | 83 |
| III. Gefährliche Körperverletzung | 218 | 84 |
| 1. Durch Beibringung von Gift oder anderen gesundheits-schädlichen Stoffen | 219 | 84 |
| 2. Mittels einer Waffe oder eines anderen gefährlichen Werkzeugs | 227 | 86 |
| 3. Mittels eines hinterlistigen Überfalls | 234 | 88 |
| 4. Mit einem anderen Beteiligten gemeinschaftlich | 236 | 89 |
| 5. Mittels einer das Leben gefährdenden Behandlung | 238 | 89 |
| 6. Das Verhältnis der Tatbestandsalternativen | 241 | 90 |
| 7. Prüfungsaufbau: Gefährliche Körperverletzung, § 224 | 242 | 90 |
| IV. Schwere Körperverletzung | 243 | 91 |
| 1. Systematik | 243 | 91 |
| 2. Die schweren Folgen im Überblick | 245 | 91 |
| a) § 226 I Nr 1 | 245 | 91 |
| b) § 226 I Nr 2 | 246 | 92 |
| c) § 226 I Nr 3 | 250 | 93 |
| 3. Das Verhältnis zu den anderen Körperverletzungsdelikten | 254 | 95 |
| 4. Das Verhältnis zu den Tötungsdelikten | 256 | 95 |
| V. Verstümmelung weiblicher Genitalien | 257 | 96 |
| 1. Tatbestandsmerkmale | 258 | 96 |
| 2. Keine Regelung für Auslandstaten | 259 | 96 |
| VI. Körperverletzung mit Todesfolge | 260 | 97 |
| 1. Die Beziehung zwischen Körperverletzung und Todesfolge | 261 | 97 |
| 2. Fahrlässige Herbeiführung der schweren Folge | 271 | 101 |
| 3. Unterlassen | 272 | 101 |
| 4. Erfolgsqualifizierter Versuch | 274 | 102 |
| 5. Verhältnis zu den Tötungsdelikten | 275 | 103 |
| 6. Prüfungsaufbau: Körperverletzung mit Todesfolge, § 227 | 276 | 103 |
| VII. Körperverletzung im Amt | 277 | 103 |
| 1. Täterschaft | 277 | 103 |

*Inhaltsverzeichnis*

|  |  |  |  |
|---|---|---|---|
| 2. | Tathandlungen | 278 | 104 |
| 3. | Qualifikationstatbestände | 279 | 104 |
| VIII. | Misshandlung von Schutzbefohlenen | 280 | 105 |
| 1. | Das Verhältnis zu § 223 | 281 | 105 |
| 2. | Geschützter Personenkreis | 282 | 105 |
| 3. | Tathandlungen | 283 | 105 |
| 4. | Qualifikationstatbestand | 286 | 106 |
| IX. | Fahrlässige Körperverletzung | 288 | 107 |
| X. | Rechtswidrigkeit der Körperverletzung | 289 | 107 |
| XI. | Das Verhältnis zu den Tötungsdelikten | 294 | 109 |

**§ 6 Probleme der Heilbehandlung** ... 296 110

|  |  |  |  |
|---|---|---|---|
| I. | Ärztliche Heilbehandlungsmaßnahmen | 297 | 110 |
| 1. | Die Position der Rechtsprechung | 297 | 110 |
| 2. | Der Meinungsstand im Schrifttum | 300 | 112 |
| II. | Sonderregelungen im Bereich medizinischer Behandlung | 305 | 114 |
| 1. | Kastration | 305 | 114 |
| 2. | Sterilisation | 306 | 114 |
| 3. | Geschlechtsumwandlung | 307 | 114 |
| 4. | Organtransplantation | 308 | 114 |
| 5. | Hungerstreik und Zwangsernährung in Justizvollzugs-anstalten und im Maßregelvollzug | 309 | 115 |
| 6. | Beschneidung | 311 | 115 |

**§ 7 Beteiligung an einer Schlägerei** ... 312 116

|  |  |  |  |
|---|---|---|---|
| I. | Schutzzweck und Systematik | 312 | 116 |
| II. | Tatbestandsmerkmale | 314 | 117 |
| 1. | Tatbestandsalternativen | 314 | 117 |
| 2. | Vorwerfbare Beteiligung | 322 | 118 |
| 3. | Berufung auf Notwehr | 323 | 119 |
| 4. | Objektive Bedingung der Strafbarkeit | 324 | 119 |
| 5. | Zeitpunkt der Beteiligung | 326 | 119 |

**4. Kapitel**
**Straftaten gegen die persönliche Freiheit**

**§ 8 Zwangsheirat, Nachstellung, Freiheitsberaubung, Nötigung,**
**Bedrohung** ... 330 121

|  |  |  |  |
|---|---|---|---|
| I. | Der Schutz der persönlichen Freiheit im Strafrecht | 331 | 121 |
| 1. | Systematischer Überblick | 331 | 121 |
| 2. | Geschützte Rechtsgüter | 334 | 122 |
| II. | Zwangsheirat | 336 | 122 |
| III. | Nachstellung | 337 | 123 |
| 1. | Schutzgut und Systematik | 337 | 123 |
| 2. | Tathandlung des § 238 I | 339 | 123 |
| 3. | Qualifikationen | 344 | 126 |
| IV. | Freiheitsberaubung | 345 | 127 |
| 1. | Schutzgut | 345 | 127 |

XII

| | | | |
|---|---|---|---|
| | 2. Tathandlungen | 347 | 128 |
| | 3. Qualifikationen | 351 | 129 |
| | 4. Konkurrenzfragen | 352 | 129 |
| V. | Nötigung | 354 | 130 |
| | 1. Schutzgut und Tathandlung | 354 | 130 |
| | 2. Gewalt als Nötigungsmittel | 357 | 131 |
| | 3. Drohung mit einem empfindlichen Übel | 367 | 135 |
| | 4. Nötigungserfolg | 374 | 138 |
| | 5. Subjektiver Tatbestand | 376 | 139 |
| | 6. Rechtswidrigkeit der Nötigung | 378 | 139 |
| | 7. Prüfungsaufbau: Nötigung, § 240 | 388 | 143 |
| VI. | Bedrohung | 389 | 144 |

## § 9 Entziehung Minderjähriger, Kinderhandel und Geiselnahme ... 392 145

| | | | |
|---|---|---|---|
| I. | Entziehung Minderjähriger | 393 | 145 |
| | 1. Systematik | 393 | 145 |
| | 2. Schutzgüter, Tatobjekte, Täterkreis | 394 | 146 |
| | 3. Tathandlungen und Tatmittel | 395 | 146 |
| | 4. Qualifikationen | 399 | 147 |
| II. | Kinderhandel | 401 | 147 |
| | 1. Systematik und Schutzgut | 401 | 147 |
| | 2. Täterkreis, Tathandlungen und qualifizierende Merkmale | 402 | 148 |
| III. | Geiselnahme | 405 | 149 |
| | 1. Systematik und Schutzbereich | 406 | 149 |
| | 2. Tathandlungen und Tatvollendung | 408 | 149 |
| | 3. Probleme beim Zwei-Personen-Verhältnis | 413 | 151 |
| | 4. Subjektiver Tatbestand | 414 | 152 |
| | 5. Erfolgsqualifizierung | 415 | 152 |
| | 6. Konkurrenzfragen | 418 | 153 |
| | 7. Prüfungsaufbau: Geiselnahme, § 239b | 419 | 153 |

## 5. Kapitel
## Straftaten gegen die Ehre

## § 10 Der Ehrenschutz im Strafrecht ... 420 154

| | | | |
|---|---|---|---|
| I. | Ehrbegriff, Ehrenschutz und Beleidigungsfähigkeit | 421 | 155 |
| | 1. Ehrbegriff und Schutzobjekt | 421 | 155 |
| | 2. Beleidigungsfähigkeit natürlicher Personen | 424 | 155 |
| | 3. Beleidigungsfähigkeit von Personengemeinschaften und Verbänden | 425 | 156 |
| | 4. Beleidigung unter einer Kollektivbezeichnung | 429 | 156 |
| | 5. Mittelbare Beleidigung | 433 | 157 |
| II. | Kundgabecharakter der Beleidigung | 436 | 158 |
| | 1. Voraussetzungen der Kundgabe | 436 | 158 |
| | 2. Ausführungen im Kreis eng Vertrauter | 438 | 159 |
| | 3. Vollendung der Ehrverletzung | 444 | 160 |
| III. | Verfolgbarkeit der Beleidigung | 445 | 160 |

XIII

## § 11 Die Beleidigungstatbestände und ihre speziellen Recht-
fertigungsgründe ................................... 446  161

   I. Systematischer Überblick ............................. 446  161

   II. Gegen Personen des politischen Lebens gerichtete Beleidigung,
      üble Nachrede und Verleumdung ....................... 449  162

   III. Verleumdung ....................................... 450  162
      1. Verleumderische Beleidigung ........................ 451  162
      2. Kreditgefährdung und qualifizierte Verleumdung ........ 455  163

   IV. Üble Nachrede ..................................... 456  164
      1. Unrechtstatbestand ............................... 457  164
      2. Nichterweislichkeit der ehrenrührigen Tatsache .......... 458  164
      3. Abgrenzung zu beleidigenden Meinungsäußerungen ...... 464  166

   V. Beleidigung ....................................... 467  166
      1. Übersicht ....................................... 468  167
      2. Bedeutung des Wahrheitsbeweises ................... 473  168

   VI. Besondere Rechtfertigungsgründe im Bereich des
      Ehrenschutzes ..................................... 474  168
      1. Allgemeine und besondere Rechtfertigungsgründe ........ 475  169
      2. Wahrnehmung berechtigter Interessen ................ 477  169

## 6. Kapitel
## Straftaten gegen den persönlichen Lebens- und Geheimbereich
## und gegen sonstige persönliche Rechtsgüter

## § 12 Der Schutz des (höchst-)persönlichen Lebensbereichs und
der privaten Geheimsphäre .......................... 483  172

   I. Systematischer Überblick ............................. 483  172

   II. Verletzung der Vertraulichkeit des Wortes ................ 485  173
      1. Schutzzweck der Vertraulichkeit des Wortes ............ 486  173
      2. Tathandlungen des § 201 I ......................... 489  174
      3. Unbefugtheit des Handelns ......................... 493  174
      4. Taten iS des § 201 II ............................. 499  176

   III. Verletzung des höchstpersönlichen Lebensbereichs durch
      Bildaufnahmen .................................... 507  177
      1. Rechtsgut und Schutzbereich ....................... 507  177
      2. Tathandlungen des § 201a I ........................ 509  180
      3. Tathandlung des § 201a II ......................... 513  181
      4. Tathandlungen des § 201a III ...................... 514  181

   IV. Verletzung des Briefgeheimnisses ...................... 515  181
      1. Geschützte Objekte .............................. 516  182
      2. Tathandlungen .................................. 520  182
      3. Unbefugtheit des Handelns ......................... 524  183

   V. Ausspähen und Abfangen von Daten; Vorbereitungshandlungen;
      Datenhehlerei ..................................... 526  184

   VI. Verletzung und Verwertung fremder Privatgeheimnisse ....... 535  187
      1. Schutzrichtung und Schutzgegenstände ................ 536  187
      2. Begriff des Offenbarens ........................... 541  189

|  |  |
|---|---|
| 3. Unbefugtheit des Handelns | 543 189 |
| 4. Verwertung fremder Geheimnisse | 546 190 |

## § 13 Hausfriedensbruch ... 547 191

| | |
|---|---|
| I. Einfacher Hausfriedensbruch | 548 191 |
| 1. Begriff und Bedeutung des Hausrechts | 548 191 |
| 2. Geschützte Räumlichkeiten | 553 192 |
| 3. Tathandlungen | 559 193 |
| 4. Tatbestandsvorsatz | 572 196 |
| 5. Rechtswidrigkeit | 573 196 |
| 6. Strafantrag und Konkurrenzfragen | 577 197 |
| II. Schwerer Hausfriedensbruch | 578 197 |

Teil II
**Straftaten gegen Gemeinschaftswerte**

7. Kapitel
**Straftaten gegen die Staatsgewalt und die öffentliche Ordnung**

## § 14 Amtsanmaßung, Widerstand gegen die Staatsgewalt und Behinderung von Hilfsdiensten ... 581 198

| | |
|---|---|
| I. Amtsanmaßung | 581 198 |
| 1. Schutzzweck | 582 198 |
| 2. Begehungsformen | 583 199 |
| 3. Unbefugtheit des Handelns | 586 200 |
| 4. Täterschaft | 587 200 |
| II. Missbrauch von Titeln, Berufsbezeichnungen und Abzeichen | 588 200 |
| III. Widerstand gegen Vollstreckungsbeamte | 592 201 |
| 1. Schutzzweck | 593 202 |
| 2. Anwendungsbereich | 594 202 |
| 3. Begriff der Vollstreckungshandlung | 595 202 |
| 4. Tathandlungen und Täterschaft | 599 203 |
| 5. Rechtmäßigkeit der Vollstreckungshandlung | 603 205 |
| 6. Irrtumsregelungen | 614 208 |
| 7. Regelbeispiele für besonders schwere Fälle | 617 209 |
| 8. Prüfungsaufbau: Widerstand gegen Vollstreckungsbeamte, § 113 | 620 210 |
| IV. Tätlicher Angriff auf Vollstreckungsbeamte | 621 211 |
| V. Prüfungsaufbau: Tätlicher Angriff auf Vollstreckungsbeamte, § 114 | 627 212 |
| VI. Behinderung von Hilfsdiensten | 628 213 |
| VII. Gefangenenbefreiung | 630 213 |
| 1. Schutzzweck und Begriff des Gefangenen | 631 214 |
| 2. Tathandlungen und Täterschaft | 637 215 |
| VIII. Gefangenenmeuterei | 642 216 |

*Inhaltsverzeichnis*

**§ 15 Siegel-, Verstrickungs- und Verwahrungsbruch** .......... 645 217
    I. Siegelbruch ........................................ 646 217
    II. Verstrickungsbruch ............................... 649 217
       1. Schutzzweck ................................. 649 217
       2. Begehungsformen und Täterschaft ................... 654 218
    III. Verwahrungsbruch ............................... 657 219

8. Kapitel
**Straftaten gegen die Rechtspflege**

**§ 16 Falschverdächtigung, Vortäuschen einer Straftat und**
    **Strafvereitelung** .................................... 664 221
    I. Falsche Verdächtigung ............................. 664 221
       1. Schutzzweck ................................. 665 221
       2. Tathandlung nach § 164 I ........................ 671 223
       3. Tathandlung nach § 164 II ....................... 682 226
       4. Prüfungsaufbau: Falsche Verdächtigung, § 164 .......... 683 227
    II. Vortäuschen einer Straftat ......................... 684 227
       1. Schutzzweck ................................. 685 227
       2. Tathandlungen ............................... 686 228
       3. Prüfungsaufbau: Vortäuschen einer Straftat, § 145d ....... 698 231
    III. Strafvereitelung ................................. 699 231
       1. Schutzzweck und Systematik ..................... 700 231
       2. Verfolgungsvereitelung ......................... 702 232
       3. Vollstreckungsvereitelung ....................... 713 235
       4. Persönlicher Strafausschließungsgrund ............... 715 236
       5. Angehörigenprivileg ........................... 717 236
       6. Prüfungsaufbau: Strafvereitelung, § 258 .............. 718 237
       7. Strafvereitelung im Amt ......................... 719 237

**§ 17 Aussagedelikte** ..................................... 721 238
    I. Schutzzweck und systematischer Überblick ............... 721 238
    II. Falschheit der Aussage ............................. 724 239
       1. Objektiver Ansatz ............................. 725 239
       2. Subjektiver Ansatz ............................ 726 239
       3. Pflichtenansatz ............................... 727 240
       4. Aussagegegenstand ............................ 728 240
    III. Falsche uneidliche Aussage ......................... 731 242
    IV. Prüfungsaufbau: Falsche uneidliche Aussage, § 153 .......... 735 243
    V. Berichtigung einer falschen Angabe ..................... 736 243
    VI. Meineid ......................................... 738 244
       1. Überblick .................................... 738 244
       2. Tathandlung und Konkurrenzen ................... 741 244
       3. Prüfungsaufbau: Meineid, § 154 ................... 748 246
    VII. Fahrlässiger Falscheid ............................. 749 247

XVI

| | | |
|---|---|---|
| VIII. Falsche Versicherung an Eides statt | 751 | 247 |
| 1. Bedeutung | 752 | 248 |
| 2. Zuständigkeit der Behörde | 753 | 248 |
| 3. Vermögensauskunft nach § 802c ZPO | 756 | 249 |
| 4. Umfang der Wahrheitspflicht in sonstigen Fällen | 760 | 250 |
| 5. Prüfungsaufbau: Falsche Versicherung an Eides statt, § 156 | 761 | 250 |
| IX. Teilnahmeprobleme und Verleitung zur Falschaussage | 762 | 251 |
| 1. Anstiftung zu Aussagedelikten | 763 | 251 |
| 2. Versuchte Anstiftung zur Falschaussage | 765 | 251 |
| 3. Verleitung zur Falschaussage | 767 | 252 |
| 4. Prüfungsaufbau: Verleitung zur Falschaussage, § 160 | 772 | 254 |
| 5. Beihilfe durch Tun und durch Unterlassen | 773 | 254 |

## 9. Kapitel
## Urkundenstraftaten

| | | |
|---|---|---|
| **§ 18 Fälschung von Urkunden, technischen Aufzeichnungen und beweiserheblichen Daten** | **774** | **255** |
| I. Schutzzweck und Urkundenbegriff | 775 | 256 |
| 1. Schutzzweck | 775 | 256 |
| 2. Merkmale des Urkundenbegriffs | 776 | 256 |
| 3. Beweis- und Kennzeichen | 790 | 259 |
| 4. Durchschriften, Ausfertigungen, Abschriften, Fotokopien, Telefaxe | 794 | 260 |
| 5. Vordrucke und Urkundenentwürfe | 799 | 261 |
| II. Besondere Formen der Urkunde | 800 | 261 |
| 1. Private und öffentliche Urkunden | 800 | 261 |
| 2. Gesamturkunden | 801 | 262 |
| 3. Zusammengesetzte Urkunden | 803 | 262 |
| III. Herstellen unechter Urkunden | 804 | 263 |
| 1. Echtheit und Unechtheit von Urkunden | 808 | 263 |
| 2. Subjektive Tatbestandsmerkmale | 822 | 266 |
| IV. Verfälschen echter Urkunden | 826 | 267 |
| 1. Verfälschungstatbestand | 828 | 268 |
| 2. Tatbegehung durch den Aussteller | 833 | 269 |
| V. Gebrauchen unechter oder verfälschter Urkunden | 837 | 270 |
| 1. Gebrauchen | 837 | 270 |
| 2. Konkurrenzfragen | 839 | 271 |
| 3. Prüfungsaufbau: Urkundenfälschung, § 267 | 840 | 272 |
| VI. Vorbereitung der Fälschung und Missbrauch von amtlichen Ausweisen | 841 | 273 |
| 1. Vorbereitungshandlungen zum Missbrauch | 841 | 273 |
| 2. Missbrauch von Ausweispapieren | 843 | 273 |
| VII. Fälschung technischer Aufzeichnungen | 846 | 275 |
| 1. Schutzgut und Systematik | 846 | 275 |
| 2. Begriff der technischen Aufzeichnung | 849 | 276 |
| 3. Tathandlungen | 857 | 278 |

*Inhaltsverzeichnis*

| | | |
|---|---|---|
| 4. Subjektiver Tatbestand | 863 | 279 |
| 5. Begehen durch Unterlassen | 864 | 279 |
| 6. Prüfungsaufbau: Fälschung technischer Aufzeichnungen, § 268 | 869 | 280 |
| VIII. Fälschung beweiserheblicher Daten | 870 | 281 |

**§ 19 Urkundenunterdrückung und Falschbeurkundung** — 873 — 282

| | | |
|---|---|---|
| I. Vernichtung und Unterdrückung von Urkunden, technischen Aufzeichnungen und beweiserheblichen Daten | 873 | 282 |
| 1. Schutzzweck | 874 | 282 |
| 2. Gegenstand der Tat in § 274 I Nr 1 | 876 | 283 |
| 3. Tathandlungen | 878 | 283 |
| 4. Konkurrenzfragen | 886 | 284 |
| 5. Prüfungsaufbau: Urkundenunterdrückung, § 274 I Nr 1 | 887 | 285 |
| 6. Tatobjekt und Tathandlungen in § 274 I Nr 2 | 888 | 285 |
| II. Falschbeurkundung | 889 | 285 |
| 1. Überblick | 891 | 286 |
| 2. Besonderheiten öffentlicher Urkunden | 894 | 286 |
| 3. Mittelbare Falschbeurkundung | 902 | 289 |
| 4. Prüfungsaufbau: Mittelbare Falschbeurkundung, § 271 I | 908 | 290 |

## 10. Kapitel
## Geld- und Wertzeichenfälschung

**§ 20 Geldfälschung, Inverkehrbringen von Falschgeld, Fälschung von Wertzeichen, Zahlungskarten und Euroscheck-vordrucken** — 909 — 291

| | | |
|---|---|---|
| I. Systematischer Überblick | 910 | 291 |
| II. Geldfälschung | 912 | 292 |
| 1. Begriff des Geldes | 912 | 292 |
| 2. Tathandlungen | 915 | 292 |
| III. Inverkehrbringen von Falschgeld | 929 | 297 |
| 1. Das Verhältnis des § 147 zu § 146 I Nr 3 | 929 | 297 |
| 2. Anwendungsbereich des § 147 | 930 | 297 |
| 3. Fallbeispiele | 932 | 298 |
| IV. Wertpapier- und Wertzeichenfälschung | 936 | 300 |
| 1. Geschützte Wertpapiere | 936 | 300 |
| 2. Fälschung amtlicher Wertzeichen | 937 | 300 |
| V. Fälschung von Zahlungskarten ua | 939 | 300 |

## 11. Kapitel
## Gemeingefährliche Straftaten und Verkehrsdelikte

**§ 21 Brandstiftung** — 944 — 303

| | | |
|---|---|---|
| I. Systematischer Überblick | 945 | 303 |
| II. Arten vorsätzlicher Brandstiftung | 947 | 304 |
| 1. Brandstiftung nach § 306 | 947 | 304 |

| | | |
|---|---|---|
| 2. Prüfungsaufbau: Brandstiftung, § 306 | 954 | 307 |
| 3. Schwere Brandstiftung nach § 306a | 955 | 307 |
| 4. Prüfungsaufbau: Schwere Brandstiftung, § 306a | 967 | 311 |
| 5. Besonders schwere Brandstiftung nach § 306b | 968 | 312 |
| 6. Brandstiftung mit Todesfolge nach § 306c | 971 | 314 |
| 7. Prüfungsaufbau: Besonders schwere Brandstiftung, § 306b I | 975 | 315 |
| 8. Prüfungsaufbau: Brandstiftung mit Todesfolge, § 306c | 976 | 316 |
| III. Fahrlässige Brandstiftung nach § 306d | 977 | 316 |
| IV. Herbeiführen einer Brandgefahr nach § 306f | 980 | 317 |

### § 22 Straßenverkehrsgefährdung, unerlaubtes Entfernen vom Unfallort und Trunkenheit im Verkehr

| | | |
|---|---|---|
| § 22 Straßenverkehrsgefährdung, unerlaubtes Entfernen vom Unfallort und Trunkenheit im Verkehr | 981 | 317 |
| I. Systematischer Überblick | 982 | 318 |
| II. Gefährlicher Eingriff in den Straßenverkehr | 984 | 319 |
| III. Prüfungsaufbau: Gefährlicher Eingriff in den Straßenverkehr, § 315b I | 990 | 323 |
| IV. Gefährdung des Straßenverkehrs | 991 | 323 |
| 1. Begriff des Fahrzeugführens | 992 | 324 |
| 2. Absolute und relative Fahrunsicherheit | 994 | 325 |
| 3. Gefahrverursachung | 997 | 327 |
| 4. Vorsatz und Fahrlässigkeit | 1003 | 328 |
| 5. Hinweise zu § 315c I Nr 2 | 1005 | 329 |
| 6. Prüfungsaufbau: Gefährdung des Straßenverkehrs, § 315c | 1007 | 330 |
| V. Verbotene Kraftfahrzeugrennen | 1008 | 330 |
| 1. Schutzzweck | 1008 | 330 |
| 2. Grundtatbestand | 1009 | 331 |
| 3. Qualifikationstatbestand | 1011 | 332 |
| 4. Erfolgsqualifikation | 1012 | 332 |
| VI. Unerlaubtes Entfernen vom Unfallort | 1013 | 332 |
| 1. Schutzzweck und Systematik | 1013 | 332 |
| 2. Tatbestandsmerkmale | 1016 | 333 |
| 3. Rechtswidrigkeit | 1032 | 340 |
| 4. Prüfungsaufbau: Unerlaubtes Entfernen vom Unfallort, § 142 | 1035 | 340 |
| 5. Strafbare Teilnahme | 1036 | 341 |
| VII. Trunkenheit im Verkehr | 1037 | 341 |
| VIII. Prüfungsaufbau: Trunkenheit im Verkehr, § 316 I | 1040 | 342 |

### § 23 Vollrausch, Unterlassen der Hilfeleistung und Behinderung von hilfeleistenden Personen

| | | |
|---|---|---|
| § 23 Vollrausch, Unterlassen der Hilfeleistung und Behinderung von hilfeleistenden Personen | 1041 | 343 |
| I. Vollrausch | 1042 | 343 |
| 1. Schutzzweck | 1042 | 343 |
| 2. Unrechtstatbestand | 1044 | 344 |
| 3. Objektive Bedingung der Strafbarkeit | 1047 | 345 |
| 4. Konkurrenzfragen | 1054 | 347 |
| 5. Prüfungsaufbau: Vollrausch, § 323a | 1056 | 347 |

*Inhaltsverzeichnis*

| | | | |
|---|---|---|---|
| II. | Unterlassene Hilfeleistung | 1057 | 347 |
| | 1. Schutzzweck | 1057 | 347 |
| | 2. Unglücksfall, gemeine Gefahr oder Not | 1058 | 348 |
| | 3. Umfang der Hilfspflicht | 1060 | 349 |
| | 4. Vorsatz | 1064 | 350 |
| | 5. Konkurrenzfragen | 1066 | 350 |
| | 6. Prüfungsaufbau: Unterlassene Hilfeleistung, § 323c I | 1067 | 351 |
| III. | Behinderung von hilfeleistenden Personen | 1068 | 351 |

## 12. Kapitel
## Straftaten im Amt – Allgemeines und Amtsträgerbegriff

### § 24 Bestechungsdelikte

| | | | |
|---|---|---|---|
| § 24 | Bestechungsdelikte | 1073 | 354 |
| I. | Systematischer Überblick | 1074 | 354 |
| | 1. Sonderdelikte – Allgemeindelikte | 1074 | 354 |
| | 2. Schutzzweck | 1082 | 356 |
| | 3. Vorteil für sich (diesen) oder einen Dritten | 1083 | 357 |
| II. | Vorteilsannahme | 1084 | 358 |
| | 1. Unrechtstatbestand | 1084 | 358 |
| | 2. Tatbestandseinschränkungen | 1088 | 359 |
| | 3. Genehmigung | 1092 | 361 |
| | 4. Prüfungsaufbau: Vorteilsannahme, § 331 | 1093 | 361 |
| III. | Bestechlichkeit | 1094 | 362 |
| | 1. Objektiver Tatbestand | 1094 | 362 |
| | 2. Vorsatz | 1098 | 363 |
| | 3. Qualifikationstatbestand | 1100 | 363 |
| | 4. Prüfungsaufbau: Bestechlichkeit, § 332 | 1101 | 364 |
| IV. | Vorteilsgewährung und Bestechung | 1102 | 364 |

### § 25 Rechtsbeugung

| | | | |
|---|---|---|---|
| § 25 | Rechtsbeugung | 1107 | 365 |
| I. | Allgemeines | 1108 | 366 |
| II. | Tatbestandsmerkmale | 1110 | 366 |
| | 1. Leitung oder Entscheidung einer Rechtssache | 1111 | 366 |
| | 2. Tathandlung | 1113 | 367 |
| | 3. Tatbestandlicher Erfolg | 1118 | 369 |
| | 4. Vorsatz | 1120 | 370 |
| III. | Rechtswidrigkeit und Unrechtsbewusstsein | 1122 | 372 |
| | 1. Eingreifen von Rechtfertigungsgründen | 1122 | 372 |
| | 2. Unrechtsbewusstsein | 1123 | 372 |
| | 3. Ergänzender Hinweis | 1125 | 372 |

| | | |
|---|---|---|
| *Sachverzeichnis* | | 375 |

# Abkürzungsverzeichnis

| | |
|---|---|
| aA | anderer Ansicht |
| aaO | am angegebenen Ort |
| abl. | ablehnend |
| Abs. | Absatz |
| abw. | abweichend |
| AE | Alternativ-Entwurf |
| AE-StB | Alternativ-Entwurf Sterbehilfe |
| AE-StGB | Alternativ-Entwurf eines Strafgesetzbuches |
| aF | alte Fassung |
| AfP | Archiv für Presserecht |
| AG | Amtsgericht |
| AK- | Alternativkommentar zum Strafgesetzbuch (-Bearbeiter) |
| Alt. | Alternative |
| AMG | Arzneimittelgesetz |
| Anm. | Anmerkung |
| ARSP | Archiv für Rechts- und Sozialphilosophie |
| Art. | Artikel |
| ArztR | Arztrecht |
| AT | Allgemeiner Teil |
| Aufl. | Auflage |
| | |
| BAK | Blutalkoholkonzentration |
| BayObLG | Bayerisches Oberstes Landesgericht |
| BayObLGSt | Entscheidungen des Bayerischen Obersten Landesgerichts in Strafsachen |
| BBG | Bundesbeamtengesetz |
| Bd. | Band |
| BDG | Bundesdisziplinargesetz |
| BDSG | Bundesdatenschutzgesetz vom 14.1.2003 |
| BeamtStG | Gesetz zur Regelung des Statusrechts der Beamtinnen und Beamten in den Ländern |
| BeckRS | Beck-Rechtsprechung (www.beck.de, beck-online) |
| Bespr. | Besprechung |
| BeurkG | Beurkundungsgesetz |
| BGB | Bürgerliches Gesetzbuch |
| BGBl | Bundesgesetzblatt (Teil, Seite) |
| BGH | Bundesgerichtshof |
| BGHSt | Entscheidungen des Bundesgerichtshofes in Strafsachen |
| BGHZ | Entscheidungen des Bundesgerichtshofes in Zivilsachen |
| BNotO | Bundesnotarordnung vom 24.2.1961 |
| BRAO | Bundesrechtsanwaltsordnung vom 1.8.1959 |
| BR-Drucks. | Bundesrats-Drucksache |
| BSK- | Basler Kommentar Strafgesetzbuch (-Bearbeiter) |
| BT | Besonderer Teil, Bundestag |
| BT-Drucks. | Bundestags-Drucksache |

*Abkürzungsverzeichnis*

| | |
|---|---|
| BtMG | Betäubungsmittelgesetz |
| BVerfG | Bundesverfassungsgericht |
| BVerfGE | Entscheidungen des Bundesverfassungsgerichts |
| BVerwG | Bundesverwaltungsgericht |
| BVerwGE | Entscheidungen des Bundesverwaltungsgerichts |
| | |
| CR | Computer und Recht |
| | |
| DAR | Deutsches Autorecht |
| dh | das heißt |
| Diss. | Dissertation |
| DJT | Deutscher Juristentag |
| DRiZ | Deutsche Richterzeitung |
| | |
| E 1962 | Entwurf eines Strafgesetzbuches 1962 |
| EGStGB | Einführungsgesetz zum Strafgesetzbuch |
| Einl. | Einleitung |
| Erg. | Ergebnis |
| EU | Europäische Union |
| EzSt | Entscheidungen zum Straf- und Ordnungswidrigkeitenrecht |
| | |
| FamFG | Gesetz über das Verfahren in Familiensachen und in den Angelegenheiten der freiwilligen Gerichtsbarkeit |
| FamRZ | Zeitschrift für das gesamte Familienrecht |
| FG | Festgabe |
| FGG | Gesetz über die Angelegenheiten der freiwilligen Gerichtsbarkeit vom 17.5.1898 (aufgehoben ab 17.12.2008) |
| Fn | Fußnote(n) |
| FS | Festschrift |
| FZV | Fahrzeug-Zulassungsverordnung |
| | |
| GA | Goltdammer's Archiv für Strafrecht |
| GedS | Gedächtnisschrift |
| GenStA | Generalstaatsanwalt |
| GewSchG | Gewaltschutzgesetz vom 11.12.2001 |
| GG | Grundgesetz vom 23.5.1949 |
| GrS | Großer Senat für Strafsachen |
| GVG | Gerichtsverfassungsgesetz |
| | |
| HESt | Höchstrichterliche Entscheidungen in Strafsachen |
| hL | herrschende Lehre |
| hM | herrschende Meinung (= Rspr. und Teile der Lit.) |
| HRR | Höchstrichterliche Rechtsprechung |
| HRRS | Höchstrichterliche Rechtsprechung Strafrecht (www.hrr-strafrecht.de) |
| Hrsg. | Herausgeber |
| | |
| idF | in der Fassung |
| idR | in der Regel |
| ieS | im engeren Sinn |
| InsO | Insolvenzordnung vom 5.10.1994 |
| ioS | im obigen Sinn |

*Abkürzungsverzeichnis*

| | |
|---|---|
| iS | im Sinn |
| iVm | in Verbindung mit |
| iwS | im weiteren Sinn |
| | |
| JA | Juristische Arbeitsblätter |
| JahrbRuE | Jahrbuch für Recht und Ethik |
| JGG | Jugendgerichtsgesetz |
| JMBlNW | Justizministerialblatt für das Land Nordrhein-Westfalen |
| JoJZG | Journal der Juristischen Zeitgeschichte |
| JR | Juristische Rundschau |
| Jura | Juristische Ausbildung |
| JuS | Juristische Schulung |
| JW | Juristische Wochenschrift |
| JZ | Juristenzeitung |
| | |
| KG | Kammergericht |
| KJ | Kritische Justiz |
| KO | Konkursordnung idF vom 20.5.1898 (aufgehoben ab 1.1.1999) |
| KriPoZ | Kriminalpolitische Zeitschrift (online) |
| krit. | kritisch |
| KritV | Kritische Vierteljahresschrift für Gesetzgebung und Rechtswissenschaft |
| KrWG | Kreislaufwirtschaftsgesetz vom 24.2.2012 |
| KunstUrhG | Gesetz betreffend das Urheberrecht an Werken der bildenden Künste und der Photographie vom 9.1.1907 |
| | |
| L | Lernbogen der Juristischen Schulung (JuS) |
| Lb | Lehrbuch |
| LG | Landgericht |
| LK- | Leipziger Kommentar zum Strafgesetzbuch *(-Bearbeiter)* |
| LM | Entscheidungen des Bundesgerichtshofes im Nachschlagewerk von Lindenmaier, Möhring ua |
| LZ | Leipziger Zeitschrift |
| | |
| MDR | Monatsschrift für Deutsches Recht |
| MDR/D | [H] Rechtsprechung des BGH in MDR bei *Dallinger* [*Holtz*] |
| mE | meines Erachtens |
| MedR | Medizinrecht |
| medstra | Zeitschrift für Medizinstrafrecht |
| MittBayNot | Mitteilungen des Bayerischen Notarvereins, der Notarkasse und der Landesnotarkammer Bayern |
| MRK | Konvention zum Schutz der Menschenrechte |
| MschrKrim | Monatsschrift für Kriminologie und Strafrechtsreform |
| MüKo- | Münchener Kommentar zum Strafgesetzbuch *(-Bearbeiter)* |
| mwN | mit weiteren Nachweisen |
| | |
| NdsRpfl | Niedersächsische Rechtspflege |
| nF | neue Fassung |
| NJ | Neue Justiz |
| NJW | Neue Juristische Wochenschrift |
| NK | Neue Kriminalpolitik. Forum für Praxis, Politik und Wissenschaft |

XXIII

*Abkürzungsverzeichnis*

| | |
|---|---|
| NK- | Nomos-Kommentar zum Strafgesetzbuch *(-Bearbeiter)* |
| Nr | Nummer(n) |
| NStE | Neue Entscheidungssammlung für Strafrecht |
| NStZ | Neue Zeitschrift für Strafrecht |
| NStZ-RR | NStZ Rechtsprechungs-Report Strafrecht |
| NZV | Neue Zeitschrift für Verkehrsrecht |
| NZWiSt | Neue Zeitschrift für Wirtschafts- und Steuerstrafrecht |
| | |
| OGHSt | Entscheidungen des Obersten Gerichtshofes für die Britische Zone in Strafsachen |
| ÖJZ | Österreichische Juristenzeitung |
| OLG | Oberlandesgericht |
| OLG-NL | OLG-Rechtsprechung Neue Länder |
| OLGSt | Entscheidungen der Oberlandesgerichte zum Straf- und Strafverfahrensrecht (zitiert nach Paragrafen und Seite) |
| öst. | österreichisch |
| öStGB | Bundesgesetz vom 23. Jänner 1974 über die mit gerichtlicher Strafe bedrohten Handlungen (Strafgesetzbuch-StGB) der Republik Österreich |
| OWiG | Gesetz über Ordnungswidrigkeiten |
| | |
| PatG | Patentgesetz vom 16.12.1980 |
| PEG | Perkutane Endoskopische Gastrostomie |
| PKS | Polizeiliche Kriminalstatistik |
| Prot. | Protokoll(e) |
| PStG | Personenstandsgesetz |
| | |
| RGBl | Reichsgesetzblatt (Teil, Seite) |
| RGSt | Entscheidungen des Reichsgerichts in Strafsachen |
| RiStBV | Richtlinien für das Strafverfahren und das Bußgeldverfahren |
| Rn | Randnummer(n) |
| RPflG | Rechtspflegergesetz |
| Rspr. | Rechtsprechung |
| | |
| SchKG | Schwangerschaftskonfliktgesetz idF vom 21.8.1995 |
| SchlHA | Schleswig-Holsteinische Anzeigen |
| SchwZStr | Schweizerische Zeitschrift für Strafrecht |
| SFHÄndG | Schwangeren- und Familienhilfeänderungsgesetz vom 21.8.1995 |
| SFHG | Schwangeren- und Familienhilfegesetz vom 27.7.1992 |
| SK- | Systematischer Kommentar zum StGB *(-Bearbeiter)* |
| S/S- | Schönke/Schröder, Strafgesetzbuch *(-Bearbeiter)* |
| StÄG | Gesetz zur Änderung des Strafrechts |
| StGB | Strafgesetzbuch |
| StPO | Strafprozessordnung |
| StraFo | Strafverteidiger-Forum |
| StREG | Strafrechtsreform-Ergänzungsgesetz vom 28.8.1975 |
| StrRG | Gesetz zur Reform des Strafrechts |
| StV | Strafverteidiger |
| StVG | Straßenverkehrsgesetz vom 5.3.2003 |
| StVO | Straßenverkehrsordnung vom 16.11.1970 |
| StVollzG | Strafvollzugsgesetz vom 16.3.1976 |

| | |
|---|---|
| StVZO | Straßenverkehrszulassungsordnung vom 28.9.1988 |
| TPG | Transplantationsgesetz vom 5.11.1997 |
| | |
| UKG | Gesetz zur Bekämpfung der Umweltkriminalität |
| UWG | Gesetz gegen den unlauteren Wettbewerb vom 3.7.2004 |
| | |
| Var. | Variante |
| VerkMitt | Verkehrsrechtliche Mitteilungen |
| VOR | Zeitschrift für Verkehrs- und Ordnungswidrigkeitenrecht |
| VRS | Verkehrsrechts-Sammlung (Band, Jahr und Seite) |
| | |
| WHG | Wasserhaushaltsgesetz vom 31.7.2009 |
| WiKG | Gesetz zur Bekämpfung der Wirtschaftskriminalität |
| wistra | Zeitschrift für Wirtschafts- und Steuerstrafrecht |
| WStG | Wehrstrafgesetz |
| | |
| ZfJ | Zeitschrift für Jugendrecht |
| ZfL | Zeitschrift für Lebensrecht |
| ZfW | Zeitschrift für Wasserrecht |
| ZIS | Zeitschrift für Internationale Strafrechtsdogmatik (www.zis-online.com) |
| ZJS | Zeitschrift für das Juristische Studium (www.zjs-online.com) |
| ZMR | Zeitschrift für Miet- und Raumrecht |
| ZPO | Zivilprozessordnung |
| ZRP | Zeitschrift für Rechtspolitik |
| ZStW | Zeitschrift für die gesamte Strafrechtswissenschaft (Band, Jahr und Seite) |
| ZUM | Zeitschrift für Urheber- und Medienrecht |
| zusf. | zusammenfassend |
| zust. | zustimmend |
| ZVG | Gesetz über die Zwangsversteigerung und die Zwangsverwaltung |

# Literaturverzeichnis

| | |
|---|---|
| *Antoine* | Aktive Sterbehilfe in der Grundrechtsordnung, 2004. Zitiert: *Antoine*, Sterbehilfe |
| AnwK | AnwaltKommentar StGB, 3. Aufl. 2020. Gesamtredaktion *Leipold, Tsambikakis, Zöller*. Zitiert: AnwK-*Bearbeiter* |
| *Arzt/Weber/Heinrich/ Hilgendorf* | Strafrecht, Besonderer Teil, 3. Aufl. 2015. Zitiert: A/W-*Bearbeiter* |
| BeckOK-StGB | Strafgesetzbuch. Kommentar, 45. Edition, Stand: 1.2.2020, hrsg. von *von Heintschel-Heinegg*. Zitiert: *Bearbeiter*, BeckOK-StGB |
| *Bender* | Zur Relevanz der Brandforschung für die Dogmatik des Brandstrafrechts am Beispiel der schweren Brandstiftung nach § 306a I StGB, in: Bock/Harrendorf/Ladiges (Hrsg.), Strafrecht als interdisziplinäre Wissenschaft, 2015. Zitiert: *Bender*, Brandforschung |
| *Beulke/Swoboda* | Strafprozessrecht, 15. Auflage 2020 |
| *Beulke/Ruhmannseder* | Die Strafbarkeit des Verteidigers, 2. Aufl. 2010 |
| *Blei* | Strafrecht II, Besonderer Teil, 12. Auflage 1983 |
| *Bockelmann* | Strafrecht, Besonderer Teil/2, Delikte gegen die Person, 1977; Besonderer Teil/3, Ausgewählte Delikte gegen Rechtsgüter der Allgemeinheit, 1980. Zitiert: *Bockelmann*, BT II oder III |
| BSK | Basler Kommentar Strafgesetzbuch, 4. Auflage 2019. Zitiert: BSK-*Bearbeiter* |
| *Dencker/Struensee/ Nelles/Stein* | Einführung in das 6. Strafrechtsreformgesetz 1998, 1998. Zitiert: Autor(in), Einführung |
| *Eisele* | Die Regelbeispielsmethode im Strafrecht, 2004. Zitiert: *Eisele*, Regelbeispielsmethode |
| *Eisele* | Strafrecht, Besonderer Teil I, Straftaten gegen die Person und die Allgemeinheit, 5. Auflage 2019. Zitiert: *Eisele*, BT I |
| *Eisele* | Strafrecht, Besonderer Teil II, Eigentumsdelikte, Vermögensdelikte und Urkundendelikte, 5. Auflage 2019. Zitiert: *Eisele*, BT II |
| *Fischer* | Strafgesetzbuch, 67. Auflage 2020 |
| *Frank* | Das Strafgesetzbuch für das Deutsche Reich, 18. Auflage 1931 |
| *Geisler* | Zur Vereinbarkeit objektiver Bedingungen der Strafbarkeit mit dem Schuldprinzip, 1998. Zitiert: *Geisler*, Schuldprinzip |
| *Gössel/Dölling* | Strafrecht, Besonderer Teil 1, Straftaten gegen Persönlichkeits- und Gemeinschaftswerte, 2. Auflage 2004. Zitiert: *Gössel/Dölling*, BT I |
| *Heghmanns* | Strafrecht für alle Semester. Besonderer Teil. Grund- und Examenswissen kritisch vertieft, 2009. Zitiert: *Heghmanns*, BT |
| *Hentschel/König/Dauer* | Straßenverkehrsrecht, 45. Auflage 2019. Zitiert: *Hentschel/Bearbeiter* |
| *Hettinger* | Das Doppelverwertungsverbot bei strafrahmenbildenden Umständen (§§ 46 Abs. 3, 50 StGB), 1982. Zitiert: *Hettinger*, Das Doppelverwertungsverbot |
| *Hettinger* | Entwicklungen im Strafrecht und Strafverfahrensrecht der Gegenwart, 1997. Zitiert: *Hettinger*, Entwicklungen |
| *Hillenkamp/Cornelius* | 40 Probleme aus dem Strafrecht, Besonderer Teil, 13. Auflage 2020. Zitiert: *Hillenkamp*, BT |

| | |
|---|---|
| *Hirsch* | Strafrechtliche Probleme aus drei Jahrzehnten, 1999. Zitiert: *Hirsch*, Probleme I |
| *Hirsch* | Strafrechtliche Probleme, Band II, 2009. Zitiert: *Hirsch*, Probleme II |
| HK-GS | Handkommentar-Gesamtes Strafrecht (herausgegeben von *Dölling, Duttge, König, Rössner*). StGB/StPO/Nebengesetze, 4. Auflage 2017. Zitiert: HK-GS/*Bearbeiter* |
| *Hohmann/Sander* | Strafrecht, Besonderer Teil I, Eigentums- und Vermögensdelikte, 3. Auflage 2011; Strafrecht, Besonderer Teil II, Delikte gegen die Person und gegen die Allgemeinheit, 2. Auflage 2011. Zitiert: *Hohmann/Sander*, BT I oder II |
| *Höltkemeier* | Sponsoring als Straftat. Die Bestechungsdelikte auf dem Prüfstand, 2005. Zitiert: *Höltkemeier*, Sponsoring |
| *Ingelfinger* | Grundlagen und Grenzbereiche des Tötungsverbots, 2004. Zitiert: *Ingelfinger*, Tötungsverbot |
| *Jahn/Nack* (Hrsg.) | Rechtsprechung, Gesetzgebung, Lehre: Wer regelt das Strafrecht? Referate und Diskussionen auf dem 2. Karlsruher Strafrechtsdialog 2009, 2010. Zitiert: *Autor(in)* in Jahn/Nack, 2. Karlsruher Strafrechtsdialog |
| *Jescheck/Weigend* | Lehrbuch des Strafrechts, Allgemeiner Teil, 5. Auflage 1996 |
| *Joecks/Jäger, StGB* | Studienkommentar StGB, 12. Auflage 2018 |
| *Kindhäuser/Schramm* | Strafrecht, Besonderer Teil I, Straftaten gegen Persönlichkeitsrechte, Staat und Gesellschaft, 9. Auflage 2019. Zitiert: *Kindhäuser/Schramm*, BT I |
| *Klesczewski* | Strafrecht, Besonderer Teil. Lehrbuch zum Strafrecht der Bundesrepublik Deutschland, 2016. Zitiert: *Klesczewski*, BT |
| *Knierim/Oehmichen/ Beck/Geisler* | Gesamtes Strafrecht aktuell, 2018. Zitiert: *Bearbeiter* in: Gesamtes Strafrecht aktuell, Kap. Rn |
| *Krey/Hellmann/Heinrich* | Strafrecht, Besonderer Teil, Band 1, Besonderer Teil ohne Vermögensdelikte, 16. Auflage 2015. Zitiert: *Krey/Bearbeiter*, BT I; Strafrecht, Besonderer Teil, Band 2, 17. Auflage 2015. Zitiert: *Krey/Bearbeiter*, BT II |
| *Krüger* (Hrsg.) | Stalking als Straftatbestand, 2. Auflage 2013. Zitiert: *Krüger* (Hrsg.), Stalking |
| *Kudlich/Oğlakcıoğlu* | Wirtschaftsstrafrecht, 2. Auflage 2014 |
| *Kühl* | Strafrecht, Allgemeiner Teil, 8. Auflage 2017. Zitiert: *Kühl*, AT |
| *Küper* | Strafrecht, Besonderer Teil. Definitionen mit Erläuterungen, 8. Auflage 2012. Zitiert: *Küper*, BT |
| *Küper/Zopfs* | Strafrecht, Besonderer Teil. Definitionen mit Erläuterungen, 10. Auflage 2018. Zitiert: *Küper/Zopfs*, BT |
| *Küpper/Börner* | Strafrecht, Besonderer Teil 1, Delikte gegen Rechtsgüter der Person und Gemeinschaft, 4. Auflage 2017. Zitiert: *Küpper/Börner*, BT I |
| *Lackner/Kühl/Heger* | Strafgesetzbuch, 29. Auflage 2018. Zitiert: *Lackner/Bearbeiter* |
| *Laubenthal/Nestler/ Neubacher/Verrel* | Strafvollzugsgesetze, 12. Auflage 2015. Zitiert: *Laubenthal uA*, Strafvollzugsgesetze |
| LK | Leipziger Kommentar zum Strafgesetzbuch, 12. Auflage 2006 ff. Zitiert: LK-*Bearbeiter* |
| *Matt/Renzikowski* | Strafgesetzbuch, 2. Aufl. 2020. Zitiert: Matt/Renzikowski-*Bearbeiter* |

*Literaturverzeichnis*

| | |
|---|---|
| *Maurach/Zipf* | Strafrecht, Allgemeiner Teil, Teilband 1, Grundlehren des Strafrechts und Aufbau der Straftat, 8. Auflage 1992. Zitiert: *Maurach/Zipf*, AT I |
| *Maurach/Schroeder/ Maiwald/Hoyer/ Momsen* | Strafrecht, Besonderer Teil, Teilband 1, Straftaten gegen Persönlichkeits- und Vermögenswerte, 11. Auflage 2019. Zitiert: *Maurach/Bearbeiter*, BT I |
| *Maurach/Schroeder/ Maiwald* | Strafrecht, Besonderer Teil, Teilband 2, Straftaten gegen Gemeinschaftswerte, 10. Auflage 2012. Zitiert: *Maurach/Bearbeiter*, BT II |
| *Merkel* | Früheuthanasie. Rechtsethische und strafrechtliche Grundlagen ärztlicher Entscheidungen über Leben und Tod in der Neonatalmedizin, 2001. Zitiert: *Merkel*, Früheuthanasie |
| *Meyer-Goßner/Schmitt* | Strafprozessordnung. Mit GVG und Nebengesetzen, 63. Auflage 2020. Zitiert: *Meyer-Goßner/Schmitt*, StPO |
| MüKo-StGB | Münchener Kommentar zum Strafgesetzbuch, Gesamtredaktion *Joecks*, *Erb* und *Miebach*, 3. Auflage 2016 ff. Zitiert: MüKo-*Bearbeiter* |
| MüKo-Nebenstrafrecht | Münchener Kommentar zum Strafgesetzbuch, Band 6: Nebenstrafrecht I, 3. Auflage 2018. Zitiert: MüKo-*Bearbeiter*, (zB) § 6a AMG oder TPG |
| *Müller, Frank* | § 216 StGB als Verbot abstrakter Gefährdung, 2010. Zitiert: *F. Müller*, § 216 StGB |
| *Murmann* | Die Selbstverantwortung des Opfers im Strafrecht, 2005. Zitiert: *Murmann*, Selbstverantwortung |
| NK-StGB | Nomos-Kommentar zum Strafgesetzbuch, Gesamtredaktion *Kindhäuser*, *Neumann* und *Paeffgen*, 5. Auflage 2017. Zitiert: NK-*Bearbeiter* |
| *Otto* | Grundkurs Strafrecht, Die einzelnen Delikte, 7. Auflage 2005. Zitiert: *Otto*, BT |
| *Puppe* | Strafrecht Allgemeiner Teil im Spiegel der Rechtsprechung, 4. Auflage 2019. Zitiert: *Puppe*, AT I |
| *Rengier* | Strafrecht, Besonderer Teil II. Delikte gegen die Person und die Allgemeinheit, 21. Auflage 2020. Zitiert: *Rengier*, BT II |
| *Roxin/Greco* | Strafrecht, Allgemeiner Teil, Band I. Grundlagen. Der Aufbau der Verbrechenslehre, 5. Auflage 2020. Zitiert: *Roxin/Greco*, AT I |
| *Roxin* | Strafrecht, Allgemeiner Teil, Band II. Besondere Erscheinungsformen der Straftat, 2003. Zitiert: *Roxin*, AT II |
| *Roxin/Schroth* (Hrsg.) | Handbuch des Medizinstrafrechts, 4. Auflage 2010. Zitiert: *Autor* in Roxin/Schroth (Hrsg.), Handbuch des Medizinstrafrechts |
| *Saliger* | Selbstbestimmung bis zuletzt. Rechtsgutachten zum Verbot organisierter Sterbehilfe, 2015. Zitiert: *Saliger*, Selbstbestimmung |
| *Schäfer/Sander/van Gemmeren* | Praxis der Strafzumessung, 6. Auflage 2017. Zitiert: *Schäfer*, Strafzumessung |
| *Schmidhäuser* | Strafrecht, Besonderer Teil, 2. Auflage 1983 |
| *Schnarr/Hennig/ Hettinger* | Reform des Sanktionenrechts: Alkohol als Strafmilderungsgrund – Vollrausch – Actio libera in causa, 2001. Zitiert: *Autor* in Schnarr uA, Reform |
| *Schönke/Schröder* | Strafgesetzbuch, 30. Auflage 2019, begründet von *Schönke*, fortgeführt von *Schröder*, mitkommentiert von *Lenckner, Cramer, Stree*, neu bearbeitet von *Eser, Perron, Sternberg-Lieben, Eisele, Hecker, Kinzig, Bosch, Schuster, Weißer, Schittenhelm*. Zitiert: S/S-*Bearbeiter* |

| | |
|---|---|
| *Schroeder/Verrel* | Strafprozessrecht, 7. Auflage 2017 |
| *Schuster* | Das Verhältnis von Strafnormen und Bezugsnormen aus anderen Rechtsgebieten. Eine Untersuchung zum Allg. Teil im Wirtschafts- und Steuerstrafrecht, 2012. Zitiert: *Schuster*, Strafnormen und Bezugsnormen |
| *Schwind* | Kriminologie, 23. Aufl. 2016 |
| *Simon* | Gesetzesauslegung im Strafrecht. Eine Analyse der höchstrichterlichen Rechtsprechung, 2005. Zitiert: *Simon*, Gesetzesauslegung |
| SK-StGB | Systematischer Kommentar zum Strafgesetzbuch, von *Deiters, Greco, Hoyer, Jäger, Noltenius, Rogall, Schall, Sinn, Stein, Wolter, Wolters, Zöller,* 9. Auflage 2016 ff. Zitiert: SK-*Bearbeiter* |
| SSW-StGB | *Satzger, Schluckebier, Widmaier* (Hrsg.), Strafgesetzbuch. Kommentar, 4. Auflage 2019. Zitiert: SSW-*Bearbeiter* |
| *Stern* | Verteidigung in Mord- und Totschlagsverfahren, 3. Auflage 2013. Zitiert: *Stern*, Verteidigung |
| *Streng* | Strafrechtliche Sanktionen. Die Strafzumessung und ihre Grundlagen, 3. Auflage 2012. Zitiert: *Streng*, Sanktionen |
| *Ulsenheimer* | Arztstrafrecht in der Praxis, 5. Auflage 2015. Zitiert: *Ulsenheimer*, Arztstrafrecht |
| *Volk/Engländer* | Grundkurs StPO, 9. Aufl. 2018. Zitiert: *Volk/Engländer*, StPO |
| *Welzel* | Das deutsche Strafrecht, 11. Auflage 1969 |
| *Wessels/Beulke/Satzger* | Strafrecht, Allgemeiner Teil. Die Straftat und ihr Aufbau, 50. Auflage 2020. Zitiert: *Wessels/Beulke/Satzger*, AT |
| *Wessels/Hillenkamp/ Schuhr* | Strafrecht, Besonderer Teil 2. Straftaten gegen Vermögenswerte, 43. Auflage 2020. Zitiert: *Wessels/Hillenkamp/Schuhr*, BT II |
| *Wielant* | Die Aussetzung nach § 221 Abs. 1 StGB, 2009. Zitiert: *Wielant*, Aussetzung |
| *Zimmermann* | Das Unrecht der Korruption: eine strafrechtliche Theorie, 2018. Zitiert: *Zimmermann*, Korruption |

# Festschriftenverzeichnis

Im Text zitiert sind Beiträge aus den Festgaben, Symposien, Fest- und Gedächtnisschriften für

| | |
|---|---|
| *Hans Achenbach* | Heidelberg 2011 |
| *Knut Amelung* | Grundlagen des Straf- und Strafverfahrensrechts, Berlin 2009 |
| *Werner Beulke* | Strafverteidigung – Grundlagen und Stolpersteine. Symposion für Werner Beulke, Heidelberg 2012 |
| *Werner Beulke* | Ein menschengerechtes Strafrecht als Lebensaufgabe, Heidelberg 2015 |
| *BGH* | Festschrift aus Anlass des fünfzigjährigen Bestehens von Bundesgerichtshof, Bundesanwaltschaft und Rechtsanwaltschaft beim Bundesgerichtshof, Köln, Berlin, Bonn, München 2000 |
| *BGH-Festgabe* | 50 Jahre Bundesgerichtshof. Festgabe aus der Wissenschaft, Band IV: Strafrecht, Strafprozessrecht, München 2000 |
| *Jürgen Baumann* | Bielefeld 1992 |
| *Günther Bemmann* | Baden-Baden 1997 |
| *Paul Bockelmann* | München 1979 |
| *Karlheinz Boujong* | München 1996 |
| *Gerd Brudermüller* | Familie – Recht – Ethik, München 2014 |
| *Friedrich Dencker* | Tübingen 2012 |
| *Erwin Deutsch* | Köln 1999 |
| *Eduard Dreher* | Berlin, New York 1977 |
| *Ulrich Eisenberg* | München 2009 |
| *Karl Engisch* | Frankfurt am Main 1969 |
| *Albin Eser* | Menschengerechtes Strafen, München 2005 |
| *Thomas Fischer* | München 2018 |
| *Wolfgang Frisch* | Grundlagen und Dogmatik des gesamten Strafrechtssystems, Berlin 2013 |
| *Klaus Geppert* | Berlin, New York 2011 |
| *Karl Heinz Gössel* | Heidelberg 2002 |
| *Rainer Hamm* | Berlin 2008 |
| *Ernst-Walter Hanack* | Berlin, New York 1999 |
| *Winfried Hassemer* | Heidelberg 2010 |
| *Heidelberg* | Festschrift der Juristischen Fakultät Heidelberg zur 600 Jahr-Feier der Ruprecht-Karls Universität Heidelberg, Heidelberg 1986 |
| *Günter Heine* | Strafrecht als ultima ratio, Gedächtnisschrift, Tübingen 2016 |
| *Ernst Heinitz* | Berlin 1972 |
| *Heinrich Henkel* | Berlin, New York 1974 |
| *Bernd von Heintschel-Heinegg* | München 2015 |
| *Rolf Dietrich Herzberg* | Strafrecht zwischen System und Telos, Tübingen 2008 |
| *Hans Joachim Hirsch* | Berlin, New York 1999 |
| *Günther Jakobs* | Köln, Berlin, Bonn, München 2007 |
| *Hans-H. Jescheck* | Berlin 1985 |
| *Wolfgang Joecks* | München 2018 |
| *Heike Jung* | Baden-Baden 2007 |

XXX

*Festschriftenverzeichnis*

| | |
|---|---|
| *Günther Kaiser* | Internationale Perspektiven in Kriminologie und Strafrecht, Berlin 1998 |
| *Walter Kargl* | Berlin 2015 |
| *Armin Kaufmann* | Gedächtnisschrift, Köln, Berlin, Bonn, München 1989 |
| *Arthur Kaufmann* | Strafgerechtigkeit, Heidelberg 1993 |
| *Hilde Kaufmann* | Gedächtnisschrift, Berlin, New York 1986 |
| *Hans-Jürgen Kerner* | Kriminologie – Kriminalpolitik – Strafrecht, Tübingen 2013 |
| *Urs Kindhäuser* | Baden-Baden 2019 |
| *Theodor Kleinknecht* | Strafverfahren im Rechtsstaat, München 1985 |
| *Ulrich Klug* | Köln 1983 |
| *Günter Kohlmann* | Köln 2003 |
| *Arthur Kreuzer II* | Frankfurt am Main 2018 |
| *Volker Krey* | Stuttgart 2010 |
| *Martin Kriele* | Staatsphilosophie und Rechtspolitik, München 1997 |
| *Günther Küchenhoff* | Recht und Rechtsbesinnung, Gedächtnisschrift, Berlin 1987 |
| *Hans-Heiner Kühne* | Heidelberg 2013 |
| *Wilfried Küper* | Heidelberg 2007 |
| *Karl Lackner* | Berlin, New York 1987 |
| *Ernst-Joachim Lampe* | Jus humanum, Berlin 2003 |
| *Adolf Laufs* | Humaniora. Medizin – Recht – Geschichte, Berlin, Heidelberg 2006 |
| *Theodor Lenckner* | München 1998 |
| *Christoph Link* | Bürgerliche Freiheit und Christliche Verantwortung, Tübingen 2003 |
| *Klaus Lüderssen* | Baden-Baden 2002 |
| *Manfred Maiwald* | Gerechte Strafe und legitimes Strafrecht, Berlin 2010 |
| *Reinhart Maurach* | Karlsruhe 1972 |
| *Hellmuth Mayer* | Beiträge zur gesamten Strafrechtswissenschaft, Berlin 1966 |
| *Reinhard Merkel* | Recht – Philosophie – Literatur, Berlin 2020 |
| *Dieter Meurer* | Gedächtnisschrift, Berlin 2002 |
| *Karlheinz Meyer* | Gedächtnisschrift, Berlin, New York 1991 |
| *Koichi Miyazawa* | Baden-Baden 1995 |
| *Egon Müller* | Baden-Baden 2008 |
| *Heinz Müller-Dietz* | Grundfragen staatlichen Strafens, München 2001 |
| *Kay Nehm* | Strafrecht und Justizgewährung, Berlin 2006 |
| *Ulfrid Neumann* | Rechtsstaatliches Strafrecht, Heidelberg 2017 |
| *Haruo Nishihara* | Baden-Baden 1998 |
| *Peter Noll* | Gedächtnisschrift, Zürich 1984 |
| *Dietrich Oehler* | Köln, Berlin, Bonn, München 1985 |
| *Harro Otto* | Köln, Berlin, München 2007 |
| *Hans-Ullrich Paeffgen* | Strafe und Prozess im freiheitlichen Rechtsstaat, Berlin 2015 |
| *Rainer Paulus* | Würzburg 2009 |
| *Gerd Pfeiffer* | Strafrecht, Unternehmensrecht, Anwaltsrecht, Köln 1988 |
| *Paul-Günter Pötz* | 140 Jahre Goltdammer,s Archiv für Strafrecht, Heidelberg 1993 |
| *Ingeborg Puppe* | Strafrechtswissenschaft als Analyse und Konstruktion, Berlin 2011 |
| *Kurt Rebmann* | München 1989 |
| *Rudolf Rengier* | München 2018 |
| *Peter Riess* | Berlin, New York 2002 |
| *Ruth Rissing-van Saan* | Berlin, New York, 2011 |
| *Dieter Rössner* | Über allem: Menschlichkeit, Baden-Baden 2015 |
| *Klaus Rogall* | Berlin 2018 |
| *Claus Roxin* | Berlin, New York, 2001 |

XXXI

*Festschriftenverzeichnis*

| | |
|---|---|
| *Claus Roxin II* | Strafrecht als Scientia Universalis, Berlin, New York, 2011. Zitiert: Roxin – FS II |
| *Hans-J. Rudolphi* | Neuwied 2004 |
| *Hinrich Rüping* | Recht und Macht. Zur Theorie und Praxis von Strafe, München 2008 |
| *Hannskarl Salger* | Straf- und Strafverfahrensrecht, Recht und Verkehr, Recht und Medizin, Köln, Berlin, Bonn, München 1995 |
| *Erich Samson* | Recht – Wirtschaft – Strafe, Heidelberg 2010 |
| *Werner Sarstedt* | Berlin, New York 1981 |
| *Wolf Schiller* | Baden-Baden 2014 |
| *Ellen Schlüchter* | Gedächtnisschrift, Köln, Berlin, Bonn, München 2002 |
| *Rudolf Schmitt* | Tübingen 1992 |
| *Hans J. Schneider* | Berlin, New York 1998 |
| *Heinz Schöch* | Verbrechen-Strafe-Resozialisierung, Berlin, New York 2010 |
| *Hans-L. Schreiber* | Strafrecht – Biorecht – Rechtsphilosophie, Heidelberg 2003 |
| *Horst Schröder* | Gedächtnisschrift, München 1978 |
| *Friedrich-Christian Schroeder* | Heidelberg 2006 |
| *Bernd Schünemann* | Empirische und dogmatische Fundamente, kriminalpolitischer Impetus, Symposium 2005 |
| *Bernd Schünemann* | Streitbare Strafrechtswissenschaft, Berlin/Boston 2014 |
| *Hans-Dieter Schwind* | Kriminalpolitik und ihre wissenschaftlichen Grundlagen, Heidelberg 2006 |
| *Erich Schwinge* | Köln, Bonn 1973 |
| *Manfred Seebode* | Berlin 2008 |
| *Manfred Seebode* | Im Zweifel für die Freiheit. Gedächtnisschrift, Berlin 2015 |
| *Ulrich Spellenberg* | München 2010 |
| *Günter Spendel* | Berlin, New York 1992 |
| *Gernot Steinhilper* | Kriminologie und Medizinrecht, Heidelberg 2013 |
| *W. Stree/J. Wessels* | Beiträge zur Rechtswissenschaft, Heidelberg 1993 |
| *Franz Streng* | Heidelberg 2017 |
| *Andrzej J. Szwarc* | Vergleichende Strafrechtswissenschaft, Berlin 2009 |
| *Klaus Tiedemann* | Strafrecht und Wirtschaftsstrafrecht – Dogmatik, Rechtsvergleich, Rechtstatsachen, Köln, München 2008 |
| *Herbert Tröndle* | Berlin, New York 1989 |
| *Herbert Tröndle* | Gedächtnisschrift, Berlin 2019 |
| *Klaus Volk* | In dubio pro libertate, München 2009 |
| *Ulrich Weber* | Bielefeld 2004 |
| *Hans Welzel* | Berlin, New York 1974 |
| *Edda Weßlau* | Rechtsstaatlicher Strafprozess und Bürgerrechte. Gedächtnisschrift, Berlin 2016 |
| *Gunter Widmaier* | Strafverteidigung, Revision und die gesamten Strafrechtswissenschaften, Köln, München 2008 |
| *Gerhard Wolf* | Frankfurt am Main 2019 |
| *Ernst A. Wolff* | Berlin 1998 |
| *Jürgen Wolter* | Gesamte Strafrechtswissenschaft in internationaler Dimension, Berlin 2013 |
| *Keiichi Yamanaka* | Rechtsstaatliches Strafen, Berlin 2017 |
| *Heinz Zipf* | Gedächtnisschrift, Heidelberg 1999 |

Teil I

# Straftaten gegen Persönlichkeitswerte

1. Kapitel

# Straftaten gegen das Leben

# § 1   Der Lebensschutz im Strafrecht

**Fall 1:** In einer Privatklinik bringt die F ein Kind zur Welt, das an schwersten Missbildungen leidet. Die mit ihr eng befreundete Ärztin A tötet das Neugeborene, um ihm ein qualvolles Schicksal und der F seelisches Leid zu ersparen. Mit der Erklärung, das Kind sei an Atemlähmung gestorben, verbirgt A den wahren Sachverhalt vor F.

Hat A sich wegen Totschlags (§ 212) strafbar gemacht? Ist es von Bedeutung, ob die Lebensfähigkeit des Kindes durch die schweren Missbildungen beeinträchtigt war oder nicht? **Rn 3**

1

## I.   Der Grundsatz des sog. absoluten Lebensschutzes

„Jeder hat das Recht auf Leben und körperliche Unversehrtheit" (Art. 2 II 1 GG). Mit dieser zentralen Aussage räumt das Grundgesetz dem menschlichen Leben im Wertgefüge der Grundrechtsnormen einen besonders hohen Rang und zugleich einen Anspruch auf den Schutz durch die Rechtsordnung ein (vgl BVerfGE 39, 1, 42). Daraus folgt im Strafrecht für den Bereich der §§ 211 – 216, 222, dass das Leben unabhängig von der Lebensfähigkeit oder der Lebenserwartung, dem Alter, dem Gesundheitszustand sowie der gesellschaftlichen Funktionstüchtigkeit des Einzelnen geschützt wird[1]. Selbst bei schwersten Missbildungen oder geistigen Defekten gibt es für die rechtliche Beurteilung kein „*lebensunwertes Leben*" oder gar eine Befugnis zu dessen Vernichtung. Man spricht hier deshalb auch vom Grundsatz des sog. **absoluten Lebensschutzes**.

2

Mit absolutem Lebensschutz ist freilich nicht gemeint, dass Eingriffe in das Leben nie gerechtfertigt werden können. Schon der Schrankenvorbehalt des Art. 2 II 3 GG zeigt, dass das Recht auf Leben einer Abwägung mit anderen verfassungsrechtlich legitimen Zwecken prinzipiell zugänglich ist. Möglich bleibt daher die Rechtfertigung der Tötung zB unter dem Gesichtspunkt der Notwehr.

---

1   Zur Zuteilung intensivmedizinischer Ressourcen (zB Beatmungsgeräte), wenn die Anzahl der akut bedürftigen Patienten die vorhandenen Kapazitäten übersteigt (sog. **Triage**), vgl *Engländer/Zimmermann*, NJW 20, 1398.

**§ 1** *Der Lebensschutz im Strafrecht*

Lange hat die hM die Ansicht vertreten, das Leben als schutzwürdiges Rechtsgut unterliege auch nicht der Verfügungsgewalt seines Inhabers; es sei prinzipiell unantastbar und unverzichtbar[2]. Das trifft jedoch nur insoweit zu, als der Einzelne, wie sich aus § 216 (Tötung auf Verlangen) ergibt, grds. nicht rechtfertigend in die eigene Tötung durch einen anderen einwilligen kann. In seiner Entscheidung zur Verfassungswidrigkeit des Straftatbestandes der geschäftsmäßigen Förderung des Suizids hat das BVerfG aber klargestellt, dass das aus dem allgemeinen Persönlichkeitsrecht folgende **Recht auf ein selbstbestimmtes Sterben** auch die **Freiheit** einschließt, sich das **Leben zu nehmen** (BVerfG NJW 20, 905). Die Entscheidung des Einzelnen, der eigenen Existenz ein Ende zu setzen, sei als **Akt autonomer Selbstbestimmung** vom Staat zu respektieren. Damit ist auch abschließend geklärt, dass die gelegentlich behauptete *Pflicht* zum (Weiter-)Leben im säkularen Staat keinesfalls begründbar ist[3].

**3**    A ist somit gemäß § 212 zu bestrafen. Ihre Tat ist weder zu rechtfertigen noch zu entschuldigen; die Lebensfähigkeit und Lebenserwartung des Neugeborenen spielt keine Rolle. Die besondere Tragik des Falles kann daher nur auf der Ebene der Strafzumessung berücksichtigt werden (vgl § 213; näher *Arthur Kaufmann*, JZ 82, 481; *R. Schmitt*, Klug-FS, S. 329).

## II.   Beginn und Ende des strafrechtlichen Lebensschutzes

**4**    **Fall 2:** Frau F nimmt im 6. Schwangerschaftsmonat mehrere Eingriffe an sich vor, um ihre Schwangerschaft abzubrechen. Nach dem letzten Eingriff setzen bei ihr Wehen ein, die zur Ausstoßung der Leibesfrucht führen. Zunächst atmet das Neugeborene zwar und bewegt sich; da es jedoch nicht lebensfähig ist, verstirbt es wenige Minuten später.

**Var. 1:** Um den Tod zu beschleunigen, drückt F das nicht lebensfähige Neugeborene zwei Minuten lang fest in die Matratze bis es erstickt ist.

**Var. 2:** Das Neugeborene ist trotz der vorzeitigen Geburt lebensfähig. Da F sich jedoch nicht um es kümmert, verstirbt es kurze Zeit später.

Wie ist die Tötung des Neugeborenen strafrechtlich zu beurteilen? **Rn 13**

### 1.   Abgrenzung zwischen Tötungsdelikten und Schwangerschaftsabbruch

**5**    Ein Verhalten wie das in **Fall 2** geschilderte berührt die Anwendungsbereiche von § 218 und § 212. Beide Vorschriften unterscheiden sich im Hinblick auf das **geschützte Rechtsgut** und das **Angriffsobjekt**.

---

2   Vgl *Ingelfinger*, ZfL 05, 38; *Klesczewski*, BT § 2 Rn 2; MüKo-*Schneider*, Vor § 211 Rn 27; S/S-*Eser/Sternberg-Lieben*, § 216 Rn 1, jeweils mwN; krit. *Merkel*, Früheuthanasie, S. 578 ff; *Hufen*, NJW 18, 1524; *Kubiciel*, JA 11, 86; siehe auch BSK-*Schwarzenegger/Stössel*, Vor Art. 111 Rn 6 und unten Rn 28 f.

3   Vgl auch BT-Drucks. 16/8442, S. 9: „Jeder Mensch hat dem Staat gegenüber zwar ein Lebensrecht, jedoch keine Lebenspflicht"; aA – aber nicht vertretbar – *Schmidhäuser*, Welzel-FS, S. 801. Siehe dazu auch *Antoine*, Sterbehilfe, S. 218 ff mwN; *Baumgarten*, The Right to Die?, 1998, S. 117; NK-*Neumann*, Vor § 211 Rn 40, 43 ff.

**Schutzgut** des § 218 ist als Vorform menschlicher Existenz das **keimende** (= **noch ungeborene**; vgl § 219 I) **Leben** als Entwicklungsstufe der menschlichen Persönlichkeit[4]. Objekt der Tat ist die *Leibesfrucht* der Schwangeren, auf deren Abtötung der Schwangerschaftsabbruch gerichtet ist. **6**

Geschütztes Rechtsgut bei den §§ 211 ff ist dagegen das **"geborene"** (die Basis der personalen Existenz bildende) **menschliche Leben**. Gegenstand des Angriffs und Objekt der Tat ist hier ein *anderer Mensch*. **7**

## 2. Der Beginn des Menschseins

Zum **Menschen** im Sinne des Strafrechts wird der Fetus (abweichend von § 1 BGB) nicht erst mit der Vollendung der **Geburt**[5], sondern schon mit ihrem **Beginn**, dh mit dem Einsetzen der **Eröffnungswehen**[6] oder – bei operativer Entbindung – dem Öffnen des Uterus[7]. **8**

Früher ergab sich dies aus § 217 aF (Kindestötung; nicht zu verwechseln mit dem aktuelleren, vom BVerfG als verfassungswidrig verworfenen § 217, der die geschäftsmäßige Förderung des Suizids unter Strafe stellte), nach dem die Tötung eines Kindes "in" der Geburt als Tötungsdelikt und nicht als Abtreibungsdelikt zu bestrafen war. Diese Norm hat der Gesetzgeber jedoch mit dem 6. StrRG 1998 abgeschafft. Gleichwohl zieht die wohl hM § 217 aF nach wie vor heran, weil der Wegfall der Vorschrift ausweislich der Gesetzesmaterialien keinen Einfluss auf das maßgebliche Abgrenzungskriterium – "in" der Geburt – haben sollte[8]. Das ändert allerdings nichts daran, dass aus einer nicht existierenden Norm für die geltende Rechtslage auch nichts abgeleitet werden kann[9]. Eine gesetzliche Klarstellung des maßgeblichen Kriteriums wäre daher wünschenswert[10].

Der sachliche Grund für die Grenzziehung liegt wohl in Folgendem: § 218 stellt nur die vorsätzliche und nicht die fahrlässige Abtötung der Leibesfrucht unter Strafe. Anderenfalls würde die Lebensführung der Schwangeren in unerträglicher Weise eingeschränkt und ihr für die Dauer der Schwangerschaft jede mit Risiken verbundene Betätigung untersagt (zB Radfahren, Reiten, sonstige körperliche Anstrengungen etwa bei Gartenarbeiten usw). Anderseits ist das Kind aber gerade im Geburtsvorgang besonderen Gefahren ausgesetzt. Um das Kind hier wirksam zu schützen, muss es daher schon **während der Geburt** dem Anwendungsbereich der Tötungs- und Körperverletzungsvorschriften unterstellt werden, bei denen nicht nur *vorsätzliche*, sondern auch *fahrlässige* Verletzungshandlungen mit Strafe bedroht sind[11]. **9**

Bei den Eröffnungswehen spielt es keine Rolle, ob sie spontan eintreten oder medikamentös herbeigeführt werden. Beginn der Geburt ist immer erst ihr **tatsächliches Einsetzen** und nicht etwa die Vornahme darauf abzielender Maßnahmen (vgl BGHSt 32, 194). **10**

---

4   Vgl BVerfGE 39, 1; 88, 203; siehe auch S/S-*Eser/Weißer*, Vor § 218 Rn 9 mwN.

5   So aber *Herzberg/Herzberg*, JZ 01, 1106; *Herzberg*, JuS 05, 1, 5 und NK-*Merkel*, § 218 Rn 33.

6   BGHSt 32, 194; BGH NStZ 10, 214; auf den Beginn der Presswehen stellt ab NK-*Neumann*, Vor § 211 Rn 10; wie der BGH die hM in der Schweiz, vgl BSK-*Schwarzenegger/Stössel*, Vor Art. 111 Rn 26.

7   *Küper/Zopfs*, BT Rn 245; S/S-*Eser/Sternberg-Lieben*, Vor § 211 Rn 13.

8   Vgl BT-Drucks. 13/8587, S. 34, 81; *Jäger*, JuS 00, 31; LK-*Kröger*, Vor § 218 Rn 38; S/S-*Eser/Sternberg-Lieben*, Vor § 211 Rn 13.

9   Dazu *Fischer*, Vor § 211 Rn 6 f; *Struensee*, Einführung S. 29; krit. zur Rechtslage *Gropp*, GA 00, 1 einerseits, NK-*Neumann*, Vor § 211 Rn 6 ff andererseits.

10  So auch NK-*Merkel*, § 218 Rn 42; hingegen hält *Hirsch*, Eser-FS. S. 309 die Rechtslage für eindeutig iS der hL.

11  Vgl dazu *Lüttger*, Heinitz-FS. S. 359 mwN; ferner *Küper*, GA 01, 515, 519.

**§ 1** *Der Lebensschutz im Strafrecht*

**11**  Für die strafrechtliche Beurteilung bildet der Beginn der Geburt demnach eine **Zäsur**, mit der das Leibesfruchtstadium endet und das **Menschsein beginnt**. Bei der Frage, ob Verletzungshandlungen vom Anwendungsbereich des § 218 oder der §§ 211, 212, 222 erfasst werden, stellt die hM zutreffend auf den Zeitpunkt ab, zu dem der Täter auf das Tatobjekt **schädigend einwirkt**[12]; wann der *Erfolg* eintritt, ist ohne Belang.

**12**  Wer schon vor Einsetzen der Eröffnungswehen auf das Ungeborene schädigend einwirkt, macht sich somit auch dann nur nach § 218 strafbar, wenn der Tod erst *nach der Geburt* eintritt, ohne dass weitere Einwirkungen vorgenommen worden sind[13]. Dagegen liegt (neben dem vorausgegangenen Verstoß gegen § 218) ein **vollendetes Tötungsdelikt** vor, wenn infolge der Abtreibungshandlung ein lebendes Kind zur Welt kommt, das nach der Geburt durch einen **neuen Angriff** auf sein Leben getötet wird (vgl BGHSt 10, 291; 13, 21; dazu auch Rn 197). Das gilt auch dann, wenn das Neugeborene nicht dauerhaft lebensfähig ist und ohnehin kurze Zeit später versterben würde, denn das Leben des Menschen wird unabhängig von der ihm noch verbleibenden Lebensspanne geschützt.

**13**  Im **Fall 2** ist F im Grundfall nur des Schwangerschaftsabbruchs (§ 218) schuldig, weil sie auf das Ungeborene schon vor Einsetzen der Eröffnungswehen schädigend eingewirkt hat.

Anders verhält es sich in der **Var. 1**. Indem F das Neugeborene in die Kissen gedrückt hat, hat sie eine neue Kausalkette in Gang gesetzt. Ohne diese Handlung wäre das Kind nicht durch Ersticken, sondern erst kurze Zeit später verstorben. Damit hat F einen lebenden Menschen getötet und ist deshalb des Totschlags (§ 212) schuldig. (Zudem hat sie eine versuchte Abtreibung begangen, die bei ihr allerdings nicht bestraft wird, vgl § 218 IV 2[14]).

In **Var. 2** liegt die Besonderheit darin, dass das Neugeborene lebensfähig ist[15]. Hätte F sich als Beschützergarantin pflichtgemäß um das Kind gekümmert, wäre es nicht gestorben. Deshalb hat sie hier vorsätzlich einen Menschen durch Unterlassen getötet, sich also wegen Totschlags durch Unterlassen nach §§ 212, 13 strafbar gemacht. (Die tatmehrheitlich begangene versuchte Abtreibung bleibt wiederum nach § 218 IV 2 straffrei.)

**14**  Der Grundsatz, dass es auf die Objektqualität des von der Tat betroffenen Lebewesens im Einwirkungszeitpunkt ankommt, gilt auch dann, wenn nicht eine vorsätzliche Tötung, sondern eine **fahrlässige Todesverursachung** in Rede steht. Das Gebot einer einheitlichen Auslegung der Tötungstatbestände lässt es nicht zu, den Schutzbereich des § 222 anders zu bestimmen als den einer vorsätzlichen Tötung[16].

**15**  BGHSt 31, 348, 352 bemerkt hierzu, dass jede andere Auslegung mit dem Willen des Gesetzgebers unvereinbar sei, der eine *fahrlässige* Schädigung der Leibesfrucht aus guten Gründen straflos gelassen habe. Die sich daraus ergebenden strafrechtlichen Konsequenzen sind insbesondere bei **medizinischen Behandlungsfehlern** im Schwangerschaftsstadium von erheblicher Bedeutung: Fahrlässige pränatale (vorgeburtliche) Handlungen mit postnatalen Schadens-

---

12  Näher BGHSt 31, 348, 352; OLG Karlsruhe NStZ 85, 314; *Lackner/Kühl*, Vor § 211 Rn 3; NK-*Neumann*, Vor § 211 Rn 14.

13  BGHSt 10, 5; 31, 348, 352; BGH StV 08, 246 mit instrukt. Anm. *Jäger*, Jura 09, 53, 56.

14  Eine vollendete Abtreibung *neben* dem vollendeten Tötungsdelikt hat in einem entsprechenden Fall noch BGHSt 10, 291 bejaht; krit. dazu dann aber schon BGH GA 63, 15.

15  Im Einzelnen bedarf der Begriff der Lebensfähigkeit allerdings noch näherer Klärung; dazu NK-*Merkel*, § 218 Rn 75 ff; *ders.*, in: Roxin/Schroth (Hrsg.), Handbuch des Medizinstrafrechts, S. 295, 333.

16  MüKo-*Schneider*, Vor § 211 Rn 13.

4

folgen werden weder von § 222 noch von § 229 erfasst, wenn die betroffene Leibesfrucht nach der schädigenden Einwirkung das Stadium des Menschseins erreicht (Beispiel: Eine fehlerhafte medikamentöse Behandlung oder Bestrahlung hat eine Schädigung der Leibesfrucht zur Folge, die bei dem später geborenen Kind zum baldigen Tod führt oder als dauernde körperliche oder geistige Behinderung in Erscheinung tritt). Der gegenteiligen Entscheidung des LG Aachen (JZ 71, 507; vgl dazu Rn 203), das im Contergan-Verfahren aus nicht strafbaren Leibesfruchtverletzungen strafbare Körperverletzungen konstruiert hatte, ist durch BGHSt 31, 348 die Grundlage entzogen worden[17]. Dabei ist es belanglos, ob das konkrete sorgfaltswidrige Verhalten in einem *positiven Tun* oder in einem *pflichtwidrigen Unterlassen* bestand. Die damit verbundenen Lücken im Strafrechtsschutz könnten nur durch den Gesetzgeber geschlossen werden (siehe zu Fällen dieser Art auch § 4 AntiDopG (bis zum 17.12.2015: § 95 I Nr 2a und 2b, III Nr 2 AMG) sowie BVerfG NJW 88, 2945; OLG Karlsruhe NStZ 85, 314).

## 3. Gentechnik und Fortpflanzungsmedizin

Weder in den Anwendungsbereich der Tötungs- und Körperverletzungsdelikte noch den des § 218 fallen Eingriffe der **Gentechnik** und der **Fortpflanzungsmedizin**, wie etwa die künstliche Veränderung der Erbinformationen menschlicher Keimbahnzellen, die extrakorporale Befruchtung, Forschungsexperimente an den dabei erzeugten Embryonen, die Vermittlung der sog. Leihmutterschaft und dergleichen; auf sie bezieht sich das Gesetz zum Schutz von **Embryonen** vom 13.12.1990.   **16**

Das **Embryonenschutzgesetz** bedroht mit Strafe ua die missbräuchliche Anwendung von Fortpflanzungstechniken, die missbräuchliche Verwendung menschlicher Embryonen, die Züchtung von genetisch identischen Menschen (Klonen) sowie die sog. Chimären- und Hybridbildung. Siehe zu diesem noch nicht abschließend geregelten, heftig umkämpften Fragenkreis Bioethik-Kommission Rheinland-Pfalz, Fortpflanzungsmedizin und Embryonenschutz, 2005; *Dreier/Huber*, Bioethik und Menschenwürde, 2002; *Duttge*, Präimplantationsdiagnostik: Quo vadis?, medstra 15, 77; *Frister/Lehmann* Die gesetzliche Regelung der Präimplantationsdiagnostik, JZ 12, 659; *Gärditz*, Fortpflanzungsmedizinrecht zwischen Embryonenschutz und reproduktiver Freiheit, ZfL 14, 42; *Hoerster*, Ethik des Embryonenschutzes, 2002; *Peter König*, Selektive Willkür? – Zum „PID-Urteil" des Bundesgerichtshofs, Achenbach-FS, S. 207; *Merkel*, Grundrechte für frühe Embryonen?, Müller-Dietz-FS, S. 493; *Schreiber*, Recht als Grenze der Gentechnologie, Roxin-FS, S. 891; *F.-C. Schroeder*, Die Rechtsgüter des Embryonenschutzgesetzes, Miyazawa-FS, S. 533. Speziell zur strafrechtlichen Beurteilung der Präimplantationsdiagnostik (PID) *Hörnle*, GA 02, 659; *Ollech*, Die strafrechtlichen Risiken des Mediziners im Rahmen von Präimplantationsdiagnostik und Pränataldiagnostik, 2020; *Renzikowski*, NJW 01, 2753 sowie *Schroth*, ZStW 125 (2013), 627; aus verfassungsrechtlicher Sicht *Hufen*, MedR 01, 440; am 7.7.2011 hat der Bundestag, veranlasst durch BGHSt 55, 191, 206, einer begrenzten Zulassung der PID zugestimmt; dazu *Sowada*, GA 11, 389, 394 ff.   **17**

## 4. Das Ende des Lebensschutzes

Der strafrechtliche Lebensschutz **endet** mit dem **Tod des Menschen**. Fraglich ist, nach welchen Kriterien sich dieser bestimmt. Die Medizin hat früher auf den endgültigen Stillstand von Kreislauf und Atmung abgestellt (sog. *klinischer* Tod). Dieser sog. **klassische Todesbegriff** ist indes durch den medizinisch-technischen Fortschritt   **18**

---

17   Zutreffend *Hirsch*, Anm. JR 85, 336; *Lüttger*, NStZ 83, 481, 485; NK-*Neumann*, Vor § 211 Rn 15.

**§ 1**  *Der Lebensschutz im Strafrecht*

(insbesondere die Einführung maschineller Beatmung und die moderne Intensivmedizin), aber auch infolge des wachsenden Interesses an der Nutzung der Möglichkeiten der Transplantationsmedizin inadäquat geworden[18].

**19**  **Fall 3:** Nach einem Unfall wird der Patient P mit schweren Schädelverletzungen in eine Klinik eingeliefert, operiert und an ein Beatmungsgerät angeschlossen, das Kreislauf und Atmung des tief bewusstlosen P künstlich in Gang hält. Einige Zeit später zeigt die Messung der Hirnstromkurve im Elektroenzephalogramm eine absolute Null-Linie; andere Kontrollmaßnahmen ergeben ebenfalls, dass die Gehirntätigkeit bei P vollständig erloschen ist. Den Entschluss der behandelnden Ärztin, den P an dem Beatmungsgerät zu belassen und seine Nieren demnächst für eine Organtransplantation zu verwenden, vereitelt der Pfleger A dadurch, dass er die Apparatur während seines Nachtdienstes eigenmächtig abschaltet.

Hat A den Tatbestand des § 212 verwirklicht? **Rn 22**

**20**  Legte man hier den klassischen Todesbegriff zugrunde, wäre P beim Abschalten der Apparatur durch A noch ein lebender „Mensch" iS des § 212 gewesen, da sein Kreislauf und seine Atmung bis dahin noch nicht zum Stillstand gekommen waren. Dagegen spricht jedoch, dass mit dem **Organtod des Gehirns** das *Lebenszentrum* des Menschen zerstört und seine individuelle Existenz erloschen ist. Während Kreislauf und Atmung auch nach ihrem Versagen reaktiviert und mit modernen Geräten künstlich in Gang gehalten werden können, ist der völlige Ausfall aller Gehirnfunktionen stets unumkehrbar. Menschlich-personales Leben **endet** daher unwiderruflich, wenn das **Gehirn als Ganzes** abstirbt und seine Funktionen für immer einstellt. Demgemäß ist entsprechend den neueren wissenschaftlichen Erkenntnissen unter dem **Eintritt des Todes** nicht der Stillstand des Herzens und der Atmung (= Herztod), sondern das endgültige **Erlöschen aller Gehirnfunktionen** (= Hirntod) zu verstehen[19].

**21**  Inzwischen ist dieser Standpunkt auch rechtlich im Transplantationsgesetz (TPG) vom 5.11.1997 verankert, das den Hirntod als Todes*kriterium* (und damit als Voraussetzung für eine zulässige Organentnahme) bestimmt[20]. Definiert wird er in § 3 II Nr 2 TPG als der endgültige, nicht behebbare Ausfall der Gesamtfunktion des Großhirns, des Kleinhirns und des Hirnstamms[21].

**22**  Im **Fall 3** war P daher beim Abschalten des Geräts durch S kein taugliches Tötungsobjekt iS des § 212 mehr.

---

18  Näher NK-*Neumann*, Vor § 211 Rn 17 ff; S/S-*Eser/Sternberg-Lieben*, Vor § 211 Rn 16 ff; siehe auch BSK-*Schwarzenegger/Stössel*, Vor Art. 111 Rn 35.

19  Näher dazu S/S-*Eser/Sternberg-Lieben*, Vor § 211 mwN; aus medizinischer Sicht *Onducu* in Roxin/ Schroth (Hrsg.), Medizinstrafrecht, 2. Aufl. 2001, S. 199; aus philosophischer Perspektive *Birnbacher*, Merkel-FS, S. 1015; eingehend zur aA *Rixen*, Lebensschutz am Lebensende, 1999; ferner ua *Höfling*, JZ 95, 26. *Dencker*, NStZ 92, 311, will anstelle des Hirntodes schon den endgültigen, nicht mehr umkehrbaren Bewusstseinsverlust im Sterbeprozess genügen lassen. Dagegen *Joerden*, NStZ 93, 268; *Puppe*, Anm. JR 92, 511, 513.

20  LK-*Dippel*, § 168 Rn 11 ff; MüKo-*Schneider*, Vor § 211 Rn 14 ff; *Merkel*, Jura 99, 113 und in Früheuthanasie, S. 98, 111; *Saliger*, KritV 02, 383, 405 ff.

21  Dazu *Heyers*, Jura 16, 709; *Küper/Zopfs*, BT Rn 513; MüKo-Nebenstrafrecht-*Tag*, TPG, § 3 Rn 16–19; NK-*Neumann*, Vor § 211 Rn 25.

Die *Kennzeichen* des Hirntodes (wie etwa Bewusstlosigkeit, Ausfall der Spontanatmung,   **23**
Lichtstarre beider Pupillen, Fehlen der Hirndurchblutung und der Hirnnervenreflexe) sowie der
*Methoden*, mit deren Hilfe sich sein Eintritt feststellen lässt, hat das TPG dagegen *nicht* festgelegt. § 3 I Nr 2, II Nr 2 TPG verweisen insoweit auf (Verfahrens-)Regeln, die dem Stand der
Erkenntnisse der medizinischen Wissenschaft entsprechen (müssen). § 16 TPG befugt die Bundesärztekammer, für diesen Bereich **Richtlinien** aufzustellen. Gemäß § 16 I 2 TPG begründet
deren Einhaltung sodann die Vermutung, dass der (jeweilige) Stand der wissenschaftlichen Erkenntnisse gewahrt ist. Zum **Zustimmungsproblem** siehe MüKo-Nebenstrafrecht-*Tag*, § 4
TPG Rn 5. Zur Problematik der Organentnahme bei **anencephalen Neugeborenen** vgl *Lack-
ner/Kühl*, Vor § 211 Rn 4 mwN.

# § 2   Die Tötungsdelikte

> **Fall 4:** Der Assistent A versucht hartnäckig, intime Beziehungen zu der Studentin S anzu-   **24**
> knüpfen. Als S all seine Annäherungsversuche zurückweist, fasst A den Entschluss, sie zu
> töten, denn wenn er sie „nicht haben" könne, solle sie auch „kein anderer haben". Er lauert
> der spätabends aus der Universität heimkommenden S auf, fällt sie hinterrücks an und tötet
> sie mit mehreren Messerstichen.
> Wie hat A sich strafbar gemacht? **Rn 33, 53, 58, 70**

## I.   Systematischer Überblick

Bei den Straftaten gegen das Leben kann zunächst zwischen Verletzungs- (§§ 211–   **25**
216, 222) und Gefährdungsdelikten (§ 221) unterschieden werden. Umstritten ist das
Verhältnis der vorsätzlichen Tötungsdelikte zueinander. Nach der hL bildet § 212 den
**Grundtatbestand** der vorsätzlichen Tötung. Davon heben sich strafschärfend die
**Qualifikation** des § 211 und strafmildernd die **Privilegierung** des § 216[1] ab[2]. Begründen lässt sich die Annahme eines solchen Stufenverhältnisses damit, dass der
Unrechtskern bei allen drei Delikten derselbe ist: die vorsätzliche Tötung eines ande-
ren Menschen. Die bei §§ 211, 216 hinzutretenden speziellen Merkmale erhöhen bzw
verringern das Unrecht nur quantitativ, aber nicht qualitativ.

Diese Einordnung der einzelnen Tatbestandsabwandlungen mit ihren unterschiedlichen Schwe-
regraden (sog. *dreistufiges* Modell) entspricht auch der Auffassung des BVerfG (vgl dazu
BVerfGE 45, 187 Leitsatz 4).

---

1  Die Berechtigung, mit § 216 ausnahmslos jede Tötung auf Verlangen zu kriminalisieren, wird nicht
  einheitlich begründet und unterliegt zunehmend Zweifeln: vgl nur *Kubiciel*, Die Wissenschaft vom
  Bes. Teil des Strafrechts, 2013, S.182 ff; *Engländer*, Schünemann-FS, S. 583, 585 ff; *Fischer*, § 216
  Rn 1, 3a sowie Vor § 211 Rn 69 f; MüKo-*Schneider*, § 216 Rn 3 ff; NK-*Neumann/Saliger*, § 216 Rn 1,
  3; S/S-*Eser/Sternberg-Lieben*, § 216 Rn 1a, jeweils mwN.
2  Vgl *Maurach/Schroeder*, BT I § 2 Rn 5 f; NK-*Neumann*, Vor § 211 Rn 164; aA *Müssig*, Mord und Totschlag, 2005, S. 243 ff, der den Mord als Grundtatbestand und den Totschlag als Privilegierung auffasst; wieder anders *F. Müller*, § 216 StGB, S. 178 f, der in § 216 einen dem allgemeinen Tötungsverbot vorgelagerten Gefährdungstypus sieht.

**§ 2** *Die Tötungsdelikte*

**26** Der BGH sieht dagegen in den §§ 211, 212, 216 **selbstständige Tatbestände** mit art-eigenem Unrechtsgehalt[3]. § 211 enthalte folglich nicht strafschärfende, sondern *straf-begründende* Merkmale[4]. Diese Ansicht, die auf das *gemeine Recht* zurückgeht und in § 212 I („ohne Mörder zu sein") scheinbar noch einen Anhaltspunkt findet, ist als überholt abzulehnen[5].

Der Streit hat praktische Bedeutung für die Strafbarkeit von Teilnehmern bei § 28 I, II (siehe dazu Rn 88 sowie BGHSt 50, 1, 5 und BGH StV 84, 69)[6].

§ 213 ist dagegen kein „Tatbestand", sondern nur eine Strafzumessungsregel für den Bereich des § 212 (näher dazu Rn 35 f.).

**27** Nach der **Polizeilichen Kriminalstatistik** (PKS) für 2017/2018/2019 belegen Mord, Totschlag und Tötung auf Verlangen in der Bundesrepublik Deutschland mit 2379/2471/2315 erfassten Fällen und einem Anteil von 0,1/0,1/0,1% an der Gesamtkriminalität die letzte Stelle in der Rangfolge der Straftaten. Die hohe Aufklärungsquote von 95,6/96,1/94,0% dürfte durch die Verfolgungsintensität in diesem Deliktsbereich und die Wirkung der §§ 81e ff StPO zu erklären sein. Näheres zu dieser wie auch zu der ebenfalls jährlich erscheinenden Strafverfolgungs-statistik bei *Schwind*, Kriminologie, § 2 Rn 2; zum nur „relativen" Aussagegehalt der PKS vgl *Császár* und *Heinz*, Schneider-FS, S. 105, 779; *Hettinger*, Entwicklungen, S. 9 mwN.

## II. Totschlag

### 1. Tatbestandsvoraussetzungen

**28** Der Grundtatbestand des **Totschlags** (§ 212) setzt objektiv die Tötung eines anderen Menschen und subjektiv die vorsätzliche Herbeiführung des Todeserfolgs in Kenntnis aller Merkmale des objektiven Tatbestandes unter Einschluss des Kausalzusammen-hangs voraus, wobei Eventualvorsatz genügt[7]. Die Tathandlung kann dabei sowohl in einem *Tun* als auch in einem (an § 13 zu messenden) *Unterlassen* bestehen (näher NK-*Neumann/Saliger*, § 212 Rn 2 ff). Auf welche Weise und mit welchen Mitteln die Tötung begangen wird, ist gleichgültig.

Dass es sich beim Tatopfer um einen *anderen* Menschen handeln muss, ergibt sich zwar nicht aus dem Wortlaut des § 212, wohl aber aus verfassungsrechtlichen und systematischen Über-legungen. Denn anderenfalls würde man eine strafbewehrte Pflicht des Einzelnen gegenüber der Gesellschaft zum Weiterleben schaffen, die in einem freiheitlichen Staat nicht zu legitimieren ist (dazu schon Rn 2). Zudem wäre es ein eklatanter Wertungswiderspruch, die einverständli-che vollendete Tötung des Sterbewilligen durch einen anderen gemäß § 216 mit Freiheitsstrafe

---

3  BGHSt 1, 368; 22, 375; Die vom 5. Strafsenat geäußerten Zweifel, BGH NJW 06, 1008, 1012 f, sind in der Rechtsprechung eine Ausnahme geblieben; zu dieser Entscheidung Matt/Renzikowski-*Safferling*, Vor § 212 Rn 7; s. aber auch *Rissing-van Saan*, in: Jahn/Nack (Hrsg.), 2. Karlsruher Strafrechtsdialog, S. 26, 27 ff zum Standpunkt der Rspr.

4  Krit. zu dieser Begründung *Neumann*, Lampe-FS, S. 643.

5  *Küper*, JZ 91, 911; 06, 1157, 1165; *Lackner/Kühl*, Vor § 211 Rn 18, 22; *Maurach/Schroeder*, BT I § 2 Rn 5; NK-*Puppe*, §§ 28, 29 Rn 27, 29; zum Meinungsstand mwN *Hillenkamp*, BT 1. Problem.

6  Näher zum Ganzen *Küper*, JZ 91, 761, 862, 910; 06, 1157; *Mitsch*, JuS 96, 26; rechtsvergleichender Überblick bei BSK-*Schwarzenegger/Stössel*, Vor Art. 111 Rn 76 ff.

7  Näher zu den umstrittenen Voraussetzungen dieser Vorsatzform *Wessels/Beulke/Satzger*, AT Rn 331 ff.

*Tatbestandsvoraussetzungen* **§ 2 II 1**

von sechs Monaten bis fünf Jahren zu bestrafen, die (bloß) versuchte Selbsttötung dagegen nach §§ 212, 22, 23 I, 12 I mit Freiheitsstrafe nicht unter fünf Jahren bzw, wenn von der fakultativen Strafmilderung des § 23 II Gebrauch gemacht wird, immer noch mit Freiheitsstrafe von zwei Jahren bis elf Jahren und drei Monaten. Die (versuchte) Selbsttötung fällt deshalb nicht unter § 212. Das hat zur Folge, dass die Teilnahme an der freiverantwortlichen Selbsttötung mangels Haupttat nicht als Anstiftung oder Beihilfe strafbar ist (näher Rn 116).

Probleme bereitet nicht selten die Feststellung des **Tötungsvorsatzes**. Schweigt der **29** Täter (§§ 136 I 2, 243 V 1 StPO) oder bestreitet er den Tatvorwurf, ist sein Nachweis nur anhand von Indizien möglich. Das erfordert nach ständiger Rechtsprechung des BGH die sorgfältige Abwägung aller für und wider einen Tötungsvorsatz sprechenden Umstände im Rahmen einer *Gesamtwürdigung* des konkreten Falls (§ 261 StPO). Dazu zählen insbesondere die konkrete Tatsituation und die Angriffsweise, die Situation des Tatopfers, die Tatausführung, Ziel und Beweggrund der Tat, Gefährlichkeit der Tat, die Kenntnisse des Täters, seine psychische Verfassung und seine Persönlichkeit. Nichts anderes als die Forderung nach einer solchen *umfassenden* Beweiswürdigung steht letztlich hinter dem Hinweis des BGH, dass gegenüber der Tötung von Menschen eine besonders hohe **Hemmschwelle** bestehe (klärend BGHSt 57, 183)[8].

Manche haben den BGH früher so verstanden, als wolle er mit dem Hemmschwellen-Argument eine allgemeine psychologische Theorie aufstellen (und daher auch von der „Hemmschwellen-Theorie" des BGH gesprochen). Dabei handelte es sich jedoch um ein Missverständnis. Die Bezugnahme auf die „hohe Hemmschwelle" vor einer Tötung dient lediglich der Klarstellung, dass es sich die Tatgerichte mit der Bejahung des Tötungsvorsatzes nicht zu leicht machen dürfen (ein Anliegen, das angesichts des Strafmaßes, um das es bei den §§ 211, 212 geht, Zustimmung verdient). Der 4. Strafsenat hat deshalb vor einigen Jahren ausgeführt, das Hemmschwellen-Argument sei letztlich überflüssig; man komme genauso gut ohne es aus (BGHSt 57, 183, 190). Freilich wird es etwa vom 2. Strafsenat auch weiterhin verwendet (vgl BGH NStZ 14, 35). Die Mutmaßung einiger Stimmen aus dem Schrifttum, der BGH habe sich mit der Entscheidung des 4. Senats vom Hemmschwellen-Argument verabschiedet (so etwa *Fahl*, JuS 13, 499), dürfte daher voreilig sein. Gleichwohl empfiehlt es sich, in der **Klausur** von diesem Argument nur vorsichtigen Gebrauch zu machen und es zumindest präzise erläutern. Keinesfalls sollte pauschal auf eine "Hemmschwelle" abgestellt, sondern stets auf die konkreten Indizien des Falles Bezug genommen werden.

Das bedeutendste Indiz für einen bedingten Tötungsvorsatz ist die **offensichtliche** **30** **Lebensgefährlichkeit** der Tathandlung.

**Beispiele:** ein wuchtig geführter Messerstich in den Rücken, ein Schuss mit einer Pistole auf den Körper (NStZ-RR 18, 373), Tritte gegen den Kopf

Bei derart gefährlichen Angriffen liegt regelmäßig der Schluss nahe, dass der Täter die nicht fernliegende Möglichkeit des Erfolgseintritts erkannt hat *(intellektuelle = kognitive Vorsatzkomponente)*. Dass er gleichwohl gehandelt hat, spricht indiziell zudem für die Billigung des Todeserfolgs *(voluntative Vorsatzkomponente)*[9]. Allerdings darf das Tatgericht sich nicht mit dieser Feststellung begnügen, sondern muss, wie er-

---

8  Zu BGHSt 57, 183 siehe *Heghmanns*, ZJS 12, 826; *Jahn*, JuS 12, 757; *Mandla*, NStZ 12, 695; *Puppe*, JR 12, 477 und NStZ 14, 183; *Sinn/Bohnhorst*, StV 12, 658. Allgemein *Mühlbauer*, Die Rechtsprechung des Bundesgerichtshofs zur Tötungshemmschwelle, 1999.
9  BGHSt 57, 183, 188; dazu auch MüKo-*Schneider*, § 212 Rn 14 ff, 58 ff.

**§ 2** *Die Tötungsdelikte*

wähnt, alle konkreten Tatumstände in die Beweiswürdigung einbeziehen. So kann die Einsicht in die Lebensgefährlichkeit der Tathandlung aufgrund einer affekt- oder alkoholbedingten psychischen Beeinträchtigung oder einer hirnorganischen Schädigung zu verneinen sein (BGHSt 57, 183). Und an der Billigung des Erfolgseintritts fehlt es, wenn es Anhaltspunkte dafür gibt, dass der Täter *ernsthaft* auf den Nichteintritt des Todeserfolgs vertraut hat. Letzteres ist indes wiederum in den Fällen abzulehnen, in denen, wie der Täter weiß, nur noch ein glücklicher Zufall den Eintritt des Todes verhindern kann[10].

Keine besonderen Anforderungen an die Darlegung der inneren (= subjektiven) Tatseite in den Urteilsgründen bestehen vor diesem Hintergrund bei **objektiv äußerst gefährlichen** Handlungen, bei denen die Handlung nur noch zum Tod des Opfers führen kann[11].

**31**  **Beispiele:** Bejaht hat der BGH nach diesen Grundsätzen den bedingten Tötungsvorsatz zB, wenn jemand Brandflaschen in ein von Menschen bewohntes Gebäude schleudert (vgl BGH NStZ 94, 483 und 584), von einer Autobahnbrücke gezielt Steine oder andere Gegenstände auf die unter der Brücke hindurchfahrenden Fahrzeuge wirft (BGH DAR 03, 124) oder das Tatopfer drei bis fünf Minuten stranguliert (BGH NStZ 04, 330).

Hingegen hat der 5. Strafsenat eine Entscheidung bestätigt, in der der Tötungsvorsatz verneint wurde, obwohl die Angeklagten Kopf und Oberkörper des Tatopfers mit einem halben Liter einer brennbaren Flüssigkeit übergossen und angezündet hatten[12]. Gegen den Tötungsvorsatz sprachen in dem Fall die zu einer Fehleinschätzung der Gefährlichkeit führende erhebliche Alkoholisierung der Täter, das um Schadensbegrenzung bemühte Nachtatverhalten – die Angeklagten löschten den Brand umgehend und holten Hilfe – sowie das Fehlen eines Tötungsmotivs. Zur streckenweise wenig stimmigen Kasuistik vgl NK-*Neumann/Saliger*, § 212 Rn 15 f.

Aufgrund von mehreren aufsehenerregenden Unfällen im Zusammenhang mit **illegalen Autorennen** in deutschen Großstädten, bei denen unbeteiligte Passanten zu Tode gekommen sind oder schwer verletzt wurden, musste sich die Rechtsprechung in den letzten Jahren mehrfach mit der Frage befassen, ob und wann hier bedingter Tötungsvorsatz bejaht werden kann. Besondere Aufmerksamkeit hat dabei der sog. **Berliner Autoraser-Fall** erfahren. Hier waren die Angeklagten mit ihren beiden Fahrzeugen trotz eines roten Ampelsignals mit besonders hoher Geschwindigkeit in eine Straßenkreuzung in der Berliner Innenstadt eingefahren, wo eines der Fahrzeuge mit einem kreuzenden Jeep zusammenstieß, dessen Fahrer getötet wurde. Der 4. Strafsenat (BGHSt 63, 88 mit Bespr. *Eisele*, JZ 18, 549; *Hörnle*, NJW 18, 1576, *Puppe*, JR 18, 323, und Anm. *Walter*, NStZ 18, 412) hob die erste Verurteilung der beiden Angeklagten durch das LG Berlin (NStZ 17, 471)[13] wegen Mordes mit gemeingefährlichen Mitteln gem. § 211 II u.a. deshalb auf, weil sich das LG bei der Beweiswürdigung nicht hinreichend mit dem gegen einen Eventualvorsatz sprechenden Gesichtspunkt der *Eigengefährdung* auseinandergesetzt hatte. Zwar stehe dieser Aspekt dem Tötungsvorsatz nicht zwingend entgegen. Bei riskanten Verhaltensweisen im Straßenverkehr, die nicht von vornherein auf die Verletzung einer anderen Person oder die Herbeiführung eines Unfalls angelegt seien, könne aber eine vom Täter als solche erkannte Eigengefährdung dafür sprechen, dass er auf einen guten Ausgang vertraut ha-

---

10  BGH NStZ 09, 629, 630.
11  BGH NStZ 04, 330; krit. *Verrel*, NStZ 04, 309.
12  BGH NStZ 13, 159, vgl auch BGH NStZ-RR 13, 75
13  Vgl zu dieser Entscheidung auch *Grünewald*, JZ 17, 1062; *Jäger*, JA 17, 786; *Jahn*, JuS 17, 700; *Preuß*, NZV 17, 303.

be und deshalb nur ein Fall der *bewussten Fahrlässigkeit* vorliege[14]. Damit hat der BGH die Möglichkeit eines Tötungsvorsatzes freilich keineswegs prinzipiell verneint[15], sondern nur – der Aufgabe eines Revisionsgerichts gemäß – entschieden, dass die Tatsachenfeststellungen des LG diesbezüglich nicht ausreichend waren. In der erneuten Hauptverhandlung verurteilte eine andere Strafkammer des LG Berlin die Angeklagten erneut wegen Mordes (LG Berlin [532 Ks] 251 Js 52/16 [9/18] – Urt. v. 26.3.2019). Dieses Urteil hat der 4. Senat jüngst gegen den die Kollision unmittelbar verursachenden Angeklagten bestätigt; nur die Verurteilung des Mitangeklagten als Mittäter hat er mangels tragfähiger Feststellungen zum gemeinsamen Tatplan aufgehoben (BGH 4 StR 482/19 – Urt. v. 18.6.2020). Auch im **Hamburger Taxi-Raser-Fall** ist die Verurteilung wegen Mordes vom 4. Senat bestätigt worden (BGH BeckRS 19, 2392). In den Fällen, in denen sich der Tötungsvorsatz dagegen nicht nachweisen lässt, bleibt die Strafbarkeit nach § 315d I Nr 2, V Var. 1 (näher dazu Rn. 1012).

Bei den **Rechtfertigungsgründen** sind zumeist nur **Notwehr** und **Nothilfe** (§ 32) von praktischer Bedeutung. Zum **Schusswaffengebrauch** durch Polizei- und Grenzschutzbeamte vgl BGHSt 26, 99; LK-*Zieschang*, § 34 Rn 6; S/S-*Perron/Eisele*, § 32 Rn 42b, jeweils mwN zum Streitstand. Durch § 34 StGB lassen sich Eingriffe in das Leben nicht rechtfertigen, und zwar auch dann nicht, wenn durch den Tod eines Einzelnen eine Vielzahl anderer Menschen gerettet werden könnte (näher Matt/Renzikowski-*Engländer*, § 34 Rn 32 f; zum Sonderfall des *Defensivnotstands* ebd Rn 51); in Betracht kommt hier allenfalls nach § 35 I ein Entschuldigungsgrund[16]. Zur Zuteilung intensivmedizinischer Ressourcen (zB Beatmungsgeräte), wenn die Anzahl der akut bedürftigen Patienten die vorhandenen Kapazitäten übersteigt (sog. **Triage**), vgl *Engländer/Zimmermann*, NJW 20, 1398. **32**

Im **Fall 4** hat A sich des Totschlags (§ 212) schuldig gemacht. Zu prüfen bleibt, ob auch Mordmerkmale (§ 211) erfüllt sind. Zum Deliktsaufbau bei §§ 211, 212 siehe Rn 83 ff. **33**

## 2. Der besonders schwere Fall

§ 212 II enthält eine **Strafzumessungsvorschrift**[17]. Danach wird der besonders schwere Fall des Totschlags wie der Mord mit **lebenslanger Freiheitsstrafe** geahndet. Er liegt vor, wenn das in der Tat zum Ausdruck kommende Verschulden des Täters so außergewöhnlich groß ist, dass es ebenso schwer wiegt wie das eines Mörders. Die bloße Nähe der die Tat oder den Täter kennzeichnenden Umstände zu einem Mordmerkmal genügt nicht; vielmehr müssen schulderhöhende Momente von besonderem Gewicht hinzukommen[18]. **34**

**Beispiele:** Der Täter geht besonders brutal vor oder er plant die Tat von langer Hand.

---

14 So der 4. Senat auch im „Bremer Raser-Fall"; vgl BGH NStZ-RR 18, 154 mit Anm. *Eisele*, JuS 18, 494.

15 Allgemein zur Frage des Tötungsvorsatzes in den „Raser-Fällen" *Kubiciel/Hoven*, NStZ 17, 439, 440 ff; *Puppe*, JR 18, 323; *Rostalski*, GA 17, 585, 586 ff; *Walter*, NJW 17, 1350.

16 Näher *Küper*, JuS 81, 785; siehe auch *Wessels/Beulke/Satzger*, AT Rn 474.

17 *Hettinger*, Maiwald-FS, S. 293. Nach Ansicht des BVerfG ist die Regelung mit dem GG vereinbar; vgl BVerfG JR 79, 28 mit Anm. *Bruns*; siehe ferner BVerfGE 45, 363 zu § 94 II 1, 2 Nr 2.

18 BGH NStZ 01, 647; NStZ-RR 18, 313; siehe auch *Eisele*, Regelbeispielsmethode, S. 25, 204 und BT I Rn 54, 60; *Köhne*, Jura 11, 741 mwN.

## § 2 *Die Tötungsdelikte*

### 3. Der minder schwere Fall

**35** Die minder schweren Fälle des Totschlags regelt § 213. Ausdrücklich als Strafmilderungsgrund benannt ist dabei der provozierte Affekttotschlag, der bestimmte Tötungen aus „berechtigtem Zorn" erfasst. Aus der Formulierung „oder liegt sonst ein minder schwerer Fall vor" folgt nach hM, dass es sich auch bei § 213 Var. 1 nicht um einen Privilegierungstatbestand, sondern lediglich um eine **Strafzumessungsregel** des § 212 handelt, die systematisch als dessen Absatz 3 zu lesen ist[19]. § 213 ist deshalb im Anschluss an die Schuld zu prüfen.

**a)** Die *erste* Var. des § 213 führt nach hM *zwingend* zu dem gemilderten Strafrahmen dieser Vorschrift[20]. Sie greift ein, wenn der Täter ohne eigene Schuld durch eine ihm oder einem nahen Angehörigen zugefügte Misshandlung oder schwere Beleidigung von dem Getöteten zum Zorne gereizt und hierdurch auf der Stelle zur Tat hingerissen worden ist. Unter einer schweren Beleidigung sind dabei nicht nur Ehrverletzungen iS der § 185 ff, sondern **schwere Kränkungen** jeglicher Art zu verstehen.

Die Regelung bezweckt, den in „berechtigtem Zorn" handelnden Affekttäter, entsprechend dem geringeren Maß seiner Schuld, vor der vollen Totschlagsstrafe zu bewahren. Das setzt eine Tatsituation voraus, in der die Tötung des anderen noch als menschlich verständliche Reaktion auf die vorausgegangene schwere Kränkung erscheint (BGH StV 83, 198). Die **Schwere** der Kränkung ist nach objektiven Maßstäben zu beurteilen. Dabei sind neben dem konkreten Geschehensablauf, den Anschauungen im Lebenskreis der Beteiligten sowie den Beziehungen zwischen Opfer und Täter alle Umstände des Einzelfalles zu berücksichtigen (BGH NStZ 11, 339). So können Schimpfworte wie „Miststück" und „Versager", die für sich genommen nicht besonders gravierend sind, bei einer länger anhaltenden Auseinandersetzung unter Ehegatten geeignet sein, das „Fass zum Überlaufen" zu bringen (vgl BGH NStZ 83, 365; StV 98, 131; 83, 198).

**36** **Eigene Schuld** trifft den Täter, wenn er dem Getöteten in *vorwerfbarer* Weise hinreichenden Anlass zur Provokation gegeben hat, etwa weil er diesen zuvor belästigt hat (BGH NStZ 12, 691, 693). **Zum Zorn gereizt** ist man nicht nur bei einem Affekt ieS; vielmehr können Wut und Empörung genügen. An dem erforderlichen *motivationspsychologischen Zusammenhang* zwischen Gemütsbewegung und Tat fehlt es allerdings, wenn der Täter bereits aus anderen Gründen zur Tötung entschlossen ist (BGHSt 21, 14, 17 f; BGH NStZ 12, 691, 693). **Auf der Stelle** zur Tat hingerissen bedeutet nicht, dass die Tötung der Provokation unmittelbar zeitlich folgen muss. Entscheidend ist allein, ob der Täter bei seinem Entschluss zur Tat und bei dessen Realisierung noch unter dem beherrschenden Einfluss der vom Opfer ausgelösten Gemütsaufwallung stand[21]. Das kann auch nach mehreren Stunden noch der Fall sein.

Die Anwendbarkeit der *ersten* Var. des § 213 entfällt, wenn der Täter ihre Voraussetzungen nur **irrtümlich** für gegeben hält[22]. Allerdings ist dann das Vorliegen eines „sonstigen" minder

---

19 Näher *Deckers*, Riess-FS, S. 651; *Geilen*, Dreher-FS, S. 357; *Hettinger*, JuS 97, L 43; MüKo-*Schneider*, § 213 Rn 1.

20 BGHSt 25, 222; BGH NJW 95, 1910; StraFo 07, 125; LK-*Rissing-van Saan/Zimmermann*, § 213 Rn 4; für eine Gesamtwürdigung hingegen S/S-*Eser/Sternberg-Lieben*, § 213 Rn 12a.

21 Vgl BGH NStZ-RR 11, 10; NStZ 17, 163; NStZ 20, 88; aA *Schneider*, NStZ 01, 455, 458, der nur Spontantaten ieS genügen lassen will.

22 BGHSt 1, 203; 34, 37; LK- *Rissing-van Saan/Zimmermann*, § 213 Rn 17; anders RGSt 69, 314; S/S-*Eser/Sternberg-Lieben*, § 213 Rn 12 mwN.

schweren Falles iS der *zweiten* Var. des § 213 zu prüfen, wobei Art und Gewicht des Irrtums Bedeutung erlangen können (BGHSt 34, 37).

**b)** Entscheidend für die Annahme eines **„sonstigen"** minder schweren Falles iS der *zweiten* Var. des § 213 ist nach der Rechtsprechung, ob das gesamte Tatbild einschließlich aller subjektiven Momente und der Täterpersönlichkeit vom Durchschnitt der erfahrungsgemäß vorkommenden Fälle in einem so erheblichen Maße abweicht, dass die Anwendung des Ausnahmestrafrahmens geboten erscheint. Erforderlich ist eine **Gesamtwürdigung** aller Umstände[23]. Maßstabbildend können dabei im Einzelfall die Merkmale des § 213 Var. 1 wirken (BGH NStZ-RR 99, 326). Allerdings ist die Vergleichbarkeit mit einer Provokationslage nicht erforderlich (BGH NStZ-RR 02, 140). So kann die psychische Ausnahmesituation einer Mutter, die ihr Kind in oder gleich nach der Geburt tötet, im Rahmen der *zweiten* Var. des § 213 ebenso Berücksichtigung finden (BGH NStZ-RR 04, 80) wie eine objektiv gegebene Notwehrlage (BGH NStZ-RR 13, 305). Weitere **Beispiele** bei S/S-*Eser/Sternberg-Lieben*, § 213 Rn 13f.

## III. Mord

### 1. Allgemeines

Das geltende StGB unterscheidet in Einklang mit der Rechtstradition zwischen **Tot-** **37** **schlag** (§ 212) und **Mord** (§ 211). Einen Mord begeht nach § 211 II, wer einen anderen Menschen aus einem **besonders verwerflichen Beweggrund** (Gruppe 1), auf **besonders verwerfliche Art und Weise** (Gruppe 2) oder zu einem **besonders verwerflichen Zweck** (Gruppe 3) vorsätzlich tötet (näher zum Grundgedanken der Mordmerkmale NK-*Neumann*, Vor § 211 Rn 151 f; auf die Gefährlichkeit stellt ab Matt/ Renzikowski-*Safferling*, Vor § 211 Rn 3). Dabei sind die Mordmerkmale der 2. Gruppe **tatbezogene** Merkmale und gehören daher zum **objektiven Tatbestand**. Bei den Mordmerkmalen der 1. und 3. Gruppe handelt es sich demgegenüber um **täterbezogene** Merkmale, die deshalb nach hM Bestandteil des **subjektiven Tatbestands** sind (siehe dazu aber auch Rn 44 f)

Diese Fassung des Mordparagrafen geht zurück auf den nationalsozialistischen Gesetzgeber. Zuvor galt als Mord die *„mit Überlegung ausgeführte Tötung"*, vgl § 211 aF (RGBl 1871 S. 128). Diese tatfixierte Unterscheidung von Mord und Totschlag hat der NS-Gesetzgeber mit Gesetz vom 4.9.1941 (dazu BGHSt GrS 9, 385, 387) durch eine überwiegend **gesinnungsethisch** orientierte Abgrenzung ersetzt[24]. Zwar geht die Regelung im Wesentlichen auf den Entwurf des schweizer Strafrechtlers *Carl Stooss* für das schweizerische StGB zurück, so dass sie insoweit kein genuin nationalsozialistisches Rechtsdenken verkörpert. Die an der Vorstellung von Tätertypen ausgerichtete NS-Strafideologie kommt gleichwohl im Wortlaut zum Ausdruck; es wird nicht die *Tat*, sondern der *Täter* bestraft: „Der *Mörder* wird ... bestraft" und nicht „Der *Mord* wird ... bestraft"; „Mörder *ist...*" und nicht „Einen Mord *begeht...*" Dass der Gesetzgeber bislang keinen Versuch zur Korrektur dieses leicht zu behebenden Missstandes unternommen hat, gereicht ihm nicht gerade zur Ehre.

Die tatorientierte Abgrenzung von Mord und Totschlag ist vor allem deshalb aufgegeben worden, weil das *psychologisch* orientierte Merkmal der „Überlegung" mit ungelösten Ausle-

---

23 *Detter*, NStZ 97, 476 und BGH-FS, S. 679, 695; LK-*Theune*, Vor § 46 Rn 15 und § 46 Rn 301; siehe auch *Hettinger*, Pötz-FS, S. 77, 82 und *Schäfer*, Strafzumessung, Rn 1107.

24 Zur Gesetzesgenese siehe *Grünewald*, Das vorsätzliche Tötungsdelikt, 2010, S. 39 ff; *Müssig*, Mord und Totschlag, 2005, S. 76 ff; *Plüss*, Der Mordparagraph in der NS-Zeit, 2018.

**§ 2** *Die Tötungsdelikte*

gungsproblemen behaftet war. Überlegung iS des § 211 aF meinte nicht etwa einfach „wohlüberlegt" oder „mit Vorbedacht"; vielmehr sollte es sich nach vorherrschender Ansicht um eine vom Vorsatz unabhängige geistige Beschaffenheit handeln, bei der sich der Täter „der tathemmenden Motive bewusst ist und sie gegen die ihn zur Handlung drängenden Motive abwägt" (vgl *Frank*, § 211 Anm. I 2). Umstritten blieb aber bis zuletzt, was die Überlegung des Täters im Einzelnen umfassen musste (lediglich das *Ob* oder nur das *Wie* der Tat oder beides?) und zu welchem Zeitpunkt (schon vor der Tat, bei deren Beginn oder während des gesamten Ausführungsaktes?) sie mit welcher Intensität vorhanden sein musste (näher dazu RGSt 67, 424; 70, 257).

**38**  Der Mord wird mit **lebenslanger Freiheitsstrafe** bestraft (und unterliegt nicht der Verjährung, § 78 II). Das ist dem BVerfG zufolge verfassungsrechtlich zwar zulässig; allerdings wird diese *absolute* Strafdrohung dem **Rechtsstaatsprinzip** und dem **Grundsatz der Verhältnismäßigkeit** nur gerecht, wenn gewährleistet ist, dass sie auf Tötungsfälle von besonders verwerflichem Charakter beschränkt bleibt und die Bestrafung des Täters im Verhältnis zur Schwere sowie zum Schuldgehalt seiner Tat angemessen ist (vgl BVerfGE 45, 187; 50, 5). Daraus folgt, dass § 211 (insbesondere bei den Mordmerkmalen „heimtückisch" und „um eine andere Straftat zu verdecken") **restriktiv** ausgelegt werden muss[25].

Darüber hinaus muss auch einem zu lebenslanger Freiheitsstrafe Verurteilten grundsätzlich die Chance verbleiben, seine Freiheit wiederzuerlangen. Deshalb sind die Strafvollzugsanstalten verpflichtet, auf seine Resozialisierung hinzuarbeiten, ihn lebenstüchtig zu erhalten und den schädlichen Begleiterscheinungen des Freiheitsentzuges möglichst entgegenzuwirken. § 57a trägt dem dadurch Rechnung, dass nach einer Verbüßungsdauer von 15 Jahren bei günstiger Sozialprognose und Einwilligung des Verurteilten die **Vollstreckung des Restes** der lebenslangen Freiheitsstrafe **zur Bewährung ausgesetzt** werden kann, sofern nicht die besondere Schwere der Schuld des Verurteilten die weitere Vollstreckung gebietet[26]. Verläuft die Bewährung erfolgreich, wird der Strafrest erlassen, vgl § 57a III 2 iVm § 56g.

**39**  Mit dem – von der Rechtsprechung zudem nicht immer ausreichend beachteten[27] – Erfordernis der restriktiven Auslegung der Mordmerkmale lassen sich freilich nicht alle Fälle lösen, in denen die lebenslange Freiheitsstrafe nicht angemessen ist. Dem versucht der BGH mit der sog. **Rechtsfolgenlösung** abzuhelfen (grundlegend BGHSt GrS 30, 105). Danach soll in Anlehnung an gesetzlich geregelte Milderungsgründe, wie etwa § 13 II, § 17 S. 2, § 21 und § 23 II der **Strafrahmen des § 49 I Nr 1** (= Freiheitsstrafe von 3 bis 15 Jahren) angewendet werden, wenn **außergewöhnliche Umstände** von schuldmindernder Bedeutung eine Verhängung der lebenslangen Freiheitsstrafe im konkreten Mordfall als **unverhältnismäßig** erscheinen lassen und keine gesetzliche Strafmilderungsmöglichkeit eingreift, die den Weg zu einer zeitigen Freiheitsstrafe eröffnen würde (so für die *heimtückische* Tötung BGHSt GrS 30, 105; BGH NStZ 82, 69). Dabei genügt allerdings nicht jeder Entlastungsfaktor, der beim Totschlag (§ 212) gemäß § 213 zur Annahme eines *minder schweren Falls* führen würde.

---

25  Vgl nur BGHSt 35, 116; BGH GA 79, 426 und 80, 142. Näher NK-*Neumann*, Vor § 211 Rn 157 ff.

26  Dazu BVerfGE 86, 288; BGHSt GrS 40, 360; BGHSt 44, 350 und BGH NJW 96, 3425; *Kunert*, NStZ 82, 89; zu § 57b siehe die Kommentare.

27  Zur Kritik *Mitsch*, JZ 08, 336, 339.

**Beispiele:** rechtfertigungs- und entschuldigungsnahe Konflikttötungen, Taten aus großer Verzweiflung, tiefem Mitleid, „gerechtem" Zorn oder aufgrund einer schweren Provokation oder Kränkung des Täters durch das Opfer[28]

**Krit.** dazu, insbesondere im Hinblick auf die Grenzen der richterlichen Rechtsfortbildung *Bruns*, JR 81, 358; *Günther*, NJW 82, 353; *Lackner*, NStZ 81, 348; strikt abl. *Köhler*, JuS 84, 762; dem BGH zust. *Fischer*, § 211 Rn 46, 101; *Jähnke*, Spendel-FS, S. 537; *Rengier*, NStZ 82, 225; *Schneider*, Anm. NStZ 03, 428; *Tiedemann*, Verfassungsrecht und Strafrecht, 1991, S. 14. Zusammenfassend *Reichenbach*, Jura 09, 176 und *Lackner/Kühl*, Vor § 211 Rn 20. **40**

Ein praktisches Problem der Rechtsfolgenlösung besteht darin, dass die Instanzgerichte gelegentlich vorschnell auf sie ausweichen, weil sie in ihr einen bequemen Weg zur Vermeidung der lebenslangen Freiheitsstrafe sehen. Zu Recht hat der 5. Strafsenat daher in einem Fall, in dem es um die Tötung eines schlafenden „Haustyrannen" durch die jahrelang gequälte Ehefrau aus Furcht vor einer bereits angekündigten schweren Misshandlung des 13-jährigen Sohnes ging, den voreiligen Rückgriff der Schwurgerichtskammer auf die Rechtsfolgenlösung beanstandet[29]. Vorrangig seien hier zunächst besonders sorgfältig die Voraussetzungen der Heimtücke zu prüfen, sodann in Betracht kommende Rechtfertigungs- und Entschuldigungsgründe sowie ggf. die irrige Annahme der sie begründenden Umstände (Erlaubnistatumstandsirrtum) zu erörtern und schließlich die gesetzlichen Schuldminderungsgründe zu bedenken[30]. Inzwischen ist eine deutliche Tendenz in der Rechtsprechung des BGH erkennbar, den Anwendungsbereich der Rechtsfolgenlösung auf das Mordmerkmal der Heimtücke zu begrenzen (dazu MüKo-*Schneider*, § 211 Rn 39; NK-*Neumann*, Vor § 211 Rn 162). **41**

Einen anderen Lösungsweg zur Einschränkung des § 211 verfolgt die **Lehre von der negativen Typenkorrektur.** Sie will den Mordmerkmalen in § 211 II lediglich *indizielle* Bedeutung zuerkennen und diese Indizwirkung entfallen lassen, wenn eine Gesamtwürdigung aller Umstände ergebe, dass die konkrete Tat nicht als besonders verwerflich einzustufen sei[31]. Diese Auffassung hat sich zu Recht nicht durchsetzen können[32]. Sie setzt an die Stelle einer gesetzesgebundenen Entscheidung des Richters einen freien Wertungsakt und lässt sich deshalb nicht mit dem Bestimmtheitsgebot des Art. 103 II GG vereinbaren. § 211 enthält eine tatbestandlich **abschließende Regelung** in dem Sinne, dass eine vorsätzliche Tötung *immer*, aber auch *nur dann* als Mord zu beurteilen ist, wenn einer der dort genannten Erschwerungsgründe vorliegt[33]. Den Erfordernissen, die an die Schwere und an die besondere Verwerflichkeit der Tat zu stellen sind (BVerfGE 45, 187), muss de lege lata bei den einzelnen Mordmerkmalen im Wege einer restriktiven Gesetzesauslegung Rechnung getragen werden. **42**

Im Schrifttum wird der Mordtatbestand bereits seit Langem als reformbedürftig angesehen. Kritik findet neben der Starrheit und Weite einzelner Mordmerkmale zumeist die schroffe Diskrepanz zwischen der *absoluten* Androhung der lebenslangen Freiheitsstrafe in § 211 und dem weiten Strafrahmen, den das Gesetz beim Totschlag vorsieht (im Normalfall 5 bis 15 Jahre Freiheitsstrafe; in den Fällen des § 213 liegt die Mindeststrafe bei einem Jahr). Politische Mehrheiten für eine Reform haben sich bislang allerdings nicht gefunden. Auch der Versuch des Bundesjustizministers *Maas*, mit Unterstützung einer von ihm im Jahr 2014 eingesetzten Expertengruppe einen zu- **43**

---

28  Näher BGHSt GrS 30, 105; BGH NJW 83, 54 und 55; NStZ 95, 231;05, 154.
29  BGH JZ 83, 967 mit Anm. *Hassemer* und *Rengier*, NStZ 84, 21.
30  Ebenso BGHSt 48, 255; vgl auch *Hillenkamp*, Miyazawa-FS, S. 141, 143 ff.
31  So insbesondere S/S-*Eser/Sternberg-Lieben*, § 211 Rn 10; SK-*Sinn*, § 211 Rn 8, jeweils mwN.
32  Näher *Köhler*, GA 80, 121, 129; *Klesczewski*, BT § 2 Rn 37; *Krey/Hellmann*, BT I Rn 50 ff, 55; AnwK-*Mitsch*, § 211 Rn 10 f; NK-*Neumann*, Vor § 211 Rn 160; *Schneider*, Anm. NStZ 03, 428.
33  BGHSt GrS 9, 385, 389; GrS 11, 139, 143; GrS 30, 105.

**§ 2** *Die Tötungsdelikte*

stimmungsfähigen Gesetzentwurf zu erarbeiten und ihn bis zur BT-Wahl 2016 in den BT einzubringen, ist gescheitert.

Zur **verfassungskonformen Auslegung** der Mordmerkmale sowie zur **Reformdiskussion** vgl die Nachw. bei *Lackner/Kühl*, Vor § 211 Rn 25; *Fischer*, Vor § 211 Rn 3 ff und MüKo-*Schneider*, Vor § 211 Rn 199 ff. Einen Überblick über die bisherigen **Reformvorschläge** und einen eigenen Vorschlag bieten *Kubiciel*, ZRP 15, 194; *Kubik/Zimmermann*, StV 13, 582; *Deckers/Fischer/St. König/Bernsmann*, NStZ 14, 9 und *Hettinger* in *Wessels/Hettinger/Engländer*, 42. Aufl. 2018, Rn 91. Siehe auch die Reformvorschläge im „Abschlussbericht der Expertengruppe zur Reform der Tötungsdelikte (§§ 211–213, 57a StGB)" vom Juni 2015, im Internet abrufbar. Zum Referentenentwurf von 2016 siehe *Duttge*, KriPoZ 17, 11 ff, 1 ff; MüKo-*Schneider*, Vor § 211 Rn 226 ff und SSW-*Momsen*, Vor §§ 211 ff Rn 5–7.

## 2. Verwerflichkeit des Beweggrundes

**44** Die Rechtsprechung und ein Teil der Rechtslehre sehen in den Mordmerkmalen der 1. und 3. Gruppe des § 211 II Merkmale des **subjektiven Tatbestands**[34].

**45** Nach aA wurzeln die Mordmerkmale des § 211 II **Gruppe 1** hingegen im *Schuldbereich* (= sog. *spezielle Schuldmerkmale*), weil sie unmittelbar und ausschließlich die **besondere Verwerflichkeit des Beweggrundes** kennzeichnen[35]. Praktische Auswirkungen hat dieser Meinungsstreit lediglich für den Deliktsaufbau (dazu Rn 83).

**46** **a)** **Mordlust** liegt vor, wenn der Antrieb zur Tat allein dem Wunsch entspringt, einen anderen sterben zu sehen, einziger Zweck des Handelns somit die Tötung des Opfers als solche ist (BGHSt 34, 59; BGH NStZ 94, 239). Erforderlich ist dabei direkter Vorsatz hinsichtlich des Todes, dolus eventualis genügt nicht.

**Beispiele:** Töten aus Neugier, Angeberei, reinem Mutwillen oder zum Zeitvertreib.

**47** **b)** **Zur Befriedigung des Geschlechtstriebs** handelt der Täter, wenn er entweder (1) *im Tötungsakt selbst* geschlechtliche Befriedigung sucht (sog. Lustmord, vgl BGH NJW 82, 2565) oder (2) seine sexuelle Lust an der Leiche befriedigen will (Nekrophilie) oder (3) zur Durchführung des Geschlechtsverkehrs Gewalt anwendet und dabei den Tod des Opfers als mögliche Folge seines Verhaltens billigend in Kauf nimmt[36].

Nach hM ist kein unmittelbarer zeitlich-räumlicher Zusammenhang zwischen Tötung und angestrebter sexueller Befriedigung erforderlich.

**Beispiel:** Zur Befriedigung des Geschlechtstriebs handelt der Täter auch, wenn er die Tötung mit einer Kamera aufzeichnet, um sich irgendwann später bei Betrachten des Filmes sexuell zu befriedigen (BGHSt 50, 80)[37].

---

34  Vgl BGHSt 1, 368, 371; BGH NStZ-RR 18, 76; A/W-*Hilgendorf*, BT § 2 Rn 29, 32; *Kühl*, AT § 20 Rn 164; MüKo-*Schneider*, Vor § 211 Rn 197 f; *Otto*, Jura 94, 141; SK-*Sinn*, § 211 Rn 4; grundsätzlich abweichend *Helmers*, HRRS 16, 90; nach ihm sind unter dem Schuldprinzip *einzig* maßgebliches Mordmerkmal niedrige Beweggründe.

35  Näher *Jescheck/Weigend*, AT § 42 I 2, II 3a; S/S-*Lenckner/Eisele*, Vor § 13 Rn 122 mwN; krit. *Küper*, ZStW 104 (1992), 569, 574 ff; LK-*T. Walter*, Vor § 13 Rn 176; beachte NK-*Neumann*, Vor § 211 Rn 153.

36  BGHSt 7, 353; 19, 101; BGH MDR/H 82, 102; insoweit aA *Köhne*, Jura 09, 100, 104.

37  Mit insoweit zust. Anm. *Kudlich*, JR 05, 342 und abl. Anm. *Otto*, JZ 05, 799, der niedrige Beweggründe bejaht; verfassungsrechtliche Einwände bei *Scheinfeld*, Der Kannibalenfall, 2009; siehe auch BGH JR 16, 603 mit Bespr. *Hinz* und Anm. *Berster*, ZIS 17, 139, jeweils mwN.

Ob die erstrebte sexuelle Befriedigung tatsächlich erreicht wird, ist belanglos, da ein Handeln mit entsprechender Zielrichtung genügt (BGH NJW 82, 2565). Das sexuelle Begehren muss sich gerade auf das Opfer der Tötungshandlung richten, dh die sexuell motivierte Tötung Dritter wird nicht erfasst.

**Beispiel:** Kein Mord zur Befriedigung des Geschlechtstriebs ist es, wenn der Täter den Begleiter einer Frau tötet, um für ihre Vergewaltigung freie Bahn zu haben (wohl aber liegt hier ein Mord *zur Ermöglichung einer Straftat* oder *aus niedrigen Beweggründen* vor)[38].

**c) Habgier** bedeutet mehr als bloße „Bereicherungsabsicht". Die hM definiert sie **48** als ein ungezügeltes und rücksichtsloses Streben nach Gewinn „um jeden Preis"[39].

**Beispiele:** Raubmord; Auftragsmord; Tötungen, um an das Erbe zu gelangen.

Die Annahme von Habgier setzt voraus, dass das Vermögen des Täters sich – zumindest nach seiner Vorstellung – durch den Tod des Opfers *unmittelbar* vermehrt oder dass durch die Tat jedenfalls eine sonst nicht vorhandene Aussicht auf eine *unmittelbare* Vermögensmehrung entsteht (BGH NStZ 93, 385). Nach hM ist es gleichgültig, ob es dabei um einen Vermögenszuwachs oder um die Vermeidung von Aufwendungen als unmittelbare Folge der Tötungshandlung geht[40].

**Beispiel:** Habgier liegt vor, wenn der Täter seine Ex-Frau tötet, damit er keine Unterhaltszahlungen mehr leisten muss.

Umstritten ist die Habgier, wenn der Täter einen ihm zustehenden **rechtmäßigen Vorteil** erstrebt. Eine Ansicht bejaht dies mit dem Argument, § 211 solle jede vorsätzliche Tötung zur Erzielung wirtschaftlicher Vorteile pönalisieren[41]. Vorzugswürdig ist aber die Gegenauffassung, wonach rechtmäßige Vorteile nicht erfasst sind[42]. Nicht nur wird sie dem Gebot der restriktiven Auslegung der Mordmerkmale besser gerecht. Für sie spricht insbesondere, dass auch §§ 249, 253, 255 Gewalt zur Durchsetzung berechtigter Ansprüche aus dem Tatbestand ausklammern (Absicht *rechtswidriger* Zueignung bzw Bereicherung) und damit als geringeres Unrecht bewerten.

**Beispiel:** B weigert sich, dem A ein kostbares Schmuckstück zurückzugeben, das er sich von diesem geliehen hat; daraufhin erschlägt A den B, um sein Eigentum wiederzuerlangen.

**d)** Als *sonstige* **niedrige Beweggründe** gelten alle Tatantriebe, die nach allgemeiner rechtlich-sittlicher Wertung auf tiefster Stufe stehen, durch hemmungslose Eigensucht bestimmt und deshalb *besonders* verachtenswert sind[43]. Ob ein Beweggrund in diesem Sinn als „niedrig" einzustufen ist, beurteilt sich auf Grund einer **Gesamtwürdigung**, welche die Umstände der Tat, die Lebensverhältnisse des Täters und seine Persönlichkeit einschließt, mithin alle inneren und äußeren Faktoren, die für die Handlungsantriebe des Täters maßgebend waren (BGHSt 35, 116, 127). Bei dieser

---

38 BGH GA 63, 84; AnwK-*Mitsch*, § 211 Rn 23; LK-*Rissing-van Saan/Zimmermann*, § 211 Rn 16.
39 *Fischer*, § 211 Rn 10, aber auch Rn 13, jeweils mwN; instruktiv zur Mittel-Zweck-Relation *Küper*, Meurer-GedS, S. 191.
40 BGHSt 10, 399; 29, 317; BGH NJW 95, 2365; NK-*Neumann/Saliger*, § 211 Rn 21 f; vgl aber auch *Küper/Zopfs*, BT Rn 321; SK-*Sinn*, § 211 Rn 19, jeweils mwN.
41 NK-*Neumann/Saliger*, § 211 Rn 23.
42 *Küper*, Meurer-GS, S. 191, 203 ff; MüKo-*Schneider*, § 211 Rn 65; SK-*Sinn*, § 211 Rn 19.
43 BGHSt 42, 226; 47, 128; BGH NJW 93, 1665; krit. *Hörnle*, Frisch-FS, S. 653, 655 (näher 672 f): diese Umschreibung ist „inhaltsleer".

**§ 2** *Die Tötungsdelikte*

Wertung ist auch das Verhältnis zwischen dem Anlass der Tat und ihren Folgen bedeutsam[44]. Gefühlsregungen wie Zorn, Wut, Enttäuschung oder Verärgerung *können* niedrige Beweggründe sein, *wenn* sie ihrerseits auf niedrigen Beweggründen beruhen, also nicht menschlich verständlich sind, sondern Ausdruck einer niedrigen Gesinnung des Täters[45].

**Beispiele:** Fremdenfeindlichkeit (BGH NStZ 94, 124), Verärgerung über verweigerten Sex, Rassenhass (BGHSt 18, 37), Tötung des Opfers aus Abneigung gegen eine bestimmte politische, soziale oder ethnische Gruppe (BGH NStZ 04, 89), bewusstes Abreagieren von frustrationsbedingten Aggressionen an einem Unbeteiligten.

Erscheint dagegen das Motiv irgendwie menschlich nachvollziehbar, ist es nicht als „niedrig" zu qualifizieren[46].

**Beispiel:** begründete Eifersucht (anders dagegen grundlose Eifersucht)[47].

Dabei dürfen die niedrigen Beweggründe nicht deshalb bejaht werden, weil das Motiv die Tat nicht rechtfertigt oder entschuldigt. Darum geht es hier nicht. Aufgrund der gebotenen restriktiven Auslegung der Mordmerkmale liegen niedrige Beweggründe nur vor, wenn die Tötung eines Menschen aus dem entsprechenden Grund **schlechterdings nicht nachvollziehbar** erscheint.

**Beispiel:** Nachvollziehbar ist die Tötung des Ex-Partners aus Verzweiflung, Enttäuschung über die Untreue, infolge zugefügter Kränkungen und Demütigungen; nicht nachvollziehbar ist die Tötung, damit kein anderer das Opfer „haben" soll. Ebenfalls nicht nachvollziehbar sind Tötungen allein aus Imponiergehabe (BGH NStZ 99, 129), aus „Gefälligkeit" ohne persönlichen Anlass und ohne billigenswertes Motiv (BGHSt 50, 1) oder zur Verdeckung einer infolge eigenen Fehlverhaltens entstandenen „peinlichen Situation" (so BGH NStZ-RR 99, 234; aA NK-*Neumann/Saliger*, § 211 Rn 38). Weitere Beispiele bei *Lackner/Kühl*, § 211 Rn 5a und S/ S-*Eser/Sternberg-Lieben*, § 211 Rn 9.

Tötet der Täter das Opfer in dem Bewusstsein, dafür keinen Grund zu haben oder zu brauchen, stellt dies nach hM einen niedrigen Beweggrund dar[48]. Denn in einer solchen Tötung drückt sich die Einstellung aus, nach eigenem Gutdünken über das Leben eines anderen verfügen zu können.

Erfolgt die Tötung aus einem **politischen Motiv**, kommt es einer Auffassung zufolge darauf an, ob dieses *egoistischer* oder *gemeinwohlorientierter* Natur ist (OGHSt 1, 95, 99; NK-*Neumann/Saliger*, § 211 Rn 39). Als niedrig iS des § 211 II seien somit etwa das selbstsüchtige Streben nach eigener Macht oder das gruppenegoistische Streben nach Macht einer bestimmten Gruppe, der der Täter sich verbunden fühlt, zu bewerten. Gehe es dem Täter dagegen um tatsächliche oder vermeintliche Belange des Gemeinwohls, zum Beispiel um die Erhaltung einer intakten Umwelt oder den Tierschutz, stelle das keinen niedrigen Beweggrund dar. Die Gegenauffassung, der

---

44  BGH MDR/D 75, 725; NStZ-RR 00, 333; NJW 01, 3794, 3796; NStZ 06, 284; diesem Ansatz zust. *Otto*, Anm. JZ 02, 567.
45  BGH NStZ 13, 337; 95, 181; 93, 182; siehe auch *Fischer*, § 211 Rn 22; krit. *Neumann*, Anm. JR 02, 471.
46  BGH StV 98, 130; 01, 571; NJW 06, 1008.
47  Zur Eifersucht siehe BGH NStZ 84, 261; instruktiv *Chr. Schütz*, JA 07, 23.
48  BGHSt 47, 128; präzisierend BGH NStZ 06, 166 und *Fischer*, § 211 Rn 18; abl. *Saliger*, StV 03, 38.

sich mittlerweile auch der **BGH** angeschlossen hat, will dagegen jenseits des Anwendungsbereichs des Art. 20 IV GG alle politischen Tötungsmotive *einheitlich* als niedrige Beweggründe einstufen (BGH NStZ-RR 18, 245). Die Missachtung des Grundsatzes der Gewaltfreiheit der politischen Auseinandersetzung durch die physische Vernichtung politischer Gegner sei besonders wertwidrig und asozial. Ferner drücke sich in der Anmaßung, außerhalb der demokratischen Prozeduren gewaltsam bestimmen zu wollen, welche politischen Ziele im Allgemeininteresse zu realisieren seien, eine besonders egozentrische Einstellung des Täters aus (vgl MüKo-*Schneider*, § 211 Rn 93 f).

Beide Ansichten überzeugen nicht. Während die zweite Lösung zu weit gerät, wenn sie pauschal jedes politische Tötungsmotiv als niedrig bewertet, fällt die erste zu restriktiv aus, weil sie zu einseitig auf das Merkmal des Eigennutzes abstellt. Die Niedrigkeit des Beweggrundes kann sich ebenfalls ergeben aus der Missachtung des personellen Eigenwerts des Tatopfers – etwa wenn der Täter zur Verfolgung seiner politischen Ziele durch einen Bombenanschlag einfach willkürlich *irgendwelche* Menschen töten will[49] – und aus dem Verstoß des angestrebten politischen Ziels gegen die zentralen verfassungsrechtlichen Ordnungsprinzipien. Eine Missachtung des personalen Eigenwerts liegt dabei auch dann vor, wenn das Opfer allein aufgrund seiner politischen Überzeugung zum Tod bestimmt wird (näher dazu *Engländer*, Merkel-FS, S. 983).

Umstritten ist, inwieweit der **kulturelle Hintergrund** und **besondere Wertvorstellungen** in der Gesamtwürdigung zu berücksichtigen sind. Relevant wird diese Frage etwa in Fällen der Blutrache oder der sog. „Ehrenmorde". Nach hM kommt es für die Bewertung der Beweggründe nur auf die **Wertvorstellungen der hiesigen Rechtsgemeinschaft** an[50]. Allerdings fehlt es an der *inneren Tatseite* (näher dazu Rn 54), wenn dem Täter bei der Tat die Umstände nicht bewusst waren, die die Niedrigkeit seiner Beweggründe ausmachen[51]. Eine solche Ausnahme kommt insbesondere dann in Betracht, wenn der Täter von den traditionellen Moral- und Wertvorstellungen seiner Heimat noch so stark beherrscht ist, dass er sich von ihnen auf Grund seiner Persönlichkeit und der gesamten Lebensumstände zur Tatzeit nicht lösen kann (BGH NJW 95, 602) oder wenn er, noch ganz besonders seinem heimatlichen Kulturkreis verhaftet, die zur Niedrigkeit führenden hiesigen Wertungsgesichtspunkte in ihrem Bedeutungsgehalt geistig nicht nachzuvollziehen vermag[52].

50

Zu beachten ist allerdings, dass die Wertvorstellungen der Kultur, der der Täter entstammt, von unserer Wertordnung tatsächlich abweichen müssen. Das darf man nicht vorschnell bejahen – ein Punkt, der häufig übersehen wird. So kann man etwa mit guten Gründen bezweifeln, dass nach den kulturellen Anschauungen der Türkei sog. „Ehrenmorde" gerechtfertigt sind. Dass die privaten Wertvorstellungen des Täters sein Verhalten legitimieren, genügt in keinem Fall.

---

49  Richtig somit iE, auch wenn der Leitgedanke der Missachtung des personellen Eigenwerts des Opfers nicht klar herausgearbeitet wird, BGH NJW 04, 3051, 3054.

50  BGH NStZ 20, 86 mit Anm. *Grünewald*; NJW 95, 602 mit abl. Anm. *Fabricius*, StV 96, 209; zust. hingegen MüKo-*Schneider*, § 211 Rn 87, 92 ff. Anders noch BGH NJW 80, 537 mit Anm. *Köhler*, JZ 80, 238; zust. *Saliger*, Anm. StV 03, 21.

51  BGH NStZ 02, 369 mit krit. Anm. *Saliger*, aaO; ferner BGH NJW 04, 1466 (2. Senat); instruktiv zum Ganzen *Küper*, JZ 06, 608, *Nehm*, Eser-FS, S. 419, *Hörnle*, Frisch-FS, S. 653 und *Foljanty/Lembke*, KJ 14, 298; zur Praxis siehe die Untersuchung von *Kasselt/Oberwittler*, MschrKrim 14, 203.

52  BGH NJW 06, 1008, 1012 zur „Blutrache"; instruktiv dazu *Kudlich/Tepe*, GA 08, 92; *Valerius*, JZ 08, 912 und *Grünewald*, NStZ 10, 1.

**§ 2** *Die Tötungsdelikte*

**51** Handelt der Täter aus *mehreren* Beweggründen (sog. **Motivbündel**), sind zunächst die *bewusstseinsdominanten* zu ermitteln[53]; zumindest eines dieser Motive muss sodann als niedrig einzustufen sein[54].

**Beispiel:** Niedrige Beweggründe hat, wer seinen Ex-Partner zwar auch aufgrund erlittener Demütigungen, aber vorwiegend doch wegen gekränkter Eitelkeit tötet, weil dieser ihn verlassen hat.

**52** Aus dem objektiven Umstand einer **außergewöhnlich brutalen, menschenverachtenden Tatbegehung** will der 5. Strafsenat auf das Vorliegen niedriger Beweggründe schließen (BGHSt 60, 52 mit Bespr. *Grünewald*, HRRS 15, 162). In einer solchen Tatbegehung drücke sich ein Vernichtungswille aus, der das Opfer als reines Objekt ansehe und damit dessen personalen Eigenwert vollständig negiere und infolgedessen auf sittlich tiefster Stufe stehe.

**Beispiel:** Nachdem der Täter das Opfer durch mehrere Schläge bewusstlos geschlagen hat, dringt er in den Anus des Opfers ein und reißt unter erheblicher Gewalteinwirkung mehrere Teile des Darmes heraus, wodurch dieses verstirbt.

**53** In **Fall 4** ist die Bluttat des A keiner raschen Aufwallung und menschlich verständlichen Enttäuschung entsprungen, sondern mit Vorbedacht aus zügelloser Begierde und rücksichtsloser Eigensucht durchgeführt worden, ohne dass eine achtenswerte innere Bindung zwischen Täter und Opfer bestanden hätte. A hat daher aus *niedrigen Beweggründen* getötet.

**54** In **subjektiver Hinsicht** muss sich der Täter bei Begehung der Tat der *Umstände* bewusst gewesen sein, die seinen Antrieb zur Tötung als besonders verachtenswert erscheinen lassen (BGH NJW 81, 1382 und 95, 602). Außerdem muss er die Bedeutung seiner Beweggründe und Ziele für die Tat erfasst haben. Gemeint ist damit, dass die als niedrig bewerteten Motive *nicht* lediglich *unbewusste* Handlungsantriebe gewesen sein dürfen (BGH GA 74, 370; 75, 306). Der Täter muss vielmehr aktuell in der Lage gewesen sein, seine gefühlsmäßigen oder triebhaften Regungen gedanklich zu beherrschen und sie willensmäßig zu steuern[55]. Nicht erforderlich ist dagegen, dass er seine Beweggründe selbst als niedrig beurteilt hat (BGH NJW 67, 1140); es genügt, dass er seiner Persönlichkeit nach zu einer solchen Wertung überhaupt im Stande war (BGH MDR/H 77, 809). Die Annahme niedriger Beweggründe wird durch einen **spontan** gefassten Tötungsentschluss nicht ausgeschlossen, bedarf aber besonders sorgfältiger Prüfung[56]. Zum **Aufbau** siehe den Hinweis in Rn 45.

### 3. Verwerflichkeit der Begehungsweise

**55** Die Mordmerkmale der **Gruppe 2** kennzeichnen primär das äußere Tatbild und werden durch eine besonders verwerfliche Art und Weise der **Tatbegehung** bestimmt. Sie sind im objektiven Tatbestand zu prüfen.

**56** **a)** **Grausam** tötet nach hM, wer dem Opfer im Rahmen der Tötungshandlung (BGHSt 37, 40) aus gefühlloser, unbarmherziger Gesinnung durch Dauer, Stärke oder

---

53 BGHSt 42, 301, 304; BGH StV 01, 571; NStZ 05, 332; 97, 81; 93, 341; differenzierend *Heghmanns*, BT Rn 207.

54 Vgl auch NK-*Neumann/Saliger*, § 211 Rn 31 f.

55 BGH StV 87, 150; NStZ 19, 724; vgl auch LK-*Rissing-van Saan/Zimmermann*, § 211 Rn 82; krit. NK-*Neumann/Saliger*, § 211 Rn 45.

56 BGH NStZ 01, 87; *Fischer*, § 211 Rn 20, 82.

20

*Verwerflichkeit der Begehungsweise* **§ 2 III 3**

Wiederholung der Schmerzverursachung **besonders schwere Qualen körperlicher oder seelischer Art** zufügt[57]. Erfasst werden damit nicht nur zur Tötung „unnötige" Schmerzen, sondern auch besonders qualvolle Tötungsmethoden wie das Verbrennen bei lebendigem Leibe (es reicht dabei ein Zeitraum von wenigen Sekunden) oder das Ertränken. Die grausame Tatausführung muss Bestandteil der Tötungshandlung sein; vorangegangene grausame Verletzungshandlungen, die der Täter ohne Tötungsvorsatz vorgenommen hat, genügen dagegen nicht[58].

Bei der gefühllosen, unbarmherzigen Gesinnung geht es um eine Einstellung des Täters zur Art und Weise seiner Tatbegehung. Zu prüfen ist sie daher erst im **subjektiven Tatbestand**. Sie braucht nicht im Wesen des Täters zu wurzeln; es reicht aus, dass sie ihn bei der Tat beherrscht[59]. Nach aA soll das Wissen des Täters genügen, dass er das Opfer besonders schwer leiden lässt (so NK-*Neumann/Saliger*, § 211 Rn 79 mwN)

**b) Gemeingefährlich** ist nach hM ein Tatmittel, dessen Einsatz in der konkreten **57** Situation *geeignet* ist, über das oder die ausersehenen Opfer hinaus *eine Mehrzahl Unbeteiligter* an Leib oder Leben *zu gefährden*, weil der Täter die Wirkungsweise des Mittels in der *konkreten Tatsituation* nicht sicher zu beherrschen vermag (BGH NStZ 07, 330; nach einer engeren Ansicht soll *nur* die Gefährdung des *Lebens* Unbeteiligter erfasst sein NK-*Neumann/Saliger*, § 211 Rn 86 mwN).

**Beispiele:** Tötung durch Brandstiftung, Überschwemmung, Sprengstoff, Vergiften des Essens im Kessel einer Gemeinschaftsküche, vorsätzliche Geisterfahrt mit einem Pkw auf einer Autobahn usw; vgl BGH NJW 85, 1477 mit Anm. *Horn*, JR 86, 32; BGH NStZ 06, 503.

Die Qualifikation hat ihren Grund in der besonderen Rücksichtslosigkeit des Täters, der sein Ziel durch die Schaffung solcher unberechenbarer Gefahren für eine Mehrzahl von Unbeteiligten durchzusetzen sucht (BGH NStZ 06, 167 mit zust. Anm. *Eidam*). Sie ist darum nicht gegeben, wenn der Täter das Mittel so einsetzt, dass sich die Gefahr nur *alternativ*, aber *nicht kumulativ* bei Unbeteiligten realisieren kann, so etwa wenn er nur *einen* gezielten Pistolenschuss auf eine in einer Menschenmenge stehende Person abgibt (BGHSt 38, 353 mit Anm. *Rengier*, JZ 93, 364). Ebenso ist sie zu verneinen, wenn das typischerweise gemeingefährliche Mittel in der konkreten Tatsituation mit keiner Gemeingefahr verbunden ist (zB das Platzieren einer Bombe unter dem Hochsitz des Jägers) oder der Täter eine bereits vorhandene gemeingefährliche Situation für seine Zwecke lediglich ausnutzt (zB das Stoßen des Opfers in das bereits brennende Haus). Dabei begründet es keinen Unterschied, ob diese Gefahr zufällig entstanden, von unbeteiligten Dritten verursacht oder vom Täter selbst *ohne Tötungsvorsatz* herbeigeführt worden ist[60]. Zusammenfassend *Küper/Zopfs*, BT Rn 397 ff.

Umstritten ist die Gemeingefährlichkeit, wenn der Täter mit (zumindest bedingtem) Tötungsvorsatz hinsichtlich *aller* abstrakt gefährdeter Menschen handelt. Von einer Ansicht wird sie verneint[61]. Nur wenn das Mittel geeignet sei, auch *Unbeteiligte* zu

---

57  BGHSt 3, 180; BGH NJW 86, 265; Beispiel: Verhungernlassen eines Kleinkindes, BGH MDR/D 74, 14; Kasuistik bei *H. Schneider*, Anm. NStZ 08, 29.

58  Zum tatbestandsmäßigen Zusammenhang zwischen der Grausamkeit und der Tötungshandlung vgl *Küper*, Seebode-FS, S. 197, der eine „vorbereitende" Grausamkeit genügen lässt, *wenn* sie auch in der Zeitspanne zwischen Versuch und Vollendung der Tötung wirkt.

59  BGH NStZ 82, 379; NJW 88, 2682 mit Anm. *Frister*, StV 89, 343.

60  BGHSt 34, 13; BGH NStZ 10, 87; A/W-*Hilgendorf*, BT § 2 Rn 53; MüKo-*Schneider*, § 211 Rn 121 ff; aA *Fischer*, § 211 Rn 61; krit. auch *Grünewald*, Jura 05, 519 und *Hecker*, JuS 10, 360 mwN.

61  Vgl MüKo-*Schneider*, § 211 Rn 127; ausf. *Zieschang*, Puppe-FS, S. 1318 ff.

**§ 2** *Die Tötungsdelikte*

gefährden, auf die sich der Vorsatz des Täters nicht erstrecke, könne man davon sprechen, dass eine Gefährlichkeit für die *Allgemeinheit* und nicht bloß für individuelle Personen bestehe. Nach aA zählt zu den Opfern einer Allgemeingefahr jeder, der als letztlich austauschbarer Repräsentant der Allgemeinheit und nicht als ausgesuchte, bestimmte Individualperson betroffen werde[62]. Gemeingefährlichkeit liege deshalb auch dann vor, wenn es dem Täter letztlich egal sei, welche Personen getötet würden.

**Beispiel:** Ein Terrorist setzt eine Bombe ein, um in einem Einkaufszentrum so viele Besucher wie möglich umzubringen.

Unstreitig nicht als Repräsentanten der Allgemeinheit zählen vom Täter *individualisierte Tatopfer*. Für die engere Auffassung folgt das bereits daraus, dass es sich bei Personen, auf die sich der Tötungsvorsatz erstreckt, nicht um unbeteiligte Dritte handelt. Die weitere Ansicht gelangt zu demselben Resultat, weil es infolge der Individualisierung an der Austauschbarkeit der Betroffenen fehlt. Ist das eingesetzte Tatmittel nur für individualisierte Tatopfer gefährlich, erfüllt eine (versuchte oder vollendete) **Mehrfachtötung** deshalb nicht das Mordmerkmal des gemeingefährlichen Mittels (BGH NStZ 20, 284 mit Anm. *Engländer*).

**58**    Der Umstand allein, dass A der L im **Fall 4** mehrere Messerstiche versetzt hat, macht sein Handeln noch nicht „grausam" iS des § 211 II. Auch ein „gemeingefährliches Mittel" hat A nicht eingesetzt. Zu prüfen bleibt, ob A die arglos des Weges gehende L **auf heimtückische Weise** getötet hat.

**59**    c)   Die **Heimtücke** stellt – neben den niedrigen Beweggründen – nicht nur das praktisch bedeutsamste Mordmerkmal dar, sie ist auch besonders problembehaftet. So steht bereits im Streit, ob und wie sich bei ihr die gegenüber dem Totschlag erhöhte Strafwürdigkeit begründen lässt (vgl NK-*Neumann/Saliger*, § 211 Rn. 46 ff). Einige Stimmen in der Debatte über die Reform des § 211 fordern denn auch die Abschaffung dieses Merkmals (zB *Kubik/Zimmermann*, StV 13, 582, 589). Nach hM liegt der Grund dafür, dass das Gesetz die heimtückische Tötung als Mord einstuft und mit lebenslanger Freiheitsstrafe ahndet, in dem besonders **verwerflichen** und **gefährlichen Vorgehen** des Täters, der die Arg- und Wehrlosigkeit eines anderen **in hinterhältiger Weise** zu einem Überraschungsangriff ausnutzt, um das Opfer so daran zu hindern, sich zu verteidigen, zu fliehen, Hilfe herbeizurufen, dem Anschlag auf sein Leben in sonstiger Form zu begegnen oder dessen Durchführung wenigstens zu erschweren (vgl BGHSt GrS 11, 139).

**60**    Weiterhin wird nach wie vor intensiv über die angemessene Bestimmung des Heimtückebegriffs debattiert[63]. Eine Einigkeit auch nur über die wesentlichen Begriffsmerkmale ist dabei nach wie vor nicht in Sicht. Nach der vom BGH entwickelten und in mittlerweile ständiger Rspr. vertretener Definition handelt **heimtückisch**, wer in *feindlicher Willensrichtung* (BGHSt GrS 9, 385) die **Arg- und Wehrlosigkeit des Opfers bewusst zur Tötung ausnutzt**[64].

---

62  *Rengier*, BT II § 4 Rn 47c.

63  Zu den von der Rspr. abweichenden Konzeptionen aus dem Schrifttum siehe MüKo-*Schneider*, § 211 Rn 196 ff.

64  BGHSt GrS 11, 139; 30, 105, 116; BGHSt 19, 321; 20, 301; 23, 119; 28, 210; 37, 376; 39, 353, 368; weitere Nachweise bei *Küper/Zopfs*, BT S. 208; guter Überblick zur neueren Rechtsprechung auch bei *Geppert*, Jura 07, 270.

*Verwerflichkeit der Begehungsweise* **§ 2 III 3**

Von Teilen des Schrifttums wird bemängelt, dass diese Begriffsbestimmung (in Übereinstim- **61** mung mit BGHSt GrS 11, 139, 144) das Element der „Tücke" zu sehr vernachlässige und nicht geeignet sei, die Anwendung des § 211 auf Verbrechen zu beschränken, deren Schwere sich vom Totschlag (§ 212) deutlich abhebe[65]. Ein *bewusstes* Ausnutzen der Arg- und Wehrlosigkeit lasse nicht zwangsläufig auf Verschlagenheit, List und Tücke schließen; ein solches Verhalten könne auch die Waffe des Schwachen und Unterlegenen gegen Übermacht, Gewalt und Brutalität sein (*Jescheck*, Anm. JZ 57, 386). Die Formel der Rechtsprechung bedürfe daher der einschränkenden Ergänzung. Die Tatbegehung müsse **Ausdruck einer verwerflichen Gesinnung**[66] oder, wie eine weit verbreitete Ansicht es verlangt, mit einem **verwerflichen Vertrauensbruch** verbunden sein[67]. Gegen die letztgenannte These spricht indessen, dass der Begriff des „Vertrauens" keine festen Konturen aufweist und dass die Frage nach dem Vorliegen eines „Vertrauensbruchs" in den umstrittenen Grenzfällen keinerlei Fortschritt bringt, sondern ihrerseits zu ungereimten und verfehlten Ergebnissen führt[68] (dazu auch Rn 72). Die besseren Gründe sprechen daher für den Vorschlag, die gebotene Einschränkung bei der *subjektiven* Komponente des Heimtückebegriffs einzubauen, hier das Element des „tückisch-verschlagenen Vorgehens" stärker zu berücksichtigen und ein davon geprägtes **Ausnutzen** der Arg- und Wehrlosigkeit des Opfers zu verlangen[69].

Das **BVerfG** hat sich der Kritik an der Auslegung des Heimtückebegriffs in der Rechtspre- **62** chung angeschlossen, seinen Standpunkt jedoch nicht abschließend präzisiert und es dem BGH überlassen, selbst die richtige Methode für eine restriktive Anwendung dieses Mordmerkmals zu bestimmen (BVerfGE 45, 187, 262 ff). Der BGH (BGHSt GrS 30, 105) hat 1981 (siehe schon Rn 39 ff) den bequemeren, sachlich jedoch sehr angreifbaren Weg einer Eingrenzung des § 211 auf der *Rechtsfolgenseite* gewählt, obwohl der ihm zur Entscheidung vorgelegte Fall (BGH NStZ 81, 181) gerade geeignet gewesen wäre, über das subjektive Kriterium des „tückischen" Verhaltens eine sinnvolle Begrenzung des § 211 auf der Tatbestandsseite zu entwickeln[70].

**Arglos** ist, wer im Zeitpunkt des Beginns der Tat mit keinem **tätlichen Angriff** auf **63** seine körperliche Unversehrtheit oder sein Leben rechnet[71]. Voraussetzung dafür ist die **Fähigkeit zum Argwohn**. Sie fehlt noch sehr kleinen Kindern[72] (wobei ein dreijähriges Kind schon über die entsprechende Fähigkeit verfügen kann, vgl BGH NJW 78, 709; NStZ 95, 230) und Bewusstlosen, etwa komatösen Patienten, die den Eintritt

---

65  Vgl etwa *Küpper/Börner*, BT I § 1 Rn 55; *M.-K. Meyer*, JR 79, 441, 444.
66  Näher *Rengier*, MDR 79, 969 ff.
67  So etwa *Hassemer*, JuS 71, 626, 630; *Jakobs*, Anm. JZ 84, 444; *Schmidhäuser*, JR 78, 265, 270; S/S-*Eser/Sternberg-Lieben*, § 211 Rn 26 mwN; abl. *Zorn*, Die Heimtücke im Sinne des § 211 Abs. 2 StGB – ein das vortatliche Opferverhalten berücksichtigendes Tatbestandsmerkmal? 2013, S. 131 ff, 136.
68  Zutreffend BGHSt GrS 30, 105, 115; LK-*Rissing-van Saan/Zimmermann*, § 211 Rn 124 f; *Mitsch*, JuS 96, 213; *ders*, JuS 13, 783; *Rengier*, MDR 80, 1, 3; anders *Bosch/Schindler*, Jura 00, 77, 81, die auf das Entstehen von *besonderem* Vertrauen abstellen wollen, damit aber die begrenzende Bedeutung der Heimtücke unterschätzen.
69  So *Spendel*, JR 83, 269; StV 84, 45; zust. *Klesczewski*, BT § 2 Rn 55; Nachweise zu weiteren Ansätzen bei *Lackner/Kühl*, § 211 Rn 6; krit. Matt/Renzikowski-*Safferling*, § 211 Rn 53.
70  Zutreffend *Lackner*, Anm. NStZ 81, 348 f; siehe dazu auch *Schild*, JA 91, 48, 55.
71  BGHSt 20, 301; 22, 77; 28, 210; BGH NJW 06, 1008, 1010.
72  BGHSt 4, 11; 8, 216; BGH NStZ 06, 338; instruktiv *Mitsch*, JuS 14, 783. Nicht ausreichend für die Fähigkeit zum Argwohn ist, dass das Kind über „natürliche Abwehrinstinke" verfügt. Das Vermischen des bitter schmeckenden Giftstoffes mit süßem Brei, um entsprechende Abwehrinstinkte zu überwinden, begründet daher noch keinen Heimtückemord; vgl BVerfGE 45, 187, 266 gegen BGHSt 8, 216 und BGH MDR/D 73, 901; NK-*Neumann/Saliger*, § 211 Rn 58; aA *Fischer*, § 211 Rn 43.

**§ 2** *Die Tötungsdelikte*

ihres Zustandes nicht abwenden können[73] (vgl auch Rn 71 f). Bei solchen (hilfsbedürftigen) Personen kommt gleichwohl Heimtücke in Betracht, wenn die Arg- und Wehrlosigkeit *schutzbereiter Dritter*, zB eines Elternteils oder des Pflegepersonals einer Intensivstation, ausgenutzt wird[74]. **Schlafende** können nach hM arglos sein, indem sie ihre Arglosigkeit mit in den Schlaf nehmen[75].

**64** Die Arglosigkeit muss grundsätzlich im Zeitpunkt der Tat, dh beim **unmittelbaren Ansetzen zur Tötung** vorliegen, sog. *Koinzidenzerfordernis* (BGH NStZ-RR 04, 14)[76]. Eine nur im Vorbereitungsstadium bestehende Arglosigkeit genügt nicht. Das gilt auch dann, wenn das Opfer in dem für die Arglosigkeit maßgebenden Zeitpunkt auf Grund einer vom Täter *ohne Tötungswillen* vorgenommenen Einwirkung wehrlos ist (wie etwa infolge einer voraufgegangenen, mit seinem Einverständnis erfolgten Fesselung: BGHSt 32, 382).

Wer im Verlauf eines Streites, ohne seine Bereitschaft zu einem tätlichen Angriff zu verbergen, dem unmittelbar anschließend getöteten Opfer in **offen feindseliger Haltung** entgegentritt, handelt grundsätzlich nicht heimtückisch (BGHSt 20, 301; 27, 322); ebensowenig, wer die Tötung angekündigt hat (BGH NStZ 07, 268). Anders verhält es sich nach der Rechtsprechung allerdings dort, wo der Getötete zuvor planmäßig **in eine Falle gelockt** worden und deshalb zu *diesem* Zeitpunkt noch arglos ist (BGHSt 22, 77; BGH NStZ 08, 569). Hier liege das Tückische im Schaffen einer Situation, in der das Opfer dem Täter hilflos ausgeliefert sei; daher komme es in solchen Fällen nicht darauf an, wann der Getäuschte im Verlauf des Geschehens die ihm drohende Gefahr erkenne[77].

**Beispiel:** Der Täter lockt das Opfer unter dem Vorwand, ihm das geschuldete Geld zurückzahlen zu wollen, auf einen einsamen Waldparkplatz; dort tritt er ihm offen mit der Pistole in der Hand entgegen und erschießt es.

Des Weiteren soll es nach Auffassung des BGH die Arglosigkeit auch nicht ausschließen, wenn der Täter dem Opfer zwar in offen feindseliger Haltung entgegentritt, dabei aber die Zeitspanne zwischen dem Erkennen der Gefahr und dem unmittelbaren Angriff so kurz ist, dass dem Opfer keine Möglichkeit der Abwehr mehr bleibt (BGH NStZ 93, 438) bzw das Opfer die Gefahr erst im letzten Augenblick erkennt und deshalb dem Angriff nicht mehr zu begegnen vermag (BGH NStZ 02, 368)[78]. Heimtückisches Handeln erfordert somit nicht zwingend auch ein *heimliches Vorgehen*.

---

73  BGHSt 23, 119; BGH NJW 66, 1823.
74  BGHSt 18, 37 f; BGH NStZ-RR 06, 43; NStZ 08, 93; StV 09, 524 (mit zT krit. Anm. *U. Neumann*); NStZ 13, 158.
75  BGHSt 23, 119; BGH NStZ-RR 04, 139; *Lackner/Kühl*, § 211 Rn 7; LK-*Rissing-van Saan/Zimmermann*, § 211 Rn 106; aA *Küper/Zopfs*, BT Rn 335 und *Küper* JuS 00, 740, 744, jeweils mwN.
76  Nach BGH NStZ 13, 337 tötet heimtückisch auch, wer sein ahnungsloses Opfer zunächst nur mit Körperverletzungsvorsatz angreift, dann aber unter bewusster Ausnutzung des Überraschungseffekts unmittelbar zur Tötung übergeht, ohne dass das Opfer sich noch Erfolg versprechend zur Wehr setzen könnte, und diese Lage bis zur Tötungshandlung fortdauert. Siehe zu solchen Fällen aber auch MüKo-*Schneider*, § 211 Rn 156.
77  Krit. *Küper*, JuS 00, 740, 744; *Schauf*, NStZ 19, 585; vgl aber auch *Küper/Zopfs*, BT Rn 331 f.
78  Betrachtet man die hierzu ergangene Rspr., wird allerdings nicht ganz klar, ob der BGH mit diesen Formeln eine weitere Ausnahme vom Koinzidenzerfordernis machen möchte oder ob er die zeitliche Grenzziehung lediglich präzisieren will; eingehend dazu *Küper* GA 14, 611.

**Verwerflichkeit der Begehungsweise** **§ 2 III 3**

**Vorangegangene Auseinandersetzungen** schließen die Arglosigkeit nicht aus, wenn das Opfer – etwa aufgrund einer zeitlichen Zäsur – mit keinem weiteren Angriff rechnet[79]. Ebenso wenig lässt eine auf früheren Aggressionen beruhende latente Angst des Opfers um sein Leben als solche die Arglosigkeit entfallen[80]. Diese fällt vielmehr erst weg, wenn das Opfer annimmt, dass der ständig befürchtete Angriff auf sein Leben oder seine körperliche Unversehrtheit nun unmittelbar bevorsteht[81].

**Beispiel:** Als seine Exfreundin E aus der Haustür tritt, gibt der ihr vor dem Haus auflauernde T mit seinem Wagen Vollgas und überfährt sie hinterrücks. E, die sich aufgrund vorangegangener Gewalttätigkeiten zwar in permanenter Angst vor T befand, freilich seine Attacke nicht konkret erwartet hat, wird tödlich verletzt. T ist hier wegen Heimtückemordes strafbar (BGH NStZ 13, 337).

Auch ein berufs- oder rollenbedingtes latentes Misstrauen – etwa im Falle eines Politikers, der damit rechnet, jederzeit zum Opfer eines Attentats werden zu können – führt nicht zum Wegfall der Arglosigkeit[82].

Diskutiert wird darüber, ob in bestimmten Fällen die Arglosigkeit entfällt, wenn das Opfer **65** zwar tatsächlich nicht mit einem tätlichen Angriff rechnete, aber aufgrund eines eigenen vorwerfbaren Vorverhaltens damit hätte rechnen müssen, sog. **Normativierung** der Heimtücke. Befürwortet wird das vom 1. Senat zur Gewährleistung des Wertungsgleichklangs mit dem Notwehrrecht für die Fälle der Schweigegelderpressung (Chantage)[83]: Ein Erpresser, der den Täter durch Drohung *aktuell* zu einer Geldzahlung genötigt habe, *müsse* grundsätzlich mit einer Gegenwehr des Erpressten *rechnen* (unabhängig davon, ob diese sich dann im Rahmen des § 32 hält oder dessen Grenzen überschreitet). Unter solchen Umständen sei er normativ betrachtet infolge seines vorausgegangenen Angriffs regelmäßig nicht gänzlich arglos, möge ihn der Gegenangriff tatsächlich auch überrascht haben. Die Normativierung begründet der Senat damit, dass der Gegenwehr hier das Tückische fehlt, das den gesteigerten Unwert der Heimtücke kennzeichnet[84]. In einer kurz darauf ergangenen Entscheidung hat der 1. Senat es allerdings im Falle der Tötung eines schlafenden „Haustyrannen" (vgl dazu schon Rn 41) abgelehnt, diese Einschränkung auch auf den Zustand der gegenwärtigen (Dauer-)Gefahr iS des § 35 zu erstrecken[85]. Problematisch an der Normativierung der Arglosigkeit ist, dass sie den Argwohn letztlich fingiert und damit der an sich rein faktischen Begriffsbestimmung – arglos ist, wer *tatsächlich* keinen Angriff erwartet – widerspricht, so zutreffend *Küper*, GA 06, 310, 312 mwN[86]; ebenso *Saliger*, JZ 12, 723, 725.

---

79  BGHSt 28, 210; BGH NJW 80, 792; NStZ-RR 96, 322; 97, 168.
80  BGH NStZ 10, 450 mwN.
81  BGHSt 33, 363 mit Anm. *Rengier*, NStZ 86, 505; BGH NStZ 91, 233; *Frommel*, StV 87, 292.
82  BGH BeckRS 19, 18948.
83  Zur Notwehr bei Chantage Matt/Renzikowski-*Engländer*, § 32 Rn 12, 16, 33, 60.
84  BGHSt 48, 207 mit krit. Anm. *Quentin*, NStZ 05, 128; krit. auch *Fischer*, § 211 Rn 51 ff; AnwK-*Mitsch*, § 211 Rn 51; SSW-*Momsen*, § 211 Rn 52 sowie *H. Schneider*, NStZ 03, 428, der sich gegen eine derartige Lösung auf der Tatbestandsebene und für eine solche auf der Rechtsfolgenseite iS oben Rn 39 ausspricht; im Erg. zust. hingegen *Joecks/Jäger*, StGB § 211 Rn 44; NK-*Neumann/Saliger*, § 211 Rn 61 mwN; siehe auch *Mosbacher*, Anm. NStZ 05, 690, *Roxin*, Widmaier-FS, S. 741 und *Zorn*, Die Heimtücke im Sinne des § 211 Abs. 2 StGB – ein das vortätliche Opferverhalten berücksichtigendes Tatbestandsmerkmal? 2013, S. 52 ff, 305 ff (krit. *Küper*, GA 14, 349, 354 f). Nicht in fehlender Arglosigkeit, sondern in dem „achtenswerten" Motiv sieht *Hillenkamp*, Rudolphi-FS, S. 463, den Grund für das Fehlen der Tücke.
85  BGHSt 48, 255, 258; krit. insoweit *Hillenkamp*, JZ 04, 48; *Otto*, Anm. NStZ 04, 142 und *Rengier*, NStZ 04, 233.
86  Siehe auch BGH NStZ 05, 688 (mit abl. Anm. *Mosbacher*); NStZ 07, 523.

**§ 2** *Die Tötungsdelikte*

**66** **Wehrlos** ist, wer *infolge*[87] seiner Arglosigkeit bei Beginn des ersten mit Tötungsvorsatz geführten Angriffs (so BGH NStZ 16, 405) zur Verteidigung außer Stande oder in seiner Verteidigung stark eingeschränkt ist (BGH GA 71, 113). Die Wehrlosigkeit muss also gerade auf der Arglosigkeit **beruhen**.

**Beispiele:** Am nötigen Zusammenhang von Arg- und Wehrlosigkeit fehlt es beim Querschnittsgelähmten, der sich auch bei rechtzeitigem Erkennen des Angriffs nicht verteidigen könnte. Ebenso verhält es sich bei einem nicht ansprechbaren Schwerkranken, wenn dieser schon infolge seiner Verfassung nicht mehr in der Lage ist, dem Angriff wirksam entgegenzutreten (BGH NStZ 97, 490).

**67** Arg- und Wehrlosigkeit müssen zusammentreffen; dass nur eine dieser beiden Voraussetzungen gegeben ist, genügt nicht[88]. Daher entfällt Heimtücke bei der Tötung eines Bewusstlosen, wenn und weil dessen Wehrlosigkeit nicht auf Arglosigkeit beruht[89]. Körperliche Unterlegenheit begründet für sich allein keine Wehrlosigkeit; zu prüfen bleibt vielmehr, über welche anderen Verteidigungsmöglichkeiten das Opfer noch verfügte (BGHSt 20, 301, 303).

**68** Arg- und Wehrlosigkeit müssen ferner in *tückisch-verschlagener* Weise zur Tötung **ausgenutzt** werden (siehe schon Rn 60 f). Das ist der Fall, wenn der Täter die von ihm vorgefundene oder herbeigeführte Lage der Arg- und Wehrlosigkeit im Wege des listigen, hinterhältigen oder planmäßig-berechnenden Vorgehens *bewusst* zu einem Überraschungsangriff nutzt und das Opfer so daran hindert, sich zu verteidigen, zu fliehen, Hilfe herbeizurufen oder dem Anschlag auf sein Leben sonst wie Hindernisse entgegenzusetzen[90].

Am Ausnutzen fehlt es, wenn der Täter den Tötungsvorsatz erst fasst, *nachdem* das Opfer bereits Argwohn geschöpft hat. Deshalb reicht es für den Heimtückemord grds. nicht aus, wenn der Täter das noch arglose Opfer zunächst lediglich mit Körperverletzungsvorsatz angreift und erst danach in Ausnutzung der Wehrlosigkeit mit einem weiteren Angriff zur Tötung des nunmehr nicht mehr Arglosen übergeht (BGHSt 19, 322). Anders soll es sich allerdings in den Fällen verhalten, in denen die anfängliche Verletzungshandlung so schnell in die Tötungshandlung umschlägt, dass der Überraschungseffekt noch fortwirkt und vom Täter auch bewusst ausgenutzt wird (BGH NStZ 06, 502; krit. dazu *Rengier*, Küper-FS, S. 473, 475 ff.).

**69** Die Rspr. hält es in *subjektiver* Hinsicht für wesentlich, dass der Täter die Arg- und Wehrlosigkeit des Opfers nicht nur „in einer äußerlichen Weise wahrgenommen", sondern sie gerade **in ihrer Bedeutung für die Tat** und sein Vorgehen voll erfasst hat[91]. Daran kann es aufgrund der

---

87  Vertiefend *Küper*, Beulke-FS, S. 467.
88  BGHSt 19, 321; 32, 382; 39, 353, 369; vgl auch *Küper/Zopfs*, BT Rn 328 und *Küper*, JuS 00, 740.
89  BGHSt 23, 119; BGH NJW 66, 1823; NStZ 07, 523; *Lackner/Kühl*, § 211 Rn 7; anders *Dreher*, MDR 70, 248; *Krey/Hellmann*, BT I Rn 45; *Kutzer*, NStZ 94, 110. Ist die Bewusstlosigkeit allerdings Folge eines ersten Tötungsversuchs an dem in eine Falle Gelockten, der sodann alsbald getötet wird, liegt Heimtücke vor; BGH NStZ 08, 569 mit krit. Anm. *Schroeder*, JR 08, 392.
90  Vgl zum tückischen Charakter dieses Verhaltens BGHSt 4, 11; 20, 301; 23, 119, 121; *M.-K. Meyer*, JR 79, 441, 444 und 86, 133; NK-*Neumann/Saliger*, § 211 Rn 72; *Spendel*, JR 83, 269; krit. *Schmoller*, ZStW 99 (1987), 389, 401 und *Zorn*, Die Heimtücke im Sinne des § 211 Abs. 2 StGB – ein das vortatliche Opferverhalten berücksichtigendes Tatbestandsmerkmal? 2013, S. 163 ff.
91  BGH NStZ-RR 18, 45.

*Verwerflichkeit des Handlungszwecks* **§ 2 III 4**

Spontaneität des Tatentschlusses[92] oder einer starken Erregung[93] im Einzelfall fehlen – ohne dass dies freilich zwingend wäre[94].

Im **Fall 4** erfüllt das Verhalten des A bei seinem Überraschungsangriff auf die arg- und wehrlose L in objektiver wie in subjektiver Hinsicht alle Erfordernisse der heimtückischen Tötung (näher BGHSt 3, 183).

**70**

Einschränkend verlangt die Rechtsprechung noch ein Handeln in **feindseliger Willensrichtung**. Diese hat der BGH bisher verneint, wenn der Täter den Entschluss zur Tat in einer schwerwiegenden seelischen Konfliktlage gefasst hat und zum Besten des Opfers zu handeln glaubt, weil er ihm schweres Leid ersparen will[95]. Neuerdings will der 5. Strafsenat sie nur noch entfallen lassen, wenn die Tötung dem ausdrücklichen Willen des Getöteten entspricht oder – „aufgrund einer objektiv nachvollziehbaren und anzuerkennenden Wertung" – mit dem mutmaßlichen Willen des zu einer autonomen Entscheidung nicht fähigen Opfers geschieht. Ansonsten komme bei Vorliegen besonderer schuldmindernder Umstände allenfalls die Rechtsfolgenlösung (dazu Rn 39) in Betracht (BGHSt 64, 111). Die Funktion, das Mordmerkmal der Heimtücke einzuschränken, hat das Erfordernis der feindseligen Willensrichtung damit zwar nicht vollständig, aber doch weitgehend verloren (krit. dazu *Mitsch*, Anm. NJW 19, 2416[96]).

**71**

**Beispiel:** Keine feindselige Willensrichtung, wenn die Ehefrau ihren schwerstkranken dementen Ehemann hinterrücks tötet, um ihn, wie mutmaßlich von ihm gewollt, von seinen Schmerzen zu erlösen. Anders verhält es sich dagegen (auch nach der großzügigeren früheren Rechtsprechung) bei der Krankenschwester, die ihren sterbenskranken Patienten tötet, weil sie glaubt, dessen Leben habe keinen Wert mehr (BGH StV 09, 524).

Die Tötung eines Arg- und Wehrlosen auf Grund eines **verwerflichen Vertrauensbruchs** ist zwar in der Regel als heimtückisch zu beurteilen (vgl BGH NJW 78, 709). Jedoch stellt der Missbrauch einer *zuvor begründeten Vertrauensbeziehung* keine notwendige Bedingung der Heimtücke dar[97]. Wer, wie etwa ein Auftragskiller, ein ihm fremdes, arg- und wehrloses Opfer **aus dem Hinterhalt** heraus tötet, handelt heimtückisch. Eine solche Tatausführung entspricht vollauf dem *klassischen* Leitbild des seit jeher als besonders verwerflich eingestuften „Meuchelmordes".

**72**

## 4. Verwerflichkeit des Handlungszwecks

Die Mordmerkmale der **3. Gruppe** des § 211 II stellen auf den **besonders verwerflichen Zweck** der Tötungshandlung ab und sind damit nach hM Bestandteil des **subjektiven** Tatbestands. Das Gesetz nimmt hier den Grundgedanken der „niedrigen Be-

**73**

---

92  Näher BGH NStZ 83, 34; 84, 20; MDR/H 90, 1066, aber auch BGH NStZ-RR 04, 139 mit abl. Anm. *Seebode*, StV 04, 596.
93  Näher BGH NStZ 83, 34; 84, 20; MDR/H 90, 1066, aber auch BGH NStZ-RR 04, 139 mit abl. Anm. *Seebode*, StV 04, 596.
94  Vgl BGH NStZ-RR 20, 40.
95  Vgl BGHSt 9, 385; 37, 376 mit Anm. *Roxin*, NStZ 92, 35; krit. *Geilen*, Spendel-FS, S. 519.
96  Ganz für die Aufgabe dieses Erfordernisses *Wachter*, Anm. NStZ 19, 719. Der Linie des 5. Strafsenats im Grundsatz zustimmend hingegen *Momsen/Schwarze*, JR 20, 232, die allerdings eine Präzisierung mithilfe des Gedankens der Unrechtsminderung bei teilverwirklichtem Rechtfertigungsgrund vorschlagen.
97  BGHSt GrS 30, 105, 115; AnwK-*Mitsch*, § 211 Rn 58; LK-*Rissing-van Saan/Zimmermann*, § 211 Rn 48.

**§ 2** *Die Tötungsdelikte*

weggründe" wieder auf und konkretisiert ihn durch die Absicht des Täters, eine andere Straftat zu *ermöglichen* oder zu *verdecken* (vgl BGHSt 23, 39; 22, 12).

Die Einbeziehung der **Ermöglichungsabsicht** in den Kreis der Mordmerkmale wird allgemein akzeptiert, weil in der Bereitschaft, zur Durchsetzung krimineller Ziele „notfalls über Leichen zu gehen", nicht nur eine verachtenswerte Gesinnung, sondern auch eine besonders hohe Gefährlichkeit des Täters zum Ausdruck kommt. Die Verwerflichkeit dieser Verknüpfung tritt nach Ansicht des BGH umso mehr hervor, je weniger schwer die angestrebte Straftat ist (BGHSt 46, 73, 81). Der Tod des Opfers muss nicht notwendiges Mittel zur Ermöglichung der Tat sein; es genügt, wenn der Täter sich deshalb zur Tötung entschließt, weil er annimmt, auf diese Weise die andere Straftat rascher oder leichter begehen zu können[98].

Demgegenüber beruht die **Verdeckungsabsicht** häufig auf einer Konfliktsituation und dem Bestreben des Täters, sich oder eine ihm nahestehende Person der drohenden Strafverfolgung zu entziehen (dazu auch BVerfGE 45, 187, 265). Das legt die Frage nahe, warum das Gesetz diesem Gesichtspunkt hier keine *entlastende* Bedeutung beimisst, während es sonst (vor allem bei §§ 257, 258) wenigstens das Streben nach Selbstbegünstigung mit Nachsicht behandelt. Der Grund dafür ist indes unschwer zu erkennen: Im Bereich der §§ 257, 258 erscheint die Rücksichtnahme auf das menschlich verständliche Handeln zum Zwecke der Selbstbegünstigung deshalb erträglich, weil der Täter dort nur die Wiederherstellung des gesetzmäßigen Zustandes bzw den Zugriff der Straftatverfolgungsorgane verhindern will, ohne den zuvor angerichteten Schaden weiter zu vertiefen. Durch eine Tötung in Verdeckungsabsicht wird dagegen über die Vortat hinaus neues, in der Regel weitaus schlimmeres Unrecht begangen (BGHSt 41, 8). Im Übrigen spielt auch folgende Erwägung eine Rolle: Eben weil die *Gefahr* sehr groß ist, dass etwa ein Sexualtäter oder ein auf frischer Tat entdeckter Einbrecher der Versuchung erliegen könnte, nun auch „aufs Ganze zu gehen" und den Tatzeugen mundtot zu machen, ist es sachgerecht, einer solchen Eskalation durch eine möglichst hohe, tathemmende Strafdrohung entgegenzuwirken[99].

**74**  **a)** Gegenstand der Ermöglichungs- bzw Verdeckungsabsicht muss eine **andere Straftat** sein. Dabei kann es sich auch um die Tat eines *anderen* handeln (BGHSt 9, 180), so etwa, wenn der Täter einen Augenzeugen tötet, damit die Vortat seines Lebensgefährten unentdeckt bleibt. Eine – vom Täter auch als solche erkannte – **OWi** genügt dagegen nicht.

Nach der zutreffenden hM reicht es allerdings aus, dass es sich bei dem Geschehen lediglich nach der *Vorstellung* des Täters um eine Straftat handelt, also der Täter nur *irrtümlich annimmt*, sein Verhalten sei strafbar (vgl BGHSt 11, 226; 28, 93)[100]. Deshalb macht sich des Verdeckungsmordes auch derjenige schuldig, der einen anderen zur Verdeckung einer OWi tötet, die er fälschlich für eine Straftat hält.

**Beispiel:** Ein Autofahrer wird bei einer Verkehrskontrolle mit einer BAK von 0,8 ‰ erwischt (OWi nach § 24a StVG); in der irrigen Annahme, sich wegen Trunkenheit im Verkehr (§ 316 StGB) strafbar gemacht zu haben, überfährt er aus Angst vor Strafe den Polizisten, der ihm das Haltezeichen gibt.

---

98  So BGH NStZ 15, 693 mit abl. Anm. *Berster*.

99  Lehrreich dazu *Arzt*, JR 79, 7; zust. *Otto*, BT § 4 Rn 48; krit. *Freund*, JuS 02, 640, 643.

100  Ebenso MüKo-*Schneider*, § 211 Rn 227; NK-*Neumann/Saliger*, § 211 Rn 91; SK-*Sinn*, § 211 Rn 76; aA OGHSt 1, 190, 195 ff; AnwK-*Mitsch*, § 211 Rn 76; *Heghmanns*, BT Rn 211. Ausführlich dazu *Engländer*, GA 18, 377.

Umgekehrt scheidet § 211 II aus, wenn der Täter irrtümlich glaubt, sein Verhalten sei *keine* Straftat – etwa weil er sich als gerechtfertigt ansieht[101].

**b)   Ermöglichungsabsicht** liegt vor, wenn es dem Täter darauf ankommt (dolus directus 1. Grades), mittels der Tötungshandlung die Begehung der anderen Tat zumindest zu beschleunigen oder zu erleichtern; dabei braucht er in dem Tod des Opfers keine zwingende Voraussetzung für das Gelingen dieser Tat zu sehen[102]. Ermöglichungsabsicht kann daher auch bei nur **bedingtem Tötungsvorsatz** vorliegen (BGHSt 39, 159).   **75**

**Beispiel:** Der Täter schlägt den Begleiter einer Frau unter Inkaufnahme von dessen Tod nieder, um die Frau vergewaltigen zu können.

**c)   Verdeckungsabsicht** ist zu bejahen, wenn es dem Täter darauf ankommt (dolus directus 1. Grades), mittels der Tötungshandlung entweder die **Aufdeckung der Vortat** oder bei bereits entdeckter Tat zumindest die **Aufdeckung der Täterschaft** zu verhindern (BGHSt 50, 11; 56, 239).   **76**

**Beispiele:** Verdeckungsabsicht besitzt, wer einen von ihm angefahrenen Verkehrsteilnehmer (BGH VRS 23 [1962], 207), den ihn nach einer Straftat anhaltenden Polizeibeamten (BGHSt 15, 291) oder einen Verfolger (BGH NJW 55, 1119; 68, 660) tötet, um Zeugen der Tat zu beseitigen oder unerkannt zu entkommen (BGH GA 62, 143).

Nicht in Verdeckungsabsicht handelt der Täter, wenn er davon ausgeht, die Vortat werde so oder so nicht aufgedeckt werden (BGH NStZ 11, 34). Auch nach Bekanntwerden der Vortat kann der Täter noch zu ihrer Verdeckung töten, wenn er zwar weiß, dass er verdächtigt wird, die genauen Tatumstände aber noch nicht in einem Umfang aufgedeckt sind, der die Strafverfolgung sicherstellt. Glaubt er, mit der Tötung eine günstige Beweisposition aufrechterhalten oder seine Lage verbessern zu können, reicht dies für die Annahme von Verdeckungsabsicht aus[103]. Dagegen gibt es nichts mehr zu verdecken, wenn der Täter die Vortat und die Täterschaft an dieser schon für bekannt hält und der tödliche Angriff nur noch die drohende Festnahme verhindern soll (zumeist ist dann jedoch ein Handeln aus *niedrigem Beweggrund* zu bejahen)[104]. Ebensowenig genügt es für die Verdeckungsabsicht, wenn der Täter tötet, um lediglich den prozessualen *Nachweis zu erschweren*, er also zB einen Belastungszeugen erst tötet, nachdem dieser bereits seine Aussage bei der Polizei gemacht hat. Dass vom Getöteten selbst eine Entdeckung nicht zu befürchten ist, schließt die Verdeckungsabsicht dagegen nicht aus (BGHSt 41, 358).

Dem BGH zufolge soll Verdeckungsabsicht auch in Betracht kommen können, wenn es dem Täter bei seiner Verdeckungshandlung nur um die Vermeidung **außerstrafrechtlicher** Konsequenzen, nicht aber darum geht, seine vorangegangene Straftat ge-   **77**

---

101   OGH NJW 50, 195.
102   Vgl BGHSt 39, 159; *Graul*, Anm. JR 93, 510; *F.-C. Schroeder*, JuS 94, 294.
103   BGH NStZ 18, 93 mit Anm. *Engländer*.
104   Vgl BGH GA 79, 108; StV 89, 151; NStZ 92, 127; krit. *Hohmann*, Anm. NStZ 93, 183. Dass der Täter *auch* mit Fluchtabsicht handelt, schließt die Verdeckungsabsicht freilich nicht aus; vgl BGH NStZ 19, 605.

**§ 2** *Die Tötungsdelikte*

genüber den Straftatverfolgungsbehörden zu verheimlichen[105]. Der Verdeckungsmord sei kein gegen Belange der Rechtspflege gerichtetes Delikt; Qualifikationsgrund sei vielmehr die *Verknüpfung von Unrecht mit weiterem Unrecht* durch den Täter (BGHSt 41, 8, 9)[106]. Eine solche Verknüpfung könne auch vorliegen, wenn der Täter einen anderen töte, um außerstrafrechtlichen Folgen der Vortat durch deren Verdeckung zu entgehen[107].

**Beispiel:** Ein Drogenhändler liefert seinem Großkunden gegen Zahlung von 500.000 € Zucker statt Kokain (= nach hM Betrug gem. § 263 StGB). Zwar rechnet er nicht damit, dass der Kunde ihn anzeigen wird. Allerdings befürchtet er, dass dieser ihn bei seinen anderen Abnehmern als „Betrüger" anschwärzen könnte. Um das zu verhindern, erschießt er den Kunden.

78  **Bedingter Tötungsvorsatz** und die Absicht, eine andere Straftat zu verdecken, schließen sich nicht aus[108].

**Beispiel:** Der Einbrecher schlägt den erwachten Hausherrn gewaltsam unter Inkaufnahme von dessen Tod nieder, um unerkannt fliehen zu können.

Sie lassen sich jedoch dann *nicht* miteinander vereinbaren, wenn das Verdeckungsziel nach der Vorstellung des Täters *nur* durch eine *erfolgreiche* Tötungshandlung zu erreichen ist (etwa deshalb, weil das von ihm beraubte oder vergewaltigte Opfer ihn kennt oder ihn zuverlässig identifizieren kann und die Entdeckungsgefahr gerade daraus resultiert). Bei einer solchen Sachlage muss der Täter zwangsläufig auf eine *sichere* Ausschaltung des ihm lästigen Vortatzeugen bedacht sein; infolgedessen ist Verdeckungsabsicht *in Fällen dieser Art* nur in Verbindung mit einem *direkten* Tötungsvorsatz möglich[109].

79  Die Verdeckungsabsicht kann auch bei einer Tötung durch **Unterlassen** vorliegen, so etwa, wenn der betrunkene Unfallverursacher das schwerverletzte Opfer liegenlässt, um nicht wegen der Trunkenheitsfahrt belangt zu werden. Näher zu den umstrittenen Anforderungen an die Verdeckungsabsicht in den Fällen unechten Unterlassens *Küper/Zopfs*, BT Rn 598 mwN.

80  Zwischen Vortat und Tötung braucht **keine zeitliche Zäsur** zu liegen. Verdeckungsabsicht kann daher auch dort gegeben sein, wo der Entschluss zum Töten erst während oder sofort nach der Vortatbegehung gefasst worden ist (wie etwa im Anschluss an einen Nötigungsversuch, an eine Vergewaltigung oder an eine körperliche Misshandlung des Opfers)[110].

Spontaner Tötungsentschluss und Verdeckungsabsicht schließen sich somit nicht aus. Dort, wo die Tötung des Opfers das Ergebnis einer *panikartigen* Kurzschlusshandlung war (dazu BGH NJW 99, 1039), bietet § 21 iVm § 49 I Nr 1 ausreichende Möglichkeiten für eine in Betracht kommende Strafmilderung.

---

105  BGHSt 41, 8 mit zust. Anm. *Saliger*, StV 98, 19; *Fischer*, § 211 Rn 69; krit. hingegen *Brocker*, MDR 96, 228; *Heghmanns*, BT Rn 215 f; *Küper*, JZ 95, 1158; *Rengier*, BT II § 4 Rn 56; *Sowada*, JZ 00, 1035; *Theile*, ZJS 11, 405, 407; ferner NK-*Neumann/Saliger*, § 211 Rn 105 f.
106  Näher zum Gedanken der Unrechtsverknüpfung *Engländer*, GA 18, 377, 382 ff.
107  Zu BGHSt 56, 239 (mit Anm. von *Brand*, NStZ 11, 698; *Brunhöber*, HRRS 11, 513; *Jäger*, JA 11, 792; *Steinberg*, JR 11, 488 und *Theile*, ZJS 11, 405.
108  Vgl BGHSt 23, 176, 194; 39, 159.
109  BGHSt 21, 283; BGH StV 83, 458; NStZ 85, 166.
110  BGHSt 27, 281 hat die in BVerfGE 45, 187, 267 erwogene Möglichkeit, den § 211 auf Fälle einer im Voraus geplanten oder einkalkulierten Verdeckungstötung zu beschränken, mit Recht verworfen.

*Aufbauhinweise* **§ 2 III 5**

Für einen Verdeckungsmord ist freilich kein Raum, wenn ein Täter, der von Anfang an mit direktem oder bedingtem *Tötungs*vorsatz gehandelt hat, die begonnene Tötung des Opfers nunmehr auch zwecks Verdeckung vollenden will; da hier eine *einheitliche* Tötungshandlung vorliegt, beabsichtigt der Täter **keine andere** Straftat zu verdecken, sondern nur diejenige, die er gerade begeht[111].

81

**Beispiel:** Nachdem er in Tötungsabsicht bereits zweimal auf das Opfer geschossen hat, gibt der Täter unmittelbar darauf einen dritten Schuss ab – nunmehr auch, um das Opfer als Tatzeugen auszuschalten.

Ebenso verhält es sich bei demjenigen, der es lediglich *unterlässt*, einen infolge seines auf Tötung gerichteten Tuns drohenden Erfolg abzuwenden; denn dieser Täter verfolgt damit lediglich sein ursprüngliches Ziel weiter[112]. Liegt hingegen zwischen einer erfolglosen Tötungshandlung und einer erneuten, jetzt mit Verdeckungsabsicht vorgenommenen, eine deutliche **zeitliche Zäsur**, bezieht die spätere Handlung sich auf eine abgeschlossene, also *andere* Straftat iS des § 211 II (BGH NStZ 02, 253), so etwa, wenn der Täter, der auf das Opfer zunächst ohne Erfolg geschossen hat, diesem an anderer Stelle nochmals auflauert und es erschießt, damit es ihn nicht bei der Polizei verraten kann.

82

## 5. Aufbauhinweise

Der **Deliktsaufbau** im Bereich von Mord und Totschlag müsste an sich von der dogmatischen Ausgangsposition (siehe Rn 25 f) her erfolgen, die der Bearbeiter zum Verhältnis der §§ 211, 212 zueinander für zutreffend hält. Insoweit hatte *Wessels* (BT/1, 21. Aufl. 1997, Rn 120 f) ausgeführt:

83

Wer mit dem **BGH** davon ausgeht, dass § 211 gegenüber § 212 ein **selbstständiger Tatbestand** mit *strafbegründenden* Merkmalen und arteigenem Unrechtsgehalt ist, muss die Sachprüfung **allein auf § 211** ausrichten, in den dann die Mindestvoraussetzungen des § 212 (= die vorsätzliche Tötung eines anderen Menschen) „hineinzulesen" sind. Die Mordmerkmale der 2. Gruppe des § 211 II sind dabei dem *objektiven* Tatbestand zuzuordnen (beachte also § 15), während die Mordmerkmale der 1. und 3. Gruppe des § 211 II als zusätzliche Merkmale im subjektiven Tatbestand nach dem Vorsatz abzuhandeln sind, weil die Rechtsprechung in ihnen subjektive Unrechtselemente erblickt (BGHSt 1, 368, 371). Für die Wertungsstufen Rechtswidrigkeit und Schuld verbleibt es bei den allgemeinen Aufbauregeln.

84

Wer dagegen der **Rechtslehre** folgt und § 211 als **qualifizierten Tatbestand** betrachtet, der im Verhältnis zum Grunddelikt des § 212 *strafschärfende* Merkmale aufweist, wird sich an dem „Stufenverhältnis" orientieren, das für tatbestandliche Abwandlungen unselbstständigen Charakters wesensbestimmend ist (vgl *Wessels/Beulke/Satzger*, AT Rn 167 ff). Er sollte **im Ansatz** sogleich die Verbindung zwischen § 212 und § 211 herstellen, also sofort sagen, dass und in welcher Hinsicht ein **Mord** in Betracht kommt. Der Leser, an den seine Darstellung sich wendet, weiß dann bereits, wohin „die Reise geht". Von diesem Ansatz aus kann der Bearbeiter dann zunächst **das Grunddelikt** des § 212 **voll durchprüfen** (= Tatbestandsmäßigkeit, Rechtswidrigkeit und Schuld). Denn nur wenn feststeht, dass keine Rechtfertigungs-, Schuldausschließungs- oder Entschuldigungsgründe eingreifen, wird es überhaupt auf die strafschärfenden Merkmale des § 211 ankommen. Diese sind also erst jetzt, soweit sie im konkreten Fall

---

111 BGH NStZ 00, 498; NStZ 15, 639; BGH NStZ-RR 17, 209 mit zust. Bespr. *Hecker*, JuS 17, 1225; aA *Freund*, JuS 02, 640.
112 BGH NJW 03, 1060; differenzierend *Wilhelm*, NStZ 05, 177; vgl auch *Grünewald*, GA 05, 502, 515 ff.

**§ 2** *Die Tötungsdelikte*

der Erörterung bedürfen, in Bezug auf ihre **objektiven** und **subjektiven** Voraussetzungen abzuhandeln (bei einer Tötung aus „niedrigen Beweggründen" ist zB zunächst das Vorliegen derjenigen Umstände festzustellen, aus denen die besondere Verwerflichkeit des Tatmotivs folgt; sodann ist zu untersuchen, ob der Täter sich dieser Umstände bei Begehung der Tat *bewusst* war und ob er seine triebhaften Regungen gedanklich beherrschen und willensmäßig steuern konnte). Bei dieser Art des Vorgehens ergeben sich für den Bearbeiter keinerlei Einordnungsprobleme; der Meinungsstreit innerhalb der Rechtslehre, ob die Merkmale der 1. und 3. Gruppe des § 211 II dem Unrechtsbereich angehören oder spezielle Schuldmerkmale darstellen, wird hier gar nicht aktuell.

**85** Dieses folgerichtigen, aber komplizierten Vorgehens bedarf es beim Alleintäter jedoch nicht, da der BGH selbst betont, die vorsätzliche Tötung iS des § 212 sei ein *notwendiges* Merkmal des § 211[113]. Dann aber steht nichts entgegen, die Prüfung **mit § 212 I zu beginnen**. Das empfiehlt sich, wenn etwa der Vorsatz oder die Rechtswidrigkeit zu verneinen ist; denn wenn schon § 212 I nicht eingreift, wird es auf Mordmerkmale nicht mehr ankommen. Wo hingegen Totschlag zweifelsfrei zu bejahen ist, *kann* der Bearbeiter § 211 alsbald in die Prüfung einbeziehen oder von ihm allein ausgehen[114]. Liegt auch § 211 im Ergebnis vor, so genügt ein Hinweis bei den Konkurrenzerwägungen. **Bedeutung** erlangt die Streitfrage auch für die Darstellung, wenn an der Tat **mehrere** beteiligt sind (dazu Rn 88 ff).

**86** Bei einem **Mordversuch** bereiten die tatbezogenen Merkmale der 2. Gruppe des § 211 II aufbaumäßig keine Schwierigkeiten. Im Rahmen des gewohnten Versuchsaufbaus (vgl dazu *Wessels/Beulke/Satzger*, AT Rn 935) sind sie nach einhelliger Ansicht in Rechtsprechung und Lehre innerhalb des sog. „Tatentschlusses" unter dem Blickwinkel zu prüfen, ob der **Vorsatz** des Täters auf die Begehung einer *heimtückischen* bzw *grausamen* Tötung oder auf den Einsatz *gemeingefährlicher* Mittel gerichtet war. Im Anschluss daran ist das „unmittelbare Ansetzen" iS des § 22 zu erörtern (alles Weitere läuft in den üblichen Bahnen ab). Etwas komplizierter gestaltet sich der Aufbau bei den Mordmerkmalen der 1. und 3. Gruppe des § 211 II. Wer in ihnen mit der Rechtsprechung und einem Teil der Rechtslehre „subjektive Unrechtselemente" erblickt (vgl Rn 44), wird sie innerhalb des „Tatentschlusses" *nach* Bejahung des Tötungsvorsatzes untersuchen. Wer sie dagegen als „spezielle Schuldmerkmale" auffasst[115], wird erst innerhalb der Wertungsstufe „Schuld" darauf eingehen, ob sie bei Versuchsbeginn in der Person des Täters (bzw etwaiger Mittäter) vorgelegen haben und deshalb den Versuch der vorsätzlichen Tötung des Opfers zu einem „Mordversuch" stempeln.

## 6. Prüfungsaufbau: Mord, § 211

**87**

**Mord, § 211**

**I. Tatbestandsmäßigkeit**
 1. **Objektiver Tatbestand**
   a) **Tatobjekt: ein anderer Mensch**
   b) **Tathandlung: Töten**
   c) **Mordmerkmale der 2. Gruppe**
    *(1) heimtückisch*
     Ⓟ Töten von Kleinstkindern, Schlafenden, Besinnungslosen
    *(2) grausam*
    *(3) gemeingefährlich*

---

113 BGHSt 1, 368, 370; 36, 231, 235; BGH NStZ 06, 288 mit abl. Anm. *Puppe*.
114 Vgl auch *Eisele*, BT I Rn 62; *Rengier*, BT II § 4 Rn 8, 10 und *Wessels/Beulke/Satzger*, AT Rn 1375.
115 Vgl *Wessels/Beulke/Satzger*, AT Rn 673, 876 f.

2. **Subjektiver Tatbestand**
   a) **Vorsatz: bzgl 1a und b; ggf auch c**
   b) **Mordmerkmale der 1. und 3. Gruppe**
      *(1) Mordlust*
      *(2) Befriedigung des Geschlechtstriebs*
      *(3) Habgier*
         Ⓟ Vermeidung von Aufwendungen
      *(4) sonst niedrige Beweggründe*
         Ⓟ besondere Wertvorstellungen
      *(5) Ermöglichungsabsicht*
      *(6) Verdeckungsabsicht*
         Ⓟ außerstrafrechtlicher Verdeckungszweck
         Ⓟ bloß bedingter Tötungsvorsatz
         Ⓟ Abgrenzung zur einheitlichen Tötungshandlung

**II. Rechtswidrigkeit**

**III. Schuld**

---

# IV. Täterschaft und Teilnahme bei §§ 212, 211

## 1. Teilnahme und Akzessorietätslockerung

Die Frage, ob der Mord, wie die hL meint, einen unselbstständigen Qualifikationstat- **88**
bestand zum Totschlag bildet, oder ob § 211, wie von der Rechtsprechung vertreten,
ein eigenständiges Delikt darstellt (siehe Rn 25 f), spielt beim Einzeltäter nur für den
Deliktsaufbau eine Rolle. Von erheblicher Relevanz kann sie allerdings für die Strafbarkeit von Teilnehmern werden. Dabei ist zu unterscheiden zwischen den Mordmerkmalen der 2. Gruppe auf der einen und den Mordmerkmalen der 1 und der 3.
Gruppe auf der anderen Seite.

**a)** Bei den Mordmerkmalen der **2. Gruppe** des § 211 II, die die besondere Art und **89**
Weise der Tatbegehung charakterisieren, handelt es sich um **tatbezogene** Merkmale
(BGHSt 23, 103; 24, 106, 108; 50, 1, 6), die nicht unter § 28 fallen[116]. Für sie gelten
daher die allgemeinen Teilnahme- und Vorsatzregeln der §§ 26, 27; 15, 16. Das bedeutet: Hat der Teilnehmer **Kenntnis** vom Vorliegen des Mordmerkmals, wird er wegen **Teilnahme am Mord** bestraft. **Fehlt** dem Teilnehmer dagegen diese Kenntnis,
unterliegt er insoweit einem **Tatumstandsirrtum**, § 16 I 1, und wird deshalb nur wegen **Teilnahme am Totschlag** bestraft, den der Täter zugleich mit dem Mord begeht.

Das gilt unabhängig davon, ob man im Mord mit der hL eine Qualifikation zum Totschlag oder
mit der Rspr. ein eigenständiges Delikt sieht. Denn auch nach Auffassung der Rspr. sind im
Mord die Merkmale des Totschlags enthalten, so dass derjenige, der einen Mord begeht zugleich einen Totschlag verwirklicht, der dann hinter dem Mord zurücktritt – ebenso wie derjenige, der einen Raub begeht, zugleich einen Diebstahl verwirklicht, der hinter dem Raub zurücktritt. Soweit Teile des Schrifttums der Rspr. unterstellt haben, sie vertrete mit ihrer These

---

116  Vgl LK-*Rissing-van Saan/Zimmermann*, § 211 Rn 153 ff; differenzierend *Roxin*, AT II § 27 Rn 76,
     wonach die Merkmale *heimtückisch* und *grausam* in ihre einzelnen Begriffselemente zerlegt werden
     sollen; zust. *Geppert*, Jura 08, 34, 36.

**§ 2** *Die Tötungsdelikte*

von der Eigenständigkeit des Mordes gegenüber dem Totschlag zugleich, dass diese beiden Delikte in einem Ausschlussverhältnis zueinander stehen, es könne also entweder nur ein Mord oder nur ein Totschlag vorliegen, ist das nicht zutreffend. Der BGH hat dies mittlerweile auch klargestellt, vgl BGHSt 36, 231; BGH NStZ 06, 288, 290.

**90**  **b)** Bei den Mordmerkmalen der **1. und 3. Gruppe** des § 211 II handelt es sich dagegen um **täterbezogene** *„besondere persönliche Merkmale"* iS des § 28[117]. Von Bedeutung ist diese Einstufung als besonderes persönliches Merkmal, weil § 28 eine **Akzessorietätslockerung** beinhaltet, dh die grundsätzlich bestehende Abhängigkeit der Strafe für Anstifter und Gehilfen von der für den Täter geltenden Strafdrohung einschränkt. Zur Bestimmung der Strafbarkeit muss deshalb bei jedem an der Tat Beteiligten gesondert ermittelt werden, ob er ein Mordmerkmal der 1. oder 3. Gruppe erfüllt oder nicht. Die Rechtsfolgen richten sich danach, ob § 28 I oder § 28 II anzuwenden ist. Hierfür kommt es auf die Deliktsnatur des § 211 an.

**91**  Fasst man mit der Rspr. den Mord als eigenständiges Delikt auf, haben die Mordmerkmale einen **strafbegründenden** Charakter. Einschlägig ist folglich **§ 28 I**: Der Teilnehmer wird, unabhängig davon ob er selbst das besondere persönliche Merkmal erfüllt, stets aus **demselben Delikt** bestraft wie der Täter. Insoweit bleibt die Teilnahme hier tatbestandlich strikt akzessorisch; eine Verschiebung des Tatbestandes, aus dem der Teilnehmer bestraft wird, erfolgt nicht. Erfüllt der Teilnehmer anders als der Täter das Merkmal nicht, ist allerdings seine Strafe nach **§ 49** zu mildern. Es erfolgt also eine **Verschiebung des Strafrahmens**, aus dem die konkrete Strafe zu entnehmen ist.

Für den Gehilfen wirkt sich das so aus, dass ihm eine doppelte Strafmilderung zugute kommt (nach § 27 II 2 und § 28 I; siehe BGH StV 84, 69).

**92**  Sieht man dagegen mit der hL in § 211 eine Qualifikation zu § 212, kommt den Mordmerkmalen ein **strafschärfender** Charakter zu. Anzuwenden ist somit **§ 28 II**: Die Strafschärfung gilt nur für den Täter oder Teilnehmer, bei dem das persönliche Merkmal vorliegt. Das bedeutet: Es kommt für die Teilnehmerstrafbarkeit immer nur darauf an, ob der **Teilnehmer** das besondere persönliche Merkmal erfüllt. Ob es beim Täter vorliegt oder nicht, spielt keine Rolle. Erfüllt der Teilnehmer das besondere persönliche Merkmal, wird er stets wegen Teilnahme am **Mord** bestraft. Erfüllt er das besondere persönliche Merkmal dagegen nicht, ist er stets nur der Teilnahme am **Totschlag** schuldig. Anders als bei den strafbegründenden besonderen persönlichen Merkmalen erfolgt hier also nicht lediglich eine Verschiebung des Strafrahmens, sondern ggf bereits eine **Verschiebung des Tatbestandes**, aus dem der Teilnehmer bestraft wird.

Diejenigen, die in den Mordmerkmalen keine Unrechtsmerkmale, sondern spezielle Schuldmerkmale sehen (vgl Rn 45), gelangen über § 29 regelmäßig zu denselben Ergebnissen wie die hL über § 28 II[118]. Näher zum Ganzen *Engländer*, JA 04, 410; *Fischer/Gutzeit*, JA 98, 41, 43; *Geppert*, Jura 08, 34, 37; *Kaspar/Broichmann*, ZJS 13, 249, 250; *Küper*, JZ 91, 761, 862, 910 und ZStW 104 (1992), 559; NK-*Neumann/Saliger*, § 211 Rn 113, 116 ff.

---

117  Vgl BGHSt 22, 375; 23, 39; LK-*Schünemann*, § 28 Rn 65; S/S-*Eser/Sternberg-Lieben*, § 211 Rn 48.
118  Beachte aber *Kühl*, AT § 20 Rn 156.

*Fallkonstellationen* **§ 2 IV 2**

## 2. Fallkonstellationen

Im praktischen Fall ergeben sich daraus folgende Konsequenzen:   **93**

> **Fall 5:** T erschießt O, während dieser schläft, mit einer Waffe, die ihm G in Kenntnis der Art und Weise der geplanten Tatbegehung besorgt hat.
>
> **Var.:** G wusste nicht, dass O im Schlaf erschossen werden sollte.

T ist nach hM (vgl Rn 71) wegen Mordes zu bestrafen, weil er den O heimtückisch   **94** getötet hat. Da Heimtücke ein **tatbezogenes** Mordmerkmal ist (BGHSt 23, 103), scheidet für den Gehilfen G jeder Rückgriff auf § 28 aus. Aufgrund der allgemeinen Akzessorietäts- und Vorsatzregeln (§§ 27, 15, 16) ist er daher im *Grundfall* der Beihilfe zum Mord schuldig. In der *Var.* hat G sich hingegen nur wegen Beihilfe zum Totschlag strafbar gemacht, da sein Gehilfenvorsatz als Haupttat nur einen Totschlag beinhaltet und er insofern hinsichtlich des Heimtückemordes einem Tatumstandsirrtum (§ 16 I 1) unterliegt.

> **Fall 6:** T tötet die O, weil ihm A, der Ehemann der O, hierfür 50.000 € zahlt. A möchte auf   **95** diesem Wege an das Erbe herankommen.

Vorliegend geht es um die Konstellation, dass Täter und Teilnehmer **dasselbe persönliche** Mordmerkmal (hier: Habgier) erfüllen. T wird wegen **Mordes**, A nach allen Auffassungen wegen **Anstiftung zum Mord** bestraft. Für die *Rechtsprechung* folgt diese Teilnehmerstrafbarkeit schlicht daraus, dass als Haupttat ein Mord vorliegt. Die *hL* hingegen erzielt dieses Ergebnis durch die Anwendung von § 28 II: Entscheidend ist danach – unabhängig davon, ob als Haupttat ein Mord oder ein Totschlag vorliegt –, dass der Teilnehmer selbst ein Mordmerkmal erfüllt.

> **Fall 7:** T tötet die O, weil ihm der A hierfür 50.000 € zahlt. A möchte auf diesem Wege   **96** seine ihn ständig misshandelnde Ehefrau loswerden.

In dieser Konstellation **erfüllt** der Täter ein **persönliches** Mordmerkmal (hier: Hab-   **97** gier), der Teilnehmer dagegen **nicht**. T ist des **Mordes** schuldig. Nach Auffassung der *Rspr.* hat sich A daher wiederum wegen **Anstiftung zum Mord** strafbar gemacht. Anzuwenden ist jetzt allerdings § 28 I: Weil A selbst in eigener Person kein Mordmerkmal erfüllt, ist seine Strafe nach § 49 zu mildern.

Dies führt zu einem ersten Problem, das sich aus der Eigenständigkeitsthese des BGH ergibt: Durch die Strafmilderung wird in einem solchen Fall der Anstifter zum Mord nämlich geringer bestraft als der Anstifter zum Totschlag: Bei der Anstiftung zum Totschlag beträgt der Strafrahmen fünf bis fünfzehn Jahre (vgl §§ 212, 26), bei der Anstiftung zum Mord mit der Milderung des § 49 I Nr 1 dagegen nur drei bis fünfzehn Jahre. Die Rspr. löst diese Problematik, indem sie der Strafuntergrenze des § 212 eine **Sperrwirkung** zuerkennt, dh diese Strafuntergrenze darf nicht unterschritten werden (BGH NStZ 06, 288, 290 mit krit. Anm. *Puppe*).

Für die *hL* ist dagegen wiederum nur § 28 II maßgeblich: Danach ist das Mordmerkmal nur bei demjenigen zu berücksichtigen, bei dem es vorliegt. A wird also wegen **Anstiftung zum Totschlag** bestraft.

35

§ 2  *Die Tötungsdelikte*

**98**    **Fall 8:** T tötet die O aus falsch verstandener Solidarität zu A. A hat ihn hierzu bestimmt, um an das Erbe heranzukommen.

**99**    Nunmehr erfüllt der Täter **kein** persönliches Mordmerkmal, der Teilnehmer dagegen **schon** (hier: Habgier). T wird nur wegen **Totschlags** bestraft. Der *Rspr.* zufolge ist auch A nur der **Anstiftung zum Totschlag** schuldig. Eine Anstiftung zum Mord scheidet nach Akzessorietätsgrundsätzen aus, weil die für die Rspr. strafbegründenden Mordmerkmale beim Täter nicht vorliegen; es fehlt also für die Anstiftung an der teilnahmefähigen Haupttat (vgl BGHSt 1, 368; BGH StV 87, 386).

Hier zeigt sich der zweite Mangel der Selbstständigkeitsthese der Rspr. Sie kann das beim Teilnehmer vorliegende Mordmerkmal in dieser Konstellation nur bei der Strafzumessung berücksichtigen – was freilich nichts daran ändert, dass die Strafe hinter der für eine Teilnahme am Mord zurück bleibt.

Die *hL* gelangt dagegen über § 28 II unproblematisch zu einer Strafbarkeit des A wegen **Anstiftung zum Mord**.

**100**    **Fall 9:** T tötet die O, weil ihm der A hierfür 50.000 € zahlt. A möchte auf diesem Weg seine Ehefrau loswerden, um für seine neue Freundin frei zu werden.

**101**    In dieser Konstellation erfüllt der Täter ein persönliches Mordmerkmal (hier: Habgier), der Teilnehmer ein anderes (hier: einen sonst niedrigen Beweggrund) – sog. **gekreuzte Mordmerkmale**. Der Täter ist des Mordes schuldig. A will die *Rspr.* deshalb wegen Anstiftung zum Mord bestrafen. Weil er selbst ein persönliches Mordmerkmal erfüllt, soll ihm auch keine Strafmilderung zugute kommen (BGHSt 23, 39; 50, 1, 5), obwohl das besondere persönliche Merkmal, das die Strafbarkeit des Täters begründet, bei ihm nicht vorliegt und damit die Voraussetzungen von § 28 I eigentlich gegeben sind.

Hierbei handelt es sich um das dritte Problem der Selbstständigkeitsthese der *Rspr.*: Die Ablehnung einer Strafmilderung ist mit der Grundannahme des BGH vom eigenständigen Deliktscharakter nicht vereinbar, denn danach hätte hier über § 28 I die Strafe des Teilnehmers zwingend gemildert werden müssen[119].

Die *hL* kann wiederum über § 28 II unproblematisch eine Strafbarkeit des A wegen Anstiftung zum Mord bejahen, weil es nur darauf ankommt, dass der Teilnehmer selbst ein persönliches Mordmerkmal erfüllt.

**102**    **Fall 10:** T und A töten die O gemeinsam. A will sich von seiner ihn ständig misshandelnden Ehefrau befreien. T wirkt mit, weil er davon ausgeht, dass ihm der A hierfür etwas von ihrem Erbe abgeben wird.

Bei der **Mittäterschaft** wirkt sich der Meinungsstreit zwischen *Rspr.* und *hL* über das Verhältnis von §§ 211, 212 nicht aus. Da auch nach der *Rspr.* ungeachtet der Selbstständigkeit der Delikte mit jedem Mord zugleich ein Totschlag verwirklicht wird (vgl Rn 89), erkennt auch sie an, dass der Täter eines Mordes und der Täter eines Tot-

---

119    Siehe zur Kritik auch *Arzt*, JZ 73, 681; *Kaspar/Broichmann*, ZJS 13, 249, 250.

*Prüfungsaufbau: Teilnahme in den Fällen subjektiver Mordmerkmale* **§ 2 IV 3**

schlags gemeinschaftlich handeln können[120]. T ist folglich hier des **Mordes** schuldig, A des **Totschlags**. Vom Standpunkt der *hL* ergibt sich das wiederum ganz unkompliziert über § 28 II. Auf der Grundlage der Position der *Rspr.* ist die Begründung etwas komplizierter: Danach haben T und A zunächst mittäterschaftlich einen Totschlag begangen. Da T außerdem ein persönliches Mordmerkmal erfüllt, hat er zusätzlich einen Mord begangen, hinter den der Totschlag bei ihm zurücktritt; dabei kann ihm das Handeln des A über § 25 II zugerechnet werden, weil der Mord die Tathandlung des Totschlags enthält (ganz so wie auch der Raub den Diebstahl beinhaltet und dennoch ein selbstständiges Delikt darstellt). Bei A bleibt es dagegen beim Totschlag, denn er selbst hat kein Mordmerkmal verwirklicht und das von T erfüllte persönliche Merkmal kann ihm nicht über § 25 II zugerechnet werden.

Der Fall darf insoweit nicht verwechselt werden mit der oben erörterten Konstellation, in der A als *Anstifter*, ohne ein persönliches Mordmerkmal zu erfüllen, nach der Rechtsprechung gleichwohl der Anstiftung zum Mord schuldig ist (vgl Rn 96 f). Denn der Grundsatz der Akzessorietät, aus dem sich dies ergibt, betrifft nur die Strafbarkeit des *Teilnehmers*, die grds. von der jeweiligen Haupttat abhängt. Hier geht es dagegen um *täterschaftliches* Unrecht des A; wegen Mordes aus Habgier kann er als *Täter* aber nur bestraft werden, wenn *er selbst* dieses Merkmal erfüllt. **103**

Insgesamt verdient die in sich klare und widerspruchsfreie **Auffassung des Schrifttums** von den Ergebnissen wie von der dogmatischen Begründung her den Vorzug. Es wäre zu begrüßen, wenn der Gesetzgeber ihr auch in der Praxis Geltung verschaffte.

## 3. Prüfungsaufbau: Teilnahme in den Fällen subjektiver Mordmerkmale

Teilnahme in den Fällen subjektiver Mordmerkmale                    **104**

**A. Strafbarkeit des Haupttäters**

**B. Strafbarkeit des Teilnehmers**
  **I. Tatbestandsmäßigkeit**
   **1. Objektiver Tatbestand**
     **a) Vorsätzliche rechtswidrige Haupttat**
       Mord oder Totschlag
     **b) Teilnahmehandlung**
       Bestimmen oder Hilfeleisten
   **2. Subjektiver Tatbestand**
     **a) Vorsatz hinsichtlich der vorsätzlichen rechtswidrigen Haupttat**
     **b) Vorsatz hinsichtlich der Teilnahmehandlung**
   **3. Vorliegen besonderer persönlicher Merkmale**
     **a) Feststellung, wer welche subjektiven Mordmerkmale erfüllt hat**
     **b) Lösung nach Rspr.**
       hinsichtlich des Delikts strikte Akzessorietät der Teilnahme bei Fehlen des beim Täter vorliegenden subjektiven Mordmerkmals beim Teilnehmer § 28 I
       Ⓟ Sperrwirkung der Strafuntergrenze des § 212 bei Milderung nach § 28 I
       Ⓟ subjektives Mordmerkmal nur beim Teilnehmer
       Ⓟ gekreuzte Mordmerkmale

---

120  So BGHSt 36, 231; *Beulke,* Anm. NStZ 90, 278; *Küper,* JZ 91, 862, 866; *Wessels/Beulke/Satzger,* AT Rn 813.

**§ 2** *Die Tötungsdelikte*

> c) **Lösung nach hL**
> § 28 II
> d) **Bei unterschiedlichen Resultaten: Streitentscheid**
> II. **Rechtswidrigkeit**
> III. **Schuld**

## V. Tötung auf Verlangen

**105**

**Fall 11:** Der Patient P erhält von seinem Arzt A eine falsche Diagnose, nach der er nur noch kurze Zeit zu leben habe und unter schlimmsten Schmerzen sterben werde. Aus diesem Grund fordert er nach reiflicher Überlegung seine Lebensgefährtin L auf, ihn zu töten. Um P die vermeintlich bevorstehenden Qualen zu ersparen, kommt L seinem Ansinnen nach. Tatsächlich litt P lediglich unter einer harmlosen Erkrankung.
Strafbarkeit von L? **Rn 111**

### 1. Allgemeines

**106**
Während die hL in § 216 einen **Privilegierungstatbestand** zu § 212 sieht (vgl nur *Lackner/Kühl*, § 216 Rn 1), versteht die Rechtsprechung ihn als **eigenständiges Delikt** (BGHSt 13, 162, 165), das als lex specialis § 212 vorgeht. Für die *Teilnahme* an der Tötung auf Verlangen stellen sich damit hinsichtlich der Anwendbarkeit des § 28 die gleichen Fragen wie bei §§ 211, 212[121].

Den Grund für die Strafmilderung sieht die hM in zwei Faktoren: einer *Unrechtsminderung* aufgrund des Rechtsgutsverzichts des sterbewilligen Opfers und einer *Schuldminderung* aufgrund der Mitleidsmotivation des Täters infolge des beim Täter durch das Tötungsverlangen ausgelösten inneren Konflikts – der sog. Mitleidsmotivation[122]. Umstritten ist freilich, weshalb die Tötung auf Verlangen trotz des ernstlichen Sterbewunsches des Opfers *überhaupt* bestraft wird. Eine Ansicht argumentiert, der Rechtsgutsinhaber solle aufgrund der überragenden Bedeutung des Rechtsguts „Leben" vor einer *übereilten Preisgabe* bewahrt werden. Nach hM dient § 216 dem Schutz des Tötungstabus bzw der *generalpräventiven Stabilisierung des Tötungsverbots*. Ferner soll § 216 auch einen möglichen Missbrauch verhindern, da ohne die Strafbarkeit der Tötung auf Verlangen die Gefahr bestehe, dass jemand unter dem Deckmantel einer angeblichen Einwilligung in Wirklichkeit *gegen* seinen Willen getötet werde[123].

---

121  Vgl oben Rn 88 ff und *Engländer*, Krey-FS, 2010, S. 71.
122  *Eisele*, BT I Rn. 203; *Lackner/Kühl*, § 216 Rn. 1; Schönke/Schröder-*Eser/Sternberg-Lieben*, § 216 Rn. 1; aA MüKo-*Schneider*, § 216 Rn 1; NK-*Neumann/Saliger*, § 216 Rn. 2, die allein auf die Unrechtsminderung abstellen.
123  *Näher zum Ganzen Engländer*, Grund und Grenzen der Nothilfe, 2008, S. 118 ff; *Ingelfinger*, Tötungsverbot, S. 169 ff; *Liao*, Die Grundlage der Einwilligung im Strafrecht, 2020, S. 113 ff; *Merkel*, Früheuthanasie, S. 395 ff.

## 2. Tatbestandsvoraussetzungen

**Verlangen** bedeutet mehr als bloßes Einwilligen[124]; erforderlich ist ein **nachdrückliches Tötungsbegehren** des Opfers zum Tatzeitpunkt. Sprachlich kann dieses freilich auch in die Form einer Frage gekleidet sein; ferner steht ihm eine Verknüpfung mit Bedingungen ihm nicht entgegen[125]. **Ausdrücklich** ist das Verlangen, wenn das Opfer es durch Worte, Gebärden oder Gesten unmissverständlich kundgetan hat. **Ernstlich** ist es, wenn es auf einem **freiverantwortlichen Willensentschluss** und einer **fehlerfreien Willensbildung** beruht. Das Verlangen muss also frei von Zwang, Täuschung, Irrtum und anderen *wesentlichen* Willensmängeln sein (BGH StraFo 11, 63). Ferner hat der Sterbewillige sich nach den Maßstäben der natürlichen Einsichts- und Urteilsfähigkeit über die Bedeutung und Tragweite seines Entschlusses im Klaren zu sein[126]. An der Ernstlichkeit des Verlangens fehlt es deshalb in aller Regel bei jugendlich Unreifen oder Berauschten sowie bei geistig Erkrankten oder Personen, die an vorübergehenden Depressionszuständen oder Stimmungsschwankungen leiden[127]. **107**

Das Tötungsverlangen muss noch im Augenblick der Tathandlung fortbestehen; es ist jederzeit zurücknehmbar. Adressat kann eine bestimmte Person, aber auch ein bestimmbarer Personenkreis sein, zu dem der Täter gehört (zB als Stationsarzt oder als Mitglied des Pflegepersonals im Krankenhaus; vgl LK-*Rissing-van Saan*, § 216 Rn 18). Etwaige Bedingungen, an die das Verlangen geknüpft ist, müssen im Tatzeitpunkt vorliegen. Enthält es Beschränkungen hinsichtlich der gewünschten Tötungsart, wird ein wesentliches Abweichen von § 216 nicht gedeckt (zB nicht eine Tötung durch Erschießen oder Erschlagen, wenn der Sterbewillige nach der „erlösenden" Spritze oder nach Einstellung der künstlichen Ernährung verlangt hatte). **108**

Der Täter muss durch das Verlangen auch zu seiner Tat **bestimmt** worden sein. Deshalb wird er nicht nach § 216, sondern nach §§ 211, 212 bestraft, wenn er zwar das ausdrückliche und ernstliche Tötungsverlangen gekannt hat, für seine Tat aber letztlich ganz andere Gründe handlungsleitend waren. Allerdings braucht das Tötungsbegehren des Sterbewilligen nicht der einzige Beweggrund seines Handelns zu sein; es genügt, dass es der *dominierende* Tatantrieb ist. Daran fehlt es, wenn die Rücksichtnahme auf das Tötungsverlangen innerhalb eines **Motivbündels** *lediglich mitläuft* und gegenüber dem beherrschenden Beweggrund, wie etwa dem zügellosen Streben nach möglichst rascher Erlangung der zu erwartenden Erbschaft, in den Hintergrund tritt[128]. **109**

**Beispiel:** M war von der Idee besessen, sich einen anderen Menschen „einzuverleiben", indem er diesen schlachtet und verspeist. Auf seiner Suche nach einem Freiwilligen bekam er über das Internet Kontakt zu B, der seine Bereitschaft erklärte, sich von M verspeisen zu lassen, sofern dieser zuvor bei ihm eine Penis-Amputation vornehme, der B sich den „ultimativen Lustgewinn" versprach, dem dann der Tod folgen könne. Nach einem regen E-Mail-Austausch trafen sich M und B, um ihr Vorhaben in die Realität umzusetzen. M versicherte sich nochmals der Ernsthaftigkeit des Ansinnens von B. Obwohl die Penis-Amputation nicht zu dem von B er-

---

124  BGHSt 50, 80, 92; BGH NJW 19, 449, 450; *Gierhake*, GA 12, 291 f.
125  BGH NJW 87, 1092 mit zust. Anm. *Kühl*, JR 88, 338.
126  BGH NJW 81, 932; LK-*Rissing-van Saan*, § 216 Rn 21; S/S-*Eser/Sternberg-Lieben*, § 216 Rn 8 mwN.
127  Dazu BGH NStZ 12, 85 mit Bespr. *Hecker*, JuS 12, 365.
128  Vgl SK-*Sinn*, § 216 Rn 6. Allerdings entfällt die Anwendbarkeit des § 216 nicht schon deshalb, weil dem Täter eine ihm vom Opfer zugesagte Belohnung willkommen ist, vgl *Bernsmann*, Jura 82, 261.

**§ 2** *Die Tötungsdelikte*

hofften Hochgefühl führte, untersagte er dem M, den Notarzt zu rufen. Er erklärte dem M ausdrücklich, es bleibe bei der Vereinbarung; sobald er bewusstlos geworden sei, solle M ihn erstechen. So geschah es: M tötete B durch zwei Stiche in den Hals und verspeiste ihn anschließend (Fall des „Kannibalen von Rotenburg"). Der BGH lehnte hier § 216 StGB ab[129]. M sei nicht durch das Verlangen des B zur Tötung bestimmt worden. Vielmehr habe er sich aus eigenem Antrieb ein zum Getötetwerden bereites Opfer gesucht[130]. B als Opfer sei es außerdem auch nicht darum gegangen, getötet zu werden; vielmehr sei er darauf nur eingegangen, um das von ihm erstrebte Ziel der Penis-Amputation zu erreichen. Die Aufforderung, ihn zu töten, habe daher lediglich ein Zugeständnis des B an M dargestellt.

110 Geht der Täter **irrtümlich** von einem ausdrücklichen und ernstlichen Tötungsverlangen aus, greift § 16 II ein[131]: Er kann hier nur nach dem milderen § 216 und nicht nach § 212 bestraft werden.

111 In **Fall 11** war das Tötungsverlangen aufgrund des Irrtums des P über seine Erkrankung nicht frei von Willensmängeln und damit nicht *ernstlich*. Somit liegen die Voraussetzungen des § 216 nicht vor, so dass L auf den ersten Blick nach § 212 wegen Totschlags bestraft werden müsste. Allerdings ist sie fälschlich von einem ernstlichen Tötungsverlangen ausgegangen. Sie hat damit bei Begehung der Tat irrig Umstände angenommen, bei deren tatsächlichem Vorliegen der Tatbestand eines milderen Gesetzes verwirklicht wäre. Folglich wird L gem. § 16 II, auch wenn die Voraussetzungen des § 216 an sich nicht vorliegen, nur nach dieser Vorschrift und nicht nach § 212 bestraft.

### 3.  Begehen durch Unterlassen

112 Fraglich ist, ob § 216 durch **Unterlassen** verwirklicht werden kann. In Betracht kommt dies vor allem in Fällen, in denen ein zur Selbsttötung Entschlossener einen potenziell garantenpflichtigen Angehörigen oder Arzt *ernstlich* auffordert, ihn am geplanten Freitod nicht zu hindern, und dieser dementsprechend, nachdem der Suizident bewusstlos und handlungsunfähig geworden ist, seine Möglichkeit zur Erfolgsabwendung nicht nutzt. Von der Rechtsprechung wurde hier bislang eine Begehung des § 216 durch Unterlassen bejaht[132]. Dem muss jedoch mit der hL widersprochen werden. Legt der Sterbewillige selbst Hand an sich, stellt dies zunächst eine **eigenverantwortliche Selbsttötung** dar, an der die Mitwirkung nicht strafbar ist (dazu sogleich Rn 116). Dann wäre es aber wertungswidersprüchlich, wenn man das diesem Handeln des Suizidenten *nachfolgende Untätigbleiben* des anderen von einer Selbsttötungsteilnahme in eine Unterlassungstäterschaft umdeutete und nach §§ 216, 13 bestrafte[133]. In zwei aktuellen Entscheidungen hat nunmehr auch der 5. Strafsenat im Falle der ärztlich assistierten Selbsttötung eine Garantenpflicht des Arztes und damit

---

129  BGHSt 50, 80 mit Anm. *Kudlich*, JR 05, 342 und krit. Besprechung *Scheinfeld*, GA 07, 695.

130  Auch in einem weiteren **Kannibalismus-Fall** verneinte der 5. Strafsenat die Anwendbarkeit von § 216 mit dem Argument, das Tötungsverlangen des Opfers sei **nicht handlungsleitend** gewesen, da für den Täter die Befriedigung seines Geschlechtstriebs und die Ermöglichung der Störung der Totenruhe im Vordergrund gestanden habe; vgl BGH NStZ-RR 18, 172.

131  Näher dazu *Gierhake*, GA 12, 291 mwN; **Fall** bei *Putzke*, Jura 17, 344.

132  BGHSt 13, 162; 32, 367; zustimmend *Herzberg*, JA 85, 131, 178 ff.

133  Näher LK-*Rissing-van Saan*, § 216 Rn 26; NK-*Neumann/Saliger*, § 216 Rn 9; *R. Schmitt*, JZ 85, 365; 84, 866 und 79, 462; S/S-*Eser/Sternberg-Lieben*, § 216 Rn 10; *Sowada*, Jura 85, 75; *Steinhilber*, JA 10, 430, 432; aA *Merkel*, Früheuthanasie, S. 242; gegen ihn *Antoine*, Sterbehilfe, S. 75.

eine Strafbarkeit nach §§ 216, 13 verneint (BGH NJW 19, 3089, NJW 19, 3092 mit Anm. *Engländer*, JZ 19, 1049[134]; näher dazu die **aktuelle Entscheidung** in Rn 132).

**Beispiel:** Der todkranke Patient P fordert seinen Arzt A auf, gegen den Suizid nicht einzuschreiten. Nach Einnahme des tödlichen Giftes verliert P das Bewusstsein. A lässt ihn wunschgemäß sterben, obwohl er die Möglichkeit gehabt hätte, durch Magenauspumpen sein Leben noch zu retten.

Zu beachten ist freilich, dass diese Erwägungen nur die **Täterschaft**, nicht aber auch die **Teilnahme** durch Unterlassen betreffen. Tötet *ein Dritter* das Opfer auf dessen Verlangen im Wege des *Tuns*, so ist an dieser Tat des Dritten unproblematisch nach allgemeinen Regeln eine strafbare Teilnahme durch Unterlassen möglich, wenn der Garant dagegen nicht einschreitet.

## 4. Aufbauhinweise

Folgt man der Ansicht, dass § 216 eine Privilegierung zu § 212 ist (vgl Rn 106), sollte man beim **Deliktsaufbau** in der Regel zunächst den Grundtatbestand des § 212 vollständig durchprüfen, ehe man auf die speziellen Merkmale des § 216 eingeht. Im Einzelfall kann jedoch ein anderes Vorgehen zweckmäßiger sein. Wo es zB auf die Abgrenzung zwischen etwaiger Unterlassungstäterschaft (§§ 216, 13) und nicht strafbarer Teilnahme an einer eigenverantwortlichen Selbsttötung ankommt, dürfte es sich aus Gründen des Sachzusammenhanges empfehlen, die besonderen Merkmale des § 216 und des § 13 im Tatbestandsbereich sofort mit denen des Grunddelikts (§ 212) zu kombinieren, da dies den Einstieg in das genannte Problem erleichtert (siehe zur Art des aufbaumäßigen Vorgehens auch *Wessels/Beulke/Satzger*, AT Rn 1375). **113**

## 5. Prüfungsaufbau: Tötung auf Verlangen, § 216

| |
|---|
| **Tötung auf Verlangen, § 216**                    **114**<br><br>  **I.** **Tatbestandsmäßigkeit**<br>    **1. Objektiver Tatbestand**<br>      **a) Tatobjekt: ein anderer Mensch**<br>      **b) Tathandlung: Töten**<br>        → Abgrenzung zur nicht strafbaren Teilnahme an einer Selbsttötung nach der Herrschaft über den unmittelbar lebensbeendenden Akt<br>      **c) Ausdrückliches und ernstliches Verlangen des Getöteten**<br>        → Verlangen beruht auf freier Willensbildung<br>      **d) Hierdurch zur Tötung bestimmt**<br>    **2. Subjektiver Tatbestand**<br>  **II.** **Rechtswidrigkeit**<br>  **III.** **Schuld** |

---

134 S. auch *Grünewald*, Bespr. JR 20, 167; *Hillenkamp*, Anm. JZ 19, 1053; *Kubiciel*, Bespr. NJW 19, 3033; *Neumann*, Bespr. StV 20, 126; *Rissing-van Saan/Verrel*, Bespr. NStZ 20, 121; *Sowada*, Anm. NStZ 19, 670.

**§ 2** *Die Tötungsdelikte*

## VI. Die strafrechtliche Problematik der Selbsttötung

**115** **Fall 12:** Um möglichst rasch in den Genuss der Erbschaft zu gelangen, treibt A seine Adoptivmutter M planmäßig in den Tod, indem er sie in der Auffassung bestärkt, dass sie an Magenkrebs leide. Obwohl er genau weiß, dass ihre Beschwerden nur auf einer chronischen Magenschleimhautentzündung beruhen, spiegelt er ihr vor, der Hausarzt habe ihm unter dem Siegel der Verschwiegenheit anvertraut, sie stecke „voll Krebs" und müsse mit einem qualvollen Ende rechnen. Darauf greift M zum Strick und erhängt sich.
Strafbarkeit des A? **Rn 120**

### 1. Problemübersicht

**116** Bei der strafrechtlichen Bewertung unterscheidet das deutsche Recht de lege lata strikt zwischen der **Fremdtötung** einerseits und der **Beteiligung an der Selbsttötung**[135] bzw an dem Selbsttötungsversuch andererseits. Erstere stellt im Grundsatz stets eine Straftat dar, und zwar auch dann, wenn sie *mit dem Willen* des Getöteten erfolgt (zur Frage, ob im Kontext der Sterbehilfe Ausnahmen anzuerkennen sind, vgl Rn 142 f). Dagegen ist die Letztere, sofern die Selbsttötung **freiverantwortlich** erfolgt, **nicht strafbar**[136]. Begründet wird das zunächst mit einem formalen Argument. Da Selbsttötung und Selbsttötungsversuch nicht unter §§ 211 ff fallen und somit nicht tatbestandsmäßig sind (vgl Rn 28), fehlt es an einer *teilnahmefähigen Haupttat* iS der §§ 11 I Nr 5, 26, 27[137]. Dieses Akzessorietätsargument gilt allerdings – jedenfalls unmittelbar – nur für die vorsätzliche, nicht aber auch für die *fahrlässige* Mitwirkung am Suizid. Denn im Bereich der Fahrlässigkeitsdelikte ist nach dem von der hM vertretenen Einheitstäterprinzip jeder Täter, der in sorgfaltspflichtwidriger und objektiv zurechenbarer Weise eine Ursache für den tatbestandlichen Erfolg setzt (näher *Wessels/Beulke/Satzger*, AT Rn 794 f). Zur Begründung dafür, dass auch die fahrlässige Beteiligung am Suizid nicht strafbar ist (etwa im Falle eines Waffenbesitzers, der seine Pistole unbeaufsichtigt herumliegen lässt, mit der sich der Suizident sodann selbst erschießt), stützt sich die Rechtsprechung deshalb auf ein Konsistenzargument: Es

---

135 Der umgangssprachlich noch vielfach gebrauchte Begriff „Selbstmord" ist spätestens seit der Neugestaltung des Mordparagrafen im Jahr 1941 jedenfalls strafrechtlich verfehlt, vgl *Hettinger*, Paulus-FG, S. 73, 85.

136 Zur historischen Entwicklung *Feldmann*, Die Strafbarkeit der Mitwirkungshandlungen am Suizid, 2009, S. 9 ff.

137 Vgl BGHSt 24, 342; 32, 367, 371; 46, 279; krit. zur Argumentation *Murmann*, Selbstverantwortung, S. 319, 333; vgl auch *Engländer*, Schünemann-FS, S. 583, 591; *Kubiciel*, JZ 09, 600, 607 f. Nicht nur *inhaltlich falsch*, sondern auch *begrifflich unpräzise* ist in diesem Zusammenhang die Argumentation in BGHSt 46, 279, 285, wonach die Rechtsordnung eine Selbsttötung, da das Leben eines Menschen in der Werteordnung des GG an oberster Stelle der zu schützenden Rechtsgüter stehe, „als rechtswidrig" werte und sie sowie die Teilnahme an ihr „lediglich strafos" stelle. Abgesehen davon, dass mit der angeblichen Rechtswidrigkeit des Suizids implizit eine im freiheitlichen Verfassungsstaat nicht legitimierbare Lebens*pflicht* behauptet wird, ist ein Handeln, das schon nicht unter den Tatbestand eines Strafgesetzes fällt, nicht „nur" straflos, sondern schon nicht strafbar; vgl *Hettinger*, Paulus-FG, S. 73, 81. Abl. auch *Neumann*, Paeffgen-FS, S. 317, 320 f; wie hier *Saliger*, Selbstbestimmung, S. 136; *Gaede*, JuS 16, 385. Eine Strafbarkeit der Teilnahme an der Selbsttötung bejahen dagegen *Klinkenberg*, JR 78, 441; JR 79, 183; *Schmidhäuser*, Welzel-FS, S. 801. Diese Auffassung ist mit dem geltenden Recht nicht vereinbar; sie ist richtigerweise auf einhellige Ablehnung gestoßen.

wäre widersprüchlich, eine fahrlässige Mitverursachung der Selbsttötung zu bestrafen, die als vorsätzliche Mitwirkung nicht strafbar ist (BGHSt 24, 342, 344; 32, 262, 264)[138]. Anführen lässt sich für die Nicht-Strafbarkeit der Beteiligung am Suizid, und zwar sowohl der vorsätzlichen als auch der fahrlässigen, zudem noch das **Prinzip der Eigenverantwortung**[139]. Als Kehrseite des Autonomieprinzips ist es Sache des Einzelnen, im Umgang mit seinen eigenen Gütern die nötige Sorgfalt walten zu lassen[140]. Verletzt er sich eigenverantwortlich selbst, muss er deshalb auch allein für die nachteiligen Konsequenzen seines Tuns einstehen. Andere dürfen somit für diese Folgen strafrechtlich nicht haftbar gemacht werden; sie sind ihnen nicht zurechenbar[141].

Auch wenn diese Grundsätze mittlerweile als weitgehend konsentiert angesehen werden können, stellen sich im Einzelnen eine Reihe schwieriger Fragen: Welches sind die Maßstäbe für die Freiverantwortlichkeit der Selbsttötung? Wann haftet der Beteiligte am Suizid im Falle fehlender Freiverantwortlichkeit als mittelbarer Täter oder als Fahrlässigkeitstäter? Wie sind Fremdtötung und Beteiligung an der Selbsttötung voneinander abzugrenzen? Kann derjenige, der den Suizidenten nach dessen Selbsttötungshandlung (zB dem Schlucken von Schlaftabletten in tödlicher Dosierung) sterben lässt, obwohl er ihn noch retten könnte, wegen eines Tötungsdelikts durch Unterlassen oder zumindest wegen unterlassener Hilfeleistung nach § 323c I bestraft werden? Gibt es auch eine Selbsttötung in „mittelbarer Täterschaft"?

Zur Entwicklung der – streckenweise uneinheitlichen und nicht immer widerspruchsfreien – **Rechtsprechung** vgl *Hillenkamp*, Kühl-FS, S. 521, 522 ff, 529; *Ulsenheimer*, Arztstrafrecht Rn 656 ff. Einen instruktiven Überblick über das Meinungsspektrum im Schrifttum bieten *Antoine*, Sterbehilfe, S. 218 und *F. Müller*, § 216 StGB, S. 34 ff.

## 2.   Freiverantwortlichkeit

Fraglich ist zunächst, wann der Selbsttötung eine **freiverantwortliche Willensentscheidung** des Suizidenten zugrunde liegt (skeptisch zur Beantwortbarkeit *Fischer*, Vor § 211 Rn 26 ff). Eine **verbreitete Ansicht** greift hier auf die Kriterien der rechtlichen Verantwortlichkeit im Falle einer Fremdschädigung und die dafür geltenden **Exkulpationsregeln** zurück (vgl §§ 19, 20, 35 StGB, § 3 JGG)[142]. Danach fehlt die Freiverantwortlichkeit nur, wenn der Sterbewillige – unterstellt, er würde nicht sich selbst, sondern einen anderen schädigen – keinen Vorsatz besäße bzw nach den genannten Vorschriften entschuldigt wäre.

**Beispiel:** Keine Freiverantwortlichkeit liegt vor, wenn der Mafia-Aussteiger sich tötet, um damit das von einem Mafia-Killer bedrohte Leben seiner Tochter zu retten, denn würde er einen anderen töten, um das Leben seiner Tochter zu retten, wäre er nach § 35 entschuldigt. Freiverantwortlichkeit ist dagegen zu bejahen, wenn der Mafia-Aussteiger sich tötet, um damit sein

117

---

138   Krit. dazu *Welp*, JR 72, 427, 428.
139   *Neumann*, JA 95, 244, 245 ff.
140   Zum Zusammenhang von Selbstbestimmung und Eigenverantwortung vgl *Pawlik*, Das Unrecht des Bürgers, 2012, S. 219 f.
141   Allgemein zum Eigenverantwortlichkeitsprinzip bei der objektiven Zurechnung *Wessels/Beulke/Satzger*, AT Rn 266 ff, 1133 f; im Kontext der Selbsttötung *Ingelfinger*, Tötungsverbot, S. 222 ff.
142   Vgl *Dölling*, Maiwald-FS, S. 119, 123; *Küpper/Börner*, BT I § 1 Rn 13 ff; MüKo-*Schneider*, Vor § 211 Rn 54, 62; *Roxin*, AT II, § 25 Rn 54, 57 u. 140 Jahre GA-FS, S. 177 mwN; abl. *Feldmann*, GA 12, 498, 500.

## § 2 Die Tötungsdelikte

vom Mafia-Boss bedrohtes Eigentum für die Erben zu erhalten, denn würde er einen anderen töten, um sein Eigentum zu retten, träte keine Entschuldigung nach § 35 ein.

Die strengere **Gegenauffassung** orientiert sich dagegen an der **Einwilligungslehre**, also an den Regeln, die sonst bei der Preisgabe eigener Rechtsgüter für die Wirksamkeit einer rechtfertigenden Einwilligung gelten[143]. Für diese Ansicht spricht, dass bei einer Verfügung über das eigene Leben keine geringeren Anforderungen gestellt werden sollten als bei der Einwilligung in eine Körperverletzung und bei der in § 216 geforderten „Ernstlichkeit" des Sterbewillens. Maßgebliche Kriterien sind damit die natürliche Einsichts- und Urteilsfähigkeit des Suizidenten, dh seine Fähigkeit, die Tragweite seines Entschlusses zu erkennen und sachgerecht zu beurteilen, sowie die Mangelfreiheit seiner Willensbildung (näher dazu *Wessels/Beulke/Satzger*, AT Rn 566 ff). Folglich fehlt die Freiverantwortlichkeit nach diesem Ansatz bereits dann, wenn beim Suizidenten eine Einwilligung an einem **wesentlichen Willensmangel**, zB Zwang oder Täuschung, scheitern würde, wenn er nicht sich selbst, sondern ein anderer ihn schädigte. (Dass eine Einwilligung beim Rechtsgut des Lebens bereits an der fehlenden Dispositionsbefugnis scheitern würde, spielt an dieser Stelle keine Rolle, da es hier nur um den Maßstab für die Freiverantwortlichkeit geht.)

**Beispiel:** Keine Freiverantwortlichkeit, wenn der Mafia-Aussteiger sich tötet, um damit sein vom Mafia-Boss bedrohtes Eigentum für die Erben zu erhalten, da eine Einwilligung wegen des nötigenden Zwangs unwirksam wäre.

Nach den Erkenntnissen der Suizidforschung[144] bildet womöglich das Vorliegen eines freiverantwortlichen Selbsttötungsentschlusses eher die Ausnahme als die Regel; verlässliches Zahlenmaterial dazu gibt es freilich nicht[145]. Verfehlt ist es allerdings, jedwede vorschnelle Entscheidung eines Suizidenten zu pathologisieren und ihr die Freiverantwortlichkeit im rechtlichen Sinne abzusprechen[146]. Nicht jede fehlerhafte Bestimmung der eigenen Interessenlage bei einer Entscheidung in einer persönlichen Krisensituation begründet schon einen wesentlichen Willensmangel[147].

### 3. Fremdtötung in mittelbarer Täterschaft

**118** Keine Beteiligung an einer freiverantwortlichen Selbsttötung, sondern *Fremdtötung in mittelbarer Täterschaft* liegt demgemäß vor, wenn jemand bei voller Sachverhaltskenntnis den Suizid eines anderen veranlasst oder aktiv fördert, der mangels geistig-

---

143 So ua *Kindhäuser/Schramm*, BT I § 4 Rn 11 ff, 15; *Lackner/Kühl*, Vor § 211 Rn 13a mwN; *Murmann*, Selbstverantwortung, S. 473; NK-*Neumann*, Vor § 211 Rn 64 f; *Otto*, Ernst A. Wolff-FS, S. 395, 401; *Wessels/Beulke/Satzger*, AT Rn 848; ähnlich *Mitsch*, JuS 95, 787, 891.

144 Dazu *Feldmann*, Die Strafbarkeit der Mitwirkungshandlungen am Suizid, 2009, S. 168 ff mwN. Zu den Suizidzahlen in Deutschland *Rosenau*, Yamanaka-FS, S. 325, 341.

145 Zu den weit auseinander gehenden, zT veralteten Angaben siehe *Antoine*, Sterbehilfe, S. 245; LK-*Rosenau*, Vor § 211 Rn 104; S/S-*Eser/Sternberg-Lieben*, Vor § 211 Rn 34; ferner *Bochnik*, MedR 87, 216, 217; vgl zum Ganzen auch *Scheib*, Kriminologie des Suicids, 2000, S. 2 ff, 11 ff; *Verrel*, JZ 96, 224. Nach *Vasold*, Kriminalistik 04, 164, war die Suizidrate in Deutschland 1977–2002 deutlich rückläufig, nämlich um 40%. In den letzten 10 Jahren bewegt sich die Zahl vollendeter Suizide jeweils um 10 000; vgl *A.W. Bauer*, ZfL 16, 38 mit Fn 4; Zahlen auch bei *Rosenau/Sorge*, NK 13, 108, 114.

146 So *Bringewat*, JuS 75, 155, 159; tendenziell auch *Christdemokraten für das Leben (CDL)*, ZfL 12, 47, 48. Krit. gegenüber einer umfassenden Pathologisierung *Bottke*, GA 83, 22, 30 f.

147 Näher Matt/Renzikowski-*Engländer*, Vor § 32 Rn 21.

*Fremdtötung in mittelbarer Täterschaft* **§ 2 VI 3**

seelischer Reife oder aufgrund von Defektzuständen iS des § 20 **außer Stande** ist, die Tragweite seines Handelns sachgerecht einzuschätzen[148]. Ebenso verhält es sich, wenn das Opfer unter dem beherrschenden Einfluss des Hintermannes durch **Zwang** (= Gewalt, Drohung, seelische Zermürbung usw), zielgerichtete **Täuschung** oder **Missbrauch eines Abhängigkeitsverhältnisses** in den Tod getrieben wird. Hier sind auch die Fälle einzuordnen, in denen der die Sachlage richtig erfassende und das Geschehen zielstrebig lenkende Hintermann einen Ahnungslosen dadurch zu seinem Werkzeug und Opfer macht, dass er dessen Irrtum über einen bevorstehenden Geschehensablauf (zB die vermeintliche Ungefährlichkeit einer in Wahrheit tödlichen Droge) für seine Zwecke **ausnutzt** (= Tatherrschaft kraft überlegenen Wissens).

**Beispiel:** Der Täter redet dem Opfer ein, er sei ein Bewohner des Planeten Sirius, der ihm zu einer Transformation seiner Seele und damit seines eigentlichen „Ichs" in einem neuen Körper verhelfen könne, wenn es seinen alten Körper abtöte – nachdem es zuvor eine Lebensversicherung auf seinen Namen abgeschlossen habe (**Siriusfall**). Der BGH hat hier die Verurteilung wegen versuchten (die Versuche des Opfers, sich nach den Anweisungen des Täters das Leben zu nehmen, waren gescheitert) Mordes bestätigt. Verschleiere die Täuschung dem sich selbst ans Leben Gehenden die Tatsache, dass er eine Ursache für den eigenen Tod setze, sei derjenige, der den entsprechenden Irrtum beim Opfer hervorrufe und damit das zum Tode führende Geschehen bewusst in Gang setze, **Täter** eines Tötungsdelikts **kraft überlegenen Wissens**, durch das er den Irrenden lenke und zum Werkzeug gegen sich selbst mache (BGHSt 32, 38 mit Anm. *Roxin*, NStZ 84, 71)[149].

Fraglich ist, wie vom Beteiligten bewirkte Fehlvorstellungen des Suizidenten zu bewerten sind, die nicht den Umstand der Selbsttötung, dh die Verfügung über das Rechtsgut des Lebens, sondern lediglich das **Suizidmotiv** betreffen.

**119**

**Beispiel:** Die Ehefrau bewegt ihren Ehemann durch die Vorspiegelung, mit ihm gemeinsam in den Tod gehen zu wollen, dazu, Gift zu trinken und sich damit zu töten.

Folgt man bei der Beurteilung der Freiverantwortlichkeit der Einwilligungslösung (Rn 117), kommt es darauf an, ob auch lediglich motivbezogene Fehlvorstellungen einen wesentlichen Willensmangel darstellen. Das ist umstritten. Nach wohl hL führen allein **rechtsgutsbezogene Fehlvorstellungen** zur Ungültigkeit der Einwilligung, dh Irrtümer, die sich auf Art, Umfang oder Gefährlichkeit der Rechtsgutsverletzung beziehen[150]. Da das Opfer hier weiß, dass es über sein Leben verfügt, läge kein wesentlicher Willensmangel vor; sein Handeln wäre somit *freiverantwortlich* und die Einwirkung des Beteiligten lediglich eine *straflose Mitwirkung an der Selbsttötung*. Nach einer aA sollen hingegen auch **zweckbezogene Irrtümer** einen wesentlichen Willensmangel bilden[151]. Da der Zweck der Verfügung über das eigene Leben hier darin besteht, gemeinsam mit dem anderen zu sterben, unterliegt das Opfer nach dieser Ansicht einer relevanten Fehlvorstellung, da der andere gar nicht vorhat, mit ihm in den Tod zu gehen; sein Handeln wäre also *nicht freiverantwortlich* und der andere

---

148 Näher NK-*Neumann*, Vor § 211 Rn 66 f; S/S-*Eser/Sternberg-Lieben*, Vor § 211 Rn 36 f.
149 Lehrreich dazu *Neumann*, JuS 85, 677; krit. zur Argumentation des BGH *Merkel*, JZ 99, 502.
150 *Kühl*, AT § 9 Rn 37 ff; *Müller-Dietz*, JuS 89, 280, 281; S/S-*Sternberg-Lieben*, Vor § 32 Rn 45 ff; *Wessels/Beulke/Satzger*, AT Rn 571.
151 *Baumann/Weber/Mitsch/Eisele*, AT § 17 Rn 109 ff; *Otto*, Geerds-FS, S. 603 616 f; *Rengier*, AT § 23 Rn 32.

**§ 2** *Die Tötungsdelikte*

deshalb *mittelbarer Täter* eines Totschlags oder Mordes. Beide Positionen berücksichtigen jedoch den im Hinblick auf den Freiheitsgebrauch des Rechtsgutsinhabers maßgeblichen Verantwortlichkeitsaspekt nicht zureichend. Zustimmung verdient deshalb ein dritter Ansatz, der bei nicht-rechtsgutsbezogenen Irrtümern darauf abstellt, wem die Fehlvorstellung **zugerechnet** werden kann bzw wer für sie die Zuständigkeit trägt[152]. Handelt es sich dabei um den Beteiligten, macht das die Einwilligung unwirksam, da sie hier nicht mehr als Ausdruck der Autonomie des Rechtsgutsinhabers begriffen werden kann. Das bedeutet: Resultiert der Irrtum aus einer durch den Beteiligten veranlassten **Täuschung** (oder hat ihn dieser sonstwie verschuldet), stellt er einen wesentlichen Willensmangel dar. Damit ist das selbstschädigende Handeln des Opfers wiederum *nicht* als *freiverantwortlich* anzusehen und der die Umstände kennende Beteiligte wegen Totschlags oder Mordes in *mittelbarer Täterschaft* zu bestrafen.

Der BGH hat bislang offen gelassen, ob in einem solchen Fall die Täuschung für sich allein zur Begründung mittelbarer Täterschaft ausreicht. Die Irreführung des Opfers soll aber zumindest dann genügen, wenn der arglistig Täuschende sodann durch die weitere Steuerung des Geschehens (Auswahl von Zeit, Ort etc.) die Herrschaft über den Geschehensablauf fest in der Hand behalten habe (BGH JZ 87, 474)[153].

**120**  Im **Fall 12** war die von A getäuschte M zwar gewillt, ihrem Leben ein Ende zu setzen. Ihr Entschluss beruhte jedoch auf der fehlgehenden Annahme, dass sie ohnehin verloren sei und mit einem qualvollen Ende rechnen müsse. A ist nach hL daher als **mittelbarer Täter** nach §§ 212, 211 II Gruppe 1 zu bestrafen, weil er die M über wesentliche (rechtsgutsbezogene) Umstände getäuscht, sie durch gezielte Irreführung in eine **seelische Zwangslage** versetzt und aus Habgier zu ihrem Verzweiflungsschritt motiviert hat.

### 4. Abgrenzung von Selbsttötung und Fremdtötung

**121**  Grundsätzlich bemisst sich die Abgrenzung zwischen einer Fremdtötung und einer Selbsttötung danach, wer das zum Tod führende Geschehen **tatsächlich beherrscht** (BGHSt 19, 135, 139). Rechtlich eindeutig zuzuordnen sind daher die Fälle, in denen entweder der Sterbewillige oder aber der Beteiligte die tödliche Ausführungshandlung allein vollzieht und der jeweils andere seinen Beitrag ausschließlich im Vorbereitungsstadium erbringt.

**Beispiel:** Selbsttötung, wenn der Sterbewillige sich mit der Pistole erschießt, die ihm ein Freund besorgt hat; Fremdtötung, wenn der Freund den Sterbewilligen mit der Pistole erschießt, die dieser zu diesem Zweck beschafft hat.

**122**  Schwieriger wird es hingegen, wenn der Sterbewillige und der weitere Beteiligte im Ausführungsstadium zusammenwirken.

---

152  Matt/Renzikowski-*Engländer*, Vor § 32 Rn 21; NK-StGB-*Paeffgen/Zabel*, § 228 Rn 30 ff; *Rönnau*, Willensmängel bei der Einwilligung im Strafrecht, 2001, S. 410 ff.

153  Krit. dazu *Charalambakis*, GA 86, 485 und *Roxin*, AT II § 25 Rn 71, nach deren Ansicht ein Motivirrtum oder ein Irrtum über den konkreten Handlungssinn das Opfer nicht zum „Werkzeug" des Tatveranlassers macht; dagegen *Brandts/Schlehofer*, JZ 87, 442; *Neumann*, JA 87, 244; siehe dazu auch *Muñoz Conde*, ZStW 106 (1994), 547.

*Abgrenzung von Selbsttötung und Fremdtötung* **§ 2 VI 4**

**Beispiel:** S will aus dem Leben scheiden. Zu diesem Zweck nimmt er in seinem PKW auf dem Fahrersitz Platz. Sein Freund F nimmt einen Schlauch, schließt das Ende an den Auspuff an und befestigt das andere Ende im Innenraum des Fahrzeugs. Dann dichtet er die Fenster des Fahrzeugs von außen ab. Nunmehr startet S den Motor und drückt das Gaspedal durch. Kurz darauf verliert er das Bewusstsein und stirbt.

Nach einer im **Schrifttum** vertretenen Ansicht gelten die **allgemeinen Tatherrschaftskriterien**. Wer nach diesen als Mittäter gilt, ist nicht bloß Teilnehmer einer Selbsttötung, sondern Täter einer strafbaren Fremdtötung[154]. Selbsttötung und Fremdtötung schließen einander nach diesem Verständnis nicht zwingend aus.

Im **Beispiel** besitzt zwar der S Tatherrschaft, da er den Motor startet und das Gaspedal durchdrückt. Die Tat wird aber gleichermaßen von F mitbeherrscht, da er den Schlauch anschließt und die Fenster abdichtet. Das soll es rechtfertigen, ihm die Tötungshandlung des S quasi-mittäterschaftlich zuzurechnen. Dagegen spricht allerdings, dass Mittäterschaft nach § 25 II die gemeinschaftliche Begehung einer Straftat voraussetzt. Die Selbsttötungshandlungen des Suizidenten fallen aber unter keinen Straftatbestand und können deshalb auch nicht über § 25 II zugerechnet werden.

Die **hL** grenzt Selbsttötung und Fremdtötung daher bei Zusammenwirken des Sterbewilligen mit dem weiteren Beteiligten im Ausführungsstadium durch eine **Spezifikation** des Tatherrschaftskriteriums voneinander ab. Danach kommt es auf die **Herrschaft** über den **unmittelbar lebensbeendenden Akt** bzw den „point of no return" an.[155] Liegt die letzte Handlungsentscheidung beim Beteiligten, nimmt dieser eine strafbare Fremdtötung vor. Trifft dagegen der Sterbewillige selbst die letzte Handlungsentscheidung, handelt es sich um eine Selbsttötung, an der der Mitwirkende straflos teilnimmt. Eine Bestrafung des Mitwirkenden als Täter einer Fremdtötung scheidet hier aus, weil ihm der Tod des Sterbewilligen *nicht objektiv zurechenbar* ist. Begründen lässt sich die Unterbrechung des Zurechnungszusammenhangs wiederum mit dem Prinzip der Eigenverantwortung des Verletzten. *In der Sache* sieht das auch die **Rechtsprechung** so[156]. Ihr zufolge kommt es darauf an, wie der Sterbewillige im Rahmen des *Gesamtplans* über sein Schicksal verfügt: Gibt er sich in die Hand des anderen, weil er *duldend* den Tod von ihm und dessen Handeln entgegennehmen will, dann hat dieser die Tatherrschaft. Behält er dagegen bis zuletzt die freie Entscheidung über sein Schicksal, dann tötet er sich selbst, wenn auch mit fremder Hilfe. Da die letzte Handlung im obigen Beispiel mit dem Betätigen des Gaspedals von S persönlich vollzogen wird, hat F sich nur an einer Selbsttötung beteiligt und ist deshalb nicht strafbar.

Auch das Kriterium der Herrschaft über den unmittelbar lebensbeendenden Akt kann freilich schwierige **Abgrenzungsprobleme** aufwerfen. **123**

**Fall 13:** Der M und die W beschließen, durch eine Gasvergiftung gemeinsam aus dem Leben zu scheiden. Während W in der gemeinsamen Wohnung den Gashahn aufdreht, ver- **124**

---

154 *Herzberg*, NStZ 04, 1, 2 f. Tendenziell ebenso MüKo-*Schneider*, § 216 Rn 46 ff.
155 *Lackner/Kühl*, § 216 Rn 3; NK-*Neumann*, Vor § 211 Rn 50 ff; *Otto*, Tröndle-FS, S. 157, 162 f; *Roxin*, Täterschaft und Tatherrschaft, 7. Aufl. 2000, S. 570 f; *S/S-Eser/Sternberg-Lieben*, § 216 Rn 11. Krit. zur Abgrenzung nach Tatherrschaftsgesichtspunkten *Murmann*, Selbstverantwortung, S. 337 ff; eingehende Verteidigung bei *Sowada*, Merkel-FS, S. 1109.
156 BGHSt 19, 135; OLG München NJW 87, 2940.

47

**§ 2** *Die Tötungsdelikte*

stopft M alle Tür- und Fensterritzen mit feuchten Tüchern. Anschließend legen sich beide auf das Bett. M stirbt; W kann gerettet werden.
Strafbarkeit der W?

M verfügt hier selbst über die Herrschaft über den unmittelbar lebensbeendenden Akt, indem er sich auf das Bett legt und das Gas einatmet, statt die Wohnung zu verlassen. W hat somit lediglich nicht strafbar an einer Selbsttötung des M mitgewirkt (so wie sich im Übrigen auch der verstorbene M im Hinblick auf W nur an einem versuchten Suizid beteiligt hat)[157].

**125**     **Fall 14:** Der A und die G wollen dadurch aus dem Leben scheiden, dass sie bei laufendem Motor die Abgase in den PKW leiten, in dem sie beide Platz genommen haben. Während G sich auf den Beifahrersitz begibt, setzt A sich auf den Fahrersitz und drückt das Gaspedal durch. Beide verlieren zeitgleich das Bewusstsein. A kann gerettet werden; G stirbt.
Strafbarkeit des A?

Dem BGH zufolge liegt die Herrschaft über den unmittelbar lebensbeendenden Akt hier allein bei A, da er das Gaspedal durchdrückt und damit das gesamte Geschehen bis zuletzt in seiner Hand hatte und haben sollte (**Gisela-Fall:** BGHSt 19, 135). Dagegen spricht allerdings, dass G auch nach dem Ingangsetzen des Geschehensablaufs durch A noch die Möglichkeit besaß, jederzeit aus dem Fahrzeug auszusteigen und sich der Wirkung der Abgase zu entziehen. Indem sie davon bewusst keinen Gebrauch machte und stattdessen aus freien Stücken die Gase einatmete, tötete sie sich (ganz so wie im Fall 13 der M) selbst. Da dem Geschehen insoweit Selbstschädigungscharakter zukommt, sperrt das unter dem Gesichtspunkt der Eigenverantwortlichkeit die Zurechnung des Todes zum Handeln des A (näher zu dieser Begründung bei gemeinsamer Beherrschung des unmittelbar lebensbeendenden Aktes *Engländer*, Jura 04, 234, 236).

Dem BGH zumindest iE zust.: *Bechtel*, JuS 16, 882, 884 f; MüKo-*Schneider*, § 216 Rn 37, 44, 51 ff. Zur Diskussion siehe *Fischer*, § 216 Rn 5; *Herzberg*, JuS 88, 771; *Ingelfinger*, Tötungsverbot, S. 230 ff; *Krack*, KJ 1995, 60; Matt/Renzikowski-*Safferling*, § 216 Rn 11 ff; *Murmann*, Selbstverantwortung, S. 336 ff; NK-*Neumann/Saliger*, § 216 Rn 5; *Otto*, Tröndle-FS, S. 157; *Roxin*, NStZ 87, 345 und in: 140 Jahre GA-FS, S. 177; *Zaczyk*, Strafrechtliches Unrecht und die Selbstverantwortung des Verletzten, 1993, S. 40 ff.

**126**     **Fall 15:** Ärztin A verabreicht dem Patienten P auf dessen Wunsch hin die todbringende Spritze; allerdings besitzt P für einen gewissen Zeitraum die Möglichkeit ein bereitliegendes Gegengift einzunehmen. Diesen Zeitraum lässt er ungenutzt verstreichen.
Strafbarkeit der A?

Nach einer Ansicht liegt die Herrschaft über den „point of no return" hier beim Patienten, da er durch das Verstreichenlassen der letzten Möglichkeit zur Erfolgsabwendung sein Leben selbst aus der Hand gibt; das passive Verharren in der Gefahrsituation sei Ausdruck seiner Tatherrschaft[158]. Dagegen sieht die Gegenauffassung die Herr-

---

157  BGHSt 19, 135, 140; aA noch RG JW 1921, 579.
158  *Roxin*, 140 Jahre GA-FS, S. 177, 185.

*Unterlassungstäterschaft und unterlassene Hilfeleistung* **§ 2 VI 5**

schaft über den unmittelbar lebensbeendenden Akt bei der Ärztin, da sie die letzte **aktive Ursache** setzt[159].

## 5. Unterlassungstäterschaft und unterlassene Hilfeleistung

**Fall 16:** F ist – wie sie weiß – unheilbar an Krebs erkrankt. Sie fasst daher den Entschluss, freiwillig aus dem Leben zu scheiden. Ihr sie liebender Ehemann E hat ihrem wiederholten Drängen nachgegeben und ihr eine Überdosis Schlaftabletten besorgt, die sie in seiner Gegenwart einnimmt. Zwischen dem Eintritt der Bewusstlosigkeit und dem Tod der F vergehen mehrere Stunden. E harrt während dieser Zeit geduldig bei ihr aus, ohne etwas zu ihrer Rettung zu veranlassen.
Strafbarkeit des E? **Rn 130, 133**

**127**

**Fehlt** es an einer **freiverantwortlichen** Entscheidung des Lebensmüden, so ist das Nichtverhindern des Suizids durch Garanten (= Ehegatten, Eltern, Verlobte usw) bei vorhandener Erfolgsabwendungsmöglichkeit unstreitig gemäß §§ 13, 211 ff als **Tötung durch Unterlassen** zu bewerten.

**128**

Insbesondere Beschützergarantenstellungen können den Garanten dazu verpflichten, nicht nur von außen drohende Lebensgefahren, sondern auch eine Selbsttötungsgefahr abzuwenden, die aus einer geistig-seelischen Erkrankung, Irrtum, Zwang oder aus anderen Gründen fehlender Verantwortlichkeit in der Person des Schutzbefohlenen resultiert. Nichtgaranten sind dagegen insoweit nur im Rahmen des § 323c I zur Hilfeleistung verpflichtet (vgl BGHSt 32, 367, 381).

Anders liegt es bei einem **freiverantwortlich** gefassten und eigenhändig ausgeführten **Selbsttötungsentschluss**: Hier folgt aus dem Prinzip der Eigenverantwortlichkeit, dass nicht nur die die Mitverursachung des Todeseintritts durch Tun, sondern auch die Nichtabwendung des Todeserfolges durch Unterlassen *unter dem Blickwinkel der Tötungsdelikte* **nicht strafbar** ist. Soweit die Rechtsprechung (BGHSt 2, 150; 32, 367) früher eine Strafbarkeit wegen eines Tötungsdelikts durch Unterlassen in den Fällen bejaht hat, in denen der Sterbewillige das Bewusstsein und damit die Herrschaft über das weitere Geschehen verloren hat, dem Garanten aber noch eine Rettung möglich wäre, ist dem zu widersprechen (vgl schon Rn 112). Solange nichts auf einen Sinneswandel beim Suizidenten hindeutet, wäre es vor dem Hintergrund der Nicht-Strafbarkeit der aktiven Suizidteilnahme wertungswidersprüchlich, wenn man das dem Handeln des Sterbewilligen nachfolgende Unterlassen des Garanten von einer Selbsttötungsteilnahme in eine *strafbare Unterlassungstäterschaft* umdeutete und nach §§ 211 ff, 13 bestrafte[160]. Der Standpunkt der Rspr. widersprach damit der Wertentscheidung des Gesetzgebers, der die Förderung wie die Nichtverhinderung einer **freiverantwortlich gewählten Selbsttötung** aus dem Strafbarkeitsbereich der Tötungsdelikte herausnehmen wollte[161]. Eine systematische Stütze findet diese Kritik auch in § 1901a BGB: Müssen danach Betreuer und Ärzte die freie Entscheidung

**129**

---

159  MüKo-*Schneider*, § 216 Rn 52; NK-*Neumann*, Vor § 211 Rn 56 ff.
160  Siehe dazu auch StA München I NStZ 11, 345; *Berghäuser*, ZStW 128 (2016), 741, 747 f; *Hoven*, Tröndle-GS, S. 575; MüKo-*Schneider*, Vor § 211 Rn 73, 77; S/S-*Eser/Sternberg-Lieben*, Vor § 211 Rn 44.
161  Näher *Gallas*, JZ 60, 649 und 689; *Ingelfinger*, Tötungsverbot, S. 233; LK-*Rosenau*, Vor § 211 ff Rn 96; NK-*Neumann*, Vor Rn 77 ff; *R. Schmitt*, JZ 84, 866; 85, 365; vgl auch BGHSt 13, 162, 167.

49

**§ 2** *Die Tötungsdelikte*

eines Sterbewilligen respektieren, kann für andere Garanten nichts anderes gelten[162]. Hinzu tritt schließlich ein verfassungsrechtliches Argument: Das vom allgemeinen Persönlichkeitsrecht, Art. 1 I, 2 I GG, umfasste Recht, sich das Leben zu nehmen, beinhaltet auch die Freiheit, dafür bei Dritten Hilfe zu suchen und, soweit sie angeboten wird, anzunehmen (BVerfG NJW 20, 905). Diese Freiheit darf dann aber nicht dadurch konterkariert werden, dass der Dritte nach Eintritt der Bewusstlosigkeit beim Sterbewilligen sofort Gegenmaßnahmen einleiten muss, um nicht wegen Tötung auf Verlangen in Form der Unterlassungstäterschaft nach §§ 216, 13 bestraft zu werden. In zwei Entscheidungen hat nunmehr auch der 5. Strafsenat im Falle ärztlich assistierter Selbsttötungen eine Garantenpflicht des Arztes und damit eine Strafbarkeit nach §§ 216, 13 verneint (BGH NJW 19, 3089, NJW 19, 3092 mit Anm. *Engländer*, JZ 19, 1049[163]; näher dazu sogleich die **aktuelle Entscheidung**).

130    Im **Fall 16** hat E der aus freier Entscheidung zur Selbsttötung entschlossenen F die von ihr zur Tat benutzten Schlaftabletten besorgt. Da dieses *Tun* als **Selbsttötungsbeihilfe nicht strafbar** ist, wäre es widersprüchlich, das nachfolgende *Untätigbleiben* des E anders zu bewerten und es als Unterlassungstäterschaft nach §§ 212, 216, 13 zu bestrafen (näher OLG München NJW 87, 2940; SchwurG Berlin JR 67, 269). Nach diesen Vorschriften hat E sich somit nicht strafbar gemacht.

131    Fraglich ist allerdings, ob damit zugleich die Anwendbarkeit des **§ 323c I** entfällt. Als „**Unglücksfall**" iS dieser Vorschrift zählt nach hM jedes (plötzlich eintretende) Ereignis, das die unmittelbare Gefahr eines erheblichen (weiteren) Schadens für andere Menschen oder fremde Sachen von bedeutendem Wert hervorruft (vgl Rn 1059). Ob ein **Selbsttötungsversuch** als solcher Unglücksfall begriffen werden kann, ist umstritten[164]. Die **hM** (Rspr. und Teile des Schrifttums) bejaht das ab Eintritt der Hilfsbedürftigkeit des Suizidenten (BGHSt 6, 147, 149). Nur wenn man unabhängig von dem in der konkreten Gefahrenlage kaum aufklärbaren Willen des Suizidenten einheitlich einen Hilfspflichten auslösenden Unglücksfall bejahe, könne § 323c I seine dem solidarischen Lebensschutz dienende Funktion erfüllen. Suizidversuche besäßen zudem häufig nur *Appellcharakter*, dh sie seien als Hilferuf an bestimmte Bezugspersonen des Suizidenten oder an sein Umfeld zu deuten[165]. Deshalb sei in den Grenzen der Erforderlichkeit und Zumutbarkeit schlichtweg jeder zur Hilfeleistung verpflichtet, der die Gefahrensituation wahrnehme[166]. Das gelte selbstverständlich auch für **Garanten**. Sie sollten im Fall eines freiverantwortlich unternommenen Selbsttötungsversuchs allenfalls von der **Erfolgszurechnung** und damit vom Vorwurf des Tötungsunrechts iS der §§ 211 ff, 13 I, nicht aber von der **allgemeinen Hilfspflicht** iS des § 323c I befreit werden.

---

162    Siehe auch *Kutzer*, Schöch-FS, S. 481, 485 f; *Saliger*, Selbstbestimmung, S. 150 ff.
163    S. auch *Grünewald*, Bespr. JR 20, 167; *Hillenkamp*, Anm. JZ 19, 1053; *Kubiciel*, Bespr. NJW 19, 3033; *Neumann*, Bespr. StV 20, 126; *Rissing-van Saan/Verrel*, Bespr. NStZ 20, 121; *Sowada*, Anm. NStZ 2019, 670.
164    Vgl auch Rn 1058 f und LK-*Popp*, § 323c Rn 61.
165    Dazu *Dölling*, NJW 86, 1011, 1014; *Feldmann*, Die Strafbarkeit der Mitwirkungshandlungen am Suizid, 2009, S. 168 ff; NK-*Neumann*, Vor § 211 Rn 82 f.
166    So BGHSt 32, 367, 375; *Frisch*, Tatbestandsmäßiges Verhalten und Zurechnung des Erfolgs, 1988, S. 161; *Geilen*, Jura 79, 201, 208; LK-*Rosenau*, Vor § 211 Rn 81; *Otto*, BT § 6 Rn 69.

Die vorzugswürdige Gegenauffassung verneint bei freiverantwortlichem Handeln des Sterbewilligen hingegen das Vorliegen eines Unglücksfalls (es sei denn, der Suizident hat nach „Versuchsbeginn" seinen Entschluss, sich zu töten, aufgegeben[167]) Begründen lässt sich das zunächst wiederum mit einem Konsistenzargument: Wenn schon die aktive Teilnahme an einem Suizid nach dem StGB nicht strafbar ist, muss das auch für die Nichthinderung einer eigenverantwortlichen Selbsttötung gelten[168]. Zudem besteht für solidarischen Beistand kein Anlass, wenn der Rechtsgutsinhaber seine Güter nicht nur selbst in Gefahr gebracht hat, sondern er darüber hinaus die Realisierung dieser Gefahr gerade *anstrebt*. Dass der Suizident sich infolge seines Verhaltens in einer Situation befindet, in der er ohne Gegenmaßnahmen sterben wird, stellt aus seiner Perspektive kein „Unglück" dar. Vielmehr handelt es sich um einen von ihm akzeptierten Zwischenschritt hin zu dem gewollten Erfolg.

Falls man mit der hM das Vorliegen eines Unglücksfalls bejaht, bedürfen allerdings die **Erforderlichkeit** und die **Zumutbarkeit** des Eingreifens einer sorgfältigen Prüfung[169]: In den Fällen, in denen klar auf der Hand liegt, dass der freiverantwortlich handelnde Suizident keine Rettung wünscht, ist die Erforderlichkeit oder jedenfalls die Zumutbarkeit von Rettungsbemühungen zu **verneinen**. Denn eine Handlungspflicht kann immer nur so weit reichen, wie ein Handlungsrecht (im Sinne einer Erlaubnis) existiert. Einer Eingriffsbefugnis steht hier jedoch die verfassungs- und menschenrechtlich garantierte Autonomie des Suizidenten entgegen. Das Selbstbestimmungsrecht des Sterbewilligen begrenzt somit die einfachgesetzliche allgemeine Hilfspflicht des Dritten. Dieser Auffassung hat sich nunmehr auch der 5. Strafsenat für den Fall der ärztlich assistierten Selbsttötung angeschlossen (BGH NJW 19, 3089, NJW 19, 3092).

**132**

Bedeutung hat das insbesondere bei hoffnungslos Leidenden, die mit ihrem Entschluss weiteren Krankheitsqualen ein Ende setzen wollten, und bei den Personen, die ihnen bei der Realisierung des Selbsttötungswillens bereits *aktiv* Hilfe geleistet haben. Dass § 323c I zumindest dann, wenn der Sterbewillige noch Herr des Geschehens und zu freiverantwortlichem Handeln in der Lage ist, nicht zu einer Hilfeleistung verpflichtet, die seinem klar erkennbaren Willen zuwiderliefe, steht außer Streit (BGH NStZ 83, 117).

**Die aktuelle Entscheidung:** Die seit ihrem 16. Lebensjahr unter einer zwar nicht lebensbedrohlichen, aber starke Schmerzen verursachenden, nicht therapierbaren Erkrankung leidende 44-jährige D nahm in Sterbeabsicht freiverantwortlich ein tödliches Präparat ein, das ihr der Angeklagte, ihr Hausarzt, besorgt hatte. Nachdem sie das Bewusstsein verloren hatte, verzichtete der Angeklagte, den Wünschen der D gehorchend, auf Rettungsversuche und verabreichte ihr lediglich zwei Medikamente, die zum einen ein Erbrechen verhindern und zum anderen etwaige Schmerzen stillen sollten. Zweieinhalb Tage nach Einnahme des Präparats verstarb die D. Ob sie bei einer sofortigen medizinischen Behandlung noch hätte gerettet werden können, ließ sich nicht klären. Das LG Berlin sprach den Angeklagten vom Vorwurf der (versuchten) Tötung auf Verlangen frei (Berliner Fall).

---

167   Dazu S/S-*Eser/Sternberg-Lieben*, Vor § 211 Rn 44.
168   Vgl A/W-*Hilgendorf*, BT § 3 Rn 35; *Fischer*, § 323c Rn 5; *Klesczewski*, BT § 16 Rn 14; LK-*Popp*, § 323c Rn 63 ff; MüKo-*Schneider*, Vor § 211 Rn 84; NK-*Gaede*, § 323c Rn 5; *Pawlik*, GA 95, 360; S/S-*Sternberg-Lieben/Hecker*, § 323c Rn 8; *Seebode*, Kohlmann-FS, S. 279, 286; *Sowada*, Jura 85, 75; ebenso noch BGHSt 2, 150.
169   Vgl BGHSt 13, 162, 169; 32, 367, 381; *Eisele*, BT I Rn 192; siehe auch *F. Müller*, § 216 StGB, S. 130 f.

**§ 2**  *Die Tötungsdelikte*

Die unter mehreren, ihre Lebensqualität und persönlichen Handlungsmöglichkeiten zunehmend einschränkenden, indes nicht lebensbedrohlichen Krankheiten leidenden W (85) und M (81) nahmen nach langer Planung und reiflicher Überlegung tödliche Präparate ein. Unterstützung erhielten sie auf ihr Bitten hin von dem Angeklagten, einem Arzt, der zuvor ein Gutachten über die Einsichts- und Urteilsfähigkeit der zwei Frauen und die Wohlüberlegtheit ihres Vorhabens erstellt hatte, das die beiden benötigten, um den Beistand durch einen Sterbehilfeverein zu erhalten. Nachdem W und M das Bewusstsein verloren hatten, unternahm der Angeklagte keine Rettungsversuche, da die beiden Suizidentinnen solche zuvor ausdrücklich untersagt hatten. Die Chancen für eine Rettung wären äußerst gering gewesen; wenn überhaupt, hätten W und M mit schwersten Hirnschäden überlebt. W und M verstarben ca. eine Stunde nach Einnahme der Präparate. Das LG Hamburg sprach den Angeklagten vom Vorwurf der versuchten Tötung durch Unterlassen frei (Hamburger Fall).

Die Revisionen der StA, die jeweils eine Verurteilung wegen eines vorsätzlichen Tötungsdelikts erstrebten, hat der 5. Strafsenat in zwei gleichlaufenden Urteilen vom selben Tag als unbegründet verworfen (BGH NJW 19, 3089, NJW 19, 3092 mit Bespr. *Grünewald*, JR 20, 167; *Kubiciel*, NJW 19, 3033, *Neumann*, StV 20, 126; *Rissing-van Saan/Verrel*, NStZ 20, 121 und Anm. *Engländer*, JZ 19, 1049; *Hillenkamp*, JZ 19, 1053; *Sowada*, NStZ 19, 670). Zunächst verneint der Senat in beiden Fällen ein durch Tun verwirklichtes Tötungsdelikt. Die Herrschaft über das Geschehen liege zum Zeitpunkt der Einnahme der tödlichen Präparate jeweils allein bei den Suizidenten; die beiden Angeklagten agierten daher nicht als mittelbare Täter, sondern beteiligten sich insoweit in nicht strafbarer Weise lediglich an freiverantwortlichen Selbsttötungen. Sodann lehnt der Senat wiederum in beiden Fällen auch eine Strafbarkeit wegen versuchten Tötungsdelikts durch Unterlassen ab. (Eine Strafbarkeit wegen vollendeten Tötungsdelikts scheitert jeweils bereits an der fehlenden Nachweisbarkeit der Kausalität des Unterlassens für den Erfolgseintritt.) Es fehle an der Garantenstellung der Angeklagten. Angesichts der gestiegenen Bedeutung der Selbstbestimmungsfreiheit des Einzelnen, die ihm jederzeit (also auch vorab) das Recht gebe, medizinische Eingriffe – selbst wenn sie lebenswichtig seien – abzulehnen und die – der Rspr. des EGMR und der hL zufolge – zudem die Freiheit umfasse, über sein Lebensende selbst zu entscheiden, könne der Arzt in den Fällen des freiverantwortlichen Suizids nicht mit strafrechtlichen Konsequenzen verpflichtet werden, gegen den Willen des Suizidenten zu handeln.

Ferner verneint der Senat auch eine Strafbarkeit nach § 323c I. Zwar will er daran festhalten, dass die durch einen freiverantwortlichen Selbsttötungsversuch begründete Gefahrenlage einen Unglücksfall darstelle. Die aus dem Selbstbestimmungsrecht fließende Einsichts- und Urteilsfähigkeit des Suizidenten schließe nämlich anders als bei den dem Individualschutz dienenden Tötungs- oder Körperverletzungsdelikten das der Vorschrift des § 323c I auch zugrundeliegende Erfordernis menschlicher Solidarität nicht aus[170]. Es fehle jedoch an der Zumutbarkeit der Hilfeleistung, da dem rettenden Eingriff die Pflicht zur Achtung des Selbstbestimmungsrechts der Suizidenten entgegenstehe. § 323c I verpflichte nicht zu einem dem erklärten Willen des Hilfebedürftigen zuwiderlaufenden Einschreiten.

**133**  Im **Fall 16** hat sich E daher auch nicht nach § 323c I strafbar gemacht. Nach hM liegt zwar ein Unglücksfall vor, doch wird entweder die Erforderlichkeit der Hilfeleistung (so *Gössel/Dölling*, BT I § 2 Rn 108; siehe auch OLG München NJW 87, 2940, 2945) oder deren Zumutbarkeit (so *Dölling*, NJW 86, 1016; vgl ferner BGH NJW 88, 1532) verneint. Nach der überzeugenderen Gegenansicht ist schon kein Unglücksfall gegeben.

---

170  Zur Kritik dieses nur unvollständig ausformulierten Arguments *Engländer*, JZ 2019, 1049, 1052.

## 6. Fahrlässigkeitstäterschaft und Selbsttötung in „mittelbarer Täterschaft"

Wer durch **sorgfaltspflichtwidriges Verhalten** eine Selbsttötung veranlasst, ermöglicht oder sonstwie mitverursacht, die **nicht freiverantwortlich** ist, macht sich nach § 222 strafbar. Erfolgt der Suizid dagegen **freiverantwortlich**, scheidet eine Strafbarkeit wegen fahrlässiger Tötung aus. Denn wie bereits dargelegt (Rn 116), wäre es zum einen widersprüchlich, eine fahrlässige Mitverursachung der Selbsttötung zu bestrafen, die als vorsätzliche Beteiligung nicht strafbar ist[171]. Und zum anderen steht der Zurechnung des Todes zum Handeln des Beteiligten das Prinzip der **Eigenverantwortung** entgegen.

**Beispiel:** Keine Strafbarkeit des Waffenbesitzers nach § 222, der seine Pistole unbeaufsichtigt herumliegen lässt, mit der sich der Sterbewillige sodann freiverantwortlich selbst erschießt. Dagegen wäre die Strafbarkeit zu bejahen, wenn der Suizident aufgrund einer schweren Depression die Tragweite seiner Entscheidung nicht zu beurteilen vermag.

Die **Abgrenzung** einer sorgfaltspflichtwidrigen, aber nicht strafbaren Mitwirkung an einer Selbsttötung von einer strafbaren fahrlässigen **Fremdtötung** iS des § 222 kann im Einzelfall wiederum schwierig sein. Grundsätzlich kommt es dabei ebenso wie bei der Abgrenzung der willentlichen Mitwirkung an der Selbsttötung von der Fremdtötung darauf an, wer den *unmittelbar lebensbeendenden Akt* beherrscht[172]. Ein besonderes Problem stellt sich hier allerdings, wenn der Beteiligte zwar die unmittelbar todbringende Handlung vollzieht, der *Sterbewillige* jedoch das Geschehen **wie ein mittelbarer Täter** beherrscht.

**Beispiel:** Der sterbewillige schwerstkranke Ehemann M reicht seiner Frau F eine mit Gift gefüllte Spritze unter der Vorspiegelung, diese enthalte seine übliche Medizin. Nichtsahnend injiziert F dem M das Gift, woraufhin dieser sofort verstirbt. Auf Grund vorangegangener Bemerkungen des M hätte F diese Gefahr allerdings erkennen können.

Das OLG Nürnberg hat in einem vergleichbaren Fall eine Strafbarkeit des Mitwirkenden nach § 222 bejaht[173] und dies mit einem *Umkehrschluss* begründet. Eine Strafbarkeit nach § 222 komme nicht in Betracht, wenn die Handlung als vorsätzliche gedacht eine nicht strafbare Teilnahme am Suizid wäre. Umgekehrt sei der Mitwirkende dann wegen fahrlässiger Tötung zu bestrafen, wenn sein Verhalten – wie hier – als vorsätzliches gedacht eine Tötung auf Verlangen darstellen würde. Diese Auffassung verkennt jedoch, dass anders als bei einer hypothetischen Vorsatztat die Herrschaft über das Geschehen hier nicht allein bei dem Beteiligten, sondern kraft überlegenen Wissens als Steuerungsherrschaft auch beim Sterbewilligen (nur er weiß um die *Bedeutung* der Handlung der F) liegt. Diese *mittelbare* Herrschaft des Sterbewilligen rechtfertigt es, ihm den Erfolg, den der von ihm gelenkte Mitwirkende herbeiführt, als *Ergebnis eigenen Handelns* zuzurechnen. Insofern hat die todesverursachende Handlung *Selbstverletzungscharakter*. Dann wäre es aber widersprüchlich, in diesem Tun einerseits als zugerechnete Handlung des Sterbewilligen eine eigenverantwortliche Selbsttötung zu sehen, es andererseits aber zugleich als tatbestandsmäßige Fremdtö-

---

171  BGHSt 24, 342, 344; 32, 262, 264.
172  NK-*Neumann*, Vor § 211 Rn 50 ff; *Otto*, Tröndle-FS, S. 157, 162 f.
173  OLG Nürnberg, NJW 03, 454 mit Anm. *Engländer*, JZ 03, 747.

**§ 2**  *Die Tötungsdelikte*

tung des Mitwirkenden zu bewerten (aA *Herzberg*, NStZ 04, 1, 2 ff, nach dem freiverantwortliche Selbsttötung und Fremdtötung in keinem Ausschlussverhältnis stehen). Daher schließt die **mittelbare Herrschaft** des Sterbewilligen eine Fahrlässigkeitshaftung des Mitwirkenden aus, indem sie den Zurechnungszusammenhang zwischen dessen sorgfaltspflichtwidrigem Verhalten und dem tatbestandlichen Erfolg unterbricht (näher *Engländer*, Jura 04, 234; vgl auch *Roxin*, Otto-FS, S. 441; MüKo-*Schneider*, Vor § 211 Rn 88 ff; *Sowada*, Merkel-FS, S. 1109, 1118 ff; ferner *Hecker/ Witteck*, Jura 05, 397).

Auch der BGH hatte vor einigen Jahren in einem solchen Fall zu entscheiden (**Hamburger Zivi-Fall**: BGH NJW 03, 2326). Dem Urteil lag dabei folgender Sachverhalt zu Grunde: Der Angeklagte betreute als Zivildienstleistender den bewegungsunfähigen Schwerstbehinderten S. Dieser überredete in Sterbeabsicht eines Mittags den Angeklagten, ihn nackt in zwei Müllsäcke zu verpacken, ihm – bis auf eine kleine Öffnung – den Mund mit Klebeband zu verschließen und ihn bei Temperaturen um den Gefrierpunkt in einen Müllcontainer zu legen. Dabei versicherte S dem Angeklagten wahrheitswidrig, er habe dies schon häufiger gemacht und seine Bergung aus dem Container am Nachmittag sei gewährleistet. S starb durch Ersticken, möglicherweise in Kombination mit Unterkühlung. Entgegen dem insoweit missverständlichen Leitsatz hat der BGH allerdings die rechtliche Behandlung der Selbsttötung durch ein menschliches Werkzeug offen gelassen, weil er – unzutreffend – die Voraussetzungen einer „mittelbaren Täterschaft" des Sterbewilligen als nicht erfüllt ansah[174].

### 7. Geschäftsmäßige Förderung der Selbsttötung

**137**  Nach langer und kontroverser Debatte[175] hatte der Gesetzgeber zum 10.12.2015 den Straftatbestand der **geschäftsmäßigen Förderung der Selbsttötung**, § 217, in das StGB eingeführt. Es handelte sich um ein *abstraktes Gefährdungsdelikt*, in dessen Begehung der Suizident nicht rechtfertigend einwilligen konnte. Der Sache nach stellte die Tathandlung (das geschäftsmäßige Gewähren, Verschaffen oder Vermitteln einer konkreten Gelegenheit zur Selbsttötung) eine zur Täterschaft verselbstständigte Unterstützungshandlung dar, die bereits **im Vorfeld** des Versuchs der „Haupttat" (= Selbsttötung) angesiedelt war[176].

Die Notwendigkeit der Regelung begründete der Gesetz gewordene Entwurf damit, dass Sterbehilfevereine (etwa Dignitas, EXIT oder Sterbehilfe Deutschland) den assistierten Suizid zu einem „Dienstleistungsangebot" machen könnten. Das bringe die Gefahr mit sich, dass sich insbesondere alte und/oder kranke Menschen zu einer solchen assistierten Selbsttötung verleiten ließen bzw sich sogar dazu gedrängt fühlten, um die eigene Familie und die Gesellschaft als

---

174  Dem BGH zust. LK-*T. Walter*, Vor § 13 Rn 134 f; *Rengier*, BT II § 20 Rn 26; zur Kritik vgl *Engländer*, Jura 04, 234, 237 f; ebenso *Kühl*, AT § 20 Rn 138; NK-*Neumann*, § 222 Rn 4; *Otto*, BT § 6 Rn 49; *Roxin*, AT I, § 11 Rn 126 ff und in Otto-FS, S. 441, 445 ff; im Erg. auch *Wessels/Beulke/ Satzger*, AT Rn 1134 und in Otto-FS, S. 207, 218 sowie *F. Müller*, § 216 StGB, S. 217 f.

175  Dazu *Feldmann*, GA 12, 498, 502 ff; *Fischer*, StGB, Vor § 211 Rn 32 und § 217 Rn 1. Zu den unterschiedlichen Gesetzentwürfen, die zur Abstimmung standen, siehe BT-Drucks. 18/5373-5376, abgedruckt auch als Anhang 2-5 bei *Saliger*, Selbstbestimmung, S. 225 ff.

176  BT- Drucks. 18/5373, S. 16; ein solches Verfahren für zulässig hält *Gärditz*, ZfL 15, 114, 115; aA *Hecker*, GA 16, 455, 459 f; *Hillenkamp*, KriPoZ Zeitschrift 16, 1, 4, jeweils mwN. *Roxin*, GA 13, 313, 325 und NStZ 16, 185, 188, hält eine Pönalisierung für nicht geboten; er plädiert (in NStZ 16, 185, 190) für die Aufnahme einer Bestimmung zum öffentlichen Anbieten einer Förderung von Selbsttötungen in das OWiG.

Ganzes von den mit ihrem Alter und/oder ihrer Krankheit verbundenen „Lasten" zu befreien. Solchen denkbaren Entwicklungen müsse zum Schutz der Selbstbestimmung des Einzelnen und seines Grundrechts auf Leben auch mit den Mitteln des Strafrechts entgegengewirkt werden[177].

In einer denkwürdigen Entscheidung hat das BVerfG mit Urteil vom 26.2.2020 § 217 als verfassungswidrig verworfen. Das aus dem allgemeinen Persönlichkeitsrecht, Art. 1 I, 2 I GG, abgeleitete **Recht, sich das Leben zu nehmen**, umfasse auch die **Freiheit**, dafür bei Dritten **Hilfe zu suchen** und, soweit sie angeboten wird, auch **anzunehmen**. Dies werde dem Sterbewilligen durch das strafbewehrte Verbot der geschäftsmäßigen Förderung der Selbsttötung *faktisch* verunmöglicht (BVerfG NJW 20, 905).

**138**

> **Die aktuelle Entscheidung:** Gegen den Ende 2015 vom Gesetzgeber beschlossenen Straftatbestand der geschäftsmäßigen Förderung des Suizids legten verschiedene Ärzte, Sterbehilfevereine und Vereinsmitglieder, die zu gegebener Zeit das Angebot der Suizidbeihilfe wahrnehmen möchten, Verfassungsbeschwerde ein. Sie machten geltend, u.a. in ihren Grundrechten aus Art. 1 I, 2 I GG (allgemeines Persönlichkeitsrecht), Art. 12 GG (Berufsfreiheit) und Art. 2 I GG (allgemeine Handlungsfreiheit) verletzt zu sein[178].
>
> Mit Urteil vom 26.2.2020 erklärte das BVerfG § 217 für *verfassungswidrig* und *nichtig* (BVerfG NJW 20, 905). Zunächst greife die Vorschrift in das allgemeine Persönlichkeitsrecht ein. Dieses beinhalte als Ausdruck der Autonomie des Einzelnen das Recht, sich selbst das Leben zu nehmen, das zu seiner wirksamen Ausübung auch die Freiheit umfasse, dazu bei Dritten Hilfe zu suchen und, soweit sie angeboten werde, anzunehmen. Dabei sei dieses Recht nicht auf schwere oder unheilbare Krankheitszustände beschränkt; die Person, die eigenverantwortlich über ihr Lebensende beschließe, brauche ihre Entscheidung nicht zu rechtfertigen. Der Eingriff in das Persönlichkeitsrecht sei mangels Verhältnismäßigkeit auch *nicht gerechtfertigt*. Zwar verfolge der Gesetzgeber mit dem Schutz des Lebens und der Selbstbestimmung insbesondere alter und kranker Menschen vor voreiligen Entschlüssen und sozialem Druck, die aus einer unbeschränkten Zulassung geschäftsmäßiger Suizidassistenz nach nicht zu beanstandender gesetzgeberischer Prognose resultieren könnten, einen *legitimen Zweck*. Zu dessen Realisierung sei § 217 prinzipiell auch *geeignet*. Zweifel bestünden aber schon an der Erforderlichkeit einer so weitgehenden Einschränkung des Persönlichkeitsrechts. Jedenfalls sei eine solche *nicht angemessen*. Durch das strafbewehrte Verbot der geschäftsmäßigen Förderung der Selbsttötung werde das Recht des Einzelnen auf Suizid als Ausprägung des Rechts auf ein selbstbestimmtes Sterben in bestimmten Konstellationen *faktisch entleert*, da ihm die Wahrnehmung seines Rechts weitgehend unmöglich gemacht werde. Verbleibende Optionen wie die private Hilfe jenseits geschäftsmäßiger Angebote oder die Suizidassistenz im Ausland böten häufig nur eine theoretische, aber *keine tatsächliche* Aussicht, die autonome Entscheidung zur Selbsttötung umzusetzen. Das lasse sich mit der existenziellen Bedeutung des Grundrechts auf ein selbstbestimmtes Sterben nicht in Einklang bringen. Die Gemeinwohlbelange, denen das abstrakte Gefährdungsdelikt des § 217 diene, stünden daher nicht mehr in einem *vernünftigen Verhältnis* zu dem Maß der Belastung des Grundrechtsträgers – eine Bewertung, die im Übrigen auch im Einklang mit der Rspr. des EGMR zu Art. 8 I EMRK stehe. Ferner stelle § 217 ebenso wenig eine verfassungsge-

---

177  BT-Drucks. 18/5373, S. 2; vgl etwa auch *Hecker*, GA 16, 455 f mit Fn 5; sarkastisch *Fischer*, ZRP 15, 219.

178  S. zum Vorwurf der Verfassungswidrigkeit auch *Hecker*, GA 16, 455, 463 ff; *Saliger*, Selbstbestimmung, S. 160 ff, 206 f.

**§ 2** *Die Tötungsdelikte*

mäße Beschränkung der Berufsfreiheit aus Art. 12 I GG, der allgemeinen Handlungsfreiheit aus Art. 2 I GG und des Freiheitsrechts aus Art. 2 II 2, 104 I GG dar.

Die Verfassungswidrigkeit des § 217 bedeutet dem BVerfG zufolge freilich nicht, dass der Gesetzgeber die Suizidhilfe überhaupt nicht regeln darf. So stehe es ihm frei, ein *prozedurales Schutzkonzept* – etwa in Form von Aufklärungs- und Wartepflichten, Erlaubnisvorbehalten und Verboten besonders gefahrträchtiger Formen der Suizidhilfe – zu beschließen, das auch *strafrechtlich abgesichert* werden dürfe. Freilich müsse sichergestellt sein, dass sie dem Recht des Einzelnen, selbstbestimmt aus dem Leben zu scheiden, realiter hinreichenden Raum zur Entfaltung und Umsetzung belasse. Erste Stellungnahmen aus der Politik deuten darauf hin, dass der Gesetzgeber sich zeitnah um eine entsprechende Regelung bemühen wird.[179]

## VII. Sterbehilfe

**139**  **Fall 17:** Bei einer seit fünf Jahren infolge einer Hirnblutung im Wachkoma liegenden 76-jährigen Frau entscheidet die Tochter T als Betreuerin in Übereinstimmung mit dem Hausarzt, die über eine Magensonde erfolgende künstliche Ernährung einstellen zu lassen, da eine Besserung des Gesundheitszustandes ihrer Mutter nicht mehr zu erwarten ist und diese noch kurz vor ihrer Erkrankung geäußert hat, dass sie in einer solchen Situation keine lebensverlängernden Maßnahmen wünsche. Das Pflegepersonal des Altenheimes, in dem die Patientin untergebracht ist, weigert sich jedoch zunächst, der Anordnung zur Ernährungseinstellung nachzukommen. Schließlich wird mit der Heimleitung als Kompromiss vereinbart, dass das Personal sich künftig nur noch um die Pflegetätigkeiten im engeren Sinne kümmern werde und die Tochter selbst die Ernährung einstellen solle. Nur einen Tag nach Beendigung der Nahrungszufuhr durch die Tochter weist indes die Geschäftsleitung des Unternehmens, welches das Pflegeheim betreibt, die Heimleitung an, die künstliche Ernährung umgehend wieder aufzunehmen; in diesem Zusammenhang wird der Tochter ein Hausverbot angedroht, falls sie sich mit diesem Vorgehen nicht einverstanden erklärt. Um eine Wiederaufnahme der Ernährung zu verhindern, trennt nun die Tochter auf den Rat ihres auf Medizinrecht spezialisierten Anwalts A den Schlauch der Magensonde unmittelbar über der Bauchdecke durch. Das Pflegepersonal entdeckt dies allerdings nur wenige Minuten später und schaltet Polizei und StA ein; auf Anweisung der Letzteren wird eine neue Magensonde gelegt und die Ernährung wieder aufgenommen. Zwei Wochen später verstirbt die Patientin infolge ihrer Grunderkrankung.

Haben T und A sich strafbar gemacht (**Fuldaer Fall**)? Rn 148, 153

### 1.  Problemübersicht

**140**  Nicht mit der im vorangegangenen Abschnitt erörterten Thematik der Beteiligung am Suizid identisch, auch wenn es Überschneidungen gibt, ist die Frage nach der strafrechtlichen Bewertung der verschiedenen **Formen der lebensverkürzenden Sterbehilfe**. Wann, wie und unter welchen Voraussetzungen man einem unheilbar Kranken

---

179  Für eine prozedurale Regelung entsprechend der Beratungslösung beim Schwangerschaftsabbruch *Saliger*, Merkel-FS, S. 1063.

56

*Problemübersicht* **§ 2 VII 1**

Hilfe *beim* und *zum* Sterben (zu dieser Unterscheidung Rn 145) leisten darf, bildet seit langem den Gegenstand einer intensiv und kontrovers geführten Debatte. Nach wie vor ist ein Konsens nicht in Sicht und sind viele Fragen nicht befriedigend geklärt. Durch den medizinisch-technischen Fortschritt stellen sich eine Reihe schwieriger Probleme, auf deren sachgerechte Lösung die aktuell geltenden strafrechtlichen Regelungen nicht oder nur ungenügend zugeschnitten sind[180]. Der Gesetzgeber hat bislang lediglich einen – wenn auch wichtigen – Teilbereich (§§ 1901a, 1901b und 1904 BGB) einer gesetzlichen Klärung zugeführt.

Einigkeit besteht darüber, dass es keine zulässige Sterbehilfe *gegen* den tatsächlichen bzw mutmaßlichen Willen des unheilbar Kranken gibt. Sog. „Mitleidstötungen" – ganz gleich ob durch aktives Tun oder durch Unterlassen eines Garanten – sind stets nach §§ 211, 212 strafbar[181]. Der strafrechtliche Lebensschutz dauert grundsätzlich bis zum Tod; er kommt auch dem unheilbar Kranken und dem Todgeweihten zugute (vgl BGHSt 7, 287) [182]. Das Unterlassen einer *medizinisch nicht* mehr *indizierten* Maßnahme ist nach hM allerdings auch dann zulässig, wenn der Patient ihre Vornahme verlangt. Es gibt keine Pflicht zur Erhaltung eines erlöschenden Lebens um jeden Preis (BGHSt 32, 367, 379 f)[183].

Keine strafrechtlichen Probleme stellen sich – jedenfalls bezogen auf die Tötungsdelikte – bei der **reinen Sterbebegleitung**. Hier geht es um die Fälle, in denen einem Sterbenden schmerzlindernde („palliative") oder bewusstseinsdämpfende Mittel verabreicht werden, *ohne* dass dies mit einer Lebensverkürzung verbunden ist[184].

Im Bereich der lebensverkürzenden Sterbehilfe hat die hM lange zwischen drei Arten differenziert: der **aktiven**, der **passiven** und der **indirekten** Sterbehilfe[185] (Rn 142 ff). Diese Unterscheidung ist allerdings mit erheblichen Problemen behaftet[186]; sie wurde deshalb durch eine Grundsatzentscheidung des 2. Strafsenats (BGHSt 55, 191) unter dem Leitbegriff des **Behandlungsabbruchs** einer weitgehenden Revision unterzogen (Rn 149 ff). Ob indes die am Behandlungsabbruch orientierte Einteilung der Sterbehilfearten die herkömmliche Klassifikation *ersetzen* oder nur *modifizieren* soll und kann, ist bislang noch nicht befriedigend geklärt. Daher sind hier beide Einteilungen vorzustellen.

**141**

---

180   Vgl auch S/S-*Eser/Sternberg-Lieben*, Vor § 211 Rn 32b; *Verrel*, 66. DJT, Bd. I 2006, C 53.
181   Vgl zu einem solchen Fall BGHSt 37, 376.
182   Zur Problematik der sog. **Ex post-Triage**, bei der im Falle mangelnder intensivmedizinischer Ressourcen eine Behandlung mit der Begründung beendet werden soll, der Behandlungsplatz werde für einen Patienten mit größerer Erfolgsaussicht benötigt, s. *Engländer/Zimmermann*, NJW 20, 1398, 1401.
183   In der unmittelbaren Sterbephase bleibt der Arzt zwar zur „Basispflege" verpflichtet, auf lebensverlängernde Maßnahmen wie Beatmung, Bluttransfusion oder künstliche Ernährung darf er hier aber verzichten, vgl BGHSt 40, 257, 260. Siehe auch NK-*Neumann*, Vor § 211 Rn. 124; *Popp*, ZStW 118 (2006), 639, 644. Weiterführend *Merkel*, Früheuthanasie, S. 294 ff.
184   Näher *Roxin* in Roxin/Schroth (Hrsg.), Handbuch des Medizinstrafrechts, S. 75, 92 ff.
185   Vgl nur *Coeppicus*, NJW 98, 3381, 3382; *Kutzer*, NStZ 94, 110 jeweils mwN. Für einen Verzicht auf die herkömmliche Sterbehilfeterminologie der AE Sterbebegleitung GA 05, 553, 560 ff; insoweit zustimmend *Neumann/Saliger* HRRS 06, 280, 281.
186   Näher dazu *Engländer*, JZ 11, 513, 514 f.

57

**§ 2** *Die Tötungsdelikte*

## 2. Die Unterscheidung in aktive, passive und indirekte Sterbehilfe

**142** **a)** Unter **aktiver Sterbehilfe** wird die *einverständliche gezielte Tötung* des unheilbar Kranken durch *aktives Tun* zum Zweck der Leidensbeendung verstanden, etwa durch das Verabreichen der todbringenden Spritze. Aus der Regelung des § 216 folgert die hM, dass sie ungeachtet des Willens des Kranken stets unzulässig und damit strafbar ist[187].

**143** Eine zunehmende Anzahl von Stimmen aus dem Schrifttum will allerdings in eng begrenzten **Ausnahmefällen**, in denen dem unheilbar Kranken nur noch eine kurze, von schwerstem Leiden geprägte Lebenszeit verbleibt, eine aktive Sterbehilfe erlauben. Die auf den ersten Blick entgegenstehende Regelung des § 216 soll dabei entweder durch eine **teleologische Reduktion**[188] oder im Wege des **rechtfertigenden Notstands** (§ 34)[189] überwunden werden. Die Vertreter der Notstandslösung argumentieren, das Interesse des Sterbenden an einem Tod in Würde und Schmerzfreiheit überwiege wesentlich das Interesse an einem kurzen Weiterleben, das zudem durch schwerste, insbesondere sog. Vernichtungsschmerzen gekennzeichnet sei. Die – noch – hM hält einer solchen Lockerung des Tötungsverbots entgegen, sie führe zu einer Relativierung des Lebensschutzes, untergrabe die Achtung vor dem Leben, gebe reinen Nützlichkeitserwägungen Raum, könne den Gefahren des Missbrauchs nicht begegnen und erschüttere das Vertrauensverhältnis zwischen Patienten und Ärzteschaft[190]. Zwar erscheinen diese Einwände überzogen und wenig überzeugend. Gleichwohl lässt sich eine ausnahmsweise Zulässigkeit der aktiven Sterbehilfe *de lege lata* nicht methodisch korrekt begründen[191]. Insbesondere spricht gegen eine Rechtfertigung nach § 34, dass diese Vorschrift ihrer Struktur und ihrem Legitimationsgrund nach auf *intrapersonale Interessenkollisionen* (Kollisionen unterschiedlicher Interessen von ein und demselben Rechtsgutsträger) nicht anwendbar ist[192].

Instruktiv zur Diskussion über die Zulassung „aktiver" Sterbehilfe *Roxin*, Roxin/Schroth (Hrsg.), Handbuch des Medizinstrafrechts, S. 75, 92, 115; *Kubiciel*, JZ 09, 600; aus grundrechtsdogmatischer Sicht *Lindner*, JZ 06, 373. Zur **Kritik** der „Tabuisierung des Lebens" ua *Bernat*, ÖJZ 02, 92 und *Hoerster*, Sterbehilfe im säkularen Staat, 1998 (Gesetzgebungsvorschlag S. 167) sowie *Herzog*, Kargl-FS, S. 201; aus der Perspektive des Selbstbestimmungsrechts *Saliger*, KritV 02, 383, 435 ff; *Fischer*, Vor § 211 Rn 36 ff; *Verrel*, 66. DJT, Bd. I 2006, C 70.

---

187  BGHSt 37, 376; *Duttge*, GA 06, 573, 576 f; *Schmitt*, JZ 85, 365, 366; *Schreiber*, NStZ 86, 337, 339.

188  *Jakobs*, Tötung auf Verlangen, Euthanasie und Strafrechtssystem, 1998, S. 25 ff, 29. Vgl auch *Kubiciel*, Die Wissenschaft vom Bes. Teil des Strafrechts, 2013, S. 212, 219; krit. MüKo-*Schneider*, § 216 Rn 7; *Roxin*, Jakobs-FS, S. 571, 574.

189  *Merkel*, Schroeder-FS, S. 197, 320 f; *Neumann*, Herzberg-FS, S. 575, 580 ff; *Otto*, NJW 06, 2217, 2222; *Roxin*, Fischer-FS, S. 509, 518.

190  So *Hirsch*, Lackner-FS, S. 597, 614; vehement gegen eine Einschränkung des § 216 auch *Dölling*, Laufs-FS, S. 767; vgl ferner den Überblick bei *Rosenau*, Roxin-FS II, S. 577, 586 ff mwN. Auch der 56. Deutsche Juristentag hatte diesen Standpunkt mit großer Mehrheit eingenommen (siehe NJW 86, 3073).

191  Zur Kritik an der teleologischen Reduktion des § 216 siehe *Roxin*, Jakobs-FS, S. 571, 574.

192  Dazu *Engländer*, GA 10, 15; *Schmitz*, Rechtfertigender Notstand bei internen Interessenkollisionen, 2013.

**b)** Als **indirekte Sterbehilfe**[193] bezeichnet man das Verabreichen von schmerzlin- **144** dernden Mitteln, durch das als nicht beabsichtigte, aber *billigend in Kauf genommene* oder *als sicher vorausgesehene*[194] **unvermeidbare Nebenfolge** der Tod des unheilbar Kranken beschleunigt wird[195]. Die indirekte Sterbehilfe gilt nach allgM als zulässig. Problematisch ist freilich, dass es sich bei ihr an sich um eine Form der aktiven Ster-behilfe handelt; umstritten ist deshalb die Begründung. Während einige Autoren unter Rückgriff auf Aspekte wie den sozialen Handlungssinn[196], das erlaubte Risiko[197], die ärztliche lex artis[198] oder die Sozialadäquanz[199] bereits die *Tatbestandsmäßigkeit* des entsprechenden Verhaltens verneinen wollen, bejaht die derzeit vorherrschende An-sicht eine *Rechtfertigung* nach § 34[200]. Auch der BGH argumentiert hier – anders als bei der aktiven Sterbehilfe –, dass der Wunsch des Sterbenden nach einem Tod in Würde und Schmerzfreiheit gegenüber der Aussicht auf ein kurzes, von schwersten, insbesondere sog. Vernichtungsschmerzen geprägtes Weiterleben das wesentlich überwiegende Interesse bilde (BGHSt 42, 301, 305; 46, 279, 285). All diese Begrün-dungsvorschläge sind indes vor dem Hintergrund des § 216 letztlich Behelfskonstruk-tionen, um das angesichts der – unbefriedigenden – derzeitigen Gesetzeslage geboten-ne Ergebnis einer Strafbarkeit zu vermeiden. Der Bereich bedarf daher dringend der gesetzlichen Regelung.

Die moderne Schmerzmedizin vermag mittlerweile die Medikation so zu dosieren, dass sie in den allermeisten Fällen nicht mehr zu einer Lebensverkürzung führt und sich die eben erörterte Problematik nicht mehr stellt – was freilich nicht heißt, dass dies im Einzelfall nicht doch ein-mal anders sein kann.

**c)** Der Begriff der **passiven Sterbehilfe** bezeichnet das *wunschgemäße Sterbenlas-* **145** *sen* des unheilbar Kranken, dh das Unterlassen der Abwendung seines Todes durch lebenserhaltende Maßnahmen.

**Beispiel:** Verzicht auf künstliche Beatmung oder künstliche Ernährung.

Auch die passive Sterbehilfe gilt als grds. erlaubt, und zwar nach hM nicht nur, wenn der Sterbeprozess bereits irreversibel eingesetzt hat – sog. **Hilfe beim Sterben** –, son-dern ebenso, wenn der Sterbevorgang zwar noch nicht begonnen hat, jedoch keine Aussicht auf Besserung mehr besteht – sog. **Hilfe zum Sterben**[201]. Aufgrund des von der **Patientenautonomie** umfassten Rechts, auch eine medizinisch indizierte Be-

---

193  Kritik des Begriffs bei *Herzog*, Kargl-FS, S. 201, 202 mwN; *Fischer*, Roxin-FS II, S. 557, 566 ff. *Verrel*, 66. DJT, Bd. I 2006, C 61 schlägt stattdessen „Leidensminderung" vor; so schon § 214a Al-ternativ-Entwurf Sterbebegleitung, GA 05, 553, 585.

194  So zu Recht *Fischer*, Vor § 211 Rn 56; *Merkel*, Früheuthanasie, S. 166, 191; *Verrel*, 66. DJT, Bd. I 2006, C 56, 61, 102; ferner *Antoine*, Sterbehilfe, S. 46, 53.

195  So BGHSt 42, 301 mit Anm. *Dölling*, JR 98, 161; vgl auch *Schöch*, NStZ 97, 409; *Rengier*, BT II § 7 Rn 4.

196  *Ingelfinger*, Tötungsverbot, S. 271 ff; *Streng*, ZStW 112 (2010), 1, 14; krit. *Merkel*, Schroeder-FS, S. 297, 302 ff.

197  *Engisch*, Bockelmann-FS, S. 519, 532 f.

198  *Tröndle* ZStW 99 (1987), 25, 36 ff.

199  *Herzberg* NJW 96, 3043, 3048 f.

200  *Kutzer* NStZ 94, 110, 115; MüKo-*Schneider*, Vor § 211 Rn 110 ff; *Merkel*, Schroeder-FS, S. 297, 308 ff; NK-*Neumann*, Vor § 211 Rn. 103; *Otto*, Jura 99, 434, 440 f; zur Kritik *Engländer*, GA 10, 15

201  BGHSt 40, 257 (dabei den *Begriff* der Sterbehilfe allerdings auf die Hilfe beim Sterben beschrän-kend); NK-*Neumann*, Vor § 211 Rn 93; *Otto*, Jura 99, 434, 437; *Saliger* KritV 01, 382, 400.

**§ 2** *Die Tötungsdelikte*

handlung abzulehnen[202], *entfällt* hier nach hM die *Garantenpflicht* zur Vornahme der vom unheilbar Erkrankten nicht gewollten lebenserhaltenden Maßnahmen[203].

**146** Lange umstritten war in diesem Zusammenhang allerdings, wie es sich im Falle eines Patienten verhält, der zu einer aktuellen Willenserklärung nicht mehr in der Lage ist, so etwa im Falle eines Patienten, der sich im Wachkoma befindet[204]. Diese Frage wurde durch den Gesetzgeber geklärt. Das Prinzip der Patientenautonomie gilt auch hier uneingeschränkt: Ist der Kranke **nicht mehr urteilsfähig**, kommt es zunächst darauf an, ob er den Willen, auf lebensverlängernde Maßnahmen zu verzichten, für die aktuelle Lebens- und Behandlungssituation vorab in einer **Patientenverfügung** schriftlich fixiert hat. Falls ja, ist diese Willensäußerung bindend, § 1901a I 2 BGB[205]. Liegt keine Patientenverfügung vor oder trifft diese auf die aktuelle Lebens- und Behandlungssituation nicht zu, ist der **mutmaßliche Wille** des Kranken ausschlaggebend, § 1901a II BGB. Das gilt unabhängig davon, ob der Sterbevorgang bereits eingesetzt hat oder nicht, § 1901a III BGB. Der mutmaßliche Wille bestimmt sich wie auch sonst nach den **subjektiven Präferenzen** des Betroffenen, dh nach seinen persönlichen Zielen, Wünschen, Bedürfnissen und Wertvorstellungen (vgl Matt/Renzikowski-*Engländer*, Vor § 32 Rn 24). Nur wenn keine Anhaltspunkte über die besonderen Präferenzen des Betroffenen vorliegen, ist nach **intersubjektiven Gesichtspunkten**, dh danach, was ein vernünftiger Dritter wollen würde, zu entscheiden. Dabei hat im Zweifel der Schutz des Lebens Vorrang. Besteht zwischen Betreuer und Arzt Einvernehmen darüber, dass der Verzicht auf lebensverlängernde Maßnahmen dem Willen des Patienten entspricht, bedarf die Nichtvornahme bzw Beendigung der Behandlung auch keiner Genehmigung des Betreuungsgerichts, § 1904 IV BGB.

**147** **d)** Zu **Problemen** führt die an der Unterscheidung von Tun und Unterlassen orientierte Abgrenzung zwischen zulässiger passiver und unzulässiger aktiver Sterbehilfe in den Fällen des sog. **tätigen Behandlungsabbruchs**, in denen ein mechanisches Rettungsgerät durch aktives Tun abgestellt wird.

**Beispiele:** Das operative Entfernen der künstlichen Magensonde; das Ausschalten des Beatmungsgeräts durch Betätigen des entsprechenden Schalters.

Einerseits hat der Patient hier als Ausprägung seiner Selbstbestimmungsfreiheit jederzeit das Recht, seine Weiterbehandlung abzulehnen. Entfällt die Einwilligung in die Behandlung, ist der Behandelnde deshalb zur Behandlungseinstellung nicht nur befugt, sondern sogar verpflichtet. Kommt er dieser Verpflichtung nicht nach und führt die Behandlung fort, stellt dies einen rechtswidrigen Eingriff in die körperliche Unversehrtheit und die Entschließungsfreiheit des Patienten dar[206] – der sich auch nicht

---

202 BGHSt 11, 111, 113 f; *Hufen*, NJW 01, 849, 851; *Kubiciel*, ZJS 10, 656, 657; *Popp*, ZStW 118 (2006), 641; *Schreiber* NStZ 86, 337, 341; *Schroth* GA 06, 549, 551.

203 MüKo-*Schneider*, Vor § 211 Rn 115; *Popp*, ZStW 118 (2006), 641, 644 f.; *Schöch* NStZ 95, 153, 154; für eine Lokalisierung auf Ebene der Rechtfertigungsgründe *Merkel*, ZStW 107 (1995), 545, 570 f.

204 Zum Stand der Diskussion vor Inkrafttreten des sog. Patientenverfügungsgesetzes vom 29.7.2009 vgl. nur *Dreier*, JZ 07, 317, 323 ff mwN.

205 Vgl dazu jetzt auch BGH (XII. Zivilsenat) NJW 14, 3572 (in Abkehr von BGHZ 154, 205) mit Anm. *Albrecht/Albrecht*, MittBayNot 15, 110.

206 BGHSt 37, 376, 378; 40, 257, 262; 55, 191, 198 f, 204; zur Bedeutung des freien Willens in Sterbesituationen *Putz*, Widmaier-FS, S. 701.

mit der Gewissensfreiheit des Behandelnden rechtfertigen lässt[207]. Andererseits müsste aber ein Behandlungsabbruch, wenn er durch Energieeinsatz des Handelnden erfolgt, nach den Abgrenzungskriterien der überkommenen Sterbehilfedogmatik an sich als strafbare aktive Sterbehilfe und somit als unzulässig und strafbar bewertet werden. Dem Behandelnden wäre also sowohl die Fortführung als auch der Abbruch der Behandlung verboten – ein normlogischer Widerspruch.

Überwiegend wurde versucht, diesen Widerspruch dadurch zu aufzulösen, dass man den technischen Behandlungsvorgang als *Substitut* einer eigenhändigen Behandlung durch den Arzt bzw das Pflegepersonal auffasst und deshalb das Abschalten des Geräts durch den Behandelnden als Unterlassen der Weiterbehandlung bewertet – sog. **Unterlassen durch Tun**[208]. So soll es möglich sein, den tätigen Behandlungsabbruch trotz des Energieeinsatzes des Handelnden als passive Sterbehilfe einzuordnen. An seine Grenzen gerät dieser Lösungsvorschlag freilich in den Fällen, in denen nicht der Behandelnde selbst, sondern ein für die Behandlung unzuständiger **Dritter** den Willen des Patienten nach einer Behandlungseinstellung erfüllt – etwa weil der Behandelnde sich widerrechtlich weigert, dem Verlangen des Patienten nachzukommen. Denn **vereitelt** jemand **fremde Rettungsbemühungen** durch sein **aktives Eingreifen**, wird dies nach hM stets als **Tun** und nicht als Unterlassen gewertet (vgl *Wessels/Beulke/Satzger*, AT Rn 1161)[209].

In **Fall 17** verurteilte das LG den A deshalb wegen versuchten gemeinschaftlichen[210] Totschlags in einem minder schweren Fall; die gleichfalls angeklagte T wurde zwar freigesprochen, jedoch nur wegen eines *unvermeidbaren Verbotsirrtums* – sie habe auf die Auskunft ihres Anwalts, ihr Verhalten sei rechtlich erlaubt, vertrauen dürfen (LG Fulda ZfL 09, 97). Ausschlaggebend waren dabei für das LG folgende Überlegungen: Die aktive Vereitelung der Weiterbehandlung durch das Durchschneiden des Versorgungsschlauches stelle kein Unterlassen, sondern ein **Tun**, also **aktive Sterbehilfe** dar. Eine rechtfertigende mutmaßliche Einwilligung komme somit nicht in Betracht, denn der Rechtsgutsträger sei insoweit ausweislich § 216 *nicht dispositionsbefugt*. Ebenso wenig greife § 32. Zwar handele es sich bei einer Fortführung der künstlichen Ernährung über eine Magensonde gegen den Willen der Patientin um einen gegenwärtigen rechtswidrigen Angriff auf ihre körperliche Integrität und Entscheidungsfreiheit. Gleichwohl könne deren Unterbindung nicht als Nothilfe gerechtfertigt werden, denn § 32 legitimiere nur Eingriffe in die Rechtsgüter des *Angreifers* (hier: des Pflegepersonals), nicht aber Beeinträchtigungen der Rechtsgüter *anderer Personen* (hier: der angegriffenen Patientin)[211]. Ferner scheide aufgrund der Unabwägbarkeit des menschlichen Lebens ebenfalls eine Rechtfertigung nach § 34 aus. Und schließlich sei auch eine Entschuldigung nach § 35 zu verneinen, da die Tötung der geschützten Person kein Ziel der Gefahrenabwehr bilden könne.

148

---

207  BGHZ 163 (195) mit Anm. *Höfling* JZ 06, 145; *Ingelfinger* JZ 06, 821, 829; aA noch OLG München NJW 03, 1743, 1745.
208  *Ingelfinger*, Tötungsverbot, S. 310; NK-*Neumann* Vor § 211 Rn 126; *Roxin*, Engisch-FS, S. 380, 395 ff; *ders.*, NStZ 87, 345, 349; *Schöch* NStZ 95, 153, 154; *Schroth* GA 06, 549, 551. Die Konstruktion eines Unterlassens durch Tun geht zurück auf *Overbeck* GS 88 (1922), 319. Eingehende Kritik hinsichtlich der Anwendbarkeit auf die Respirator-Fälle bei *Gropp*, Schlüchter-GS, S. 173, 181 ff; krit. auch *Bosch*, JA 2010, 908, 909.
209  Zutr. MüKo-*Schneider*, Vor § 211 Rn 120; *Verrel*, NStZ 10, 671, 672.
210  Zu Recht krit. zur Annahme einer Mittäterschaft *Walter*, ZIS 11, 76, 79.
211  Dazu krit. *Mandla*, NStZ 10, 698 f.

**§ 2** *Die Tötungsdelikte*

### 3. Behandlungsabbruch

**149** Angesichts der geschilderten Ungereimtheiten hat der 2. Strafsenat im **Fuldaer-Fall** die Sterbehilfedogmatik allgemein auf eine andere Grundlage gestellt (BGHSt 55, 191). Neuer Leitbegriff ist dabei der **Behandlungsabbruch**. Die Kernaussagen des Urteils:

– Eine Sterbehilfe durch **Unterlassen, Begrenzen** oder **Beenden** einer medizinischen Handlung – sog. *Behandlungsabbruch* – ist gerechtfertigt, wenn dies dem tatsächlichen oder mutmaßlichen **Patientenwillen** entspricht und dazu dient, einem ohne Behandlung zum Tode führenden Krankheitsprozess seinen Lauf zu lassen.

– Ein solcher Behandlungsabbruch darf sowohl durch **Unterlassen** als auch durch **aktives Tun** vorgenommen werden.

– Die Differenzierung nach aktivem und passivem Verhalten zur Abgrenzung von erlaubter Sterbehilfe und nach §§ 212, 216 strafbarer Tötung ist nicht sachgerecht.

– Kann der Patient aufgrund seines Selbstbestimmungsrechts das Unterlassen einer Behandlung verlangen, muss dies auch für das **Beenden** einer nicht (mehr) gewollten Behandlung gelten, und zwar auch dann, wenn diese Beendigung durch aktives Handeln erfolgt.

– Subjektiv muss der Handelnde zumindest in **Kenntnis** des Patientenwillens die Behandlung abbrechen.

– Als Handelnder kommt nicht nur der Arzt, Betreuer oder Bevollmächtigte des Patienten in Betracht, sondern auch jeder **Dritte**, der als für die Behandlung und Betreuung zugezogene Hilfsperson tätig wird.

– Gezielte Tötungen eines Menschen **außerhalb des Behandlungsabbruchs** (dh sonstige Fälle der aktiven Sterbehilfe) sind einer Rechtfertigung nicht zugänglich und bleiben **strafbar**. § 216 bleibt unberührt.

**150** Für die **Ermittlung des Patientenwillens** gilt wiederum: Ist der Kranke noch **urteilsfähig** und verlangt einen Behandlungsabbruch, ist dieser Wille bindend. Ist der Patient dagegen **nicht mehr urteilsfähig**, muss geprüft werden, ob er seinen Willen für die aktuelle Lebens- und Behandlungssituation vorab in einer **Patientenverfügung** schriftlich fixiert hat. Liegt keine Patientenverfügung vor oder trifft diese auf die aktuelle Lebens- und Behandlungssituation nicht zu, kommt es auf den **mutmaßlichen Willen** des Kranken an.

Würdigt man die Neuordnung der Sterbehilfe durch den 2. Strafsenat, so verdient zunächst Zustimmung, dass der Senat die Reichweite der erlaubten Sterbehilfe konsequent von der in Art. 1 I, 2 I GG geschützten Patientenautonomie her bestimmt[212]. Damit vermeidet er die eingangs geschilderten Probleme und Widersprüche der überkommenen Sterbehilfedogmatik. Richtig sieht der Senat, dass es nicht darauf ankommen kann, ob die Einstellung der vom Patienten tatsächlich oder mutmaßlich nicht mehr gewünschten Behandlung durch ein Tun oder ein Unterlassen erfolgt. Es bleiben allerdings gleichwohl einige **offene Fragen** und **Probleme**[213]:

---

212 Die Entscheidung begrüßen im Grundsatz ua auch *Bartsch*, Achenbach-FS, S. 13; *Dölling*, ZIS 11, 345; *Eidam*, GA 11, 232; *Gaede*, NJW 10, 2925; *Kubiciel*, ZJS 10, 656; *Verrel*, NStZ 10, 671; *Wolfslast/Weinrich*, Anm. StV 11, 286. Kritischer mit Blick auf die dogmatische Stimmigkeit der Entscheidung *Duttge*, Anm. MedR 11, 36; *Haas*, JZ 16, 714; *Joerden*, Roxin-FS II, S. 593; *Kahlo*, Frisch-FS, S. 711, 728 ff.

213 Vgl *Engländer*, JZ 11, 513, 516 ff.

*Behandlungsabbruch* **§ 2 VII 3**

– Strafrechtsdogmatisch will der 2. Senat die verfassungsrechtlichen Vorgaben durch eine **Einwilligungslösung** umsetzen. Danach stellt der zum Tode des Patienten führende Behandlungsabbruch zwar eine tatbestandsmäßige Tötungshandlung dar; er gilt aber als gerechtfertigt, wenn der Patient in ihn tatsächlich eingewilligt hat oder mutmaßlich einwilligen würde – wobei die Feststellung des Patientenwillens strengen Maßstäben unterliegen soll. Die Einwilligungssperre, die die hM aus § 216 ableitet, erfährt durch den Senat somit eine Einschränkung. Dieser Konzeption liegt indes eine unzutreffende Vorstellung über die Einwilligungserfordernisse zugrunde. Ausgehend von der Patientenautonomie ist zunächst nicht der *Abbruch*, sondern die *Vornahme* der Behandlung rechtfertigungsbedürftig[214]. Als invasiver Eingriff in die körperliche Unversehrtheit des Patienten gilt diese nur solange als zulässig, wie sie von einer tatsächlichen oder mutmaßlichen Einwilligung gedeckt wird. Sobald eine solche Einwilligung nicht mehr besteht, ist eine Weiterbehandlung nicht mehr gerechtfertigt und hat somit zu unterbleiben. Das aber bedeutet: Der Abbruch der Behandlung bedarf gar *keines eigenständigen Zustimmungsakts*; seine Zulässigkeit ergibt sich vielmehr schlicht aus dem Wegfall bzw dem Widerruf der Einwilligung in die Durchführung der Behandlung[215].

– Nicht rechtswidrig ist der Abbruch der Behandlung nach Auffassung des 2. Senats nur, wenn er durch die behandelnden Ärzte, Betreuer und Bevollmächtigten des Patienten sowie deren Hilfspersonen (als solche zählte der Senat im Fuldaer Fall den Anwalt der Tochter) ausgeführt wird; nimmt eine **andere Person** den Behandlungsabbruch vor, soll dies als Tötungsdelikt strafbar bleiben. Das überzeugt nicht: Führt der mit dem Willen des Patienten erfolgende Behandlungsabbruch zu einem *rechtmäßigen Zustand* (= das Unterbleiben einer vom Patienten nicht mehr gewünschten Weiterbehandlung), können die Folgen dieses Zustands dem Handelnden – ganz gleich, wer er ist – nicht als *Erfolgsunrecht* vorgeworfen werden[216].

– Mehrdeutig sind die Ausführungen des Senats zur Bedeutung der **betreuungsrechtlichen Vorgaben** bei aktuell einwilligungsunfähigen Patienten[217]. Relevant wird diese Frage bei einem Behandlungsabbruch, der dem mutmaßlichen Patientenwillen zwar entspricht, bei dem jedoch die betreuungsrechtlichen Vorgaben *nicht* erfüllt sind, etwa im Falle eines Betreuers, der das Beatmungsgerät abstellt, ohne sich darüber zuvor mit dem behandelnden Arzt zu verständigen. In einer weiteren Entscheidung (Kölner Fall) will der Senat eine Rechtfertigung verneinen, wenn die betreuungsrechtlichen Vorgaben keine Beachtung gefunden haben (BGH NJW 11, 161 mit abl. Anm. *Verrel*, NStZ 11, 276). Dem ist zu widersprechen. Wiederum gilt: Wenn der mit dem Willen des Patienten erfolgende Behandlungsabbruch einen rechtmäßigen Zustand herbeiführt, können die Folgen dieses Zustands dem Handelnden nicht vorgeworfen werden[218].

Fraglich ist, an welcher Stelle des **Deliktsaufbaus** die Überlegungen des 2. Senats zu verorten sind[219]. Keine größeren Probleme bereitet der Behandlungsabbruch durch ein **Unterlassen**. Hier muss, wie schon nach der überkommenen Sterbehilfedogmatik, die *rechtliche Einstandspflicht* nach § 13 und damit die **Tatbestandsmäßigkeit**

**151**

---

214  Zutr. *Kubiciel*, ZJS 10, 656, 660.
215  Zu Widersprüchen, in die die Einwilligungslösung führt, siehe *Engländer*, JZ 11, 513, 517 f.
216  Ebenso *Verrel*, NStZ 10, 671, 674; aA *Dölling*, ZIS 11, 345, 348; *Walter*, ZIS 11, 76, 79.
217  Krit. dazu auch *Verrel*, NStZ 10, 671, 674; *Walter*, ZIS 11, 76, 79 f.
218  Ebenso *Hirsch*, Anm. JR 11, 37, 39; *Haas*, JZ 16, 714, 723; *Verrel*, NStZ 10, 671, 674 u. Anm. NStZ 11, 276, 277; aA *Walter*, ZIS 11, 76, 79 f.
219  Dass dabei die Unterscheidung zwischen Tun und Unterlassen keineswegs obsolet geworden ist, betonen zutr. *Haas*, JZ 16, 714, 716; *Joerden*, Roxin-FS II, S. 593, 597; MüKo-*Schneider*, Vor § 211 Rn 98, 169 ff; *Verrel*, NStZ 10, 671, 674; *Kahlo*, Frisch-FS, S. 711, 736 f; *Streng*, Frisch-FS, S. 739, 745.

**§ 2** *Die Tötungsdelikte*

verneint werden, denn es kann keine konkrete Garantenpflicht zur Vornahme eines ärztlichen Eingriffs geben, der aufgrund er fehlenden Einwilligung des Betroffenen unzulässig ist[220]. Schwerer fällt die Antwort dagegen beim Behandlungsabbruch durch **aktives Tun**. Letztlich kommen hier zwei Möglichkeiten in Betracht. Zum einen kann man unter dem Gesichtspunkt fehlender rechtlicher Verantwortlichkeit für den tatbestandlichen Erfolg[221] – der Behandelnde ist zum Abbruch der Behandlung rechtlich verpflichtet – die *objektive Zurechenbarkeit* und damit bereits die **Tatbestandsmäßigkeit** verneinen[222]. Oder man sieht in dem Entfallen der Einwilligung in die Weiterbehandlung einen aus der Patientenautonomie abgeleiteten **Rechtfertigungsgrund sui generis**.

**152**  Die **indirekte Sterbehilfe** lässt sich – entgegen der Auffassung des 2. Senats – nicht mit den Überlegungen zum Behandlungsabbruch legitimieren. Bei ihr tritt der Tod nämlich nicht als Folge des *Abbruchs*, sondern als Folge der *Vornahme* einer Behandlungsmaßnahme ein, etwa dem Spritzen des zwar schmerzstillenden, aber todesbeschleunigenden Medikaments. Ihre Zulässigkeit kann deshalb nicht darauf gestützt werden, dass die Selbstbestimmungsfreiheit dem Kranken das Recht gebe, Eingriffe in seine körperliche Unversehrtheit zurückzuweisen. Bei der indirekten Sterbehilfe stößt die am Behandlungsabbruch orientierte Konzeption des 2. Senats somit an ihre Grenzen. Letztlich bleibt der Gesetzgeber gefordert, für eine stimmige Gesamtregelung der Sterbehilfe zu sorgen[223].

Näher zur Grundsatzentscheidung des 2. Strafsenats *Bosch*, JA 10, 908; *Dölling*, ZIS 11, 345; *Eidam*, GA 11, 232; *Engländer*, JZ 11, 513; *Haas*, JZ 16, 714; *Joerden*, Roxin-FS II, S. 593; *Kahlo*, Frisch-FS, S. 711; *Kubiciel*, ZJS 10, 656; *Kutzer*, Rissing-van Saan-FS, S. 337; *Putz*, DRiZ 12, 326; *Rissing-van Saan*, ZIS 11, 544; *Rosenau*, Rissing-van Saan-FS, S. 547; *Verrel*, NStZ 10, 671; *Walter*, ZIS 11, 76.

**153**  In **Fall 17** kommt es für das Ergebnis nicht darauf an, in welcher Form – Tun oder Unterlassen – der Behandlungsabbruch erfolgt war, sondern allein darauf, dass er dem **mutmaßlichen Willen** der Patientin entsprach und dazu diente, dem ohne Behandlung zum Tod führenden Krankheitsprozess seinen Lauf zu lassen. T handelte damit entweder aufgrund mangelnder objektiver Zurechenbarkeit des Todes schon **nicht tatbestandsmäßig** oder sie war zumindest **gerechtfertigt** (vgl Rn 151). Das bedeutet für A: Wenn man sein Zusammenwirken mit T als **gemeinschaftliches** bewertet[224], fehlt es entweder an einer nach § 25 II zurechenbaren Tötungshandlung der T oder A ist aus demselben Grund gerechtfertigt wie diese. Sieht man seine Empfehlung dagegen bloß als ein **Bestimmen** iS des § 26, ist die Strafbarkeit mangels rechtswidriger Haupttat zu verneinen; A hat die T hier zu einem *rechtmäßigen* Handeln „angestiftet". Folglich war A vom Vorwurf des gemeinschaftlich mit T begangenen versuchten Totschlags freizusprechen.

---

220  Ebenso iE *Walter*, ZIS 11, 76, 80. Explizit für eine Einordnung auf der Rechtfertigungsebene dagegen *Verrel*, NStZ 10, 671, 674, der – wenig überzeugend – die Begrenzung der Garantenpflicht durch den Willen des Patienten auf der Tatbestandsebene ausklammern will.
221  Vgl. dazu *Jäger*, Zurechnung und Rechtfertigung als Kategorialprinzipien im Strafrecht, 2006, S. 19 f.
222  Ebenfalls einen Zurechnungsausschluss erwägend *Gaede*, NJW 10, 2925, 2927; *Zimmermann*, Rettungstötungen, 2009, S. 206 Fn 744.
223  Dazu insb. *Wolfslast/Weinrich*, Anm. StV 11, 286, 287 f.
224  So der 2. Strafsenat; zu Recht abl. *Gaede*, NJW 10, 2925, 2926 und *Walter*, ZIS 11, 76, 79.

_Fahrlässige Tötung_ **§ 2 VIII**

Beachte zum vorstehenden Themenkomplex auch die **Grundsätze der Bundesärztekammer** zur ärztlichen Sterbebegleitung, Deutsches Ärzteblatt 11, A 346; zu den vergleichbaren Richtlinien in der Schweiz siehe BSK-_Schwarzenegger/Stössel_, Vor Art. 111 Rn 19 ff; ferner _Körtner_ ua [Hrsg.], Das öst. Patientenverfügungsgesetz, 2007. Zu den Richtlinien für den Umgang mit sterbewilligen Patienten siehe Deutsche Gesellschaft für Palliativmedizin, MedR 14, 643 mit Kritik von _Duttge_, MedR 14, 621. Zur _bisherigen_ Diskussion siehe _Antoine_, Aktive Sterbehilfe in der Grundrechtsordnung, 2004; Bioethik-Kommission Rheinland-Pfalz, Sterbehilfe und Sterbebegleitung, 2004; _Neumann_, Paeffgen-FS, S. 317; _Scheffler_, Joerden (Hrsg.), Der Mensch und seine Behandlung in der Medizin, 1998, S. 249; _Schöch/Verrel_, Alternativ-Entwurf Sterbebegleitung (AE-StB), GA 05, 553; _Sowada_, ZfL 15, 34; _Ulsenheimer_, Arztstrafrecht, Rn 652; _Verrel_, 66. DJT, Bd. I 2006, C 9 und in Paeffgen-FS S. 331, sowie die neuesten Nachw. im Text; instruktiv und weiterführend _Pawlik_, Ulrich Becker/Markus Roth (Hrsg.), Recht der Älteren, 2013, S. 127.

## VIII. Fahrlässige Tötung

Zur Struktur und Problematik der Fahrlässigkeitsdelikte siehe _Wessels/Beulke/Satzger_, AT Rn 1100 ff.

**154**

Nach § 222 macht sich strafbar, wer den Tod eines anderen _durch_ Fahrlässigkeit verursacht. Das bedingt neben der **Erfolgsverursachung** und der **Verletzung der Sorgfaltspflicht** bei objektiver Voraussehbarkeit des tatbestandlichen Erfolgs auch die **objektive Zurechenbarkeit** des Todeserfolgs.

Einschränkungen der Erfolgszurechnung können sich hier, ebenso wie bei Vorsatztaten[225], ua auch aus dem **Prinzip der Eigenverantwortlichkeit** und der darauf beruhenden Abschichtung von Verantwortungsbereichen ergeben. Wer eine eigenverantwortliche **Selbstschädigung** oder **Selbstgefährdung anderer** ermöglicht, veranlasst oder sonstwie fördert, kann, wenn sich das mit der Selbstgefährdung bewusst eingegangene Risiko realisiert, nicht schon deshalb wegen fahrlässiger Tötung bestraft werden, weil er pflichtwidrig eine Bedingung für das nachfolgende Geschehen gesetzt, den objektiv voraussehbaren Erfolg also mitverursacht hat. Denn derjenige, der seine Rechtsgüter in eigenverantwortlicher Weise selbst verletzt oder gefährdet, trägt dafür grundsätzlich allein die Verantwortung[226]. Die Schadensfolgen, die sich daraus ergeben, sind sein eigenes Werk, das in der Regel nur ihm selbst zuzurechnen ist. Der Schutzbereich einer Norm, die (wie § 222) den Rechtsgutinhaber vor **Eingriffen Dritter** bewahren soll, endet dort, wo sein eigener Verantwortungsbereich beginnt[227]. Der Strafbarkeitsbereich desjenigen, der einen Akt der Selbstgefährdung veranlasst oder fördert, beginnt erst dort, wo diese nicht mehr eigenverantwortlich ist. So verhält es sich etwa, wenn der Täter durch Brandstiftung eine erhebliche Gefahr für eine dem Opfer nahestehende Person begründet und damit das Opfer gleichsam zum Ergreifen einer lebensgefährlichen Rettungsmaßnahme zwingt[228]. Ebenso fehlt die Eigenverantwortlichkeit, wenn das Opfer die Tragweite seines eigenen Verhaltens nicht

**155**

---

225   Näher dazu _Wessels/Beulke/Satzger_, AT Rn 266 ff.

226   Zum _Pozzing_ (= sich von einem HIV-Infizierten „positiv" machen lassen) siehe _Brand/Lotz_, JR 11, 513; _Walter_, NStZ 13, 673, 676.

227   BGHSt 32, 262 = Heroinspritzenfall; BGH NStZ 85, 25 = Stechapfelteefall; ebenso BGH NStZ 87, 406; NJW 00, 2286; BayObLG NZV 96, 461; StV 97, 307. Anders noch BGHSt 7, 112; BGH NStZ 81, 350.

228   BGHSt 39, 322; OLG Celle NJW 01, 2816 mit krit. Anm. _Walther_; OLG Stuttgart StraFo 08, 176; vgl zu den „Retterfällen" auch unten Rn 972 und _Roxin_, AT I, § 11 Rn 116; _Wessels/Beulke/Satzger_, AT Rn 266 ff mwN.

**§ 2**  *Die Tötungsdelikte*

überblickt. Soweit der Beteiligte hier *kraft überlegenen Sachwissens* das Risiko wesentlich besser erfasst als der sich selbst Gefährdende, haftet er strafrechtlich für die sich ergebenden Folgen (BGH NStZ 86, 266).

Zur **einverständlichen Fremdgefährdung** siehe *Wessels/Beulke/Satzger*, AT Rn 275 ff. Zur Abgrenzung von Selbst- und Fremdgefährdung sowie zu den Grenzen wirksamer Einwilligung bei gefährlichem Handeln im Straßenverkehr BGHSt 53, 55; zust. ua *Dölling*, Geppert-FS, S. 53 und *Jäger*, Schünemann-FS, S. 421, 427; nur im Erg. zust. *Roxin*, JZ 09, 399; sehr krit. *Kühl*, Anm. NJW 09, 1158.

Lehrreich zum Ganzen *Kühl*, AT § 4 Rn 83; *Renzikowski*, HRRS 09, 347; *Rönnau*, JuS 19, 119; *Roxin*, AT I, § 11 Rn 137.

**156**  Große praktische Bedeutung kommt diesem Fragenkreis bei der **Einnahme von Rauschgift** durch Drogenkonsumenten zu. Bei einer **Fremdinjektion** vermag auch die Aufforderung dazu durch das Tatopfer die Zurechnung nicht auszuschließen (näher BGHSt 49, 34), da es sich hier um eine *einverständliche Fremdgefährdung* handelt, die nach hM allenfalls durch eine *Einwilligung* gerechtfertigt werden kann. Hingegen verneint bei einer **Selbstinjektion** der BGH zu Recht die objektive Zurechnung unter dem Gesichtspunkt der eigenverantwortlichen Selbstgefährdung, wenn das Opfer die Risiken seines Verhaltens für Gesundheit und Leben erkannt hat und sich eines dieser bewusst eigegangenen Risiken sodann realisiert[229].

**157**  Besorgt der Beteiligte die Spritzen oder die Drogen, die er dem Opfer anschließend überlässt, macht er sich deshalb nicht nach § 222 strafbar, wenn sich das Opfer sodann in **voller Kenntnis** der Gefahren das Rauschgift injiziert und daran verstirbt. Dass derjenige, der sich durch den Drogenkonsum eigenverantwortlich selbst gefährdet, normalerweise hofft oder darauf vertraut, dass er nicht sterben werde, ist ohne Bedeutung. Denn indem er sein gefährliches Verhalten in seiner möglichen Tragweite überblickt, übernimmt er das Risiko der Gefahrrealisierung.

**Anders** zu beurteilen ist allerdings der Fall, dass ein Dealer einem Konsumenten *sorgfaltspflichtwidrig* anstelle des verlangten Kokains reines, weitaus gefährlicheres Heroin überlässt, an dessen Konsum dieser stirbt. Hier ist infolge des Irrtums des Opfers eine eigenverantwortliche Selbstgefährdung zu verneinen und somit § 222 zu bejahen (BGHSt 53, 288). Gleiches gilt, wenn ein Arzt im Rahmen einer therapeutischen Sitzung Patienten sorgfaltspflichtwidrig um ein Vielfaches zu hoch bemessene Mengen Ecstasy überlässt und einige infolge der Überdosis sterben (BGH NStZ 11, 341)[230].

**158**  Der **Rspr.** zufolge soll allerdings derjenige, der einem anderen Rauschgift zur Selbstinjektion überlassen hat, als **Garant** iS des § 13 zu Rettungsmaßnahmen (Herbeirufen eines Notarztes usw) verpflichtet sein, wenn der Drogenkonsument das Bewusstsein verliert, dadurch handlungsunfähig wird und in Lebensgefahr gerät. Komme der Drogenlieferant der Garantenpflicht nicht nach und sterbe infolgedessen der Konsument, könne sich ersterer nach §§ 222, 13 I strafbar gemacht haben[231].

**159**  Gegen diesen Standpunkt des BGH wendet *Stree*, JuS 85, 179 ein, der Lieferant sei aus der Verantwortung für das weitere Geschehen entlassen, sobald der Konsument diese Verantwor-

---

229  BGHSt 32, 262; 59, 150 Rn 69 ff, 71 mit instruktiver Anm. *Ullmann/Pollähne*, StV 14, 631.
230  Vgl zu den beiden zuletzt genannten Entscheidungen aber auch die Überlegungen bei *Wessels/Beulke/Satzger*, AT Rn 276–279, 1133.
231  BGH NStZ 84, 452 mit krit. Anm. *Fünfsinn*, StV 85, 57; Zweifel bei BGHSt 46, 279, 290. In einem rechtlich gleichliegenden Fall hat der 1. Strafsenat sogar §§ 212 I, 13 I bejaht; vgl BGHSt 61, 21 m. abl. Anm. *Roxin*, StV 16, 428; *Schiemann*, NJW 16, 178.

66

*Schutzzweck und Systematik* **§ 3 I**

tung im Wege der **allein ihm zurechenbaren Selbstgefährdung** übernehme; unter solchen Umständen bleibe nur die allgemeine Hilfspflicht nach § 323c I übrig (so auch *Roxin*, Anm. NStZ 85, 320; *ders.*, Anm. StV 16, 428 mwN).

Zur Frage, inwieweit das Eigenverantwortlichkeitsprinzip auch bei §§ 29 III Nr 2, 30 I Nr 3 BtMG zu beachten ist, verneinend BGHSt 37, 179[232]. Der 5. Strafsenat sieht allerdings § 30 I Nr 3 BtMG nicht als erfüllt an, wenn ein Betäubungsmittel dem Empfänger zum Zweck des in jeder Hinsicht freien Suizids überlassen wird[233].

Zum **Aufbau** siehe *Wessels/Beulke/Satzger*, AT Rn 1111.

# § 3  Aussetzung

**Fall 18:** Der im Bergsteigen noch wenig bewanderte B sichert sich die Dienste der sehr erfahrenen Bergführerin F, die ihn gegen Entlohnung zum Gipfel eines hohen, ohne kundige Hilfe nur von versierten Kletterern bezwingbaren Massivs bringen soll. Unterwegs geraten die beiden infolge eines Fehltritts des B in eine schwierige Lage und nach deren Bewältigung durch F in einen heftigen Streit. Dieser mündet in den Vorwurf des B, F sei inkompetent. In ihrer Berufsehre zutiefst gekränkt, beschließt F, sich abzuseilen. Dabei ist sie sich durchaus darüber im Klaren, dass B mangels zureichender Ausrüstung die kommende kalte Nacht kaum wird überleben können. Das ist ihr jedoch egal. Durch reinen Zufall hört eine oberhalb biwakierende Seilschaft einen der vielen Hilferufe des B und bringt diesen in das Tal zurück. Die Lungenentzündung, die er sich zugezogen hat, ist nach kurzer Zeit auskuriert.

Strafbarkeit der F gemäß § 221? **Rn 169, 171**

**160**

## I.  Schutzzweck und Systematik

§ 221 I ist ein **konkretes Gefährdungsdelikt** zum Schutz des Lebens und der Gesundheit. Es handelt sich um ein **Vergehen**, der Versuch ist nicht mit Strafe bedroht (krit. *Bussmann*, GA 99, 21). Der Grundtatbestand enthält zwei Tatvarianten: Nr 1 ist ein **Allgemeindelikt**, das das Versetzen in eine hilflose Lage pönalisiert. Demgegenüber bildet Nr 2 ein **Sonderdelikt**. Es stellt das Im-Stich-Lassen des Opfers in einer hilflosen Lage durch einen **Garanten** iS des § 13 („obwohl er ihn in seiner Obhut hat oder ihm sonst beizustehen verpflichtet ist") unter Strafe. Dabei handelt es sich nach hM um ein *echtes* Unterlassungsdelikt, da der Tatbestand selbst als Tathandlung ein Unterlassen beschreibt. Das hat zur Konsequenz, dass eine Strafmilderung nach § 13 II nicht in Betracht kommt[1]. Ein wichtiger Unterschied zwischen den beiden Tatvari-

**161**

---

232 Dem zust. *Helgerth*, Anm. JR 93, 419; LK-*Krüger*, § 222 Rn 20; *Rudolphi*, Anm. JZ 91, 572; *Wessels/Beulke/Satzger*, AT Rn 266 ff mwN; abl. *Hohmann*, MDR 91, 1117; *Roxin*, AT I, § 11 Rn 112.
233 BGHSt 46, 279, 287 mit krit. Anm. *Duttge*, NStZ 01, 546 und *Sternberg-Lieben*, JZ 02, 153.

1 BGHSt 57, 28; zust. *Rengier*, BT II § 10 Rn 5; *Theile*, ZJS 12, 389; krit. *Freund/Timm*, HRRS 12, 223; *Krüger/Wengenroth*, NStZ 13, 102; *Fischer*, § 221 Rn 12.

**§ 3** *Aussetzung*

anten besteht darin, dass der Täter die hilflose Lage in Fällen der Nr 1 herbeiführt, während er sie in denjenigen der Nr 2 „vorfindet".

## II.  Tatbestandsmerkmale

### 1.  Versetzen in eine hilflose Lage

162 Unter einer **hilflosen Lage** versteht man eine Situation, in der das Opfer sich nicht vor etwaigen Gefahren für sein Leben oder seine Gesundheit schützen kann, weil es dazu weder aus *eigener Kraft* in der Lage ist noch *schutzbereite* und *-fähige Dritte* zur Verfügung stehen. Solange eine schutzbereite und -fähige Person anwesend ist, liegt keine hilflose Lage vor. Dass die Person hilfsbedürftig ist, stellt somit zwar eine *notwendige*, aber noch *keine hinreichende* Bedingung dar[2]. **Versetzt** wird ein Mensch in eine hilflose Lage, wenn der Täter diese herbeiführt. Im Normalfall geschieht das durch eine *Veränderung des Aufenthaltsortes*, so etwa, wenn der Vater sein schreiendes Baby nimmt und es an einem einsamen Waldparkplatz ablegt. Möglich ist aber auch ein Versetzen *ohne* Ortsveränderung[3], zB wenn der Täter sein Opfer ohne Lebensmittel in einer abgelegenen Hütte einsperrt. Auch eine bereits hilflose Person kann in eine (neue) hilflose Lage versetzt werden.

**Beispiele:** Der Täter verbringt einen orientierungslos Herumirrenden in unwegsames Gelände oder einen stark Alkoholisierten mit lediglich leichter Bekleidung bei Temperaturen um den Gefrierpunkt in einen Gebäudehinterhof.

163 Tatmittel zur bestimmenden Einflussnahme auf das Opfer sind typischerweise Täuschung, Drohung oder Gewalt. Führt das Opfer seine hilflose Lage **freiverantwortlich** selbst herbei, fehlt die beim Versetzen vorausgesetzte Herrschaftsmacht des Täters; Nr 1 scheidet dann aus. Das Versetzen in eine hilflose Lage kann auch durch *Unterlassen* iS des § 13 I erfolgen[4]; so etwa, wenn der Garant pflichtwidrig zulässt, dass sein Schützling sich selbst in eine hilflose Lage begibt[5], oder wenn er seine bislang geleistete Hilfe einstellt.

**Beispiel:** Der Vater schaut zu, wie sein Kleinkind vom Grundstück auf die angrenzende Hauptverkehrsstraße krabbelt.

### 2.  Im-Stich-Lassen in einer hilflosen Lage

164 **Im-Stich-Lassen** bedeutet das **Unterlassen** der möglichen Hilfeleistung. Das ist nicht nur der Fall, wenn der Pflichtige sich *entfernt*, sondern auch dann, wenn er *trotz Anwesenheit* dem Hilfebedürftigen nicht beisteht.

**Beispiel:** Der Gelähmte fällt aus seinem Bett und liegt bewegungsunfähig am Boden. Auf sein Stöhnen hin erscheint zwar der Pfleger. Er hilft ihm aber nicht auf, sondern nimmt sich einen Stuhl, setzt sich neben ihn und lässt ihn für mehrere Stunden in seiner Lage verharren.

---

2  BGH NStZ 18, 209 mit Anm. *Jäger*, JA 18, 230; BGHSt 52, 153, 156 f mit Anm. *Hardtung*, JZ 08, 953; BGH NStZ 08, 395; näher *Küper*, ZStW 111 (1999), 30, 42; *Wielant*, Aussetzung, S. 215 f, 339.
3  BT-Drucks. 13/8587, S. 34; BGHSt 52, 153, 158.
4  BGH NStZ 18, 209, 210.
5  Vgl auch LK-*Krüger*, § 221 Rn 30; *Rengier*, BT II § 10 Rn 14.

Erfasst wird auch das **Nichterscheinen** des Pflichtigen, so etwa, wenn der Arzt sich weigert, seinen hilflosen Patienten aufzusuchen.

Täter kann nur ein **Garant** sein. Heranzuziehen sind hier die Grundsätze, die im Bereich der unechten Unterlassungsdelikte für die Entstehung der Garantenstellung gelten[6]. In seiner **Obhut** hat den Hilfebedürftigen derjenige, der *Beschützer*garant ist[7]. *Sonst beizustehen verpflichtet* sind Personen, die eine *Überwachungs*garantenstellung, etwa aus Ingerenz[8], innehaben. Die allgemeine Hilfspflicht aus § 323c I reicht dagegen nicht aus[9].

§ 221 I Nr 2 setzt eine bereits bestehende **hilflose Lage** des Opfers voraus, in der es der beistandspflichtige Täter sodann im Stich lässt. Umstritten ist die Zuordnung der Fälle, in denen der zunächst schutzbereite und schutzfähige Garant sich plötzlich entschließt, dem hilfsbedürftigen Opfer nicht mehr zu helfen. Nach vorzugswürdiger Ansicht befindet sich das Opfer so lange noch nicht in einer hilflosen Lage, wie der Garant schutzbereit und -fähig ist. Indem er seine Bereitschaft zur Hilfe aufgibt, *versetzt* der Garant das Opfer daher durch sein Unterlassen erst in eine hilflose Lage und macht sich (bei Bewirkung der Gefahr des Todes oder einer schweren Gesundheitsschädigung) nach §§ 221 I Nr 1, 13 I strafbar[10]. Die Gegenauffassung nimmt dagegen an, dass Opfer sich bereits dann in einer hilflosen Lage befindet, wenn es zu seinem Schutz gerade auf den Beistand des Täters angewiesen ist. Gebe dieser seine Bereitschaft zur Hilfe auf, lasse er daher das Opfer in hilfloser Lage im Stich und verwirkliche somit (wenn es durch sein Unterlassen zu der Gefahr des Todes oder einer schweren Gesundheitsschädigung komme) § 221 I Nr 2[11].

## 3. Konkrete Gefahr

Durch die Tathandlung (Versetzen in die hilflose Lage bzw Im-Stich-Lassen in einer solchen) muss der Täter das Opfer in die **konkrete Gefahr des Todes** oder einer **schweren Gesundheitsschädigung** bringen. Die konkrete Gefahrenlage muss sich dabei aus einer *bereits bestehenden* hilflosen Lage entwickeln („… und ihn *dadurch* der Gefahr … aussetzt")[12]. § 221 I ist ein *zweistufiges* Delikt: An dieser Zweistufig-

---

6    BGHSt 26, 35, 37; *Wengenroth*, JA 12, 584, 588; weitergehend AnwK-*Mitsch*, § 221 Rn 7; nach ihm genügt schon eine tatsächliche Beschützerposition, ohne dass es also auf eine Rechtspflicht ankäme.

7    Zu den Entstehungsgründen einer Beschützergarantenstellung siehe *Wessels/Beulke/Satzger*, AT Rn 1079 ff.

8    Dazu *Stein*, JR 99, 265, 269. Ob die *vorsätzliche* Verwirklichung der Nr 1 zum Garanten iS der Nr 2 macht, ist umstritten; verneinend ua BGH StV 96, 131; *Hillenkamp*, Otto-FS, S. 287, 306 mwN; *Wielant*, Aussetzung, S. 374 ff; bejahend LK-*Krüger*, § 221 Rn 61 und *Stein*, aaO.

9    Eine im Gesetzesentwurf vorgesehene Klarstellung wurde „als entbehrlich gestrichen"; BT-Drucks. 13/9064, S. 14.

10   Grundlegend *Wielant*, Aussetzung, S. 421 iVm S. 407 ff; ebenso *Stuckenberg*, Fischer-FS, S. 555 f; *Wengenroth*, JA 12, 584, 589.

11   *Jäger*, JuS 00, 31, 33 f. Ihm zust. *Ebel*, NStZ 02, 404, 408; NK-*Neumann*, § 221 Rn 9; iE auch *Laue*, Die Aussetzung, 2002, S. 113; SK-*Wolters*, § 221 Rn 4. Eingehende Kritik bei *Wielant*, Aussetzung, S. 328 ff.

12   Das genaue Verhältnis von hilfloser Lage und Gefährdungsklausel ist allerdings umstritten. Vgl *Ebel*, NStZ 02, 404; *Küper/Zopfs*, BT S. 42 und GA 10, 228, 230 f; *Lackner/Heger*, § 221 Rn 2; *Struensee*, Einführung, S. 27, 35 und *Wielant*, Aussetzung, S. 440 ff.

**§ 3** *Aussetzung*

keit fehlt es, wenn der Täter das Opfer in die Gefahr des Todes oder einer schweren Gesundheitsschädigung bringt und es dadurch *zugleich* in eine hilflose Lage versetzt.

**Beispiel:** Bei einer Bootstour stößt T den Nichtschwimmer N über Bord, der zu ertrinken droht und sich in dieser Lage nicht selbst zu helfen vermag.

Ausreichen soll es allerdings, wenn eine derartige Gefahr für das Opfer infolge der hilflosen Lage **weiter gesteigert** wird[13].

### 4. Vorsatz

168 Zum **Gefährdungsvorsatz** des Täters gehört bei § 221 I Nr 1 die Kenntnis, dass das Opfer in eine Lage gebracht wird, in der es sich ohne fremde Hilfe gegen Gefahren für sein Leben oder seine Gesundheit nicht schützen kann, sowie die Vorstellung, dass infolge des Versetzens (ggf durch Unterlassen) die Gefahr des Todes oder einer schweren Gesundheitsschädigung eintritt[14]. Für Nr 2 ist das Wissen des Täters um die seine Garantenstellung begründenden Umstände erforderlich sowie die Vorstellung, dass für seinen schon in hilfloser Lage befindlichen Schützling eine der Gefahren iS des § 221 I durch das Im-Stich-Lassen konkret entstehen oder erhöht werden kann.

169 Im **Fall 18** hat F den B an einen Ort geführt, an dem dieser sich ohne fremde Hilfe nicht gegen Gefahren iS des § 221 I schützen konnte. Auch wenn B damit der Hilfe der erfahrenen F bedurfte, befand er sich allerdings noch *nicht* in einer *hilflosen Lage*, solange diese ihm beistand (vgl Rn 162). Zudem ist er zu dieser Stelle nicht unter dem bestimmenden Einfluss der F gelangt; es war vielmehr seine eigene freie Entscheidung, die Tour mit professioneller Unterstützung der F, die für seine Sicherheit die Gewähr übernommen hatte, zu unternehmen. Indem F sich dann aber abseilte und den auf ihre Hilfe angewiesenen B trotz der Verhältnisse allein zurückließ, versetzte sie ihn durch die Verweigerung weiterer Unterstützung in eine *nunmehr* hilflose Lage und setzte B dadurch der Gefahr des Todes aus (vgl Rn 166). Zwar stand der Tod nicht unmittelbar bevor. Gleichwohl war die Gefahr aber schon eine konkrete, da B die in der kritischen Zeitspanne notwendige Hilfe nur durch bloßen Zufall erhalten konnte (näher *Küper*, Jura 94, 518). Ob daneben auch die Gefahr einer schweren Gesundheitsschädigung bestand, kann hier deshalb dahinstehen.

### 5. Qualifikationen

170 § 221 II Nr 1 stellt einen als Verbrechen ausgestalteten **Qualifikationstatbestand** dar, der vorsätzliches Handeln erfordert. „Kind" (auch das *Adoptiv*kind) soll personenstandsrechtlich zu verstehen sein, dh unter den Begriff fallen Personen bis 18 Jahre[15]. Durch die zweite Alternative („zur Erziehung oder zur Betreuung in der Lebensführung anvertraut") werden auch *Stief*- und *Pflegeeltern* erfasst[16].

---

13 BGH NStZ 18, 209, 210; näher *Wielant*, Aussetzung, S. 458 ff; aA aber NK-*Neumann*, § 221 Rn 16.
14 Ebenso *Kindhäuser/Schramm*, BT I § 5 Rn 21; Matt/Renzikowski-*Safferling*, § 221 Rn 17; MüKo-*Hardtung*, § 221 Rn 25; abl. zum Erfordernis der Vorstellung LK-*Krüger*, § 221 Rn 71.
15 *Lackner/Heger*, § 221 Rn 7; *Mitsch*, Jura 17, 792, 793; MüKo-*Hardtung*, § 221 Rn 32, jeweils mwN; enger *Fischer*, § 221 Rn 21 (bis 14 Jahre).
16 Vgl SK-*Wolters*, § 221 Rn 14; zur Frage der Anwendbarkeit des § 28 siehe *Wessels/Beulke/Satzger*, AT Rn 873 mwN.

*Konkurrenzfragen* **§ 3 II 6**

Die in § 221 II Nr 2, III umschriebenen Verbrechenstatbestände sind dagegen **erfolgsqualifizierte Delikte**. Hier genügt es, wenn dem Täter hinsichtlich der eingetretenen Folge Fahrlässigkeit zur Last fällt, § 18. Die umstrittene Frage, ob ein strafbarer *erfolgsqualifizierter Versuch* gemäß §§ 221 III, 23 I, 12 I, 22 vorliegt, wenn das Grunddelikt des § 221 nicht vollendet wird, der Täter aber den Tod des Opfers bereits durch sein unmittelbares Ansetzen fahrlässig herbeiführt, hat der BGH noch nicht entschieden[17]; dies ist deshalb problematisch, weil der Versuch des Grunddelikts bei § 221 nicht strafbar ist. § 221 IV sieht für minder schwere Fälle Sonderstrafrahmen vor, bei deren Heranziehung §§ 12 III, 78 IV zu beachten sind.

Im **Fall 18** bestehen am Gefährdungsvorsatz der F iS der §§ 221 I Nr 1, 13 I keine Zweifel. **171** § 221 II Nr 2 greift dagegen nicht ein: Zwar hat B sich infolge des Im-Stich-Lassens durch F eine Lungenentzündung, also eine Gesundheitsschädigung iS des § 223 I, zugezogen; diese weist jedoch nicht die von § 221 II Nr 2 geforderte Schwere auf (zum Begriff der schweren Gesundheitsschädigung Rn 286 f). Hingegen sind die Voraussetzungen der §§ 221 III, 23 I, 12 I, 22 zu bejahen, da das Grunddelikt vollständig vorliegt und F den Tod des B in seinen Verwirklichungswillen einbezogen hatte (Fall der *versuchten Erfolgsqualifikation*[18]). Damit erübrigt sich eine entsprechende Erörterung hinsichtlich § 221 II Nr 2. Im Verhältnis zum vollendeten Grunddelikt käme beschränkt auf die Fallfrage klarstellende Tateinheit in Betracht (so BGHSt 21, 194 für die gleich gelagerte Problematik bei gefährlicher und versuchter schwerer Körperverletzung). Im Übrigen siehe die folgende Rn 172.

## 6. Konkurrenzfragen

Innerhalb des § 221 hat Abs. 3 Vorrang vor Abs. 2. Mit §§ 223 ff ist Tateinheit möglich (BGHSt 4, 113), namentlich auch in den Fällen des § 221 II Nr 2, III. § 221 verdrängt § 323c I. § 229 tritt hinter § 221 II Nr 2 zurück, § 222 hinter §§ 221 III, 18 (BGH NStZ 83, 424). Vorsätzlich begangene Tötungsdelikte verdrängen § 221 in allen seinen Ausprägungen[19]. Nach BGH NStZ 17, 90 (mit krit. Anm. *Bock*) soll hinter einem direkt-vorsätzlich begangenen Tötungsversuch auch der gleichzeitig mitverwirklichte § 221 II Nr 1 zurücktreten. Beruht die nachfolgende Tötungshandlung auf einem neuen Tatentschluss, liegt Tatmehrheit vor (BGH NStZ 02, 432). Zum Ganzen siehe auch LK-*Krüger*, Rn 91. **172**

---

17  Vgl BGH NStZ 85, 501 mit Anm. *Ulsenheimer*, StV 86, 201; bejahend – auch für § 221 II Nr 2 – SK-*Wolters*, § 221 Rn 16, verneinend LK-*Krüger*, § 221 Rn 84 mwN.

18  Zur Unterscheidung von versuchter Erfolgsqualifikation und erfolgsqualifiziertem Versuch siehe *Wessels/Beulke/Satzger*, AT Rn 997 ff.

19  *Fischer*, § 221 Rn 28; für klarstellende Tateinheit SK-*Wolters*, § 221 Rn 17; aA *Krey/Hellmann*, BT I Rn 144; zur Vermeidung eines Wertungswiderspruchs bejaht der BGH eine „Sperrwirkung" der Mindeststrafe des zurücktretenden Delikts, so etwa BGHSt 57, 28, 31 mwN.

§ 4 *Der Schwangerschaftsabbruch*

**7. Prüfungsaufbau: Aussetzung, § 221**

---

**173** | **Aussetzung, § 221**

I. **Tatbestandsmäßigkeit**
  1. **Objektiver Tatbestand**
     a) **Tatobjekt: ein anderer Mensch**
     b) **Tathandlung:**
        – **in eine hilflose Lage Versetzen (Nr 1)**
          Ⓟ wenn hilfsbedürftigem Opfer fremde Hilfe durch schutzbereite Personen zur Verfügung steht
          Ⓟ Versetzen ohne Ortsveränderung oder durch Unterlassen
        – **oder in hilfloser Lage trotz Garantenstellung Im-Stich-Lassen (Nr 2)**
          → kein räumliches Verlassen erforderlich
     c) **dadurch konkrete Gefahr**
        – **des Todes**
        – **oder einer schweren Gesundheitsschädigung**
  2. **Subjektiver Tatbestand**
II. **Rechtswidrigkeit**
III. **Schuld**
→ **Qualifikationen: § 221 II, III**

---

2. Kapitel

# Straftaten gegen das ungeborene Leben

# § 4  Der Schwangerschaftsabbruch

**174**     **Fall 19:** In der Absicht, die Leibesfrucht der von ihm schwangeren S abzutöten, bläst der A durch ein Kunstharzröhrchen Luft in die Gebärmutter der S ein. Während des Eingriffs stirbt S an einer Luftembolie. Ihr Tod bewirkt auch das Absterben des Ungeborenen (nach BGHSt 1, 280).
Strafbarkeit des A? **Rn 188**

## I.  Verfassungsrechtliche Vorgaben

**175**    Kaum ein Bereich war und ist so umstritten wie der sich im Spannungsfeld von Lebensschutz und Selbstbestimmungsrecht der Frau bewegende Schwangerschaftsabbruch. Während in der ursprünglichen Fassung des § 218 vom 15.5.1871 sowohl die sog. *„Selbstabtreibung"* durch die Schwangere als auch die *„Fremdabtreibung"* durch Dritte noch als Verbrechen ausgestaltet waren, kam es insbesondere ab den

72

*Verfassungsrechtliche Vorgaben* **§ 4 I**

70er Jahren des vorigen Jahrhunderts zu einer weitgehenden Liberalisierung[1]. Zum einen wurde die **Schwangere selbst** in weitem Umfang von der Strafdrohung ausgenommen. Zum anderen erkannte das Gesetz im Rahmen einer zeitlich abgestuften **Indikationenregelung** Ausnahmen vom strafbewehrten Verbot des Schwangerschaftsabbruchs an. Die vom BT nach sehr kontroverser Debatte im Jahr 1974 beschlossene **Fristenlösung**, die den Schwangerschaftsabbruch in den ersten zwölf Wochen der Schwangerschaft freigab[2], wurde allerdings vom BVerfG mit dem Argument für **nichtig** erklärt, der Lebensschutz der Leibesfrucht genieße für die gesamte Dauer der Schwangerschaft Vorrang gegenüber dem Selbstbestimmungsrecht der Schwangeren (BVerfGE 39, 1). Auch ein weiterer Versuch des BT im Jahr 1992, wiederum nach kontroverser Diskussion, durch das **Schwangeren- und Familienhilfegesetz** (SFHG) vom 27.7.1992 (BGBl I 1398) eine Fristenlösung zu implementieren, scheiterte am **BVerfG** (BVerfGE 88, 203).

Anlass für den Versuch einer gesetzlichen Neuordnung im Jahr 1992 war der **Beitritt der DDR** zur Bundesrepublik Deutschland. Die in der DDR geltende Fristenregelung blieb auch nach dem Beitritt auf ihrem früheren Gebiet zunächst weiter in Kraft. Art. 31 IV des Einigungsvertrages vom 31.8.1990 (BGBl II 885 ff) legte allerdings fest, dass bis zum 31.12.1992 eine Regelung für **ganz Deutschland** zu treffen sei.    **176**

In seiner zweiten Abtreibungsentscheidung vom 28.5.1993, mit der das SFHG in weiten Teilen für nichtig erklärt wurde, machte das BVerfG dem Gesetzgeber für die Neuregelung des Schwangerschaftsabbruchs folgende **verfassungsrechtlichen Vorgaben**: **(1)** Der Staat sei aus **Art. 1 I, 2 II GG** verpflichtet, auch das **ungeborene Leben** zu **schützen**, und zwar auch gegenüber der Mutter. **(2)** Der Schwangerschaftsabbruch müsse deshalb grundsätzlich für die gesamte Dauer der Schwangerschaft als **Unrecht** und damit als **rechtlich verboten** angesehen werden. Eine Fristenlösung, die den Schwangerschaftsabbruch für die Frühphase der Schwangerschaft generell, dh ohne Vorliegen rechtfertigender Indikationen erlaube, sei mit der **staatlichen Schutzpflicht** nicht zu vereinbaren. **(3)** Zur Erfüllung seiner Schutzpflicht dürfe der Staat wegen des **Untermaßverbots** auf den Einsatz des **Strafrechts** nicht frei verzichten. **(4)** Der Gesetzgeber könne jedoch in der Frühphase der Schwangerschaft in Schwangerschaftskonflikten den **Schwerpunkt** auf die **Beratung** der Schwangeren legen, um sie für das Austragen des Kindes zu gewinnen. Allerdings dürfe ein Schwangerschaftsabbruch, der nach der Beratungsregel ohne Feststellung einer Indikation vorgenommen wird, **nicht für gerechtfertigt** (= nicht rechtswidrig) erklärt werden.    **177**

Dementsprechend traf das BVerfG in seiner Entscheidung für die Zeit bis zur gesetzlichen Neuregelung durch eine Anordnung nach § 35 BVerfGG folgende Übergangsregelung: „§ 218 StGB idF des SFHG findet keine Anwendung, wenn die Schwangerschaft innerhalb von 12 Wochen nach der Empfängnis durch einen Arzt abgebrochen wird, die schwangere Frau den Abbruch verlangt und dem Arzt durch eine Bescheinigung nachgewiesen hat, dass sie sich mindestens drei Tage vor dem Eingriff von einer anerkannten Beratungsstelle hat beraten lassen. Das grundsätzliche Verbot des Schwangerschaftsabbruchs bleibt auch in diesen Fällen unberührt."    **178**

---

1  Zur Entwicklung siehe *von Behren*, Die Geschichte des § 218 StGB, 2004; LK-*Kröger*, Vor § 218 Rn 4, 13; *Satzger*, Jura 08, 424.
2  5. StrRG vom 18.6.1974 (BGBl I 1297).

**§ 4** *Der Schwangerschaftsabbruch*

**179**   Die Vorgaben des BVerfG hat der Gesetzgeber sodann im **Schwangeren- und Familienhilfeänderungsgesetz** (SFHÄndG) vom 21.8.1995 (BGBl I 1050) umgesetzt, dessen strafrechtlicher Teil am 1.1.1996 in Kraft getreten ist. Sie prägen das Bild der Vorschriften zum Schwangerschaftsabbruch bis heute.

**180**   Näher zum SFHÄndG *Otto*, Jura 96, 135; *Tröndle*, Kaiser-FS, S. 1387 und Otto-FS, S. 821. Zu der an inneren Widersprüchen leidenden Entscheidung BVerfGE 88, 203 siehe ua *Dreier*, JZ 07, 261, 267 ff; *Gropp*, GA 94, 147; *Hermes/Walther*, NJW 93, 2337; *Hettinger*, Entwicklungen, S. 17; *Hoerster*, Abtreibung im säkularen Staat, 2. Aufl. 1995, S. 163 ff; *Kausch*, ARSP 1995, 496; *Starck*, JZ 93, 816; *Weiß*, JR 93, 449; zusammenfassend *Lackner/Kühl*, Vor § 218 Rn 9 ff; MüKo-*Gropp*, Vor § 218 Rn 3 ff; NK-*Merkel*, § 218a Rn 50 ff; SK-*Rogall*, Vor § 218 Rn 22 ff, jeweils mwN. Zum gescheiterten Versuch eines „bayerischen Sonderwegs" siehe BVerfGE 98, 265 und hiergegen *Lackner/Kühl*, Vor § 218 Rn 23a.

## II.   Schutzzweck und systematischer Überblick

### 1.   Systematischer Überblick

**181**   § 218 I enthält den **Grundtatbestand** des Schwangerschaftsabbruchs, der nach § 218 IV 1 StGB auch im **Versuch** strafbar ist. § 218a I stellt einen **Tatbestandsausschließungsgrund** dar; er nennt Umstände, bei deren Vorliegen der Schwangerschaftsabbruch als *nicht tatbestandsmäßig* (gleichwohl aber als *rechtswidrig!*) gilt. § 219 regelt die Voraussetzungen, unter denen eine **Beratung** zur Tatbestandslosigkeit des Schwangerschaftsabbruchs nach § 218a I führt. § 218a II, III enthalten mehrere **Rechtfertigungsgründe**; aufgezählt werden die **Indikationen**, bei deren Vorliegen der Schwangerschaftsabbruch nicht rechtswidrig ist. In § 218 II findet sich eine **Strafzumessungsregel** für die besonders schweren Fälle, die durch Regelbeispiele konkretisiert werden. § 218 III stellt eine **Privilegierung** für die Schwangere dar, die die Konfliktsituation der Frau bei Vorliegen einer unerwünschten Schwangerschaft schuldmildernd berücksichtigt. §§ 218 IV 2 ist ein **persönlicher Strafausschließungsgrund**, nach dem die Schwangere nicht wegen Versuchs bestraft wird. Weitere persönliche Strafausschließungsgründe für die Schwangere sehen §§ 218a IV 1, 218b I 3, 218c II vor[3]. Der 2019 um einen vierten Absatz ergänzte § 219a, der die *Werbung für den Schwangerschaftsabbruch* unter Strafe stellt, ist ein im Vorfeld des § 218 I angesiedeltes **abstraktes Gefährdungsdelikt**.

**182**   An der Regelung des § 219a hat sich der teilweise erbittert geführte Streit zwischen Abtreibungsgegnern und -befürwortern zuletzt wieder entzündet, da sie auch die **Information von Ärzten** darüber, dass sie Schwangerschaftsabbrüche vornehmen, unter bestimmten Voraussetzungen erfasst und es infolgedessen in jüngerer Zeit zu Verurteilungen gekommen ist[4]. Die am

---

3   Indem die Schwangere in sehr weitem Umfang von der Strafdrohung frei bleibt, soll erreicht werden, dass sie in Konfliktsituationen nicht von vornherein den Weg in die Illegalität sucht, sondern sich unbefangen an eine Beratungsstelle wenden kann, um dort Rat und Auskunft über die in Betracht kommenden Hilfen für Schwangere zu erhalten.

4   AG Gießen, NStZ 18, 416 mit Anm. *Wörner*; bestätigt von LG Gießen, medstra 19, 119 mit Anm. *Berghäuser*; aufgrund der gesetzlichen Änderung des § 219a nach der Entscheidung (aber wegen der eingelegten Revision noch vor Eintritt der Rechtskraft) im Hinblick auf § 2 III von OLG Frankfurt, Beschl. v. 27.6.2019 – Az. 1 Ss 15/19 aufgehoben und zur erneuten Verhandlung an das LG Gießen zurückverwiesen.

*Der Tatbestand des Schwangerschaftsabbruchs* **§ 4 III**

21.2.2019 vom BT mehrheitlich beschlossene Ergänzung des Paragrafen um den Abs. 4 hat diese Strafbarkeit von Ärzten zwar eingeschränkt, aber nicht vollständig beseitigt (etwa, wenn sie nicht nur über das *Ob*, sondern auch das *Wie* des Schwangerschaftsabbruchs informieren[5]). Forderungen nach **Abschaffung** der Strafvorschrift[6] haben im BT keine Mehrheit gefunden. Über ihre **Verfassungsmäßigkeit** wird das BVerfG entscheiden müssen. Siehe zur aktuellen Diskussion über § 219a *Berghäuser*, JZ 18, 497 und KriPoz 19, 82; *Gropp*, Kreuzer-FS II, S. 197; *Kubiciel*, ZRP 18, 13; *Preuß*, medstra 18, 131; *Rahe*, JR 18, 232; *Rogall*, Merkel-FS, S. 1181.

Dadurch, dass die Schwangere in sehr weitem Umfang von der Strafdrohung frei bleibt, soll erreicht werden, dass sie in Konfliktsituationen nicht von vornherein den Weg in die Illegalität sucht, sondern sich unbefangen an eine **Beratungsstelle** wenden kann, um dort Rat und Auskunft über die in Betracht kommenden **Hilfen für Schwangere** zu erhalten. **183**

## 2. Schutzzweck

Geschützt wird durch § 218 das *sich im Mutterleib entwickelnde Leben* als eigenständiges, höchstpersönliches Rechtsgut, das nach der Rechtsprechung des BVerfG Verfassungsrang genießt (Art. 2 II 1 GG) und dabei im Grundsatz Vorrang vor dem Selbstbestimmungsrecht der Schwangeren haben soll (BVerfGE 39, 1). **184**

Wie eingangs dargelegt (Rn 177), begründet das jedoch gemäß der zweiten Abtreibungs-Entscheidung des BVerfG für die ersten drei Monate der Schwangerschaft keine Bestrafungspflicht für die Fälle des rechtswidrigen Schwangerschaftsabbruchs; vielmehr darf der Schwerpunkt des Lebensschutzes hier auf die Beratung der Schwangeren gelegt werden (BVerfGE 88, 203). Aus den verfassungsrechtlichen Vorgaben ergibt sich allerdings, dass das noch ungeborene („werdende") Leben **nicht der freien Verfügungsgewalt** der Schwangeren unterliegt; deren **Einwilligung** in den Abbruch der Schwangerschaft hat daher *für sich allein* keine rechtfertigende Kraft. Seit der Reform erfasst der Schutzzweck des Gesetzes auch die **Gesundheit der Schwangeren**, freilich nicht in Form eines selbstständigen Rechtsguts, sondern lediglich als **Schutzreflex**[7]. **185**

## III. Der Tatbestand des Schwangerschaftsabbruchs

Tatobjekt des Schwangerschaftsabbruchs ist die **Leibesfrucht** der Frau. Die Tathandlung besteht im vorsätzlichen Abbrechen der Schwangerschaft. Als **Schwangerschaft** zählt die Phase von der **Einnistung** des befruchteten Eies in der Gebärmutter (= Nidation, Implantation, vgl § 218 I 2) bis zum **Einsetzen der Eröffnungswehen** (vgl Rn 8). **186**

Die Einnistung erfolgt normalerweise ab dem 9. bis zum 13. Tag nach der Befruchtung (= Verschmelzung der Keimzellen)[8]. Aus der daran anknüpfenden Regelung in § 218 I 2 folgt, dass

---

5 Vgl AG Tiergarten Urt. v. 14.06.2019, Az. 253 Ds 143/18.
6 Vgl etwa Entwurf Fraktion Die Linke, BT-Drucks. 19/93; Entwurf Fraktion Bündnis 90/Die Grünen, BT-Drucks. 19/630; Gesetzesantrag der Länder Berlin, Brandenburg, Hamburg, Thüringen, BR-Drucks. 761/17 (neu).
7 Vgl BGHSt 28, 11, 15; SK-*Rogall*, Vor § 218 Rn 58; weitergehend MüKo-*Gropp*, Vor § 218 Rn 42; S/S-*Eser/Weißer*, Vor § 218 Rn 12. Näher zur Schutzgutproblematik *Jerouschek*, GA 88, 483.
8 Dazu *Lay*, JZ 70, 465; LK-*Kröger*, Vor § 218 Rn 43.

75

**§ 4** *Der Schwangerschaftsabbruch*

alle Methoden und Maßnahmen der *Empfängnisverhütung* wie der *Nidationsverhinderung* von § 218 **nicht erfasst** werden; sie sind strafrechtlich irrelevant und in die freie Entscheidung des Einzelnen gestellt.

Unter dem **Abbrechen** der Schwangerschaft versteht man das **Abtöten der Leibesfrucht**; bleibt dieser Erfolg aus, fehlt es an der Tatvollendung. Maßgeblich ist dabei, wann der Täter auf das Ungeborene **schädigend einwirkt**. Wer einen Eingriff bereits vor Einsetzen der Eröffnungswehen vornimmt, macht sich auch dann (nur) nach § 218 strafbar, wenn dessen Tod erst nach der Geburt eintritt (vgl Rn 12).

187 Der Tatbestand kann auch durch die vorsätzliche **Tötung der Schwangeren** verwirklicht werden (BGHSt 11, 15; BGH NStZ 96, 276). Ferner setzt § 218 *nicht* voraus, dass die Schwangere die Abtötung der Leibesfrucht überlebt[9]. Zu verneinen ist eine „Abbruchhandlung" iS des § 218 I 1, wenn lediglich der Eintritt der Geburt mit wehenfördernden Mitteln beschleunigt wird oder wenn der Arzt im letzten Drittel der Schwangerschaft einen Eingriff vornimmt, der die **Geburt eines lebensfähigen Kindes zum Ziel hat**, mag dieses dann auch tot zur Welt kommen (näher *S/S-Eser*, § 218 Rn 19 ff).

188 A ist im **Fall 19** zunächst des vollendeten Schwangerschaftsabbruchs nach § 218 I schuldig. Durch das Einblasen von Luft in die Gebärmutter der S hat er die beabsichtigte Abtötung der Leibesfrucht bewirkt. Dass dies auf andere Weise geschah als geplant, spielt dabei keine Rolle. Die Abweichung zwischen seiner Vorstellung und dem wirklichen Kausalverlauf schließt den Tatbestandsvorsatz nicht aus, da sie sich noch in den Grenzen des nach allgemeiner Lebenserfahrung Voraussehbaren hält und keine andere Bewertung der Tat rechtfertigt[10]. Darüber hinaus musste A sich seiner mangelnden medizinischen Kenntnisse bei Vornahme des für Leib und Leben der S überaus gefährlichen Eingriffs bewusst sein. Er hat deshalb die S *leichtfertig* in die Gefahr des Todes gebracht (die sich sodann auch realisiert hat). Ihm ist daher, was den Schwangerschaftsabbruch als solchen betrifft, die Verwirklichung der § 218 I 1, II Nr 2 vorzuwerfen. Da er hinsichtlich der S zudem § 227 erfüllt hat (näher Rn 260 ff), ist A nach §§ 218 I 1, II Nr 2, 227, 52 zu bestrafen.

## IV. Der gerechtfertigte Schwangerschaftsabbruch

189 **Gerechtfertigt** ist der Schwangerschaftsabbruch nach § 218a II, III, wenn er mit **Einwilligung** der Frau erfolgt, von einem **Arzt** vorgenommen wird und *entweder* eine **medizinisch-soziale Indikation** nach § 218a II vorliegt (etwa drohender Abbruch der Beziehungen durch die Familie oder den Partner, Verlust der Arbeit, Überforderung infolge von Alkoholismus, ernsthafte Suizidgefahr der Mutter wegen zu erwartender Behinderung des Kindes) *oder* eine **kriminologische Indikation** nach § 218a III besteht (insbesondere Schwangerschaft infolge einer Vergewaltigung) *und* seit der Empfängnis **maximal 12 Wochen** vergangen sind[11].

190 Zu beachten ist, dass die 12-Wochen-Grenze nur für die kriminologische Indikation nach § 218a III, nicht auch für die medizinisch-soziale Indikation nach § 218a II gilt.

---

9 BGHSt 1, 278 und 280; RGSt 67, 206.
10 Vgl BGHSt 1, 278; *Wessels/Beulke/Satzger*, AT Rn 383, 386; mit anderer Begründung ebenso *Hettinger*, JuS 91, L 50.
11 Instruktiv dazu *Satzger*, Jura 08, 424, 430.

Nicht mehr im Gesetz enthalten ist die *embryopathische* Indikation[12]. Sie kam nach § 218a III aF bis zur zeitlichen Grenze von 22 Wochen seit der Empfängnis in Betracht, wenn nach ärztlicher Erkenntnis dringende Gründe dafür sprachen, dass das Kind infolge einer Erbanlage oder schädlicher Einflüsse vor der Geburt an einer so schwerwiegenden nicht behebbaren Schädigung seines Gesundheitszustandes leiden würde, dass von der Frau die Fortsetzung der Schwangerschaft nicht verlangt werden konnte. Von einer Übernahme dieser Indikation in den neugefassten § 218a III hat der Gesetzgeber abgesehen, um dem Missverständnis vorzubeugen, das Lebensrecht Behinderter verdiene nur eine geringere Achtung. Zu beachten ist allerdings, dass die entsprechenden Konfliktfälle jetzt durch die nicht befristete *medizinisch-soziale* Indikation des § 218a II aufgefangen werden können[13].

**191**

Unter den eben dargelegten Voraussetzungen ist der Schwangerschaftsabbruch *erlaubt*. Allerdings trifft grundsätzlich **niemanden**, auch nicht den Arzt, eine **Pflicht**, einen solchen erlaubten Schwangerschaftsabbruch vorzunehmen oder sonst an ihm mitzuwirken, § 12 SchKG (= wichtig wegen § 323c I). Eine **Ausnahme** besteht jedoch, wenn die Mitwirkung notwendig ist, um von der Frau eine anders nicht abwendbare *Gefahr des Todes* oder einer *schweren Gesundheitsschädigung* abzuwenden (näher dazu MüKo-*Gropp*, § 218a Rn 98 ff).

## V. Der tatbestandslose Schwangerschaftsabbruch

Nach § 218a I gilt der Schwangerschaftsabbruch als **nicht tatbestandsmäßig** (*„der Tatbestand ist nicht verwirklicht"*), wenn die Frau ihn **verlangt**, sie dem Arzt durch eine **Bescheinigung** gemäß § 219 II 2 nachweist, dass sie sich mindestens **drei Tage** vor dem Eingriff hat **beraten** lassen, der Abbruch von einem **Arzt** vorgenommen wird und seit der Empfängnis **maximal 12 Wochen** vergangen sind.

**192**

Mit dieser **Tatbestandslösung** soll in den Fällen des § 218a I lediglich die **Tatbestandsmäßigkeit** des Schwangerschaftsabbruchs entfallen, **nicht** aber auch seine **Rechtswidrigkeit**. Damit wird der Forderung des BVerfG Rechnung getragen, dass ein Schwangerschaftsabbruch, der nach der Beratungsregel ohne Feststellung einer Indikation vorgenommen wird, nicht für gerechtfertigt erklärt werden dürfe. Diese Konstruktion stellt für sich betrachtet auch noch keinen Widerspruch dar. Denn nicht jedes rechtswidrige Verhalten fällt auch unter einen Straftatbestand. Vielmehr erfasst das Strafrecht nur besonders gravierende Rechtsgüterverletzungen, also nur einen Teil des rechtswidrigen Handelns, sog. *fragmentarischer Charakter* des Strafrechts (vgl *Wessels/Beulke/Satzger*, AT Rn 15). Die Rechtswidrigkeit eines Verhaltens kann sich nicht nur aus Strafvorschriften, sondern auch aus Vorschriften aus den anderen Teilbereichen der Rechtsordnung – Zivilrecht, sonstiges Öffentliches Recht – ergeben. Es gilt deshalb nur: Die Straftatbestandsmäßigkeit indiziert die Rechtswidrigkeit. Keineswegs darf aber daraus der Umkehrschluss gezogen werden, dass die Tatbestandslosigkeit die Rechtmäßigkeit indiziert. *Insofern* ist es zunächst ohne Weiteres möglich, den Schwangerschaftsabbruch in einem bestimmten Umfang zwar als nicht tatbestandsmäßig, dennoch aber als rechtswidrig anzusehen; die Rechtswidrigkeit ergibt sich hier aus der Verletzung von Art. 1 I, 2 II GG[14].

**193**

---

12  Zu ihr *Hanack*, Noll-GedS, S. 197.
13  Vgl BT-Drucks. 13/1850 S. 25; zust. *Reichenbach*, Jura 00, 622, 627; krit. hingegen *Lackner/Kühl*, Vor § 218 Rn 22; LK-*Kröger*, § 218a Rn 48 ff; *Otto*, Jura 96, 135, 141; *Satzger*, Jura 08, 424, 433 f; SK-*Rogall*, Vor § 218 Rn 46; restriktiv auch Bundesärztekammer, MedR 99, 31.
14  Krit. zu dieser Konstruktion allerdings *Dreier*, JZ 07, 261, 268 („Etikettenschwindel"); *Hettinger*, Entwicklungen, S. 17 ff; MüKo-*Gropp*, § 218a Rn 5 ff; s. auch *Fischer*, § 218a Rn 3 ff mwN.

**§ 4** *Der Schwangerschaftsabbruch*

**194** Es kommt dann allerdings zu Folgeproblemen: Nimmt man mit dem BVerfG an, dass der tatbestandslose Schwangerschaftsabbruch gleichwohl rechtswidrig ist, stellt sich die Frage, ob man ihn dann gewaltsam im Wege der **Notwehr** (genauer: Nothilfe) verhindern darf. Von der hM wird hier mit zweifelhafter Begründung ein Nothilferecht verneint. Es fehle die Gebotenheit der Nothilfe: Habe sich der Gesetzgeber entschieden, das ungeborene Leben gegenüber der Mutter in den ersten zwölf Wochen prinzipiell nicht durch Zwang, sondern ausschließlich durch ein Beratungskonzept zu schützen, dürfe ein weitergehender Schutz auch nicht durch Nothilfe erzwungen werden (näher dazu Matt/Renzikowski-*Engländer*, § 32 Rn 62).

Auch im **Zivilrecht** führt die Ansicht des BVerfG zu Schwierigkeiten. Dort stellt sich die Problematik wie mit Unterlassungsklagen von Gynäkologen umzugehen ist, denen von sog. Lebensschützern öffentlich, etwa per Flugblatt oder im Internet, die Vornahme „rechtswidriger Abtreibungen" vorgeworfen wird. Während das OLG Karlsruhe (NJW 03, 2029) in einem entsprechenden Fall zugunsten des Beklagten entschied, die Tätigkeit des Arztes sei nach bestehender Rechtslage durchaus zutreffend beschrieben, gab der BGH (NJW 03, 2011) in einem anderen Verfahren dem Kläger recht, weil der Beklagte auf den von ihm verteilten Handzetteln den Bezug zum spezifischen Rechtswidrigkeitsbegriff des BVerfG nicht hergestellt habe. Hierdurch sei gegen den namentlich genannten Arzt bewusst eine **Prangerwirkung** erzeugt worden. Wie verhält es sich aber, wenn nun der Abtreibungsgegner schreibt, der Arzt führe rechtswidrige Abtreibungen durch, die der deutsche Gesetzgeber allerdings erlaube und nicht unter Strafe stelle? Nach Ansicht des BVerfG (NJW 11, 47) entfällt in einem solchen Fall die Prangerwirkung. Und auch der EGMR (NJW 16, 1867 mit abl. Anm. *Meyer-Ladewig/Petzold* und zust. Bespr. *Hillgruber*, ZfL 16, 12) hat hier zugunsten des Abtreibungsgegners entschieden.

## VI. Konkurrenzprobleme

**195** Im Verhältnis zwischen § 218 und den Tötungs- oder Körperverletzungsdelikten stößt die Beurteilung der Konkurrenzen häufig auf Schwierigkeiten.

### 1. Vorsätzliche Tötung der Schwangeren

**196** Bei der **vorsätzlichen Tötung** einer schwangeren Frau kommt **Tateinheit** zwischen §§ 211 ff und § 218 in Betracht, wenn der Täter von der Schwangerschaft Kenntnis hat oder mit ihrem Vorliegen rechnet (BGHSt 11, 15; BGH NStZ-RR 16, 109).

### 2. Fälle des Versuchs der Tat

**197** Wird infolge einer Abtreibungshandlung vorzeitig ein **lebendes Kind** geboren, das der Täter sodann durch einen *neuen Angriff* tötet, liegt ein Versuch des § 218 in **Tatmehrheit** mit einem vollendeten Tötungsverbrechen vor[15]. Ob das Neugeborene dauerhaft lebensfähig war oder nicht, ist dabei ohne Belang (vgl Rn 12 f)[16].

---

15  BGHSt 13, 21; *Roxin*, JA 81, 542, 545; S/S-*Eser/Weißer*, § 218 Rn 24; SK-*Rogall*, § 218 Rn 15; beachte aber auch *Küper*, ZIS 10, 197, 206 f.

16  Unzutreffend hat BGHSt 10, 291 im Falle eines nicht dauerhaft lebensfähigen Neugeborenen eine vollendete Abtreibung in Tateinheit mit vollendetem Tötungsdelikt bejaht (krit. dazu schon BGH GA 63, 15). Dem ist jedoch zu widersprechen. Durch die Tötungshandlung *nach der Geburt* hat der Täter eine *neue Kausalkette* in Gang gesetzt. Sie hat den Todeseintritt bewirkt, *bevor* es zum Eintritt des unter § 218 fallenden *„Abtötungserfolges"* gekommen ist. Ebenso *Satzger*, Jura 08, 424, 428

## 3. Das Verhältnis zur Körperverletzung

Zwischen **Körperverletzung** und einem **versuchten** (BGHSt 28, 11) oder **vollende-** 198 **ten Delikt** des § 218 (BGH GA 66, 339) kann **Tateinheit** bestehen. Soweit es sich lediglich um eine *einfache Körperverletzung* nach § 223 I handelt, die allein dem Zweck der Abtreibung dient, dürfte erstere allerdings im Wege der *Gesetzeskonkurrenz* (Konsumtion) hinter letzterer zurücktreten, da jede zur Fruchtabtötung führende Handlung zugleich die Körperintegrität der Schwangeren in Mitleidenschaft zieht (= Gesundheitsschädigung iS des § 223 I; vgl BGHSt 28, 11). Im Falle einer *gefährlichen Körperverletzung* gemäß § 224 ist hingegen angesichts des gesteigerten Unrechtsgehalts aus Klarstellungsgründen Tateinheit anzunehmen[17].

# VII. Prüfungsaufbau: Schwangerschaftsabbruch, § 218

**Schwangerschaftsabbruch, § 218**   199
- **I.** **Tatbestandsmäßigkeit**
  - **1. Objektiver Tatbestand**
    - **a) Tatopfer: Leibesfrucht**
    - **b) Tathandlung: Abbrechen der Schwangerschaft**
      - → Abtöten der Leibesfrucht
      - Ⓟ Todeseintritt erst nach Einsetzen der Eröffnungswehen
      - Ⓟ Tatbegehung durch Tötung der Schwangeren
    - **c) Kein Tatbestandsausschluss gem. § 218a I**
  - **2. Subjektiver Tatbestand**
- **II.** **Rechtswidrigkeit**
  - **1. Rechtfertigung nach § 218a II** (medizinisch-soziale Indikation)
  - **2. Rechtfertigung nach § 218a III** (kriminologische Indikation)
- **III.** **Schuld**
- **IV.** **Besonders schwerer Fall, § 218 II** (bei Fremdabtreibungen)
- **V.** **Persönlicher Strafausschließungsgrund, § 218a IV 1**
    bei Versuch auch § 218 IV 2
- **VI.** **Privilegierung, § 218 III**
    → Selbstabtreibung

---

17  BGH NJW 07, 2565; *Kindhäuser/Schramm*, BT I § 6 Rn 6; NK-*Merkel*, § 218 Rn 153; aA *Lackner/Kühl*, § 218 Rn 21 mwN.

§ 5 *Körperverletzungstatbestände*

3. Kapitel
# Straftaten gegen die körperliche Unversehrtheit

## § 5 Körperverletzungstatbestände

**200** **Fall 20:** Auf dem Weg von der Baustelle zu ihrer Unterkunft haben die Bauarbeiter A und B sich mit mehreren Flaschen Bier eingedeckt. Kurze Zeit später kommt es zwischen ihnen zu einem heftigen Streit. Wutentbrannt streckt A den B dadurch zu Boden, dass er ihm eine volle Bierflasche an den Kopf wirft. B bleibt mit einer Gehirnerschütterung und schweren Prellungen liegen. Bei dem Sturz hat er sich die vier oberen Schneidezähne ausgeschlagen, die durch eine Zahnprothese ersetzt werden; außerdem hat er sich die linke Hand so unglücklich gebrochen, dass sie auf Dauer steif bleibt.
Wie ist A zu bestrafen? **Rn 209, 217, 233, 239, 244, 249, 255**

### I. Schutzzweck und systematischer Überblick

#### 1. Schutzzweck

**201** **Geschütztes Rechtsgut** der Tatbestände des 17. Abschnitts des StGB ist die **körperliche Unversehrtheit** des Menschen unter Einschluss seines **körperlichen und gesundheitlichen Wohlbefindens**[1]. Nicht erfasst wird, abgesehen von der Ausnahme des „Quälens" in § 225, die Integrität der Psyche. **Seelische Beeinträchtigungen** als solche fallen daher nach hM nicht unter § 223[2] (zB durch Anspeien hervorgerufener Ekel[3], Wiederdurchleben eines Überfalls – sog. Flashback[4]) – wohl aber ihre etwaigen **physischen Auswirkungen** (zB durch die seelische Beeinträchtigung ausgelöste Schlaflosigkeit, Gewichtsverlust, Konzentrationsstörungen, Zittern, Kollaps, durch Anspucken verursachter Brechreiz[5]).

**202** Danach stellt **Stalking** so lange keine Körperverletzung dar, wie seine Folgen rein psychischer Natur bleiben und keine weitergehenden krankhaften körperlichen Folgen haben. Bloß emotionale Reaktionen und andere Erregungszustände reichen somit nicht aus (zB Angstzustände und depressive Verstimmtheit)[6]. Zur Strafbarkeit des Stalking nach § 238 siehe Rn 337 ff.

**Tatobjekt** ist eine **andere** (natürliche) **Person**; die Selbstverletzung fällt nicht unter §§ 223 ff (beachte aber §§ 109 StGB, 17 WStG).

**203** Der **Nasciturus** (= die noch ungeborene Leibesfrucht; siehe Rn 9, 12) wird erst ab **Beginn der Geburt** taugliches Objekt einer Körperverletzung. Pränatale Einwirkungen auf eine **Leibes-**

---

1  Zur Entwicklung der Körperverletzungsdelikte *F.-C. Schroeder*, Hirsch-FS, S. 725.
2  BGHSt 48, 34, 36; BGH NStZ 15, 269. Krit. zur Trennung von Körper und Psyche *Steinberg*, Strafe für das Versetzen in Todesangst, 2014, S. 128.
3  BGH NStZ 16, 27.
4  BGH NStZ 19, 143.
5  BGH NStZ 16, 27.
6  BGH NJW 13, 3383.

*Strafantrag* **§ 5 I 3**

frucht haben nur für die Anwendbarkeit des § 218 Bedeutung. Sie werden also von den Tatbeständen der §§ 223, 229 nicht erfasst, und zwar auch dann nicht, wenn die **vor dem Beginn des Menschseins** bewirkten Missbildungen oder Körperschäden nach der Geburt an dem Kind fortbestehen und weiterwirken (wichtig bei Nebenwirkungen von Medikamenten oder Alkohol, die während der Schwangerschaft eingenommen bzw konsumiert worden sind)[7]. Die zivilrechtliche Verpflichtung zum Schadensersatz bleibt davon allerdings unberührt (vgl BGHZ 8, 243; 58, 48).

## 2. Systematischer Überblick

Körperverletzungen sind sowohl bei vorsätzlichem (§§ 223 ff) als auch bei fahrlässigem Handeln (§ 229) strafbar. Innerhalb der Vorsatzdelikte bildet § 223 den **Grundtatbestand**, auf dem mehrere **Qualifikations- bzw Erfolgsqualifikationstatbestände** aufbauen: die gefährliche (§ 224) und die schwere Körperverletzung (§ 226), die Körperverletzung mit Todesfolge (§ 227) sowie die Körperverletzung im Amt (§ 340). **204**

Die Einordnung des § 225 (Misshandlung Schutzbefohlener) ist umstritten. Die früher hM sah darin eine Qualifikation des § 223[8], während eine Gegenansicht ihn wegen der Einbeziehung seelischer Qualen und wegen der besonderen Beziehung zwischen Täter und Opfer als einen eigenständigen Tatbestand und als Sonderdelikt deutet[9]; eine dritte – vorzugswürdige – Auffassung erkennt *nur* in der Begehungsform des rein seelischen Quälens, die nicht unter § 223 fällt (vgl Rn 201), einen eigenständigen Tatbestand[10]. **205**

Taten nach §§ 226, 227 (beachte auch § 340 III) und § 225 III sind Verbrechen, die anderen genannten Delikte beschreiben Vergehen. Auch bei diesen ist der **Versuch** der Tat **durchgehend mit Strafe bedroht** (vgl §§ 223 II, 224 II, 225 II, 340 II)[11]. Einen verselbstständigten Gefährdungstatbestand (dazu *Wessels/Beulke/Satzger*, AT Rn 44) bildet die Beteiligung an einer Schlägerei (§ 231). **206**

## 3. Strafantrag

Bei §§ 223, 229 tritt die Verfolgung nur **auf Antrag** ein, sofern nicht die Straftatverfolgungsbehörde wegen des besonderen öffentlichen Interesses ein Einschreiten von Amts wegen für geboten hält (§ 230; siehe Nr 233 f RiStBV). Zum **Privatklageweg** in den Fällen der §§ 223, 229 siehe § 374 I Nr 4 StPO. **207**

An der **Gesamtkriminalität** waren nach der **Polizeilichen Kriminalstatistik** für 2017/2018/2019 die einfache vorsätzliche Körperverletzung bei /394 610/389 791/386 517 Fällen mit einer Aufklärungsquote von 90,9/90,8/90,7 %, die gefährliche und die schwere Körperverlet- **208**

---

7 Wie hier BVerfG NJW 88, 2945; BGHSt 31, 348; *Armin Kaufmann*, JZ 71, 569; *Krey/Hellmann*, BT I Rn 186; LK-*Grünewald*, § 223 Rn 18; *Lüttger*, NStZ 83, 481; *Maurach/Schroeder*, BT I § 8 Rn 6; aA im Contergantfall LG Aachen JZ 71, 507; A/W-*Hilgendorf*, BT § 5 Rn 98. S. auch *Bode*, Wolf-FS, S. 67.
8 BGHSt 3, 20; 4, 113; NK-*Paeffgen/Böse*, § 225 Rn 2.
9 *Maurach/Schroeder*, BT I § 10 Rn 2 f mwN; ähnlich BGHSt 41, 113; vgl auch Rn 281.
10 LK-*Grünewald*, § 225 Rn 1; Matt/Renzikowski-*Engländer*, § 225 Rn 1; MüKo-*Hardtung*, § 225 Rn 3; SK-*Wolters*, § 225 Rn 2, 11.
11 Zu § 223 II siehe die Kritik bei *Hettinger*, Entwicklungen, S. 34.

81

**§ 5** *Körperverletzungstatbestände*

zung bei 140 033/137 058/133 084 Fällen mit einer Aufklärungsquote von 82,8/82,5/82,9 % beteiligt.

## II. Einfache vorsätzliche Körperverletzung

**209**    Im **Fall 20** ist das Verhalten des A anhand der §§ 223, 224 und 226 zu prüfen. Auszugehen ist dabei vom Grundtatbestand des § 223. Dieser enthält mit der *körperlichen Misshandlung* und der *Gesundheitsschädigung* zwei selbstständige Tatmodalitäten (die sich freilich weitgehend überschneiden, sog. Inferenz). In der Klausur sind daher beide zu prüfen.

### 1. Körperliche Misshandlung

**210**    Der Begriff des **körperlichen Misshandelns** ist seiner Entstehungsgeschichte nach weit auszulegen (vgl RGSt 25, 375). Er umfasst **alle substanzverletzenden Einwirkungen** auf den Körper des Opfers sowie jede **üble, unangemessene Behandlung**, durch die das körperliche Wohlbefinden *mehr als nur unerheblich* beeinträchtigt wird[12]. Maßgeblich ist dabei, ob sich der status quo durch die Einwirkung verschlechtert; auch ein bereits Verletzter kann daher weiter misshandelt werden[13].

**211**    Als **Misshandlungen** gelten insbesondere das Bewirken von **Substanzschäden** (Beule, Prellung, Wunde) oder von **Substanzeinbußen** (Verlust einzelner Glieder, Organe, Zähne); daneben das **Verunstalten des Körpers** (zB durch Beschmieren mit Teer) sowie das Hervorrufen körperlicher **Funktionsstörungen** (zB die Beeinträchtigung des Hör- oder Sehvermögens). Auch andere *üble Behandlungen* können im Einzelfall genügen, insbesondere wenn sie Schmerzen verursachen, zB Ohrfeigen (BGH NJW 90, 3156), Faustschläge (OLG Düsseldorf NJW 94, 1232), Festhalten im „Schwitzkasten", sofern es zu Nackenschmerzen geführt hat (BGH NStZ-RR 10, 374) und dergleichen. Da es nach hM auf eine Schmerzempfindung allerdings nicht ankommt, gehört auch das Fesseln und Knebeln mit einem Klebeband (so BGH NStZ 07, 404) sowie das Abschneiden von Haaren hierher (BGH NJW 53, 1440; 66, 1763), ebenso die Entjungferung (BGH NStZ 11, 456; RGSt 56, 64; zweifelnd *Lackner/Kühl*, § 223 Rn 4) und das Anspucken eines Menschen, *wenn* es körperliche Auswirkungen – etwa in Form von Brechreiz – hat (BGH NStZ 16, 27).

**212**    Implantate, Transplantate sowie Prothesen (zB künstliches Hüftgelenk, Herzschrittmacher, gespendetes Knochenmark) verlieren nach hM ihre Sacheigenschaft und werden Teil des Körpers, sobald sie mit diesem fest verbunden sind und ohne invasiven Eingriff nicht von ihm getrennt werden können[14].

Die Beeinträchtigung des körperlichen Wohlbefindens bzw der körperlichen Unversehrtheit muss mehr als nur unerheblich sein. Das bemisst sich nach der Intensität und der Dauer des Eingriffs. Auch die individuelle körperliche Konstitution des Betroffenen ist dabei zu berücksichtigen (zB die besondere Schmerzempfindlichkeit des Opfers).

---

12    Vgl BGHSt 14, 269; OLG Düsseldorf NJW 91, 2918; LK-*Grünewald*, § 223 Rn 21, 29; MüKo-*Joecks (Hardtung)*, § 223 Rn 22. Das Definitionselement der „üblen, unangemessenen Behandlung" sieht *Murmann*, Jura 2004, 102, als überflüssig an.
13    NK-*Paeffgen/Böse*, § 223 Rn 8.
14    Dazu S/S-*Sternberg-Lieben*, § 223 Rn 3a; *Valerius*, medstra 15, 158, jeweils mwN.

82

*Verhältnis der Tatbestandsalternativen und Konkurrenzen* **§ 5 II 4**

**Beispiele:** Nicht überschritten ist die Erheblichkeitsschwelle, wenn der in eine gefüllte Wanne geworfene Föhn nur ein Kribbeln in den Gliedmaßen des Badenden bewirkt (BGH NStZ 97, 123), ein Angespuckter lediglich kurzfristig Ekel empfindet (OLG Zweibrücken NJW 91, 240) oder ein Schlag oder Stoß vor die Brust nicht mit besonderer Kraft ausgeführt ist (BGH StV 01, 686); weitere Beispiele bei Matt/Renzikowski-*Engländer*, § 223 Rn 6.

## 2. Gesundheitsschädigung

**Gesundheitsschädigung** ist das **Hervorrufen oder Steigern eines** vom Normalzustand der körperlichen Funktionen des Opfers nachteilig abweichenden **krankhaften** (= pathologischen) **Zustandes** körperlicher oder seelischer Art (BGHSt 36, 1, 6). Mit einer Schmerzempfindung braucht sie nicht verbunden zu sein (BGHSt 25, 277). Ebenso wie die körperliche Misshandlung muss auch die Gesundheitsschädigung mehr als nur **unerheblich** sein.    **213**

**Beispiele:** Knochenfrakturen, Sehnenrisse, Wunden, Vergiftungen, Ansteckung mit einer Krankheit (BGHSt 36, 1 und 36, 262 – Vollendung tritt dabei nach hM nicht erst mit dem *Ausbruch* der Krankheit, sondern bereits mit der *erfolgreichen Übertragung* der Krankheitserreger), Beibringung bewusstseinsstrübender Substanzen (OLG Düsseldorf NStZ-RR 01, 144), Verursachung von Rauschzuständen (BGH NJW 83, 462), durch schädliche Emissionen (BGH MDR/D 75, 723) oder Inverkehrbringen gesundheitsschädlicher Produkte (BGHSt 37, 106; 41, 206), Röntgen in exzessiver Weise (BGHSt 43, 346), massive Lärmeinwirkung (OLG Koblenz ZMR 65, 223), Herbeiführung eines Schocks oder Nervenzusammenbruchs (vgl BGH NStZ 97, 123; OLG Stuttgart NJW 59, 831; LG Aachen NJW 50, 759). Unerheblich sind dagegen zB die Ansteckung mit einer einfachen Erkältung, das Herbeiführen geringer Kopfschmerzen, das Zufügen marginaler Schrammen und Schürfungen der Haut oder das Bewirken eines kurzzeitigen Herzrasens (BGH NJW 13, 3383); weitere Beispiele bei Matt/Renzikowski-*Engländer*, § 223 Rn 7 f.    **214**

## 3. Vorsatz

Eventualvorsatz reicht aus. Bei Handlungen, die für die körperliche Integrität besonders gefährlich sind, kann nach der Rspr. wie beim Tötungsvorsatz (vgl Rn 29) von der Kenntnis der Tatumstände auch ohne weitergehende Begründung auf die billigende Inkaufnahme geschlossen werden[15].    **215**

## 4. Verhältnis der Tatbestandsalternativen und Konkurrenzen

Wenn eine Handlung beide Tatbestandsalternativen verwirklicht, ist § 223 I nur einmal „verletzt" (vgl *Lackner/Kühl*, § 52 Rn 3; instruktiv zur weiterreichenden Problematik *Altenhain*, ZStW 107 [1995], 382; ferner Rn 239). Zu den Konkurrenzen, wenn mit ein und derselben Handlung eine Person absichtlich und eine andere Person bedingt vorsätzlich oder fahrlässig verletzt wird, siehe BGH NStZ-RR 19, 9.    **216**

Im **Fall 20** hat A den B sowohl körperlich misshandelt als auch an der Gesundheit geschädigt. Rechtfertigungs- oder Schuldausschließungsgründe liegen nicht vor. Zu prüfen bleibt, ob Qualifikationen in Betracht kommen.    **217**

---

15  BGH NStZ-RR 19, 76.

§ 5  *Körperverletzungstatbestände*

## III.  Gefährliche Körperverletzung

**218**  § 224 stellt auf die **Gefährlichkeit der Begehungsweise** ab (BGHSt 19, 352), als Erfolg reicht daher jede einfache Körperverletzung aus. Für die Gefährlichkeit nennt das Gesetz fünf Fallgruppen:

### 1.  Durch Beibringung von Gift oder anderen gesundheitsschädlichen Stoffen

**219**  Qualifizierend wirkt zunächst die *Beibringung von Gift* oder anderen gefährlichen Stoffen (§ 224 I Nr 1). Unter **Gift** versteht man jeden organischen oder anorganischen Stoff, der unter bestimmten Bedingungen (zB Schlucken, Einatmen, Aufnahme über die Haut, Injektion) durch *chemische* oder *chemisch-physikalische Wirkung* die Gesundheit erheblich zu beeinträchtigen vermag[16].

**Beispiele:** Arsen, Zyankali, Strychnin, Dioxine, Opiate, Salzsäure, Schlangengifte, sog. Krankheitsgifte wie Pocken oder Syphilis.

**220**  Darunter können auch an sich unschädliche Substanzen des täglichen Lebens fallen, wenn sie nach Art der Anwendung oder Zuführung, der Menge oder Konzentration, aber auch der körperlichen Konstitution des Opfers die entsprechende Gefährlichkeit aufweisen[17].

**Beispiele:** Zucker bei Diabetes, Arzneimittel in falscher Dosierung, Speisesalz in entsprechender Konzentration bei einem Kleinkind.

**221**  **Andere gesundheitsschädliche Stoffe** sind demgegenüber solche Substanzen, die *mechanisch*, *thermisch* oder *biologisch-physiologisch* wirken.

**Beispiele:** zerstoßenes Glas, zerhacktes Blei, zähflüssiger Teer[18], kochendes Wasser, heißer Kaffee, K.O.-Tropfen[19], Bakterien, Viren oder sonstige Krankheitserreger – soweit sie nicht schon zu den Giften zählen; nicht hingegen gesundheitsschädliche Strahlungen, da es sich bei diesen nicht um „Stoffe" handelt (anders wiederum bei radioaktiv verseuchten Substanzen, da hier die Stofflichkeit gegeben ist); Nr 1 erfasst damit auch die Infizierung eines anderen mit dem HI-Virus (dazu Rn 225) und dem Coronavirus SARS-CoV-2 (vgl *Hotz*, NStZ 20, 320, 324 f)[20].

**222**  Aufgrund der gegenüber § 223 erhöhten Strafdrohung genügt es für die Gesundheitsschädlichkeit nicht, dass die in Betracht kommende Substanz *irgendeine* Beeinträchtigung der Gesundheit herbeizuführen vermag; sie muss in ihrer *konkreten Verwendung* eine *erhebliche* Gesundheitsschädigung bewirken können[21]. Nicht erforderlich ist allerdings eine Eignung zur *Zerstörung* der Gesundheit (so noch § 229 aF).

---

16  *Fischer*, § 224 Rn 4; NK-*Paeffgen*/Böse, § 224 Rn 7.
17  BGHSt 51, 18; *Fischer*, § 224 Rn 4; *Rengier*, BT II § 14 Rn 10.
18  OLG Zweibrücken NStZ-RR 12, 371.
19  BGH NStZ 09, 505
20  Hat die Infizierung allerdings keine wahrnehmbare Symptome zur Folge, will *Makepeace*, ZJS 20, 189, 191 f die Voraussetzungen des § 224 verneinen.
21  *Küper/Zopfs* Rn. 116; NK-*Paeffgen*/Böse, § 223 Rn 7. Noch weitergehend *Wolters*, JuS 98, 583, der die Eignung zu einer *schweren* Gesundheitsschädigung fordert.

Als **beigebracht** gilt das Tatmittel, wenn der Täter es mit dem Körper des Opfers so   **223**
in Verbindung bringt, dass die Substanz ihre gesundheitsschädliche Wirkung entfalten kann. Dabei spielt es keine Rolle, ob der Stoff in das Körperinnere (zB Verschluckenlassen, Injizieren, Einatmenlassen) befördert oder lediglich in einen äußeren Körperkontakt (zB Auftragen auf der Haut) gebracht wird. Ferner ist es nach hM nicht erforderlich, dass das Tatmittel seine Wirkung erst im Inneren des Körpers entfaltet.

**Beispiele:** Zerstörung der Hornhaut des Auges durch Salzsäure; erhebliche Verletzung der Haut durch Übergießen mit heißem Wasser oder durch Inbrandsetzen der Kleidung[22]; nicht genügend ist mangels einer hinreichenden Eignung zur Zufügung einer erheblichen Gesundheitsschädigung allerdings das nur kurz andauernde Überschütten eines Erwachsenen mit heißem Kaffee auf eine relativ unempfindliche Körperregion und ohne Tiefenausdehnung eines Hautdefektes[23].

Die Beibringung des Giftes oder des anderen gesundheitsschädlichen Stoffes muss   **224**
für die Körperverletzung auch **ursächlich** geworden sein, dh die Substanz muss das Tatmittel zur Verwirklichung des § 223 darstellen[24].

Ein **HIV-Träger**, der einen anderen Menschen mit der Immunschwächekrankheit in-   **225**
fiziert, kann sich nach § 224 I Nr 1 strafbar machen; daneben ist an § 224 I Nr 5 zu denken. Für eine Strafbarkeit aus vollendetem Delikt muss – etwa per Virussequenzvergleich[25] – nachgewiesen werden, dass eine Ansteckung erfolgt ist und die Erkrankung auf dem betreffenden Sexualkontakt beruht. Anderenfalls kommt lediglich Strafbarkeit wegen *versuchter* Tat (§§ 224 I, II, 22) in Betracht[26].

Zur Frage der Verurteilung bei **Tatsachenalternativität** von *versuchter* und *vollendeter* gefährlicher Körperverletzung siehe BGHSt 36, 262 mit Anm. *Rudolphi*, JZ 90, 197; ferner *Wessels/Beulke/Satzger*, AT Rn 1308, 1318. Zur Problematik des „geschützten" Sexualverkehrs siehe *Knauer*, Aids-Forschung 1994, 463 und GA 98, 428, 439.

Der HIV-Träger macht sich nicht nach §§ 223, 224 strafbar, wenn sein Sexualpartner   **226**
auf den Verzicht von Schutzmitteln bei Ausübung des Geschlechtsverkehrs drängt, obwohl er die bestehende Infizierung und das damit verbundene Ansteckungsrisiko kennt und sich der Konsequenzen voll bewusst ist. Da der Betroffene sich in einem solchen Fall freiwillig in die ihm bekannte Gefahr hineinbegibt und den Vollzug der ihn gefährdenden Handlung maßgeblich mitbeherrscht, handelt es sich um einen Fall der **eigenverantwortlichen Selbstgefährdung**[27].

---

22  BGH NStZ-RR 18, 209.
23  BGH NStZ-RR 09, 337.
24  *Küper/Zopfs*, BT Rn 116; *Lackner/Kühl*, § 224 Rn 1a; aA *Gössel/Dölling*, BT I § 13 Rn 9 mwN.
25  Näher zu dieser medizinischen Entwicklung und ihren möglichen rechtlichen Folgen *Teumer*, MedR 10, 11; siehe auch *Frisch*, Szwarc-FS, S. 495.
26  Grundlegend zum wenigstens bedingten Verletzungsvorsatz BGHSt 36, 1 und 36, 262; siehe auch LG Würzburg bei *Jahn*, JuS 07, 772; anders *Herzberg* in Szwarc (Hrsg.), AIDS und Strafrecht, 1996, S. 61, 83; gegen ihn *Knauer*, GA 98, 428.
27  So BayObLG NStZ 90, 81 mit zust. Anm. *Dölling*, JR 90, 474; *Lackner/Kühl*, Vor § 211 Rn 12a; *Wessels/Beulke/Satzger*, AT Rn 266; offen gelassen in BGHSt 36, 1, 17; krit. dazu *Frisch*, JuS 90, 362, 369.

## § 5 Körperverletzungstatbestände

### 2. Mittels einer Waffe oder eines anderen gefährlichen Werkzeugs

**227** Ebenfalls qualifizierend wirkt die Begehung der Körperverletzung **mittels**[28] **einer Waffe** oder eines **anderen gefährlichen Werkzeugs**.

**228** Den *Oberbegriff* bildet in § 224 I Nr 2 das *andere gefährliche Werkzeug*; bei der Waffe handelt es sich um einen explizit erwähnten Spezialfall (näher *Küper/Zopfs*, BT Rn 786). Unter **Waffe** ist eine *Waffe im technischen Sinn* zu verstehen. Dieser Waffenbegriff umfasst nur solche gebrauchsbereiten Werkzeuge, die nach der Art ihrer Anfertigung nicht nur geeignet, sondern auch *allgemein* dazu bestimmt sind, Menschen durch ihre mechanische oder chemische Wirkung körperlich zu verletzen[29].

**Beispiele:** Pistole, Butterflymesser, Stilett, Präzisionsschleuder, nach hM auch die Gaspistole[30].

Nicht unter den Waffenbegriff fallen Gegenstände, die nur nach dem Willen des Täters im Einzelfall zu diesem Zweck genutzt werden; bei ihnen handelt es sich lediglich um gefährliche Werkzeuge (zB das zur Körperverletzung eingesetzte Küchenmesser).

Um die Voraussetzungen der Nr 2 zu erfüllen, muss die Waffe bei der Tatbegehung auch *als* gefährliches Werkzeug benutzt werden. Daran fehlt es etwa bei einem leichten Schlag mit dem Pistolengriff auf den Rücken eines Menschen.

**229** Der Begriff des **gefährlichen Werkzeugs** ist umstritten. Nach der von der Rechtsprechung verwendeten Formel gilt als solches jeder Gegenstand, der nach seiner objektiven Beschaffenheit und der **Art und Weise seiner konkreten Verwendung** geeignet ist, **erhebliche Verletzungen** herbeizuführen[31]. Als erheblich gilt nicht erst eine schwere Körperverletzung iSd § 226[32], sondern bereits eine sonstige gravierende Verletzung, die die Funktionen oder das Erscheinungsbild des Körpers so einschneidend beeinträchtigt, dass der Verletzte schwer getroffen ist und beträchtlich darunter zu leiden hat[33].

**230** Streitig ist, ob neben beweglichen Objekten auch **unbewegliche** Gegenstände Werkzeugcharakter haben können (zB die Hauswand, der Felsen oder der Fußboden, gegen die der Täter das Opfer stößt). Von einem Teil des Schrifttums wird das bejaht[34]. Für die Gefährlichkeit eines Tatmittels mache es keinen Unterschied, ob das zur Verletzung eingesetzte Objekt beweglich oder unbeweglich sei. Dagegen stellen der hM zufolge zu Recht nur bewegliche Gegenstände Werkzeuge dar[35]. Mit den herkömmli-

---

28 Näher dazu Rn 232.
29 Vgl BGHSt 4, 125, 127 und *Küper/Zopfs*, BT Rn 758 mwN.
30 Für § 244 I Nr 1a BGHSt 24, 136; für § 250 I Nr 1a, II Nr 1 BGHSt 45, 92, 93.
31 BGHSt 3, 105, 109; BGH NStZ 02, 86; NStZ 07, 95. Nach der Definition des 2. Strafsenats in einer jüngeren Entscheidung muss es sich um einen *festen* Gegenstand handeln; vgl. BGH BeckRS 14, 16094. Inwieweit damit tatsächlich eine Einschränkung beabsichtigt ist, um Nr 2 klarer von Nr 1 abzugrenzen, ergibt sich allerdings nicht zweifelsfrei, da es in dem konkreten Fall nicht darauf ankam.
32 So aber SK-*Wolters* Rn. 4, 14.
33 BGH NStZ 02, 86; *Küper/Zopfs* Rn 786.
34 *Eckstein*, NStZ 08, 125, 126 f.; *Rengier*, BT II § 14 Rn 39; *Stree*, Jura 80, 281, 284; der Sache nach auch SK-*Wolters*, § 224 Rn 18; diff. LK-*Grünewald*, § 224 Rn 21.
35 BGHSt 22, 235; BGH NStZ-RR 05, 75; AnwK-*Zöller*, § 224 Rn 10; MüKo-*Hardtung*, § 224 Rn 16; NK-*Paeffgen/Böse*, § 224 Rn 14; zum Ganzen *Simon*, Gesetzesauslegung, S. 97, 117, 284.

chen sprachlichen Gebrauchsregeln für den Werkzeugbegriff lässt es sich kaum vereinbaren, diesen auch auf unbewegliche Objekte anzuwenden. Zudem droht eine begriffliche Konturlosigkeit, die es nicht mehr ermöglicht, zwischen einem gefährlichen Werkzeug und irgendwelchen gefährlichen Arrangements (zB: der Täter stößt das Opfer in einen eiskalten Gebirgsbach, wirft es in einen Graben, schubst es aus dem Fenster) noch zu unterscheiden. Richtigerweise verneint wird die Werkzeugeigenschaft von der hM auch für *Körperteile* (zB die Faust, die Handkante, das Knie; nicht aber für mit dem Körper fest verbundene Gegenstände wie etwa den am Fuß getragenen Kampfstiefel)[36]. Nicht erforderlich ist hingegen nach hM, dass sich das Tatmittel in einem festen Aggregatzustand befindet; danach können auch Flüssigkeiten, Gase, Strom oder Strahlungen Werkzeuge sein[37]. Keine Rolle spielt es ferner, ob das Werkzeug gegen das Opfer (zB: der Täter sticht dem Opfer das Messer in den Bauch) oder das Opfer gegen das Werkzeug (zB: der Täter stößt das Opfer vor das fahrende Auto) geführt wird (RGSt 24, 373).

Trotz des von der Rechtsprechung in der Definition nach wie vor angeführten Merkmals der „objektiven Beschaffenheit" wird auch von ihr die Gefährlichkeit nicht nach der generellen Tauglichkeit des Werkzeugs zur Herbeiführung erheblicher Verletzungen bestimmt, sondern allein nach seiner entsprechenden Eignung in der *konkreten Verwendung*[38]. Nicht als gefährlich anzusehen sind danach Werkzeuge, die zwar abstrakt das entsprechende Gefährdungspotenzial aufweisen, konkret aber in einer „ungefährlichen" Art verwendet werden. Umgekehrt können Gegenstände gefährliche Werkzeuge darstellen, die abstrakt betrachtet völlig harmlos erscheinen. Danach ist zB ein spitzer Bleistift als „Schlagwerkzeug" harmlos, als gegen das Auge gerichtete „Stichwaffe" jedoch höchst gefährlich[39].

**Beispiele:** Gefährliche Werkzeuge können sein: eine Schere (BGH NJW 66, 1763), ein starker Weinschlauch (BGHSt 3, 105), eine Plastiktüte, wenn sie dem Opfer über den Kopf gestülpt wird (BGH StV 02, 482), der Schuh am Fuß beim Tritt gegen empfindliche Stellen des Körpers (BGHSt 30, 375)[40]; ein Gürtel bei Schlägen gegen besonders verletzliche oder empfindliche Körperteile (BGH BeckRS 19, 32855); ein gehetzter Hund (BGHSt 14, 152), ein Kraftfahrzeug (BGH VRS 56 [1979], 189; KG NZV 06, 111); schon das Ausdrücken einer brennenden Zigarette auf der Haut des Opfers soll wegen der nicht sicher absehbaren Folgen ausreichen (so BGH NStZ 02, 30 und 86; zust. *Bosch*, Jura 17, 909, 914; krit. MüKo-*Hardtung*, § 224 Rn 26); ferner kommen in Betracht: eine siedende Flüssigkeit (RG GA Bd. 62 [1916], 321), K.O.-Tropfen (nach der Dosierung differenzierend BGH NStZ 09, 505 mit krit. Anm. *Bosch*, JA 09, 737) sowie Injektionsspritzen in der Hand medizinischer Laien (BGH NStZ 87, 174). *Keine* gefähr-

---

36 BGH GA 84, 124; OLG Köln StV 94, 247; MüKo-*Hardtung*, § 224 Rn. 15; aA *Hilgendorf*, ZStW 112 (2000), 811, 822 ff.
37 BGHSt 1, 1; NK-*Paeffgen/Böse*, § 224 Rn 19 f.; aA BGH JR 15, 206 (mit Anm. *Ernst*) ohne nähere Begründung; der Verweis auf BGH NStZ 02, 594 spricht eher für ein Versehen; ferner OLG Dresden NStZ-RR 09, 337; MüKo-*Hardtung*, § 224 Rn 15.
38 Teile des Schrifttums verzichten denn auch auf das Definitionsmerkmal der „objektiven Beschaffenheit"; so bspw. *Hilgendorf*, ZStW 112 (2000), 811; S/S-*Sternberg-Lieben*, § 224 Rn 4; krit. zu dieser rein konkreten Betrachtungsweise *Fischer*, § 224 Rn 14 f.; NK-*Paeffgen/Böse*, § 224 Rn 15.
39 So bereits *Frank*, § 223a Anm. II 1; vgl ferner *Maurach/Schroeder*, BT I § 9 Rn 15; aA insoweit *Fischer*, § 224 Rn 20 f; NK-*Paeffgen/Böse*, § 224 Rn 14 ff, 19; vgl schon *Hettinger*, JuS 82, 895, 898 ff.
40 Auch ein Turnschuh der heute üblichen Art oder ein „normaler Straßenschuh" soll dabei genügen, *wenn* mit ihm dem Opfer zumindest heftig in das Gesicht *oder* in andere besonders empfindliche Körperteile getreten wird, so BGH NStZ 10, 151; enger allerdings BGH StV 16, 430.

§ 5 *Körperverletzungstatbestände*

lichen Werkzeuge sind trotz ihres abstrakten Gefährdungspotenzials Behandlungs- und Operationsinstrumente, die von zugelassenen Ärzten bestimmungsgemäß gebraucht werden (wie etwa ein Skalpell und dergleichen; BGH NJW 78, 1206; insoweit auch BGH NStZ 87, 174); ferner zum Haarabschneiden verwendete Gegenstände wie eine Schere oder ein Messer, soweit sie nur zu diesem Zweck eingesetzt werden (BGH NStZ-RR 09, 50), die im Boxwettkampf verwendeten Handschuhe (OLG Köln, SpuRt 19, 134) und das in der flachen Hand gehaltene Mobiltelefon bei einem Schlag ins Gesicht, solange der Schlag nicht mit einer Kante des Telefons ausgeführt wird (OLG Bremen BeckRS 2019, 33048). Weitere Beispiele bei Matt/Renzikowski-*Engländer*, § 224 Rn 8.

**232** Damit die Körperverletzung **mittels** der Waffe oder des anderen gefährlichen Werkzeugs begangen ist, muss mit dem Gegenstand *unmittelbar* äußerlich auf den Körper des Opfers eingewirkt worden sein. Das bloße Ingangsetzen einer Kausalkette, an deren Ende der Verletzungserfolg steht, genügt nicht.

**Beispiele:** das gezielte Schießen auf die Autoreifen eines fahrenden PKW, das einen Unfall mit Körperverletzungsfolgen verursacht; die Abgabe eines Schusses auf eine Glasscheibe, durch den diese zerbirst und herumfliegende Splitter das Opfer verletzen.[41] In den „Fahrzeug-Fällen" verneint die Rechtsprechung daher Abs. 1 Nr 2, wenn der Körperverletzungserfolg nicht unmittelbar als Folge eines gezielten Anfahrens mit dem Fahrzeug eintritt, sondern erst aus einem Sturz des Opfers zu Boden resultiert[42].

**233** Im **Fall 20** hat A die Körperverletzung mittels eines gefährlichen Werkzeugs begangen, weil die Benutzung der gefüllten Bierflasche als Wurfgeschoss gegen den Kopf des B zur Herbeiführung erheblicher Verletzungen geeignet war. Diese Umstände waren A bewusst, insbesondere auch die objektive Gefährlichkeit des Wurfgegenstands, die aus der Art seiner Verwendung folgte (vgl Rn 240).

### 3. Mittels eines hinterlistigen Überfalls

**234** Einen weiteren Qualifikationsgrund bildet nach § 224 I Nr 3 die Tatbegehung **mittels eines hinterlistigen Überfalls**. Strafschärfend wirkt hier neben der Verwerflichkeit des hinterlistigen Vorgehens auch die Gefährlichkeit des überraschend begonnenen Angriffs.

**235** **Überfall** ist jeder plötzliche, unerwartete Angriff auf einen Ahnungslosen (RGSt 65, 65). **Hinterlistig** ist ein Überfall, wenn der Täter seine wahre Absicht *planmäßig berechnend* verdeckt, um gerade dadurch dem Angegriffenen die Abwehr zu erschweren[43]. Das bloße Ausnutzen des Überraschungsmoments genügt für sich allein nicht[44]; vielmehr muss der Täter zur Verschleierung des geplanten Angriffs zuvor weitere Vorkehrungen getroffen haben (wie etwa das Aufsuchen eines Verstecks, um dem Opfer aufzulauern, vgl BGH GA 69, 61). Wer seinem Kontrahenten nach einem Streit die Hand zum Friedensschluss entgegenstreckt, um ihn in Sicherheit zu wiegen und ihm dann unvermittelt das Knie in den Unterleib zu stoßen, handelt hinterlistig (vgl ferner BGH MDR/D 56, 526). Auch listiges Beibringen betäubender Mittel kann genügen[45].

---

41  BGH StV 16, 287, 288 Rn 8 f.
42  So BGH StV 13, 438 mit abl. Anm. *Jäger*, JA 13, 472; BGH NStZ 16, 724 mit abl. Anm. *Böse*, ZJS 17, 110.
43  BGH GA 89, 132; MDR/H 96, 551; NStZ 04, 93.
44  BGH GA 61, 241; 68, 370; NStZ 05, 97.
45  MüKo-*Hardtung*, § 224 Rn 34 mwN; aA *Maurach/Schroeder*, BT I § 9 Rn 16.

*Mittels einer das Leben gefährdenden Behandlung* **§ 5 III 5**

## 4. Mit einem anderen Beteiligten gemeinschaftlich

Grund der Strafschärfung für die **mit einem anderen Beteiligten gemeinschaftlich** **236** **verübte Körperverletzung** iS des § 224 I Nr 4 ist die erhöhte Gefährlichkeit des Angriffs für das Opfer, das durch die Zahl der Angreifer eingeschüchtert und in seiner Verteidigung gehemmt wird[46].

Vorausgesetzt wird hier, dass **mindestens zwei Personen** unmittelbar am Tatort aktiv zusam-  **237** menwirken. Die früher hM setzte insoweit *mittäterschaftliches* Handeln voraus (dazu *Küper*, GA 97, 301, 307 ff). Diese Ansicht ist jedenfalls nach der Neufassung durch das 6. StrRG („mit einem anderen Beteiligten" statt „von mehreren") überholt, denn mit dem **anderen Beteiligten** sind grundsätzlich *auch Teilnehmer* einbezogen[47]. **Gemeinschaftlich** bringt zum Ausdruck, dass zwei Beteiligte am Tatort *einverständlich* zusammenwirken müssen (BGHSt 23, 122; BGH NStZ-RR 16, 139). Daran fehlt es, wenn sich mehrere Opfer jeweils nur einem Angreifer ausgesetzt sehen, ohne dass diese die Positionen tauschen (BGH StV 16, 430 f mit abl. Anm. *Jäger*, JA 15, 793). Angesichts des Grundes der Strafschärfung (vgl Rn 218, 236) dürften Teilnehmer, die keine Bereitschaft zum Eingreifen erkennen lassen, sich vielmehr auf Hervorrufen oder Bestärken des Tatentschlusses beschränken (soweit man *diese* Form der „psychischen" Beihilfe akzeptiert; zu ihr *Wessels/Beulke/Satzger*, AT Rn 902), *nicht* Beteiligte iS des § 224 I Nr 4 sein[48]. Nach hM braucht das Opfer von der Beteiligung einer weiteren Person nichts zu wissen, da die erhöhte objektive Gefährlichkeit – etwa bei verdeckt geführten Angriffen – hiervon nicht abhängt (BGH NStZ 06, 572, 573). Soweit der Schärfungsgrund verwirklicht ist, kann ein abwesender Dritter Mittäter sein[49]. Zur Frage, inwieweit ein *Garant* nach §§ 224 I Nr 4, 13 zur Verantwortung gezogen werden kann, siehe SK-*Wolters*, § 224 Rn 35.

## 5. Mittels einer das Leben gefährdenden Behandlung

Einer im Schrifttum vertretenen Auffassung zufolge wird die Körperverletzung mit-  **238** tels einer **lebensgefährdenden Behandlung** nur begangen, wenn durch die Tathandlung eine *konkrete Lebensgefahr* für das Opfer herbeigeführt wird[50] (wobei sich diese nicht aus der eingetretenen Verletzung zu ergeben braucht, dh der Körperverletzungserfolg muss unstreitig nicht lebensgefährlich sein). Nach hM liegt eine das Leben gefährdende Behandlung hingegen bereits dann vor, wenn sich die Verletzungshandlung den *konkreten Umständen* nach objektiv generell als *geeignet* darstellt, das Leben des Opfers in Gefahr zu bringen[51]. Danach ist es also nicht erforderlich, dass das Opfer auch tatsächlich in eine Lebensgefahr gerät. Für diese Auffassung lässt sich immerhin anführen, dass sie bei den Beratungen zum 6. StrRG zugrunde gelegt wurde (vgl BT-Drucks. 13/8587, S. 83). Nicht ausreichen soll es, wenn sich die Lebensgefährlichkeit erst als *mittelbare* Folge der Tathandlung ergibt (zB das Zu-Boden-Sto-

---

46  Vgl *Küper*, GA 97, 301, 304 mwN; zu weit BGH NStZ 06, 572; dazu *Kretschmer*, Jura 08, 916, 920 f.
47  BGHSt 47, 383 mit zust. Anm. *Stree*, NStZ 03, 203 und abl. Anm. *Schroth*, JZ 03, 215 sowie krit. und instruktiver Analyse bei *Küper*, GA 03, 363, 372 ff; vgl auch BGH NStZ-RR 09, 10; BGH NStZ 17, 640.
48  Näher *Küper*, GA 97, 301, 320 und 03, 363, 379; ferner *Jäger*, JuS 00, 31, 35 f; *Lackner/Kühl*, § 224 Rn 7; Matt/Renzikowski-*Engländer*, § 224 Rn 13; MüKo-*Hardtung*, § 224 Rn 36 f.
49  So BGH NStZ 00, 194; unklar insoweit *Krey/Hellmann*, BT I Rn 270.
50  NK-*Paeffgen/Böse*, § 224 Rn 28.
51  BGHSt 2, 160, 163; 36, 1; BGH NStZ 07, 339; 13, 345; AnwK-*Zöller*, § 224 Rn 17; *Fischer*, § 224 Rn 27.

**§ 5** *Körperverletzungstatbestände*

ßen einer Person auf eine Fahrbahn, da die Lebensgefährlichkeit hier nicht in dem Stoßen, sondern erst in dem Nähern der Fahrzeuge liegt)[52].

**Beispiele:** Stoß des Opfers aus dem Fenster oder in einen tiefen Graben (RG HRR 29, Nr 1799), Herunterstoßen vom fahrenden Moped (BGH MDR/D 57, 652), massives, nicht nur kurzzeitiges Würgen am Hals (BGH StV 02, 649), Stoßen des Kopfes gegen die Hauswand oder gegen das Straßenpflaster (BGHSt 22, 235, 237), Bedrohen eines Herzkranken mit einer Schusswaffe (BGH MDR/H 86, 272); feste Tritte gegen Kopf, Hals oder den Oberkörper einer am Boden liegenden Person *können* genügen, *Heinke*, HRRS 10, 428; zur Kasuistik ferner Matt/Renzikowski-*Engländer*, § 224 Rn 15.

239    Im **Fall 20** sind diese Voraussetzungen durch das Schleudern der vollen Bierflasche gegen den Kopf des B erfüllt, da die Gefahr eines Schädelbruchs besteht.

240    In **subjektiver Hinsicht** lässt der BGH insoweit die Kenntnis der Umstände genügen, aus denen sich die allgemeine Gefährlichkeit der Tathandlung für das Leben des Opfers ergibt[53]. Richtigerweise hat sich der Täter aber auch der *Bedeutung* seines Verhaltens bewusst zu sein, dh er muss die Gefährlichkeit seines Verhaltens für das Leben des Opfers zumindest für möglich halten und sie billigend in Kauf nehmen[54]. Zum **Aufbau** siehe auch die Hinweise bei *Wessels/Beulke/Satzger*, AT Rn 1375.

## 6. Das Verhältnis der Tatbestandsalternativen

241    Wie § 223 I (vgl Rn 216) ist auch § 224 I nur einmal „verletzt", wenn eine Handlung mehrere Tatbestandsalternativen verwirklicht, da die verschiedenen Tatbestandsalternativen alle den gleichen Unrechtstypus enthalten (vgl *Lackner/Kühl*, § 52 Rn 3; *S/S/ Sternberg-Lieben/Bosch*, § 52 Rn 27/28).

## 7. Prüfungsaufbau: Gefährliche Körperverletzung, § 224

242

**Gefährliche Körperverletzung, § 224**

**I. Tatbestandsmäßigkeit**
   **1. Objektiver Tatbestand**
     **a) Tatobjekt: ein anderer Mensch**
     **b) Tathandlung: körperliche Misshandlung oder Gesundheitsschädigung**
       → beide Varianten prüfen
       Ⓟ ärztliche Heilbehandlungen
     **c) Qualifikationsmerkmale**
       *(1) Beibringung von Gift oder anderen gesundheitsschädlichen Stoffen*
       *(2) mittels einer Waffe oder eines anderen gefährlichen Werkzeugs*
         Ⓟ nur konkrete Verwendung oder auch objektive Beschaffenheit
         Ⓟ unbewegliche Gegenstände
       *(3) mittels eines hinterlistigen Überfalls*
       *(4) mit einem anderen Beteiligten gemeinschaftlich*
         → einverständliches Zusammenwirken am Tatort
         → Beihilfe ausreichend

---

52   BGH NStZ 07, 34, 35; NStZ 10, 276.
53   BGHSt 19, 352; 36, 1, 15; BGH NJW 90, 3156; *Fischer*, § 224 Rn 32.
54   *Lackner/Kühl*, § 224 Rn 9; NK-*Paeffgen/Böse*, § 224 Rn 35.

> *(5) mittels einer das Leben gefährdenden Behandlung*
> Ⓟ bloß abstrakte Gefährlichkeit
> **2. Subjektiver Tatbestand**
> **II. Rechtswidrigkeit**
> **III. Schuld**

# IV. Schwere Körperverletzung

## 1. Systematik

§ 226 I normiert ein auf § 223 I aufbauendes *erfolgsqualifiziertes* Delikt. Den Grund **243** für die Strafschärfung bildet das besondere Ausmaß der in Abs. 1 Nr 1–3 abschließend aufgezählten Körperschäden. Hinsichtlich der schweren Folge muss dem Täter *wenigstens* Fahrlässigkeit zur Last fallen (§ 18), sodass auch Leichtfertigkeit und bedingter Vorsatz erfasst sind. Für den spezifischen *Gefahrzusammenhang* gelten die Ausführungen zu § 227 sinngemäß (vgl Rn 261 ff). Hat der Täter eine jener Folgen wissentlich oder absichtlich verursacht, so greift als weitere Qualifikation § 226 II ein (vgl auch Rn 256). Praktisch wichtige Strafzumessungsvorschriften für minder schwere Fälle enthält schließlich § 226 III.

> Im **Fall 20** liegen keine hinreichenden Anhaltspunkte dafür vor, dass A bei Verwirklichung **244** der §§ 223, 224 die weiteren Tatfolgen (= Versteifung der gebrochenen Hand usw) absichtlich oder wissentlich (§ 226 II) verursacht hat. Insoweit kommt daher lediglich § 226 I in Betracht.

## 2. Die schweren Folgen im Überblick

### a) § 226 I Nr 1

§ 226 I Nr 1 setzt den *Verlust* einer der dort beschriebenen Fähigkeiten voraus. Unter **245** dem *Sehvermögen* versteht man die Befähigung, Gegenstände visuell wahrzunehmen. *Gehör* ist die Fähigkeit, artikulierte Laute zu verstehen. Beim *Sprechvermögen* handelt es sich um die Befähigung zur artikulierten Rede. Die *Fortpflanzungsfähigkeit* erfasst schon Kinder, bei denen sie angelegt ist (zB die Zerstörung der Gebärmutter bei einer Zehnjährigen)[55]; sie fehlt Frauen nach den Wechseljahren, während bei älteren Männern individuell zu entscheiden ist[56]. Verloren ist das Vermögen (oder die Fähigkeit), wenn es *im Wesentlichen* aufgehoben ist (zB bei einer Restseh- oder Resthörfähigkeit von nur noch 5–10% des Normalvermögens[57]), der Ausfall einen längeren Zeitraum hindurch besteht und Heilung sich nicht oder zumindest auf unbestimmte Zeit nicht absehen lässt[58].

---

[55] AA NK-*Paeffgen/Böse*, § 226 Rn 25: sie muss schon aktuell bestehen.
[56] Vgl auch MüKo-*Hardtung*, § 226 Rn 25.
[57] OLG Hamm GA 76, 304.
[58] RGSt 72, 321; BayObLG NStZ-RR 04, 264. Der Verlust gilt hier schon dann als eingetreten, wenn nur noch eine Restseh- oder Resthörfähigkeit von maximal 5–10% des Normalvermögens besteht

**§ 5** *Körperverletzungstatbestände*

Letzteres will die hL verneinen, wenn sich der Defekt durch einen zumutbaren operativen Eingriff beseitigen lässt (zB eine Augenoperation, das Einsetzen eines Implantats)[59]. Dem ist der 5. Strafsenat des BGH entgegengetreten[60]. Es komme auf das Ausmaß der Rechtsgutsverletzung zum Tatzeitpunkt an; inwieweit eine Möglichkeit bestehe, die eingetretenen Beeinträchtigungen abzumildern oder wieder zu beseitigen, sei unerheblich. Das gelte umso mehr, als das Tatopfer gute Gründe haben könne, sich auf eine Operation nicht einzulassen. Es gebe zudem keinen Anlass, dem Opfer eine Art Obliegenheit aufzuerlegen, sich beschwerlichen Heilmaßnahmen zu unterziehen, nur um dem Täter eine höhere Strafe zu ersparen. Schließlich seien die von der hL angeführten Kriterien zur Bestimmung der Zumutbarkeit viel zu vage und ungenau.

Mit dem Körper nur vorübergehend verbundene Hilfsmittel wie Brillen oder Kontaktlinsen beseitigen den Verlust unstreitig, dh auch nach hL, nicht[61].

**b)  § 226 I Nr 2**

**246**  Unter einem **Glied** iS des § 226 I Nr 2 verstand die Rechtsprechung ursprünglich jeden Körperteil, der eine in sich abgeschlossene Existenz mit besonderer Funktion im Gesamtorganismus hat[62]. Ob damit *nur* jeder mit einem anderen durch Gelenke verbundene Körperteil (zB der Daumen, der Fußzeh; so NK-*Paeffgen*, § 226 Rn 26 mwN) oder auch andere Körperteile (zB die Nase, die Ohrmuschel) vom Gesetz erfasst sein sollten, ließ das RG offen (RGSt 6, 346). Zustimmung verdient die engere Auffassung, da anderenfalls der Unterschied zwischen einem bloßen Körper*teil* und einem Körper*glied* ignoriert würde. Unter Berufung auf die Wortlautgrenze hat der BGH es abgelehnt, *innere* Organe (zB eine Niere; hingegen ist die Haut ein *äußeres* Organ) als Glieder zu bezeichnen (BGHSt 28, 100). Die Gegenansicht kritisiert BGHSt 28, 100 als unbefriedigend[63]. Sie hat jedoch außer den Argumenten des BGH auch die Entstehungsgeschichte gegen sich, denn das „wichtige Glied" ersetzte im Verlauf des Gesetzgebungsverfahrens den zunächst vorgeschlagenen, dann aber als zu unklar empfundenen Begriff der „Verstümmelung"[64]. Zu folgen ist daher der Interpretation des BGH[65].

**247**  Umstritten ist ferner, wann ein Glied **wichtig** ist. Die Rechtsprechung bestimmte das lange allein anhand eines *generalisierenden* Maßstabes, dh. nach der Bedeutung des entsprechenden Gliedes für *jedermann*[66].

---

59  *Lackner/Kühl*, § 226 Rn 2; MüKo-*Hardtung*, § 226 Rn 17; S/S-*Sternberg-Lieben*, § 226 Rn 1a.

60  BGHSt 62, 36 (im Hinblick auf Abs. 1 Nr 2; die Argumentation gilt aber ebenso für Nr 1) mit abl. Bspr. von *Eisele*, JuS 17, 893 sowie abl. Anm. *Grünewald*, NJW 17, 1764, *Theile*, ZJS 18, 99 und *Hardtung*, medstra 18, 37.

61  BayObLG NStZ-RR 04, 264; insoweit ebenso MüKo-*Hardtung*, § 226 Rn 17 f, 42 mwN.

62  RGSt 3, 391; mit der „in sich abgeschlossenen Existenz" dürfte der medizinische Begriff des Organs gemeint gewesen sein.

63  So OLG Neustadt NJW 61, 2076; *Eisele*, BT I Rn 349; *Otto*, BT § 17 Rn 6; *Rengier*, BT II § 15 Rn 8 f; *Wessels*, BT/1, 21. Aufl. 1997, Rn 271.

64  Vgl nur *Hälschner*, Das gemeine deutsche Strafrecht, 2. Bd., 1. Abteilung, 1884, S. 99 mwN.

65  Im Ergebnis ebenso *Gössel/Dölling*, BT I § 13 Rn 61; *Jäger*, JuS 00, 31, 37; LK-*Grünewald*, § 224 Rn 13, § 226 Rn 14; S/S-*Sternberg-Lieben*, § 226 Rn 2; *Wolters*, JuS 98, 582, 585.

66  RGSt 6, 346; 64, 201; so noch BT/1, 31. Aufl. 2007, Rn 289; zum Hintergrund NK-*Paeffgen/Böse*, § 226 Rn 27 mwN.

Die schweren Folgen im Überblick **§ 5 IV 2**

**Beispiele:** bejaht für den Daumen[67], den rechten Zeigefinger[68], verneint für den linken Mittelfinger[69], den rechten Ringfinger[70].

Inzwischen bezieht sie ebenso wie ein Teil des Schrifttums auch *individuelle körperliche Besonderheiten* ein (BGHSt 51, 252).

**Beispiele:** Linkshänder oder Rechtshänder, Gebrauch der Fußzehen als Fingerersatz bei fehlenden Händen.

Zur Begründung dieser Wende beruft sich der 4. Senat darauf, dass „dauerhafte körperliche Besonderheiten eines Tatopfers" angesichts des gleichberechtigten Zusammenlebens von Menschen unterschiedlicher körperlicher Beschaffenheit (vgl Art. 3 III 2 GG) heute nicht gänzlich außer Acht gelassen werden dürften[71]. Einer verbreiteten Ansicht zufolge sollen darüber hinaus auch *sonstige individuelle Verhältnisse* des Verletzten Berücksichtigung finden (zB die berufliche Tätigkeit als Konzertpianist bei Verlust eines Fingergliedes)[72]. Das verdient jedoch keine Zustimmung, da die sozialen Folgen der Tat (zB die Berufsunfähigkeit des Pianisten) außerhalb des Schutzzwecks der Norm liegen und lediglich bei der Strafzumessung zu berücksichtigen sind[73].

Als *verloren* gilt das wichtige Glied, wenn es vom Körper *völlig abgetrennt* und nicht **248** wieder erfolgreich angefügt wurde. Der Ersatz durch eine Prothese hebt den Verlust nicht auf[74]. Eine *dauernde Unbrauchbarkeit* liegt vor, wenn das Glied seine Funktion auf unabsehbare Zeit eingebüßt hat (zB die völlige Versteifung des Knies). Nicht ausreichend ist allerdings eine bloße Funktionsbeeinträchtigung (zB die eingeschränkte Beweglichkeit des Knies)[75]. Der Rechtsprechung zufolge steht der Bejahung der dauernden Unbrauchbarkeit nicht entgegen, dass das Opfer eine ihm zumutbare medizinische Behandlung nicht wahrgenommen hat (BGHSt 62, 36; s.o. Rn 245).

Im **Fall 20** sind demnach, soweit die linke Hand des B durch Versteifung auf Dauer funkti-   **249** onsuntüchtig geworden ist, die Voraussetzungen der §§ 226 I Nr 2 Alt. 2, 18 zu bejahen (BGH NJW 91, 990). Zum tatbestandsspezifischen **Gefahrzusammenhang** zwischen der Verwirklichung des Grundtatbestandes (§ 223) und dem Eintritt der schweren Folge vgl Rn 261.

### c) § 226 I Nr 3

**Erheblich entstellt** iS des § 226 I Nr 3 ist eine Person, wenn ihr äußeres Erschei-   **250** nungsbild durch eine körperliche Verunstaltung wesentlich beeinträchtigt wird, dass sie sich dadurch auf beträchtliche psychische Nachteile im Verkehr mit anderen (zB

---

67  RGSt 64, 201, 202.
68  BGH bei *Dallinger* MDR 1953, 597.
69  RG GA 1905, 91.
70  RGSt 62, 161, 163.
71  BGHSt 51, 252, 255 mit Hinw. auf MüKo-*Hardtung*, § 226 Rn 27.
72  *Gössel/Dölling*, BT I § 13 Rn 62; *Lackner/Kühl*, § 226 Rn. 3; *Rengier*, BT II § 15 Rn 11; S/S-*Sternberg-Lieben*, § 226 Rn 2.
73  Ausf. Kritik bei *Jesse*, NStZ 08, 605, 606 ff.
74  BayObLG NStZ-RR 04, 264, 265.
75  BGH StV 92, 115; *Küper/Zopfs*, BT Rn. 310.

**§ 5** *Körperverletzungstatbestände*

Ekel, Spott, Ablehnung) einstellen muss. Eine solche gravierende Verschlechterung des Aussehens ist auch bei einem bereits unansehnlichen Menschen möglich. Die Entstellung braucht nicht stets sichtbar zu sein. Dass sie gewöhnlich durch Kleidung verdeckt ist, spielt keine Rolle; es genügt, wenn sie auch nur zeitweise den Blicken anderer preisgegeben wird (zB beim Baden oder Sport)[76]. In ihrer Bedeutung muss die Verunstaltung des Gesamterscheinungsbildes des Verletzten in etwa den Benachteiligungen entsprechen, die mit den anderen in § 226 genannten Folgen verbunden sind (BGH NStZ 06, 686; NStZ 08, 32).

**Beispiele:** der Verlust der Nasenspitze (BGH MDR/D 57, 267): eine auffällige Fehlstellung des Fußes (BGH StV 91, 262), auffällige Narben im Gesicht (BGH NStZ 06, 686); nicht ausreichen soll hingegen die deutliche Sichtbarkeit einer Narbe allein (BGH NStZ 08, 32) – etwa am Unterschenkel (BGH NStZ 06, 686).

**251**   **Dauernd** ist eine Entstellung, wenn sie mit einer bleibenden oder unbestimmt langwierigen Beeinträchtigung des Aussehens verbunden ist[77]. Umstritten ist, ob und inwieweit das **Merkmal der Dauer** von der Möglichkeit abhängt, die entstellende Wirkung der Verletzung durch ärztliche Maßnahmen zu beseitigen. Die hM hat dies bislang von Art, Realisierbarkeit und Zumutbarkeit des dazu erforderlichen Eingriffs abhängig gemacht und zB das Vorliegen einer *dauernden* Entstellung verneint, wenn beim Verlust der Vorderzähne die Lücke im Gebiss durch eine **Zahnprothese** beseitigt worden ist oder beseitigt werden kann[78]. Inwieweit die neue Rechtsprechung des 5. Strafsenats, die die Möglichkeit eines operativen Eingriffs als bedeutungslos ansieht (s.o. Rn 245), auch für § 226 I Nr 3 Geltung beansprucht, ist noch ungeklärt.

**252**   Verfallen in **Siechtum** meint einen chronischen Krankheitszustand, der den Gesamtorganismus in Mitleidenschaft zieht und ein Schwinden der körperlichen oder geistigen Kräfte zur Folge hat (zB wiederkehrende Phasen der Bewusstlosigkeit, Schwierigkeiten beim Sprechen und Schreiben); *chronisch* ist ein Zustand, dessen Heilung sich überhaupt nicht oder doch zeitlich nicht bestimmen lässt (vgl *Küper/Zopfs*, BT Rn 490 mwN). Eine Bettlägerigkeit des Opfers ist dafür nicht erforderlich. **Lähmung** bedeutet eine erhebliche Beeinträchtigung (zumindest) eines Körperteils, die sich auf die Bewegungsfähigkeit des ganzen Körpers nachteilig auswirkt[79].

**Beispiele:** die totale Bewegungsunfähigkeit eines Armes, die völlige Versteifung des Knie- oder Hüftgelenks; nicht ausreichen soll dagegen die Bewegungsunfähigkeit eines Handgelenks[80].

**253**   Unter **geistige Krankheit** fallen die krankhaften seelischen Störungen[81]; **geistige Behinderungen** sind alle einer Geisteskrankheit an Gewicht gleichstehenden Beeinträchtigungen der intellektuellen Fähigkeiten (zB ein schwerer Schlaganfall).

---

76   BGHSt 17, 161, 163.
77   BGHSt 24, 315, 317; vgl aber auch MüKo-*Hardtung*, § 226 Rn 6 ff, 10.
78   BGHSt 24, 315 unter Aufgabe von BGHSt 17, 161; eingehend dazu *Ulsenheimer*, JZ 73, 64; differenzierend MüKo-*Hardtung*, § 226 Rn 18; *Heghmanns*, BT Rn 427 und NK-*Paeffgen/Böse*, § 226 Rn 30.
79   Näher *Küper/Zopfs*, BT Rn 491; S/S-*Sternberg-Lieben*, § 226 Rn 7.
80   BGH NJW 88, 2622.
81   Dazu BGH NStZ 18, 102 m. Anm. *Schiemann*; *Fischer*, § 226 Rn 13; SK-*Wolters*, § 226 Rn 17.

Das Verhältnis zu den Tötungsdelikten **§ 5 IV 4**

## 3. Das Verhältnis zu den anderen Körperverletzungsdelikten

Realisieren sich mehrere schwere Folgen, liegt nur eine Tat vor. § 224 tritt normalerweise hinter § 226 zurück; Tateinheit besteht allerdings aus Klarstellungsgründen, wenn die schwere Körperverletzung nur versucht wurde (Versuch der Erfolgsqualifikation), die gefährliche Körperverletzung aber vollendet ist (BGHSt 21, 194, 195 f). Ferner bejaht der BGH Tateinheit auch für das Verhältnis von § 224 I Nr 5 und § 226, da sonst das in der lebensgefährlichen Handlung liegende gesonderte Unrecht nicht hinreichend zum Ausdruck gebracht werde (BGHSt 53, 23, 24).

**254**

**Ergebnis im Fall 20:** A hat dem B durch eine Handlung mehrere Verletzungen zugefügt. Infolge des Einsetzens einer Zahnprothese ist eine dauernde Entstellung iS des § 226 I Nr 3 zu verneinen. Zwischen §§ 223, 224 I Nr 2, 5 (= Flaschenwurf an den Kopf) und § 226 I Nr 2 (= Verlust der Funktionsfähigkeit auf Dauer durch Versteifung der linken Hand) besteht Gesetzeseinheit mit Vorrang des § 226 als der vollendeten schwersten Begehungsform (= *Spezialität*)[82]. Bei der Verurteilung des A wegen *schwerer* Körperverletzung (§§ 223, 226) darf die (zweifache; siehe Rn 239) Verwirklichung des zurücktretenden § 224 im Strafmaß berücksichtigt werden.

**255**

## 4. Das Verhältnis zu den Tötungsdelikten

Fraglich ist, inwieweit ein qualifizierter Vorsatz i.S. von Abs. 2 und ein **Tötungsvorsatz** gemeinsam bestehen können, da der Eintritt der schweren Folge aufgrund der geforderten Dauerhaftigkeit das Weiterleben des Opfers voraussetzt (BGH NStZ 97, 233). Hier gilt Folgendes: Bedingter Tötungsvorsatz ist neben der Absicht möglich, eine schwere Körperverletzung zu begehen, da der Täter es für möglich halten und sich damit abfinden kann, dass seine Tat gleichsam über das an sich angestrebte Ziel hinausschießt[83]. Anders verhält es sich hingegen bei *Tötungsabsicht,* weil der Täter nicht zugleich den Tod und das Weiterleben des Opfers anzustreben vermag. Direkter Vorsatz zur Verwirklichung der schweren Folge und Tötungsvorsatz gleich welcher Art schließen einander ebenfalls stets aus. Soweit die Rechtsprechung neuerdings Tötungsvorsatz und dolus directus 2. Grades hinsichtlich der Realisierung des § 226 für vereinbar hält, wenn der die Tötung anstrebende Täter *alternativ* die schwere Folge als sichere Auswirkung seiner Tat voraussehe[84], verkennt sie, dass ein Täter, der den Tod des Opfers zumindest für möglich erachtet, nicht zugleich dessen Weiterleben als so gut wie sicher ansehen kann[85].

**256**

---

82 Vgl BGHSt 21, 194; *Wessels/Beulke/Satzger*, AT 1266; aA NK-*Paeffgen/Böse*, § 226 Rn 47: Tateinheit.

83 Bleibt es in einem solchen Fall beim Versuch des Tötungsdelikts, während die besondere Folge eingetreten ist, liegt Tateinheit vor (so BGH NStZ 95, 589; NStZ 05, 261, 262).

84 BGH NJW 01, 980.

85 So auch *Joerden*, JZ 2002, 413, 415; MüKo-*Hardtung*, § 226 Rn 46. Die bis zur 42. Aufl. von *Hettinger* vertretene Auffassung wird hiermit aufgegeben.

95

## § 5 Körperverletzungstatbestände

## V. Verstümmelung weiblicher Genitalien

**257** § 226a verschärft die Rechtslage hinsichtlich der Verstümmelung weiblicher Genitalien, indem er die früher nur unter §§ 224 I Nr 2, 5, 225, uU auch § 226 fallende Tathandlung zum Verbrechen hochgestuft hat (Mindeststrafe ein Jahr)[86]. Der Gesetzgeber bezweckt mit der Regelung vor allem, das „Bewusstsein für das Unrecht der Genitalverstümmelung" zu schärfen und dadurch den strafrechtlichen Schutz zu verbessern (BT-Drucks. 17/13707, S. 4)[87]. Geschütztes Rechtsgut ist die körperliche Unversehrtheit; (nur) als Schutzreflex erfasst werden nach hM die sexuelle Selbstbestimmung und die psychische Integrität.

### 1. Tatbestandsmerkmale

**258** Tatopfer muss eine **weibliche Person** sein. Noch nicht geklärt ist die Frage, wie es sich bei Transgender oder intersexuellen Personen verhält.[88] Verstümmelungen des männlichen Genitals werden jedenfalls von § 226a nicht erfasst. Die Frage nach der Vereinbarkeit dieser Differenzierung mit Art. 3 II GG wurde im Gesetzgebungsverfahren nicht richtig erkannt und infolgedessen nur unzureichend beantwortet.[89]

Die Tathandlung des **Verstümmelns** soll in Anlehnung an die von der Weltgesundheitsorganisation (WHO) aufgestellte Liste ausgelegt werden, welche die Klitoridektomie (teilweise oder vollständige Entfernung der Klitoris), Exzision (Herausschneiden von Gewebe), Infibulation (teilweises oder vollständiges Verklammern/Zunähen der Vagina) und weitere Veränderungen an den weiblichen Genitalien, wie Einschnitte, Ätzungen oder Ausbrennen, erfasst[90]. Nicht unter den Begriff der Verstümmelung sollen danach „rein kosmetisch motivierte Eingriffe" (zB Intimpiercing) fallen[91]. Zur Problematik der Einwilligung siehe Matt/Renzikowski-*Engländer*, § 226a Rn 7 f.

### 2. Keine Regelung für Auslandstaten

**259** Der Gesetzgeber hatte die Neuregelung zunächst mit einer Änderung des internationalen Strafrechts (§§ 3 ff) flankiert[92]. Da die Taten indes in aller Regel nicht in Deutschland begangen werden, und häufig weder Opfer noch Täter die deutsche Staatsangehörigkeit besitzen werden, musste § 226a angesichts der Bestimmung in § 7 II schon wegen häufig fehlender Strafbarkeit am Tatort regelmäßig leerlaufen[93].

---

86  Vgl *Fischer*, § 226a Rn 3; zur Höchststrafe krit. aaO Rn 2, zur Mindeststrafe krit. S/S-*Sternberg-Lieben*, § 226a Rn 7.

87  Zur Kritik an symbolischer Gesetzgebung vgl *Fischer*, § 226a Rn 2a; *Zöller*, Schünemann-FS, S. 729, 740 f.

88  Vgl dazu BeckOK-*Eschelbach*, § 226a Rn 6; *Ladiges*, RuP 14, 15 (17); NK-*Böse*, § 226a Rn 7.

89  Näher zur Kritik *Fischer*, § 226a Rn 4 ff; vgl ferner *Rittig*, JuS 14, 499, 503 f. Die Differenzierung verteidigt Lackner/Kühl-*Heger*, § 226a Rn 1. Für eine geschlechtsneutrale Formulierung des Tatbestandes *Hörnle*, NJW-Beil. 14, 34, 35; *Wolters*, GA 14, 571.

90  http://www.who.int/mediacentre/factsheets/fs241/en/.

91  BT-Drucks. 17/13707, S. 6; siehe S/S-*Sternberg-Lieben*, § 226a Rn 3 zur negativen Konnotation von „Verstümmelung". Zu Abgrenzungsproblemen vgl. Matt/Renzikowski-*Engländer*, § 226a Rn 5.

92  Dazu *Schramm*, Kühl-FS, S. 603, 628 f; krit. *Zöller/Thörnich*, JuS 14, 167, 171.

93  So auch die Einschätzung bei *Zöller*, Schünemann-FS, S. 729, 740 f („Mogelpackung"); *Lackner/Heger*, § 226a Rn 9; SK-*Wolters*, § 226a Rn 4; anders *Schramm*, Kühl-FS, S. 603, 628 f.

*Die Beziehung zwischen Körperverletzung und Todesfolge* **§ 5 VI 1**

Inzwischen hat der Gesetzgeber mit der Einfügung der Nr 9a lit b in § 5[94] für Abhilfe gesorgt.

## VI. Körperverletzung mit Todesfolge

**Fall 21:** Am Rande einer stark befahrenen Umgehungsstraße kommt es an einem nebligen Herbstabend zwischen A und B zu einer schweren Schlägerei. A hat die Tätlichkeiten begonnen und dem schmächtigen B bereits einige Fausthiebe in das Gesicht versetzt. Als er seinen Angriff mit gezücktem Messer fortsetzt, wendet B sich zur Flucht. Mit schnellen Schritten eilt er über die Fahrbahn, wird dabei jedoch von dem Kraftwagen des K erfasst und tödlich verletzt.

Strafbarkeit des A? **Rn 270**

**260**

### 1. Die Beziehung zwischen Körperverletzung und Todesfolge

Der Tatbestand der **Körperverletzung mit Todesfolge** verlangt dem Wortlaut nach, dass der Tod des Opfers durch eine *vorsätzlich* begangene Körperverletzung[95] *verursacht* worden ist, wobei dem Täter gemäß § 18 hinsichtlich der Todesfolge *wenigstens* Fahrlässigkeit zur Last fallen muss (näher *Wessels/Beulke/Satzger*, AT Rn 38, 1147). Nach einhelliger Ansicht genügt es für den objektiven Tatbestand des § 227 indessen nicht, dass zwischen Körperverletzung und Todesfolge ein ursächlicher Zusammenhang iS der Bedingungstheorie besteht, die Körperverletzung also nicht hinweggedacht werden kann, ohne dass damit zugleich der Tod des Verletzten entfiele (siehe dazu *Wessels/Beulke/Satzger*, AT Rn 216). Vielmehr ergibt sich aus dem Sinn und Zweck des § 227, dessen hohe Mindeststrafe die Tat als *Verbrechen* ausweist, dass hier eine **engere Beziehung** zwischen Körperverletzung und Todesfolge bestehen muss; Kausalität ist daher nur eine notwendige, aber keine hinreichende Bedingung. § 227 soll der mit einer Verwirklichung einer vorsätzlichen Körperverletzung verbundenen Gefahr des Eintritts der qualifizierenden Todesfolge entgegenwirken. Die Vorschrift erfasst deshalb nur solche Körperverletzungstaten, denen die **spezifische Gefahr** anhaftet, zum Tod des Verletzten zu führen; gerade diese eigentümliche Gefahr muss sich im tödlichen Ausgang *konkret* niedergeschlagen haben[96].

**261**

Umstritten ist freilich, wie dieser Gefahrenzusammenhang[97] im Einzelfall beschaffen sein muss und welcher Anknüpfungspunkt dafür in Betracht kommt[98]. In Übereinstimmung mit der *älteren* Rspr.[99] fordert ein großer Teil der Rechtslehre einen gefahrspezifischen (früher: „unmittelbaren") Zusammenhang zwischen dem **Körperverlet-**

**262**

---

94  Durch das 49. StÄG 21.1.2015, vgl BT-Drucks. 18/2601, S. 21 f.
95  Sie kann auch in einem Unterlassen iS des § 13 I bestehen, BGH NJW 17, 418 mwN und krit. Anm. *Berster*.
96  BGHSt 31, 96; BGH NJW 95, 3194.
97  Zu diesem Begriff *Bosch*, JA 08, 457; *Rengier*, BT II § 16 Rn 5: Gefahrverwirklichungszusammenhang.
98  Überblick bei *Sowada*, Jura 94, 643; *Kühl*, Jura 02, 810; anhand eines Falls *Murmann*, JA 11, 593, 596.
99  RGSt 44, 137; OGHSt 2, 335.

97

**§ 5** *Körperverletzungstatbestände*

**zungserfolg** und dem Todeseintritt; maßgebend ist mithin, ob sich im tödlichen Ausgang gerade die Gefahr realisiert hat, die von **Art und Schwere der Verletzung** herrührt (sog. **Letalitätslehre**)[100]. Begründung: Die tatbestandsspezifische Gefahr der vorsätzlichen Körperverletzungshandlung bestehe allein in der Verursachung des angestrebten Körperverletzungserfolges, so dass sich eine typische Körperverletzungsgefahr nur realisiere, wenn dieser Körperverletzungserfolg die Todesursache bilde.

**Beispiel:** Der Täter fügt seinem Opfer vorsätzlich, wenn auch ohne Tötungsabsicht, eine schwere Schussverletzung zu, an der das Opfer dann verstirbt.

Die *neuere* Rspr. versteht dagegen unter „Körperverletzung" iS des § 227 nicht bloß den diesbezüglichen Erfolg, sondern den **ganzen Vorgang** unter Einschluss der die Verletzung bewirkenden oder begleitenden **Ausführungshandlung**. Danach genügt bereits ein tatbestandsspezifischer Gefahrzusammenhang zwischen Verletzungs*handlung* und Todesfolge (BGHSt 14, 110 im Pistolenfall; BGHSt 31, 96 im Hochsitzfall).

**Beispiel:** Beim vorsätzlichen Zuschlagen mit einer entsicherten Pistole auf den Hinterkopf des Opfers löst sich aus Versehen ein Schuss und trifft dieses tödlich in den Kopf (BGHSt 14, 110).

**263** Begründen lässt sich die *neuere* Rspr. im Grundsatz damit, dass die Letalitätslehre den Schutzzweck der §§ 223 ff verkürzt. Eine vorsätzliche Körperverletzung kann die ihr eigentümliche Gefahr nicht nur aus der Art des Verletzungserfolgs, sondern (wie die Formulierung in § 224 I Nr 5 *„mittels einer das Leben gefährdenden Behandlung"* zeigt) auch durch ihre *konkrete* Begehungsweise gewinnen. Das Gesetz selbst drückt damit die Vorstellung aus, dass bereits mit der Körperverletzungs*handlung* als solcher spezifische Lebensgefahren verbunden sein können, vor denen der Einzelne geschützt werden soll. Hierbei braucht diese Lebensgefährlichkeit nicht im Hinblick auf den vom Täter *gewollten* Körperverletzungserfolg zu bestehen; vielmehr genügt es, wenn die Ausführung der Tat das Risiko enthält, dass es neben oder statt der gewollten Körperverletzung zu einer *anderen* (weiteren) Gesundheitsschädigung kommt, die einen tödlichen Verlauf nimmt. Fällt aber eine solche Sachverhaltskonstellation, bei der sich die Lebensgefahr nicht auf den gewollten Körperverletzungserfolg bezieht, unter das Tatbestandsmerkmal der lebensgefährlichen Behandlung in § 224 I Nr 5, gibt es keinen Grund, § 227 zu verneinen, wenn sich diese Gefahr dann tatsächlich *realisiert*. Freilich gilt das – entgegen der Rspr. – nur für die Fälle, in denen § 224 I Nr 5 als Grunddelikt verwirklicht ist, dh in denen der Täter den Tatbestand nicht bloß **objektiv,** sondern auch **subjektiv** erfüllt hat, also ihm die Gefährlichkeit seines Handelns für das Leben des Anderen bewusst ist und er das in Kauf genommen hat. In allen anderen Fällen muss hingegen der vorsätzlich bewirkte Verletzungs*erfolg* zumindest ein notwendiges Durchgangsstadium bilden[101].

**264** § 227 ist daher im obigen **Pistolenschlag-Beispiel** (beim vorsätzlichen Zuschlagen mit einer entsicherten Pistole auf den Hinterkopf des Opfers löst sich aus Versehen

---

100 Vgl etwa *Geilen*, Welzel-FS, S. 655, 681; *Hirsch*, Oehler-FS, S. 111; *Klesczewski*, BT § 3 Rn 38; *Küpper*, Hirsch-FS, S. 615; *Lackner/Kühl*, § 227 Rn 2 mwN; S/S-*Stree/Sternberg-Lieben*, § 227 Rn 5; *Altenhain*, GA 96, 19, will Mitursächlichkeit der Beschädigung für den Tod genügen lassen; siehe auch MüKo-*Hardtung*, § 227 Rn 11, 16, der ebenfalls keine Verletzungsletalität, wohl aber Erfolgskausalität voraussetzt; abl. *Stuckenberg*, Jakobs-FS, S. 693, 701.

101 Näher *Engländer*, GA 08, 669 und in Matt/Renzikowski, § 227 Rn 5; MüKo-*Hardtung*, § 18 Rn 41; *Sowada*, Jura 03, 555; gegen diese Differenzierung AnwK-*Zöller*, § 227 Rn 12.

*Die Beziehung zwischen Körperverletzung und Todesfolge* **§ 5 VI 1**

ein Schuss und trifft dieses tödlich in den Kopf) anwendbar, da ein solches Verhalten prinzipiell die Gefahr begründet, dass das Opfer nicht bloß eine Schlagverletzung erleidet, sondern ihm durch einen sich lösenden Schuss noch eine weitere – nicht vom Vorsatz umfasste – todbringende Schussverletzung zugefügt wird. Das Gleiche gilt, wenn das Opfer durch den ihm versetzten Schlag oder Stoß vor ein vorbeifahrendes Auto oder in eine laufende Maschine geschleudert, davon erfasst und getötet wird[102]. Auch eine für den Tod des Opfers mitursächliche Vorschädigung steht der Zurechnung dabei nicht entgegen (BGH NStZ 97, 341).

Nicht ausreichend ist es allerdings, wenn der Täter einen anderen vorsätzlich von einem 3,50 m hohen **Hochsitz** hinabstürzt, der Betroffene wegen des dabei erlittenen Knöchelbruchs für längere Zeit ans Krankenbett gefesselt bleibt und an Kreislaufkomplikationen stirbt, die auf dem dadurch bedingten Bewegungsmangel beruhen (so aber BGHSt 31, 96)[103], da sich hier gerade nicht die spezifische Lebensgefährlichkeit des Täterverhaltens im Erfolg verwirklicht.

Im sog. **Rötzel-Fall** hat der BGH außerdem gefordert, dass zwischen der Körperverletzung und der besonderen Folge ein **unmittelbarer Zusammenhang** zu bestehen habe, der stets fehle, wenn das Handeln eines Dritten oder des Opfers selbst dazwischentrete (BGH NJW 71, 152).    **265**

**Beispiel:** Das – bereits erheblich verletzte – Opfer kommt dadurch zu Tode, dass es verängstigt vor den fortdauernden Attacken des Täters durch ein Fenster im Obergeschoss auf einen Balkon zu flüchten versucht und dabei abstürzt. So verhielt es sich auch im Rötzel-Fall. Daher verneinte der BGH aufgrund fehlenden Unmittelbarkeitszusammenhangs die Strafbarkeit wegen Körperverletzung mit Todesfolge.

Im Folgenden hat die Rspr. dann allerdings an dieser Position nur noch verbal festgehalten[104], sie jedoch in der Sache immer weiter relativiert. Nunmehr spricht der BGH nur noch von einer „Einzelentscheidung" (BGHSt 48, 34, 39). Das verdient im Grundsatz Zustimmung. Zu den spezifischen Gefahren, denen das Gesetz begegnen will, gehört nämlich auch der Umstand, dass das verängstigte Opfer bei einem lebensgefährdenden Angriff auf seine körperliche Unversehrtheit aus Furcht vor schweren Verletzungen unbesonnen reagiert[105] und beispielsweise den Versuch unternimmt, sich durch einen riskanten Sprung aus dem Fenster oder durch die waghalsige Flucht über eine verkehrsreiche Straße vor dem Angreifer in Sicherheit zu bringen. Solche Reaktionen, die dem elementaren Selbsterhaltungstrieb des Menschen entspringen, sind bei *lebensgefährdenden* Misshandlungen iS des § 224 I Nr 5 ebenso naheliegend und delikttypisch wie Fluchtversuche bei einer Freiheitsberaubung oder einer drohenden Vergewaltigung[106]. Infolgedessen muss es auch im Bereich des § 227 zur Bejahung des tatbestandsspezifischen Gefahrenzusammenhangs zwischen Körperverlet-    **266**

---

102    RGSt 44, 137, 139; OGHSt 1, 357, 359.
103    Abl. *Maiwald*, JuS 84, 439; *Lackner/Kühl*, § 227 Rn 2; NK-*Paeffgen/Böse*, § 227 Rn 9 mwN.
104    Vgl. etwa BGHSt 31, 96, 99.
105    Vgl den Sachverhalt in BGH NStZ 08, 278.
106    Vgl BGHSt 19, 382 zu § 239 III aF beim tödlichen Sprung des Opfers aus dem Entführungsauto; BGH 1 StR 203/60 vom 28.6.1960 zu § 177 III aF, wo die Frau nach einer längeren Hetzjagd bei der Flucht über Bahngleise von einem Zug erfasst worden war; näher dazu *Rengier*, Erfolgsqualifizierte Delikte und verwandte Erscheinungsformen, 1986, S. 197 ff.

**§ 5** *Körperverletzungstatbestände*

zungshandlung und Todesfolge genügen, dass der Tod unmittelbar durch einen Fluchtversuch herbeigeführt worden ist, den das Opfer bei einem **lebensgefährdenden Angriff** in naheliegender, nachvollziehbarer Weise aus Furcht vor **lebensgefährdenden Verletzungen** unternommen hat. Das Gleiche gilt für Ausweichbewegungen und sonstige Abwehrmaßnahmen des Angegriffenen[107].

**267** Richtig erscheint insgesamt eine **differenzierende Position**. Handelt das Opfer oder der Dritte unfrei und ist dies gerade auf die Körperverletzung zurückzuführen, realisiert sich eine Gefahr, die speziell in der Gesundheitsschädigung angelegt ist[108].

**Beispiele:** Das durch mehrere Schläge und Tritte schwer am Kopf verletzte Opfer verlässt des Nachts aufgrund einer mit der Verletzung einhergehenden Bewusstseinstrübung das Krankenhaus und verstirbt kurze Zeit darauf an Gehirnblutungen. Aufgrund einer dem Opfer beigebrachten lebensgefährlichen Verletzung muss der Arzt eine riskante Not-Operation vornehmen, an der das Opfer verstirbt.

Resultiert die Unfreiheit des Opfers oder des Dritten dagegen aus irgendwelchen anderen Umständen, liegt der spezifische Gefahrzusammenhang nicht vor.

**Beispiel:** Das alkoholkranke Opfer verlässt, obwohl es den Ernst der Situation erkannt hat, das Krankenhaus, um weiter trinken zu können[109].

Ebenfalls zu verneinen ist der Gefahrzusammenhang, wenn das Opfer freiverantwortlich durch eigenes unvorsichtiges Verhalten den später zum Tode führenden Kausalverlauf in Gang setzt.

**Beispiele:** Nach gelungener Flucht vom Tatort wählt das Opfer einen kürzeren, aber gefährlichen Heimweg (mit tödlichem Absturz). Trotz ärztlicher Warnung lehnt das Opfer die ihm vom Arzt empfohlene Schutzimpfung gegen Wundstarrkrampf ab.

**Zusammengefasst:** Ob nach einer Körperverletzung der Tod letztlich durch den Täter, das Opfer selbst oder einen Dritten unmittelbar herbeigeführt wird, ist nicht (mehr) entscheidend. Vielmehr kommt es allein darauf an, ob die der begangenen Tat eigentümliche Gefahr für das Leben der verletzten Person sich in der Todesfolge verwirklicht hat (so auch BGH StV 98, 203: In diesem Fall hatten die Täter den vermeintlichen Leichnam des von ihnen vorsätzlich Misshandelten in einen Fluss geworfen, wo das Opfer ertrank. Da es „mit größerer Wahrscheinlichkeit" an den Misshandlungen *nicht* gestorben wäre, lehnte der BGH einen unmittelbaren Zusammenhang ab.)

**268** Beim **Eingreifen Dritter** in den Geschehensablauf[110] ist zu beachten, dass der spezifische Gefahr- und Zurechnungszusammenhang hier nicht schon deshalb entfällt, weil dem Dritten ein Fahrlässigkeitsvorwurf gemacht werden kann. Denn dieses fahrlässige Handeln kann gleichwohl in der vom Täter geschaffenen Ausgangsgefahr angelegt sein.

---

107 Ebenso *Rengier*, Jura 86, 143 und BT II § 16 Rn 6; *Steinberg*, NStZ 10, 72; *Wolter*, GA 84, 443 und JuS 81, 168; aA *Laue*, JuS 03, 743.
108 Ausf. *Engländer*, GA 08, 681 ff.
109 Die Strafbarkeit nach § 227 bejaht hier allerdings BGH NStZ 94, 394; zu Recht krit. *Otto*, Ernst A. Wolff-FS, S. 395, 398, 410.
110 Vgl dazu BGH NStZ 92, 333 mit krit. Anm. *Puppe*, JR 92, 511.

_Unterlassen_ **§ 5 VI 3**

**Beispiel:** Nach der Einlieferung des schwer verletzten Körperverletzungsopfers ins Krankenhaus erkennen die Ärzte eine Hirnblutung nicht rechtzeitig, versäumen daher gebotene Maßnahmen und tun fahrlässig etwas Falsches[111].

Für § 227 ist dagegen kein Raum, wenn das Fehlverhalten des Dritten auf _grober Fahrlässigkeit_ beruht oder wenn ein anderer die durch die Primärverletzung geschaffene hilflose Lage des Opfers _vorsätzlich_ zu dessen Tötung ausnutzt. **269**

Im **Fall 21** bestehen hiernach gegen eine Verurteilung des A wegen Körperverletzung mit Todesfolge (§ 227 iVm § 18) keine durchgreifenden Bedenken. Von ihrem _früheren_ Standpunkt aus käme die Rspr. lediglich zu einer Bestrafung nach Maßgabe der §§ 222; 223; 224 I Nr 2, II, 22; 52. **270**

## 2. Fahrlässige Herbeiführung der schweren Folge

Nach §§ 227, 18 muss dem Täter hinsichtlich der **Todesfolge** wenigstens _Fahrlässigkeit_ zur Last fallen. Da die Pflichtwidrigkeit des Handelns sich bei § 227 jedoch regelmäßig schon aus der Verwirklichung des **Grunddelikts** (§§ 223 bis 226) mit der daraus resultierenden Gefahr für das Leben des Opfers ergibt, bedarf es bei Prüfung der Fahrlässigkeit neben der Erkennbarkeit des tatbestandsspezifischen Gefahrzusammenhangs (vgl _Wolter_, JuS 81, 168, 171) _meistens_ nur noch einer Bejahung der generellen und individuellen _Vorhersehbarkeit_ des tödlichen Ausgangs[112]. **271**

## 3. Unterlassen

§ 227 kann auch durch **Unterlassen** in Garantenstellung verwirklicht werden. **272**

**Beispiele:** Die zum Tode führende mangelhafte Ernährung und Versorgung des Kleinkindes durch die Eltern (BGH MDR/H 82, 624). Das Untätigbleiben der Mutter im Falle von tödlichen Gewalthandlungen des Vaters gegen das Baby (BGH NStZ 17, 410).

Dabei reicht es nach der _neueren_ Rspr. aus, wenn durch die Untätigkeit des Garanten eine bereits bestehende Lebensgefahr vertieft wird[113].

**Beispiel:** Der Partygast A unterlässt es, ärztliche Hilfe herbeizuholen, nachdem der drogenabhängige G bei einer privaten Party aus einer von A mitgebrachten und vorübergehend unbeaufsichtigt im Wohnzimmer stehen gelassenen Flasche mit hochkonzentriertem GBL (= Gammabutyrolacton) im Irrtum über die Dosierung eine nicht näher bekannte Menge GBL getrunken hat und sich infolgedessen sein Zustand lebensgefährlich verschlechtert; mangels rechtzeitiger ärztlicher Hilfe verstirbt G schließlich (BGH NJW 17, 418).

Teilweise fordert der BGH, der Vorsatz des Garanten müsse auf eine Körperverletzung gerichtet sein, die nach Art, Ausmaß und Schwere den Tod des Opfers besorgen **273**

---

111 Vgl BGH MDR/D 76, 16; BGHSt 31, 96; siehe dazu auch _Roxin_, AT I, § 11 Rn 141 ff.
112 BGHSt 24, 213; BGH NStZ 82, 27; 86, 266; 01, 478; NJW 12, 2453, 2454 f; zu einem Fall fehlender individueller Voraussehbarkeit siehe BGHSt 51, 18, 21 f; krit. _Bosch_, JA 06, 743; näher _Wessels/ Beulke/Satzger_, AT Rn 1144.
113 BGHSt 61, 318; BGH NStZ 06, 686; aA wohl noch BGH NJW 95, 3194 mit krit. Anm. _Wolters_, JR 96, 471.

101

**§ 5** *Körperverletzungstatbestände*

lasse[114]. Damit übernimmt er – ohne nähere Begründung – für die Unterlassungsvariante den Standpunkt der Letalitätslehre, die er bei der Begehungsvariante ablehnt. In einer neueren Entscheidung verzichtet der BGH allerdings auf einen solchen qualifizierten Vorsatz und erklärt, der vorsätzlich angestrebte Körperverletzungserfolg brauche nicht lebensgefährlich zu sein[115]. Und in einem weiteren aktuellen Urteil verlangt er lediglich, dass der Garant die abstrakte Lebensgefährlichkeit seiner Körperverletzungs*handlung* erkennen und billigen muss[116]. Das entspricht der hier im Hinblick auf den Gefahrzusammenhang befürworteten differenzierenden Lösung (s. dazu Rn 262 ff).[117]

**Beispiel:** Die Mutter muss nur erfassen, dass ihr Nichtstun gegen die Gewalttätigkeiten des Vaters gegen das gemeinsame Baby für dieses generell lebensgefährlich ist; dass sie auf das Ausbleiben eines lebensgefährlichen Körperverletzungserfolges vertraut, ist unerheblich.

### 4. Erfolgsqualifizierter Versuch

**274** Umstritten ist, ob es bei § 227 einen **erfolgsqualifizierten Versuch** (das Grunddelikt wird nicht vollendet, der Täter führt die besondere Folge aber bereits durch sein unmittelbares Ansetzen herbei) geben kann.

**Beispiel:** Mehrere rechtsextreme Schläger machen Jagd auf einen Ausländer. Unmittelbar bevor sie die ersten Schläge setzen, kann dieser ihnen zwar noch entkommen, kommt dann jedoch auf der panikartigen Flucht ums Leben.

Vom Standpunkt der *Letalitätslehre* ist die Möglichkeit eines erfolgsqualifizierten Versuchs bei § 227 zu verneinen, da nach ihrer Auffassung der spezifische Gefahrzusammenhang gerade zwischen dem vorsätzlich verwirklichten Körperverletzungserfolg und der besonderen Folge bestehen muss (vgl. Rn 262). Anders verhält es sich aus Sicht der neueren Rechtsprechung. Nimmt man an, dass der spezifische Gefahrenzusammenhang auch direkt zwischen der Körperverletzungshandlung und der besonderen Folge bestehen kann (vgl Rn 263), ist ein erfolgsqualifizierter Versuch möglich[118]. Nach der hier vertretenen differenzierenden Lösung (vgl Rn 263 f) muss allerdings als Grunddelikt eine versuchte gefährliche Körperverletzung nach § 224 I Nr 5 vorliegen (so etwa, wenn das Opfer dem lebensgefährlichen Schlag des Täters ausweicht und dabei so unglücklich stürzt, dass es sich eine tödliche Verletzung zuzieht). In allen anderen Fällen kommt – entgegen der Rechtsprechung – eine Bestrafung wegen versuchter Körperverletzung mit Todesfolge nicht in Betracht. So wäre § 227 im obigen Verfolgungsjagd-Beispiel zu verneinen, sofern die unmittelbar drohende Körperverletzung noch keine das Leben gefährdende Behandlung darstellt (aA im entsprechenden **Gubener Verfolgungsjagdfall** BGHSt 48, 34, 38 f[119]).

Zum **Prüfungsaufbau** s. *Kuhli*, JuS 20, 289, 291 f.

---

114 BGHSt 41, 113, 118.
115 BGH NJW 17, 418, 419.
116 BGH NStZ 17, 410, 411.
117 Näher zum Ganzen *Engländer*, NStZ 18, 135; ferner *Jansen*, ZStW 130 (2018), 1087.
118 BGHSt 48, 34 im Gubener Verfolgungsjagdfall, wobei dort die Bejahung des Versuchsbeginns durchaus problematisch war; dazu *Puppe*, JR 03, 123, aber auch *Sowada*, Jura 03, 549, 551.
119 Krit. dazu *Engländer*, GA 08, 669, 680 ff; dem BGH zust. hingegen *Heghmanns*, BT Rn 436; *Klesczewski*, BT § 3 Rn 54 f.

*Täterschaft* **§ 5 VII 1**

## 5. Verhältnis zu den Tötungsdelikten

§ 227 geht im Fall seiner Anwendbarkeit dem § 222 als *lex specialis* vor (BGHSt 8, 54). Ist bei Verwirklichung des § 223 *Eventualvorsatz* hinsichtlich der darauf beruhenden Todesfolge gegeben, wird § 227 durch §§ 212, 211 verdrängt[120]. Lässt sich nicht klären, ob der Tod des Opfers die Folge der vom Tötungsvorsatz oder der nur vom Körperverletzungsvorsatz getragenen Einwirkung ist, kommt Tateinheit zwischen § 227 und Tötungsversuch in Betracht (BGHSt 35, 305). Der Todeserfolg soll § 227 und §§ 212, 13 zur Tateinheit verbinden können (so BGH NStZ 00, 29). Bei Prüfung eines minder schweren Falles iS des § 227 II ist an § 213 Alt. 1 (Reizung zum Zorn) zu denken (BGH NStZ-RR 97, 99).

**275**

## 6. Prüfungsaufbau: Körperverletzung mit Todesfolge, § 227

---

**Körperverletzung mit Todesfolge, § 227**
**276**

**I. Tatbestandsmäßigkeit**
1. **Objektiv und subjektiv tatbestandsmäßige Körperverletzung nach §§ 223–226**
2. **Eintritt und Verursachung des Todes**
3. **Objektive Zurechnung**
   a) **Zurechnung der schweren Folge zum Verhalten des Täters nach allgemeinen Zurechnungsregeln**
      Ⓟ Zurechnungszusammenhang bei Mitwirkung des Opfers oder Eingreifen Dritter
   b) **Tatbestandsspezifischer Gefahrzusammenhang zwischen der Körperverletzung und dem Tod der verletzten Person**
      → nach *hM* kann sich die Gefahr nicht nur aus dem Verletzungserfolg, sondern auch aus der Verletzungshandlung ergeben, dh ausreichen kann sogar eine nur versuchte Körperverletzung (sog. erfolgsqualifizierter Versuch)
4. **(wenigstens) Fahrlässigkeit hinsichtlich des Todes (§ 18)**
      → idR nur noch objektive Erkennbarkeit des Gefahrenzusammenhangs und objektive Vorhersehbarkeit der tödlichen Folge zu prüfen

**II. Rechtswidrigkeit**

**III. Schuld**
   → insb. subjektive Erkennbarkeit des Gefahrenzusammenhangs und subjektive Vorhersehbarkeit der tödlichen Folge

---

# VII. Körperverletzung im Amt

## 1. Täterschaft

Als Täter dieses „unechten" Amtsdelikts (Rn 1071) ist nur ein Amtsträger iS § 11 I Nr 2 oder ein (Unter-)Offizier der Bundeswehr (§ 48 I WStG) qualifiziert. Für beteiligte Nichtamtsträger gilt § 28 II.

**277**

---

120 BGHSt 20, 269; AnwK-*Zöller*, § 227 Rn 22; aA SK-*Wolters*, § 227 Rn 18; instruktiv NK-*Paeffgen/Böse*, § 227 Rn 36; wie hier auch *Rengier*, BT II § 16 Rn 25 f.

## § 5 *Körperverletzungstatbestände*

### 2. Tathandlungen

**278** Die Körperverletzung (vgl Rn 204, 210, 213) muss *während der Ausübung des Dienstes* oder *in Beziehung auf den Dienst* begangen werden. Ersteres erfordert über den zeitlichen Zusammenhang hinaus auch einen sachlichen mit der Dienstausübung[121]. Danach fallen rein privat motivierte Taten während der Dienstzeit mangels **Missbrauchs der Amtsgewalt** nicht unter § 340 – so etwa, wenn ein Polizeibeamter seinen Kollegen aus persönlichen Motiven schlägt. *In Beziehung auf den Dienst* begangen ist die Tat, wenn sie außerhalb des Dienstes, aber in sachlichem Zusammenhang mit seiner Ausübung und unter Anmaßung dienstlichen Auftretens erfolgt[122].

**Beispiel:** Der Polizist setzt seine Ermittlungen in seiner Freizeit fort und verprügelt einen Zeugen, um diesen zur Preisgabe von Informationen zu nötigen.

§ 340 greift auch dann ein, wenn der Amtsträger die Körperverletzung nicht selbst als (Mit-) Täter begeht, sondern *begehen lässt*. Die Bedeutung dieser Verhaltensalternative ist in mehrfacher Hinsicht umstritten. Nach verbreiteter Ansicht soll sie die Konstellationen der mittelbaren Täterschaft[123] sowie die Teilnahme[124] erfassen; ferner jegliche Beteiligung durch Unterlassen bei bestehender Garantenpflicht[125]. Sieht man – naheliegend – die Aufgabe des Begehenlassens in der Gleichstellung der bloßen Teilnahme des Amtsträgers an der Körperverletzung mit deren täterschaftlicher Begehung, so sind die Strafrahmenmilderungen der §§ 13 II, 27 II 2 nicht anwendbar[126].

Gem. § 340 III rechtfertigt die Einwilligung des Verletzten die Tat[127].

### 3. Qualifikationstatbestände

**279** § 340 III, der Tateinheit mit den §§ 223–227, 229 ausschließt, stellt des Weiteren klar, dass eine Körperverletzung im Amt auch dann vorliegt, wenn der Amtsträger eine qualifizierte Körperverletzung begeht oder begehen lässt[128]. Zur Bestrafung von Nichtamtsträgern siehe Rn 277. Für diese qualifizierten Fälle findet die etwas verschärfte Strafdrohung des § 340 I keine Fortsetzung[129].

---

121  So die hL; siehe etwa NK-*Kuhlen*, § 340 Rn 8 mwN.
122  LK-*Lilie*, § 340 Rn 6; MüKo-*Voßen*, § 340 Rn 11.
123  So etwa *Fischer*, § 340 Rn 2b; LK-*Lilie*, § 340 Rn 9; aA Matt/Renzikowski-*Engländer*, § 340 Rn 3, SK-*Wolters*, § 340 Rn 6; S/S-*Hecker*, § 340 Rn 6; jeweils mwN.
124  AA LK-*Lilie*, § 340 Rn 10; *Otto*, BT § 19 Rn 5.
125  *Eisele*, BT I Rn 394; MüKo-*Voßen*, § 340 Rn 12; aA *Otto*, BT § 19 Rn 6; differenzierend *Fischer*, § 340 Rn 2b; S/S-*Hecker*, § 340 Rn 6 mwN; Matt/Renzikowski-*Engländer*, § 340 Rn 3.
126  Siehe nur NK-*Kuhlen*, § 340 Rn 10; AnwK-*Zöller*, § 340 Rn 1, 4.
127  NK-*Kuhlen*, § 340 Rn 5; Matt/Renzikowski-*Engländer*, § 340 Rn 7, aA *Gössel/Dölling*, BT I § 76 Rn 4; MüKo-*Voßen*, 2. Aufl., § 340 Rn 29.
128  BT-Drucks. 13/8587, S. 83; S/S-*Hecker*, § 340 Rn 13; SSW-*Kudlich*, § 340 Rn 15.
129  Zu Recht krit. MüKo-*Voßen*, § 340 Rn 32; SK-*Wolters*, § 340 Rn 3.

*Tathandlungen* § 5 VIII 3

## VIII. Misshandlung von Schutzbefohlenen

**Fall 22:** Der alleinerziehende Vater V bewohnt mit seiner 8-jährigen Tochter T ein kleines **280** Einfamilienhaus. Um ungestört mit seinen Freunden ein verlängertes Wochenende auf Mallorca verbringen zu können, möchte V die sensible T zu den Großeltern in die Stadt bringen. Als T sich widersetzt, sperrt V sie eine Stunde lang in den dunklen Keller, um sie zur Vernunft zu bringen. Dabei flößt er ihr panische Angst vor Ratten und „Gespenstern" ein und lässt sie erst heraus, als T verspricht, ohne weiteren Widerstand bei ihren Großeltern zu übernachten.
Strafbarkeit des V gemäß §§ 223 ff? **Rn 285**

### 1. Das Verhältnis zu § 223

Geschütztes Rechtsgut des § 225 ist neben der **körperlichen Unversehrtheit** des ge- **281** nannten Personenkreises auch ihre **psychische Integrität**[130]. Zum Ausdruck kommt dies im Merkmal des „Quälens", das auch die Zufügung rein *seelischer* Beeinträchtigungen erfasst. Damit besitzt die Vorschrift einen hybriden Charakter. Soweit es um bestimmte körperliche Misshandlungen und Gesundheitsschädigungen geht, handelt es sich bei ihr um einen **Qualifikationstatbestand** zur einfachen Körperverletzung. Soweit jedoch gewisse seelische Beeinträchtigungen, die grds. nicht unter § 223 fallen (vgl Rn 201), in Rede stehen, enthält sie einen eigenständigen Tatbestand und bildet insoweit ein **echtes Sonderdelikt**[131].

### 2. Geschützter Personenkreis

§ 225 schützt **Minderjährige** und wegen Gebrechlichkeit oder Krankheit **wehrlose** **282** **Personen**. Zwischen ihnen und dem Täter muss ein besonderes Schutz- oder Abhängigkeitsverhältnis der im Gesetz näher umschriebenen Art bestehen[132].

### 3. Tathandlungen

Als **Tathandlung** nennt § 225 I neben dem **Quälen** und dem **rohen Misshandeln** die **283** Herbeiführung einer Gesundheitsschädigung durch *böswillige* **Vernachlässigung der Sorgepflicht**.

**Quälen** ist das Zufügen länger dauernder oder sich wiederholender Schmerzen oder Leiden **284** körperlicher oder seelischer Art. Mehrere Körperverletzungshandlungen, die für sich genommen noch nicht den Tatbestand des § 225 I erfüllen, können als ein Quälen i.S. dieser Norm zu bewerten sein, wenn erst die ständige Wiederholung den gegenüber § 223 gesteigerten Unrechtsgehalt ausmacht (etwa wenn jeden Abend der Vater seine körperlich völlig überforderten kleinen Kindern zwingt, 20 Liegestütze und 20 Sit-Ups zu machen); in diesem Fall bilden sie

---

130  *Fischer*, § 225 Rn 2; MüKo-*Hardtung*, § 225 Rn 1.
131  AnwK-*Zöller*, § 225 Rn 1; *Fischer*, § 225 Rn 2; gänzlich als eigenständiger Tatbestand wird § 225 angesehen von S/S-*Sternberg-Lieben*, § 225 Rn 1 f.
132  Dazu *Fischer*, § 225 Rn 4; SK-*Wolters*, § 225 Rn 3.

§ 5 *Körperverletzungstatbestände*

eine tatbestandliche Handlungseinheit[133]. Eine gefühllose und unbarmherzige Gesinnung ist für das Quälen nicht erforderlich[134].

**Roh** ist eine Misshandlung, die einer gefühllosen, fremde Leiden missachtenden Gesinnung entspringt und sich in Handlungsfolgen von erheblichem Gewicht für das körperliche Wohlbefinden des Opfers äußert[135] (so zB beim Schlagen eines Jungen mit einer „Bullen-Peitsche", wodurch Striemen und anschließend Narben verursacht werden, oder beim Verursachen schwerer Hirnschädigungen bei einem Baby durch heftiges Schütteln aus nichtigem Anlass[136]).

**Böswillig** iS des § 225 handelt, wer die ihm obliegende Sorgepflicht aus besonders verwerflichen Gründen verletzt, wie etwa aus Hass, Bosheit, Geiz, rücksichtslosem Egoismus usw (BGHSt 3, 20; RGSt 72, 118; 70, 357). Daran fehlt es, wenn das Handeln oder Unterlassen des Täters nur auf Gleichgültigkeit oder Schwäche beruht[137].

285 Das Verhalten des V erfüllt im **Fall 22** (neben §§ 239 I, 240 = *Einsperren* als Form der Freiheitsberaubung und als Mittel zur Abnötigung des Folgsamkeitsversprechens) den Tatbestand des § 223, soweit es sich *nicht* in der Zufügung *rein seelischer Qualen* erschöpft, sondern zugleich mit einer nicht unerheblichen Beeinträchtigung des körperlichen Wohlbefindens der T verbunden war, wie etwa mit starkem Herzklopfen, Zittern des Körpers, Magenbeschwerden usw als Folge der panischen Angstzustände[138]. Letzteres ist hier anzunehmen. Fraglich ist aber, ob V auch den Tatbestand des § 225 verwirklicht hat. Die 8-jährige T unterstand der Fürsorge wie der Obhut ihres leiblichen Vaters V, zu dessen Hausstand sie gehörte (vgl § 225 I Nr 1, 2). Im Verhalten des V liegt zudem ein „Quälen" iS des § 225 I[139]. Auf der Hand liegt dabei, dass quälende Maßnahmen vom elterlichen Erziehungsrecht nicht gedeckt sind und nicht deshalb gerechtfertigt sein können (siehe § 1631 II BGB; ferner *Kühl*, AT § 9 Rn 66).

## 4. Qualifikationstatbestand

286 Der Begriff der **schweren Gesundheitsschädigung** im Qualifikationstatbestand des § 225 III Nr 1 reicht *weiter* als der Begriff der schweren Körperverletzung iS des § 226 I. Eine Gesundheitsschädigung (dazu Rn 213) ist mithin nicht erst dann schwer, wenn der Täter eine der in § 226 I aufgeführten Folgen herbeigeführt hat; vielmehr genügt schon, dass ein physischer oder psychischer Krankheitszustand bewirkt worden ist, der die Gesundheit des Opfers ernstlich, einschneidend und nachhaltig (insbesondere langwierig, lebensbedrohend oder qualvoll) beeinträchtigt. Eine erhebliche Beeinträchtigung der körperlichen oder geistigen Arbeitskraft für längere (oder: lange, so BT-Drucks. VI/3434, S. 13) Zeit reicht aus[140].

---

133 BGHSt 41, 113; BGH StV 12, 534, 537; 16, 432; BGH medstra 16, 43 mit zust. Anm. *Sternberg-Lieben* und mit krit. Anm. *Momsen-Pflanz*, StV 16, 440; *Fischer*, § 225 Rn 8a.

134 BGH NJW 15, 3047 mit Anm *Engländer*; aA NK-*Paeffgen/Böse*, § 225 Rn 13.

135 BGHSt 25, 277 mit Anm. *Jakobs*, NJW 74, 1829; *Küper/Zopfs*, BT Rn 391.

136 BGH NStZ-RR 18, 209; anders allerdings uU, wenn der Täter sich in einem Zustand der Überforderung befand, vgl BGH NStZ 07, 209.

137 BGH NStZ 91, 234; *Fischer*, § 225 Rn 11.

138 Vgl BGHSt 48, 34, 36 f; BGH MDR/D 75, 22; RGSt 64, 113, 119; *Krey/Hellmann*, BT I Rn 191 mwN.

139 Zum Begriff siehe OLG Kiel Deutsche Justiz 34, 582; *Maurach/Schroeder*, BT I § 10 Rn 8; S/S-*Sternberg-Lieben*, § 225 Rn 12.

140 Vgl *Küper/Zopfs*, BT Rn 282 mwN und *Küper* ZStW 111 (1999), 30, 37; LK-*Grünewald*, § 225 Rn 30; enger *Rengier*, BT II § 10 Rn 34; anders LK-*Träger/Schluckebier*, § 239 Rn 43.

*Rechtswidrigkeit der Körperverletzung* **§ 5 X**

Für § 225 III Nr 1 Alt. 2 genügt es, wenn der Täter die schutzbefohlene Person durch **287** die Tat *in die Gefahr* einer solchen schweren Gesundheitsschädigung *bringt*. § 225 III ist ein *qualifizierendes* **konkretes Gefährdungsdelikt**[141]. Zur Gefahr einer erheblichen Schädigung der körperlichen oder seelischen Entwicklung siehe S/S-*Bosch/Schittenhelm*, § 171 Rn 5 und SK-*Wolters,* § 171 Rn 2, zum Vorsatz Nachw. bei *Lackner/Kühl,* § 225 Rn 9.

## IX. Fahrlässige Körperverletzung

Der Begriff der Körperverletzung in § 229 ist wie bei § 223 zu verstehen. Er umfasst **288** also sowohl die **Gesundheitsschädigung** als auch die **körperliche Misshandlung**. Für die Fahrlässigkeit des Verhaltens gelten die allgemeinen Grundsätze (vgl *Wessels/Beulke/Satzger*, AT Rn 1109 ff). § 229 ist auch anwendbar, wenn die Tathandlung den Tod des Opfers verursacht, aber nur die Körperverletzung, nicht auch der Tod vorhersehbar war[142]. Die fahrlässige Körperverletzung kann nicht nur durch ein Tun, sondern ebenso durch ein **Unterlassen** begangen werden[143].

## X. Rechtswidrigkeit der Körperverletzung

Für den Ausschluss der Rechtswidrigkeit bei Körperverletzungen gelten die allgemei- **289** nen Rechtfertigungsgründe. Praktische Bedeutung kommt hier vor allem der **Notwehr** (§ 32) und der – freilich durch § 228 begrenzten – **Einwilligung** der verletzten Person zu. Das sog. elterliche Züchtigungsrecht hat der Gesetzgeber mit § 1631 II BGB idF des Gesetzes zur Ächtung der Gewalt in der Erziehung vom 2.11.2000 beseitigt (näher Matt/Renzikowski-*Engländer*, Vor § 32 Rn 35).

Prinzipiell wird die Körperverletzung durch die Einwilligung der verletzten Person **290** **gerechtfertigt.** Den Grund hierfür bildet die Freiheit des Einzelnen zur Gestaltung der eigenen Rechtssphäre. Diese Freiheit erfährt allerdings bei der körperlichen Unversehrtheit eine **Einschränkung,** wenn die **Tat** (nicht die Einwilligung!) gegen die **guten Sitten** verstößt, § 228. Bedeutsam wird die Schranke des § 228 nur, wenn die sonstigen Voraussetzungen der Einwilligung erfüllt sind[144]. Wie man nun das Kriterium des Verstoßes gegen die guten Sitten zu verstehen hat, ist allerdings äußerst umstr[145]. Einer verbreiteten, vom 3. Strafsenat insoweit bestätigten, Ansicht nach soll es darauf ankommen, inwieweit *die Tat* „nach allgemein gültigen moralischen Maßstäben, die vernünftigerweise nicht in Frage gestellt werden können, mit dem eindeutigen Makel der Sittenwidrigkeit behaftet ist", mithin die Körperverletzung „gegen

---

141   Zum Begriff eingehend *Küper/Zopfs*, BT Rn 248; vgl auch *Jescheck/Weigend*, AT § 26 II 2 und *Wessels/Beulke/Satzger*, AT Rn 43.
142   OLG Köln NJW 56, 1848.
143   BGH NStZ 03, 657.
144   Zu den Voraussetzungen näher *Wessels/Beulke/Satzger*, AT Rn 562.
145   Mangels hinreichender Bestimmtheit halten *Morgenstern*, JZ 17, 1146; NK-*Paeffgen/Zabel*, § 228 Rn 44, den § 228 für verfassungswidrig. Ebenso i.E. *Rostalski*, HRRS 20, 214, die eine illegitime Einschränkung der Selbstbestimmungsfreiheit sieht.

§ 5 *Körperverletzungstatbestände*

das Anstandsgefühl *aller* billig und gerecht Denkenden verstößt"[146] (beachte aber Rn 291). Dieser Definitionsversuch setzt sich indes nicht nur dem Einwand aus, dass die Bestimmbarkeit (empirisch?[147], normativ?) jener allgemeingültigen moralischen Maßstäbe ungeklärt bleibt. Er gibt darüber hinaus auch keine Antwort auf die Frage, aus welchem Grund irgendwelchen moralischen Anschauungen „billig und gerecht Denkender" ein Vorrang vor der Freiheit des Einzelnen zur Gestaltung seiner eigenen Rechtssphäre zukommen soll. Schließlich gilt in einer freiheitlichen Rechtsordnung, dass der Umgang des Einzelnen mit den ihm gehörenden Gütern nicht von der – und sei es moralischen – Billigung der anderen abhängt.

**291** Eine Antwort hierauf versucht die sog. **Zwecktheorie.** Eine Einschränkung der Autonomie des Rechtsgutinhabers lasse sich für die Fälle rechtfertigen, in denen mit der Körperverletzung ein rechtlich oder sittlich **missbilligenswerter Zweck** verfolgt werde (zB die Vorbereitung eines Betruges zu Lasten der Versicherung)[148]. Dieser Ansatz missachtet indes den Schutzzweck der Körperverletzungsvorschriften. Die §§ 223 ff. dienen allein der Erhaltung der körperlichen Unversehrtheit (sowie des Lebens, vgl §§ 224 Abs. 1 Nr 5, 227) und nicht der Beschützung irgendwelcher anderer Güter, die durch die Tat uU mittelbar in Gefahr zu geraten drohen.

Eine Bestrafung aus einem Körperverletzungsdelikt ist daher nur legitimierbar, wenn man aufzeigen kann, dass trotz der Einwilligung des Rechtsgutsinhabers ein Interesse am strafrechtlichen Schutz gerade der körperlichen Integrität fortbesteht. Das bejaht die – mittlerweile auch von der jüngeren *Rspr.* befürwortete – **Schweretheorie** für solche Körperverletzungen, die mit einer **konkreten Lebensgefahr** verbunden sind oder einen **besonderen Schweregrad** (vergleichbar jenem aus § 226) aufweisen[149].

**Beispiele:** Der sadomasochistisch Veranlagte kann nicht zur Erzielung eines sexuellen Lustgewinns in eine lebensgefährliche Strangulation einwilligen (BGHSt 49, 166, 173 f) – wohl aber in die Zufügung nicht weiter bedrohlicher Striemen; ausgeschlossen ist auch die Einwilligung des gesundheitlich vorgeschädigten Drogenkonsumenten in eine Heroininjektion, die ihn in Todesgefahr bringt (BGHSt 49, 34, 44)

Zustimmung verdient dieser Ansatz insoweit, als die Einwilligungsschranke hier nicht nach diffus-weltanschaulichen Gesichtspunkten, sondern anhand nachvollziehbarer rechtlicher Maßstäbe bestimmt wird. Freilich melden sich Zweifel, ob jenes *in der Sache* überzeugendere Kriterium nicht mit einer Überdehnung des gesetzlichen Begriffs der Sittenwidrigkeit erkauft ist[150].

Auch nach der **Schweretheorie** spielt der Zweckgedanke allerdings insoweit eine Rolle, als auch eine konkret lebensgefährliche oder besonders schwere Körperverletzung ausnahmsweise als *nicht* sittenwidrig gilt, wenn sie ein notwendiges Mittel zur

---

146 BGHSt 49, 34, 41 unter Berufung auf S/S-*Stree*, 26. Aufl., § 228 Rn 6 sowie auf BGHSt 4, 24, 32 und 88, 91; siehe ferner BayObLG NJW 99, 372; *Roxin*, AT I, § 13 Rn 38 ff, 56. Zur Kritik an der Norm *Frisch*, Hirsch-FS, S. 485; S/S-*Sternberg-Lieben*, § 228 Rn 2 ff, 4 und die Nachw. bei *Wessels/Beulke/Satzger*, AT Rn 572.

147 So BGHSt 49, 34, 41; krit. zu einem Rückgriff auf außerrechtliche Maßstäbe dagegen BGHSt 49, 166, 169.

148 BGHSt 4, 24, 31.

149 BGHSt 49, 166, 170 f; *Hirsch*, Amelung-FS, S. 181, 197 f; MüKo-*Hardtung*, § 228 Rn 24.

150 Zweifelnd auch *Kühl*, Schroeder-FS, S. 521, 530 f.

Das Verhältnis zu den Tötungsdelikten § 5 XI

Erreichung eines nach intersubjektiven Maßstäben **positiven** oder jedenfalls einsehbaren **Zweckes** darstellt[151].

**Beispiel:** Der Patient willigt in die medizinisch indizierte Amputation seines Beines ein.

Im Falle von körperliche Auseinandersetzungen, namentlich **einverständliche Prügeleien,** ist die Einwilligung nach den soeben geschilderten Grundsätzen unwirksam, wenn die Tätlichkeiten mit der konkreten Gefahr schwerwiegender Gesundheitsschädigungen oder gar des Todes verbunden sind[152]. Darüber hinaus will die Rechtsprechung zur Begründung der Sittenwidrigkeit mittlerweile auch **abstrakt-generelle Eskalationsgefahren** genügen lassen. Fehlen bei einverständlichen Prügeleien Absprachen, die das Gefährlichkeitspotenzial begrenzen, oder effektive Sicherungen, die ihre Einhaltung gewährleisten, sollen die Körperverletzungen unabhängig vom Vorliegen konkreter Gefahren sittenwidrig sein[153].

**292**

**Beispiel:** Die sog. „Dritte Halbzeit", bei der sich Anhänger rivalisierender Fanclubs im Anschluss an ein Fußball-Bundesligaspiel auf freiem Feld treffen, um sich dort zu prügeln.

Zur Begründung verweist der *BGH* auf die gesetzliche Wertung des § 231. Wenn nach dieser Strafvorschrift Schlägereien aufgrund der mit ihnen auch für unbeteiligte Dritte verbunden Risiken grds. ein strafwürdiges, einer Einwilligung nicht zugängliches Unrecht darstellten, könne für die einzelnen Körperverletzungstaten, die in ihrem Rahmen begangen werden, nichts anderes gelten. Dem ist indes aufgrund der unterschiedlichen Schutzzwecke der §§ 223 ff einerseits und des § 231 andererseits zu widersprechen. Belange der Allgemeinheit sind nicht geeignet, bei den §§ 223 ff eine Einwilligungsschranke zu legitimieren. Die *Rspr.* zieht daher der Freiheit des Einzelnen zur Gestaltung der eigenen Rechtssphäre zu enge Grenzen[154].

Inwieweit und bei welchen Sportarten im Rahmen des **Sports** die Einwilligung eine Rolle spielen kann, ist umstritten; hierzu und zur Frage der strafrechtlichen Verantwortlichkeit bei Sportwettkämpfen siehe *Kubink*, JA 03, 257; Matt/Renzikowski-*Engländer*, § 228 Rn 8; *Rössner*, Hirsch-FS, S. 313; *Schild*, Sportstrafrecht, 2002, S. 75 ff; zur studentischen Mensur vgl *Rennicke*, ZJS 19, 465, 467; zur ärztlichen Heilbehandlung vgl Rn 297 ff.

**293**

## XI. Das Verhältnis zu den Tötungsdelikten

Im Verhältnis zu den **Tötungsdelikten** bildet die Körperverletzung objektiv wie subjektiv ein *notwendiges Durchgangsstadium* auf dem Weg zur Tötung. In jedem Tötungsvorsatz ist daher zwangsläufig ein Körperverletzungsvorsatz enthalten (BGHSt 16, 122; 21, 265; sog. *Einheitstheorie*). Gegenüber der **vollendeten Tötung** tritt die Körperverletzung als *subsidiäres Delikt* zurück. Anders verhält es sich allerdings

**294**

---

151  BGHSt 49, 166, 171; 60, 166, 178 f; darin sieht *Duttge*, NJW 05, 260, 262, einen Beleg für die Unrichtigkeit der Schweretheorie.

152  BayObLG NJW 99, 372 (Zustimmung zu einer lebensgefährlichen Behandlung als Teil eines Aufnahmerituals in eine Jugendgang).

153  BGHSt 58, 140 mit abl. Anm. *Hardtung*, NStZ 14, 267; BGHSt 60, 166.

154  Ausf. Kritik bei *Gaede*, ZIS 2014, 489; *Theile*, Beulke-FS, S. 557; *Zabel*, JR 15, S. 619.

109

**§ 6** *Probleme der Heilbehandlung*

beim Zusammentreffen eines Tötungsversuchs mit *vollendeter* Körperverletzung (§§ 223, 224, 226): Hier ist Tateinheit anzunehmen (BGHSt 44, 196)[155].

295 Überlebt zB jemand einen Totschlagsversuch, weil der auf ihn abgefeuerte Schuss fehlgegangen ist, so wird der gewichtige Unterschied im Unrechtsgehalt beider Fälle bereits **in der Urteilsformel** (§§ 260 IV, 268 StPO) zum Ausdruck gebracht (Klarstellungsfunktion der Tateinheit). Dabei versteht sich von selbst, dass dem Täter das in den Bereich tatbestandlicher Überschneidung fallende Unrecht nur *einmal* angelastet werden kann (BGHSt GrS 39, 100, 109); hingegen sind bei der Strafzumessung die Schwere der Verletzungen und der sonstigen verschuldeten Tatfolgen zu berücksichtigen (BGHSt 44, 196).

# § 6 Probleme der Heilbehandlung

296 **Fall 23:** Der 12-jährige J betritt mit seiner Mutter M eine Münchener Klinik. Während M einen Freund besucht, bleibt J mit einer Bekannten B in dem zur Operationsabteilung gehörenden Wartezimmer. Zu dieser Zeit erwarten die Assistenzärztin A und der Chirurg C einen Jungen gleichen Alters mit Namen *„Allan"* zu einer Leistenbruchoperation, die ambulant durchgeführt werden soll. Die Frage der A, ob er *„Allan"* heiße, verneint J zwar zutreffend. Gleichwohl nimmt A ihn mit, ohne dass B darauf reagiert, weil sie glaubt, A wolle mit J spielen. J, der alles Weitere widerspruchslos geschehen lässt, erhält eine Narkose und wird operiert. Wie sich dabei herausstellt, leidet er tatsächlich an einem Leistenbruch; dieser ist jedoch so geringfügig, dass der Chirurg C über die vermeintlich vorliegende Anordnung einer Operation erstaunt ist.
Strafbarkeit von A und C? **Rn 304**

## I. Ärztliche Heilbehandlungsmaßnahmen

### 1. Die Position der Rechtsprechung

297 Im Anschluss an RGSt 25, 375 sieht die **Rechtsprechung** in *jedem* ärztlichen Eingriff, der die körperliche Unversehrtheit mehr als nur unerheblich beeinträchtigt, eine **tatbestandsmäßige Körperverletzung**, und zwar ohne Rücksicht darauf, ob die betreffende Maßnahme medizinisch indiziert ist, sachgerecht ausgeführt wird und erfolgreich verläuft[1]. Für einen Unrechtsausschluss bedarf der ärztliche Heileingriff daher von diesem Standpunkt aus einer besonderen *Rechtfertigung,* die idR durch eine **Einwilligung** des Patienten erfolgt[2]. Mit dem PatientenrechteG v. 20.2.2013 wurde das Einwilligungserfordernis nunmehr in § 630d BGB auch gesetzlich normiert. Die Einwilligung ist dabei nur wirksam, wenn der Arzt zuvor seiner **Aufklärungspflicht** genüge getan hat. Diese zunächst von der Rechtsprechung entwickelte und ausgestaltete Aufklärungspflicht[3] wurde in § 630e BGB durch das PatientenrechteG ebenfalls

---

155 Anders noch BGHSt 16, 122; 21, 265 und 22, 248.

1 BGHSt 11, 111; 16, 309; 43, 306; BGH NStZ 96, 34.
2 Zu den Voraussetzungen *Wessels/Beulke/Satzger,* AT Rn 562.
3 Zur Kasuistik vgl S/S-*Sternberg-Lieben,* § 223 Rn 47.

110

Die Position der Rechtsprechung **§ 6 I 1**

kodifiziert. Der Patient muss seine Entscheidung in voller Kenntnis ihrer Tragweite treffen können. Daher hat der Arzt ihn über den Krankheitsbefund sowie über Art, Umfang, Durchführung und zu erwartende Folgen des heilenden Eingriffs (etwa Schmerzen, Funktionsbeeinträchtigungen, Narbenbildung) zu informieren – sog. *Diagnose-*, *Therapie-* und *Eingriffsaufklärung*[4].

Erweist sich die Einwilligung aufgrund eines Aufklärungsmangels als unwirksam, kann der Arzt der Rechtsprechung zufolge gleichwohl gerechtfertigt sein. Zwar scheidet eine *mutmaßliche Einwilligung* aus, da in einem solchen Fall stets die Möglichkeit bestand, durch eine ordnungsgemäße Aufklärung eine wirksame Zustimmung des Patienten einzuholen. In Betracht kommt hier aber nach der Rechtsprechung die sog. **hypothetische Einwilligung.** Nach dieser soll der Arzt auch dann gerechtfertigt sein, wenn der Patient auch bei hinreichender Information seine Zustimmung erteilt hätte (vgl BGH StV 08, 189). Lässt sich das nicht eindeutig aufklären, ist dem BGH zufolge nach dem in-dubio-Grundsatz davon auszugehen, dass eine solche Einwilligung erfolgt wäre[5].

**298**

Diese Figur wurde zunächst von der zivilgerichtlichen Rspr.[6] im Arzthaftungsrecht entwickelt und ist für diesen Bereich nun in § 630h II 2 BGB kodifiziert. Seit einigen Jahren findet sie auch in der strafgerichtlichen Rspr. Anwendung[7].

Der Sache nach handelt es sich bei der hypothetischen Einwilligung um den Versuch einer Übertragung der Lehre von der objektiven Zurechnung auf die Rechtswidrigkeitsebene – konkret: um den **Ausschluss der Erfolgszurechnung** wegen fehlenden Rechtswidrigkeitszusammenhangs[8]. Dagegen werden im Schrifttum zu Recht mehrere grundlegende Einwände vorgebracht[9]: Zunächst liege der Rechtswidrigkeitszusammenhang durchaus vor, da bei rechtmäßigem Alternativverhalten – im Falle des Fehlens einer wirksamen Einwilligung sei dies das Unterlassen des Heileingriffs – der Verletzungserfolg gerade nicht eingetreten wäre. Ferner denke die Rspr. mit der hypothetischen Zustimmung des Berechtigten unzulässig eine hypothetische Ersatzursache hinzu. Und schließlich drohe mit der Anerkennung der hypothetischen Einwilligung die Selbstbestimmungsfreiheit des Patienten ausgehöhlt zu werden. Noch nicht befriedigend geklärt ist allerdings, wie sich die als notwendig angesehene strafrechtliche Haftungsbegrenzung bei ärztlichen Aufklärungsmängeln herbeiführen lässt, wenn man die Figur der hypothetischen Einwilligung ablehnt[10].

---

4   BGH NStZ 96, 34. Näher zum Zusammenhang von zivilrechtlicher Aufklärungspflicht und Wirksamkeit der Einwilligung *Iversen*, HRRS 18, 475.

5   BGH NStZ-RR 04, 16, NStZ 12, 205.

6   BGH NJW 80, 1333; NJW 84, 1397; NJW 09, 1209.

7   BGH NJW 13, 1688; JR 96, 69, 71; NStZ-RR 04, 16; NStZ-RR 07, 340, 341; NStZ 12, 205.

8   *Kuhlen*, Roxin-FS, S. 331; *ders.*, JZ 05, 713, 715 ff. Allg. zur Übertragbarkeit der Zurechnungslehre auf die Rechtswidrigkeitsebene *Hefendehl*, Frisch-FS, S. 465.

9   S. dazu und zu weiteren Kritikpunkten *Duttge*, Schroeder-FS, S. 179, 183 ff; *Gaede*, Limitiert akzessorisches Medizinstrafrecht statt hypothetischer Einwilligung, 2014; *Gropp*, Schroeder-FS, S. 197, 201 ff; *Haas*, GA 15, 147; *Jäger*, Jung-FS, S. 345, 349 ff; *Puppe* GA 03, 764; *dies.*, ZIS 16, 366; *Roxin*, medstra 17, 129; *Saliger*, Beulke-FS, S. 257; *Sowada*, NStZ 12, 1, 6 ff; *Swoboda*, ZIS 13, 18; diff. *Zabel*, GA 15, 219.

10  Prägnanter Überblick über die verschiedenen im Schrifttum vertretenen Ansätze mit eigenem Lösungsvorschlag bei *Roxin*, medstra 17, 129, 134 ff. Vgl ferner *Sternberg-Lieben*, MedR 19, 185.

111

**§ 6** *Probleme der Heilbehandlung*

**299** Zur angeblich eingeschränkten Verbindlichkeit des Vetos gegen eine **Bluttransfusion** siehe OLG München MedR 03, 174 mit zu Recht abl. Anm. *Bender*; vgl auch *Hessler*, MedR 03, 13. Zum Ganzen eingehend *Sowada*, NStZ 12, 1; *Ulsenheimer*, Arztstrafrecht, Rn 329 ff, 384 ff, 387; *Tag*, Der Körperverletzungstatbestand im Spannungsfeld zwischen Patientenautonomie und Lex artis, 2000; zur **Fallbearbeitung** vgl *Bollacher/Stockburger*, Jura 06, 908.

## 2. Der Meinungsstand im Schrifttum

**300** Im Schrifttum nach wie vor verbreitet ist dagegen die Ansicht, dass jede **zu Heilzwecken vorgenommene Behandlung**, die nach den Erkenntnissen der medizinischen Wissenschaft erforderlich ist und deren Ausführung den Regeln der ärztlichen Kunst entspricht, schon *tatbestandlich* keine Körperverletzung darstellt, und zwar selbst dann nicht, wenn der angestrebte Heilerfolg ausbleibt („Tatbestandsausschluss").

**301** Im Gegensatz zur Rspr. stellt diese Auffassung bei der **Bewertung des Heileingriffs** nicht auf dessen Einzelakte (= Injektion, Betäubung, Einschnitt, Entfernung kranker Organe usw), sondern auf den **Gesamtakt** als Maßnahme zur Wiederherstellung oder Erhaltung des körperlichen Wohls ab. Bei einer solchen Betrachtungsweise ist die *erfolgreiche* Heilbehandlung keine Gesundheitsschädigung und in aller Regel auch keine Misshandlung iS der §§ 223 ff. **Misslingt** die Behandlung trotz Einhaltung der Regeln ärztlicher Kunst, so *verneint* diese Auffassung selbst bei eintretender Verschlechterung des körperlichen Zustandes den Körperverletzungs*vorsatz*, weil der Handlungswille nicht auf die Herbeiführung, sondern gerade auf die Vermeidung der nachteiligen Folgen gerichtet war. Mangels Verletzung der Sorgfalt fehlt es dann auch am Fahrlässigkeitstatbestand (§ 229). Schutz vor *eigenmächtiger* Heilbehandlung würden mithin allein die §§ 239, 240 bieten, die freilich in Fällen solcher Art zumeist versagen.

Von diesem Standpunkt aus erfassen die §§ 223, 229 tatbestandlich nur die **fehlerhaft** ausgeführte und das körperliche Wohl **verschlechternde Heilbehandlung**.

**302** Im Einzelnen weichen die im Schrifttum vertretenen Ansichten freilich im Ergebnis wie in der Begründung voneinander ab[11]. Teils wird in anderer Weise zwischen *erfolgreichen* und *misslungenen* Eingriffen differenziert, teils werden mit **Substanzverlusten** verbundene Eingriffe stets den §§ 223 ff unterstellt (vgl S/S-*Sternberg-Lieben*, § 223 Rn 31, 33). *Wolters* (SK, § 223 Rn 35 ff) unterscheidet zwischen der Verletzung des durch § 223 miterfassten „körperbezogenen Selbstbestimmungsrechts" und der unabhängig davon zu stellenden Frage, ob die Heilbehandlung zu einer „Gesundheitsverschlechterung" geführt hat. Maßnahmen, die kunstgerecht, aber ohne Einwilligung vorgenommen werden, sollen danach stets durch § 223 erfasst werden, allerdings auch *nur* nach *dieser* Vorschrift (nicht nach §§ 224 ff) strafbar sein, weil das Selbstbestimmungsrecht „nicht quantifizierbar" ist.

Zwar vermag der Standpunkt der Rspr. nicht vollauf zu befriedigen (hier können die §§ 226, 227 im Einzelfall zu unangemessenen Ergebnissen oder zu Umgehungskonstruktionen führen, insbesondere bei einer an Mängeln leidenden „Einwilligung" des Patienten). Weit weniger überzeugen aber die den vielfältigen Ansätzen des Schrifttums entnehmbaren Vorschläge[12]; der Rückgriff auf §§ 239, 240 kann dem Schutzbedürfnis des Patienten gegenüber *ärztlicher Ei-*

---

11  Näher zum Ganzen: *Bockelmann*, Strafrecht des Arztes, 1968 und ZStW 93 (1981), 105; *Engisch*, ZStW 58 (1939), 1; *Eser*, Hirsch-FS, S. 465; *Heghmanns*, BT Rn 387 f; *Arthur Kaufmann*, ZStW 73 (1961), 341; *Krauß*, Bockelmann-FS S. 557; *Lackner/Kühl*, § 223 Rn 8; *Schreiber*, Hirsch-FS, S. 713; *Ulsenheimer*, Arztstrafrecht, Rn 41 und passim.

12  Krit. auch *Hardtung*, JuS 08, 864, 868 f; *Kargl*, GA 01, 538; Matt/Renzikowski-*Engländer*, § 233 Rn 21.

*Der Meinungsstand im Schrifttum* **§ 6 I 2**

*genmacht* in weiten Bereichen nicht Rechnung tragen. Dass die mit einer Verletzung der körperlichen Integrität verbundene Behandlungsmaßnahme den Eintritt eines *anderen* – größeren – Schadens für dieses Schutzgut verhindert, ändert zudem nichts an der Erfüllung des Tatbestandes; es macht den Heileingriff vielmehr lediglich einer Rechtfertigung zugänglich[13]. Ansätze, die komplizierte Materie zu regeln, reichen weit zurück[14]. Ein 1996 erneut unternommener Vorstoß eines „Referentenentwurfs" (des Vorentwurfs zu einem Entwurf des 6. StrRG, dort §§ 229, 230) ist indes frühzeitig und in der Sache zu Recht gescheitert[15]. Die Aufgabe, eine bessere Lösung zu finden, bleibt dem Gesetzgeber gestellt[16].

Ärztliche Eingriffe, die **experimentellen Zwecken** dienen (zB die Erprobung neuer Arzneimittel an Gesunden), aus rein **kosmetischen Gründen** erfolgen (etwa eine operative Brustvergrößerung) oder sonst *nicht* zum Zwecke der *Heilbehandlung* vorgenommen werden (vgl BGH NJW 78, 1206), fallen nach allgemeiner Ansicht stets unter §§ 223 ff, bedürfen also zu ihrer Rechtfertigung prinzipiell der **Einwilligung** des Betroffenen[17]. Das Gleiche gilt für Maßnahmen zwecks Behandlung Dritter (zB Blutentnahme von Blutspendern). Zur Einwilligung in eine Organentnahme Matt/Renzikowski-*Engländer*, § 228 Rn 6.

**303**

Zum **Doping** siehe *Fischer*, § 228 Rn 23; *Heger*, Tröndle-GS, S. 419; *Jahn*, ZIS 06, 57; *Kargl*, NStZ 07, 489; Matt/Renzikowski-*Engländer*, § 228 Rn 7; *Roxin*, Samson-FS, S. 445; *Schild*, Sportstrafrecht, 2002, S. 133 und in Kargl-FS, S. 507, jeweils mwN; zu den Arten der Verantwortlichkeit für Doping *Szwarc*, Otto-FS, S. 179; zum AntiDopG krit. *Bott/Mitsch*, KriPoZ 16, 159 mwN; zur Frage ärztliche Dopingmaßnahmen und hypothetische Einwilligung *Schöch*, GA 16, 294.

Im **Fall 23** kommt eine vorsätzliche oder fahrlässige Körperverletzung durch A und C in Betracht. Der Tatbestand der Körperverletzung liegt nach der **Rechtsprechung** und einem Teil des Schrifttums auch vor. § 223 scheitert dann allerdings daran, dass A und C eine rechtfertigende Sachlage für gegeben hielten (= irrige Annahme der Einwilligung in die Operation), sich also in einem Erlaubnistatumstandsirrtum befanden (vgl *Wessels/Beulke/Satzger*, AT Rn 749 ff). Da sie diesen Irrtum bei angemessener Sorgfalt freilich hätten vermeiden können, haben sie sich nach § 229 strafbar gemacht. Nach der Gegenauffassung ist dagegen schon der objektive Tatbestand der §§ 223, 229 nicht erfüllt, da die *erfolgreich* durchgeführte Operation des J zwar nicht unbedingt notwendig, immerhin jedoch medizinisch *vertretbar* war. Da bei §§ 239, 240 die irrige Annahme des Einverständnisses in die Operation zur Verneinung des subjektiven Tatbestands führt (vgl dazu *Wessels/Beulke/Satzger*, AT Rn 555), hätten A und C sich nach der zweiten Ansicht gar nicht strafbar gemacht[18].

**304**

---

13  *Fischer*, § 223 Rn 20; NK-*Paeffgen/Zabel*, § 228 Rn 58.
14  Vgl etwa E 1925, § 238; E 1962, §§ 161, 162; AE BT § 123; *Blei*, JA 72, 91.
15  Zu ihm *Cramer*, Lenckner-FS, S. 761; *Freund*, ZStW 109 (1997), 455; *Hirsch*, Probleme II, S. 699; *Katzenmeier*, ZRP 97, 156; *M.-K. Meyer*, GA 98, 415; *Mitsch*, Strafrechtlicher Schutz gegen medizinische Behandlung, 2000; *E. Müller*, DRiZ 98, 155; *Schreiber*, Hirsch-FS, S. 713, 718; *F.-C. Schroeder*, Besondere Strafvorschriften gegen Eigenmächtige und Fehlerhafte Heilbehandlung?, 1998.
16  Vgl auch AnwK-*Zöller*, § 223 Rn 16 ff.
17  Zur Frage der Strafbarkeit bei überflüssigen medizinischen Maßnahmen *Brettel*, medstra 15, 324.
18  Zum „Zitronensaftfall" BGH NStZ 11, 343 (mit Anm. *Fleischmann*, NJ 11, 218; *Hardtung*, NStZ 11, 635; *Kraatz*, NStZ-RR 12, 1 f; *Schiemann*, NJW 11, 1046; *Ziemann/Ziethen*, HRRS 11, 394; *Zöller*, ZJS 11, 173) siehe 36. Aufl. Rn 331

§ 6 *Probleme der Heilbehandlung*

## II. Sonderregelungen im Bereich medizinischer Behandlung

### 1. Kastration

305   Für **Kastrationen** und andere Behandlungsmethoden gegen die Auswirkungen eines abnormen Geschlechtstriebes, die zur dauernden Funktionsunfähigkeit der Keimdrüsen führen können, gilt die im Kastrationsgesetz vom 15.8.1969 (BGBl I 1143) vorgesehene Sonderregelung[19]. Bei einer Entfernung der Keimdrüsen aus anderen Gründen, wie etwa im Falle einer Krebserkrankung, verbleibt es bei den allgemeinen Heilbehandlungsregeln[20].

### 2. Sterilisation

306   Für **Sterilisationen** war eine Neuregelung in Vorbereitung, die bei Erlass des 5. StrRG jedoch vorerst wieder zurückgestellt worden ist (vgl BT-Drucks. VI/3434 zu den damals vorgeschlagenen §§ 226b-d). Gegenwärtig steht BGHSt 20, 81 hier jeder Straftatverfolgung im Wege[21], wonach es (nach wie vor) keine Strafvorschrift (mehr) gibt, die freiwillige Sterilisationen mit Strafe bedroht.

### 3. Geschlechtsumwandlung

307   Eine „genitalkorrigierende" Operation (**Geschlechtsumwandlung**) bei Transsexualität stellt dann einen Heileingriff dar, wenn sie der Vermeidung schwerster seelischer und körperlicher Beeinträchtigungen dient; im Übrigen soll sie sittenwidrig sein (BGHZ 57, 63 [BVerfG NJW 79, 595 hat die Frage offen gelassen]; dagegen zu Recht NK-*Paeffgen/Zabel*, § 228 Rn 103; zum Transsexuellengesetz vom 10.9.1980 siehe *Pfäfflin*, Roxin/Schroth (Hrsg.), Handbuch des Medizinstrafrechts, S. 640, 659 und *Sigusch*, NJW 80, 2740).

Die Zulässigkeit geschlechtsbestimmender Operationen bei Intersexualität (insbesondere geschlechtsbestimmender Maßnahmen an intersexuellen Minderjährigen) wird im Schrifttum unterschiedlich beurteilt. Umstritten ist insbesondere, ob die Eingriffe Heilcharakter aufweisen und/oder durch (stellvertretende elterliche) Einwilligung gerechtfertigt werden können (dafür *Krüger*, Finke/Höhne (Hrsg.), Intersexualität bei Kindern, 2006, S. 55; dagegen *Kolbe*, Intersexualität, Zweigeschlechtlichkeit und Verfassungsrecht, 2010; *Tönsmeyer*, Die Grenzen der elterlichen Sorge bei intersexuell geborenen Kindern, 2012; umfassend und überzeugend zur Thematik *Schrott*, Intersex-Operationen, 2020).

### 4. Organtransplantation

308   Spende, Entnahme und Übertragung von Organen werden durch das Transplantationsgesetz (TPG) geregelt. Einen Überblick zum TPG bieten *Dippel*, Hanack-FS, S. 665; *Höfling*, medstra 15, 85 und *Hilgendorf*, Einführung in das Medizinstrafrecht, 2016, S. 79 ff; zu den Strafvor-

---

19   Dazu HK-GS/*Dölling*, § 228 Rn 23; SK-*Wolters*, § 228 Rn 24.
20   Näher LK-*Grünewald*, § 228 Rn 30; S/S-*Sternberg-Lieben*, § 223 Rn 54 ff.
21   Näher dazu *Maurach/Schroeder*, BT I § 8 Rn 39; NK-*Paeffgen/Zabel*, § 228 Rn 99.

*Hungerstreik und Zwangsernährung* **§ 6 II 6**

schriften des TPG *Schroth*, JZ 97, 1149 mit Erwiderung von *Heger*, JZ 98, 506 sowie instruktiv *König*, Roxin/Schroth (Hrsg.), Handbuch des Medizinstrafrechts, S. 501; umfassend zur Organtransplantation *Scheinfeld*, Organtransplantation und Strafrechtspaternalismus, 2016. Zu den Neuregelungen 2012/13 im Transplantationsrecht *Dannecker/Streng*, Schiller-FS, S. 127; zum „Transplantationsskandal" BGHSt 62, 223 mit Anm. *Kudlich*, NJW 17, 3255 und Bspr. *Ast*, HRRS 17, 500; *Greco*, GA 18, 539; *Rissing-van Saan/Verrel*, NStZ 18, 57; *Rosenau/Lorenz*, JR 18, 168; *Schroth/Hofmann*, medstra 18, 3; *Spickhoff*, ZfL 19, 93; eingehend *Epitropakis*, Die Strafbarkeit der Manipulationen bei der Organallokation nach den Tötungs- und Körperverletzungsdelikten, 2020. **Fall** bei *Braun*, JA 15, 753.

### 5. Hungerstreik und Zwangsernährung in Justizvollzugsanstalten und im Maßregelvollzug

Eine Fülle von Problemen entsteht bei **ärztlichen Zwangsmaßnahmen** auf dem Gebiet der Gesundheitsfürsorge in Justizvollzugsanstalten sowie bei der Zwangsernährung im Falle eines „Hungerstreiks" (vgl zum Fall des *Holger Meins* OLG Koblenz NJW 77, 1461).    **309**

Im Zielkonflikt zwischen den Erfordernissen des Gesundheitsschutzes und der Rücksichtnahme auf die freie Willensbestimmung des Gefangenen bemühen sich § 101 StVollzG (der als partikulares Bundesrecht in den Ländern weitergilt, die von ihrer Gesetzgebungskompetenz bisher keinen Gebrauch gemacht haben) und die landesrechtlichen Regelungen um einen tragbaren Kompromiss. Medizinische Untersuchung und Behandlung sowie Ernährung sind hiernach zwangsweise nur bei Lebensgefahr, bei schwerwiegender Gefahr für die Gesundheit des Gefangenen oder bei Gefahr für die Gesundheit anderer Personen zulässig; die betreffenden Maßnahmen müssen für die Beteiligten zumutbar und dürfen nicht mit erheblicher Gefahr für Leben oder Gesundheit des Gefangenen verbunden sein. Zur Durchführung der Maßnahmen ist die Vollzugsbehörde **nicht verpflichtet, solange von einer freien Willensbestimmung des Gefangenen ausgegangen werden kann**.    **310**

Zum Ganzen vgl *Laubenthal uA*, Strafvollzugsgesetze, 12. Aufl. 2015, M Rn 148 ff, H Rn 10, 114; *Fischer*, Vor § 211 Rn 30; MüKo-*Schneider*, Vor § 211 Rn 78 ff; SK-*Sinn*, § 212 Rn 23. Zur ärztlichen Zwangsbehandlung anderweitig Untergebrachter siehe BVerfGE 128, 282; 129, 269; BVerfG NJW 13, 2337 mit Anm. *Muckel*, JA 13, 953; *Koranyi*, StV 15, 257.

### 6. Beschneidung

Die Beschneidung aus religiösen Gründen war seit dem Urteil des LG Köln[22] Gegenstand intensiver Diskussionen in Wissenschaft und Gesellschaft. Gestritten wurde und wird über die Zulässigkeit von Beschneidungen an nicht einwilligungsfähigen Jungen, deren Eltern die Beschneidung aus *religiösen* Gründen in Ausübung ihres Sorgerechts wünschen, eine *medizinische* Indikation für die Operation also nicht besteht. Die Beschneidung verwirklicht den Tatbestand des § 223[23]. Insoweit gilt nichts    **311**

---

22 LG Köln NJW 12, 2128. Zum Urteil des LG *Putzke*, MedR 12, 621, zum Verfahren der Beschneidung *ders.*, Herzberg-FS, S. 669, 673 ff; zur Genese des § 1631d BGB siehe den krit. Bericht von *Prittwitz*, Kühne-FS, S. 121 sowie *Peschel-Gutzeit*, Brudermüller-FS, S. 517; krit. Beiträge in *Matthias Franz* (Hrsg.), Die Beschneidung von Jungen. Ein trauriges Vermächtnis, 2014.

23 Überwiegende Ansicht, vgl *Fischer*, § 223 Rn 11; BeckOK-*Eschelbach*, § 223 Rn 9.1 ff, jeweils mwN auch zur Gegenmeinung (Tatbestandsausschluss). Für lege artis verwendete medizinische Werkzeuge scheidet nach hM § 224 I Nr 2 aus, vgl oben Rn 231.

§ 7 *Beteiligung an einer Schlägerei*

anderes als bei einer medizinisch indizierten Operation. Die Frage, ob dieser medizinische Eingriff **gerechtfertigt** werden kann[24], ist zu entscheiden im Spannungsfeld von Privatautonomie, körperlicher Integrität von Kindern, dem Erziehungsrecht der Eltern, individueller und kollektiver Religionsfreiheit, Gleichbehandlung von Mädchen und Jungen, staatlicher Schutzpflichten, der Staatsraison und verschiedenen gesellschaftlichen Tabus[25].

Der Gesetzgeber hat schnell auf das Urteil und die anschwellende Diskussion reagiert[26] und eine Sonderregelung für die Beschneidung in das BGB eingefügt. § 1631d BGB soll eine Rechtfertigung der Beschneidung unter den dort genannten Voraussetzungen ermöglichen[27].

# § 7 Beteiligung an einer Schlägerei

## I. Schutzzweck und Systematik

**312**  **Fall 24:** Nach einem Fußballspiel entwickelt sich zwischen mehreren Fangruppen eine handfeste Schlägerei; auch A und R sind mit von der Partie. Als der A bemerkt, dass Messer gezückt werden, macht er sich davon. Beim Eintreffen der Polizei, die den Tätlichkeiten ein Ende setzt, wird festgestellt, dass der Zuschauer Z bei dem Versuch, Frieden zu stiften, von einem Messerstich getroffen worden und inzwischen verblutet ist. Wer ihm die tödliche Verletzung zugefügt hat, ist nicht zu ermitteln. Im Zuge der Vernehmungen beruft A sich darauf, dass er den Kampfplatz schon vor der Verwundung des Z verlassen habe. Der R verteidigt sich dagegen mit der Behauptung, er habe erst nachträglich, und zwar zu einem Zeitpunkt an der Schlägerei teilgenommen, als Z bereits verletzt am Boden gelegen habe. Ob das zutrifft, lässt sich nicht klären.

Strafbarkeit von A und R? **Rn 329**

**313**  § 231 ist als **abstraktes Gefährdungsdelikt**[1] konstruiert. Strafgrund ist die generelle **Gefährlichkeit** von Schlägereien für Leib oder Leben. Da tätliche Auseinandersetzungen zwischen *mehr als zwei Personen* oft schwere Folgen haben und sich zumeist im Nachhinein nicht ermit-

---

24 Für eine Rechtfertigung im Erg., aber mit unterschiedlicher Begründung, zB *Isensee*, JZ 13, 317; *Hörnle/Huster*, JZ 13, 328; *Klesczewski*, BT § 3 Rn 25; *Köhler*, Kühl-FS, S. 295; *Kreuzer*, Kerner-FS, S. 605; *Germann*, MedR 13, 412, jeweils mwN. Gegen eine Rechtfertigung BeckOK-*Eschelbach*, § 223 Rn 9.7; *Herzberg*, ZIS 14, 56; *Jerouschek*, NStZ 08, 313 und in Rössner-FS, S. 804; *Scheinfeld*, HRRS 13, 268, mwN; gegen die „Lösung" des Gesetzgebers *Peschel-Gutzeit*, Brudermüller-FS, S. 517, 522, 524, 529; ausdrücklich für die Einordnung in den Kontext der elterlichen Sorge *Schild*, Brudermüller-FS, S. 653.

25 Dazu *Fischer*, § 223 Rn 47; BeckOK-*Eschelbach*, § 223 Rn 9.

26 Er will damit die Diskussion beenden, vgl dazu *Walter*, JZ 12, 1115. Zur Kritik an der Art der Diskussion BeckOK-*Eschelbach*, § 223 Rn 9.

27 BT-Drucks. 17/11295 (Gesetzentwurf der Bundesregierung); der Regelung im Erg. zust. SK-*Wolters*, § 223 Rn 20. Zur Norm ausführlich *Scheinfeld*, HRRS 13, 268.

1 BGHSt 39, 305; besser: Gefährlichkeitsdelikt; dazu *Hettinger*, JuS 97, L 41, 42 und *Hirsch*, Tiedemann-FS, S. 145, jeweils mwN; vgl auch NK-*Paeffgen/Böse*, § 231 Rn 2. Krit. *Beckemper*, ZIS 18, 394, 395 f.

116

teln lässt, wer die Verletzungsfolge verursacht hat, bedroht das Gesetz schon die *schuldhafte* **Beteiligung** als solche mit Strafe. Die **schwere Folge**, deren Eintritt unmittelbar auf der Schlägerei oder dem Angriff beruhen muss, bildet nach hM nur eine *objektive Bedingung der Strafbarkeit*, auf die sich der Vorsatz nicht zu beziehen braucht[2]. Ohne Bedeutung ist, ob gerade das Verhalten des Beteiligten für diese schwere Folge ursächlich geworden ist. Selbst wenn feststeht, dass ein anderer sie allein herbeigeführt hat, bleibt jeder schuldhaft Beteiligte nach § 231 strafbar (BGHSt 16, 130). Der Täter des Verletzungsdelikts ist daneben – je nach Lage des Falles – gemäß §§ 224, 226, 227 oder aber nach §§ 212, 211, 222 zu bestrafen[3]. Lehrreich zum Ganzen *Popp*, Rengier-FS, S. 281; *Zopfs*, Jura 99, 172; eingehend ferner *Geisler*, Schuldprinzip, 1998, insbesondere S. 262 ff.

## II. Tatbestandsmerkmale

### 1. Tatbestandsalternativen

Der **Unrechtstatbestand** des § 231 erschöpft sich in der vorsätzlichen *Beteiligung an einer Schlägerei* oder an einem *von mehreren verübten Angriff.*   **314**

**Schlägerei** ist ein mit *gegenseitigen* Körperverletzungen verbundener Streit, an dem **mindestens drei** Personen physisch mitwirken[4].   **315**

Wechselseitige Körperverletzungen zwischen zwei Personen entwickeln sich zur Schlägerei iS des § 231, wenn ein Dritter hinzukommt und Tätlichkeiten gegen einen der Streitenden begeht (BGH GA 60, 213). Umgekehrt verliert eine tätliche Auseinandersetzung zwischen drei Personen ihren Charakter als Schlägerei, sobald ein Beteiligter sich entfernt[5]. Eine Schlägerei ist aber auch dann anzunehmen, wenn nacheinander jeweils nur zwei Personen gleichzeitig wechselseitige Tätlichkeiten verüben, zwischen diesen Vorgängen jedoch ein so enger innerer Zusammenhang besteht, dass die Annahme eines einheitlichen Gesamtgeschehens gerechtfertigt ist[6]. Davon, ob ein Beteiligter schuldhaft in den Streit verwickelt worden ist, hängt zwar *seine Strafbarkeit* nach § 231, nicht aber der Begriff der Schlägerei ab (BGHSt 15, 369). Auch der Notwehrübende wird daher mitgezählt (nicht aber eine Person, die sich auf reine Schutzwehr beschränkt, da sie nicht *aktiv* mitwirkt)[7]. Nicht ausreichend ist es, wenn bei einem Zweikampf ein Dritter die sich tätlich Auseinandersetzenden anfeuert oder schlichtungswillige Personen vom Einschreiten abhält[8].   **316**

Unter einem **Angriff mehrerer** ist die in feindseliger Willensrichtung unmittelbar auf den Körper eines anderen *abzielende* Einwirkung durch mindestens **zwei Personen** zu verstehen[9]. Nicht erforderlich ist, dass es bereits zu Gewalttätigkeiten gekommen ist[10].   **317**

---

2  MüKo-*Hohmann*, § 231 Rn 3; *Wessels/Beulke/Satzger*, AT Rn 212; aA LK-*Popp*, § 231 Rn 1 mwN.
3  Vgl RGSt 59, 107; siehe auch Rn 328.
4  BGHSt 31, 124; 15, 369; vgl *Küper/Zopfs*, BT Rn 448.
5  BGHSt 14, 132, 135; RG JW 38, 3157. In *dieser* Hinsicht gilt auch für § 231 der Grundsatz „*in dubio pro reo*" (OLG Köln NJW 62, 1688).
6  BGH NStZ 14, 147 mit Anm. *Engländer* aaO, 214 und *Jahn*, JuS 14, 660 (mit Aufbauschema).
7  BGHSt 15, 369.
8  AA hinsichtlich Letzterem BGHSt 15, 369.
9  BGHSt 31, 124; BGH NJW 84, 621; Matt/Renzikowski-*Engländer*, § 231 Rn 3.
10  BGHSt 33, 100 mit krit. Anm. von *Günther*, JZ 85, 585 und *Schulz*, StV 86, 250; sehr weitgehend BGH NStZ-RR 00, 331.

**§ 7** *Beteiligung an einer Schlägerei*

**318** Jeder Angreifer muss allerdings das Ziel verfolgen, den oder die Angegriffenen körperlich zu verletzen; bloße Drohungen genügen nicht. Im Unterschied zur Schlägerei setzt diese Begehungsweise keine gegenseitigen Tätlichkeiten voraus. Die Angreifer brauchen auch nicht notwendig Mittäter iS des § 25 II sein, vielmehr genügt jedes Zusammenwirken, aus dem sich die Einheitlichkeit des Angriffs, des Angriffsobjekts und des Angriffswillens ergibt[11]. Eine *eigenständige Bedeutung* erlangt diese Tatalternative nur ausnahmsweise, wenn eine wechselseitige tätliche Auseinandersetzung ausbleibt, also zB das Opfer den Angriff ohne Gegenwehr erduldet bzw sich mit reiner Schutzwehr zu behelfen versucht[12].

**319** **Beteiligt** iS des § 231 ist nach hM (*Fischer*, § 231 Rn 8 mwN), wer am Tatort anwesend ist und durch physische oder psychische Mitwirkung an den gegen andere gerichteten Tätlichkeiten teilnimmt. Zur **Beteiligung** bedarf es keines „Mitschlagens" oder dergleichen; vielmehr genügt **jede aktive Anteilnahme** am Fortgang der Auseinandersetzung, wie etwa das Anfeuern der Streitenden, das Zureichen von Schlagwerkzeugen oder Wurfgeschossen sowie das Abhalten von Hilfe[13]. Nach aA soll die psychische Mitwirkung hingegen lediglich Teilnahme iS der §§ 26, 27 sein[14].

**320** **Nicht beteiligt** ist, wer Frieden zu stiften sucht, Sanitätsdienste leistet oder nur aus Neugierde zuschaut, ohne Partei zu ergreifen und durch sein Verhalten den Streit zu schüren; ebenso wenig wer nur das Objekt des Angriffs bildet *und* sich auf *bloße Schutzwehr* beschränkt; wer dagegen zur Abwehr eines rechtswidrigen Angriffs in *Trutzwehr* zu Tätlichkeiten übergeht, ist **Beteiligter** (BGHSt 15, 369).

**321** Der **Vorsatz** muss auch die Kenntnis derjenigen Tatumstände umfassen, aus denen das Vorliegen einer Schlägerei oder eines Angriffs mehrerer folgt.

## 2.  Vorwerfbare Beteiligung

**322** Nicht strafbar macht sich gem. Abs. 2 der Beteiligte, wenn ihm seine Beteiligung **nicht vorgeworfen** werden kann. An der Vorwerfbarkeit fehlt es nur dann, wenn er für die **gesamte Dauer** seiner Mitwirkung gerechtfertigt oder entschuldigt ist[15]. Eine Vorwerfbarkeit wird allerdings nicht schon dadurch begründet, dass jemand einem rechtswidrigen Angriff Dritter nicht ausweicht[16].

Umstritten ist die dogmatische Einordnung des Abs. 2. Während eine Meinung in ihm lediglich einen deklaratorischen Hinweis auf das mögliche Eingreifen von Rechtfertigungs- und Entschuldigungsgründen sieht[17], soll es sich einer anderen Ansicht zufolge um einen echten **Tatbestandsausschluss** handeln[18].

---

11  BGHSt 31, 124; 33, 100; BGH NJW 84, 621.
12  MüKo-*Hohmann*, § 231 Rn 13.
13  RG JW 32, 948; BGHSt 15, 369.
14  *Stree*, R. Schmitt-FS, S. 215, 220; siehe auch *Küper*, GA 97, 301, 326 und *Zopfs*, Puppe-FS, S. 1323.
15  Vgl etwa *Eisele*, JR 01, 270 und *Hohmann/Sander*, BT II § 10 Rn 10, aber auch NK-*Paeffgen/Böse*, § 231 Rn 14 f.
16  RGSt 65, 163 und 340; näher *Fischer*, § 231 Rn 10 f.
17  AnwK-*Zöller*, § 231 Rn 15; SK-*Wolters*, § 231 Rn 6.
18  *Maurach/Schroeder/Maiwald*, § 11 Rn 11; MüKo-*Hohmann*, § 231 Rn 19.

## 3. Berufung auf Notwehr

Bei der Berufung auf Notwehr ist sorgfältig zwischen der etwaigen Rechtfertigung **323** *einzelner Verletzungshandlungen* und der davon ggf unberührt bleibenden **Strafbarkeit nach § 231** zu unterscheiden.

**Beispiel:** A gerät unverschuldet in eine Schlägerei und wird körperlich attackiert; dagegen setzt er sich in nach § 32 zulässiger Weise zur Wehr. Nach Abwehr des Angriffs geht er allerdings selbst zum Angriff auf weitere Beteiligte über. Hier erfährt zwar der Teilakt der Verteidigung gegen den Angreifer eine Rechtfertigung nach § 32, soweit er den weiteren Tatbestand der Körperverletzung nach §§ 223 ff erfüllt, nicht aber die Beteiligung an der Schlägerei insgesamt[19].

## 4. Objektive Bedingung der Strafbarkeit

Die Tat ist nur strafbar, wenn durch die Schlägerei bzw den von mehreren verübten **324** Angriff der *Tod* oder die *schwere Körperverletzung* (§ 226) eines Menschen verursacht wurde. Bei diesem Erfordernis handelt es sich um eine **objektive Bedingung der Strafbarkeit** (dazu *Wessels/Beulke/Satzger*, AT Rn 212 mwN).

Nicht vorausgesetzt wird dabei, dass die schwere Folge *rechtswidrig* herbeigeführt **325** worden ist. Vielmehr ist § 231 auch anwendbar, wenn diese Tatfolge auf einer Notwehrhandlung beruht[20]; tötet ein an der Schlägerei Beteiligter einen Widersacher in Notwehr, so kann er gleichwohl nach § 231 strafbar sein[21].

Ferner ist es nicht erforderlich, dass die schwere Folge bei einer an der Auseinandersetzung beteiligten Person eingetreten ist; es genügt ebenso, dass ein Zuschauer, ein herbeieilender Polizeibeamter oder – wie im **Fall 24** – ein Friedensstifter verletzt wird (BGH NJW 61, 1732). Und auch wenn sie den Beteiligten selbst trifft, schließt das nach hM seine Strafbarkeit nicht aus (BGHSt 33, 100, 104).

Ebenso wenig muss ein ursächlicher Zusammenhang zwischen dem Tatbeitrag des einzelnen Beteiligten und dem Eintritt der schweren Folge bestehen, denn Letztere braucht nur auf dem **Gesamtvorgang** der Schlägerei oder des Angriffs zu beruhen[22];

Schließlich kommt es nicht darauf an, ob die schwere Folge für die Beteiligten *vorhersehbar* war[23]. § 18 gilt hier nicht, da die besondere Tatfolge in § 231 nicht strafschärfend, sondern strafbegründend wirkt.

## 5. Zeitpunkt der Beteiligung

Nach hM ist es für die Strafbarkeit eines Beteiligten ohne Bedeutung, ob die Ursache **326** für den Eintritt der schweren Folge **während, vor** oder **nach** seiner Beteiligung an der Schlägerei gesetzt worden ist[24]. Anders liegt es nur, wenn von seinem Hinzukom-

---

19  OLG Celle MDR 1970, 608.
20  BGHSt 33, 100 mit krit. Anm. *Günther*, JZ 85, 585 und *Schulz*, StV 86, 250.
21  BGHSt 39, 305; *Stree*, Anm. JR 94, 370; *Wagner*, JuS 95, 296; krit. *Rönnau/Bröckers*, GA 95, 549.
22  BGHSt 14, 132; 16, 130, 132; BGH NJW 84, 621.
23  BGH MDR 54, 371; *Lackner/Kühl*, § 231 Rn 5.
24  BGHSt 14, 132; 16, 130; MüKo-*Hohmann*, § 231 Rn 24; *Maurach/Schroeder*, BT I § 11 Rn 10.

**§ 7** *Beteiligung an einer Schlägerei*

men oder Ausscheiden der Charakter des Geschehens als „Schlägerei" abhängt[25] (s.o. Rn 316).

**327** Vereinzelt wird dagegen *nur* die Beteiligung *während* des Verursachungszeitpunkts für ausreichend gehalten.[26] Und eine weitere Ansicht will zumindest bei der *nachträglichen* Beteiligung die Strafbarkeit aus § 231 verneinen[27]. Beide Auffassungen sind mit dem Zweck des Gesetzes nicht zu vereinbaren, da sie bei Beweisschwierigkeiten jedem Beteiligten die Berufung darauf ermöglichen würden, dass er seine Beteiligung schon vor der Erfolgsverursachung aufgegeben habe bzw dass er erst nach ihr hinzugekommen sei. Dem Versuch, sich mit solchen Schutzbehauptungen über den Grundsatz *in dubio pro reo* der Bestrafung zu entziehen, hat der Gesetzgeber aber gerade dadurch begegnen wollen, dass er die Strafbarkeit nach § 231 nicht von der Ursächlichkeit des *einzelnen* Tatbeitrags für die schwere Folge abhängig gemacht hat.

Fraglich ist, wie es sich auswirkt, wenn die unmittelbar todesverursachende Handlung erst bei einer tätlichen Auseinandersetzung von nur noch zwei Personen **im Anschluss** an die Schlägerei erfolgt. Die ganz hM will hier eine Strafbarkeit nach § 231 wegen fehlenden Kausal- bzw Zurechnungszusammenhangs generell ausschließen[28]. Dem ist jedoch für die Fälle zu widersprechen, in denen die unmittelbar todesverursachende Handlung im Rahmen einer tätlichen Auseinandersetzung vorgenommen wird, die ihren Grund in den durch die Schlägerei hervorgerufenen aggressiven Gemütserregungen wie Zorn oder Kampfeseifer hat[29]. Auf die Unterbindung entsprechender Eskalationsgefahren zielt der Straftatbestand der Schlägerei auch gerade ab.

**328** Zwischen § 231 und §§ 223 ff ist Tateinheit möglich[30].

**329** Im **Fall 24** können A und R sich (ebenso wie die übrigen Beteiligten) nach § 231 I Alt. 1 strafbar gemacht haben. Beide waren, wenn auch zu verschiedenen Zeitpunkten, an der Schlägerei beteiligt, in deren Verlauf der Tod des um Friedensstiftung bemühten Z verursacht wurde. Da es nach hM nur hierauf ankommt, *versagt* somit der Einwand von A und R, die Ursache für den Tod des Z sei erst nach dem Ende bzw schon vor dem Beginn ihrer Beteiligung an der Schlägerei gesetzt worden. Beide sind nach § 231 zu bestrafen; daneben kommt Landfriedensbruch (§ 125 I) in Betracht.

---

25 Vgl RG JW 38, 3157; OLG Köln NJW 62, 1688.
26 *Krey/Hellmann*, BT I Rn 323; *Welzel*, Lb S. 297.
27 *Birkhahn*, MDR 62, 625; NK-*Paeffgen/Böse*, § 231 Rn 9; SK-*Wolters*, § 231 Rn 11; S/S-*Sternberg-Lieben*, § 231 Rn 9.
28 RGSt 61, 272; OLG Köln NJW 62, 1688, 1689; *Stree*, Schmitt-FS, S. 215, 221.
29 Dazu *Engländer*, NStZ 2014, 214 f. Ebenso das Schweizerische Bundesgericht für die Strafbarkeit nach Art. 133 schwStGB, der insoweit dem deutschen § 231 StGB entspricht; vgl BG 106 IV 246.
30 BGHSt 33, 100; S/S-*Sternberg-Lieben*, § 231 Rn 13; SK-*Wolters*, § 231 Rn 13; krit. dazu *Montenbruck*, JR 86, 138; aA *Maurach/Schroeder*, BT I § 11 Rn 5, 11.

*Systematischer Überblick* § 8 I 1

4. Kapitel
# Straftaten gegen die persönliche Freiheit

## § 8 Zwangsheirat, Nachstellung, Freiheitsberaubung, Nötigung, Bedrohung

**Fall 25:** Der Nachbar und Frührentner N begibt sich zu einem Smalltalk in die Wohnung    330
des F, der gerade im Begriff ist, seine 7 Monate alte Tochter T zum Mittagsschlaf hinzule-
gen. Verärgert darüber, dass F sich hierbei viel Zeit gelassen und ihm noch keinen Drink angeboten hat, bricht N unvermittelt einen Streit vom Zaun, in dessen Verlauf er plötzlich die
Tür zum Kinderzimmer abschließt und den Schlüssel an sich nimmt. Obwohl N den Zank
allein verschuldet hat, erklärt er, dass er den Schlüssel nur zurückgebe, wenn F ihn um Verzeihung bitte. Da F das ablehnt, entfernt N sich unter Mitnahme des Schlüssels. F sieht keinen anderen Ausweg, als die Tür durch den Schlosser S öffnen zu lassen, dessen Werkstatt
sich in der Nähe befindet und der einen Werklohn von 30 € berechnet. T schläft zu diesem
Zeitpunkt noch friedlich.

Am Nachmittag bringt N den Schlüssel zurück. Die soeben heimgekommene Ehefrau des F,
die E, droht ihm mit einer Strafanzeige, falls er nicht bis zum Abend den Betrag von 30 €
erstatte und sich schriftlich für sein Verhalten entschuldige. Aus Furcht vor Strafe tut N beides.

Haben N und E sich strafbar gemacht? **Rn 346, 350, 364, 375, 377, 382, 386**

Ein Diebstahl (§ 242) des Schlüssels durch N scheidet mangels Zueignungsabsicht aus. In
Betracht kommen jedoch Freiheitsdelikte (§§ 239, 240; zu § 253 siehe Rn 382).

## I. Der Schutz der persönlichen Freiheit im Strafrecht

### 1. Systematischer Überblick

Das StGB kennt kein geschlossenes System von Vorschriften zum Schutz der persön-    331
lichen Freiheit. Die im 18. Abschnitt enthaltene Gruppe von **Freiheitsdelikten** fasst
diejenigen Tatbestände zusammen, bei denen die **Freiheit der Person** *allein oder
vorrangig* geschützt wird. Richtungweisend für ihre systematische Einordnung durch
den Gesetzgeber war der Umstand, dass der Angriff auf die persönliche Freiheit des
Opfers bei ihnen den **Kern** und nicht nur eine Begleiterscheinung **der Tat** bildet. Besonders deutlich ausgeprägt ist dies bei den Tatbeständen des *Menschenraubes*
(§ 234), der *Zwangsheirat* (§ 237), der *Nachstellung* (§ 238), der *Freiheitsberaubung*
(§ 239), der *Nötigung* (§ 240) und der *Bedrohung* (§ 241).

Straftatbestände, bei denen der Angriff auf die Freiheit der Willensentschließung oder    332
Willensbetätigung das *Mittel* zur Verletzung eines **anderen Rechtsguts** ist, wie etwa
beim *Raub* (= Eigentumsdelikt) oder bei der *Erpressung* (= Vermögensdelikt), sind
dem Systembereich jenes anderen Rechtsguts zugeordnet.

121

**§ 8** *Zwangsheirat, Nachstellung, Freiheitsberaubung, Nötigung, Bedrohung*

**333**  Allerdings ist der Gesetzgeber insoweit nicht immer systemgerecht verfahren. So erscheint zB die Beziehung des § 235 zu den Freiheitsdelikten des 18. Abschnitts recht lose, da sein Schutzgegenstand nicht oder zumindest nicht vorrangig die persönliche Freiheit der dort genannten Minderjährigen, sondern die *freie Ausübung des Personensorgerechts* von Eltern oder einem Elternteil, Vormündern und Pflegern sowie die körperliche oder seelische Entwicklung des entzogenen Kindes oder Jugendlichen ist (zu § 235 näher Rn 393). Andererseits sind manche Strafvorschriften, die in engem Zusammenhang zum Schutzgut der Freiheitsdelikte stehen, wegen ihrer speziellen Schutzrichtung außerhalb des 18. Abschnitts geregelt (vgl etwa §§ 108, 177). Der erpresserische Menschenraub (§ 239a) bildet eine Mischform zwischen Freiheits- und Vermögensdelikt (näher *Wessels/Hillenkamp/Schuhr*, BT II Rn 739 f); zur Geiselnahme (§ 239b) siehe Rn 406.

## 2. Geschützte Rechtsgüter

**334**  Geschütztes (höchstpersönliches)[1] Rechtsgut der Freiheitsdelikte ist generell die **Freiheit der Willensentschließung und Willensbetätigung**.

**335**  In einigen Tatbeständen weist dieses Schutzgut allerdings Besonderheiten auf. So betrifft § 239 nur die Freiheit zur Veränderung des Aufenthaltsortes (= Fortbewegungsfreiheit). Die §§ 234a, 241a schützen einen Inbegriff von Persönlichkeitsrechten, wie die individuelle Freiheit, das Recht auf Leben und körperliche Unversehrtheit sowie die wirtschaftliche Betätigungsfreiheit, und nehmen dadurch eine gewisse Sonderstellung ein.

## II. Zwangsheirat

**336**  Die Zwangsheirat, § 237 I,[2] ist die Nötigung zur Eheschließung und setzt voraus, dass „mindestens einer der Eheschließenden durch Willensbeugung zur Ehe gebracht wird"[3]. Zum Einsatz kommen können ua physische und sexuelle Gewalt sowie die Ausübung von Druck durch Drohungen verschiedenster Art. Dieses Erfolgs- und Zustandsdelikt[4] schützt das Recht auf freie Eheschließung und selbstbestimmte Partnerwahl[5].

Die Nötigung, eine Eheschließung zu unterlassen, fällt nur unter § 240.

§ 237 II bildet ein selbstständiges Gefährdungsdelikt[6], das der Verschleppung (§ 234a) nachgebildet ist. Der Tatbestand stellt bestimmte Handlungen im Vorfeld einer Zwangsverheiratung unter Strafe, die darauf abzielen, dem (zumeist weiblichen) Opfer den Schutz des Inlandes („räumlicher Geltungsbereich") zu entziehen oder weiterhin vorzuenthalten[7].

---

1  Dazu *MüKo-v. Heintschel-Heinegg*, § 52 Rn 53.
2  Zur Norm instruktiv *Ensenbach*, Jura 12, 507; *Haas*, JZ 13, 72; *K. Schumann*, JuS 11, 789; eingehend *MüKo-Wieck-Noodt*, § 237 Rn 13 ff, 24 ff; zur Kritik („Gesetzeslyrik") *Fischer*, § 237 Rn 2a, 4-6.
3  BT-Drucks. 17/4401, S. 8; zum Begriff der Ehe siehe *Schumann*, JuS 11, 789, 790 f.
4  *Fischer*, § 237 Rn 22.
5  *Fischer*, § 237 Rn 3; *Valerius*, JR 11, 430.
6  LK-*Kudlich*, § 237 Rn 14; *MüKo-Wieck-Noodt*, § 237 Rn 15; *Yerlikaya/Çakir-Ceylan*, ZIS 11, 205, 208: abstraktes Gefährdungsdelikt; ebenso *Valerius*, JR 11, 430, 434.
7  Vgl BT-Drucks. 17/4401, S. 12 f; näher *Kindhäuser/Schramm*, BT I § 18 Rn 22 f.; *Letzgus*, Puppe-FS, S. 1231, 1241 ff; *Schumann*, JuS 11, 789,792 f; *Valerius*, JR 11, 430, 433 f.

*Tathandlung des § 238 I* **§ 8 III 2**

## III. Nachstellung

### 1. Schutzgut und Systematik

Mit § 238 hat der Gesetzgeber eine spezifische Strafvorschrift für das unter dem Be- **337** griff „Stalking" bekannt gewordene systematische Verfolgen und Belästigen anderer Personen geschaffen[8], da die entsprechenden Verhaltensweisen von anderen Straftatbeständen wie etwa § 123 (Hausfriedensbruch), § 177 (sexuelle Nötigung), § 185 (Beleidigung), § 223 ff (Körperverletzung), § 240 (Nötigung), § 241 (Bedrohung), § 303 (Sachbeschädigung) und § 4 GewaltschutzG lediglich in Teilaspekten erfasst werden. Geschütztes Rechtsgut ist die Freiheit der **persönlichen Lebensgestaltung**[9].

Den Grundtatbestand bildet der als **potenzielles Gefährdungsdelikt** ausgestaltete **338** § 238 I. Für seine Verwirklichung reicht es aus, dass das Verhalten des Täters *objektiv* dazu **geeignet** ist, beim Betroffenen eine gravierende Beeinträchtigung der Lebensgestaltung herbeizuführen; eines Erfolgseintritts bedarf es dagegen nicht[10]. § 238 II enthält eine Qualifikation, § 238 III eine Erfolgsqualifikation. Im Fall des § 238 I wird die Tat nur **auf Antrag** verfolgt, sofern nicht die Strafverfolgungsbehörde wegen des besonderen öffentlichen Interesses ein Einschreiten von Amts wegen für geboten hält, § 238 IV[11].

### 2. Tathandlung des § 238 I

Tathandlung des § 238 I ist das **unbefugte Nachstellen**[12]. Der Begriff umschreibt alle **339** Handlungen, die darauf ausgerichtet sind, durch unmittelbare oder mittelbare Annäherungen an das Opfer in dessen persönlichen Lebensbereich einzugreifen (BT-Drucks. 16/575, S. 7). Ein solches Nachstellen liegt vor, wenn der Täter beharrlich eine oder mehrere Tatvarianten der Nr 1–5 verwirklicht.

Erste Tatmodalität ist nach **Nr 1** das **Aufsuchen räumlicher Nähe**. Damit sind physische Annäherungen an das Opfer gemeint.

**Beispiele:** Das Auflauern, Verfolgen, Vor-dem-Haus-Stehen oder eine sonstige Präsenz in der Nähe der Wohnung oder der Arbeitsstelle des Opfers[13].

Aufsuchen bedeutet, dass die Annäherung *gezielt* erfolgen muss, dh eine zufällige zeitgleiche Anwesenheit zu anderen Zwecken wie etwa dem Einkauf im Supermarkt

---

8  Zur Entstehung der Norm *Kuhlen*, ZIS 18, 89.
9  BT-Drucks. 16/575, S. 6; *Eisele*, BT I Rn 510; *Kindhäuser/Schramm*, BT I § 18 Rn 29; *Krüger* (Hrsg.), Stalking, S. 83 ff; *Lackner/Kühl*, § 238 Rn 1; LK-*Krehl*, § 238 Rn 12; *Valerius*, JuS 07, 319, 320 f; aA *Kinzig*, ZRP 06, 255, 257: „Freisein von Furcht"; *Mitsch*, NJW 07, 1237, 1238: „individueller Rechtsfrieden". Zur Legitimität der Norm *Fischer*, § 238 Rn 2 f, *Maurach/Schroeder*, BT I § 16 Rn 9 und NK-*Sonnen*, § 238 Rn 26 f.
10  Die Vorschrift wurde zum 10.3.2017 geändert. Zuvor war eine *tatsächliche* schwerwiegende Beeinträchtigung der Lebensgestaltung erforderlich. Daran wurde kritisiert, es sei nicht überzeugend, dass § 238 die Opfer nicht schütze, die sich dem Druck des Täters nicht beugen. Deshalb hat der Gesetzgeber die Vorschrift von einem Erfolgsdelikt zu einem *Eignungsdelikt* umgestaltet.
11  Krit. zur Ausgestaltung *Buettner*, ZRP 08, 124; zum Anzeigeverhalten osteuropäischer weiblicher Stalking-Opfer *Hoppe/Heubrock*, Kriminalistik 13, 676.
12  Instruktiv *Küper/Zopfs*, BT Rn 393.
13  Sichtweite fordern *Kinzig/Zander*, JA 07, 481, 483; zust. NK-*Sonnen*, § 238 Rn 32.

123

**§ 8** *Zwangsheirat, Nachstellung, Freiheitsberaubung, Nötigung, Bedrohung*

oder dem Besuch im Kino genügt nicht (BT-Drucks. 16/575, S. 7). An einer solchen Zufälligkeit fehlt es freilich, wenn der Täter das Zusammentreffen in Wirklichkeit *geplant* hat, also etwa den Supermarkt stets zu den Zeiten aufsucht, zu denen das Opfer dort üblicherweise seine Einkäufe erledigt[14]. Fraglich ist, ob für das Vorliegen einer räumlichen Nähe das Opfer die Anwesenheit des Täters in irgendeiner Form *bemerkt* haben muss. Ein Teil des Schrifttums bejaht dies im Hinblick auf den Schutzzweck des § 238 I[15]. Das erscheint jedoch nicht überzeugend. Die objektive Eignung zu einer schwerwiegenden Beeinträchtigung der Lebensgestaltung kann sich auch ergeben, wenn das Opfer Kenntnis davon erlangt, dass der Täter sich *dauernd heimlich* in seiner Nähe aufhält und sein Tun und Lassen auf Schritt und Tritt beobachtet.

**Beispiel:** Nachts platziert sich der Täter regelmäßig in einem der Wohnung des Opfers gegenüberliegenden, dunklen Hauseingang, um dem Opfer auch zu dieser Zeit nahe zu sein.

340 Als nächste Tatvariante nennt **Nr 2** den **Versuch**, zum Opfer durch Mittel der Kommunikation oder über Dritte, also etwa Angehörige, Freunde oder Kollegen des Opfers, **Kontakt herzustellen**.

**Beispiele:** Anrufe, E-Mails, SMS, Nachrichten (bspw. über die Kommentarfunktion) in sozialen Netzwerken, Briefe, schriftliche Botschaften an der Windschutzscheibe, durch Freunde ausgerichtete Grüße.

Hingegen erfasst **Nr 3** die **Kommunikation** des Täters unter dem Namen des Opfers, sofern er unter missbräuchlicher Verwendung von dessen personenbezogenen Daten Bestellungen von Waren oder Dienstleistungen für das Opfer aufgibt oder Dritte veranlasst, mit dem Opfer Kontakt aufzunehmen.

**Beispiele:** Das Bestellen von Pizzen oder das Schalten von Todes-, Hochzeits- oder Kontaktanzeigen jeweils unter dem Namen des Opfers.

**Nr 4** stellt als weitere Tatvariante **Drohungen** des Täters für Leben, körperliche Unversehrtheit, Gesundheit oder die Freiheit dieser Person selbst, eines ihrer Angehörigen oder einer anderen ihr nahestehenden Person unter Strafe. Die Drohung muss allerdings stets gegenüber dem Stalking-Opfer und nicht gegenüber der nahe stehenden Person ausgesprochen werden („... ihn mit der Verletzung ... einer ihm nahe stehenden Person bedroht...").

**Beispiel:** Nicht erfüllt ist Nr 4, wenn der Täter dem Partner des Opfers eine anonyme E-Mail schickt, in der er ihn auffordert, vom Opfer „die Finger zu lassen", wenn ihm sein Leben lieb sei.

341 Liegt keine der Tatmodalitäten der Nrn 1–4 vor, verbleibt noch der *Auffangtatbestand* der **Nr 5**, dem zufolge auch eine **andere vergleichbare Handlung** ein Nachstellen im Sinne des § 238 I darstellen kann. Ein solcher Auffangtatbestand war nach Auffassung des Gesetzgebers erforderlich, um der für das Phänomen Stalking typischen Vielgestaltigkeit möglicher Verhaltensformen Rechnung tragen und auf neu auftre-

---

14 *Valerius*, JuS 07, 319, 321.
15 *Gazeas*, KJ 2006, 247, 256 f; LK-*Krehl*, § 238 Rn 38; *Krüger* (Hrsg.), Stalking, S. 112 f; *Mitsch*, NJW 07, 1237, 1239; HK-GS/*Krupna*, § 238 Rn 5; wie hier *Kindhäuser/Schramm*, BT I § 18 Rn 32.

*Tathandlung des § 238 I*  **§ 8 III 2**

tende Verhaltensweisen reagieren zu können (BT-Drucks. 16/3641, S. 30)[16]. Diese Handlungen müssen den gleichen qualitativen Schweregrad wie die in Nrn 1–4 tatbestandlich näher umschriebenen Verhaltensweisen haben.

**Beispiel:** Das Beobachten des Opfers mit dem Fernglas.

Bei den genannten fünf Tatvarianten handelt es sich nur dann um ein Nachstellen, wenn der Täter die entsprechenden Verhaltensweisen **beharrlich** verwirklicht. Dafür reicht bloße Wiederholung nicht aus. Vielmehr ist es erforderlich, dass in der Tatbegehung eine *besondere Hartnäckigkeit* und gesteigerte Gleichgültigkeit des Täters gegenüber dem gesetzlichen Verbot zum Ausdruck kommt[17], die zugleich die Gefahr einer *weiteren Begehung* indiziert. Er muss *mit dem Willen* handeln, sich auch in Zukunft immer wieder entsprechend zu verhalten (was als subjektive Komponente des objektiven Tatbestandsmerkmals bereits im objektiven Tatbestand anzusprechen ist; bei der Beharrlichkeit handelt es sich insoweit um eine sog. *objektiv-subjektive Sinneinheit*). Maßgeblich ist damit letztlich eine Gesamtwürdigung unter besonderer Berücksichtigung des zeitlichen Abstands zwischen den einzelnen Handlungen sowie deren innerem Zusammenhang (BT-Drucks. 16/575, S. 7)[18]. Wenn auch eine absolute (Mindest-)Anzahl von notwendigen Angriffen nicht festgelegt werden kann[19], sondern die Beharrlichkeit ua von dem konkreten Gewicht der sonstigen Elemente abhängt, so hat der BGH jedenfalls massive Nachstellungen an fünf Tagen während eines Zeitraums von drei Monaten als genügend erachtet, obwohl zwischen einzelnen dieser Handlungen zT sechs Wochen lagen[20].

**342**

Nicht erforderlich ist, dass der Täter wiederholt dieselbe Tatvariante verwirklicht; beharrlich handelt auch derjenige, der abwechselnd die verschiedenen, in Nr 1–5 aufgeführten Möglichkeiten des Stalkings nutzt.[21]

**Beispiel:** Der Täter lauert dem Opfer zunächst auf, behelligt es ein andermal mit einem nächtlichen Anruf, ordert sodann unter dem Namen des Opfers in der Pizzeria 25 Familienpizzen zum Ausliefern und bedroht schließlich das Opfer mit Entführung.

**Unbefugt** ist das Nachstellen, wenn der Täter sich weder auf eine amtliche oder privatautonome Befugnisnorm noch auf ein Einverständnis des Opfers berufen kann. Nach dem Willen des Gesetzgebers soll es sich bei dem Merkmal der Unbefugtheit

**343**

---

16  An der hinreichenden Bestimmtheit zweifelt BGHSt 54, 189, 193 f mit zust. Anm. *Gazeas*, NJW 10, 1684 f; ebenfalls krit. *Eiden*, ZIS 08, 123, 127; *Fischer*, § 238 Rn 5 f, 17 f; *Gazeas*, KJ 06, 247, 257; LK-*Krehl*, § 238 Rn 56; *Kinzig/Zander*, JA 07, 481, 485; Matt/Renzikowski-*Eidam*, § 238 Rn 21; *Mitsch*, NJW 07, 1237, 1239; *Rackow*, GA 08, 552, 565 f; ambivalent *Krüger* (Hrsg.), Stalking, S. 158 ff, 162; differenzierend *Neubacher/Seher*, JZ 07, 1029, 1032; die Auffangklausel befürworten hingegen MüKo-*Gericke*, § 238 Rn 34 ff, 37; *Kuhlen*, Rengier-FS, S. 271, 273 ff und *Mosbacher*, NStZ 07, 665, 668.

17  So jetzt auch BGHSt 54, 189, 195; LK-*Krehl*, § 238 Rn 60; für eine rein objektive, die Gesinnung des Täters nicht mit einbeziehende Deutung der Beharrlichkeit *Mosbacher*, NStZ 07, 665; *Neubacher/Seher*, JZ 07, 1029, 1032; *Seher*, Anm. JZ 10, 582.

18  Dazu auch Matt/Renzikowski-*Eidam*, § 238 Rn 8; kritisch zu diesem Merkmal *Lackner/Kühl*, § 238 Rn 3; *Mitsch*, NJW 07, 1237, 1240 und Anm. NStZ 10, 513; befürwortend hingegen *Gazeas*, KJ 06, 247, 254.

19  Mindestens fünf Handlungen fordern *Kinzig/Zander*, JA 07, 481, 484.

20  BGHSt 54, 189 mit Anm. *Heghmanns*, ZJS 10, 269.

21  Ebenso *Valerius*, JuS 07, 319, 322.

**§ 8** *Zwangsheirat, Nachstellung, Freiheitsberaubung, Nötigung, Bedrohung*

hier nicht lediglich um einen Verweis auf die allgemeinen Rechtfertigungsgründe, sondern um ein *Tatbestandsmerkmal* handeln, das den Anwendungsbereich der Norm auf die strafwürdigen Fälle beschränkt (BT-Drucks. 16/575, S. 7)[22]. So erfüllt etwa der frisch Verliebte, der seiner neuen Partnerin mit deren Billigung pro Tag wenigstens 20 Liebes-SMS schickt, schon nicht den Tatbestand des § 238 I.

Die unbefugten Nachstellungshandlungen müssen, wie erwähnt (Rn 338), **geeignet** sein, die Lebensgestaltung des Opfers *schwerwiegend* zu beeinträchtigen. Ob es zu dieser Beeinträchtigung auch tatsächlich kommt, ist hingegen irrelevant. Nicht erforderlich ist daher, dass das Opfer tatsächlich auf das Nachstellen reagiert. Beurteilt wird die Eignung anhand eines *objektivierenden Maßstabs* aus der Perspektive des Opfers[23]. Dabei kommt es in erster Linie auf den Grad des psychischen Drucks an, den der Täter mit seinem Verhalten erzeugt. Kriterien sind ua Häufigkeit, Kontinuität und Intensität sowie der zeitliche Zusammenhang. Verändert das Opfer *tatsächlich* seine Lebensgestaltung, stellt das lediglich ein *Indiz* für die Eignung der Nachstellungshandlungen dar. Schwerwiegend ist eine Beeinträchtigung der Lebensgestaltung bei erheblichen Änderungen im Leben des Opfers, die zumindest in ihrer *Gesamtheit* über durchschnittliche und zumutbare Belastungen deutlich und objektiv messbar hinausgehen.

**Beispiele:** Die Handlungen des Täters sind geeignet, das Opfer dazu zu bringen, seine Wohnung nur noch in Begleitung Dritter zu verlassen oder seinen Arbeitsplatz zu wechseln oder seine Wohnung aufzugeben.

### 3. Qualifikationen

344 § 238 II qualifiziert die Tat, wenn durch sie das Opfer, ein Angehöriger des Opfers oder eine andere ihm nahestehende Person entweder in die konkrete Gefahr des Todes oder einer schweren Gesundheitsschädigung gebracht wird. Es handelt sich hierbei um eine als konkretes Gefährdungsdelikt ausgestaltete Qualifikation und nicht um eine Erfolgsqualifikation[24], so dass der Täter mit Gefährdungsvorsatz handeln muss[25].

Eine Erfolgsqualifikation enthält der Verbrechenstatbestand des § 238 III für den Fall, dass durch die Tat der Tod des Opfers, eines seiner Angehörigen oder einer anderen ihm nahestehenden Person verursacht wird[26], also beispielsweise das Opfer in einen – nicht freiverantwortlichen – Suizid getrieben wird[27] oder auf der Flucht vor den Nachstellungen zu Tode kommt.

---

22  Dagegen aber *Mitsch*, NJW 07, 1237, 1240; *ders.*, Jura 07, 401 ff, der diesem Merkmal eine Doppelnatur zuschreibt; in den Fällen des § 238 I Nr 3 und 4, die ohne das Vorliegen eines Rechtfertigungsgrundes eindeutig strafwürdig seien, gehe es nur um die Rechtfertigungsebene, ansonsten um einen Tatbestandsausschluss; ebenso *Fischer*, § 238 Rn 26 und LK-*Krehl*, § 238 Rn 69.
23  BT-Drucks. 18/9946, S. 1 f, 13 f; Müko-*Gericke*, § 238 Rn 2, 5; *Mosbacher*, NJW 17, 983, 984 mit Hinweis auf BGHSt 54, 189, 197. Anschaulicher Beispielsfall bei *Nowak*, JuS 18, 1180, 1181.
24  So aber *Valerius*, JuS 07, 319, 323; wie hier HK-GS/*Krupna*, § 238 Rn 11; LK-*Krehl*, § 238 Rn 74 f; NK-*Sonnen*, § 238 Rn 54.
25  *Gazeas*, KJ 06, 247, 260; *Lackner/Kühl*, § 238 Rn 10; *Mitsch*, Jura 07, 401, 406.
26  Grundsätzliche Kritik der Qualifikationstatbestände bei *Krüger* (Hrsg.), Stalking, S. 210 ff.
27  BGH NJW 17, 2211 mit zust. Anm. *Kudlich*, JA 17, 712; abl. *Jahn*, JuS 17, 1032; *Ast*, NJW 17, 2214.

Umstritten ist, ob die fahrlässige Verursachung der schweren Folge strafbar ist, wenn das Grunddelikt nur versucht wird (sog. erfolgsqualifizierter Versuch), da der Versuch des Grunddelikts hier nicht strafbar ist. Diese ua auch bei der Aussetzung umstrittene Frage wird der BGH noch zu klären haben[28].

## IV. Freiheitsberaubung

### 1. Schutzgut

**Schutzgut** des § 239 ist die **persönliche Fortbewegungsfreiheit**. Dabei handelt es sich um die Freiheit des Einzelnen, nach *seinem Willen* den derzeitigen Aufenthaltsort zu verlassen und sich *fortzubegeben*. Tatopfer kann deshalb nur sein, wer die natürliche Fähigkeit besitzt, einen solchen Fortbewegungswillen zu bilden sowie – sei es auch nur mit technischen Hilfsmitteln (= Krücken, Rollstuhl) oder mit fremder Hilfe – zu realisieren. Wem dagegen diese Fähigkeit fehlt, der scheidet als Tatopfer aus (so etwa ein 1-jähriges Kind; BayObLG JZ 52, 237; *Küpper/Börner*, BT I S. 100).

345

Umstritten ist, wie es sich bei Personen verhält, denen der Fortbewegungswille nur *vorübergehend* fehlt.

**Beispiele:** Schlafende, Bewusstlose, Personen, die sich im Augenblick der Tat nicht fortbegeben wollen.

Der hM zufolge schützt § 239 auch die **potenzielle** Fortbewegungsfreiheit. Der Freiheit beraubt sein kann demnach auch derjenige, der sich im Augenblick der Tat gar nicht fortbegeben will oder von seiner Einsperrung nichts merkt. Entscheidend ist allein, dass er sich *ohne* die Beeinträchtigung seiner Bewegungsmöglichkeit fortbegeben **könnte,** wenn er es **wollte** (BGHSt 32, 183, 188). Nach der Gegenauffassung dient § 239 allein dem Schutz der **aktuellen** Fortbewegungsfreiheit[29], denn bei Fehlen eines gegenwärtigen Fortbewegungswillens werde die Autonomie des Einzelnen nicht verletzt. In Betracht kommt dann lediglich eine Strafbarkeit wegen Versuchs nach § 239 II. Eine vermittelnde Ansicht knüpft an die hM an, fordert aber zusätzlich, es müsse zumindest **möglich** sein, dass der Betroffene während der Dauer der Tat einen *aktuellen* Fortbewegungswillen bildet. Im Falle von wachen Personen, die sich jederzeit entschließen können, einen bestimmten Raum zu verlassen, ist das kein Problem. Bei Schlafenden oder Bewusstlosen soll es genügen, wenn sich die Möglichkeit ihres Erwachens während der Einsperrung nicht mit an Sicherheit grenzender Wahrscheinlichkeit ausschließen lässt (im Einzelnen streitig; vgl *Fahl*, Jura 98, 456, 460). Keine Freiheitsberaubung läge demnach bei einem ins künstliche Koma versetzten Patienten vor, der über Nacht eingeschlossen wird, da hier das Erwachen ausgeschlossen ist.

---

28 Eine Versuchsstrafbarkeit abl. *Fischer*, § 238 Rn 37; *Krey/Hellmann*, BT I Rn 450; *Lackner/Kühl*, § 238 Rn 11; *Gazeas*, KJ 06, 247, 260 f; dagegen bejahend NK-*Sonnen*, § 238 Rn 58; wohl auch *Mitsch*, Jura 07, 401, 406 f.

29 Ua A/W-*Weber*, BT § 9 Rn 13 ff; *Fischer*, § 239 Rn 5; *Heghmanns*, BT Rn 658; NK-*Sonnen*, § 239 Rn 9; differenzierend *Bloy*, ZStW 96 (1984), 703; *Schumacher*, Stree/Wessels-FS, S. 431, 439; SK-*Wolters*, § 239 Rn 3 f.

§ 8 *Zwangsheirat, Nachstellung, Freiheitsberaubung, Nötigung, Bedrohung*

Zu den Argumenten pro et contra *Hillenkamp*, BT 6. Problem und *Küper/Zopfs*, BT Rn 230 f; ferner *Kargl*, JZ 99, 72; *Park/Schwarz*, Jura 95, 294.

**346** Im **Fall 25** kann N gegenüber T oder F eine Freiheitsberaubung (§ 239) begangen haben. Die 7 Monate alte T war kein *taugliches Objekt* für eine Freiheitsberaubung, da *Kleinstkindern* im ersten Lebensjahr noch die Fähigkeit zur willkürlichen Veränderung ihres Aufenthaltsortes und zu hinreichend bestimmten Willensäußerungen in dieser Hinsicht fehlt. Ein Rückgriff auf den Willen des Sorgeberechtigten (= F) nach *Stellvertretungsregeln* scheidet aus, da § 239 gerade auf die **natürlichen Fähigkeiten des Betroffenen selbst** abstellt[30].

Zu prüfen bleibt, ob eine Freiheitsberaubung gegenüber F vorliegt, weil N ihm den Zutritt zum Kinderzimmer versperrt hat.

## 2. Tathandlungen

**347** Als **Tathandlungen** umfasst § 239 das Einsperren und das auf andere Weise der Freiheit Berauben. Dabei reicht es, wenn einer Person die *Restfreiheit* genommen wird, so etwa im Falle eines Strafgefangenen, der in der JVA von einem Zellengenossen an sein Bett gefesselt wird. Unter **Einsperren** ist das Verhindern des Verlassens eines Raumes (auch eines beweglichen) durch äußere Vorrichtungen oder sonstige Vorkehrungen zu verstehen (RGSt 7, 259). Unüberwindlich muss die Einsperrung nicht sein (näher BGH NStZ 01, 420). Es genügt deshalb, wenn das Opfer einen Ausgang nicht kennt oder den Öffnungsmechanismus nicht zu betätigen weiß.

Das der Freiheit **auf andere Weise** Berauben erfasst jedes Tun oder Unterlassen (§ 13), durch das ein anderer Mensch unter *vollständiger Aufhebung* seiner Fortbewegungsfreiheit (so BGH NJW 93, 1807) daran gehindert wird, seinen Aufenthaltsort zu verlassen. Eine bloße *Erschwerung* reicht insoweit *nicht* aus[31], es sei denn, dass im Einzelfall das Überwinden der Hemmnisse **unzumutbar** gefährlich ist[32]. *Kein* Berauben der Freiheit liegt vor, wenn jemand nur daran gehindert wird, zu einem bestimmten Ort hinzugelangen oder an ihm zu verweilen.

**Beispiele:** Arbeitswillige werden durch Streikposten am Betreten ihres Arbeitsplatzes gehindert. Das Opfer wird gezwungen, einen bestimmten Platz zu verlassen.

Bei den Tatmitteln kennt die zweite Begehungsform der Freiheitsberaubung keine Begrenzung. In Betracht kommt insbesondere *Gewalt*, aber auch *Drohung*, soweit das angedrohte Übel den Grad einer gegenwärtigen Gefahr für Leben oder Leib erreicht (BGH NJW 93, 1809). Zur **List** siehe Rn 396 sowie *Krey/Hellmann*, BT I Rn 353; *S/S-Eisele*, § 239 Rn 6a, aber auch *Fischer*, § 239 Rn 8b.

**Beispiele:** Festhalten (OLG Hamm JMBl NW 64, 31), Anbinden oder Fesseln (RGSt 17, 127; RG JW 25, 973), Betäubung oder Hypnose (RGSt 61, 239), Blockadeaktionen mit Einsperreffekt (OLG Köln NStZ 85, 550), Verhindern des Verlassens eines Fahrzeugs durch schnelles Fahren (BGH NStZ 05, 507), Veranlassung der Verhaftung durch eine unwahre Anzeige (BGHSt 3, 4), durch Ingewahrsamnahme ohne Vorführung vor den Haftrichter (BGH NStZ 15,

---

30  BayObLG JZ 52, 237; LK-*Schluckebier*, § 239 Rn 6; aA *Welzel*, Lb S. 328.
31  BGH NStZ 15, 338 mit insoweit abl. Anm. *Wieck-Noodt*, NStZ 15, 646, 647; zust. Anm. *Hecker*, JuS 15, 947.
32  SK-*Wolters*, § 239 Rn 5; *Krey/Hellmann*, BT I Rn 352, jeweils mwN.

641); zur Kasuistik siehe LK-*Schluckebier*, § 239 Rn 17. Zur Tatbegehung in mittelbarer Täterschaft vgl SK-*Wolters*, § 239 Rn 9; zur Täuschung des Richters, dem die Entscheidung über eine Anstaltsunterbringung psychisch Kranker obliegt, siehe *Amelung/Brauer*, Anm. JR 85, 474.

Da § 239 seiner Struktur nach ein Handeln **gegen oder ohne den Willen des Verletzten** voraussetzt, schließt das *Einverständnis* des Betroffenen schon die Tatbestandsmäßigkeit des Verhaltens und nicht erst dessen Rechtswidrigkeit aus[33]. Zum Widerruf des Einverständnisses siehe BGH NStZ 92, 33; 05, 507.

**348**

Die Freiheitsberaubung ist kein Zustands-, sondern ein **Dauerdelikt** (vgl § 239 III Nr 1 und 2: „länger als eine Woche" und „während der Tat"; siehe auch LK-*Rissing-van Saan*, Vor § 52 Rn 22, 61). *Vollendet* ist die Tat mit dem Eintritt des Freiheitsverlustes; *beendet* ist sie erst mit Wiederaufhebung der Freiheitsentziehung (BGHSt 20, 227). Ganz kurzfristige Eingriffe, etwa das Festhalten des Opfers, um ihm zwei Ohrfeigen zu verpassen, genügen regelmäßig nicht[34].

**349**

Im **Fall 25** hat N den F **nicht eingesperrt**, sondern *ausgesperrt*, ihn also nicht am Verlassen seines Aufenthaltsortes gehindert, sondern ihm nur die Möglichkeit genommen, einen bestimmten Ort aufzusuchen (= in das Kinderzimmer hineinzugelangen). Ein solches Verhalten kann als **Nötigung** (§ 240) strafbar sein, erfüllt aber nicht den Tatbestand der Freiheitsberaubung.

**350**

## 3. Qualifikationen

**Erschwerte Fälle** (= Verbrechen) enthalten die Absätze 3 und 4 des § 239. Bei § 239 III Nr 1 handelt es sich um einen *qualifizierten* Tatbestand, der Vorsatz erfordert[35]. Hingegen sind die in § 239 III Nr 2, IV geregelten Fälle Erfolgsqualifikationen. Hier braucht der *Vorsatz* des Täters nur die Verwirklichung des Grundtatbestandes (§ 239 I) zu umfassen, während im Übrigen gemäß § 18 Fahrlässigkeit genügt (vgl BGHSt 10, 306; 21, 288, 291). **Fall** (Zwischenprüfungsklausur) bei *Sobota/Lichtenthäler*, JuS 17, 516.

**351**

## 4. Konkurrenzfragen

Bei Beurteilung der Konkurrenzfragen ist maßgeblich, ob die Freiheitsberaubung *notwendiger Bestandteil* oder *regelmäßige Begleiterscheinung* einer anderen Straftat ist (= *Gesetzeskonkurrenz*) oder ob ihr innerhalb des deliktischen Geschehens **Eigenbedeutung** zukommt (= *Tateinheit*)[36]. Als Dauerdelikt kann § 239 andere Delikte mit geringerem Unrechtsgehalt zu einer Handlungseinheit verklammern[37].

**352**

---

33  Näher BGH NJW 93, 1807; *Lackner/Kühl*, § 239 Rn 5; *Wessels/Beulke/Satzger*, AT Rn 555.
34  BGH NStZ 03, 371; LK-*Schluckebier*, § 239 Rn 20; aA *Klesczewski*, BT § 5 Rn 66.
35  Näheres bei *Nelles*, Einführung, S. 56; wie hier auch *Fischer*, § 239 Rn 15; Matt/Renzikowski-*Eidam*, § 239 Rn 3; NK-*Sonnen*, § 239 Rn 26; für § 18 aber *Krey/Hellmann*, BT I Rn 365; *Kühl*, AT § 17a Rn 7, LK-*Schluckebier*, § 239 Rn 40 und *Mitsch*, GA 09, 329, 334, jeweils mwN.
36  Näher BGHSt 18, 26; 28, 18; BGH NStZ-RR 03, 168; OLG Koblenz VRS 49 (1975), 347; *Otto*, Jura 89, 497; *Wessels/Beulke/Satzger*, AT Rn 1265, 1280.
37  S/S-*Eisele*, § 239 Rn 14.

**§ 8** *Zwangsheirat, Nachstellung, Freiheitsberaubung, Nötigung, Bedrohung*

**353** Soll der Eingesperrte zu *mehr* als zur bloßen Duldung der Freiheitsberaubung genötigt werden, wie etwa zum Unterzeichnen einer Vollmacht, liegt Tateinheit zwischen § 239 und § 240 vor. Dagegen ist nur § 239 als das im Verhältnis zu § 240 *speziellere* Gesetz anzuwenden, wenn. der Täter lediglich bezweckt, das Opfer an der freien Wahl seines Aufenthaltsortes zu hindern, so etwa wenn A seine Bekannte B nach einem Streit festhält, um ihr das Verlassen der gemeinsamen Wohnung unmöglich zu machen.

## V. Nötigung

### 1. Schutzgut und Tathandlung

**354** § 240 schützt nach hM die **Freiheit der Willensentschließung und Willensbetätigung** vor Angriffen, die *mit Gewalt* oder *durch Drohung mit einem empfindlichen Übel* begangen werden[38]. Freilich kann der Schutz der Entscheidungs- und Handlungsfreiheit stets nur ein beschränkter sein. Gesellschaftliches Zusammenleben ist unvermeidbar mit wechselseitigen Freiheitsbeschränkungen und Zwängen verbunden. In vielfältiger Weise wirkt der Einzelne „nötigend" auf den Willen seiner Mitmenschen ein, ohne dass dies rechtlich zu beanstanden wäre oder gar Strafe verdiente.

**Beispiele:** Der Ehemann droht seiner Frau, sich von ihr zu trennen, wenn sie nicht künftig mehr Zeit mit ihm verbringe. Die Arbeitgeberin kündigt ihrem Angestellten an, ihn abzumahnen, wenn er weiterhin unpünktlich zur Arbeit erscheine.

Vor diesem Hintergrund ist die gesetzliche Regelung des § 240 missglückt. Der nationalsozialistische Gesetzgeber von 1943 hat den Tatbestand so weit gefasst, dass zahllose, keine rechtliche Missbilligung verdienende Fälle des alltäglichen Lebens – wie die soeben beispielhaft genannten – unter ihn fallen. Weder trägt § 240 I damit der *Auslesefunktion* des Tatbestandes (dazu *Wessels/Beulke/Satzger*, Rn 186) noch den Bestimmtheitsanforderungen des Art. 103 II GG (instruktiv dazu *Jeand'Heur*, NJ 95, 465, 466) angemessen Rechnung. Eine Korrektur des zu weit („offen") formulierten Tatbestandes sucht das Gesetz auf der Rechtswidrigkeitsebene mit Hilfe der Verwerflichkeitsklausel zu erreichen (näher dazu Rn 379 ff). Das Problem mangelnder gesetzlicher Bestimmtheit lässt sich indes durch diesen unbestimmten Rechtsbegriff kaum beheben.

**355** **Nötigen** heißt, dem Betroffenen (= „zu Nötigenden") ein seinem Willen widerstrebendes Handeln (= Tun), Dulden oder Unterlassen aufzwingen (dazu LK-*Altvater*, § 240 Rn 117).

Bezüglich der *Nötigungsmittel* verlangt § 240 I weniger als die §§ 249, 252, 255, die Gewalt „*gegen eine Person*" oder Drohung „*mit gegenwärtiger Gefahr für Leib oder Leben*" fordern. Verfassungsrechtlich ist das bisher nicht beanstandet worden.

**356** Nach § 240 I wird eine Nötigung mit Freiheitsstrafe bis zu 3 Jahren bestraft. In § 240 IV findet sich eine Strafzumessungsnorm mit **Regelbeispielen**; nach ihr beträgt die Freiheitsstrafe in be-

---

38  BVerfGE 73, 206, 237; enger ua *Hruschka*, JZ 95, 737, der nur die Freiheit der Willensbetätigung für geschützt hält; siehe auch MüKo-*Sinn*, § 240 Rn 5 ff; dagegen LK-*Altvater*, § 240 Rn 2, 55; NK-*Toepel*, § 240 Rn 14 ff; vgl auch *Kargl*, Roxin-FS, S. 905; für einen normativen Freiheitsbegriff *Lesch*, Rudolphi-FS, S. 483.

sonders schweren Fällen 6 Monate bis zu 5 Jahren. Zu den Beispielen siehe *Fischer*, § 240 Rn 60 f.

## 2.  Gewalt als Nötigungsmittel

**Gewalt** iS des § 240 ist nach dem derzeitigen Stand der Rechtsprechung der Fachge-  **357** richte der **körperlich wirkende Zwang** durch die *Entfaltung von Kraft* oder durch eine *physische Einwirkung sonstiger Art*, die nach ihrer Zielrichtung, Intensität und Wirkungsweise *dazu bestimmt und geeignet* ist, die Freiheit der Willensentschließung oder Willensbetätigung eines anderen aufzuheben oder zu beeinträchtigen[39].

**a)**  Die hM zum Gewaltbegriff des § 240 hat im Laufe der Zeit erhebliche Wandlungen erfah-  **358** ren. Grob lassen sich **drei Phasen** unterscheiden.

Ursprünglich vertrat das Reichsgericht – wenn auch nicht ausschließlich (*Küper/Zopfs*, BT Rn 287) – in Anlehnung an die Umgangssprache einen rein körperlich-dynamischen Gewaltbegriff. Gewalt als Zwangsmittel war danach die **durch körperliche Kraft** erfolgende Einwirkung auf einen anderen zur Überwindung eines geleisteten oder erwarteten Widerstandes[40] – sog. **klassischer Gewaltbegriff**. An die Stärke des Kraftaufwandes wurden freilich nur *geringe* Anforderungen gestellt; so bejahte das RG eine körperliche Kraftentfaltung etwa in den Fällen des Einschließens[41] oder der Abgabe von Schreckschüssen[42]. Eine Gewaltanwendung wurde aber verneint beim heimlichen Beibringen betäubender Mittel[43]. Mit dem Erfordernis der **Einwirkung auf einen anderen**, oft als Einwirkung *„auf den Körper"* bezeichnet[44], war gemeint, dass **jede Gewalt**, auch die Gewalt gegen **Sachen**, sich wenigstens *mittelbar* **gegen die Person** des zu Nötigenden richten müsse (**Beispiel:** Aushängen von Fenstern und Türen, um den Mieter durch Kälte zum Auszug zu zwingen[45]). In RGSt 60, 157, 158 hieß es dazu klarstellend, die Anwendung von Gewalt erfordere *nicht* die *unmittelbare* Einwirkung „auf den Körper" des Genötigten, sei es durch Berührung oder eine andere die Sinne beeinflussende Tätigkeit; vielmehr genügten alle Handlungen, die von der Person, gegen die sie unmittelbar oder mittelbar gerichtet seien, als ein *nicht nur seelischer*, sondern **körperlicher Zwang** empfunden würden. Die Wegnahme von Sachen zur Erzwingung einer Leistung sah das RG nicht als Anwendung von Gewalt, sondern als Ausübung eines rein psychisch wirkenden Zwanges an (Wegnahme eines Sacks Hirse zur Durchsetzung eines Fährgeldanspruchs[46]).

Die Rspr. des **BGH** ließ die vom RG für wesentlich gehaltenen *körperbezogenen* Kriterien des  **359** Gewaltbegriffs sukzessive fallen (dazu *Simon*, Gesetzesauslegung, S. 293). So wurde zunächst das Merkmal der *körperlichen Kraftentfaltung* aufgegeben und entschieden, dass auch das heimliche Beibringen betäubender Mittel Anwendung von Gewalt sei (BGHSt 1, 145). Außer-

---

39  Vgl BGHSt 41, 182 und BGH NJW 95, 2862; OLG Köln NJW 96, 472; OLG Stuttgart NJW 95, 2647; siehe auch die Ausführungen im Minderheitsvotum zu BVerfGE 92, 1, 20 ff und dazu *Buchwald*, DRiZ 97, 513, 517; zur erforderlichen Finalstruktur der Gewalt als Zwangsmittel *Küper/Zopfs*, BT S. 196 f; Grundwissen zum Gewaltbegriff bei *Swoboda*, JuS 08, 862. Abweichend *Jakobs*, Hilde Kaufmann-GedS, S. 791: Gewalt als „Verletzung garantierter Rechte"; ähnlich *Timpe*, Die Nötigung, 1989, S. 70 ff; gegen diesen Ansatz und seine Folgen *Kindhäuser/Schramm*, BT I § 12 Rn 18; *Kleszczewski*, BT § 5 Rn 13.
40  RGSt 56, 87; 64, 113; 73, 343.
41  RGSt 13, 49; 27, 405; 73, 343.
42  RGSt 60, 157; 66, 353.
43  RGSt 58, 98; 72, 349.
44  Vgl RG GA Bd. 56 [1909], 222; 62 [1916], 131.
45  Vgl RGSt 20, 354; 27, 405.
46  RGSt 3, 179; ähnlich OLG Köln StV 90, 266 und NJW 96, 472.

**§ 8** *Zwangsheirat, Nachstellung, Freiheitsberaubung, Nötigung, Bedrohung*

dem sollte Gewalt gegen eine Person auch dann vorliegen können, wenn der Betroffene sie *nicht* als solche „*empfindet*"[47] (= Gewalt gegen Bewusstlose). Schließlich bezeichnete der BGH die **Zwangswirkung** als das letztlich entscheidende Kriterium des Gewaltbegriffs[48]. Den Abschluss dieser Entwicklung bildete dann die Gleichstellung von **körperlich** und **psychisch wirkendem Zwang** im sog. Laepple-Fall (BGHSt 23, 46, 54 = Blockieren des Schienenverkehrs durch Sitzstreik an einem Verkehrsknotenpunkt). Danach genügte für Gewalt auch ein nur psychisch wirkender Zwang, wenn das Opfer ihm gar nicht, nur mit erheblicher Kraftentfaltung oder lediglich in unzumutbarer Weise begegnen kann – sog. **vergeistigter Gewaltbegriff**[49].

**Beispiel:** Die Sitzblockade auf einer Straße oder Schiene zählte danach als Gewalt, da der Fahrzeugführer sie allenfalls durch das strafbare und damit unzumutbare Überfahren der Demonstranten hätte überwinden können.

**360** Während das BVerfG den vergeistigten Gewaltbegriff zunächst nicht beanstandet hatte[50], gelangte es 1995 in der 3. Sitzblockadenentscheidung zur gegenteiligen Auffassung. Die „erweiternde Auslegung des Gewaltbegriffs" in § 240 I verstoße gegen Art. 103 II GG (BVerfGE 92, 1). Da schon im Begriff des Nötigens ein *Zwangselement* enthalten sei, müsse Gewalt als qualifiziertes Nötigungsmittel mehr sein als bloße Zwangsausübung; es bedürfe deshalb einer **körperlichen Kraftentfaltung**. Damit leitete das BVerfG eine Rückbesinnung auf das Erfordernis der körperlichen Zwangswirkung ein – sog. **neoklassischer Gewaltbegriff**.

Für die **Sitzblockaden-Fälle** hat dies folgende Konsequenzen: Blockaden, bei denen eine gegen Dritte gerichtete Verkehrsbehinderung sich *lediglich* aus der „körperlichen Anwesenheit" (= einem Verhalten ohne wesentlichen Kraftaufwand) der im Prinzip friedfertigen Demonstranten ergibt, sind *keine Gewaltausübung*, solange die „lebende Barriere" physisch ohne größere Probleme überwunden werden könnte; die Zwangswirkung ist hier nur psychischer Natur[51]. Anders verhält es sich allerdings dem BGH zufolge, wenn **physische Hindernisse** errichtet werden, etwa indem die zuerst angehaltenen Fahrzeuge als **Barriere** mit dem Ziel benutzt werden, weiteren Verkehrsteilnehmern die Durchfahrt zu versperren. Da diese Barriere nicht oder nur unter Inkaufnahme erheblicher Schäden überwunden werden könne, werde bezogen auf die hinteren Verkehrsteilnehmer *körperlich* wirkender Zwang ausgeübt, so dass Gewaltanwendung vorliege und eine Bestrafung nach § 240 möglich sei (BGHSt 41, 182)[52] – sog. **Zweite-Reihe-Rechtsprechung**. Ebenso sei Gewalt zu bejahen, wenn die Blockierer allein aufgrund ihrer großen Zahl physisch nicht überwunden werden

---

47  BGHSt 4, 210; 16, 341; 25, 237.
48  BGHSt 8, 102; 19, 263.
49  Zur Kritik *Geilen*, H. Mayer-FS S. 445 und JZ 70, 521; ferner *Keller*, JuS 84, 109; *Sommer*, NJW 85, 769; *Wolter*, NStZ 85, 193 und 245; umfassend *Paeffgen*, Grünwald-FS, S. 433.
50  BVerfG 73, 206, 239 ff; 76, 211, 216.
51  Ob man dann die Drohungsalternative fruchtbar machen kann, ist umstritten. Dafür *Herzberg*, GA 96, 557; NK-*Toepel*, § 240 Rn 124; dagegen *Paeffgen*, Grünwald-FS, S. 433, 464 f; *F.-C. Schroeder*, Meurer-GedS, S. 237; ferner *Hoyer*, GA 97, 451 mit Erwiderung *Herzberg*, GA 98, 211. S. dazu auch Rn 362.
52  Ebenso BGH NJW 95, 2862; OLG Karlsruhe NJW 96, 1551; krit. *Amelung*, Anm. NStZ 96, 230; *Eisele*, BT I Rn 464; *Heghmanns*, BT Rn 593 ff; *Lesch*, Anm. StV 96, 152; *Hoyer*, JuS 96, 200; zust. *Fischer*, § 240 Rn 17 mwN; LK-*Altvater*, § 240 Rn 39, 80; *Otto*, BT § 27 Rn 11; *Tröndle*, BGH-Festgabe, S. 526; zusf. *Küper/Zopfs*, BT Rn 295.

könnten (BGH NStZ 1995, 593). Das BVerfG hat diese Rechtsprechung als verfassungskonform anerkannt[53]. Eine durch bloße körperliche Anwesenheit verübte Straßenblockade sei hinsichtlich der in *zweiter* Reihe zum Anhalten gezwungen Fahrzeugführer eine Nötigung in mittelbarer Täterschaft; Tatmittler seien die in *erster* Reihe zum Halten genötigten Fahrer, deren Fahrzeuge für die Nachfolgenden ein unüberwindbares physisches Hindernis darstellten[54].

**Beispiele:** Gewalt lag nach der Rspr. aufgrund physischer Unüberwindbarkeit vor, als zehn Personen die Hauptzufahrt der geplanten atomaren Wiederaufarbeitungsanlage in Wackersdorf blockierten, indem sie sich aneinander ketteten, wobei die beiden an den Enden der Gesamtkette Stehenden sich mit Schlössern an den Pfosten des Tores festmachten und so etliche Fahrzeugführer für geraume Zeit zum Warten veranlassten (BVerfGE 104, 92). Ebenso stellte es Gewalt dar, dass Demonstranten bei einer Demonstration gegen den Transport abgebrannter Brennelemente aus Kernkraftwerken in die Wiederaufbereitungsanlage La Hague in Frankreich auf einer Bahnstrecke einen Stahlkasten so befestigten, dass dieses physische Hindernis mit den Gleisen fest verbunden und nur mit erheblichem Aufwand zu entfernen war (BGHSt 44, 34, 39). Und auch in der Blockade einer Straßenkreuzung durch mehrere hundert Leute sah der BGH Gewalt (BGH NStZ 1995, 593).

Unsicherheit herrscht noch bei der Beurteilung von **Gewalt durch Einwirkung auf Sachen.** **361** Problematisch sind hier vornehmlich die Fälle, in denen durch die Sacheinwirkung ein **abgeschlossener Zustand nachteiliger Art** geschaffen worden ist, der den Betroffenen nötigt, in bestimmter Weise zu reagieren (Beispiele: Zerstechen der Reifen eines Autos, um den Berechtigten an einer Fahrt zu hindern; Entwendung der Reisepapiere, um den anderen von einer geplanten Urlaubsreise abzuhalten). Zwar erschöpft eine solche Tat sich nicht in dem Angriff auf das fremde Eigentum oder den Sachbesitz, weil sie den Betroffenen zwingen soll, etwas Bestimmtes nicht zu tun; erforderlich ist jedoch, dass die Gewalt von dem zu Nötigenden als *körperlich wirkender Zwang* empfunden wird[55].

**b)** **Erscheinungsformen** der Gewalt iS des § 240 sind **vis absoluta** (hM) und **vis** **362** **compulsiva**. Erstere liegt vor beim Ausschalten der Willensbildung oder Unmöglichmachen der Willensbetätigung[56].

**Beispiele:** Betäuben, Fesseln, Festhalten, Errichten unüberwindlicher Hindernisse, nach hM auch Einsperren.

Dabei ist es nicht erforderlich, dass das Opfer die vis absoluta wahrnimmt. Sie kann daher auch gegen *Bewusstlose* oder *Schlafende* ausgeübt werden[57].

Vis compulsiva dient demgegenüber dem Zweck, einen bestimmten Willensentschluss zu erzwingen: Durch den von dieser Gewaltanwendung ausgehenden, körperlich vermittelten Motivationsdruck soll der Wille des Opfers gebeugt und in die vom Täter gewünschte Richtung gelenkt werden.

---

53  BVerfGE 104, 92; BVerfG NJW 11, 3020 mit Bspr. *Jahn*, JuS 11, 563 und krit. Anm. *Sinn*, ZJS 11, 283.
54  Krit. hierzu *Jäger*, JA 11, 553; Matt/Renzikowski-*Eidam*, § 240 Rn 19 f.
55  RGSt 20, 354, 356; *Heghmanns*, BT Rn 599; vgl auch *Rengier*, BT II § 23 Rn 30; ausführlich *Huhn*, Nötigende Gewalt mit und gegen Sachen, 2007, S. 198 ff.
56  Näher *Küper/Zopfs*, BT Rn 286, 413.
57  BGHSt 25, 237; *Eisele*, BT I, Rn 453; *Rengier*, BT II, § 23 Rn 29.

§ 8 *Zwangsheirat, Nachstellung, Freiheitsberaubung, Nötigung, Bedrohung*

**Beispiele:** Schläge, abrupter Fahrbahnwechsel oder überraschendes Abbremsen unmittelbar vor einem dichtauf folgenden PKW (da das eigene Fahrzeug hier eine physische Barriere bildet)[58], das Sprengen einer Veranstaltung durch das Werfen einer sog. Stinkbombe (da dies regelmäßig zu körperlichen Ekelreaktionen führt)[59].

Die hM lässt es für vis compulsiva genügen, dass es durch die körperliche Einwirkung *irgendwie* zu einer körperlichen Reaktion kommt. Das geht indes zu weit. Nimmt man die 3. Sitzblockadeentscheidung des BVerfG (vgl Rn 360) ernst, muss die Willensbeugung gerade auf der *Körperlichkeit* des Zwangs beruhen. Daran fehlt es aber, wenn die körperliche Reaktion des Opfers lediglich eine *Begleiterscheinung* oder *Folge* des durch eine bedrohliche Situation hervorgerufenen *psychischen* Zwangs darstellt.

**Beispiele:** Keine Gewalt liegt in den Fällen des bedrängenden Auffahrens auf der Überholspur einer Autobahn oder im innerörtlichen Verkehr vor, und zwar entgegen der Rechtsprechung auch dann nicht, wenn es infolge des psychischen Zwangs zu einer physisch spürbaren Angstreaktion kommt.[60] Gleiches gilt für das Vorhalten einer Schusswaffe, die beim Opfer zu Schweißausbruch oder Herzrasen führt (aA BGHSt 23, 126; 39, 133, und für die Abgabe von Schreckschüssen[61].

*Unwiderstehlich* braucht die kompulsive Gewalt *nicht* zu sein. Es kommt auch nicht darauf an, ob das Opfer sich ihr hätte widersetzen oder entziehen können; es genügt, dass sie zur Willensbeugung geeignet (und bestimmt) war[62]. – Zu verneinen ist Gewalt, soweit zum Versperren von Zufahrten, Zugängen oder Wegen nur der Körper eingesetzt wird[63], aber etwa auch dann, wenn der Täter sich auf die Fronthaube eines Autos legt[64].

363 **Gewalt gegen Dritte**, die sich nur mittelbar gegen die Person des zu Nötigenden richtet, soll genügen (RGSt 17, 82), wenn sie geeignet ist, von diesem als Zwang empfunden zu werden[65]. Wird allerdings auf den zu Nötigenden kein *körperlich* wirkender Zwang ausgeübt, scheidet Gewalt als Nötigungsmittel aus. In Betracht kommt dann nur eine sich aus der Gewalt gegen den Dritten ergebende konkludente *Drohung* (dazu auch Rn 368), die Übelszufügung gegenüber dem Dritten fortzusetzen oder zu wiederholen.[66]

**Beispiel:** Das Schlagen eines Kindes, um ein Elternteil zur Preisgabe einer Information zu bringen.

---

58   OLG Stuttgart NJW 95, 2647; beachte OLG Köln DAR 00, 84.
59   *Rengier*, BT II, § 23 Rn. 25.
60   AA BGHSt 19, 263; vgl ferner OLG Karlsruhe NStZ-RR 98, 58 mwN. Wie hier *Fischer*, § 240 Rn 29; differenzierend *Eisele*, BT I Rn 458 f; relativierend LK-*Altvater*, § 240 Rn 32, 129.
61   AA RGSt 60, 157.
62   *Klesczewski* ordnet Sachgestaltungen der vis compulsiva als qualifizierte Drohungen ein, BT § 5 Rn 22 ff, 27.
63   Vgl *Lackner/Heger*, § 240 Rn 9; anders für das vollständige Versperren des Wegs *Rengier*, BT II, § 23 Rn 18.
64   AA BGH StV 02, 360; krit. dazu *Fischer*, § 240 Rn 20b.
65   Vgl *Krey/Hellmann*, BT I Rn 399 mwN.
66   LK-*Altvater*, § 240 Rn 76; NK-*Toepel*, § 240 Rn 58; aA *Rengier*, BT II, § 23 Rn 35.

*Drohung mit einem empfindlichen Übel* **§ 8 V 3**

Im **Fall 25** macht das *Verschließen der Tür* es dem F unmöglich, das Kinderzimmer zu be- **364** treten und sein Obhutsrecht gegenüber T auszuüben. Darin liegt nach hM eine Gewaltan- wendung (= *vis absoluta*), die sich unmittelbar gegen T und *mittelbar gegen* F richtet[67].

c) Zum Nötigen mit Gewalt gehört stets, dass die Einwirkung **ohne Einverständnis** **365** des davon Betroffenen erfolgt. Bei § 240 wirkt das Einverständnis auch dann **tatbe- standsausschließend**, wenn es durch *List* erschlichen ist[68].

d) Als **subjektive** Komponente des Gewaltbegriffs, die als Element des Nötigungs- **366** mittels bereits im objektiven Tatbestand anzusprechen ist, setzt Nötigen mit Gewalt den *Willen* des Täters voraus, durch sein Vorgehen einen tatsächlich geleisteten oder erwarteten Widerstand des Betroffenen zu überwinden oder unmöglich zu machen (BGHSt 4, 210; RGSt 67, 183).

**Beispiel:** Keine Gewalt beim Versperren einer Straße mit einem LKW, wenn der Fahrer lediglich beabsichtigt, das Fahrzeug leichter entladen zu können, da die Einwirkung auf die anderen Verkehrsteilnehmer hier die *bloße Folge* und *nicht* der *Zweck* des verbotswidrigen Verhaltens ist (OLG Hamm, NStZ 09, 213).

## 3. Drohung mit einem empfindlichen Übel

Nötigungsmittel iS des § 240 ist ferner die **Drohung mit einem empfindlichen Übel**. **367** Drohung ist das *auf Einschüchterung des Opfers gerichtete* Inaussichtstellen eines zu- künftigen Übels, auf dessen Eintritt der Drohende Einfluss hat oder zu haben vor- gibt[69]. Davon ist die bloße *Warnung* zu unterscheiden. Eine solche liegt vor, wenn je- mand lediglich auf die Gefahren eines bestimmten Verhaltens oder auf ein damit ver- bundenes Übel hinweist, dessen Eintritt von seinem Willen oder Einfluss aber gerade unabhängig ist[70].

**Beispiel:** Ein Sachbearbeiter teilt seinem Kollegen K mit, er habe gehört, dass die Chefin den K entlassen wolle, wenn dieser sich weiter weigere, Überstunden zu machen.

Da sich im Gewand einer Warnung eine Drohung verbergen kann, kommt es im Zweifelsfall weniger auf den Wortlaut als auf den Sinn der betreffenden Erklärung an[71].

Drohen kann man nicht nur mit Worten oder unmissverständlichen Gesten, sondern auch durch **368** schlüssige Handlungen (*Fischer*, § 240 Rn 31). Infolgedessen *kann* sich bei einer *bereits ver- übten Gewalt* aus dem Gesamtverhalten des Täters konkludent die **Drohung** ergeben, die Übelszufügung fortzusetzen oder erneut körperlich wirkenden Zwang anzuwenden, falls ein bestimmtes Verlangen oder Vorhaben auf Widerstand stoßen sollte[72].

---

67 Näher dazu BayObLG JZ 52, 237; *Fischer*, § 240 Rn 26; *Lackner/Heger*, § 240 Rn 11; anders aber LK-*Altvater*, § 240 Rn 76: unmittelbare Gewalt auch gegenüber der F.
68 BGHSt 14, 81; BGH NJW 59, 1092; *Wessels/Beulke/Satzger*, AT Rn 558.
69 BGHSt 16, 386; erweiternd *Puppe*, Anm. JZ 89, 596; instruktiv *Küper/Zopfs*, BT Rn 165.
70 RGSt 54, 236; BGH NJW 57, 598.
71 Zur Abgrenzung von Warnung und Drohung eingehend *Küper*, GA 06, 439; zur täuschenden War- nung *ders.*, Puppe-FS, S. 1217.
72 BGH NJW 84, 1632; vgl auch OLG Koblenz NJW 93, 1808.

135

**§ 8** *Zwangsheirat, Nachstellung, Freiheitsberaubung, Nötigung, Bedrohung*

**Beispiel:** In einem Faustschlag liegt u.U. zugleich die Ankündigung, weiterzuschlagen, wenn das Opfer sich nicht in einer bestimmten Art und Weise verhält.

**369** Ob der Drohende das angedrohte Übel verwirklichen kann oder will, ist gleichgültig. Entscheidend ist nur, dass die Drohung den *Anschein der Ernstlichkeit erweckt* und dass der Bedrohte ihre Verwirklichung wenigstens **für möglich halten** soll (BGHSt 16, 386; 26, 309).

Als **Übel** zählt jeder Nachteil. **Empfindlich** ist ein Übel, wenn seine Ankündigung unter Berücksichtigung der persönlichen Verhältnisse des Betroffenen *geeignet* erscheint, aufgrund seiner Erheblichkeit einen besonnenen Menschen zu dem mit der Drohung erstrebten Verhalten zu bestimmen (BGH NStZ 82, 287), so etwa im Falle der Androhung von Gewalt, von körperlichen Misshandlungen oder der Zerstörung bestimmter Wertgegenstände. Die Übelseigenschaft wird nicht zwangsläufig dadurch ausgeschlossen, dass der Täter dem Bedrohten den Nachteil zufügen darf – Drohung mit einem *erlaubten* Verhalten.

**Beispiel:** Der Ladendetektiv L sieht, dass die Kundin K heimlich Waren in eine mitgebrachte Tasche steckt. Nachdem die K den Kassenbereich verlassen hat, fängt er sie ab und droht ihr mit einer – berechtigten – Strafanzeige, wenn sie nicht mit ihm schlafe.

Die **Eignung** des angekündigten Übels, den Bedrohten im Sinne des Täterverlangens zu motivieren (= Zwangseignung), enthält eine *normative* Komponente. Sie fehlt, wenn von dem Bedrohten in seiner Lage erwartet werden kann, dass er der Bedrohung in besonner Selbstbehauptung standhält[73].

**Beispiele:** Die Drohung eines Mannes gegenüber einer Bekannten, die freundschaftliche Beziehung zu ihr zu beenden, wenn sie sich nicht auf ein Verhältnis mit ihm einlasse; die Ankündigung gegenüber der Staatsanwaltschaft, ein Beweismittel nicht herauszugeben, wenn sie dafür keinen Kaufpreis zahle (OLG Hamm StV 14, 295; zur hierbei aufgeworfenen Frage der Drohung mit einem Unterlassen siehe Rn 371 ff).

Soll das Übel einen **Dritten** treffen, so genügt es, dass sein Eintritt auch für den Drohungsempfänger ein empfindliches Übel wäre[74]. Entsprechendes gilt für eine *Selbsttötungsandrohung* (BGH NStZ 82, 286)[75].

**Beispiele:** Der Täter droht dem Vater mit der Ermordung seiner Tochter.

**370** Gegenstand der Drohung ist immer das Inaussichtstellen eines *künftigen* Übels. Die Zufügung eines *gegenwärtigen* Übels kann dagegen stets nur unter das Merkmal der Gewalt fallen (sofern in ihm nicht die konkludente Ankündigung liegt, die Übelszufügung fortzusetzen oder zu wiederholen, vgl Rn 368). Freilich muss sie dazu die Voraussetzungen des Gewaltbegriffs (*körperlich* wirkender Zwang, vgl Rn 357 ff) erfüllen. Ist das nicht der Fall, scheidet eine Strafbarkeit nach § 240 aus.

**371** Das angedrohte Übel kann grundsätzlich nicht nur in einem **Tun**, sondern auch in einem **Unterlassen** bestehen.

---

73  Vgl BGHSt 32, 165, 174; BGH MDR/H 92, 319; krit. *Amelung*, GA 99, 182, 192; *Lackner/Heger*, § 240 Rn 13; LK-*Altvater*, § 240 Rn 80.
74  BGHSt 16, 316; BGH NStZ 94, 31; *Lackner/Kühl*, § 240 Rn 15.
75  BGH NStZ 82, 286; zu den Anforderungen an die Empfindlichkeit des einem Amtsträger angedrohten Übels OLG Hamm StV 14, 294; näher 38. Aufl. Rn 404.

136

**Beispiele:** Die Weigerung, bestimmte Arbeiten zu verrichten, bestellte Waren abzunehmen, die Zahlung von Unterhalt fortzusetzen, sofern der andere Teil die von ihm verlangten Zugeständnisse nicht machen oder sich sonst nicht in der gewünschten Weise verhalten sollte.

Dabei sind drei Konstellationen zu unterscheiden. Droht der Täter, eine rechtlich **gebotene Handlung** zu unterlassen, stellt dies unproblematisch das Inaussichtstellen eines empfindlichen Übels dar, da das Opfer hier einen rechtlichen „Anspruch" auf die Vornahme der Handlung besitzt[76].

**Beispiel:** V droht der M, seinen Unterhaltsverpflichtungen nicht nachzukommen, wenn er nicht die gemeinsame Tochter häufiger sehen dürfe.

Umgekehrt ist es *kein* Inaussichtstellen eines empfindlichen Übels, wenn der Täter mit dem Unterlassen einer rechtlich **verbotenen** Handlung droht, da das Ausbleiben eines rechtlich unzulässigen Vorteils kein empfindliches Übel sein kann[77].

**Beispiel:** Der Zeuge droht dem Angeklagten, nicht falsch zu seinen Gunsten auszusagen, wenn er ihn nicht zuvor dafür bezahle.

Umstritten ist der Umgang mit den Fällen, in denen der Täter mit dem Unterlassen **372** eines **erlaubten**, aber nicht gebotenen Handelns droht.

**Beispiel:** Gegen die 16-jährige Schülerin S schwebt ein Ermittlungsverfahren wegen Ladendiebstahls. Kurz darauf wendet sich der A an sie und erklärt, er könne die Strafanzeige durch eine Rücknahme wieder aus der Welt schaffen. Dies werde er aber nur tun, wenn S mit ihm schlafe (angelehnt an OLG Hamburg, NJW 80, 2592).

Hier werden im Wesentlichen drei Auffassungen vertreten. Eine Ansicht verneint die Drohung iS des § 240, wenn jemand lediglich das Unterlassen einer Handlung ankündige, deren Vornahme die Rechtsordnung in sein *freies Belieben* stelle[78]. Die Verweigerung einer Leistung, auf die der andere keinen Anspruch besitze, beeinträchtige nicht dessen Freiheit und sei damit kein Nachteil. Indem der Betreffende hier eine Hilfeleistung anbiete, weise er lediglich auf eine schon bestehende Notlage hin und zeige einen *möglichen Ausweg* auf, drohe aber nicht mit einem von ihm zu verwirklichenden Übel (OLG Hamburg, NJW 80, 2592)[79].

Die Gegenmeinung vertritt inzwischen der **BGH** (BGHSt 31, 195)[80]. Für den Motivationsdruck, der von einer Drohung ausgehe, sei es nicht entscheidend, ob der Täter etwas tun oder unterlassen wolle; wesentlich sei allein, **welches Übel** als Folge *seines* Verhaltens (tatsächlich oder angeblich) eintreten werde. Von diesem Standpunkt aus

---

76  *Jäger*, Krey-FS, S. 193 f; *Kindhäuser/Schramm*, BT I, § 13 Rn 25; *Rengier*, BT II, § 23 Rn 47.

77  *Eisele*, BT I, Rn 479; *Jäger*, Krey-FS, S. 194; *Kindhäuser/Schramm*, BT I, § 13 Rn 26; *Rengier*, BT II, § 23 Rn 48; aA Matt/Renzikowski-*Eidam*, § 240 Rn 42.

78  So auch noch BGH GA 60, 277; NStZ 82, 287; RGSt 14, 264; 63, 424. Zustimmend A/W-*Hilgendorf*, BT § 9 Rn 51; *Bockelmann*, BT II S. 106; *Hoven*, ZStW 128 (2016), 173, 192; *Lesch*, Rudolphi-FS, S. 483; *Schubarth*, JuS 81, 726 und Anm. NStZ 83, 312; SK-*Wolters*, § 240 Rn 18; ebenso (unter Hinweis auf das Autonomieprinzip) *Roxin*, JuS 64, 373.

79  So auch noch BGH GA 60, 277; NStZ 82, 287; RGSt 14, 264; 63, 424. Zustimmend A/W-*Hilgendorf*, BT § 9 Rn 51; *Bockelmann*, BT II S. 106; *Hoven*, ZStW 128 (2016), 173, 192; *Lesch*, Rudolphi-FS, S. 483; *Schubarth*, JuS 81, 726 und Anm. NStZ 83, 312; SK-*Wolters*, § 240 Rn 18; ebenso (unter Hinweis auf das Autonomieprinzip) *Roxin*, JuS 64, 373.

80  Zustimmend MüKo-*Sinn*, § 240 Rn 87 ff.

**§ 8** *Zwangsheirat, Nachstellung, Freiheitsberaubung, Nötigung, Bedrohung*

ist die Ankündigung eines Unterlassens ohne Rücksicht darauf, ob eine Pflicht zum Handeln besteht oder nicht, eine „Drohung" iS des § 240 I, wenn sie „sozialwidrig" als Druckmittel zu dem Zweck eingesetzt wird, den widerstrebenden Willen des Opfers in eine bestimmte Richtung zu lenken.

Zur Vermeidung einer zu weit ausgreifenden Strafbarkeit in diesen Fällen verweist der BGH auf das Regulativ der Verwerflichkeitskontrolle des § 240 II (BGHSt 31, 195, 201)[81]. Dort könnten im Wege einer konkret-normativen Betrachtung die „Unterlassungsfälle" ausgeschieden werden, in denen nur der Handlungsspielraum des Bedrohten erweitert, die Autonomie seiner Entschlüsse jedoch nicht in *strafwürdiger* Weise angetastet werde.

Eine vermittelnde Ansicht differenziert[82]. Führe das Unterlassen zu einer *erheblichen Verschlechterung* der Situation des Opfers, handele es sich um eine Drohung mit einem empfindlichen Übel – so etwa im obigen Beispielsfall, da es mutmaßlich zu einer Hauptverhandlung gegen S mit Verurteilung käme. Habe das Unterlassen dagegen lediglich das *Fortbestehen* der bisherigen nachteiligen Situation des Opfers zur Folge, werde mangels Werteinbuße nicht mit einem empfindlichen Übel gedroht.

**Beispiel:** Unternehmer U erklärt einem potenziellen Lieferanten L, ihm keinen Großauftrag zu erteilen, wenn er nicht seine Geschäftsbeziehungen zu seinem Konkurrenten K beende.

**373** Einen weiteren Differenzierungsvorschlag unterbreitet *Wessels* (BT/1, 21. Aufl. 1997, Rn 401). Danach sei jedenfalls die Ankündigung, **bestehende Beziehungen abzubrechen** oder ein **bisher geübtes Verhalten einzustellen,** das (wie etwa fortlaufende freiwillige Geldzuwendungen) Erwartungen begründet und einen gewissen *Vertrauenstatbestand* geschaffen hat, in aller Regel als Drohung iS des § 240 aufzufassen, wenn auf diese Weise Druck ausgeübt werden soll. Für diese Einordnung spreche ua, dass hier eine klare Grenzziehung zwischen in Aussicht gestelltem **Unterlassen** (= künftig „nichts mehr zu überweisen") und **aktivem Tun** (= die bisherigen Zahlungen umgehend „einzustellen") kaum möglich sei (so würde zB der Widerruf eines Dauerüberweisungsauftrags stets ein „Tun" voraussetzen; auch dazu weiterführend *Zopfs*, JA 98, 813, 818). Die Problematik ist keineswegs schon abschließend geklärt (lehrreiche Zusammenfassung des Diskussionsstands bei *Küper/Zopfs*, BT Rn 172, 174 ff).

## 4. Nötigungserfolg

**374** **Folge** der Nötigungshandlung muss ein **erzwungenes Verhalten**, also ein Tun, Dulden oder Unterlassen sein (Nötigungserfolg). Zwischen dem Einsatz des Nötigungsmittels und dem Nötigungserfolg muss ein *ursächlicher Zusammenhang* bestehen. Daran fehlt es, wenn der Betroffene das angestrebte Verhalten nicht aufgrund des Nötigungsmittels, sondern aus anderen Gründen vollzieht; es bleibt dann nur die *versuchte* Nötigung. Die Vollendung der Tat tritt mit dem abgenötigten Verhalten, also dann ein, wenn der Betroffene sich unter dem Einfluss des Nötigungsmittels (Gewalt/Drohung) in der angestrebten Weise zu verhalten beginnt[83]. Bleibt die Nötigungshandlung ohne Erfolg, erreicht sie das Opfer nicht, geht das Opfer auf sie nur zum Schein ein oder tut es etwas anderes, als der Täter zu erreichen sucht, kommt wiederum *versuchte* Nötigung in Betracht.

---

81 Zur Kritik siehe *Grosse-Wilde*, MedR 12, 189 und *Kuhlen*, Schünemann-FS, S. 611, 625 ff.
82 *Eisele*, BT I, Rn 475 f; *Rengier*, BT II, § 23 Rn 49 ff; *Roxin*, JR 1983, 333, 335 f.
83 Vgl BGH GA 87, 28; NJW 97, 1082; näher LK-*Altvater*, § 240 Rn 90; NK-*Toepel*, § 240 Rn 130.

*Rechtswidrigkeit der Nötigung* **§ 8 V 6**

Der Nötigungserfolg darf auch im Falle des Duldens nicht in der bloßen Hinnahme der Gewaltausübung gesehen werden (BVerfGE 92, 1, 17). Die Einwirkung auf das Opfer und das dadurch bewirkte Verhalten sind strikt auseinanderzuhalten. Nicht als Nötigungserfolg zählt deshalb das Hinnehmen des als Nötigungsmittel eingesetzten Faustschlags; eine Nötigung liegt hier nur vor, wenn durch den Schlag ein weiteres Verhalten herbeigeführt wird.

Sein Hauptziel, dass F sich schuldig bekannte und ihn um Verzeihung bat, hat N im **Fall 25** nicht erreicht. Seine Nötigungshandlung hatte jedoch insoweit „Erfolg", als F gezwungen war, die Ausübung seines Obhutsrechts gegenüber T durch Betreten des Kinderzimmers zu unterlassen (= das Vorhandensein eines darauf gerichteten Willens des F vorausgesetzt) und den Schlosser S mit dem Öffnen der Tür zu beauftragen. Das eine wie das andere genügt zur Verwirklichung des objektiven Nötigungstatbestands (vgl BGH GA 87, 28; MDR/D 72, 386).   **375**

## 5. Subjektiver Tatbestand

Der **subjektive Tatbestand** des § 240 I fordert **Vorsatz**, wobei – entgegen einer frühen Entscheidung des BGH[84] – hinsichtlich des abgenötigten Verhaltens **Absicht** erforderlich ist[85]. Letzteres folgt mittelbar aus § 240 II, wo das Gesetz klar und unmissverständlich auf den „angestrebten Zweck" des Handelns abstellt.   **376**

Im **Fall 25** war die *Absicht* des N darauf gerichtet, den F im Wege der sog. Sachgewalt durch Verschließen der Tür und Wegnahme des Schlüssels zu einem bestimmten Verhalten zu nötigen. Darauf, dass F zeitweilig die Trennung von seinem schlafenden Kind erdulden musste, kam es ihm zweifelsfrei an. In Bezug auf das Zuhilfeholen eines Schlossers hat N zumindest mit Eventualvorsatz gehandelt, was ausreicht, falls die verübte Sachgewalt überhaupt auf einen bestimmten Nötigungserfolg abzielt. N hat daher den Tatbestand des § 240 I auch in subjektiver Hinsicht verwirklicht.   **377**

## 6. Rechtswidrigkeit der Nötigung

Wie eingangs bereits erwähnt, ist es dem Gesetzgeber missglückt, die tatbestandlichen Voraussetzungen der Nötigung so zu formulieren, dass sie ihrer *Auslesefunktion* gerecht werden (vgl Rn 354). Deshalb sieht die hM in § 240 I einen **ergänzungsbedürftigen Tatbestand**, dessen Verwirklichung nicht ohne Weiteres die Rechtswidrigkeit der Tat indiziert.   **378**

Das gilt in erster Linie für die Fälle der Drohung, aber auch bei der Anwendung von Gewalt, wie etwa bei der gewaltsamen Verhinderung einer strafbaren oder sittenwidrigen Handlung[86].

Das **Rechtswidrigkeitsurteil** folgt hier demnach nicht schon aus dem Fehlen von Rechtfertigungsgründen, sondern hängt noch von einer **gesamttatbewertenden Feststellung** ab, für die § 240 II als strafbarkeitseinschränkendes Korrektiv die gesetzli-   **379**

---

84  BGHSt 5, 245.
85  Vgl BayObLG NJW 63, 1262; OLG Düsseldorf NStZ 08, 38, OLG Hamm NStZ 09, 213; Matt/Renzikowski-*Eidam*, § 240 Rn 54; S/S-*Eisele*, § 240 Rn 34; SK-*Wolters*, § 240 Rn 7. Nur bei Gewalt durch Einwirkung auf Sachen LK-*Altvater*, § 240 Rn 150.
86  Vgl BVerfGE 73, 206; 104, 92, 109 (zweifelnd *Haas* in ihrem abweichenden Votum, S. 120); BGHSt 17, 328; 34, 71; 35, 270, 275.

**§ 8** *Zwangsheirat, Nachstellung, Freiheitsberaubung, Nötigung, Bedrohung*

che Grundlage liefert[87]. Danach ist die Tat, auch wenn kein Rechtfertigungsgrund eingreift (wie zB § 34 StGB oder § 229 BGB), nur dann rechtswidrig, wenn die Anwendung der Gewalt oder die Androhung des Übels *zu dem angestrebten Zweck* **verwerflich** ist[88]. Die Verwerflichkeit kann sich danach aus dem angestrebten Nötigung*serfolg*, dem konkret eingesetzten Nötigungs*mittel* oder der *Zweck-Mittel-Relation* ergeben. Der Begriff der Verwerflichkeit knüpft dabei an sozialethische Wertungen an und setzt ein gesteigertes Unwerturteil voraus. Rechtlich verwerflich ist danach, was sozial unerträglich und wegen seines grob anstößigen Charakters sozialethisch in besonders hohem Maße zu missbilligen ist[89].

380 Zum **Prüfungsaufbau**: Zunächst ist das Vorliegen allgemeiner Rechtfertigungsgründe zu prüfen, denn eine Tat, die durch einen Rechtfertigungsgrund gedeckt wird, kann nicht „verwerflich" sein[90]. Liegt kein allgemeiner Rechtfertigungsgrund vor, schließt sich dann die Prüfung der Verwerflichkeit gem. § 240 II an.

381 Bei der Feststellung der Verwerflichkeit geht man am Besten in **drei Schritten** vor. Zunächst prüft man, ob bereits der angestrebte Nötigungs*zweck* für sich betrachtet die Verwerflichkeit begründet. Das ist regelmäßig zu bejahen, wenn der Zweck rechtswidrig ist, so etwa wenn der Täter das Opfer zur Begehung einer Straftat nötigt. Sonst fragt man weiter, ob sich die Verwerflichkeit aus dem Nötigungs*mittel* als solchem ergibt. Ist dieses rechtswidrig, begründet auch das zumeist die Verwerflichkeit, zB wenn der Täter das Opfer mittels einer Körperverletzung zur Preisgabe einer Information zwingt. Anderenfalls ist schließlich zu prüfen, ob sich die Verwerflichkeit aus der **Zweck-Mittel-Relation** ergibt. Das ist zu bejahen, wenn Mittel und Zweck in keinerlei innerem Zusammenhang stehen – **Inkonnexität von Mittel und Zweck.**

**Beispiel:** Droht der Ladendetektiv der ertappten Ladendiebin mit einer Strafanzeige, wenn sie nicht mit ihm schlafe, ist der Zweck – der Beischlaf – wie auch das Mittel – das Stellen einer berechtigten Strafanzeige – für sich betrachtet erlaubt und somit nicht verwerflich. Allerdings stehen Mittel und Zweck hier klar in keinem inneren Verhältnis. Konnexität wäre dagegen zu bejahen, wenn der Gläubiger mit einer Strafanzeige drohte, um so einen mit der Straftat zusammenhängenden Ersatzanspruch durchzusetzen. Gleiches gilt für die Arbeitgeberin, die ihrem Arbeitnehmer mit einer Abmahnung droht, wenn er nicht künftig pünktlich an seinem Arbeitsplatz erscheint, denn die Abmahnung ist gerade das klassische arbeitsrechtliche Instrument, um auf ein solches Fehlverhalten des Arbeitnehmers zu reagieren und ihn künftig zu einem pflichtgemäßen Verhalten anzuhalten.

382 Im **Fall 25** war hiernach bewertet die von N begangene Nötigung **rechtswidrig** iS des § 240 II: Auf einen Rechtfertigungsgrund kann N sich nicht stützen. Die gewaltsame Trennung von Mutter und Kind zu dem Zweck, den F zur Abgabe eines aus purer Geltungssucht verlangten „Schuldbekenntnisses" zu veranlassen, ist grob anstößig und verwerflich. Da auch ein Schuldvorwurf gegen N zu erheben ist, hat dieser sich nach § 240 strafbar gemacht.

---

87 BVerfGE 73, 206, 255; BGHSt 35, 270, 276; instruktiv *Küper*, JZ 13, 449, 450; krit. LK-*T. Walter*, Vor § 13 Rn 56.

88 Näher dazu *Fischer*, § 240 Rn 38 f.

89 Vgl BGHSt 17, 328, 332; 18, 389, 391; 35, 270, 276; OLG Stuttgart NJW 91, 994; OLG Zweibrücken NJW 91, 53; *Lampe*, Stree/Wessels-FS, S. 449, 457; siehe auch *Fischer*, § 240 Rn 40 ff, der auf einen erhöhten Grad *sozialwidrigen* Handelns abstellt; ebenso Matt/Renzikowski-*Eidam*, § 240 Rn 58.

90 Zutreffend *Bergmann*, Jura 85, 457, 462; *Küper/Zopfs*, BT Rn 418 f; LK-*Altvater*, § 240 Rn 111; so im Aufbau auch BGHSt 39, 133, 136.

*Rechtswidrigkeit der Nötigung* **§ 8 V 6**

Fraglich ist, was als *Zweck* iS des § 240 II zählt. Unstreitig kann zunächst das unmittelbar abgenötigte Verhalten (als Nahziel) sein[91]. Ob darüber hinaus auch Fernziele, zu deren Erreichung das Nahziel bloßes *Mittel* ist, zu berücksichtigen sind, ist umstritten. Der BGH hat das zunächst verneint[92], diesen Standpunkt dann aber nicht konsequent durchgehalten[93]. Der Wortlaut des § 240 zwingt jedenfalls keineswegs zu einer solch restriktiven Auslegung.[94] Bedeutsam wird das insbesondere in den Fällen, in denen das Fernziel in einer Grundrechtsausübung besteht[95].

**383**

Eine wichtige Rolle spielt dies bei der Bewertung von **Sitzblockaden**. Keine Verwerflichkeit liegt vor, wenn es sich bei der Blockade nur um die *unvermeidbare Nebenfolge* einer rechtmäßigen Ausübung der Grundrechte der *Meinungs-* und *Versammlungsfreiheit* handelt, Art. 5 I, 8 I GG, so etwa wenn die Demonstranten auf der Straße laufen und dadurch unvermeidbar Autofahrer blockieren, die diese Straße benutzen wollen. Schwieriger fällt die Bewertung, wenn die Aktion gerade auf die Beeinträchtigung der Bewegungsfreiheit anderer **abzielt**, zB bei der Blockade einer Kasernenausfahrt, um gegen Auslandseinsätze der Bundeswehr zu demonstrieren. Nach der restriktiven Auffassung des *BGH* kommt es hier allein auf das *Nahziel* – das Verhindern des Betretens bzw Verlassens der Kaserne – an. Das **BVerfG** befürwortet demgegenüber richtigerweise eine **Gesamtabwägung**, in die auch die *Fernziele* einzubeziehen sind. Dabei sei einerseits zu berücksichtigen, dass die Verwerflichkeit jedenfalls dann nahliege, wenn das Nahziel (die Blockade) zur Verwirklichung des Fernziels (im Beispiel: Beendigung der Auslandseinsätze der Bundeswehr) **ungeeignet** erscheine. Andererseits könne sich eine andere Bewertung daraus ergeben, dass das Nahziel als **Mittel symbolischer Kommunikation** diene, um Aufmerksamkeit für ein politisches Anliegen zu erregen und so einen Beitrag zur öffentlichen Meinungsbildung zu leisten[96].

In der OLG-Rspr. sind vor diesem Hintergrund Blockaden bis zu einer Dauer von einer halben Stunde als nicht verwerflich angesehen worden[97].

Zu einigen weiteren klausurrelevanten Konstellationen: Verwerflich iS des § 240 II handelt auch, wer den **Vorrang rechtsförmiger Verfahren** missachtet und sich als Einzelner ohne speziellen Rechtfertigungsgrund anmaßt, die Gesetzestreue anderer mit Gewalt zu erzwingen[98].

**384**

**Beispiel:** Um die Raserin R, die auf der Autobahn erkennbar die Geschwindigkeitsbeschränkung überschreitet, zu stoppen, zieht Autofahrer A mit seinem Wagen so auf die linke Spur, dass R nicht an ihm vorbeikommt und zum starken Abbremsen gezwungen ist. Die Nötigung der R durch A ist hier trotz der Überschreitung der zulässigen Höchstgeschwindigkeit rechtswidrig. § 34 scheitert spätestens an der Angemessenheit. Und die Verwerflichkeit folgt aus der Missachtung des Vorrangs rechtsförmiger Verfahren.

---

91  *Fischer*, § 240 Rn 42 ff; *Krey/Hellmann*, BT I Rn 424.
92  BGHSt 35, 270, 275 f.
93  Vgl BGH NStZ 97, 494.
94  So auch BVerfGE 104, 92, 109; BVerfG NJW 11, 3020, 3023; S/S-*Eisele*, § 240 Rn 17, 21, 29.
95  BVerfGE 104, 92, 109.
96  Vgl BVerfGE 104, 92, 109 f; BVerfG NJW 11, 3020, 3023.
97  OLG Zweibrücken NJW 91, 53; OLG Stuttgart, NJW 92, 2713.
98  BGHSt 39, 133; *Roxin*, Anm. NStZ 93, 335.

**§ 8** *Zwangsheirat, Nachstellung, Freiheitsberaubung, Nötigung, Bedrohung*

**385** Hinsichtlich **schuldrechtlicher Ersatzansprüche** gilt Folgendes: Wo nicht ausnahmsweise ein Selbsthilferecht in Betracht kommt (vgl §§ 229, 230 BGB), gibt ein fälliger Anspruch dem Gläubiger nicht das Recht, den Schuldner *eigenmächtig* zur Leistung zu zwingen; er muss vielmehr beim Ausbleiben der Leistung den Klageweg beschreiten. Gleichwohl ist das Drohen mit einer *begründeten* Strafanzeige zur Durchsetzung eines mit der Straftat zusammenhängenden Ersatzanspruchs nicht verwerflich iS des § 240 II. Sofern nämlich der Sachverhalt, aus dem das Recht zur Strafanzeige hergeleitet wird, mit dem durch die Drohung verfolgten Zweck in einer *inneren Beziehung* steht, erscheint die Verknüpfung von Mittel und Zweck nicht willkürlich oder grob anstößig, vorausgesetzt, dass zwischen dem Gewicht der Drohung und dem angestrebten Zweck kein offensichtliches Missverhältnis besteht[99].

**386** Das Verhalten der E in **Fall 25**, die den N durch Drohung mit einer Strafanzeige zur Erstattung des Werklohns von 20 € und zur Abgabe einer schriftlichen Entschuldigung genötigt hat, erfüllt ebenfalls den Tatbestand des § 240 I. Erpressung (§ 253) als spezielleres Delikt scheidet aus, da N gemäß § 823 I BGB zur Erstattung der 20 € verpflichtet war: N erlitt keinen Schaden, weil das Freiwerden von der Verbindlichkeit die Hingabe des Geldes ausglich, und E handelte insoweit ohne Vorsatz; zudem erstrebte sie keinen *rechtswidrigen* Vorteil (näher BGHSt 20, 136). Zu prüfen bleibt die *Rechtswidrigkeit* der Nötigung.

Da E gegen N einen Ersatzanspruch bezüglich des Werklohns hatte, die erforderliche innere Beziehung also bestand, ist nach den Kriterien der hM ein Missverhältnis von Mittel und Zweck zu verneinen. Eine *schriftliche Entschuldigung* konnten weder E noch F von N verlangen, weil die Rechtsordnung einen solchen Anspruch nicht kennt. Die Durchsetzung eines *nicht* bestehenden Anspruchs mit den Mitteln des § 240 I ist zwar in aller Regel verwerflich; hier ist jedoch zu beachten, dass die Durchführung eines Strafverfahrens auch dem Zweck dient, dem durch die Straftat Verletzten eine ideelle Genugtuung zu verschaffen. Demnach erscheint es nicht missbilligenswert und verwerflich, für *den* Fall mit einer Strafanzeige zu drohen, dass der Straftäter sich weigern sollte, dem Verletzten in Form einer Entschuldigung Genugtuung zu leisten. Eine *Abbitte*, die einer entwürdigenden Demütigung gleichkäme, darf freilich nicht verlangt werden. Das Verhalten der E gegenüber N war somit auch insoweit nicht verwerflich und damit nicht rechtswidrig iS des § 240 II.

**387** Auch im Hinblick auf die Verwerflichkeit können sich **Irrtumsprobleme** stellen.

**Beispiel:** Der M stellt sich auf den letzten freien Parkplatz vor dem Supermarkt, um diesen für seine Ehefrau freizusperren. Vor dieser erreicht allerdings die P mit ihrem Porsche die Parklücke und möchte einparken. Als M sich weigert, Platz zu machen, fährt P mit ihrem Fahrzeug langsam auf M zu. Dieser weicht erst zur Seite, nachdem P ihn – freilich ohne ihn zu verletzen – leicht angefahren hat. P glaubt sich zu dieser Vorgehensweise berechtigt, um die Freigabe des Parkplatzes zu erzwingen.

Fraglich ist im Beispiel zunächst, ob sich M durch das Freisperren des Parkplatzes wegen Nötigung strafbar gemacht hat. Hierzu müsste er Gewalt angewendet haben (eine Drohung mit einem empfindlichen Übel scheidet ersichtlich aus). Da die Zwangswirkung auf P jedoch lediglich psychischer Natur ist, muss dies nach dem neo-klassischen Gewaltbegriff verneint werden.

---

99  Näher BGHSt 5, 254; BGH NJW 57, 596; BayObLG MDR 57, 309. Zum Mahnbriefefall BGH wistra 14, 57 (mit zust. Anm. von *Beckemper,* ZJS 14, 210; *Roxin,* StV 15, 447; *Schuster,* NZWiSt 14, 64; *Tsambikakis,* NJW 14, 406; krit. hingegen *Becker,* NStZ 14, 154; *Eidam,* HRRS 14, 129; *Jäger,* JZ 14, 526) näher 38. Aufl. Rn 430. – Zur konkludenten Täuschung bei unberechtigten Abmahnschreiben durch Rechtsanwälte siehe OLG Köln NJW 13, 2772 mit Anm. *Eiden/Walter,* NStZ 14, 297.

Zu prüfen ist dann die Strafbarkeit der P nach § 240. Das Anfahren des M stellt Gewalt dar. Hierdurch hat sie ihn auch zur Freigabe des Parkplatzes genötigt. Der Tatbestand des § 240 ist damit erfüllt; eine Rechtfertigung nach § 32 scheidet nach hM aus[100]. Denn auch wenn man einen gegenwärtigen rechtswidrigen Angriff auf das Recht der P auf Gemeingebrauch bejaht, war das Anfahren des M wegen der damit verbundenen Risiken wohl krass unverhältnismäßig (näher OLG Naumburg NZV 98, 163). Im Hinblick auf diese Risiken ist die Verwerflichkeit zu bejahen. Es stellt sich dann allerdings die Frage, wie sich die Auffassung der P, sie sei zu seinem Vorgehen berechtigt, auf die Strafbarkeit nach § 240 auswirkt. Hier sind nun zwei Konstellationen zu unterscheiden:

Der Täter unterliegt einem **Irrtum über die sachlichen Bewertungsgrundlagen**, dh er sieht sein Verhalten irrtümlich als erlaubt an, weil er unzutreffend Umstände für gegeben hält, bei deren tatsächlichem Vorliegen seine Tat nicht verwerflich wäre. In einem solchen Fall befindet er sich in einem **Erlaubnistatumstandsirrtum**, so dass § 16 I (direkt, analog oder von den Rechtsfolgen her, vgl *Wessels/Beulke/Satzger*, Rn 749 ff) anzuwenden ist[101].

Dem Täter unterläuft eine **Fehlbewertung**, dh er sieht – so wie im Beispiel – sein Verhalten irrtümlich als erlaubt an, weil er es unzutreffend als nicht verwerflich bewertet. Dann befindet er sich in einem **Erlaubnisirrtum**, der einen Fall des Verbotsirrtums darstellt; anzuwenden ist deshalb § 17 (BGHSt 2, 194; SK-*Wolters*, § 240 Rn 62).

## 7. Prüfungsaufbau: Nötigung, § 240

| | |
|---|---|
| **Nötigung, § 240** | 388 |

**I. Tatbestandsmäßigkeit**
　**1. Objektiver Tatbestand**
　　**a) Tatobjekt: ein anderer Mensch**
　　**b) Tathandlung: Nötigen**
　　　– **mit Gewalt**
　　　　→ körperlich wirkender Zwang in Form von vis absoluta oder vis compulsiva
　　　　Ⓟ Straßenblockaden
　　　　Ⓟ Gewalt gegen Sachen oder gegen Dritte
　　　– **oder durch Drohung mit einem empfindlichen Übel**
　　　　→ Inaussichtstellen eines zukünftigen Übels
　　　　Ⓟ Androhung eines rechtlich erlaubten Verhaltens
　　　　Ⓟ Androhung eines Unterlassens
　　**c) Nötigungserfolg: zu einer Handlung, Duldung oder Unterlassung**
　**2. Subjektiver Tatbestand**

**II. Rechtswidrigkeit**
　*(1) Nichteingreifen von Rechtfertigungsgründen*
　*(2) Verwerflichkeitsklausel, § 240 II*
　　→ Verwerflichkeit der Mittel-Zweck-Relation
　　Ⓟ nötigungsweise Durchsetzung schuldrechtlicher Ersatzansprüche

**III. Schuld**

**IV. Besonders schwerer Fall, § 240 IV**

---

100　Näher *Eisele*, BT I Rn 495; *Fischer*, § 240 Rn 49; S/S-*Perron/Eisele*, § 32 Rn 9 mwN.
101　Näher dazu BGH LM Nr 3 zu § 240 StGB; *Küper*, JZ 13, 449, 452; *Lackner/Heger*, § 240 Rn 25.

## VI. Bedrohung

**389**  Die Regelung dient dem Schutz des *individuellen* Rechtsfriedens. Sie enthält ein **abstraktes** Freiheitsgefährdungsdelikt und ergänzt § 126[102]. Der Gesetzgeber hat ihren Anwendungsbereich durch das Gesetz zur Bekämpfung des Rechtsextremismus und der Hasskriminalität mit Beschluss vom 18.6.2020 erheblich erweitert und die Strafandrohungen verschärft. Die Vorschrift enthält nun **zwei Bedrohungstatbestände**, § 241 I, II, und einen **Vortäuschungstatbestand**, § 241 III. Hinzu kommt ein Qualifikationstatbestand für den Fall, dass die Tat öffentlich, in einer Versammlung oder durch Verbreiten von Schriften (§ 11 III) begangen ist, § 241 IV. Ein Strafantrag ist erforderlich, wenn und soweit die angedrohte Tat einen solchen voraussetzt, § 241 V.

§ 241 I, II pönalisieren die *Bedrohung* eines Menschen mit bestimmten Straftaten, die sich entweder gegen den Adressaten der Drohung oder eine – existierende[103] – ihm nahestehende Person (zB Lebensgefährte, Freund) richten müssen. Neu ist dabei die Regelung in § 241 I. Sie verlangt die Bedrohung mit einer rechtswidrigen Tat gegen die **sexuelle Selbstbestimmung**, die **körperliche Unversehrtheit**, die **persönliche Freiheit** oder gegen eine **Sache von bedeutendem Wert**. Mit dieser Fassung geht der Anwendungsbereich des Tatbestandes in kritikwürdiger Weise weit über den eigentlichen Schutzzweck der Vorschrift – den Schutz des Vertrauens des Einzelnen auf seine durch das Recht gewährleistete Sicherheit vor *besonders gravierenden* Bedrohungen[104] – hinaus. Dem Wortlaut nach erfasst er auch bagatellartige Fallkonstellationen wie das Inaussichtstellen einer Ohrfeige (Bedrohung mit einer Tat gegen die körperliche Unversehrtheit), des Einsperrens für wenige Minuten im Zimmer (Bedrohung mit einer Tat gegen die persönliche Freiheit) oder des Zerkratzens eines PKW (Bedrohung mit einer Tat gegen eine Sache von bedeutendem Wert). Zum Merkmal des bedeutenden Werts vgl Rn 998. Die Bedrohung mit einem **Verbrechen** pönalisiert jetzt § 241 II (§ 241 I aF) mit einer im Höchstmaß erhöhten Strafe (zwei Jahre statt einem Jahr). Soweit es sich bei dem Verbrechen um eine Straftat handelt, die auch unter Abs. 1 fällt, bildet Abs. 2 einen Qualifikationstatbestand; im Übrigen stellt er einen eigenständigen Grundtatbestand dar.

Für die Tathandlung des *Bedrohens* gilt das zur Drohung bei der Nötigung Gesagte (Rn 367 ff). So ist erforderlich, dass zumindest der Anschein der Ernstlichkeit erweckt werden soll[105]. Dass der Täter die Begehung der in Aussicht gestellten Tat vom künftigen Eintritt oder Nichteintritt eines weiteren Umstands abhängig macht, schließt die Bedrohung nicht aus[106]. Vollendet ist die Tat, wenn die Drohung zur Kenntnis des Adressaten gelangt und dieser auch den Sinngehalt der Drohung versteht.

Bedingter Vorsatz reicht aus, wobei der Täter sich darüber bewusst sein muss, dass die Drohung bei dem Bedrohten die Befürchtung auslösen kann, das Angedrohte sei

---

102  BGH NStZ 06, 342; Überblick bei *Satzger*, Jura 15, 156; zur vermutlich nur geringen Präventionswirkung LK-*Schluckebier*, § 241 Rn 21.
103  BVerfG NJW 95, 2776.
104  MüKo-*Sinn*, § 241 Rn 2.
105  S/S-*Eisele*, § 241 Rn 4.
106  BGH NStZ 15, 394.

*Systematik* **§ 9 I 1**

geplant[107]. Ob eine als ernstlich gewollte Drohung iS des § 241 vorliegt oder lediglich ein erkennbar leeres oder angeberisches Gerede – „Dich bohre ich ungespitzt in den Boden!" – bedarf sorgfältiger Prüfung[108].

Die Vortäuschungsvariante des § 241 II bezieht sich nur auf *Verbrechen*, nicht auch **390** auf die von § 241 I erfassten Vergehen. Tathandlung des § 241 II ist das *Vortäuschen* der bevorstehenden Verwirklichung eines gegen den Adressaten oder eine ihm nahestehende Person gerichteten Verbrechens, vor dem der Täter als Außenstehender zu *warnen* vorgibt. Der Vortäuschungstatbestand ist nicht verwirklicht, wenn die Tat tatsächlich bevorsteht. Im subjektiven Tatbestand verlangt § 241 II *sicheres Wissen*.

§ 241 tritt hinter der (versuchten) Verwirklichung der angedrohten Straftat zurück[109]; **391** ferner hinter Nötigungen (ua §§ 113, 177, 240, 253) und deren Versuch[110]. Mit §§ 126, 145d ist Tateinheit möglich.

# § 9 Entziehung Minderjähriger, Kinderhandel und Geiselnahme

> **Fall 26:** A und B gelingt es, ohne vom Pförtner bemerkt zu werden, in ein von mehreren **392**
> Familien bewohntes Haus zu gelangen. Nachdem sie sich nach einem geeigneten Opfer umgesehen haben, ergreifen sie ein 6 Monate altes, unbeaufsichtigtes Kind und stecken es in eine mitgebrachte Reisetasche, die sie verschließen, um so unbehelligt an der Pforte vorbeizukommen. Das Kind wollen sie für eine hohe Summe „verkaufen". Da der Pförtner kurzfristig nicht auf seinem Posten ist, können sie das Haus unbeobachtet verlassen. Als die Eltern kurze Zeit später nach Hause kommen, wird die Tat entdeckt.
> Wie ist das Verhalten von A und B strafrechtlich zu beurteilen? **Rn 397, 400**

## I. Entziehung Minderjähriger

### 1. Systematik

Die Entziehung Minderjähriger ist ein *Dauerdelikt*[1]. Den *Vergehen* des § 235 I, II **393** (einschließlich der differenzierenden Versuchsregelung in Abs. 3) folgen in den Absätzen 4 und 5 eine Qualifikation und eine Erfolgsqualifikation, bei denen es sich um Verbrechen iS des § 12 I handelt. Für minder schwere Fälle enthält Abs. 6 eine Strafzumessungsvorschrift. Die Vergehenstatbestände in § 238 I–III sind relative Antragsdelikte, § 235 VII.

---

107 LK-*Schluckebier*, § 241 Rn 21.
108 LK-*Schluckebier*, § 241 Rn 14.
109 LK-*Schluckebier*, § 241 Rn 31; aA SK-*Wolters*, § 241 Rn 3: Exklusivität.
110 BGH NStZ 06, 342; MüKo-*Sinn*, § 241 Rn 17; aA S/S-*Eisele*, § 241 Rn 16: klarstellende Tateinheit.

1 RGSt 15, 340; BGH NStZ 06, 447; LK-*Krehl*, § 235 Rn 51; *Frank*, § 235 Anm. II.

145

**§ 9** *Entziehung Minderjähriger, Kinderhandel und Geiselnahme*

### 2. Schutzgüter, Tatobjekte, Täterkreis

**394** § 235 schützt nicht nur das **elterliche oder sonstige familienrechtliche Sorgerecht** der Eltern, des Vormunds oder des Pflegers (so BGHSt 39, 239 zu § 235 aF), sondern außerdem die **ungestörte körperliche und seelische Entwicklung** des entzogenen jungen Menschen[2]. „**Tatobjekte**" iS des § 235 I Nr 1, IV, V sind Minderjährige, also Kinder (§§ 19, 176 I) *und* Jugendliche (§§ 10 StGB, 1 II Halbsatz 1 JGG), im Übrigen *nur* Kinder.

Die Vorschrift unterscheidet nach dem **Täterkreis** zwischen der Entziehung durch *Angehörige* (iS des § 11 I Nr 1), insbesondere Eltern, einerseits und *außenstehenden Dritten* andererseits. Die Tat kann auch von einem Elternteil gegen den anderen begangen werden, sofern dieser (Mit-)Inhaber der Sorge ist oder ein Recht zum persönlichen Umgang mit dem Minderjährigen nach § 1684 BGB hat (BGHSt 44, 355; aA *Bock*, JR 16, 300 mwN). Wer *sorgeberechtigt* ist, richtet sich nach der familienrechtlichen Lage im konkreten Fall (vgl §§ 1626, 1754, 1773, 1909, 1915 BGB).

### 3. Tathandlungen und Tatmittel

**395** **Tathandlungen** sind das Entziehen und das Vorenthalten[3]. Eine **Entziehung** liegt vor, wenn die *Ausübung* des Personensorgerechts (dazu §§ 1631 ff BGB) durch *räumliche Trennung* für einen mehr als nur unerheblichen Zeitraum vereitelt oder wesentlich beeinträchtigt wird[4]. Welche Zeitdauer dafür notwendig ist, hängt vom Alter des Minderjährigen, dem Grad seiner Fürsorgebedürftigkeit sowie von den Umständen des Einzelfalls ab.

Eine Entziehung verwirklicht auch ein Sorgeberechtigter, der den anderen sorgeberechtigten Elternteil unter Todesandrohung zwingt, ins Ausland zu ziehen und sich so vom Minderjährigen zu entfernen[5].

Ein **Vorenthalten** ist gegeben, wenn der Täter die „Herausgabe" des Minderjährigen verweigert oder erschwert, zB durch dessen Beeinflussung, durch Verheimlichen des Aufenthaltsortes oder anderweitige Unterbringung, nicht hingegen durch bloße Gewährung von Unterkunft und Verpflegung[6].

**396** **Tatmittel** iS des § 235 I Nr 1 sind *Gewalt* und *Drohung mit einem empfindlichen Übel*, die wie bei § 240 auszulegen sind (siehe Rn 357, 367), sowie *List*. **Listiges Handeln** umschreibt ein Verhalten, das darauf abzielt, unter Verbergen der wahren Zwecke oder Mittel die Ziele des Täters durchzusetzen. Das setzt nach hM nicht notwendig eine Täuschung und Irrtumserregung voraus. Es genügt, wenn der Täter einen schon bestehenden Irrtum geschickt für seine Zwecke ausnutzt oder sonst zur Durchsetzung seines Ziels die von ihm verfolgte Absicht oder die ihrer Verwirklichung die-

---

2  BT-Drucks. 13/8587, S. 38, 39; BGH NStZ 06, 447; LK-*Krehl*, § 235 Rn 1; NK-*Sonnen*, § 235 Rn 5; aA *Nelles*, Einführung, S. 62.
3  Instruktiv zu § 235 I Nr 1 BGH NStZ 15, 338, 340.
4  BGHSt 1, 199; 16, 58; BGH NStZ 96, 333; LK-*Krehl*, § 235 Rn 41.
5  BGHSt 59, 307.
6  Näher BT-Drucks. 13/8587, S. 38 mit Hinweis auf die Kommentierungen zu § 1632 BGB; *Nelles*, Einführung, S. 63; LK-*Krehl*, § 235 Rn 39, 65; SK-*Wolters*, § 235 Rn 6.

*Systematik und Schutzgut* **§ 9 II 1**

nenden Mittel *verbirgt*[7]. § 235 I Nr 2 erfasst insbesondere die Fälle, in denen der Täter ein Kleinstkind unbeobachtet an sich bringt, um es zu behalten, einem Dritten zu überlassen oder zu „verkaufen", schließt aber Angehörige aus dem Täterkreis aus. Die versuchte Tat ist hier mit Strafe bedroht, § 235 III.

Eine Entziehung iS des § 235 I Nr 1 ist im **Fall 26** zu verneinen, da die mittäterschaftlich handelnden A und B sich zwar einer List bedienen wollten, aber letztlich nicht mussten. Der Versuch einer solchen Tat ist nach § 235 III nicht strafbar. Hingegen haben A und B § 235 I Nr 2 verwirklicht, da sie eine noch nicht 14 Jahre alte Person (Kind iS der §§ 235, 176 I, 19), ohne dessen Angehörige (§ 11 I Nr 1) zu sein, den Eltern entzogen haben. Eine Freiheitsberaubung (§ 239) kann zwar mit beliebigen Mitteln vollzogen werden; das erst 6 Monate alte Kind ist jedoch im Fall kein taugliches Tatobjekt (siehe Rn 345).

**397**

§ 235 II stellt Fälle unter Strafe, in denen ein *Angehöriger* oder ein (außenstehender) *Dritter* ein Kind entzieht, um es in das Ausland zu verbringen („aktive" Entführung nach Nr 1; beachte § 235 III), oder es dort dem Sorgeinhaber vorenthält („passive" Entführung, Nr 2; beachte § 5 Nr 6b).

**398**

**Beispiele:** Der Täter verbringt das Kind gegen den Willen des sorgeberechtigten Elternteils in einen anderen Staat (Nr 1). Ein Elternteil, der nicht allein Inhaber der Sorge ist, nimmt im Einvernehmen mit dem anderen Elternteil das Kind auf eine Auslandsreise mit, weigert sich dort angekommen aber, das Kind wieder in die Heimat zurückkehren zu lassen (Nr 2).

## 4. Qualifikationen

§ 235 IV Nr 1 entspricht § 225 III[8]. Nr 2 qualifiziert die Tat, wenn der Täter gegen Entgelt (iS des § 11 I Nr 9) *oder* in der Absicht handelt, sich oder einen Dritten zu bereichern. Rechtswidrigkeit der beabsichtigten (Dritt-)Bereicherung ist nicht erforderlich (aA für Taten Angehöriger *Nelles*, Einführung, S. 66 mwN). Da die Merkmale der Nr 2 *tatbezogen* sind, ist § 28 II nicht anwendbar (BGHSt 55, 229). Die Verursachung des Todes des Opfers durch die Entziehung (§ 235 V) erfordert nach § 18 wenigstens Fahrlässigkeit (dazu krit. LK-*Krehl*, § 235 Rn 90).

**399**

Da A und B im **Fall 26** bereits bei Begehung der Entziehungshandlung die Absicht hatten, sich zu bereichern, greift § 235 IV Nr 2 ein. Diese Qualifikation geht der Verwirklichung des Grunddelikts vor.

**400**

## II. Kinderhandel

### 1. Systematik und Schutzgut

Die Vorschrift geht auf eine Initiative des Bundesrats zurück: Erfahrungen haben gezeigt, dass manche Eltern aus reinem Profitstreben ihr Kind wie eine Ware verkaufen,

**401**

---

7 BGHSt 32, 267, 269; 44, 355, 360; BGH NStZ 96, 276; *Küper/Zopfs*, BT Rn 388 f; enger *Bohnert*, GA 78, 353; *Krack*, List als Tatbestandsmerkmal, 1994, S. 19 ff.

8 Vgl Rn 286 und *Schumacher* in: Schlüchter (Hrsg.), Bochumer Erläuterungen zum 6. StrRG, 1998, S. 54.

**§ 9** *Entziehung Minderjähriger, Kinderhandel und Geiselnahme*

wodurch dieses in eklatanter Missachtung seiner Menschenwürde zum Objekt eines Handelsgeschäfts herabgewürdigt wird (vgl BT-Drucks. 13/6038, S. 6). Einen solchen Handel („Kauf" oder „Tausch") bedroht § 236 I für Überlassende wie Aufnehmende mit Strafe. § 236 II dient dem Zweck, die in § 5 I, IV 1 Adoptionsvermittlungsgesetz festgelegten Vermittlungsverbote strafgesetzlich abzusichern[9]. § 236 IV enthält qualifizierende Vergehenstatbestände: Nr 1 zielt auf den kommerziellen und organisierten Kinderhandel, Nr 2 hat die *konkret* gefährdete besondere Schutzbedürftigkeit des Kindes oder der vermittelten Person (unter 18 Jahren) zum Gegenstand. Die versuchte Tat ist durchgehend mit Strafe bedroht. Milderungsmöglichkeiten sieht Abs. 5 vor (näher dazu *Fischer*, § 236 Rn 20). Geschütztes Rechtsgut ist die **ungestörte körperliche oder seelische Entwicklung des Kindes oder Jugendlichen** (vgl BT-Drucks. 13/8587, S. 40). Der Grundtatbestand setzt nicht voraus, dass das Kind, Mündel oder Pflegling im Einzelfall tatsächlich geschädigt wird; bei § 236 I handelt es sich um ein „abstraktes Gefährdungsdelikt"[10].

## 2. Täterkreis, Tathandlungen und qualifizierende Merkmale

**402** **Täter** nach § 236 I 1 können *nur* leibliche Eltern (oder ein Elternteil), Adoptiveltern und „Scheinväter" (vgl § 1592 BGB) sowie Vormünder und Pflegeeltern sein. Für Dritte kommt insoweit nur Teilnahme (dann § 28 I), illegale Vermittlungstätigkeit, uU auch § 235 in Betracht[11]. Der jeweilige Täter muss sein minderjähriges Kind, Mündel oder Pflegling einem anderen *auf Dauer überlassen*, und zwar unter grober Vernachlässigung der Fürsorge- oder Erziehungspflicht. Das Erfordernis einer objektiv und subjektiv schwerwiegenden Pflichtverletzung soll verhindern, dass sozial akzeptierte Vorgänge (wie zB die Unterbringung eines Kindes bei Verwandten) in den Anwendungsbereich der Norm geraten.

**403** *Täter* iS des § 236 II sind „Vermittler", *Opfer* zu vermittelnde Personen unter 18 Jahren. *Unbefugt* verweist auf die Vermittlungsverbote in § 5 I, IV 1 Adoptionsvermittlungsgesetz. Satz 2 sieht eine Strafschärfung für den Fall vor, dass die vermittelte Person in einen anderen Lebenskreis verbracht wird.

**404** Unter **Gewinnsucht** iS des § 236 IV Nr 1 ist die Steigerung des Erwerbssinns auf ein ungewöhnliches, ungesundes, sittlich anstößiges Maß zu verstehen[12]. Sie muss sich von der schon grundsätzlich nach § 236 I, II erforderlichen Bereicherungsabsicht sehr deutlich abheben, um die Schärfung zu rechtfertigen. **Gewerbsmäßig** handelt, wer sich aus wiederholter Tatbegehung eine fortlaufende Einnahmequelle von einigem Umfang und einer gewissen Dauer verschaffen will[13]. Zur Begehung als Mitglied einer **Bande** siehe MüKo-*Wieck-Noodt*, § 236 Rn 54 und *Wessels/Hillenkamp/Schuhr*, BT II Rn 297 f. Zu § 236 IV Nr 2 vgl Rn 401.

---

9   Siehe auch *Kreß*, NJW 98, 633, 642; SK-*Wolters*, § 236 Rn 2, 8.
10  So BT-Drucks. 13/8587, S. 41; zur Terminologie vgl *Hettinger*, JuS 97, L 41, 42 mwN.
11  Siehe auch *Fischer*, § 236 Rn 3; *Nelles*, Einführung, S. 67.
12  So BGHSt 1, 388; BGH GA 53, 154; LK-*Krehl*, § 236 Rn 68.
13  BGHSt 1, 383; BGH NStZ 95, 85; *Fischer*, Vor § 52 Rn 61.

148

## III. Geiselnahme

**Fall 27:** Der polizeilich gesuchte A lebt mit seiner Verlobten B und ihrer gemeinsamen 5 Monate alten Tochter T zusammen. Als Kriminalbeamte ihn eines Tages auf Grund eines Vollstreckungshaftbefehls festnehmen wollen, umklammert A die B mit einem raschen Armgriff, setzt ihr ein Brotmesser an den Hals und droht, sie zu töten, falls die Beamten nicht fortgingen und von der geplanten Verhaftung abließen. Nach fast zweistündigem Verhandeln, in dessen Verlauf A die B fortwährend weiter bedroht, geben die Beamten ihr Vorhaben auf, so dass A die Gelegenheit zur Flucht nutzen kann. Dass er sein Verhalten schon Tage zuvor mit B verabredet hatte und seine Drohung keinesfalls verwirklicht hätte, war den Beamten nicht bekannt.

**a)** Hat A sich strafbar gemacht? **Rn 410**

**b)** Wie läge es, wenn A im Einverständnis mit B die gemeinsame Tochter T ergriffen und in der geschilderten Weise mit deren Tötung gedroht hätte? **Rn 412**

405

### 1. Systematik und Schutzbereich

**Geiselnahme** ist ein *Verbrechen.* In ihrer Struktur entspricht sie dem Erpresserischen Menschenraub (§ 239a; dazu *Wessels/Hillenkamp/Schuhr,* BT II Rn 739). Es tritt in § 239b I lediglich an die Stelle der beabsichtigten (Entführungs-/Sichbemächtigungs-alternative) bzw mindestens versuchten (Ausnutzungsalternative) Erpressung eine beabsichtigte bzw mindestens versuchte qualifizierte Nötigung.

406

§ 239b II erklärt § 239a II-IV für entsprechend anwendbar, also auch die Erfolgsqualifikation des § 239a III.

**Schutzgut** des § 239b ist neben der persönlichen Freiheit und Unversehrtheit der Geisel die Freiheit der Willensentschließung und Willensbetätigung desjenigen, der genötigt werden soll[14].

407

### 2. Tathandlungen und Tatvollendung

Die *erste* Alternative des § 239b I setzt im objektiven Tatbestand *nur* voraus, dass der Täter einen anderen entführt oder sich eines anderen bemächtigt. Nicht erforderlich ist dagegen, dass er diesen oder einen Dritten auch durch die Drohung mit dem Tod oder einer *schweren* Körperverletzung des Opfers (vgl dazu BGH NJW 90, 57) oder mit dessen Freiheitsentziehung von über einer Woche Dauer zu einer Handlung, Duldung oder Unterlassung qualifiziert *nötigt.* Es reicht diesbezüglich, dass der Täter zum Tatzeitpunkt, also während des Entführens oder Sichbemächtigens, über eine *Absicht* dazu verfügt. Die Entführungs-/Sichbemächtigungsalternative bildet somit ein Delikt mit *überschießender Innentendenz.* Vollendet ist die Tat folglich bereits mit der Entführung bzw dem Sichbemächtigen des Opfers.

408

Die *zweite* Alternative des § 239b I greift dagegen ein, wenn der Täter das Opfer zwar entführt oder sich seiner bemächtigt hat, aber bei Vornahme dieser Handlung noch

---

14 *Lackner/Heger,* § 239b Rn 1; MüKo-*Renzikowski,* § 239b Rn 1; ähnlich *Fischer,* § 239b Rn 2; *Maurach/Schroeder,* BT I § 15 Rn 27.

§ 9  *Entziehung Minderjähriger, Kinderhandel und Geiselnahme*

*keine qualifizierte Nötigungsabsicht* besaß, sondern andere Ziele verfolgte. Im Unterschied zur Entführungs-/Sichbemächtigungsalternative muss er hier *objektiv* in einem zweiten Akt die gesetzlich umschriebene Lage zu einer wenigstens versuchten (hM)[15] qualifizierten Nötigung ausnutzen, dh zu ihrer Verwirklichung zumindest unmittelbar ansetzen. Vollendung tritt hier daher auch erst zu diesem späteren Zeitpunkt ein.

**409**  Das Opfer wird **entführt**, wenn es durch eine V*eränderung seines Aufenthaltsortes* der Herrschaftsgewalt des Täters ausgeliefert ist. Dagegen **bemächtigt sich** der Täter des Opfers, wenn er dieses zwecks Benutzung als Geisel **physisch in seine Gewalt bringt**[16]. Einer Ortsveränderung bedarf es dafür im Unterschied zum Entführen nicht. Bei einem Banküberfall genügt, dass der Täter einen anwesenden Bankkunden mit seiner (Schein-)Waffe bedroht und in Schach hält[17]. Hat eine Person sich freiwillig zur Verfügung gestellt (**„Scheingeisel"**), so ist infolge des tatbestandsausschließenden Einverständnisses § 239b zu verneinen[18].

**410**  Ein **erpresserischer Menschenraub** (§ 239a) scheidet hier von vornherein aus, weil der Wille des A nicht auf eine Erpressung (§ 253), sondern auf eine Nötigung gerichtet war. In Betracht kommt daher nur eine **Geiselnahme** (§ 239b). An einem Sichbemächtigen fehlt es im **Fall 27a**, weil B sich *freiwillig* und *nur zum Schein* als Geisel hat verwenden lassen. Das reicht (anders als im Falle des Geiseltausches für die sog. „Ersatzgeisel"; dazu LK-*Schluckebier*, § 239a Rn 12) zur Verwirklichung des § 239b nicht aus. § 113 greift mangels Vorliegens seiner Voraussetzungen (dazu Rn 603 f und *Küper/Zopfs*, BT Rn 816 f) ein, sodass A sich insoweit nach überwiegender Ansicht nur der vollendeten Nötigung (§ 240) der Beamten schuldig gemacht hätte. Dazu genügt es, dass diese seine Drohung ernst nahmen und sich ihr beugten, weil ihre Realisierung auch für sie selbst ein empfindliches Übel bedeutet hätte (= evtl. dienstliche Unannehmlichkeiten, Aufsehen erregende Presseveröffentlichungen usw; vgl auch BGH NJW 90, 1055). Die Nötigungen stehen in Tateinheit (§ 52). Nach der Gegenansicht (siehe Rn 604) versperrt der als abschließende Regelung verstandene § 113 den Rückgriff auf § 240. Danach wäre auch eine Strafbarkeit wegen Nötigung zu verneinen.

**411**  **Objekt** einer Geiselnahme kann jeder andere sein, also auch das eigene Kind des Täters. Soweit eine physische Herrschaftsbeziehung zwischen dem Täter und dem späteren Opfer bereits besteht, genügt für ein Sichbemächtigen, dass jene Herrschaft (Verfügungsgewalt) derart verstärkt wird, dass die bisherige Geborgenheit des Opfers zumindest erheblich vermindert ist.

**412**  Deshalb bleibt im **Fall 27b** Raum für § 239b. Da T dem Hausstand des A angehörte, insofern also schon vor dem Handeln eine Herrschaftsbeziehung iS körperlicher Verfügungsgewalt bestand, ist zu fragen, ob er sich ihrer iS des § 239b noch bemächtigen konnte. Unter Umständen wie den im Fall geschilderten kann nur entscheidend sein, zu welchem **Zweck** die jeweilige Herrschaftsgewalt ausgeübt wird und ob der Zugriff des Täters auf das Opfer

---

15  BGHSt 26, 309; BGH NJW 97, 1082; NStZ 07, 32; LK-*Schluckebier*, § 239a Rn 35 und *Wolters*, Anm. StV 07, 356, 358; eine vollendete Nötigung fordern *Elsner*, JuS 06, 784, 787 f; *Maurach/ Schroeder*, BT I § 15 Rn 32; MüKo-*Renzikowski*, § 239a Rn 63 und § 239b Rn 26.

16  BGH NStZ 96, 276; NStZ-RR, 10, 46; *Küper/Zopfs*, BT Rn 208, 466 mwN.

17  Vgl BGH StV 99, 646 mit abl. Anm. *Renzikowski*; NStZ 99, 509; 86, 166; *Rengier*, GA 85, 314.

18  *Lackner/Heger*, § 239a Rn 3; *Maurach/Schroeder*, BT I § 15 Rn 30; aA *Lampe*, Anm. JR 75, 425; offen gelassen in BGHSt 26, 70.

150

dessen bisherige Lage nachteilig verändert[19]. Während die bisherige Herrschaftsbeziehung zwischen A und T dem Kind Schutz und Geborgenheit bot, war dies bei Verwendung der T als Geisel nicht mehr der Fall. Selbst wenn A nicht gewillt war, seine Drohung in die Tat umzusetzen, hätte eine Zuspitzung der Situation je nach der Reaktion der Kriminalbeamten ernste Gefahren für das Kind zur Folge haben können. Mit dem Ergreifen der T, um sie als **Geisel** *zu Nötigungszwecken* zu benutzen und in der nach § 239b vorausgesetzten Weise zu bedrohen, hat A die bisherige Lage der T nachhaltig verschlechtert und im Vergleich zur vorher bestehenden Herrschaftsbeziehung ein *andersartiges* Gewaltverhältnis begründet. Ein **Sichbemächtigen** iS des § 239b ist daher zu bejahen. Zu prüfen bleibt, welchen Einfluss das *Einverständ*nis der B auf die Tatbestandsverwirklichung durch A hat. Da § 239b Kindern auch vor den eigenen Eltern Schutz gewähren will, kann das Einverständnis eines willensunfähigen Kleinkindes mit der Geiselnahme durch dessen gesetzlichen Vertreter oder Erziehungsberechtigten nicht ersetzt werden (BGHSt 26, 70). Das Verhalten des A erfüllt somit alle Voraussetzungen der *ersten* Tatbestandsalternative des § 239b I. In **subjektiver Hinsicht** genügt es, dass A in den Beamten **Furcht** vor einer Verwirklichung der beabsichtigten (und sodann geäußerten) Drohung hervorrufen wollte (BGHSt 26, 309; LG Mainz MDR 84, 687).

Dass die Einwilligung der B die Rechtswidrigkeit der Tat nicht berührt, bedarf angesichts der Schutzrichtung des § 239b keiner näheren Begründung. Die nach überwiegender Ansicht (Rn 410, 604) zu bejahenden Nötigungen treten hinter § 239b zurück.

## 3. Probleme beim Zwei-Personen-Verhältnis

Nach § 239b können Entführungs-/Sichbemächtigungsopfer und (beabsichtigtes) Nötigungsopfer identisch sein („Wer einen Menschen entführt oder sich eines Menschen bemächtigt, um ihn … zu nötigen"). Die Geiselnahme setzt damit kein Dreiecksverhältnis voraus, sondern erfasst auch **Zwei-Personen-Verhältnisse**. Das wirft indes ebenso wie beim erpresserischen Menschenraub Abgrenzungsprobleme auf, so etwa im Hinblick auf § 177 V Nr 2. Dass der Anwendungsbereich des § 239b in Zwei-Personen-Verhältnissen der Einschränkung bedarf, ist deshalb unstreitig. Debattiert wird allerdings über die Art und Weise.

413

Dem Großen Senat für Strafsachen (BGHSt 40, 350, 355) zufolge beschreibt der erste Halbsatz des § 239b I ein „unvollkommenes zweiaktiges Delikt", bei dem der zweite Akt (die qualifizierte Nötigung) ins *Subjektive vorverlagert* ist und zwischen den beiden Teilakten ein **funktionaler Zusammenhang** bestehen muss. Das heißt: Der Täter muss die durch das Sichbemächtigen geschaffene Zwangslage (erster, objektiv zu verwirklichender Akt) zu einer weiteren qualifizierten Nötigung (zweiter, nach Vorstellung des Täters noch zu verwirklichender Akt) ausnutzen wollen (funktionaler Zusammenhang), wobei die Zwangslage eine gewisse, der Entführungslage vergleichbare Stabilität aufzuweisen hat – sog. **stabile Zwischenlage**. Kurz gesagt: Erst kommt das Sichbemächtigen, dann – nach der Vorstellung des Täters – die qualifizierte Nötigung unter Ausnutzung der bereits erlangten Machtposition.

**Beispiel:** Der Täter fesselt das Opfer, um es anschließend mit der Drohung, es zu töten, zur Preisgabe einer Information zu zwingen.

---

19 Vgl BGHSt 26, 70 mit Anm. *Lampe*, JR 75, 424; *Krey/Hellmann*, BT II Rn 483.

*§ 9 Entziehung Minderjähriger, Kinderhandel und Geiselnahme*

Nicht erfüllt ist § 239b I

demnach, wenn das Sichbemächtigen und die qualifizierte Nötigung *zusammenfallen*, also in einem Akt vollzogen werden, oder wenn nach dem Tatplan das Opfer das abgenötigte Tun, Dulden oder Unterlassen erst *nach Beendigung* und nicht mehr während der Zwangslage erfolgen soll.

**Beispiel:** Der Täter lässt das Opfer gegen die Zusage frei, ihm später die gewünschte Information zu geben.

Inwieweit dieser Versuch, § 239b mit dem sonstigen Normenbestand zu harmonisieren, überzeugen kann, ist fraglich[20]. Eine eingehende Würdigung, auch der folgenden Rechtsprechung, findet sich bei *Küper/Zopfs*, BT Rn 468 ff mwN.

## 4. Subjektiver Tatbestand

**414** Erforderlich ist zunächst Vorsatz hinsichtlich des Entführens oder Sichbemächtigens. Daneben setzt Alt. 1 beim Täter die oben (Rn 408) beschriebene qualifizierte Nötigungs*absicht* voraus. Zwischen der Entführung oder dem Sichbemächtigen und der beabsichtigten Nötigung muss dabei ein funktionaler und zeitlicher Zusammenhang derart bestehen, dass der Täter das Opfer oder einen Dritten während der Dauer der Tat nötigen will *und* die abgenötigte Handlung, Duldung oder Unterlassung *während der Dauer der Zwangslage* erfolgen soll[21]. Die zweiaktige Alt. 2 setzt statt der Absicht den weiteren Vorsatz voraus, die geschaffene Lage nunmehr zu einer qualifizierten Nötigung auszunutzen[22].

## 5. Erfolgsqualifizierung

**415** Verursacht der Täter durch die Geiselnahme *wenigstens leichtfertig*[23] den Tod des Opfers, erhöht die Strafe sich auf lebenslange Freiheitsstrafe oder Freiheitsstrafe nicht unter zehn Jahren (§ 239b II iVm § 239a III).

**416** Der Tatbestand der Geiselnahme umfasst Vorgänge, die regelmäßig eine hohe Gefahr für das Leben der Menschen mit sich bringen, die sich für eine „gewisse" *Dauer* in fremder Hand befinden. Eine tatbestandsspezifische Gefahr dieser Art kann auch daraus erwachsen, dass die vom Täter geschaffene Zwangslage **Dritte** dazu veranlasst, risikoreiche Gegenmaßnahmen zu ergreifen. Infolgedessen ist § 239b II iVm § 239a III nicht nur dann anwendbar, wenn der Vorgang des „Sichbemächtigens" oder die damit für die Geisel geschaffene Lage (zB lebensgefährliche Unterbringung, unzureichende Ernährung oder Versorgung) zum Tode des Opfers führt. Die Qualifi-

---

20 Näher zum Ganzen *Fahl*, Jura 96, 456; *Fischer*, § 239a Rn 8a ff; *Graul*, in: Vom unmöglichen Zustand des Strafrechts, 1995, S. 345; *Heinrich*, NStZ 97, 365; *Krehl* Anm. NStZ 14, 39; *Müller-Dietz*, JuS 96, 110; MüKo-*Renzikowski*, § 239a Rn 55 f; *Satzger*, Jura 07, 114, 117 ff; *Simon*, Gesetzesauslegung, S. 287, 442, 592.
21 Näher dazu BGH StV 08, 249.
22 So auch SK-*Wolters*, § 239b Rn 9.
23 Zum Begriff BGHSt 33, 66; MüKo-*Renzikowski*, § 239a Rn 79; *Roxin*, AT I, § 24 Rn 81 und *Wessels/ Beulke/Satzger*, AT Rn 1107.

152

zierung greift vielmehr auch ein, wenn der Tod der Geisel als **Folge einer Befreiungsaktion** eintritt, die von ihr selbst, dem Adressaten der (angestrebten) Nötigung oder Dritten, namentlich von Polizeibeamten unternommen wird, um die Geiselnahme zu beenden[24]. Hier wird der *spezifische* Zusammenhang zwischen Grunddelikt und Todesfolge dadurch vermittelt, dass der tödliche Geschehensablauf **durch die andauernde Zwangslage ausgelöst** wird, die der Täter geschaffen hat und aufrecht erhält. Die Gefahr für das Leben der Geisel, die sich aus Gegenmaßnahmen zur Beseitigung eben dieser Zwangslage ergibt, gehört zu den tatbestandsspezifischen Risiken, die mit der Verwirklichung des Grundtatbestandes typischerweise einhergehen. Realisiert sie sich, muss der Täter, sofern ihm insoweit Leichtfertigkeit zur Last fällt, nach §§ 239b II, 239a III für den Tod der Geisel einstehen[25].

Nicht die vorgenannte Gefahr, sondern die Verkennung der Tatsituation ist dagegen der maßgebende Grund für den Eintritt der Todesfolge, wenn die Polizei gar nicht weiß, dass bei einem Banküberfall Geiseln genommen worden sind, ihr Einsatz somit nur den Zweck verfolgt, die Straftäter dingfest zu machen. Kommt es dabei zu einem Schusswechsel, in dessen Verlauf eine Geisel tödlich verletzt wird, weil der in Notwehr handelnde Polizeibeamte sie für einen der Täter hielt, ist nach BGHSt 33, 322, 325 für § 239b II kein Raum[26].   **417**

## 6. Konkurrenzfragen

§ 239b ist gegenüber § 239a *subsidiär*, wenn die Geiselnahme allein dem Zweck   **418** dient, durch Bedrohung des Opfers eine unrechtmäßige Bereicherung zu erlangen (BGHSt 25, 386). *Tateinheit* besteht hingegen dann, wenn die Tat sowohl dem Ziel eines unrechtmäßigen Vermögensvorteils als auch anderen Zwecken dient[27]. §§ 239 I, 240 werden von § 239b verdrängt, § 222 von § 239b II iVm § 239a III[28].

## 7. Prüfungsaufbau: Geiselnahme, § 239b

> **Geiselnahme, § 239b**   **419**
>
> **A. § 239b I Alt. 1**
>    **I.**   **Tatbestandsmäßigkeit**
>        **1. Objektiver Tatbestand**
>           **a) Tatobjekt: ein anderer Mensch**
>           **b) Tathandlung:**
>              – **Entführen**
>                → Veränderung des Aufenthaltsortes
>              – **oder Sich-seiner-Bemächtigen**
>                → physisch in seine Gewalt bringen, dh kein Ortswechsel erforderlich
>        **2. Subjektiver Tatbestand**
>           **a) Vorsatz bzgl 1**

---

24   BGHSt 33, 322.
25   BGHSt 33, 322; SK-*Wolters*, § 239a Rn 29.
26   Krit. LK-*Schluckebier*, § 239a Rn 41; zu den vielfältigen Streitfragen in diesem Bereich vgl die Nachweise bei S/S-*Eisele*, § 239a Rn 30.
27   BGHSt 26, 24; BGH NStZ 93, 39.
28   Vgl auch S/S-*Eisele*, § 239b Rn 20; SK-*Wolters*, § 239a Rn 19.

§ 10  *Der Ehrenschutz im Strafrecht*

---

**b) Absicht zu einer qualifizierten Nötigung der Geisel oder eines Dritten (Drohung mit Tod oder § 226, Freiheitsentziehung von über einer Woche Dauer) und Absicht bzgl eines Nötigungserfolges (Tun, Dulden, Unterlassen)**
Ⓟ Zwei-Personen-Verhältnis: nach *hM* funktionaler Zusammenhang zwischen einer durch die Tathandlung geschaffenen „stabilen Zwischenlage" und der geplanten Nötigung erforderlich

II. **Rechtswidrigkeit**
III. **Schuld**
IV. **Tätige Reue, § 239b II iVm § 239a IV**

→ **Erfolgsqualifikation: § 239b II iVm § 239a III**
Ⓟ Tod als Folge einer Befreiungsaktion

B. **§ 239b I Alt. 2**
    I. **Tatbestandsmäßigkeit**
        1. **Objektiver Tatbestand**
          a) **Tatobjekt: ein anderer Mensch**
          b) **Tathandlung:**
             aa) **Entführen oder Sich-seiner-Bemächtigen (noch ohne qualifizierte Nötigungsabsicht)**
             bb) **Ausnutzung der so geschaffenen Lage zu einer Nötigung der Geisel oder eines Dritten**
                → nach *hM* versuchte Nötigung ausreichend
        2. **Subjektiver Tatbestand**
    II. **Rechtswidrigkeit**
    III. **Schuld**
    IV. **Tätige Reue, § 239b II iVm § 239a IV**

→ **Erfolgsqualifikation: § 239b II iVm § 239a III**

---

5. Kapitel
# Straftaten gegen die Ehre

# § 10   Der Ehrenschutz im Strafrecht

**420**

**Fall 28:** Bei einem Gespräch über die jüngsten Neuigkeiten erwähnt Frau F unter anderem, dass die seit langem leer stehende Kellerwohnung im Hochhaus an die nicht in bestem Ruf stehende Familie Banaus vermietet worden sei. Die Nachbarin N antwortet darauf mit dem Ausruf des Entsetzens: „Du lieber Himmel! Muss denn ausgerechnet diese Verbrecherbande hier einziehen?"

Liegt in dieser Äußerung eine Beleidigung? Wenn ja, wessen Ehre ist verletzt: die der *Familie* Banaus oder nur die der einzelnen Familienmitglieder? **Rn 428, 431**

154

Beleidigungsfähigkeit natürlicher Personen **§ 10 I 2**

## I. Ehrbegriff, Ehrenschutz und Beleidigungsfähigkeit

### 1. Ehrbegriff und Schutzobjekt

**Schutzobjekt** der §§ 185–188 ist die **Ehre**[1]. Die hM versteht unter diesem umstrittenen, der Interpretation bedürftigen Begriff den **Wert**, der dem Menschen kraft seiner **Personenwürde** und auf Grund seines **sittlich-sozialen Verhaltens zukommt** (sog. *normativer* Ehrbegriff)[2]. Gegenstand des Strafrechtsschutzes ist nach hL weder das bei Geltungssüchtigen oft übersteigerte subjektive Ehrgefühl noch der vom wirklichen Wert der Person (des „Ehrenträgers") nicht immer gedeckte gute Ruf in seiner realen Existenz. Maßgebend und schutzwürdig ist allein der aus der **verdienten Wertgeltung** hervorgehende **Anspruch auf Achtung der Persönlichkeit**. Verletzt wird dieser *Achtungsanspruch* durch die vorsätzliche Kundgabe eigener Missachtung oder Nichtachtung (§ 185); gefährdet wird er durch das Behaupten oder Verbreiten ehrenrühriger Tatsachen gegenüber Dritten, dh durch das Ermöglichen oder Fördern fremder Missachtung (§§ 186–188).

**421**

Näher dazu (mit zT beträchtlichen Meinungsunterschieden) BGHSt 1, 288; 11, 67; 36, 145, 149; *Fischer*, Vor § 185 Rn 2 ff; *Hirsch*, Ehre und Beleidigung, 1967 und Ernst A. Wolff-FS, S. 125; Matt/Renzikowski-*Gaede*, Vor § 185 Rn 4 ff; NK-*Zaczyk*, Vor § 185 Rn 1; *Otto*, Jura 97, 139; *Schößler*, Anerkennung und Beleidigung, 1997; zusammenfassend *Geppert*, Jura 83, 530, 580; *Küpper*, JA 85, 453; SK-*Rogall*, Vor § 185 Rn 1 ff, 8; *Tenckhoff*, Grundfälle zum Beleidigungsrecht, JuS 88, 199 ff.

**422**

In der **Polizeilichen Kriminalstatistik** für 2017/2018/2019 nehmen die Beleidigungsdelikte in der Bundesrepublik bei 216 313/220 291/218 905 erfassten Fällen mit einer Aufklärungsquote von 89,8/90,1/89,8 % den 8. Platz in der Rangfolge der Straftaten ein (die Statistik enthält die Staatsschutzdelikte nicht und registriert von den Verkehrsdelikten nur die §§ 315, 315b, 316c StGB sowie § 22a StVG); zum Rechtsschutzvakuum *Hirsch*, Ernst A. Wolff-FS, S. 125; *Kubiciel/Winter*, ZStW 113 (2001), 305, 312 ff; *Schroeder/Verrel*, Strafprozessrecht, Rn 342 ff.

**423**

### 2. Beleidigungsfähigkeit natürlicher Personen

**Beleidigungsfähig** ist jeder Mensch, auch das Kind oder ein geistig Erkrankter[3], *nicht* aber „der Tote". Das **Andenken Verstorbener** wird nach § 189 nur gegen Verunglimpfung, dh vor besonders schwerwiegenden Verletzungen geschützt (BGHSt 12, 364). Darüber, wer Adressat der Norm und was Schutzgut des § 189 ist, herrscht Streit[4]. Eine „fortbestehende" Ehre des Verstorbenen anzunehmen, ist jedenfalls nicht akzeptabel[5].

**424**

---

1 Zur Historie instruktiv MüKo-*Regge/Pegel*, Vor § 185 Rn 1 ff.
2 *Küper/Zopfs*, BT Rn 187; krit. NK-*Zaczyk*, Vor § 185 Rn 5 sowie auf der Basis eines funktionalen „wirklichkeitshaltigen" Ehrbegriffs *Amelung*, Die Ehre als Kommunikationsvoraussetzung, 2002, S. 38, 42.
3 Vgl BGHSt 7, 129, 132; 23, 1, 3; SK-*Rogall*, Vor § 185 Rn 33.
4 Dazu BGHSt 40, 97, 105; *Klesczewski*, BT § 4 Rn 37 ff; *Lackner/Kühl*, § 189 Rn 1 mwN.
5 Vgl Matt/Renzikowski-*Gaede*, § 189 Rn 1; *Maurach/Momsen*, BT I § 24 Rn 13; *Seelmann*, Ernst A. Wolff-FS, S. 481; aA *Hirsch*, Ernst A. Wolff-FS, S. 125, 141 und wohl *Otto*, BT § 33 Rn 1.

**§ 10**  *Der Ehrenschutz im Strafrecht*

### 3. Beleidigungsfähigkeit von Personengemeinschaften und Verbänden

425 Umstritten ist, ob auch Personengemeinschaften, Verbände, Behörden und juristische Personen **„passiv" beleidigungsfähig** sind[6]. Die Rechtsprechung dazu hat wiederholt geschwankt[7]. Die heute hM geht über die in § 194 III, IV geregelten Fälle verletzter, öffentlichrechtlich begründeter Autorität *weit* hinaus und billigt **allen Personengemeinschaften** und **Verbänden** unter Einschluss von Kapitalgesellschaften strafrechtlichen *Ehren*schutz zu, soweit sie eine rechtlich anerkannte soziale Funktion erfüllen und einen einheitlichen Willen bilden können[8]. Das ist Rechtsfortbildung in malam partem[9].

426 **Beispiele:** Politische Parteien, Gewerkschaften, Arbeitgeberverbände, Industrie- und Handelskammern, die Bundeswehr[10], das Deutsche Rote Kreuz, Fakultäten, Ordensgemeinschaften, ein Bistum usw. Den Gegensatz dazu bilden *rein gesellige* Vereinigungen wie etwa ein Kegelklub, eine Stammtischrunde, ein Tanzzirkel und dergleichen; sie sind als solche nicht passiv beleidigungsfähig (vgl aber Rn 429 ff).

427 Nicht außer Streit ist, ob die **Familie** eine beleidigungsfähige Gemeinschaft darstellt. Das wird vereinzelt bejaht[11] oder erwogen[12], überwiegend jedoch verneint[13]. Der letztgenannten Auffassung ist zuzustimmen. Eine selbstständige *Familienehre* gibt es ebenso wenig wie eine *„Familienunehre"* als Gegenstück[14].

428 Im **Fall 28** hat die Äußerung der N beleidigenden Charakter iS des § 185 (näher unten Rn 460). Verletzt dadurch ist aber nicht die *„Familie"* Banaus als solche, vielmehr kommt nur eine Beleidigung der einzelnen Familienmitglieder unter der von N gebrauchten *Kollektivbezeichnung* in Betracht.

### 4. Beleidigung unter einer Kollektivbezeichnung

429 Die Strafbarkeit der **Beleidigung von Einzelpersonen unter einer Kollektivbezeichnung** bietet den Angehörigen von Personengemeinschaften, die nicht selbstständig iS des § 194 III, IV „beleidigungsfähig" sind, ausreichenden Strafrechtsschutz[15].

---

6 Bejahend *Kindhäuser/Schramm*, BT I § 22 Rn 9; S/S-*Eisele/Schittenhelm*, Vor § 185 Rn 3; SSW-*Sinn*, Vor § 185 Rn 14; verneinend Matt/Renzikowski-*Gaede*, Vor § 185 Rn 20; NK-*Zaczyk*, Vor § 185 Rn 12; SK-*Rogall*, Vor § 185 Rn 36, jeweils mwN; siehe auch *Fischer*, JZ 90, 68 und StGB Vor § 185 Rn 12a, 14.

7 Zu Recht verneinend RGSt 3, 246; 68, 120; anders RGSt 70, 140; 74, 268.

8 BGHSt 6, 186; sehr zurückhaltend demgegenüber BVerfGE 93, 266.

9 So auch *Gössel*, Schlüchter-GedS, S. 295, 304 mwN; nur im Erg. wie die hM *Amelung*, Die Ehre als Kommunikationsvoraussetzung, 2002, S. 53; differenzierend LK-*Hilgendorf*, Vor § 185 Rn 27.

10 BGHSt 36, 83; auf Basis der hM lehrreich dazu *Geppert*, Jura 05, 244; *Dau*, NStZ 89, 361; *Maiwald*, JR 89, 485; ferner *Brammsen*, Anm. NStZ 90, 235.

11 *Mezger*, Anm. JZ 51, 521; *Welzel*, Anm. MDR 51, 501.

12 So ua von *Arthur Kaufmann*, ZStW 72 (1960), 418, 441.

13 BGH JZ 51, 520; SK-*Rogall*, Vor § 185 Rn 37; S/S-*Eisele/Schittenhelm*, Vor § 185 Rn 4.

14 Vgl auch *Otto*, BT § 31 Rn 18; treffend *Binding*, Lb des Gemeinen Deutschen Strafrechts BT, 1. Bd. 2. Aufl. 1902, S. 135, 140.

15 Näher *Geppert*, Jura 05, 244; Matt/Renzikowski-*Gaede*, Vor § 185 Rn 12 ff; S/S-*Eisele/Schittenhelm*, Vor § 185 Rn 5 ff.

**a)** Ein solcher Fall liegt einmal dann vor, wenn der Täter **nur den Personenkreis** **430** **bezeichnet,** auf den seine ehrenkränkende Äußerung sich bezieht (zB die „Berliner Abgeordneten", die „Frankfurter Polizei" usw). Hier ist jeder Einzelne, der dem genannten Kreis angehört und auf dessen Person die abwertende Äußerung gemünzt sein kann, in seiner Ehre verletzt und strafantragsberechtigt (§ 194 I). Vorausgesetzt wird aber, dass der betroffene Personenkreis zahlenmäßig überschaubar und auf Grund bestimmter Merkmale so klar umgrenzt ist, dass er **deutlich aus der Allgemeinheit hervortritt**[16]. Fehlt es daran, wie etwa bei einer pauschalen Beschimpfung „der Akademiker", „der Polizei" oder „der Kaufleute", so ist niemand beleidigt[17]. Dagegen genügt es zur Individualisierung des Einzelnen in der betreffenden Personengruppe idR, wenn ein zeitlicher oder örtlicher Zusammenhang mit einem bestimmten Vorkommnis erkennbar gemacht wird[18] (so etwa, wenn die herabsetzende Äußerung sich auf die an einem bestimmten Einsatz beteiligten Polizeibeamten bezieht)[19].

Im **Fall 28** ist die von N gewählte Sammelbezeichnung genügend konkretisiert, so dass *jedes einzelne Mitglied* der Familie Banaus in seiner Ehre verletzt ist (§ 185). Ob N die in Betracht kommenden Einzelpersonen gekannt hat, ist belanglos; für den *Beleidigungsvorsatz* kommt es nur auf die Vorstellung an, dass die ehrenkränkende Äußerung *auf alle* unter die Kollektivbezeichnung fallenden Personen bezogen werden kann (vgl BGHSt 14, 48, 50). **431**

**b)** Eine andere Form der Beleidigung unter einer Kollektivbezeichnung besteht darin, dass der Täter nur ein einzelnes Mitglied des von ihm genannten Personenkreises treffen will, jedoch **offenlässt, wer gemeint ist**, sodass jeder Einzelne betroffen sein kann. Auch hier muss der angesprochene **Personenkreis deutlich umgrenzt und hinreichend bestimmbar** sein, weil die Ehrenkränkung oder Verdächtigung sich sonst in der Unbestimmtheit verliert (vgl S/S-*Eisele/Schittenhelm*, Vor § 185 Rn 6). **432**

**Beispiele:** „Im Vorstand der X-Fraktion sitzt ein Landesverräter" oder „zu den Kunden des in M aufgeflogenen Callgirl-Ringes gehört auch *ein bayerischer Staatsminister*" (näher BGHSt 14, 48; 19, 235).

## 5. Mittelbare Beleidigung

Von einer **mittelbaren Beleidigung** spricht man, wenn eine Ehrenkränkung *außer* dem *unmittelbar* Betroffenen auch **Dritte** in ihrem Achtungsanspruch verletzt. **433**

So liegt in der Beschimpfung eines Jungen als „Hurenbengel" nicht nur ein Angriff auf die Ehre des Kindes, sondern mittelbar auch (Vorsatz vorausgesetzt) eine Beleidigung seiner Mutter, die dadurch *als Hure* hingestellt wird[20]. Die bisweilen ausfernde ältere Rechtsprechung, **sexuelle Angriffe auf Kinder** als eine Beleidigung *ihrer Eltern* zu behandeln[21] oder im **Ehebruch** **434**

---

16  BGHSt 11, 207; 36, 83; BayObLG NJW 90, 921; OLG Düsseldorf MDR 81, 868.

17  Vgl BGHSt 2, 38; BayObLG NJW 90, 1742; vgl auch SK-*Rogall*, Vor § 185 Rn 40 f.

18  Zum A.C.A.B.-Fall OLG Karlsruhe BeckRS 12, 22944 (mit Anm. *Klas/Blatt*, HRRS 12, 388; *Geppert*, NStZ 13, 553; *Jäger*, JA 13, 232; *Zöller*, ZJS 13, 102) näher 37. Aufl. Rn 473. zu ähnlich gelagerten Fällen BVerfG BeckRS 16, 47561 mit zust. Anm. *Jahn*, JuS 16, 751; BVerfG NJW 15, 2022 mit zust. Anm. *Muckel*, JA 15, 797; krit. *Rüthers*, NJW 16, 3337.

19  Näher dazu NK-*Zaczyk*, Vor § 185 Rn 27, 30.

20  AA LK-*Hilgendorf*, Vor § 185 Rn 34, der eine unmittelbare Beleidigung der Mutter bejaht.

21  RGSt 70, 245, 248; BGHSt 7, 129; zurückhaltend dagegen BGHSt 16, 58, 62; BayObLG MDR 58, 264.

§ 10 *Der Ehrenschutz im Strafrecht*

einen Angriff auf die Ehre des betrogenen Ehegatten zu erblicken[22], sollte überholt sein[23]. Wo nicht besondere Umstände vorliegen, die auf Grund ihrer Eigenart gerade diesen Personen gegenüber eine Kundgabe der Missachtung enthalten, wäre es verfehlt, § 185 als **Lückenbüßer** heranzuziehen.

Davon zu unterscheiden ist die Frage, ob der betroffene **Jugendliche selbst unmittelbar** in seiner Ehre verletzt ist, wenn Erwachsene ihn mit seiner Zustimmung sexuell missbrauchen. Hier ist Raum für § 185, wenn die Art und Weise der sexuellen Handlungen oder die besonderen Begleitumstände der Tat eine herabsetzende Bewertung des Betroffenen und damit einen Angriff auf dessen Ehre enthalten[24].

**435** BGHSt 36, 145, 150[25] hat sodann für den Bereich sexueller oder sexualbezogener Handlungen den **Grundsatz** aufgestellt, dass § 185 nur dann erfüllt ist, wenn der Täter durch sein Verhalten zum Ausdruck bringt, der Betroffene weise einen seine Ehre mindernden Mangel auf[26]. Im Einzelnen gab es dazu unter den Strafsenaten des BGH aber zunächst offenbar noch Meinungsverschiedenheiten[27]. Zusammenfassend *Sick*, JZ 91, 330, die für eine klare Trennung zwischen **Ehrverletzungen** und Angriffen auf das **sexuelle Selbstbestimmungsrecht** eintritt.

## II. Kundgabecharakter der Beleidigung

### 1. Voraussetzungen der Kundgabe

**436** Allen Erscheinungsformen der Beleidigung ist ihr Charakter als **Kundgabe**delikt gemeinsam: Ehrenkränkende Äußerungen müssen einen bestimmten oder objektiv bestimmbaren Inhalt haben, sich **an einen anderen richten** und **zur Kenntnisnahme durch andere** bestimmt sein[28]. Daran fehlt es zB im Falle eines (zufällig belauschten) *Selbstgesprächs* oder bei *Tagebuchaufzeichnungen*, die privaten Zwecken dienen und nicht zur Kenntnis Dritter gelangen sollen[29]. Entsprechendes soll gelten, wenn jemand ein Mobiltelefon unter den Rock einer Frau hält, um mithilfe einer integrierten Kamera Bildaufnahmen zu fertigen (OLG Nürnberg NStZ 11, 217).

**437** Entsprechendes gilt für **ehrverletzende Verhaltensweisen**. Wer sich zB unter dem Schutz der Dämmerung in einem öffentlichen Park an Liebespaare heranschleicht, um heimlich ihr Liebesspiel zu beobachten, begeht *mangels Kundgabe* keine Beleidigung, weil er gerade unentdeckt bleiben und verhindern will, dass andere von seinem Tun Kenntnis nehmen[30].

---

22  RGSt 70, 94; 75, 257; BGH NJW 52, 476.
23  Vgl *Arzt*, JuS 82, 717, 725; NK-*Zaczyk*, Vor § 185 Rn 26 mwN; S/S-*Eisele/Schittenhelm*, § 185 Rn 10.
24  BGH NStZ 86, 453 mit teils krit. Anm. *Hillenkamp*, JR 87, 126; *Laubenthal*, JuS 87, 700.
25  Mit Anm. *Hillenkamp*, NStZ 89, 529 und *Otto*, JZ 89, 803.
26  Vgl auch BGH NStZ 93, 182; 07, 218; *Fischer*, § 185 Rn 11; NK-*Zaczyk*, Vor § 185 Rn 25; SK-*Rogall*, Vor § 185 Rn 46.
27  Vgl BGHSt 35, 76; BGH NJW 89, 3029; *Keller*, Anm. JR 92, 246; *Kiehl*, NJW 89, 3003; unzutreffend OLG Bamberg NStZ 07, 96; zust. *Rengier*, BT II § 29 Rn 29; zu Recht deutliche Kritik bei *Fischer*, § 185 Rn 11b und Matt/Renzikowski-*Gaede*, § 185 Rn 11.
28  Zu den Problemen der Beleidigung im Internet *Hilgendorf*, ZIS 10, 208.
29  Vgl RGSt 71, 159; BayObLG JZ 51, 786.
30  Vgl RGSt 73, 385; BayObLG NJW 62, 1782 und 80, 1969; lehrreich dazu *Schünemann*, JuS 79, 275; vgl auch *Hirsch*, Anm. JR 80, 115, 117; *Ritze*, JZ 80, 91; *Rogall*, Anm. NStZ 81, 102.

158

## 2. Ausführungen im Kreis eng Vertrauter

Fraglich ist, ob vertrauliche Äußerungen ehrenrührigen Inhalts über Dritte **im engsten Kreis**, insbesondere im engsten *Familienkreis*, wie etwa zwischen Eltern und Kindern oder unter Ehegatten, eine ehrverletzende **Kundgabe** iS der Beleidigungstatbestände darstellen.

**438**

Während die ältere Rechtsprechung dies mit dem Hinweis bejahte, dass „Selbstzucht auch im Kreise der Familie geboten sei, Straflosigkeit aber ggf nach § 193 eintreten könne" (RGSt 71, 159), wird heute nach Art der *teleologischen Reduktion* – freilich mit unterschiedlicher Begrenzung und Begründung – in Fällen dieser Art fast durchweg schon die **Tatbestandsmäßigkeit** des Verhaltens verneint[31]. Zum Teil wird hier das Vorliegen einer „Kundgabe" geleugnet und eine Parallele zum Selbstgespräch gezogen[32]. Vereinzelt wird trotz Bejahung des objektiven Tatbestandes einer Beleidigung der „Kundgabevorsatz" verneint, sofern der Täter mit Vertraulichkeit gerechnet hatte (*Leppin*, JW 37, 2886). Überwiegend wird jedoch darauf abgestellt, dass beleidigende Äußerungen im engsten vertraulichen Kreis nicht „gegen die Wertgeltung des Betroffenen in der Allgemeinheit gerichtet" seien[33].

**439**

Keine dieser Begründungen vermag vollauf zu befriedigen. Das Vorliegen einer „Kundgabe" lässt sich weder objektiv noch subjektiv in Zweifel ziehen, da es um Äußerungen geht, die an einen anderen gerichtet, zur Kenntnisnahme durch ihn bestimmt und als solche gewollt sind (vgl RGSt 71, 159, 161). Die Ansicht, dass derartige Äußerungen im engsten Kreis nicht gegen die Wertgeltung des Ehrenträgers im sozialen Raum bzw in der Allgemeinheit gerichtet seien, trifft häufig, aber nicht immer zu, so insbesondere dann nicht, wenn der Anspruch auf Achtung der Persönlichkeit bis in den „engsten Kreis" hinein reicht und gerade dort Aktualität besitzt (vgl Rn 450).

**440**

So sind strafbare Beleidigungen selbst im internen Familienkreis nicht von vornherein ausgeschlossen: Dass ein Ehegatte den anderen auch in den eigenen vier Wänden nicht etwa mit unflätigen Ausdrücken belegen darf und gegen § 185 verstößt, wenn er es gleichwohl tut, ist nahezu unbestritten (siehe aber *Hillenkamp*, Hirsch-FS, S. 555, 574). Daraus folgt, dass es in diesem Problemzusammenhang ganz auf die besonderen Umstände des Einzelfalles ankommt und dass nicht alle denkbaren Fallgestaltungen unterschiedslos mit der gleichen dogmatischen Zauberformel zu bewältigen sind (zutreffend *Engisch*, GA 57, 326).

**441**

Der tiefere Grund für die im Ergebnis zu billigende Einschränkung der Beleidigungstatbestände für den genannten Bereich liegt darin, dass jeder Mensch **innerhalb seines engsten Lebenskreises** Raum für eine ungezwungene, *vertrauliche Aussprache* und ggf auch zum Entladen angestauter Emotionen in Bezug auf außenstehende Personen braucht, ohne dabei jedes Wort auf die Goldwaage legen zu müssen[34]. An dieser Lebensnotwendigkeit, die zur menschlichen Natur gehört, kann die Rechtsordnung nicht vorbeigehen. Daraus sind folgende Erkenntnisse abzuleiten:

**442**

---

31  *Zöller*, Ad Legendum 19, 268, 269 f; aA LK-*Hilgendorf*, § 185 Rn 14, der die Lösung auf der Rechtfertigungsebene sucht. BVerfG NJW 07, 1194 lässt die Frage aus verfassungsrechtlicher Sicht offen.

32  Vgl OLG Oldenburg GA 54, 284; *Krey/M. Heinrich*, BT I Rn 502; anders dagegen RGSt 71, 159, 161; ferner *Otto*, Schwinge-FS, S. 71, 87 und BT § 32 Rn 52 mwN, der § 34 heranzieht.

33  Vgl *Engisch*, GA 57, 326, 331; *Welzel*, Lb S. 308.

34  Wie hier BVerfGE 90, 255; *Hillenkamp*, Hirsch-FS, S. 555; *Maurach/Momsen*, BT I § 24 Rn 31 f; SK-*Rogall*, Vor § 185 Rn 47; instruktiv *Wolff-Reske*, Jura 96, 184; ähnlich *Schendzielorz*, Umfang und Grenzen der straffreien Beleidigungssphäre, 1993, S. 94 ff mwN.

**§ 10** *Der Ehrenschutz im Strafrecht*

443 Der **privilegierungsbedürftige Lebenskreis** als Raum der *vertraulichen* Aussprache ist zumeist, aber nicht stets mit dem „engsten *Familienkreis*" identisch; er kann, insbesondere bei Alleinstehenden, auch **besonders enge Freundschaften** umfassen[35]. Andererseits zählt dazu nicht jedes Verschwiegenheit erheischende Vertrauensverhältnis im Bereich des sozialen Kontaktes; so zB regelmäßig *nicht* das Verhältnis zwischen Patient und Arzt oder Mandant und Anwalt, da hier dem Interesse an einer möglichst freien Aussprache durch § 193 hinreichend Rechnung getragen wird und es sich jeweils nur um ein einseitiges Vertrauensverhältnis handelt[36]. Zur Einschränkung des Ehrenschutzes besteht ferner kein Grund, wo innerhalb des engsten Kreises die **Vertraulichkeit nicht gewährleistet** ist, deren Wahrung vielmehr von vornherein zweifelhaft erscheint, wie etwa bei beleidigenden Äußerungen über Dritte im Verlauf ehelicher oder familiärer Auseinandersetzungen, insbesondere dann, wenn der Betroffene dem anderen Teil persönlich nahe steht (BayObLG MDR 56, 182). Von der Einschränkung müssen schließlich *verleumderische* Beleidigungen iS des § 187 ausgenommen bleiben, da es an einer Ehrabschneidung *wider besseres Wissen* auch im engsten Kreis kein schutzwürdiges Interesse gibt[37].

### 3. Vollendung der Ehrverletzung

444 Zur **Vollendung** der Kundgabedelikte gehört, dass die Ehrverletzung zur Kenntnis eines anderen (= des „Ehrenträgers" oder eines Dritten) gelangt ist. Zu dieser Kenntniserlangung reicht die bloße sinnliche Wahrnehmung nicht aus[38]. Hinzukommen muss vielmehr das geistige Erfassen des ehrenrührigen Sinns[39].

## III. Verfolgbarkeit der Beleidigung

445 Alle Beleidigungsdelikte sind **Antragsdelikte** (§ 194). Eine Ausnahme davon macht § 194 I 2 und II 2 für bestimmte Formen der Beleidigung bzw Verunglimpfung gegenüber NS-Verfolgten sowie Opfern einer Gewalt- und Willkürherrschaft (berechtigte Kritik bei NK-*Zaczyk*, § 194 Rn 2 mwN). § 194 III erweitert das Antragsrecht auf Dienstvorgesetzte und Behördenleiter. Im Falle des § 194 IV tritt die *Ermächtigung* der betroffenen Körperschaft an die Stelle des Strafantrags (siehe auch § 77e). Zur Strafverfolgung im Wege der *Privatklage* (ausgenommen davon § 194 IV) siehe §§ 374 I Nr 2, 376 StPO, aber auch Rn 207 und 423.

---

35  Ebenso BVerfGE 90, 255; S/S-*Eisele/Schittenhelm*, Vor § 185 Rn 9b.
36  BGHSt 53, 257, 264; beachte auch NK-*Zaczyk*, Vor § 185 Rn 40.
37  Vgl RG GA Bd. 60 [1913], 440; *Hellmer*, GA 63, 129, 138; siehe als Parallele auch Art. 46 I 2 GG; aA *Hillenkamp*, Hirsch-FS, S. 555, 572.
38  AA *Schramm*, Lenckner-FS, S. 539; *Zöller*, Ad Legendum 19, 268, 269 f; *Wessels*, BT/1, 21. Aufl. 1997, Rn 478.
39  So BGHSt 9, 17, 19; *Joecks/Jäger*, StGB, § 185 Rn 21 f; Matt/Renzikowski-*Gaede*, § 185 Rn 16; S/S-*Eisele/Schittenhelm*, § 185 Rn 16.

# § 11 Die Beleidigungstatbestände und ihre speziellen Rechtfertigungsgründe

## I. Systematischer Überblick

Der 14. Abschnitt des Besonderen Teils des StGB, geändert durch das „Gesetz zur Bekämpfung des Rechtsextremismus und der Hasskriminalität", umfasst die einfache Beleidigung und ihre qualifizierenden Formen (§ 185; siehe Rn 468), die üble Nachrede (§ 186), die Verleumdung (§ 187) sowie die politisch motivierte Ehrabschneidung (§ 188 als Qualifikation zu §§ 185-187[1]); ferner die Verunglimpfung des Andenkens Verstorbener (§ 189). Innerhalb der §§ 185-187 sowie in § 188 II iVm I sind als **Erschwerungsgründe** die Fälle genannt, in denen die Tat öffentlich, durch Verbreiten von Schriften (§ 11 III) oder in einer Versammlung begangen ist.

**446**

**Öffentlich** begangen sind Äußerungen, die von einem größeren, nach Zahl und Individualität unbestimmten oder durch nähere Beziehungen nicht verbundenen Personenkreis wahrgenommen werden können[2]. **Verbreiten von Schriften** (§ 11 III) erfordert, dass die Schrift einem größeren Personenkreis körperlich nicht nur in ihrem Inhalt, sondern auch in ihrer Substanz zugänglich gemacht wird[3]. **Versammlung** ist hier die räumlich zu einem bestimmten Zweck vereinigte größere Zahl von Menschen[4].

**447**

Systematisch bildet § 185 nach hM **nicht** den *Grundtatbestand* der Beleidigungsdelikte, da seine Merkmale nicht notwendig in den §§ 186 ff enthalten sind[5]: Während die *spezielleren* Tatbestände der §§ 186, 187 das Behaupten oder Verbreiten ehrenrühriger Tatsachen durch Kundgabe an Dritte voraussetzen (= A erzählt dem B, der C habe „eine Bank ausgeraubt"), erfasst § 185 alle Ehrverletzungen, die nicht unter §§ 186, 187 fallen. **Drei Begehungsformen** sind möglich: Äußerung eines beleidigenden Werturteils gegenüber dem Betroffenen B (du Lump, Schwein usw) oder gegenüber einem Dritten (B ist ein Lump, Schwein usw), nach hM auch die Behauptung einer ehrenrührigen Tatsache gegenüber dem Betroffenen selbst (Sie haben mir gestern meine Brieftasche gestohlen; dazu auch Rn 473). Zwischen § 185 und § 186 *kann* somit Tateinheit bestehen (BGHSt 12, 287, 292).

**448**

Die Darstellung beginnt mit den auf eine Tatsachenbehauptung abstellenden Delikten der gegen Personen des politischen Lebens gerichteten Beleidigung, üblen Nachrede und Verleumdung (Rn 449) sowie der Verleumdung (Rn 450) und der üblen Nachrede (Rn 456), gefolgt von der Beleidigung (Rn 467). Den Schluss bilden die besonderen Rechtfertigungsgründe im Bereich des Ehrenschutzes (Rn 474).

---

1  Dazu BayObLG NJW 82, 2511; zu den unterschiedlichen Bedeutungen des Begriffs Beleidigung im 14. Abschnitt siehe NK-*Zaczyk*, Vor § 185 Rn 43.

2  BT-Drucks. 19/1741, S. 35.

3  *Fischer*, § 184 Rn 15 f.

4  S/S-*Sternberg-Lieben*, § 90 Rn 5; zu **Aufbaufragen** siehe *Eppner/Hahn*, JA 06, 680 und *Mavany*, Jura 10, 594.

5  Vgl nur NK-*Zaczyk*, § 186 Rn 38 f; S/S-*Eisele/Schittenhelm*, § 186 Rn 21; anders *Gössel/Dölling*, BT I § 29 Rn 42; LK-*Hilgendorf*, Vor § 185 Rn 43; *Tenckhoff*, JuS 88, 787, 792.

**§ 11** *Die Beleidigungstatbestände und ihre speziellen Rechtfertigungsgründe*

## II. Gegen Personen des politischen Lebens gerichtete Beleidigung, üble Nachrede und Verleumdung

**449** § 188 hat wesentliche Änderungen erfahren. Zum Schutz von Politikerinnen und Politikern bis hin zur kommunalen Ebene (so klarstellend Satz 2), die zunehmend Opfer von diffamierenden, oftmals mit großer Aggressivität vorgetragenen Äußerungen werden, wird jetzt schon eine Beleidigung (§ 185) unter den weiteren Voraussetzungen des § 188 I mit Freiheitsstrafe bis zu drei Jahren oder Geldstrafe bestraft. Nach § 188 II wird unter den gleichen Voraussetzungen eine üble Nachrede (§ 186) mit Freiheitsstrafe von drei Monaten bis zu fünf Jahren und eine Verleumdung (§ 187) mit Freiheitsstrafe von sechs Monaten bis zu fünf Jahren bestraft.

## III. Verleumdung

**450** **Fall 29:** Frau F beobachtet mit Sorge, dass ihr Ehemann M dem Kindermädchen H sehr zugetan ist. Als ihre Eifersucht überhand nimmt, lässt sie sich unter geheimnisvollen Andeutungen zunächst absolute Verschwiegenheit durch M zusichern. Sodann teilt sie ihm bewusst wahrheitswidrig mit, H habe sie bestohlen; durch Zufall habe sie inzwischen erfahren, dass H auch in den früheren Dienstverhältnissen unehrlich gewesen sei und interne Dinge ausgeplaudert habe. M ist über diese Eröffnung bestürzt. Um nicht der Lüge überführt zu werden, schlägt F ihm vor, jedes Aufsehen zu vermeiden, kein Sterbenswort darüber zu sagen, sich nichts anmerken zu lassen und der H zum nächsten Termin mit einer unverfänglichen Begründung zu kündigen. Das geschieht.

Hat F sich strafbar gemacht? **Rn 454**

### 1. Verleumderische Beleidigung

**451** § 187 erfordert zunächst in Beziehung auf einen anderen die Behauptung oder Verbreitung einer ehrenrührigen „unwahren Tatsache". **Tatsachen** sind im Unterschied zu bloßen Meinungsäußerungen und Werturteilen (dazu Rn 464) konkrete Vorgänge oder Zustände der *Vergangenheit* oder *Gegenwart*, die wahrnehmbar in die Wirklichkeit getreten und infolgedessen dem **Beweis zugänglich** sind (zB Handlungen des anderen). Dazu gehören auch sog. **innere Tatsachen** (Absichten, Motive usw), soweit sie zu bestimmten äußeren Geschehnissen in eine erkennbare Beziehung gesetzt werden[6]. Zukünftiges kann nicht Tatsache sein, wohl aber Gegenstand des aktuellen Meinens.

**452** **Ehrenrührig** ist eine Tatsache, wenn sie *geeignet* ist, den Betroffenen verächtlich zu machen oder in der öffentlichen Meinung herabzuwürdigen[7]. **Behaupten** heißt, etwas als nach *eigener Überzeugung* gewiss oder richtig hinstellen, gleichgültig ob es als Produkt eigener Wahrnehmung erscheint oder nicht. Behauptungen sind auch in ver-

---

6  RGSt 41, 193; 55, 129; BGHSt 6, 357; 12, 287, 290; HK-GS/*Schneider*, § 186 Rn 2; *Küper/Zopfs*, BT Rn 507; SSW-*Satzger*, § 263 Rn 15 ff; *Wessels/Hillenkamp/Schuhr*, BT II Rn 490; vgl auch *Bitzilekis*, Hirsch-FS, S. 29.
7  OLG Karlsruhe NJW 05, 612, 614.

*Kreditgefährdung und qualifizierte Verleumdung* **§ 11 III 2**

klausulierter Form möglich: Wird zB nur eine V*ermutung* oder ein *Verdacht* ausge-sprochen oder die Form der *Frage* gewählt, so kann sich darunter uU eine Tatsachen-behauptung verbergen[8]. **Verbreiten** bedeutet dagegen die Weitergabe von Mitteilun-gen als Gegenstand *fremden* Wissens (so die hM; weitergehend *Streng*, GA 85, 214, der Tatsachenmanipulationen mit einbezieht). Auch hier ist nicht die sprachliche Form, sondern der sachliche Gehalt entscheidend; so kann die Weitergabe eines Ge-rüchts als *„bloßes Gerücht"* genügen[9].

Wer den nach § 187 erforderlichen „Drittbezug" verbirgt und lediglich eine den Betroffenen **453** kompromittierende Sachlage schafft, kann sich nach § 185 strafbar machen, begeht aber keine Verleumdung. **Beispiel:** M nennt in einem Zeitungsinserat, nach dessen Text „Modell-Hostess Jutta" um Anruf für private schöne Stunden ersucht, die Telefonnummer seiner von ihm ge-trennt lebenden Ehefrau, die dadurch sexuellen Belästigungen ausgesetzt wird[10].

Der Täter muss **wider besseres Wissen** handeln, dh die Unwahrheit der behaupteten Tatsache *sicher* kennen. Diesbezüglich ist zumindest direkter Vorsatz erforderlich[11]. Für die anderen ob-jektiven Tatbestandsmerkmale genügt hingegen bedingter Vorsatz.

In Betracht kommt im **Fall 29** der Tatbestand der **Verleumdung** (§ 187). Durch ihre an M **454** gerichtete Äußerung hat F in Beziehung auf H *wider besseres Wissen* eine **unwahre** Tatsa-che ehrenrühriger Art behauptet. Sie hat ihre Behauptung über H im „engsten Familien-kreis" unter dem Siegel der V*ertraulichkeit* aufgestellt. Das hindert die Bejahung einer ehr-verletzenden Kundgabe iS des § 187 nicht, weil der Anspruch der H auf Achtung ihrer Per-sönlichkeit auch und gerade innerhalb des Hausstandes von M und F, also in *dem* Lebens-und Sozialbereich aktuelle Bedeutung besitzt, in welchem der Angriff auf ihre Ehre erfolgt ist (vgl oben Rn 439).

Wie M ihre Ehrlichkeit und Zuverlässigkeit einschätzt, kann der H nicht gleichgültig sein, da diese Frage ihr Ansehen in höchstem Maße berührt. Dass F keinen Schutz vor Strafe ver-dient, wenn – wie oft in solchen Fällen – schließlich doch etwas durchsickert und nach au-ßen dringt, liegt auf der Hand. Unter den hier gegebenen Umständen darf dem Verletzten nicht die Möglichkeit abgeschnitten werden, den Urheber der *verleumderischen* Beleidi-gung strafrechtlich zur Verantwortung zu ziehen. Auf § 193 kann F sich nicht berufen, da eine **Verleumdung** als bewusste Lüge nicht nach dieser Vorschrift *gerechtfertigt* sein, son-dern in besonderen Ausnahmefällen lediglich *entschuldigt* werden kann (vgl S/S-*Eisele/ Schittenhelm*, § 193 Rn 2; einschränkend BGH NStZ 95, 78). Entschuldigungsgründe liegen nicht vor. F hat sich somit nach § 187 strafbar gemacht.

## 2. Kreditgefährdung und qualifizierte Verleumdung

§ 187 enthält ferner den Tatbestand der **Kreditgefährdung**. Er schützt nicht die Ehre, **455** sondern das Vertrauen, das jemand hinsichtlich der Erfüllung seiner *vermögens*recht-lichen Verbindlichkeiten genießt (näher SK-*Rogall*, § 187 Rn 10). Die Qualifikation des § 187 – öffentlich oder durch Verbreiten von Schriften (§ 11 III) – gilt für beide Tatbestände (NK-*Zaczyk*, § 187 Rn 8). Zu den **Qualifizierungen** siehe Rn 447.

---

8 Vgl OLG Köln NJW 62, 1121; 63, 1634; OLG Hamm NJW 71, 853.
9 BVerfG NJW 04, 590 mwN; BGHSt 18, 182; OLG Hamm NJW 53, 596; zur Weitergabe im Interesse des Ehrenträgers siehe *Hansen*, JR 74, 406.
10 Näher BGH NStZ 84, 216; *Küper/Zopfs*, BT Rn 512.
11 RGSt 32, 302; NK-*Zaczyk*, § 187 Rn 3.

§ 11 *Die Beleidigungstatbestände und ihre speziellen Rechtfertigungsgründe*

## IV. Üble Nachrede

456 **Fall 30:** Die Witwe W hat ihre schwerhörige Schwester S, deren 30-jährige Tochter T und einige Nachbarinnen zum Kaffeekränzchen eingeladen. Im Verlauf der vielseitigen und bisweilen recht laut geführten Unterhaltung sagt W, sie habe vertraulich erfahren, dass der aus Ostpreußen stammende Ministerialbeamte M sich den Doktortitel unbefugt beigelegt habe, um rascher Karriere zu machen; in Wirklichkeit habe er nie promoviert. Schon kurzes Überlegen hätte W in Erinnerung gerufen, dass die Quelle ein neidischer, lügnerischer Mensch war. Den Einwand der T, dass sie das nicht glauben könne, weist die Nachbarin N mit dem Hinweis zurück, diesem aufgeblasenen Scharlatan sei doch alles zuzutrauen; sie sei sogar davon überzeugt, dass M sich für Geld jedem ausländischen Geheimdienst zur Verfügung stellen würde, wenn er dazu Gelegenheit fände. Die Untermieterin U, die unbemerkt heimgekommen ist und das Gespräch belauscht hat, hinterbringt alles dem mit ihr befreundeten M.

Haben W und N sich strafbar gemacht, wenn nicht geklärt werden kann, ob M den Doktortitel ordnungsgemäß erworben hat? **Rn 463, 466, 472**

### 1. Unrechtstatbestand

457 **Tatsachenbegriff** und **Kundgabeformen** des § 186 sowie die Qualifizierungen (dazu Rn 447) entsprechen denen des § 187; das Gleiche gilt für die **Ehrenrührigkeit** der Tatsache. § 187 geht freilich insofern weiter, als er auch *kreditgefährdende* Tatsachen einschließt (siehe Rn 455). Der wesentliche Unterschied zwischen beiden Vorschriften besteht darin, dass die *Unwahrheit* der Tatsache bei § 187 Tatbestandsmerkmal ist und der Täter die Unwahrheit *positiv gekannt* haben muss. Wo der Grundsatz *in dubio pro reo* einer Verurteilung aus § 187 entgegensteht oder wo erwiesen ist, dass der Täter die ehrenrührige Tatsache für wahr gehalten hat, ist nur für § 186 Raum, dessen Anwendungsbereich das Behaupten und Verbreiten *nicht erweislich wahrer* Tatsachen umfasst.

### 2. Nichterweislichkeit der ehrenrührigen Tatsache

458 In § 186 ist die **Nichterweislichkeit** der Tatsache nach hM kein Tatbestandsmerkmal, sondern eine **objektive Bedingung der Strafbarkeit**, auf die der Vorsatz des Täters sich nicht zu erstrecken braucht[12].

459 An dem Grundsatz, dass das Gericht im Strafverfahren zur Erforschung der materiellen Wahrheit *von Amts wegen* Beweis zu erheben hat (§ 244 II StPO), ändert § 186 nichts. Den Angeklagten trifft somit keine Beweislast oder Beweisführungspflicht; er trägt hier allerdings das **Risiko einer ergebnislosen Wahrheitserforschung**. Gelingt der Wahrheitsbeweis, entfällt eine Bestrafung wegen übler Nachrede. Misslingt der Wahrheitsbeweis, so gehen nach hM alle diesbezüglichen Zweifel (entgegen dem *sonst* geltenden Grundsatz *in dubio pro reo*) **zulasten des Täters**. Sein guter Glaube

---

12 BGHSt 11, 273; OLG Hamm NJW 87, 1034; HK-GS/*Schneider*, § 186 Rn 13; *Hohmann/Sander*, BT II § 15 Rn 6; S/S-*Eisele/Schittenhelm*, § 186 Rn 10; so auch *Wessels*, BT/1, 21. Aufl. 1997, Rn 492.

164

*Nichterweislichkeit der ehrenrührigen Tatsache* **§ 11 IV 2**

an die Richtigkeit der ehrenrührigen Tatsache schütze ihn nicht vor Strafe, weil § 186 ihm in dieser Hinsicht das volle *Beweisrisiko* auferlege.

Damit stellt die hM an das tatbestandliche Unrecht zu geringe Anforderungen[13]. Um dem **Schuldprinzip** zu genügen, ist vorauszusetzen, dass der Täter *hinsichtlich der Unwahrheit* der von ihm behaupteten oder verbreiteten ehrenrührigen Tatsache **wenigstens sorgfaltspflichtwidrig** handelt[14]. Die herrschende Gegenansicht beruft sich auf die „klare Konzeption des Gesetzes" und die „Interessen des Verletzten", die durch die hier vertretene Ansicht nicht genügend berücksichtigt würden[15]. Beide Aspekte sind historisch nachweisbar (wenngleich man zur Zeit der Entstehung des StGB mit Bezug auf §§ 186, 187 auch von culposer und doloser Verleumdung sprach); eine Abweichung vom Schuldprinzip heutiger Ausprägung rechtfertigen sie jedoch nicht.

**460**

Im Verfahren wegen übler Nachrede darf die **Erhebung des Wahrheitsbeweises** auch dann nicht unterbleiben, wenn der Angeklagte nach § 193 freizusprechen oder nach §§ 185, 192 zu verurteilen wäre, vielmehr genießt das Interesse des Verletzten an der Klärung des Sachverhalts und an der Wiederherstellung seines guten Rufes den Vorrang[16]. Der Wahrheitsbeweis ist erbracht, wenn *der* Tatsachenkern als wahr erwiesen ist, aus dem das Ehrverletzende der Äußerung folgt (BGHSt 18, 182). Handelt es sich dabei um den Vorwurf einer Straftat, sind die Beweisregeln des § 190 zu beachten.

**461**

In der Regel müssen wahre Tatsachenbehauptungen hingenommen werden, unwahre hingegen nicht (BVerfGE 99, 185, 196; 114, 339, 348). Sind nun aber Tatsachenbehauptungen weder erweislich wahr noch erwiesenermaßen unwahr, ist eine Abwägungsentscheidung zwischen Meinungsfreiheit und allgemeinem Persönlichkeitsrecht zu treffen. Jedenfalls in Fällen, in denen es um eine die Öffentlichkeit wesentlich berührende Angelegenheit geht, kann auch eine möglicherweise unwahre Behauptung so lange nicht untersagt werden, wie (nicht) zuvor hinreichend sorgfältig deren Wahrheitsgehalt recherchiert worden ist[17].

**462**

W kann sich im **Fall 30** der **üblen Nachrede** (§ 186) schuldig gemacht haben. Sie hat ohne jegliche Prüfung ein über M umlaufendes Gerücht weiterverbreitet, das diesem eine Täuschung seiner Dienstvorgesetzten unterstellt, also ehrenrühriger Natur ist. Dessen war W sich auch bewusst. Ihr Verhalten erfüllt objektiv wie subjektiv den Unrechtstatbestand des § 186.

Da auch nicht zu klären ist, ob M den Doktortitel ordnungsgemäß erworben oder dies nur vorgetäuscht hat, ist W wegen *übler Nachrede* zu bestrafen, falls Strafantrag gestellt wird. Eine „öffentlich" begangene üble Nachrede iS der qualifizierenden Tatbestandsalternative des § 186 liegt nicht vor (siehe Rn 455).

**463**

---

13  Eingehend *Geisler*, Schuldprinzip, S. 437, 451.
14  So *Hirsch*, Ehre und Beleidigung, 1967, S. 168 ff und Ernst A. Wolff-FS, S. 125, 145, dessen Ansicht zunehmend Zustimmung findet; vgl nur *Fischer*, § 186 Rn 13a; LK-*Hilgendorf*, § 186 Rn 4; MüKo-*Regge/Pegel*, § 186 Rn 28; NK-*Zaczyk*, § 186 Rn 19 mwN; abw. *Klesczewski*, BT § 4 Rn 22.
15  Ua *Geppert*, Jura, 02, 820; *Lackner/Kühl*, § 186 Rn 7a; ausführlich SK-*Rogall*, § 186 Rn 20 ff; im Erg. auch *Amelung*, Die Ehre als Kommunikationsvoraussetzung, 2002, S. 59 ff.
16  BGHSt 11, 273; 27, 290; OLG Frankfurt NJW 89, 1367; *Graul*, NStZ 91, 457.
17  BVerfG NJW 16, 3360 mit Hinw. auf BVerfGE 114, 339, 353.

**§ 11** *Die Beleidigungstatbestände und ihre speziellen Rechtfertigungsgründe*

### 3.   Abgrenzung zu beleidigenden Meinungsäußerungen

**464**   Den Gegensatz zu den äußeren und inneren Tatsachen (siehe Rn 451) bilden bloße **Meinungsäußerungen** und **Werturteile** ohne greifbaren Tatsachenkern. Ihr Inhalt ist im Unterschied zu jenen vergangenen oder gegenwärtigen, sinnlich wahrnehmbaren Vorgängen oder Zuständen gerade nicht dem Beweis zugänglich. Ihre Abgrenzung zur Tatsachenbehauptung bereitet jedoch wegen der fließenden Übergänge oftmals Schwierigkeiten[18].

**465**   Bezeichnet A in einem Gespräch mit B den C als „Dieb" oder „Betrüger", so kann im Gewande des Werturteils eine Tatsachenbehauptung vorliegen, *wenn* diese schlagwortartige Bezeichnung erkennbar auf einen *bestimmten Vorgang* bezogen ist, also etwas Greifbares dahinter steckt, das dem Beweise zugänglich ist[19]. Sagt A nur, er sei *überzeugt*, dass C ihm am letzten Wochenende 3 Dosen Spargel aus dem Keller entwendet habe, so ändert der Hinweis auf das innere Überzeugtsein am Vorliegen einer **Tatsachenbehauptung** iS des § 186 nichts; der Wahrheitsbeweis ist hier nicht etwa auf die Existenz dieser **Überzeugung**, sondern auf die ihr zu Grunde liegenden Tatsachen zu richten (= auf die angebliche Begehung des Diebstahls durch C). Hätte A dagegen gesagt, er sei überzeugt, dass C ihn *demnächst bestehlen werde*, so läge eine reine Meinungsäußerung iS des § 185 vor. Solche Meinungsäußerungen können zutreffend oder falsch, aber (anders als Tatsachenbehauptungen) nicht *wahr* oder *unwahr* sein. Die Voraussage künftiger Ereignisse ist hier stets Meinungsäußerung, nicht Tatsachenbehauptung[20].

**466**   Die Äußerung der Nachbarin N im **Fall 30** fällt nur dann unter § 186, wenn sie eine **Tatsachenbehauptung** und nicht lediglich eine beleidigende Meinungsäußerung iS des § 185 enthält. Da diese Äußerung sich in einer derartigen reinen Meinungsäußerung sowie in dem Werturteil erschöpft, dass M ein „aufgeblasener Scharlatan" sei, dem man alles zutrauen könne, scheidet § 186 insoweit aus.

## V.   Beleidigung

**467**   Mit Bestimmtheit lässt sich behaupten, dass der Tatbestand der Beleidigung, in der Kürze ein nicht zu übertreffendes Unikum, auf den an anderen (ebenfalls meist älteren) Tatbeständen geschulten Leser höchst unbestimmt wirkt. Dass er im Hinblick auf die gefestigte Rechtsprechung der Strafgerichte nicht gegen den Bestimmtheitsgrundsatz verstoße (so BVerfGE 93, 266, 290), bindet jene nicht zureichend und löst die Zweifel nicht auf[21]. Hinreichend genau lässt der Begriff sich auch nicht mithilfe der anderen Regelungen des 14. Abschnitts bestimmen; und dass man ihn recht unterschiedlich deuten kann, zeigt die Diskussion. Seine Flexibilität ist sein Problem. Die nähere Strukturierung des Tatbestandes in Theorie und Praxis[22] ergibt:

---

18   Vgl die Beispiele in BGHSt 6, 159 und 357; 11, 329; 12, 287; BGH NJW 82, 2246 und 2248; BayObLG JR 95, 216; OLG Bremen StV 99, 534; KG NStZ-RR 13, 8; dazu *Fischer*, § 186 Rn 3; *Krey/Heinrich*, BT I, Rn 464 ff.

19   RGSt 68, 120, 122; *Otto*, Anm. JR 95, 218.

20   Beachte LK-*Hilgendorf*, § 185 Rn 4; *Wessels/Hillenkamp/Schuhr*, BT II Rn 493, 495.

21   Vgl *Ignor*, Der Straftatbestand der Beleidigung, 1995, S. 29, 158; *Kubiciel/Winter*, ZStW 113 (2001), 305, 306 ff; Matt/Renzikowski-*Gaede*, § 185 Rn 1; *Simon*, Gesetzesauslegung, S. 430 ff.

22   Dazu *Lackner/Kühl*, § 185 Rn 1; siehe auch NK-*Zaczyk*, § 185 Rn 2; SK-*Rogall*, § 185 Rn 1 f; zur Kritik vgl LK-*Dannecker*, § 1 Rn 185 ff, 201; *Maurach/Zipf*, AT I § 10 Rn 13.

*Übersicht* **§ 11 V 1**

## 1. Übersicht

**Beleidigung** iS des § 185 ist die **Kundgabe von eigener Missachtung oder Nicht-achtung**    **468**

a) durch **Meinungsäußerungen** oder **Werturteile**, gleichgültig ob unmittelbar dem Verletzten (= *du Lump*) oder Dritten gegenüber (vgl die Äußerung der N über M im Kreis der Kaffeerunde im **Fall 30**; Kasuistik in allen Kommentaren);

b) durch **symbolische Handlungen** (= „Tippen an die Stirn": OLG Düsseldorf NJW 60, 1072) oder eine **ehrenkränkende Behandlung** (= Aufforderung zum „*Maulhalten*" an ein Vereins-mitglied und dergleichen);

c) durch die **Zumutung** strafbarer oder **unsittlicher Handlungen**[23] (vgl Rn 434 f) und sonstige Formen der Missachtung, in denen eine herabsetzende Bewertung zum Ausdruck kommt[24];

d) durch sog. **Formalbeleidigungen** iS des § 192 (Beispiel: Wahrheitsgemäße Schilderung von Intimitäten aus dem „Vorleben" der Braut oder des Bräutigams durch einen Hochzeitsgast zur Auflockerung seiner Tischrede);

e) durch das **Vorhalten ehrenrühriger Tatsachen** unmittelbar dem dadurch Verletzten gegen-über (= *Sie haben mir meine Uhr gestohlen!*);

f) sowie in **qualifizierter Form**, wenn die Beleidigung öffentlich, in einer Versammlung, durch Verbreiten von Schriften iS des § 11 III (zu diesen drei hier neu eingeführten Qualifizie-rungen siehe Rn 447) oder durch *ehrverletzende* **Tätlichkeiten**, wie etwa durch Ohrfeigen, wenn darin dem objektiven Sinn nach eine *Missachtung* des *personalen Geltungswertes* zum Ausdruck kommt (näher dazu *Fischer*, § 185 Rn 18); ferner zB durch Spucken ins Gesicht (OLG Zweibrücken NJW 91, 240); dabei ist zu beachten, dass nicht in jeder Körperverletzung zugleich eine Beleidigung liegt.

Ob eine Äußerung einen beleidigenden Inhalt hat, bestimmt sich nach ihrem durch    **469** Auslegung zu ermittelnden objektiven Sinngehalt, danach, wie ein unbefangener ver-ständiger Dritter sie versteht[25]; bei einer *mehrdeutigen* Äußerung muss der Tatrichter die anderen Deutungsvarianten nachvollziehbar ausgeschlossen haben[26] (dazu auch Rn 478). Bloße Unhöflichkeit, Nachlässigkeit oder Taktlosigkeit im Umgang mit an-deren ist noch keine *Missachtung* iS des § 185; das Gleiche gilt für unpassende Scher-ze, Fopperei und bloße Belästigungen (zB Werfen von Steinchen an ein Wohnungs-fenster: BayObLG JR 63, 468; Beobachten in einer Toilettenkabine: OLG Düsseldorf NJW 01, 3562). Die Abgrenzung ist nicht immer leicht zu treffen (vgl BayObLG JZ 83, 463 zu dem Fall, dass der Inhaber einer öffentlichen Gaststätte ausländische Be-suchswillige *ohne erkennbaren sachlichen Grund* zurückweist). Maßgebend für das Vorliegen einer Ehrenkränkung sind die Gesamtumstände des Einzelfalles.

Zu berücksichtigen sind in dieser Hinsicht ua Alter, Bildungsgrad und Stellung des Täters, et-    **470** waige persönliche Beziehungen zwischen den Beteiligten, der Umgangston in den betreffenden Kreisen, die Ortsüblichkeit bestimmter Ausdrücke[27] und das Gewicht, das dem Vorgang beizu-

---

23  Vgl BGHSt 36, 145; BGH NStZ 86, 453; 92, 33.
24  Vgl OLG Karlsruhe NJW 03, 1263 mwN; Überblick bei *Küper/Zopfs*, BT Rn 124.
25  BVerfGE 93, 266, 295; BGH NJW 00, 3421; BayObLG JR 97, 341 mit Anm. *Jakobs*; S/S-*Eisele/ Schittenhelm*, § 185 Rn 8.
26  BVerfG NStZ 01, 640; NJW 02, 3315; BayObLG NJW 05, 1291; KG NStZ-RR 13, 8.
27  Zu den vielfältigen Deutungsmöglichkeiten des „Götz-Zitats" in Schwaben: AG Ehingen NStZ-RR 10, 143.

§ 11 *Die Beleidigungstatbestände und ihre speziellen Rechtfertigungsgründe*

messen ist. Verallgemeinerungen sind hier fehl am Platze; es kommt ganz darauf an, wer *was* zu *wem* sagt und unter welchen Umständen dies geschieht (vgl KG JR 84, 165 mit Anm. *Otto*; ferner LG Regensburg NJW 06, 629 zur Bezeichnung von Polizeibeamten als „Bullen"; als „Clown", KG NStZ 05, 693; als „komischer Vogel" OLG Bamberg DAR 08, 531; zur Verwendung des „du" OLG Düsseldorf JR 90, 345 mit Anm. *Keller*; zum Vorwurf der „Wegelagerei" bei versteckter Radarmessung OLG Düsseldorf NStZ-RR 03, 295; zur nicht ehrmindernden Bezeichnung als „Homosexueller" LG Tübingen NStZ-RR 13, 10; zum Willkürvorwurf einer Strafverteidigerin gegenüber einem Richter OLG Düsseldorf NJW 98, 3214; zu Vorwürfen der Lüge, des Schauprozesses und der teilweisen Aktenvernichtung OLG Hamm NStZ-RR 06, 7; weitere Beispiele bei HK-GS/*Schneider*, § 185 Rn 22 ff und Matt/Renzikowski-*Gaede*, § 185 Rn 13 f; vgl auch unten Rn 477 ff).

**471** Der **subjektive Tatbestand** erfordert, dass der **Vorsatz** des Täters die Eignung der Kundgabe als Mittel der Ehrenkränkung und deren Wahrnehmung durch andere oder einen anderen umfasst. Eventualvorsatz genügt. Einer Beleidigungs*absicht* bedarf es nicht (LK-*Hilgendorf*, § 185 Rn 36).

**472** Im **Fall 30** hat N eine Beleidigung iS des § 185 begangen, da ihre Meinungsäußerung (siehe Rn 464) den Achtungsanspruch der M verletzt hat (vgl auch BGHSt 36, 145, 148).

## 2. Bedeutung des Wahrheitsbeweises

**473** Umstritten ist, welche Bedeutung die **Wahrheit oder Unwahrheit** einer *allein dem Verletzten gegenüber* erfolgten Tatsachenbehauptung hat. Da § 185 nur den begründeten Achtungsanspruch im Rahmen der **verdienten Wertgeltung** schützt, enthält das Äußern der Wahrheit für sich allein keine Ehrenkränkung und keine Missachtungskundgabe. Etwas anderes kann sich gemäß § 192 nur aus der Form der Äußerung oder den **besonderen Umständen** ergeben. Im Vorhalt einer ehrenrührigen Tatsache *unmittelbar dem Betroffenen gegenüber* liegt jedoch objektiv eine Beleidigung iS des § 185, wenn die aufgestellte Behauptung nicht den Tatsachen entspricht. Die **Unwahrheit** ist ein ungeschriebenes **Tatbestandsmerkmal**, das vom **Vorsatz** des Täters umfasst sein muss und für das es im Rahmen des Wahrheitsbeweises bei dem Grundsatz *in dubio pro reo* verbleibt[28]. Eine Verurteilung nach § 185 scheidet daher auch dann aus, wenn sich die Wahrheits- oder Vorsatzfrage nicht klären lässt (siehe dazu auch *Küper/Zopfs*, BT Rn 123).

## VI. Besondere Rechtfertigungsgründe im Bereich des Ehrenschutzes

**474** **Fall 31:** A ist Inhaber einer Presseagentur, die Zeitungen mit Nachrichten beliefert. Als er von dem ihm als klatschsüchtig bekannten Kellner K die falsche Information erhält, der Taxifahrer T habe die Beförderung einer Frau mit der Begründung abgelehnt, „sie sei zu dick", gibt er das als Meldung weiter, obwohl ihm eine Nachfrage bei T problemlos möglich gewe-

---

28   BayObLG NJW 59, 57; OLG Köln NJW 64, 2121; *Geppert*, Jura 02, 820, 823 f; LK-*Hilgendorf*, § 185 Rn 35; SK-*Rogall*, § 185 Rn 26; S/S-*Eisele/Schittenhelm*, § 185 Rn 6; *Welp*, JuS 83, 865; anders LK-*Herdegen*, 10. Aufl., § 185 Rn 36 ff; *Tenckhoff*, JuS 89, 35 mwN.

168

sen wäre. Zwei Abendblätter übernehmen diese Nachricht in großer Aufmachung und unter voller Namensnennung des T.
Strafbarkeit des A? **Rn 481**

Das Verhalten des A verwirklicht objektiv und subjektiv den **Tatbestand der üblen Nachrede** (§ 186); die Ehrenrührigkeit der verbreiteten Tatsache liegt darin, dass sie dem T ein gravierendes Versagen in Bezug auf seine Berufspflichten unterstellt.

## 1. Allgemeine und besondere Rechtfertigungsgründe

Die **Rechtswidrigkeit** einer Ehrenkränkung kann nach allgemeinen Grundsätzen ausgeschlossen sein, so insbesondere im Falle der Notwehr[29] oder auf Grund einer wirksam erteilten **Einwilligung**[30], soweit nicht schon ein tatbestandsausschließendes Einverständnis anzunehmen ist[31]. Darüber hinaus normiert § 193 für den Bereich der Beleidigungsdelikte **besondere Rechtfertigungsgründe**, die nach hM dem Prinzip der **Güter- und Interessenabwägung** folgen und deren sachlicher Gehalt durch das **Grundrecht der freien Meinungsäußerung** mitbestimmt wird, soweit es um Fragen der öffentlichen Meinungsbildung geht[32]. Teilweise wird dabei auf den Gesichtspunkt des *erlaubten Risikos* zurückgegriffen[33].    **475**

Zu beachten ist hier, dass **sachliche Kritik** schon tatbestandsmäßig keine Beleidigung ist. Tadelnde Urteile, Vorhaltungen und Rügen bedürfen daher erst dann einer besonderen *Rechtfertigung*, wenn sie den Geltungsanspruch des Betroffenen verletzen (vgl LK-*Hilgendorf*, § 193 Rn 13).    **476**

## 2. Wahrnehmung berechtigter Interessen

Den praktisch wichtigsten Anwendungsfall des § 193 bildet die **Wahrnehmung berechtigter Interessen**. Dieser Rechtfertigungsgrund greift nur durch, wenn neben dem verfolgten *Interesse* auch die *Art seiner Wahrnehmung* den konkreten Umständen nach **berechtigt** ist und der Täter subjektiv *zum Zwecke* der Interessenwahrung gehandelt hat. Berechtigt in diesem Sinne sind Interessen des Einzelnen oder der Allgemeinheit, die dem Recht oder den guten Sitten nicht zuwiderlaufen[34]. Zur Anwendbarkeit des § 193 bei einer **Strafanzeige** siehe OLG Köln NJW 97, 1247 und *Fischer*, § 193 Rn 32.    **477**

Die hM bestimmt den Grundgedanken folgendermaßen: Die Handlung des Täters muss sich bei Abwägung der widerstreitenden Interessen und unter dem Blickwinkel der im Einzelfall tangierten Grundrechte als das **angemessene Mittel** zur Erreichung    **478**

---

29  BGHSt 3, 217; BayObLG NJW 91, 2031.
30  So BGHSt 11, 67, 72; 23, 1, 3.
31  BGHSt 36, 83, 87; S/S-*Eisele/Schittenhelm*, § 185 Rn 15.
32  Vgl BVerfGE 7, 198; 12, 113; 94, 1; BGHSt 12, 287, 293; 18, 182, 184; KG JR 80, 290; OLG Frankfurt/M NStZ-RR 12, 244; S/S-*Eisele/Schittenhelm*, § 193 Rn 1, 15; SK-*Rogall*, § 193 Rn 2; krit. *Merz*, Strafrechtlicher Ehrenschutz und Meinungsfreiheit, 1998, S. 72.
33  Vgl *Fischer*, § 193 Rn 1; *Hirsch*, ZStW 74 (1962), 100; krit. dazu *Geppert*, Jura 85, 25; *Klesczewski*; BT § 4 Rn 45; *Wessels*, BT/1, 21. Aufl. 1997, Rn 507.
34  Näher *Seibert*, MDR 51, 709; S/S-*Eisele/Schittenhelm*, § 193 Rn 9.

**§ 11** *Die Beleidigungstatbestände und ihre speziellen Rechtfertigungsgründe*

eines **berechtigten Zwecks** darstellen (BGHSt 18, 182; BVerfGE 24, 278). Bei Behauptungen tatsächlicher Art besteht im Rahmen der gegebenen Möglichkeiten und in den Grenzen der Zumutbarkeit eine **Prüf-** und **Erkundigungspflicht** in bezug auf ihren Wahrheitsgehalt (NK-*Zaczyk*, § 193 Rn 43); das gilt in erhöhtem Maße für Veröffentlichungen in der **Presse** und anderen **Massenmedien**[35]. **Leichtfertig** aufgestellte Behauptungen, haltlose Vermutungen oder unter *Verletzung der Nachforschungspflicht* erhobene Beschuldigungen genießen den Schutz des § 193 nicht[36]; ebenso wenig ein bewusst unvollständiger Bericht, der infolge des Verschweigens einer Tatsache im unbefangenen Durchschnittsleser einen falschen Eindruck erwecken kann[37]. Innerhalb ihrer Aufgabe, die Öffentlichkeit über allgemein interessierende Ereignisse und Angelegenheiten zu informieren, Kritik zu üben und auf andere Weise an der öffentlichen Meinungsbildung mitzuwirken, sind Presse, Rundfunk und Fernsehen zur *wahrheitsgemäßen*, nicht einseitig verzerrten Berichterstattung verpflichtet. In den privaten Lebensbereich der Bürger dürfen sie ohne zwingenden Grund nicht eindringen (BGHSt 19, 235, 237). Vorgänge des Privatlebens werden nicht schon dadurch zu öffentlich interessierenden Angelegenheiten, dass sie Politiker oder sonstige Personen des öffentlichen Lebens betreffen, vielmehr müssen besondere Umstände hinzutreten, um sie zum Gegenstand eines berechtigten Allgemeininteresses zu machen[38].

**479** Bei einer sog. **Pressefehde** („Recht zum Gegenschlag"), vor allem im politischen Meinungskampf, aber auch bei Äußerungen Einzelner zu tagespolitischen Fragen von erhöhtem öffentlichen Interesse, werden durch § 193 und Art. 5 GG auch kraftvolle Worte und herabsetzende Äußerungen, Vergleiche oder Wertungen gedeckt, sofern sie keinen Exzess enthalten, nicht ausschließlich der Kränkung des Gegners dienen und gemessen an dessen Verhalten noch als **adäquate Reaktion** anzusehen sind[39]. Die Grenze ist überschritten, wenn eine reine **Schmähkritik** vorliegt, es also nicht mehr um die Sache geht, sondern in erster Linie um die Diffamierung der Person des Angegriffenen[40]. Wer Soldaten der Bundeswehr als „potenzielle Mörder" bezeichnet, bedient sich einer ehrverletzenden, durch Art. 5 I 1 GG nicht gedeckten Schmähkritik, wenn seine Äußerung ihrem objektiven Sinn und den konkreten Begleitumständen nach nicht mehr als (nur in der Form überzogener) Beitrag zur Auseinandersetzung zwischen Wehrbereitschaft und Pazifismus zu verstehen ist, sondern eine Diffamierung und persönliche Herabsetzung der betroffenen Soldaten bezweckt[41].

---

35  BGHSt 14, 48; OLG Stuttgart JZ 72, 745; *Lackner/Kühl*, § 193 Rn 11.
36  BVerfGE 12, 113, 130; S/S-*Eisele/Schittenhelm*, § 193 Rn 18.
37  BGH(Z) NJW 06, 601.
38  BGHSt 18, 182, 186; *Fuhrmann*, JuS 70, 70.
39  Näher BVerfGE 24, 278; 42, 163; 43, 130; 82, 272; BVerfG (1 BvR 2973/14 – B. v. 8.2.2017) HRRS 17 Nr 411; BayObLG NStZ 83, 265 und JR 03, 33 mit Anm. *Zaczyk*; OLG Hamm NJW 82, 659; OLG Köln NJW 77, 398; OLG Koblenz NJW 78, 1816; *Otto*, JR 83, 1 und Jura 97, 139; *Brammsen*, Anm. NStZ 90, 235; SK-*Rogall*, § 193 Rn 31.
40  BVerfG NJW 04, 590; zur Klarstellung verfassungsrechtlicher Maßgaben für strafrechtliche Verurteilungen wegen ehrbeeinträchtigender Äußerungen siehe die Zusammenfassung von vier Beschlüssen der 2. Kammer des 1. Senats des BVerfG unter: https://www.bundesverfassungsgericht.de/Shared/Docs/Pressemitteilungen/DE/2020/bvg 20-049.html; OLG Karlsruhe NJW 05, 612; *Fischer*, § 193 Rn 18; *Al Hamwi*, ZJS 17, 235.
41  Näher dazu BVerfGE 93, 266 mit lesenswertem Sondervotum der Richterin *Haas*, aaO S. 313; BVerfG NJW 94, 2943; KG NJW 03, 685; vgl zur Frage der Schmähkritik auch BVerfG NStZ 01, 640; NJW 03, 3760; 09, 749; 16, 2870 (mit Bespr. *Hufen*, JuS 17, 181); 19, 2600; BGH NJW 00, 3421; 03, 2011.

Wahrnehmung berechtigter Interessen **§ 11 VI 2**

Sind Ehrangriffe in **Kunstwerken,** Karikaturen oder satirischen Darstellungen enthalten, bedarf es nach hM[42] bei der Frage nach ihrer Rechtfertigung einer Abwägung zwischen dem Persönlichkeitsrecht des Betroffenen (Art. 2 I iVm Art. 1 I GG) und dem Grundrecht der Kunstfreiheit (Art. 5 III 1 GG). Was Kunst ist, lässt sich generell nicht definieren. Wesentlich für die künstlerische Betätigung ist aber „die freie schöpferische Gestaltung, in der Eindrücke, Erfahrungen und Erlebnisse des Künstlers durch das Medium einer bestimmten Formensprache zu unmittelbarer Anschauung gebracht werden"[43]. Beim künstlerischen Schaffen wirken Intuition, Fantasie, Kunstverstand und Gestaltungskraft in der Weise zusammen, dass im hervorgebrachten Werk die individuelle Persönlichkeit des Künstlers und seine geistige Auseinandersetzung mit der Welt ihren Ausdruck finden. Art. 5 III 1 GG gewährleistet die Freiheit der Kunst zwar ohne Vorbehalt, aber nicht ohne Schranken. Mitbestimmend für ihre Grenzen sind die von der Verfassung ebenfalls geschützten Werte und Rechtsgüter, wie das Persönlichkeitsrecht und die Würde des Menschen unter Einschluss seiner Ehre. Schwerwiegende Beeinträchtigungen dieser Schutzgüter sind auch durch die Kunstfreiheit nicht gedeckt[44].

480

Im **Fall 31** scheidet eine Rechtfertigung nach § 193 aus, weil eine Berichterstattung mit schweren Vorwürfen gegen den Betroffenen nur in *Ausnahmefällen* unter *voller Namensnennung* erfolgen darf und A seiner **Erkundigungspflicht,** insbesondere durch die ihm mögliche und zumutbare vorherige *Rückfrage bei T selbst* (beachte dazu Rn 460; ferner NK-*Zaczyk,* § 193 Rn 43), nicht bzw nicht genügend nachgekommen ist[45]. A ist daher wegen öffentlicher übler Nachrede nach § 186 zu bestrafen, sofern T Strafantrag stellt.

481

Zu ehrenkränkenden Äußerungen eines Rechtsanwalts beim **„Kampf um das Recht"** im Rahmen seines Plädoyers oder eines Schriftsatzes und zum Recht des Angeklagten auf eine ungehinderte, wirksame Strafverteidigung siehe BGH NStZ 87, 554; OLG Bremen StV 99, 534; BVerfG StV 99, 532 und NJW 00, 3196; die Justizkritik demgegenüber stark einschränkend EGMR BeckRS 15, 81139 mit scharf abl. Bespr. *Jahn,* JuS 16, 468[46]. Ausführlich zu der nach hM erforderlichen Güterabwägung KG NStZ-RR 98, 12 (Begründung eines Befangenheitsantrags), BayObLG NStZ-RR 02, 40 und OLG Jena NJW 02, 1839 (Vorwurf der Rechtsbeugung); krit. *Merz,* Strafrechtlicher Ehrenschutz und Meinungsfreiheit, 1998, S. 72, 93, 139.

482

---

42  Vgl *Fischer,* § 193 Rn 35 ff mwN, aber auch NK-*Zaczyk,* § 193 Rn 39.
43  Näher BVerfGE 30, 173; 83, 130, 138; BGHSt 37, 55.
44  Näher BVerfGE 75, 369; 81, 278, 298; BayObLG MDR 94, 80 und JR 98, 384 mit zust. Anm. *Foth;* OLG Hamburg JR 85, 429; *Erhard,* Kunstfreiheit und Strafrecht, 1989; *Lackner/Kühl,* § 193 Rn 15 mwN; zu den rechtlichen Grenzen der Satire *Oechsler,* NJW 17, 757 und *Faßbender,* NJW 19, 705; zu einer als „Gedicht" bezeichneten Schmähkritik (causa Böhmermann) *Fahl,* NStZ 16, 313; zur Einbeziehung des Kontextes in die Beurteilung (dazu auch auf der Basis eines weiten Satirebegriffs *Oppermann,* Ehrensache Satire, 2015, S. 114, 120 ff) *Vormbaum,* JoJZG 16, 47, 52; *Christoph,* JuS 16, 599; vgl auch *Kühne,* GA 16, 435, 438, der § 185 schon mangels Kundgabe eines eigenen Unwerturteils Böhmermanns verneint. Die StA Mainz hat das Verfahren gem. § 170 II StPO mangels Vorsatzes eingestellt.
45  Näher OLG Stuttgart JZ 72, 745; *Koebel,* JZ 66, 389; LK-*Hilgendorf,* § 193 Rn 23, 29.
46  Kasuistik bei *Fischer,* § 193 Rn 28 ff; vgl auch *Beulke/Ruhmannseder,* Rn 308 ff; E. Müller-FS, S. 45 und *Ignor,* Schlüchter-GedS, S. 317.

**6. Kapitel**

# Straftaten gegen den persönlichen Lebens- und Geheimbereich und gegen sonstige persönliche Rechtsgüter

# § 12 Der Schutz des (höchst-)persönlichen Lebensbereichs und der privaten Geheimsphäre

## I. Systematischer Überblick

**483** Das EGStGB hat die §§ 201–205 als Nachfolgebestimmungen zu den §§ 298 bis 300 aF im 15. Abschnitt des Besonderen Teils des StGB zusammengefasst. Diese Normen sollen die besondere Bedeutung unterstreichen, die das Gesetz dem **Schutz der Privat- und Intimsphäre** in der modernen Gesellschaft mit ihren hochtechnisierten Einrichtungen beimisst (näher S/S-*Eisele*, Vor § 201 Rn 2). Neu hinzu kamen durch das 2. WiKG vom 15.5.1986 § 202a (geändert durch das 41. StÄG vom 7.8.2007), 1997 in aktualisierter Form die Verletzung des Post- und Fernmeldegeheimnisses, § 206 (= § 354 aF)[1], 2004 die Verletzung des höchstpersönlichen Lebensbereichs durch Bildaufnahmen, § 201a (dazu Rn 507), 2006 § 203 IIa und durch das 41. StÄG das Abfangen sowie das Vorbereiten des Ausspähens und Abfangens von Daten. Durch das am 9.11.2017 in Kraft getretene „Gesetz zur Neuregelung des Schutzes von Geheimnissen bei der Mitwirkung Dritter an der Berufsausübung schweigepflichtiger Personen" ist § 203 erneut umgestaltet worden (dazu Rn 536). Allen Tatbeständen dieses Abschnitts liegt die Erkenntnis zugrunde, dass der Mensch zur Entfaltung seiner Persönlichkeit eines Freiraumes bedarf, in dessen Grenzen die Rechtsordnung ihm die Vertraulichkeit des nichtöffentlich gesprochenen Wortes (§ 201), das Recht am eigenen Bild im neu kreierten *höchst*persönlichen Lebensbereich (§ 201a), die Wahrung des Briefgeheimnisses (§ 202) und den Schutz bestimmter Daten (§§ 202a–c), sonstiger Privatgeheimnisse (§§ 203, 204) sowie des Post- und Fernmeldegeheimnisses (§ 206) garantiert. Beachtung verdient, dass die gesetzlichen Überschriften (vgl § 260 IV 2 StPO) zu den einzelnen Vorschriften das jeweils geschützte Rechtsgut nur ungenau bezeichnen und infolgedessen die Reichweite des Strafrechtsschutzes nicht exakt verdeutlichen (zur bloßen *Hinweisfunktion* von gesetzlichen Überschriften siehe BGHSt 29, 220, 224; für *gesetzliche* Überschriften der Straftatbestände des StGB kann dem nicht zugestimmt werden).

**484** Innerhalb des § 201, dessen zweiter Absatz durch das 25. StÄG vom 20.8.1990 erweitert wurde, ist eine **Strafschärfung** für den Fall vorgesehen, dass ein **Amtsträger** oder ein für den öffentlichen Dienst besonders Verpflichteter die Vertraulichkeit des Wortes verletzt (§ 201 III

---

1 Dazu MüKo-*Altenhain*, § 206 Rn 7 ff; *Welp*, Lenckner-FS, S. 619.

iVm § 11 I Nr 2, 4 und § 28 II). Bei der Verletzung von Privatgeheimnissen wirkt das Vorliegen dieser *besonderen persönlichen Eigenschaft* dagegen nicht straferschwerend, sondern straf*begründend* (§ 203 II Nr 1, 2); eine **Qualifikation** kommt hier für alle Tätergruppen nur beim Handeln gegen Entgelt oder zu Bereicherungs- bzw Schädigungszwecken in Betracht (§ 203 V). Vom Erfordernis des *Strafantrags* für §§ 201–204 nimmt § 205 lediglich den Fall des § 201 III aus.

## II. Verletzung der Vertraulichkeit des Wortes

**Fall 32:** Nach einer vertraulichen Besprechung im Kreis der Firmenleitung eines Großunternehmens übergibt die Firmenchefin F ihrer Sekretärin S das im allseitigen Einverständnis aufgenommene Tonbandprotokoll mit dem Auftrag, es auszugsweise abzuschreiben. Unter Verletzung ihrer Verschwiegenheitspflicht offenbart S dem Betriebsratsmitglied B den Themenkatalog der Besprechung; außerdem gestattet sie ihm, bestimmte Teile des Tonbands abzuhören.

485

Haben S und B sich nach § 201 strafbar gemacht? **Rn 498, 506**

### 1. Schutzzweck der Vertraulichkeit des Wortes

**Schutzzweck** des § 201 ist die Erhaltung der *Unbefangenheit mündlicher Äußerungen* und des Vertrauens auf die Flüchtigkeit des **nichtöffentlich** gesprochenen Wortes. Innerhalb seines persönlichen Lebensbereichs und der damit verbundenen Kommunikationssphäre soll niemand befürchten müssen, dass seine Worte der ihnen beigelegten Reichweite entkleidet und in eine jederzeit reproduzierbare Tonkonserve verwandelt werden[2]. Da sich in jedem Gespräch die Persönlichkeit des Sprechers mitteilt, hat er allein über die Reichweite seiner Worte, den Kreis der Adressaten sowie darüber zu bestimmen, ob seine Worte auf einem Tonträger festgehalten werden sollen oder nicht[3]. **Schutzobjekt** aller Einzeltatbestände des § 201 ist das **nichtöffentlich gesprochene Wort** eines anderen ohne Rücksicht darauf, ob das Gesagte wirklich ein *Geheimnis* darstellt.

486

**Mündliche Äußerungen in Wortform** bilden auch der *Gesang* und der *Sprechgesang*[4], nicht dagegen andere stimmliche Äußerungen wie Stöhnen oder Gähnen. Eine klare Grenzziehung in der Frage des Strafrechtsschutzes ermöglicht das Gesetz dadurch, dass es dem **gesprochenen Wort** (= § 201) das *geschriebene Wort* (= § 202) gegenüberstellt.

487

**Nichtöffentlich** ist eine Äußerung, wenn sie nicht an die Allgemeinheit gerichtet und für Außenstehende nicht oder nicht ohne besondere Mühe wahrnehmbar ist. Bei Gesprächen, Diskussionen oder Verhandlungen ist diese Voraussetzung gegeben, *falls der Teilnehmerkreis individuell begrenzt* („geschlossen") ist, also nicht dem beliebigen Zutritt offen steht. Ob der Gedankenaustausch in der rein persönlichen, beruflichen oder geschäftlichen Privatsphäre, im Umgang mit Behörden oder in einer sonstigen *persönlichkeitsbezogenen* Kommunikationssphäre, wie zB in einer nichtöffentli-

488

---

2  *Gallas*, ZStW 75 (1963), 16 ff; S/S-*Eisele*, § 201 Rn 2.
3  BGHSt 14, 358; BVerfGE 34, 238; BVerfG NJW 92, 815.
4  Zutreffend NK-*Kargl*, § 201 Rn 7; SSW-*Bosch*, § 201 Rn 2; jetzt auch LK-*Schünemann*, § 201 Rn 6.

173

**§ 12**  *Der Schutz des (höchst-)persönlichen Lebensbereichs und der privaten Geheimsphäre*

chen Gerichtsverhandlung, einer Parteivorstandssitzung, einer Fraktionsbesprechung oder dergleichen stattfindet, ist belanglos[5].

## 2. Tathandlungen des § 201 I

**489**  **a)**  **Tathandlung** in § 201 I Nr 1 ist das **Aufnehmen** des nichtöffentlich gesprochenen Wortes auf einen Tonträger (= Tonband, Schallplatte usw) zur jederzeit reproduzierbaren Wiedergabe. Entsprechend seiner Schutzfunktion erfasst der Tatbestand des § 201 I Nr 1 nur die *im Augenblick des Sprechens* gemachte Tonaufnahme, nicht dagegen das Kopieren bereits vorhandener Tonkonserven. Im letztgenannten Fall fehlt es an der **Unmittelbarkeit des Eingriffs** in die Privat- und Persönlichkeitssphäre des Sprechers, auf die es hier entscheidend ankommt[6]. Gegen das Kopieren schon hergestellter Tonaufnahmen bieten *nur* § 201 I Nr 2 und § 202a unter den *dort genannten Voraussetzungen* (hinreichend) Schutz.

**490**  Den Hauptanwendungsfall des § 201 I Nr 1 bildet die *heimlich, ohne Wissen* des Sprechers gemachte Tonaufnahme. Der Tatbestand ist darauf aber nicht beschränkt; er schließt auch das *mit Wissen* eines Gesprächspartners erfolgende Aufnehmen seiner Worte ein (wichtig bei ausdrücklich erklärtem Widerspruch des Sprechers)[7].

**491**  **b)**  Der Tatbestand des § 201 I Nr 2 ist erfüllt, wenn der Täter eine unter Verstoß gegen § 201 I Nr 1 hergestellte Tonaufnahme **gebraucht** oder einem **Dritten zugänglich macht**.

**492**  **Gebrauchen** ist das Verwenden der Tonaufnahme zum Abspielen oder Kopieren. Einem Dritten ist die Aufnahme *zugänglich gemacht*, wenn ihm die Möglichkeit verschafft wird, von der akustischen Reproduktion Kenntnis zu nehmen oder die Tonaufnahme sonst wie zu verwenden (insbesondere zum Kopieren). Die *bloße Mitteilung* des *Inhalts* einer Tonaufnahme an Dritte ist weder ein „Gebrauchen" noch ein „Zugänglichmachen" iS des § 201 I Nr 2, da ein Offenbaren dieser Art aus dem Schutzbereich des § 201 herausfällt (Schutz in solcher Hinsicht bietet zB § 203 in den dort abgesteckten Grenzen). Zur bei Nr 2 umstrittenen Reichweite des Blankettbegriffs „unbefugt" siehe BT-Drucks. 7/550, S. 236 und Rn 493 ff.

## 3. Unbefugtheit des Handelns

**493**  Umstritten ist, ob die **Einwilligung** des Betroffenen den Tatbestand des § 201 I entfallen lässt oder nur die **Rechtswidrigkeit** der Tat berührt. Die hM sieht bei den §§ 201, 201a, 202, 204, 206 in der dort jeweils vorausgesetzten **Unbefugtheit** des Handelns kein Tatbestandsmerkmal, sondern nur den Hinweis des Gesetzgebers auf das allgemeine Deliktsmerkmal der **Rechtswidrigkeit**[8] (zu § 201a siehe Rn 510 f). Danach bildet die *Befugnis* zur Vornahme der Tathandlung einen **Rechtfertigungs-**

---

5  Vgl *Lackner/Heger*, § 201 Rn 2 mwN; zur Aufnahme dienstlicher Anweisungen anlässlich eines Polizeieinsatzes bei einer großen Demonstration *Ullenboom*, NJW 19, 3108 mwN; siehe auch *Roggan*, StV 20, 328.

6  Ebenso *Gössel/Dölling*, BT I § 37 Rn 18 mwN.

7  Näher OLG Schleswig NStZ 92, 399; Thüring. OLG NStZ 95, 502; LK-*Schünemann*, § 201 Rn 9, 14; *Joerden*, JR 96, 265; anders S/S-*Eisele*, § 201 Rn 13, der für Fälle dieser Art auf § 240 verweist.

8  Vgl BGHSt 31, 304, 306; LK-*Schünemann*, § 201 Rn 9, 27; SK-*Hoyer*, Vor § 201 Rn 13; zur Gegenansicht siehe Rn 495.

**grund**; sie kann sich aus einer speziellen Regelung (zB §§ 81a, 100a ff StPO) oder aus den allgemein anerkannten Rechtfertigungsgründen ergeben.

In Betracht kommen vor allem die ausdrücklich oder stillschweigend erteilte **Einwilligung** des Betroffenen (Letztere liegt idR vor, wenn der Sprechende weiß oder damit rechnet, dass seine Worte durch Tonträger festgehalten werden), die **mutmaßliche Einwilligung** (bedeutsam im Rahmen der Gepflogenheiten des geschäftlichen Verkehrs bei *telefonischen* Bestellungen, Lieferungsvereinbarungen, Mängelrügen usw), **Notwehr** (Identifizierung der Stimme eines anrufenden Erpressers zur Abwehr eines fortdauernden Angriffs iS des § 239a; vgl dazu *Amelung*, GA 82, 381, 401), die Regeln des **rechtfertigenden Notstandes** (§ 34) und die **Wahrnehmung berechtigter Interessen** nach den Grundsätzen der Güter- und Pflichtenabwägung (insbesondere in notwehrähnlichen Situationen zwecks Erlangung von Beweismitteln)[9].

**494**

Nach anderer Auffassung soll die Einwilligung des Betroffenen[10] oder auch dessen mutmaßliche Einwilligung im Bereich der §§ 201 ff nicht erst die Rechtswidrigkeit der Tat entfallen lassen, sondern schon zum Tatbestandsausschluss führen[11].

**495**

Zweifelhaft ist, was § 201 I Nr 2 seinem mehrdeutigen Wortlaut nach unter einer *„so hergestellten"* Aufnahme versteht: ob damit lediglich auf den Gesetzestext innerhalb der Nr 1 des § 201 I verwiesen wird oder ob die Verweisung darüber hinausgehend auch das (*beiden* Nummern *vorangestellte*) Merkmal *„unbefugt"* mit einbezieht, also eine **unbefugt hergestellte** Tonaufnahme voraussetzt.

**496**

Die Ansichten dazu sind geteilt. Für die letztgenannte Auslegung spricht, dass § 201 I Nr 2 typische Verwertungshandlungen erfassen will, die eine vorausgegangene, im Wege des unmittelbaren Eingriffs bewirkte *Persönlichkeitsverletzung* erneut aktualisieren. Eine strafwürdige Unrechtsperpetuierung ist aber nur bei solchen Tatobjekten gegeben, die ihrerseits mit dem Makel der **unbefugten Herstellung** behaftet sind[12]. Im Übrigen will § 201 I Nr 2 ohnehin nicht jede Indiskretion durch Vertrauenspersonen erfassen, so insbesondere nicht mündliche oder schriftliche Mitteilungen über den Inhalt von Tonaufnahmen.

**497**

Im **Fall 32** ist für § 201 I Nr 1 kein Raum. Das Verhalten der S kann aber unter Nr 2 fallen. Voraussetzung dafür wäre jedoch, dass S eine *unbefugt* hergestellte Aufnahme gebraucht hat, was nicht der Fall ist. S hätte dem B sogar eine Abschrift des Tonbandprotokolls überlassen können, ohne dadurch gegen § 201 I Nr 2 zu verstoßen. Das pflichtwidrige *Gestatten* des *Abhörens* einer *befugt* hergestellten Tonaufnahme unterscheidet sich davon im Unrechts- oder Strafwürdigkeitsgehalt aber nicht wesentlich. Im Fall 32 fehlt es demnach bereits an einem tauglichen Tatobjekt iS des § 201 I Nr 2; damit entfällt eine Verwirklichung dieses Tatbestandes durch S. Zu prüfen bleibt, ob ein Verstoß des B gegen § 201 II vorliegt und ob S ihm dazu Beihilfe geleistet hat.

**498**

---

9  Näher dazu BVerfGE 34, 238; BGHSt 14, 358; 19, 193 und 19, 325; 31, 304, 307; 34, 39; KG JR 81, 254; *Klug*, Sarstedt-FS, S. 101; *Nelles*, in: Stree/Wessels-FS, S. 719.

10  *Lenckner*, Baumann-FS, S. 135, 146; SSW-*Bosch*, § 201 Rn 12.

11  Vgl *Maurach/Maiwald*, BT I, 10. Aufl., § 29 Rn 13, 45, 70 mwN; aA jetzt *Maurach/Momsen*, BT I § 29 Rn 70.

12  Ebenso ua *Lackner/Heger*, § 201 Rn 9a; NK-*Kargl*, § 201 Rn 12; vgl dazu auch OLG Düsseldorf NJW 95, 975.

§ 12 *Der Schutz des (höchst-)persönlichen Lebensbereichs und der privaten Geheimsphäre*

## 4. Taten iS des § 201 II

**499** Nach § 201 II Nr 1 wird bestraft, wer unbefugt das *nicht zu seiner Kenntnis bestimmte* nichtöffentlich gesprochene Wort eines anderen **mit einem Abhörgerät** abhört. Gedacht ist dabei vor allem an Täter, die nicht zum Kreis der Gesprächspartner zählen, deren Äußerungen jedoch durch Missbrauch der Technik *externen* Wahrnehmungs- und Kontrollmöglichkeiten unterwerfen (vgl *Arzt*, Der strafrechtliche Schutz der Intimsphäre, 1970, S. 244).

**500** Mündliche Äußerungen sind **nicht zur Kenntnis des Abhörenden bestimmt**, wenn er von ihnen weder durch **Zuhören beim Sprechen** noch durch spätere **Übermittlung ihres Inhalts** Kenntnis erlangen soll[13].

**501** Die **Tathandlung** besteht bei § 201 II Nr 1 im Abhören mit einem Abhörgerät. Das einfache Belauschen fremder Gespräche ohne Anwendung von Abhörgeräten ist straflos.

**502** **Abhörgeräte** iS des § 201 II sind technische Vorrichtungen jeder Art, die das gesprochene Wort über dessen normalen Klangbereich hinaus durch Verstärkung oder Übertragung unmittelbar hörbar machen und nicht zur *verkehrsüblichen* Ausstattung gebräuchlicher Kommunikationsmittel gehören (vgl E 1962 aaO S. 332). Darunter fallen *versteckt angebrachte* Mikrofonanlagen, Mikrosender (sog. *„Wanzen"* und *„Minispione"*), Einrichtungen zur Tonübermittlung mithilfe von Laserstrahlen oder zum „Anzapfen" von Telefonleitungen und dergleichen. Sind derartige Abhörgeräte zugleich mit Tonaufnahmevorrichtungen gekoppelt, greift neben § 201 II Nr 1 auch § 201 I Nr 1 ein (vgl *S/S-Eisele*, § 201 Rn 19 f).

**503** Verkehrsübliche **Mithöreinrichtungen** in privaten oder geschäftlichen Telefonanlagen sind nach hM keine „Abhörgeräte" iS des § 201 II Nr 1[14]. Den **grundrechtlichen Schutz** des gesprochenen Wortes berührt das aber nicht; er wird durch die bloße Kenntnis von einer Mithörmöglichkeit bei der Benutzung eines Diensttelefons noch nicht beseitigt (näher BVerfG NJW 92, 815 zur *gerichtlichen Verwertbarkeit* von Kenntnissen, die ein Arbeitgeber durch Mithören erlangt hatte).

**504** Unter den Tatbestand des § 201 II Nr 1 fallen nur Abhörvorgänge, die einen **unmittelbaren Eingriff** in die Privatsphäre *im Augenblick des Gesprächs* darstellen. Wer sich lediglich vom Inhalt einer schon existierenden Tonaufnahme durch deren Abspielen Kenntnis verschafft, ohne dazu berechtigt zu sein, verstößt nicht gegen diese Vorschrift. Schutz gegen eine unbefugte Kenntnisverschaffung dieser Art bietet das Gesetz nur unter den Voraussetzungen des § 202a.

**505** § 201 II Nr 2 bedroht denjenigen mit Strafe, der das unbefugt aufgenommene oder abgehörte nichtöffentlich gesprochene Wort eines anderen im Wortlaut oder seinem wesentlichen Inhalt nach **öffentlich mitteilt**. Durch diesen neuartigen *Indiskretionstatbestand* soll vor allem die Verbreitung der illegal erlangten Kenntnis über den Gesprächsinhalt in den Massenmedien unterbunden werden. Strafbar ist die Tat aber nur, wenn die öffentliche Mitteilung *geeignet* ist, berechtigte Interessen eines anderen zu beeinträchtigen; gerechtfertigt ist sie ausnahmsweise dann, wenn die öffentliche Mit-

---

13 Begründung zu § 183 II E 1962, BT-Drucks. IV/650, S. 332; LK-*Schünemann*, § 201 Rn 23 f; enger *S/S-Eisele*, § 201 Rn 21 f; SK-*Hoyer*, § 201 Rn 22.

14 BGHSt 39, 335, 343; BGH NJW 82, 1397; OLG Hamm StV 88, 374 mit Anm. *Krehl*; SK-*Hoyer*, § 201 Rn 24; SSW-*Bosch*, § 201 Rn 8; anders *S/S-Eisele*, § 201 Rn 19 mwN.

teilung zur Wahrnehmung *überragender* öffentlicher Interessen gemacht wird (§ 201 II S. 2, 3). Näher zum Ganzen sowie zum 25. StÄG vom 20.8.1990 *Lenckner,* Baumann-FS, S. 135.

Im **Fall 32** sollten die auf dem Tonband festgehaltenen Äußerungen dem B weder als Zuhö-    **506**
rer noch als Abhörer zur Kenntnis gelangen. Das Abhören der *befugt* hergestellten Tonaufnahme wird jedoch von § 201 II Nr 1 nicht erfasst, sodass B und S sich nicht nach § 201
strafbar gemacht haben.

## III. Verletzung des höchstpersönlichen Lebensbereichs durch Bildaufnahmen

### 1. Rechtsgut und Schutzbereich

Das Recht auf Wahrung des persönlichen Lebensbereichs vor Bildaufnahmen war    **507**
strafrechtlich lange im Wesentlichen nur hinsichtlich der Verbreitung und öffentlichen Zur-Schau-Stellung eines Bildnisses ohne Einwilligung der abgebildeten Person
durch § 33 iVm §§ 22, 23 KUG geschützt. Eine Bildaufnahme ohne Einwilligung der
Person herzustellen und auch die Weitergabe an Dritte war nicht strafbar. Das 36.
StÄG[15] von 2004 hatte es unternommen, mit § 201a die Strafbarkeitslücke in gebote-
nem Maß zu schließen[16]. Die Norm war auch eine Reaktion auf die Entwicklung (Digitalisierung, Miniaturisierung) der Videotechnik, ua mit der Möglichkeit, unbefugt
hergestellte Bilder im Internet in „Echtzeit" weltweit zu verbreiten[17]. Während es im
15. Abschnitt bisher um die Verletzung des persönlichen Lebens- und Geheimbereichs ging (siehe Rn 483), schützte § 201a hinsichtlich des Rechts am eigenen Bild
*bisher* ausschließlich den **höchstpersönlichen Lebensbereich**, der sich inhaltlich an
dem durch die höchstrichterliche Rechtsprechung näher ausgeformten Begriff der Intimsphäre orientieren können soll (so BT-Drucks. 15/2466, S. 5)[18]. Denn die Norm
erfasste nur Bildaufnahmen, die von dem Betroffenen in seinem „persönlichen Rück-
zugsbereich", nämlich einer Wohnung oder einem gegen Einblick besonders geschützten Raum, gefertigt werden[19]. Die Grenzen dieses Bereichs hat einmal mehr die
Rechtsprechung abzustecken. Jedenfalls Krankheit, Tod und Sexualität sind dem
höchstpersönlichen Lebensbereich zuzurechnen (BT-Drucks. aaO). Wer mit Hilfe

---

15  BT-Drucks. 15/2466 (fraktionsübergreifender Entwurf) und 15/2995 (Beschlussempfehlung und Bericht des Rechtsausschusses); zu den vorherigen Entwürfen *Wendt*, AfP 04, 181.

16  Was *Zöller*, Wolter-FS, S. 679, 682 für verfassungsrechtlich geboten hält; näher zu den Unterschieden
zwischen Herstellung und Weitergabe *Koch*, GA 05, 589, 592 ff; zu § 201a aF umfassend *Murmann*,
Maiwald-FS, S. 585.

17  Näher *Borgmann*, NJW 04, 2133; *Bosch*, JZ 05, 377; *Ernst*, NJW 04, 1277; *Kühl*, AfP 04, 190.

18  Krit. hierzu *Borgmann*, aaO S. 2134; *Bosch*, aaO S. 379; *Fischer*, § 201a Rn 2 f; *Kühl*, AfP 04, 193;
*Lackner/Heger*, § 201a Rn 1, 3; AnwK-*Popp*, § 201a Rn 12; *Wolter*, Schünemann-Symposium,
S. 225; zust. hingegen *Murmann*, Maiwald-FS, S. 585, 591 f; NK-*Kargl*, § 201a Rn 22. Zur Tatbe-
standsstruktur *Maurach/Momsen*, BT I, § 29 Rn 82.

19  BT-Drucks. 15/2995, S. 5; 15/2466, S. 4; 15/1891, S. 6 (Gesetzentwurf des BR); vgl auch *Meyer-
Goßner*, § 171b GVG Rn 3; AnwK-*Popp*, § 201a Rn 1; *Zöller*, Wolter-FS, S. 679, 684 ff; für zu eng
gefasst halten den Schutzbereich *Hoyer*, ZIS 08, 206 und *Lackner/Heger*, § 201a Rn 2; zust. hingegen
*Eisele*, JR 05, 6, 8.

**§ 12** *Der Schutz des (höchst-)persönlichen Lebensbereichs und der privaten Geheimsphäre*

eines Teleobjektivs heimlich die Hausfrau in der Badewanne ablichtet, verletzt diesen Bereich ebenso wie derjenige, der durch ein Fenster die im Trauerhaus um den Verstorbenen versammelte Familie filmt. Gleiches gilt etwa für heimliche Aufnahmen in Saunen, Solarien oder Umkleidekabinen.

Das 49. StÄG v. 21.1.2015 hat den Anwendungsbereich des § 201a neu gegliedert und erweitert[20] sowie die Strafdrohung von einem Jahr auf zwei Jahre Freiheitsstrafe erhöht. Die Tat ist nunmehr relatives Antragsdelikt (§ 205 I 2). Zur Verbesserung des Schutzes des allgemeinen Persönlichkeitsrechts (Recht am eigenen Bild) in den Tatbestand einbezogen wurden das sog. *Cyber-Mobbing* (§ 201a II) und das entgeltliche Herstellen, Anbieten sowie das entgeltliche Sichverschaffen von „Nacktaufnahmen" anderer Personen unter 18 Jahren (§ 201a III), beides *ohne* Beschränkung auf eine Wohnung oder einen gegen Einblicke besonders geschützten Raum. Anlass für diese Ausweitungen ist die stetig zunehmende Verbreitung von Mobiltelefonen mit eingebauter Kamera, durch die sich die Gelegenheiten zur Tatbegehung vervielfältigt haben, sowie das „immer stärker um sich greifende Cyber-Mobbing", dessen Folgen „oft gravierender als das klassische Mobbing" sind, nämlich allgegenwärtig und der Öffentlichkeit zugänglich[21].

§ 201a I-III aF finden sich in § 201a I Nr 1, 3 und 4 nF wieder[22]. Neu aufgenommen ist Nr 2, die das unbefugte Herstellen oder Übertragen einer Bildaufnahme unter Strafe stellt, wenn diese die Hilflosigkeit einer anderen Person zur Schau stellt und dadurch den höchstpersönlichen Lebensbereich der abgebildeten Person verletzt (näher Rn 508). Neben § 201a II und III ist auch § 201a IV ein Novum, der für die dort aufgeführten Handlungen anordnet, dass sie nicht als tatbestandsmäßige gelten, wenn sie in Wahrnehmung überwiegender berechtigter Interessen erfolgen.

**508** Der Begriff der **Wohnung** (§ 201 I Nr 1) ist *enger* zu bestimmen als bei § 123, nämlich als Zentrum des höchstpersönlichen Lebensbereichs[23]. Er umfasst eigene und fremde Wohnungen sowie Gäste- und Hotelzimmer[24], nicht aber der – sei es auch beschränkten – Öffentlichkeit zugängliche Räumlichkeiten wie etwa Geschäfts- oder Diensträume. Unter einem **gegen Einblicke** besonders geschützten **Raum** i.S. der Nr 1 zu verstehen sind ua Toiletten, Umkleidekabinen und ärztliche Behandlungszimmer, uU auch ein Garten, nämlich dann, wenn er durch einen hohen Sichtschutz Drit-

---

20 Zur Entstehung des § 201a nF BT-Drucks. 18/2601 (Gesetzentwurf der Fraktionen der CDU/CSU und SPD), S. 3, 36 ff und BT-Drucks. 18/3202 (Beschlussempfehlung und Bericht des Ausschusses für Recht und Verbraucherschutz), S. 2, 24 ff; zum Gesetzgebungsverfahren und seinen Ergebnissen erste Bewertungen bei *Eisele/Sieber*, StV 15, 312 f, 313 ff; *Busch*, NJW 15, 977.

21 Näher dazu BT-Drucks. 18/2601, S. 36 f. Zu den Gründen gravierender Änderungen der Regelungen auf dem Weg in das StGB s. das Protokoll Nr 18/28 der 28. Sitzung des Ausschusses für Recht und Verbraucherschutz, 18. Wahlperiode vom 13.10.2014, S. 11 ff, 36 ff sowie *Eisele/Sieber*, StV 15, 312, 313 mit Fn 14-17; zu den Erscheinungsformen *Preuß*, KriPoZ 19, 97.

22 In Nr 3 und 4 sind die neu eingeführten Tatvarianten des § 201a I Nr 2 mit einbezogen.

23 So auch LK-*Valerius*, § 201a Rn 15; Matt/Renzikowski-*Altenhain*, § 201a Rn 7; SK-*Hoyer*, § 201a Rn 14; ähnlich *Lackner/Heger*, § 201a Rn 2; NK-*Kargl*, § 201a Rn 5; aA *Eisele*, JR 05, 6, 8 und in BT I Rn 706; *Koch*, GA 05, 89, 99; SSW-*Bosch*, § 201a Rn 7.

24 BT-Drucks. 15/2466, S. 5 und 15/2995, S. 5; so auch HK-GS/*Tag*, § 201a Rn 5; hingegen zählen *Borgmann*, NJW 04, 2133 und *Bosch*, JZ 05, 377, 379 sowie in SSW, § 201a Rn 7 zum gegen Einblick besonders geschützten Raum auch die Gäste- oder Hotelzimmer, *Koch*, GA 05, 89, 99 zudem noch Nebenräume wie Garagen und Keller.

ten den Einblick von außen verwehrt[25]. Im Schutzbereich muss nur der Betroffene sich aufhalten, die Tat kann hingegen von einem beliebigen Ort aus begangen werden.

**§ 201 I Nr 2** erfasst nunmehr auch Bildaufnahmen, die *außerhalb* eines besonders geschützten Raums gefertigt werden, wenn sie die *Hilflosigkeit* einer anderen Person (etwa stark betrunken auf dem Heimweg, als Opfer einer Gewalttat verletzt am Boden liegend) zur Schau stellen[26] und dadurch den höchstpersönlichen Lebensbereich (dazu Rn 507) der abgebildeten Person verletzen. Was Hilflosigkeit iS des § 201a I Nr 2 bedeutet, war alsbald umstritten[27]. Der BGH hat 2017 wegen der verschiedenen Schutzzwecke der §§ 221, 243 I 2 Nr 6 eine Anlehnung an die dortigen, engeren Begriffe abgelehnt. Hilflosigkeit sei „nach dem Wortsinn und dem gesetzgeberischen Willen jedenfalls dann gegeben, wenn ein Mensch aktuell Opfer einer mit Gewalt oder unter Drohungen gegen Leib oder Leben ausgeübten Straftat ist und deshalb der Hilfe bedarf oder sich in einer Entführungs- oder Bemächtigungssituation befindet"[28]. Im entschiedenen Fall war das zu bejahen, nicht aber ein „Zur-Schau-Stellen" iS der Nr 2. Denn das setze eine „besondere Hervorhebung der Hilflosigkeit als Bildinhalt" voraus, was für „einen Betrachter allein aus der Bildaufnahme erkennbar"[29] werden müsse; das habe das LG nicht hinreichend dargelegt. Der **neue Abs. 2** stellt auf die Eignung der Bildaufnahme ab, dem Ansehen der abgebildeten Person erheblich zu schaden (eine Ansammlung höchst unbestimmter Begriffe). Gemeint sind bloßstellende Bildaufnahmen, dh solche, die die „Person in peinlichen oder entwürdigenden Situationen oder in einem solchen Zustand zeigen, und bei denen angenommen werden kann, dass üblicherweise ein Interesse daran besteht", sie nicht Dritten zugänglich zu machen[30]. **§ 201a III nF** erfasst Bildaufnahmen, die die Nacktheit einer anderen Person unter 18 Jahren zu kommerziellen Zwecken zum Gegenstand haben. Mit dem Begriff der Nacktheit sollen neben „splitternackten" auch nur im Wesentlichen unbekleidete Minderjährige erfasst werden[31]. *Entgelt* nimmt § 11 I Nr 9 in Bezug, erfasst also auch den Handel in einem Tauschsystem, wenn die Gegenleistung einen Vermögenswert hat[32]. Für bestimmte Handlungen, die in Wahrnehmung *überwiegender* berechtigter Interessen erfolgen, namentlich der Kunst, der Forschung, der Berichterstattung oder zu ähnlichen Zwecken, sieht § 201a IV vor, dass sie nicht als tatbestandsmäßige „gelten"[33].

---

25  BT-Drucks. 15/2466, S. 5 und 15/1891, S. 7; *Eisele*, aaO S. 6.; LK-*Valerius*, § 201a Rn 17; NK-*Kargl*, § 201a Rn 6; SK-*Hoyer*, § 201a Rn 18; zweifelnd *Flechsig*, ZUM 04, 605, 610.
26  Dazu BT-Drucks. 18/3202, S. 29 mit Verweis auf BT-Drucks. 18/2601, S. 46 (richtig S. 36); ausführlich *Eisele/Sieber*, StV 15, 312, 313 f.
27  Vgl einerseits *Busch*, NJW 15, 977, 978, andererseits *Eisele/Sieber*, StV 15, 312, 313.
28  BGH NJW 17, 1891, 1892 mit im Erg. zust. Anm. *Cornelius*, der § 201a II für uU verwirklicht hält.
29  BGH NJW 17, 1891, 1893 mwN.
30  BT-Drucks. 18/2601, S. 36, 37; sehr krit. dazu *Busch*, NJW 15, 977, 978; zu Recht große Bedenken wegen der Weite und Unbestimmtheit der Regelung auch bei *Eisele/Sieber*, StV 15, 312, 314 ff, 319.
31  Näheres dazu bei *Eisele/Sieber*, StV 15, 312, 317 unter Hinw. auf §§ 184b I Nr 1 b und c sowie 184c Nr 1 b und bei *Busch*, NJW 15, 977, 979 f.
32  BT-Drucks 18/3202, S. 30.
33  Lediglich für Handlungen iS des §201a I Nr 1 gilt Abs. 4 nicht; siehe auch *Eisele/Sieber*, StV 15, 312, 318 unter Berufung auf BT-Drucks. 15/533, S. 44: dort als Rechtfertigungsgrund eingeordnet.

## § 12 *Der Schutz des (höchst-)persönlichen Lebensbereichs und der privaten Geheimsphäre*

### 2. Tathandlungen des § 201a I

509 **Tathandlungen** in § 201a I Nr 1 und Nr 2 sind das (unbefugte) Herstellen oder Übertragen von Bildaufnahmen. **Herstellen** meint die Handlungen, mit denen das Bild auf einem Bild- oder Datenträger abgespeichert wird[34]. Mit der Modalität **Übertragen** soll klargestellt werden, dass auch Echtzeitübertragungen, zB mittels sog. Webcams oder Spycams ohne dauernde Speicherung der aufgenommenen Bilder einbezogen sind (BT-Drucks. 15/2466, S. 5). Weder beim Herstellen noch beim Übertragen ist erforderlich, dass der Täter die Aufnahme zur Kenntnis nimmt.

510 **Unbefugt** werden die Bildaufnahmen hergestellt oder übertragen, wenn eine *Einwilligung* des Betroffenen oder ein anderer Rechtfertigungsgrund fehlt[35].

511 **Gebraucht** ist eine durch eine Tat nach § 201a I Nr 3, also ebenfalls unbefugt hergestellte Bildaufnahme dann, wenn eine der technischen Möglichkeiten des Bildträgers ausgenutzt wird (zB Speichern, Archivieren oder Kopieren, auch Fotomontagen; vgl BT-Drucks. 15/2466, S. 5 und BT-Drucks. 18/3202, S. 29). Diese Tatvariante ist für denjenigen bedeutsam, der die Bildaufnahme *nicht* hergestellt hat. **Zugänglich gemacht** ist die Bildaufnahme dann, wenn einer dritten Person der Zugriff auf das Bild ermöglicht wird. Genügen soll insoweit aber auch, dass ihr die Kenntnisnahme vom Gegenstand des Bildes ermöglicht wird. Begründet wird das damit, dass die Nutzung einer Bildaufnahme ebenso strafwürdig sei wie deren Herstellung[36].

Beide Tathandlungen sind *zu weit* gefasst. Wenn nämlich die **unbefugte Beobachtung** als solche, der sog. *„freche Blick"*, nicht strafbar sein soll[37], ist nicht begründbar, warum für einen Dritten, der zB von einem Foto Kenntnis nimmt, die Strafbarkeitszone früher beginnen soll, wenn er nur weiß oder billigend in Kauf nimmt, dass diese Aufnahme unbefugt hergestellt worden ist. Um einen Wertungswiderspruch[38] zu vermeiden, muss der Anwendungsbereich des § 201a I Nr 3 für die dritte Person auf die Fälle beschränkt werden, in denen diese sich den Zugriff auf den Bildträger verschafft hat und so eine neue, wiederum typische Verbreitungsgefahr hinsichtlich des Bildes geschaffen ist[39].

512 Dem unbefugten Handeln eines Täters unter den Voraussetzungen des § 201a I Nr 1 und Nr 3 gleichstellen will **Abs. 1 Nr 4** den Fall, dass jemand eine **befugt** hergestellte Bildaufnahme eines anderen **wissentlich unbefugt** einer dritten Person **zugänglich macht** (zu dieser Handlung siehe Rn 511). Dabei soll „wissentlich unbefugt" so zu verstehen sein, dass der Begriff „unbefugt" hier echtes Tatbestandsmerkmal ist (so

---

34 BT-Drucks. 15/2466, S. 5; hierzu und zum im Erg. nicht unter Strafe gestellten bloßen Beobachten *Eisele*, JR 05, 6, 9; *Fischer*, § 201a Rn 12; *Kühl*, AfP 04, 190, 194.

35 *Eisele*, JR 05, 6, 10; *Lackner/Heger*, § 201a Rn 9; ferner oben Rn 490, 493; aA SSW-*Bosch*, § 201a Rn 23; zumindest missverständlich BT-Drucks. 15/2466, S. 5; zu den Folgen der Globalisierung für den Bewertungsmaßstab *Zöller*, Wolter-FS, S. 679, 688 ff.

36 BT-Drucks. 15/2466, S. 5 und BT-Drucks. 18/3202, S. 29.

37 So BT-Drucks. 15/2446, S. 4 und schon 15/1891, S. 6.

38 Das Beobachten der Person selbst ist für den Dritten nicht strafbar, das Betrachten des Fotos hingegen erscheint vom Wortlaut erfasst; aA *Flechsig*, ZUM 04, 605, 614.

39 So mE zutreffend *Bosch*, JZ 05, 377, 380 f; AnwK-*Popp*, § 201a Rn 17; LK-*Valerius*, § 201a Rn 24; im Erg. ebenso *Koch*, GA 05, 589, 601; zur Abgrenzung vom Verbreiten iS des § 33 KUG siehe *Dreier/Schulze/Specht*, Urheberrechtsgesetz, 6. Aufl. 2018, § 22 KUG Rn 9.

der Rechtsausschuss, BT-Drucks. 15/2995, S. 6). § 201a I Nr 4 will sicherstellen, dass eine Person, die zB in eine Aktaufnahme in einer Wohnung eingewilligt hat, die Einwilligung in eine Weitergabe im privaten Kreis[40] von vornherein untersagen oder auch später, etwa nach Auflösung einer längeren Beziehung, **widerrufen** kann.

Die Regelung passt nicht recht zum Zweck der Norm[41]. Wer sich beispielsweise von einem ehedem Vertrauten in einem Hotelzimmer in intimer Pose ablichten ließ, soll allein wegen dieser Örtlichkeit einen weitreichenden strafrechtlichen Schutz erlangen, auch gegenüber dritten Personen, die in den Besitz des Fotos gelangt sind. Dass hier strafbares Unrecht vom Bereich des nicht Strafbaren scharf geschieden wäre, lässt sich nicht sagen. (Nach wie vor) wenig klar ist auch das Erfordernis, dass der Täter wissentlich unbefugt handeln muss[42]. Für die Einordnung in den Tatbestand (siehe Rn 507 f) wird angeführt, dass die Tatbeschreibung im Übrigen kein typisches Unrecht erkennen lasse[43].

### 3. Tathandlung des § 201a II

Sie besteht, wie die des § 201a I Nr 3, darin, die Bildaufnahme einer dritten Person 513 *zugänglich* zu machen (dazu Rn 512).

### 4. Tathandlungen des § 201a III

Zum Herstellen siehe Rn 509. **Anbieten** heißt in diesem Zusammenhang, sich zu ent- 514 geltlicher Überlassung bereit zeigen[44]. Sich oder einer dritten Person verschaffen meint die Verschaffung tatsächlicher Verfügungsgewalt über die Bildaufnahme.

## IV. Verletzung des Briefgeheimnisses

**Fall 33:** Die bei Frau F als Untermieterin wohnende Studentin S erhält nach den „Seme- 515 sterferien" in rascher Folge mehrere Luftpostbriefe ohne Absenderangabe. Um zu erfahren, wer an S schreibt und worum es geht, holt F einen ihr soeben vom Postboten übergebenen Brief aus dem nicht vollständig zugeklebten Umschlag, indem sie den dünnen Briefbogen mithilfe einer langen Haarnadel aufrollt und geschickt aus dem Umschlag herauszieht, ohne diesen zu beschädigen. Beim Lesen stellt F enttäuscht fest, dass der mit „Juanito" unterzeichnete Brief in spanischer Sprache abgefasst ist, die sie nicht beherrscht. Darauf befördert sie den Briefbogen auf die genannte Weise in den Umschlag zurück.

**a)** Hat F sich strafbar gemacht?

---

40 Die unbefugte Verbreitung oder öffentliche Zur-Schau-Stellung befugt oder unbefugt hergestellter Bildaufnahmen ist schon gem. § 33 KUG strafbar.
41 Sehr krit. *Bosch*, JZ 05, 377, 381; Zweifel auch bei *Koch*, GA 05, 589, 601, *Kühl*, AfP 04, 190, 195 und NK-*Kargl*, § 201a Rn 10.
42 Zu diesem dogmatisch nicht durchdachten „Schnellschuss" *Kühl*, aaO S. 195; krit. auch *Eisele*, JR 05, 6, 10: „Bruch im System"; sehr krit. *Bosch*, aaO S. 382 ff.
43 *Kühl*, aaO S. 196; siehe aber auch *Maurach/Momsen*, BT I § 29 Rn 85 f, 88.
44 Der Begriff des Anbietens findet häufiger Verwendung, etwa in §§ 130 II Nr 3, 131 I Nr 3, 176 V, 184 I Nr 5, 184a Nr 2, 184b I Nr 4, 184c I Nr 4.

§ 12 *Der Schutz des (höchst-)persönlichen Lebensbereichs und der privaten Geheimsphäre*

**b)** Wie liegt es, wenn F nur den verschlossenen Schreibtisch der S geöffnet, einen der gesuchten Briefe herausgenommen und beim Lesen die oben erwähnte Feststellung über seinen Inhalt getroffen hat? **Rn 525**

## 1. Geschützte Objekte

516 § 202 I, II, der an die Stelle des § 299 aF getreten ist, **hat den Schutz des Briefgeheimnisses** wesentlich erweitert und auf die *Abwehr gleich gearteter Eingriffe in die Privatsphäre* für einen neu abgegrenzten Kreis von Schutzgegenständen ausgedehnt. **Gegenstand der Tat** können außer *Briefen* und *Schriftstücken* auch *Abbildungen* sein (vgl § 202 III).

517 **Brief** ist die schriftliche Mitteilung von Person zu Person. Der Begriff bildet nur einen Unterfall des Schriftstücks, das jede durch Schriftzeichen verkörperte Gedankenerklärung umfasst (also auch Tagebücher, Notizen, Abrechnungen, Planskizzen usw). Da § 202 jedoch nur dem Schutz eines bestimmten Teils des persönlichen Lebens- und Geheimbereichs dienen soll, scheiden solche Schriftstücke aus, denen jeder Persönlichkeitsbezug fehlt (zB Briefmarken, Banknoten, Reklamezettel, Gebrauchsanweisungen und dergleichen). Andererseits braucht das Schriftstück kein *Geheimnis* im materiellen Sinn zu enthalten. Die amtliche Überschrift des Gesetzes zu § 202 ist danach in mehrfacher Hinsicht ungenau (näher S/S-*Eisele*, § 202 Rn 2).

518 Gemeinsam für alle Tatobjekte gilt, dass sie im Zeitpunkt der Tatbegehung **nicht zur Kenntnis des Täters bestimmt sein dürfen**. Maßgebend ist die Bestimmung dessen, dem das Verfügungsrecht über den betreffenden Gegenstand zusteht; das muss nicht notwendig der Eigentümer sein[45]. Bei Briefen liegt das Bestimmungsrecht zunächst beim Absender, nach Zugang jedoch allein beim Adressaten. **Geschützt** sind die in Betracht kommenden Objekte, wenn sie entweder iS des § 202 I *verschlossen* oder iS des § 202 II durch ein *verschlossenes Behältnis gegen Kenntnisnahme besonders gesichert* sind.

519 **Verschlossen** (§ 202 I) ist ein Gegenstand, wenn er mit einer *an ihm befindlichen* Vorkehrung versehen ist, die dem Vordringen zu seinem Inhalt ein Hindernis entgegensetzt (zB Versiegelung, Verschluss durch einen zugeklebten Umschlag usw). Offene, jedoch in einem Behältnis *eingeschlossene* Briefe, Schriftstücke und dergleichen genießen Schutz nach § 202 II. **Behältnis** ist ein zur Aufnahme von Sachen dienendes, aber *nicht* zum Betreten durch Menschen bestimmtes Raumgebilde (= Kassette, Koffer, Schreibtisch, Schrank: BGHSt 1, 158, 163). Verschlossene Räume, die zum Betreten durch Menschen bestimmt sind, bieten den in ihnen offen aufbewahrten Schriftstücken usw nicht durch § 202 II, sondern lediglich im Rahmen des § 123 Schutz.

## 2. Tathandlungen

520 **Tathandlung** bei § 202 I Nr 1 ist das **Öffnen** des verschlossenen Tatobjekts. Ausreichend dafür ist jede Aufhebung oder Überwindung des Verschlusses, so dass eine Kenntnisnahme vom Inhalt *möglich* ist. Der Kenntnisnahme selbst bedarf es hier nicht (= *Gefährdungstatbestand*). Dadurch soll dem Täter die praktisch nicht zu wi-

---

45 Vgl *Maurach/Momsen*, BT I § 29 Rn 20.

derlegende Ausrede abgeschnitten werden, er habe den Brief zwar geöffnet, aber nicht gelesen (vgl *Herzberg*, JuS 84, 369, 371). Es kommt auch nicht darauf an, ob der Verschluss gewaltsam erbrochen oder beschädigt worden ist (RGSt 20, 375; 54, 295).

§ 202 I Nr 2 setzt dagegen voraus, dass der Täter **sich vom Inhalt** des Schutzgegen- **521** standes ohne Öffnung des Verschlusses *unter Anwendung technischer Mittel* tatsächlich **Kenntnis verschafft** (siehe noch Rn 523). Gedacht ist hierbei an die Anwendung von Chemikalien oder die Benutzung besonderer Durchleuchtungseinrichtungen. Es genügt nicht, dass der Täter den Briefumschlag gegen das Licht oder eine normale Lampe hält und auf diese Weise vom Inhalt Kenntnis nimmt.

Der Tatbestand des § 202 II ist als *zweiaktiges* Delikt ausgestaltet. Der Täter muss das **522** verschlossene Behältnis *zum Zwecke der Kenntnisnahme* auf beliebige Art öffnen (zB mit dem richtigen Schlüssel oder einem hierfür nicht bestimmten Werkzeug) *und* sodann vom Inhalt des Schriftstücks usw Kenntnis nehmen. Wer Geld stehlen will und zu *diesem Zweck* ein Behältnis erbricht, darauf jedoch die darin vorgefundenen Briefe liest, erfüllt mithin den Tatbestand des § 202 II nicht.

Fraglich ist, wann eine **Kenntnisverschaffung** iS des § 202 II (ebenso bei § 202 I **523** Nr 2) **gelungen** ist. Nach allg. Ansicht genügt, dass der Täter den Brief teilweise gelesen hat. Streitig ist aber, ob er das Gelesene dem Sinngehalt nach verstanden haben muss[46] oder ob es ausreicht, dass er im Wege der *visuellen Wahrnehmung* bis zum Inhalt des betreffenden Objekts vorgedrungen ist[47]. Den Vorzug verdient die letztgenannte Auffassung, da der Eintritt der Rechtsgutsverletzung nicht von den Sprachkenntnissen des Täters, sondern nur vom erfolgreichen Gebrauch seiner Sinnesorgane abhängig gemacht werden kann[48] und der Wortlaut (vgl auch § 202 III) zur engeren Deutung nicht zwingt.

## 3. Unbefugtheit des Handelns

In allen Fällen des § 202 muss der Täter **unbefugt** gehandelt haben. Dieses Merkmal **524** betrifft (wie regelmäßig bei den Tatbeständen im 15. Abschnitt des StGB; beachte aber Rn 507 f) die **Rechtswidrigkeit** der Tat, doch schließt die *Einwilligung* des Verletzten *hier* bereits den Tatbestand aus, weil sie bewirkt, dass das Schriftstück usw nunmehr *zur Kenntnis des Täters bestimmt* ist[49].

Im **Fall 33a** hat F den Tatbestand des § 202 I Nr 1 objektiv wie subjektiv, im **Fall 33b** den **525** Tatbestand des § 202 II voll verwirklicht. Die Gegenmeinung stünde hier vor der Frage, ob die geforderte Kenntnisverschaffung nicht deshalb gelungen ist, weil F den Namen *„Juanito"* gelesen hat und daraus auf einen Spanier als Briefschreiber schließen konnte. Zu beachten bleibt, dass eine Strafverfolgung *nur auf Antrag* der S stattfinden würde (§ 205 I). Zum Verhältnis des § 202 zu den Eigentumsdelikten siehe BGH JZ 77, 237; *Küper*, JZ 77, 464.

---

46  So S/S-*Eisele*, § 202 Rn 10/11.
47  So *Lackner/Heger*, § 202 Rn 4; SSW-*Bosch*, § 202 Rn 8.
48  Siehe dazu aber auch LK-*Schünemann*, § 202 Rn 24 und NK-*Kargl*, § 202 Rn 4, die erst ungefähre Einordnung des Inhalts genügen lassen wollen.
49  *Fischer*, § 202 Rn 7, 13; NK-*Kargl*, § 202 Rn 19

**§ 12** *Der Schutz des (höchst-)persönlichen Lebensbereichs und der privaten Geheimsphäre*

## V. Ausspähen und Abfangen von Daten; Vorbereitungshandlungen; Datenhehlerei

**526** Das 2. WiKG vom 15.5.1986 hat mit § 202a das **Ausspähen von Daten** in das StGB eingeführt, das 41. StÄG vom 7.8.2007 hat die Vorschrift modifiziert. Nach ihr wird mit Freiheitsstrafe bis zu 3 Jahren oder mit Geldstrafe bestraft, wer unbefugt sich oder einem anderen Zugang zu Daten, die nicht für ihn bestimmt oder die gegen unberechtigten Zugang besonders gesichert sind, *unter Überwindung der Zugangssicherung*[50] verschafft.

Wer unbefugt sich oder einem anderen unter Anwendung von technischen Mitteln nicht für ihn bestimmte Daten aus einer nicht öffentlichen Datenübermittlung oder aus der elektromagnetischen Abstrahlung einer Datenverarbeitungsanlage verschafft, wird gem. § 202b, **Abfangen von Daten**, mit Freiheitsstrafe bis zu zwei Jahren oder mit Geldstrafe bestraft, wenn die Tat nicht in anderen Vorschriften mit schwererer Strafe bedroht ist. § 202c, **Vorbereiten des Ausspähens und Abfangens von Daten**, stellt schon die beschriebenen Vorbereitungshandlungen unter Strafe (Höchstmaß der Freiheitsstrafe hier ein Jahr). Nach Abs. 2 gilt § 149 II, III entsprechend[51].

Im Zusammenhang mit der „Einführung einer Speicherpflicht und eine Höchstspeicherfrist für Verkehrsdaten zum Zweck der Aufklärung schwerer Straftaten und bei der Gefahrenabwehr"[52] ist mit § 202d die **Datenhehlerei** in das StGB aufgenommen worden, in Kraft seit 18.12.2015[53].

**527** **Daten** im Sinne dieser Straftatbestände sind auf Grund der Legaldefinition in § 202a II nur solche Informationen, die elektronisch, magnetisch oder sonst nicht unmittelbar wahrnehmbar gespeichert sind oder übermittelt werden (vgl auch MüKo-*Graf*, § 202a Rn 10 f). Für unmittelbar *wahrnehmbare* Daten verbleibt es (wie bisher) bei dem durch §§ 201, 202 gewährleisteten Schutz.

**528** § 202a soll das *formelle Verfügungsrecht* über Daten schützen, also das Recht, über die Weitergabe oder Übermittlung der Daten zu entscheiden. Er erfasst alle Fälle der sog. Computerspionage und des unbefugten Datenabrufs ohne Rücksicht darauf, ob es sich um personenbezogene Daten handelt oder nicht und ob mit der Tat eine Verletzung des persönlichen Lebens- oder Geheimbereichs verbunden ist (vgl *Lackner/ Heger*, § 202a Rn 1). **Nicht bestimmt** sind die Daten für den Täter, wenn er zur Zeit seiner Handlung kein Verfügungsrecht über sie hatte oder erwerben sollte. Vorausgesetzt wird, dass die betreffenden Daten gegen unberechtigten Zugang „besonders gesichert" sind. Das Interesse des Verfügungsberechtigten an ihrer Geheimhaltung

---

50  Eingeführt durch das 41. StÄG, womit jetzt auch das bloße Eindringen in ein Computer- oder Informationssystem, also der Zugang als solcher, erfasst ist (sog. *Hacking*, BT-Drucks. 16/3656, S. 7); siehe *Maurach/Momsen*, § 30 Rn 11; SSW-*Bosch*, § 202a Rn 7; S/S-*Eisele*, § 202a Rn 1, 18.
51  Lehrreich zu §§ 202a–202c *Eisele*, Jura 12, 922.
52  Es ist der zweite Anlauf; der erste war hinsichtlich der §§ 113a und 113b TKG und des § 100g I 1 StPO vom BVerfG (E 125, 260) am 2.3.2010 gestoppt worden; vgl Gesetzentwurf der Bundesregierung, BT-Drucks. 18/5171 vom 15.6.2015, S. 2; ausführliche Begr. im Gesetzentwurf der Fraktionen der CDU/CSU und SPD, BT-Drucks. 18/5088 vom 9.6.2015, auf den der Entwurf der Bundesregierung Bezug nimmt.
53  Begründung in BT-Drucks. 18/5088, S. 24–27; zur Problematik der Norm (noch idF der BT-Drucks. 18/1288) *Golla/von zur Mühlen*, JZ 14, 668; *Singelnstein*, ZIS 16, 432; *Stuckenberg*, ZIS 16, 526.

184

*Ausspähen und Abfangen von Daten; Vorbereitungshandlungen; Datenhehlerei* **§ 12 V**

muss also durch entsprechende Sicherungsvorkehrungen (zB Passwort, Magnetkarte, Tastaturschloss) zum Ausdruck gebracht werden[54]. Sind Daten auf einer einfachen Magnetkarte gespeichert, die mittels handelsüblicher Software ausgelesen werden kann, so fehlt es an der besonderen Zugangssicherung iS des § 202a (BGH wistra 10, 145; NStZ 11, 154). Anders als § 202 I Nr 2, II verlangt § 202a nicht, dass der Täter vom Inhalt der Daten Kenntnis nimmt; so genügt es beispielsweise, dass er die Daten einem anderen verschafft (*Lackner/Heger*, § 202a Rn 5). Der Täter muss sich oder einem anderen **Zugang** zu solchen Daten verschaffen, indem er **unter Überwindung der Zugangssicherung** (dazu Rn 526) eigene Verfügungsgewalt über jene herstellt. Die Tat ist Antragsdelikt (§ 205 I). Der Versuch ist nicht mit Strafe bedroht.

Viele Entscheidungen seit Beginn des 21. Jahrhunderts hatten Fälle des sog. **Skimmings**[55] zum Gegenstand. Man bezeichnet so das heimliche Auslesen der auf den Magnetstreifen von EC- oder Kreditkarten gespeicherten Daten. Hierzu installieren die (oder der) Täter verdeckt angebrachte Kartenlesegeräte an Geldautomaten und spähen zusätzlich mit Minikameras die eingegebene PIN aus[56]. Haben die „Installateure" die erwünschten Daten erlangt, stellt sich die Frage, ob insoweit § 202a gegeben sein könnte. Das ist zu verneinen, weil die Täter in solchem Fall keine *„besondere* Sicherung" iS des § 202a I überwunden haben. Denn bei den unverschlüsselt auf dem Magnetstreifen der Zahlungskarte gespeicherten Daten fehlt es bereits an einer derartigen Sicherung gegen unberechtigten Zugang. Soweit beim Auslesen die zur Berechnung der PIN verschlüsselt gespeicherten Daten in verschlüsselter Form erlangt werden, wird die in der Verschlüsselung liegende Zugangssicherung *nicht* überwunden[57]. Um die PIN zu ermitteln, wird regelmäßig eine geeignete Minikamera eingesetzt, mit deren Hilfe man den Geldautomatenkunden „auf die Finger" schaut. Mithilfe der so abgeschöpften Daten werden sodann – meist im Ausland – von weiteren Mittätern Kartendoubletten angefertigt, um damit Bargeldabhebungen vorzunehmen. Die Frage ist jetzt, ab wann und nach welchen Normen (auch) die „Datenermittler" strafbar werden (können)[58], wobei insbesondere die Frage des Versuchsbeginns bei §§ 152b, 22, 23 I, 12 I von Interesse ist[59].

§ 202b schützt das formelle Geheimhaltungsinteresse des Verfügungsberechtigten, soweit es sich aus einem allgemeinen Recht auf Nichtöffentlichkeit privater Kommunikation auch außerhalb besonderer Manifestationen des Geheimhaltungswillens ergibt (vgl BT-Drucks. 16/3656, S. 11). Die Norm erfasst alle Arten nichtöffentlicher, nicht besonders gesicherter Datenübertragung (ua E-Mail, Fax, Telefon). Die Subsidiaritätsklausel hat als vorrangig insbesondere Taten nach §§ 201, 202a im Auge.

**529**

**530**

---

54  Dazu *Bühler*, MDR 87, 448; zum Überwinden dieser Sicherung *Fischer*, § 202a Rn 8, 11b; LK-*Schünemann*, § 202a Rn 17–19; SSW-*Bosch*, § 202a Rn 6. AA *Dietrich*, NStZ 11, 247.

55  Aus dem englischen „to skim" – abschöpfen oder absahnen; ein „Skimmer" ist also ein Karten(aus)lesegerät.

56  Typische Sachverhalte zB in BGH NStZ 11, 517 und JR 11, 456 (insoweit in BGHSt 56, 170 nicht abgedruckt). Näher zu den technischen Hintergründen *Seidel*, ZIS 2012, 425.

57  BGH NStZ 11, 154 mit zust. Bespr. *Jahn*, JuS 10, 1030.

58  Dazu ausführlich *Seidl*, ZIS 12, 415.

59  Vgl etwa BGH JR 11, 456; wistra 14, 182; so auch MüKo-*Erb*, § 152a Rn 15 iVm § 152b Rn 12; anders, aber nicht überzeugend BGH NStZ 11, 517 (mit im Erg. zust. Anm. *Saliger*; ebenso SSW-*Wittig*, § 152b Rn 12).

§ 12 *Der Schutz des (höchst-)persönlichen Lebensbereichs und der privaten Geheimsphäre*

**531**   § 202c bedroht bestimmte besonders gefährliche *Vorbereitungs*handlungen mit Strafe; sehr krit. *Maurach/Momsen*, BT I § 29 Rn 112 ff; speziell zu § 202c I Nr 1 instruktiv *Rengier*, BT II § 31 Rn 37 ff; zu Nr 2 siehe BT-Drucks. aaO und *Fischer*, § 202c Rn 4; zur Verfassungsmäßigkeit der Nr 2, bezogen auf missbrauchsgeeignete, aber nicht deliktisch zweckbestimmte Programme BVerfG ZUM 09, 745 mit instruktiver Anm. *Kudlich*, JA 09, 739 und krit. Anm. *Valerius*, JR 10, 84 sowie *Stuckenberg*, wistra 10, 41, der § 202c als „Norm von zweifelhaftem Nutzen und beschämender Systematik" einstuft.

Lehrreich zum Ganzen *Hilgendorf/Frank/Valerius*, Computer- und Internetstrafrecht. Ein Grundriss, 2005; *Malek*, Strafsachen im Internet, 2005, Rn 145 ff; *Popp*, Informationstechnologie und Strafrecht, JuS 11, 385; *Schulze-Heiming*, Der strafrechtliche Schutz der Computerdaten gegen die Angriffsformen der Spionage usw, 1995; *Schreibauer/Hessel*, Das 41. StÄG zur Bekämpfung der Computerkriminalität, Kommunikation und Recht, 2007, 616 ff.

**532**   Die **Datenhehlerei**, § 202d, soll noch bestehende „Schutzlücken" schließen[60]. Geschützt wird das bereits durch die Vortat (iS des § 11 I Nr 5)[61] verletzte **formelle Datengeheimnis** des Berechtigten, dh desjenigen, der aufgrund seines Rechts an dem gedanklichen Inhalt über eine Weitergabe oder Übermittlung der Daten entscheidet[62]. Diese Rechtsgutverletzung wird aufrechterhalten und vertieft, wenn sich nun ein Dritter die Daten (dazu Rn 527) – einverständlich mit dem Vortäter[63] – verschafft und damit die Daten weiter verbreitet werden. Nicht unter diesen Schutzzweck fallen *allgemein zugängliche* Daten, also solche, „die jedermann, sei es ohne oder nach vorheriger Anmeldung, Zulassung und der Entrichtung eines Entgelts, nutzen kann"[64]. Wie § 259, so setzt auch § 202d voraus, dass der *Vort*äter die Daten bereits „erlangt hat", *bevor* der Täter eine der in § 202c beschriebenen Tathandlungen[65] vornimmt.

**533**   Der Täter muss (zumindest bedingt) vorsätzlich hinsichtlich aller Tatumstände handeln. Das Bewusstsein, dass die Taten aus irgendeiner rechtswidrigen Tat stammen, genügt bezüglich der Rechtswidrigkeit der Vortat nicht. Deren Einzelheiten, dh ihre Art, die Umstände ihrer Begehung und die Person des Vortäters müssen dem Täter aber nicht bekannt sein (BT-Drucks. 18/5088, S. 47). Darüber hinaus ist (Dritt-) Bereicherungs[66]- oder Schädigungsabsicht erforderlich. Letztere liegt vor, wenn es dem Täter darauf ankommt, einen anderen durch seine Tat zu schädigen, wobei der Schaden auch in einem immateriellen Nachteil bestehen kann, etwa ein Datenhandel zum Zweck der öffentlichen Bloßstellung einer Person im Internet (BT-Drucks. 18/5088, S. 47).

**534**   **Abs. 2** trägt dem Umstand Rechnung, dass als Vortaten auch solche mit geringerer Strafandrohung in Betracht kommen, etwa § 202b. Die durch § 202d bewirkte Verletzung des formellen Datengeheimnisses soll nicht schwerer bestraft werden als die

---

60   Zur Begründung BT-Drucks. 18/5088, S. 25 f; sarkastisch dazu SSW-*Bosch*, § 202d Rn 1; krit. auch S/S-*Eisele*, § 202d Rn 2; *Stam*, StV 17, 488; *Reinbacher*, GA 18, 311; *Rode*, Rengier-FS, S. 301.
61   Als rechtswidrige Vortaten kommen neben §§ 202a und 202b ua in Betracht die §§ 242, 263, 263a, 240, 269 und 152b V iVm 149 I Nr 1, siehe BT-Drucks. 18/5088, S. 46.
62   BT-Drucks. 18/5088, S. 26,45; *Stuckenberg*, ZIS 16, 526, 529; instruktiver Überblick zu § 202d und „Vergleich" mit § 259 bei *Berghäuser*, JA 17, 244.
63   Vgl SSW-*Bosch*, § 202d Rn 6.
64   *Golla/von zur Mühlen*, JZ 14, 668, 669; *Fischer*, § 202d Rn 5; SSW-*Bosch*, § 202d Rn 2.
65   Zu ihnen näher MüKo-*Graf*, § 202c Rn 17 ff.
66   Siehe die Erläuterungen bei S/S-*Hecker*, § 259 Rn 40 ff und SK-*Hoyer*, § 202d Rn 11 f.

Verletzung dieses Rechtsguts durch die Vortat. **Abs. 3** schließt die Tatbestandsmäßigkeit von Handlungen aus, die ausschließlich der Erfüllung „rechtmäßiger" (?) dienstlicher oder beruflicher Pflichten dienen. Damit soll die Verwendbarkeit von Daten insbesondere zum Zweck von Ermittlungen oder für journalistische Tätigkeiten sichergestellt werden[67]. **Nr 1** hat Amtsträger (§ 11 I Nr 2) sowie von einem solchen im Einzelfall beauftragte „behördenexterne Personen" im Auge, die Amtsträgern Daten verschaffen, die diesen zur Erfüllung ihrer dienstlichen Pflichten dienen; **Nr 2** dient dem Schutz der Pressefreiheit[68]. § 202d ist ein „relatives" Antragsdelikt (§ 205; Nr 6 RiStBV; dazu *Engländer*, Examens-Repetitorium Strafprozessrecht, 10. Aufl. 2020, Rn 12 f, 92).

## VI. Verletzung und Verwertung fremder Privatgeheimnisse

**Fall 34:** F begibt sich zu dem Frauenarzt Dr. A in Behandlung. In einer der beiden Umkleidekabinen stellt sie Schuhe und Einkaufstasche auf den Boden. Die Trennwand beider Kabinen reicht nicht ganz bis zum Fußboden. Nach der Untersuchung entdeckt sie, dass die Geldbörse mit 100 € Inhalt aus ihrer Tasche verschwunden ist. Allem Anschein nach ist sie das Opfer einer diebischen Patientin des A geworden, die sich zwischenzeitlich in der Nebenkabine angekleidet hat. F verlangt von der Sprechstundenhilfe S Auskunft über den Namen und die Adresse derjenigen Patientin, die zuletzt die Nebenkabine benutzt und mittlerweile die Praxis verlassen hat. S könnte diese Auskunft erteilen, will das jedoch nur tun, wenn A zustimmt.

A möchte wissen, ob er die Erlaubnis dazu erteilen darf, ohne gegen § 203 zu verstoßen.
**Rn 545**

535

### 1. Schutzrichtung und Schutzgegenstände

Schon § 203 aF fasste die Regelungen über die Verletzung von Privatgeheimnissen durch in § 203 I und II genannte Personen (sog. *Berufsgeheimnisträger*), Beauftragte für den Datenschutz (§ 203 IIa aF, jetzt § 203 IV) sowie Gehilfen und Auszubildende (§ 203 III 2 aF, jetzt § 203 III 1) in einer Vorschrift zusammen. Die wachsende Spezialisierung und immer umfassendere Digitalisierung von Informationen führte zur Übertragung von Serviceleistungen (wie Einrichtung, Betrieb, Wartung und Anpassung der informationstechnischen Anlagen, Anwendungen und Systeme) auf hierauf spezialisierte Unternehmen (zB zur Computerwartung oder Inkassobüros zum Einzug von Arzthonoraren) oder selbstständig tätige Personen, wodurch hinsichtlich des Geheimnisschutzes („Daten-Outsourcing") Grauzonen entstanden waren. Diese hat das am 9.11.2017 in Kraft getretene „Gesetz zur Neuregelung des Schutzes von Geheimnissen bei der Mitwirkung Dritter an der Berufsausübung schweigepflichtiger Personen"[69] für solche „externen" Helfer – § 203 III 2, IV nennt sie *„sonstige mitwirkende*

536

---

67 Näher dazu *Rennicke*, wistra 20, 135, 137 f; krit. zur Regelung *Rode*, Rengier-FS, S. 301 306 ff.
68 BT-Drucks. 18/5088, S. 48; SSW-*Bosch*, § 202d Rn 9.
69 Siehe BT-Drucks. 18/11936 (Gesetzentwurf der Bundesregierung) und 18/12940 (Beschlussempfehlung und Bericht des Ausschusses für Recht und Verbraucherschutz [6. Ausschuss]); Überblick bei *Fischer*, medstra 17, 321 f.

**§ 12** *Der Schutz des (höchst-)persönlichen Lebensbereichs und der privaten Geheimsphäre*

*Personen"*[70] – zu beseitigen unternommen[71]. Unter Strafe gestellt ist weiterhin nicht das Ausspähen fremder Geheimnisse, sondern lediglich deren unbefugtes **Offenbaren**[72] durch den Schweigepflichtigen. Da es sich um ein *Sonderdelikt* handelt, kommen als Täter nur die im Gesetz abschließend aufgezählten Personen in Betracht; für Teilnehmer, die nicht selbst schweigepflichtig sind, ist § 28 I zu beachten[73].

Näher zur ärztlichen Schweigepflicht *Langkeit*, NStZ 94, 6; *Ulsenheimer*, Arztstrafrecht, Rn 858; zu Recht keinen Anlass zur Reform des ärztlichen Schweigerechts nach dem Absturz des Germanwings-Airbus sieht *Krenkel*, ZJS 15, 271; zur Schweigepflicht des Strafverteidigers *Beulke/Ruhmannseder*, Rn 375. Zur Gesamtproblematik des Schutzes von Privatgeheimnissen siehe *Rogall*, NStZ 83, 1; zu § 203 nF instruktiv *Eisele*, JR 17, 79; *Momsen/Sarić*, KriPoZ 17, 301.

**537** **Schutzgegenstand** des § 203 ist ein **fremdes Geheimnis** (vgl dazu S/S-*Eisele*, § 203 Rn 3), *namentlich* ein zum persönlichen Lebensbereich gehörendes Geheimnis sowie ein Betriebs- oder Geschäftsgeheimnis, das dem Schweigepflichtigen in seiner jeweils genannten Eigenschaft als Arzt, Rechtsanwalt, Amtsträger usw **anvertraut** worden oder sonst **bekannt geworden** ist.

**538** **Geheimnisse** iS des § 203 I, II sind Tatsachen, die nur einem *begrenzten* Kreis *bekannt* sind und an deren Geheimhaltung eine Privatperson (= der Geheimnisinhaber oder -geschützte) ein schutzwürdiges Interesse hat (vgl BGHSt 41, 140, 142). Auf Art und Inhalt des Geheimnisses kommt es, wie „namentlich" und auch die aufgeführten schweigepflichtigen Personengruppen zeigen, nicht an; die geheimhaltungswürdigen Tatsachen können auch *Dritte* betreffen (so wenn eine Patientin ihrem Arzt den Mann namhaft macht, der sie mit einer Geschlechtskrankheit angesteckt hat; vgl *Hackel*, NJW 69, 2257); zur umstrittenen Reichweite des Schutzes sog. **Drittgeheimnisse** *Fischer*, § 203 Rn 13; SSW-*Bosch*, § 203 Rn 8, jeweils mwN).

**539** § 203 II 2 erweitert den Anwendungsbereich über die Privatgeheimnisse hinaus auf **Einzelangaben** über *persönliche oder sachliche Verhältnisse*, die für Aufgaben der **öffentlichen Verwaltung** erfasst worden sind. *Offenkundige* Tatsachen fallen allerdings nicht in den Schutzbereich des § 203 II 2. **Offenkundig** iS des § 203 sind solche Tatsachen, von denen verständige und erfahrene Menschen ohne weiteres Kenntnis haben oder von denen sie sich jederzeit durch Benutzung allgemein zugänglicher, zuverlässiger Quellen unschwer überzeugen können (BT-Drucks. 7/550, S. 243). Zu diesen Quellen zählen öffentliche Register *nicht*, wenn die Einsichtnahme von der Darlegung eines *berechtigten Interesses* abhängt (wie zB bei einer Registerauskunft zu Fahrzeug- und Halterdaten nach § 39 I StVG; eingehend dazu BGHSt 48, 28). Zur Sonderregelung im Bundesdatenschutzgesetz siehe *Büllesbach*, NJW 91, 2593; *Gola*, NJW 98, 3750; *Simitis*, NJW 98, 2473.

**540** Der **Schweigepflichtige** muss von den Geheimnissen oder Einzelangaben gerade *in seiner Eigenschaft* als Arzt, Rechtsanwalt, Amtsträger usw durch vertrauliche Mitteilung oder in ande-

---

70  Sie stehen außerhalb der Sphäre der „Berufsgeheimnisträger" iSd § 203 I und II und waren bisher nicht erfasst; näher dazu *Eisele*, JR 18, 79 f.

71  So begrüßenswert das ist, das „eigentliche" Problem besteht darin, dass die Regelung schon bisher, obschon sehr häufig missachtet, kaum einmal zur Anwendung gekommen ist; dazu deutlich *Fischer*, medstra 17, 321, 322.

72  Hierzu MüKo-*Cierniak/Niehaus*, § 203 Rn 51 und unten Rn 541.

73  HK-GS/*Tag*, § 203 Rn 9; *Schmitz*, JA 96, 949, 951.

rer Weise Kenntnis erhalten haben. Zwischen der Kenntniserlangung und der beruflichen oder amtlichen Tätigkeit muss ein *innerer Zusammenhang* bestehen[74].

## 2. Begriff des Offenbarens

**Tathandlung** ist das **Offenbaren** des fremden Privatgeheimnisses. Dazu genügt jede **541** *Bekanntgabe der geheimhaltungsbedürftigen Tatsachen* an einen anderen, der davon keine, zumindest noch keine sichere Kenntnis besitzt[75]. Vorausgesetzt wird zudem, dass dabei die *Person* dessen erkennbar gemacht wird, auf den sich das Geheimnis bezieht. Vollendet und zudem beendet ist die Tat mit dem unbefugten Offenbaren (BGH NStZ 93, 538).

Die Form der Bekanntgabe ist belanglos (= mündliche oder schriftliche Mitteilung, Gewährung **542** von Akteneinsicht, Weitergabe von Überstücken einer Anklageschrift an Außenstehende, pflichtwidriges Unterlassen usw; vgl OLG Köln JR 80, 382). Ein Offenbaren liegt auch in der Weitergabe des Geheimnisses an Personen, die ihrerseits der Schweigepflicht nach § 203 unterliegen[76]. In dieser Hinsicht sind allerdings Einschränkungen in § 203 II 2 Halbsatz 2 vorgesehen, während im Übrigen nur zu fragen bleibt, ob das Offenbaren *befugt* war oder nicht.

§ 203 III stellt im Weg eines Tatbestandsausschlusses sicher, dass kein „Offenbaren" vorliegt, wenn Berufsgeheimnisträger (§ 203 I, II) Geheimnisse den in Abs. 3 genannten Gehilfen, Auszubildenden oder „sonstigen mitwirkenden Personen" zugänglich machen[77].

## 3. Unbefugtheit des Handelns

Eine **Offenbarungsbefugnis** kann sich aus der *Erfüllung von Rechtspflichten* ergeben **543** (zB gemäß § 138, den Vorschriften des Bundesseuchengesetzes oder des Gesetzes zur Bekämpfung der Geschlechtskrankheiten usw), ferner kraft *Einwilligung* des Geheimnisinhabers oder *mutmaßlicher Einwilligung,* nach den *Grundsätzen der Güter- und Pflichtenabwägung* bei Wahrnehmung berechtigter Interessen[78], aus *presserechtlicher Auskunftspflicht*[79], aus § 49b IV 1 BRAO, der die Abtretung von Honorarforderungen an andere Rechtsanwälte erlaubt[80] oder aus den sonst einschlägigen Rechtfertigungsgründen[81]. Zur ärztlichen Schweigepflicht und ihren Grenzen in HIV-Fällen siehe OLG Frankfurt NStZ 01, 150 (mit abl. Anm. *Wolfslast*) und MedR 00, 196 (mit abl. Anm. *Engländer*, MedR 01, 143) sowie LK-*Zieschang*, § 34 Rn 92.

Das **Zeugnisverweigerungsrecht** nach §§ 53, 53a StPO, 383 ZPO ermöglicht dem Schweige- **544** pflichtigen die Wahrung des Geheimnisses auch vor Gericht. Macht er von diesem Recht keinen Gebrauch, so ist die Preisgabe des Geheimnisses nicht schon deshalb rechtmäßig, weil sie

---

74  Vgl OLG Karlsruhe NJW 84, 676; *Lackner/Heger*, § 203 Rn 16 mwN.
75  RGSt 26, 5; 38, 62; BGH NJW 95, 2915.
76  Näher BayObLG NStZ 95, 187 mit Anm. *Fabricius*, StV 96, 485 und *Gropp*, JR 96, 478; OVG Lüneburg NJW 75, 2263.
77  Näher *Knierim* in: Gesamtes Strafrecht aktuell, Kap. 4 Rn 20, 23 ff.
78  BGHSt 1, 366; BGH MDR 56, 625; NJW 68, 2288; *Rogall*, NStZ 83, 1, 6; beachte aber S/S-*Eisele*, § 203 Rn 56.
79  OLG Hamm NJW 00, 1278; S/S-*Eisele*, § 203 Rn 83.
80  BGH(Z) NJW 07, 1196 mit Anm. *Kühl*, JZ 07, 1059.
81  Zum Rechtscharakter der Befugnis Müko-*Cierniak/Niehaus*, § 203 Rn 57 mwN; zum „Strafbarkeitsrisiko" *Momsen/Sarić*, KriPoZ 17, 301, 302.

**§ 12** *Der Schutz des (höchst-)persönlichen Lebensbereichs und der privaten Geheimsphäre*

im Rahmen einer Zeugenaussage erfolgt ist; befugt ist die Offenbarung vielmehr nur bei Vorliegen eines Rechtfertigungsgrundes[82]. Das Zeugnisverweigerungsrecht entfällt mit einer Entbindung des Zeugen von seiner Verpflichtung zur Verschwiegenheit (§§ 53 II, 53a II StPO, 385 II ZPO). Materiellrechtlich liegt in der *Aussagegenehmigung* eine die Offenbarung *rechtfertigende Einwilligung*. Ihre Erteilung ist grundsätzlich Sache dessen, auf den sich das Geheimnis bezieht; ob und unter welchen Umständen bei sog. **Drittgeheimnissen** die Erlaubnis des Anvertrauenden allein ausreicht (so OLG Köln MDR 83, 599), ist umstritten[83]. Bei Geheimnissen, die den persönlichen Lebensbereich betreffen, geht die Einwilligungsbefugnis als *höchstpersönliches* Recht nicht auf die Erben über (vgl § 203 IV; BGH NJW 83, 2627).

Die in § 203 III bezeichneten Personen können unter den Voraussetzungen des §§ 203 IV strafbar werden[84]. Ergänzend enthalten § 203 IV 2 Nr 1 und 2 echte Unterlassungsdelikte[85].

**545**

Im **Fall 34** haben A und S den *Namen* der Patientin, die des Diebstahls der Geldbörse verdächtig ist, im Zusammenhang mit ihrer beruflichen Tätigkeit erfahren (§ 203 I Nr 1, III 1). Fraglich ist, ob auch der Name eines Patienten ein fremdes Geheimnis iS dieser Vorschrift sein kann.

Die Antwort darauf hängt vom Einzelfall ab. Schon der Umstand, *dass* jemand überhaupt einen Arzt aufgesucht hat, kann geheimhaltungswürdig sein, wenn daraus für den Patienten unangenehme Rückschlüsse gezogen werden könnten[86]. Beispiele dafür bilden das Aufsuchen eines Facharztes für Haut- und Geschlechtskrankheiten oder die Behandlung eines verletzten Straftäters durch einen Unfallarzt[87]. Das Interesse des Patienten daran, dass sein Name nicht preisgegeben wird, ist aber nicht immer *objektiv anerkennenswert und schutzwürdig*. So dann nicht, wenn er sich (wie F im **Fall 34**) dem dringenden Verdacht ausgesetzt hat, die ärztliche Vertrauenssphäre zum Nachteil anderer Patienten zur Begehung einer Straftat missbraucht zu haben (vgl LK-*Schünemann*, § 203 Rn 28; krit. NK-*Kargl*, § 203 Rn 7). Für Fälle dieser Art hat das LG Köln (näher NJW 59, 1598) eine Schweigepflicht des Arztes und seiner Sprechstundengehilfin aus § 203 I Nr 1, III 2 zutreffend verneint.

### 4. Verwertung fremder Geheimnisse

**546**

§ 204 stellt die unbefugte **Verwertung fremder Privatgeheimnisse** unter Strafe. Täter können nur Schweigepflichtige (§ 203) sein. **Verwerten** bedeutet das *wirtschaftliche* Ausnutzen des Geheimnisses zum Zwecke der Gewinnerzielung, und zwar *anders* als durch ein *Offenbaren*.

Das Verkaufen fremder Geheimnisse im Wege ihres Offenbarens fällt nicht unter § 204, sondern unter § 203 VI (Entwurfsbegründung EGStGB, BT-Drucks. 7/550, S. 244). § 204 erfasst dagegen den Fall, dass ein Patentanwalt Erfindungen seiner Mandanten im eigenen Betrieb wirtschaftlich ausbeutet (näher S/S-*Eisele*, § 204 Rn 5/6).

---

82 Näher BGHSt 9, 59; *Lenckner*, NJW 65, 321; *Michalowski*, ZStW 109 (1997), 519.
83 Näher dazu *Hackel*, NJW 69, 2257; *Maurach/Momsen*, BT I § 29 Rn 25; *Rogall*, Anm. NStZ 83, 413.
84 Näher BT-Drucks. 18/11936, S. 23 f, 29; zu diesem „verlängerten Geheimnisschutz" *Eisele*, JR 18, 79, 85 f.
85 Die dort näher umschriebene Offenbarung eines fremden Geheimnisses stellt sich als objektive Bedingung der Strafbarkeit dar; BT-Drucks. 18/11936, S. 29.
86 LG Köln NJW 59, 1598; LG Aurich NJW 71, 252.
87 Zum Letzteren siehe BGHSt 33, 148 mit zust. Anm. *Rogall*, NStZ 85, 374.

*Begriff und Bedeutung des Hausrechts* **§ 13 I 1**

# § 13   Hausfriedensbruch

**Fall 35:** Frau F und ihr Ehemann M bereiten in ihrem Mietbungalow eine Silvesterparty vor. Die am Stadttheater beschäftigte Nachbarstochter T würde daran gern teilnehmen, weil sie sich für einige der eingeladenen Herren interessiert. Star des Abends soll der Opernsänger B sein. Mit der unwahren Behauptung, B habe ein Auge auf sie geworfen und rechne fest damit, dass sie ebenfalls anwesend sei, erschwindelt T sich die erhoffte Einladung. Bei Kenntnis der wahren Sachlage hätten F und M sie nicht zu sich gebeten, weil ihnen diese Art Interesse der T suspekt ist.

547

Am Neujahrstag überrascht der ebenfalls eingeladene Schwiegervater V den M mit der Eröffnung, dass er auf Wunsch der F bis zum Dreikönigsfest bleiben wolle. M fühlt sich hintergangen. Nach einer heftigen Auseinandersetzung fordert er den V mit Nachdruck auf, das Haus bis zum Abend zu verlassen. V lässt sich jedoch nicht erweichen und reist erst am Dreikönigstag wieder ab, wobei er sich der Zustimmung von F sicher weiß.

Haben T und V sich des Hausfriedensbruchs schuldig gemacht? **Rn 561, 564, 569, 571**

## I.   Einfacher Hausfriedensbruch

### 1.   Begriff und Bedeutung des Hausrechts

Entgegen der Überschrift zum 7. Abschnitt des Besonderen Teils des StGB bezweckt § 123 nicht den Schutz der öffentlichen Ordnung, sondern des **Hausrechts**. Kern des Hausrechts ist die **Freiheit der Entscheidung** darüber, wer sich innerhalb der geschützten Räume und des befriedeten Besitztums aufhalten darf und wer nicht. Der Hausfriedensbruch ist somit ein Freiheitsdelikt[1].

548

Hinsichtlich des geschützten Rechtsguts gilt für die **Wohnung** trotz ihrer *besonderen Funktion* als Stätte des Familienlebens und der Selbstverwirklichung des Einzelnen im Prinzip das Gleiche wie für die sonst durch § 123 geschützten Räumlichkeiten[2]. In allen Fällen richtet sich der Angriff gegen die **Bestimmungsfreiheit des Hausrechtsinhabers** und sein **Interesse an einer ungestörten Besitzausübung**.

549

Inhaber des Hausrechts ist derjenige, dem kraft seiner Verfügungsgewalt das Bestimmungsrecht innerhalb des geschützten Bereichs zusteht (für mehrere Berechtigte siehe Rn 570). Das braucht nicht der Eigentümer und nicht stets der unmittelbare Besitzer zu sein; wer sich beispielsweise den Besitz mittels verbotener Eigenmacht verschafft, erlangt dadurch kein Hausrecht (vgl LK-*Lilie*, § 123 Rn 27 mwN).

550

Bei **Mieträumen** steht das Hausrecht dem *Mieter* zu, und zwar auch gegenüber dem Hauseigentümer, der nicht befugt ist, die dem Mieter überlassenen Räume *eigenmächtig* zu betreten. Ob und inwieweit der Vermieter ihm missliebigen Besuchern des Mieters den Zutritt zum Haus

551

---

1   OLG Hamm NJW 82, 2676; OLG Köln JR 84, 28; HK-GS/*Hartmann*, § 123 Rn 2; MüKo-*Schäfer*, § 123 Rn 1, 6 mit Hinw. auf § 4 GewSchG; zusf. *Kuhli*, JuS 13, 115, 211; *Geppert*, Jura 89, 378; vgl ferner *Amelung*, ZStW 98 (1986), 355, nach dessen Ansicht § 123 „physisch gesicherte Territorialität" schützt, die ein besonderes Maß an Freiheit ermöglicht.
2   Vgl dazu *Amelung*, aaO S. 404; anders *Schall*, Die Schutzfunktion der Strafbestimmung gegen den Hausfriedensbruch, 1974, S. 35 ff.

191

**§ 13** *Hausfriedensbruch*

verwehren darf, ist umstritten[3]. Zu Untermietverhältnissen innerhalb einer Wohnung siehe die Darstellung bei *Krey/M. Heinrich*, BT I Rn 534 ff; zur Rechtslage bei Hotelzimmern und Haft-räumen *Kuhli*, JuS 13, 115, 116 f.

**552** Die **Ausübung** des Hausrechts kann anderen Personen **übertragen** werden, die sich dann in den Grenzen der ihnen erteilten Ermächtigung halten müssen[4].

## 2.  Geschützte Räumlichkeiten

**553** Zum **geschützten Bereich** gehören die Wohnung, die Geschäftsräume, das befriedete Besitztum und abgeschlossene Räume, die zum öffentlichen Dienst oder Verkehr be-stimmt sind.

**554** **Wohnung** ist der Inbegriff der Räumlichkeiten, die einzelnen oder mehreren Perso-nen als Unterkunft dienen oder zur Benutzung freistehen, einschließlich der zugehöri-gen **Nebenräume** wie Treppen, Keller, Wasch- und Trockenräume; sie gehören auch bei Mehrfamilienhäusern als integrierende Bestandteile zu den Wohnungen[5]. Auch bewegliche Sachen können Wohnung in diesem Sinne sein, so zB Wohnwagen und -mobile oder Campingzelte, nicht jedoch Kraftfahrzeuge, die *nur* Beförderungsmittel sind.

Nach hM werden auch *nicht* eingehegte Hofräume, Hausgärten, Abstellplätze und dergleichen (sog. offene **„Zubehörflächen"**) erfasst, wenn sie infolge ihrer unmittel-baren Anbindung in erkennbarem Zusammenhang mit einer Wohnung (oder Ge-schäftsräumen; dazu Rn 556) stehen[6]. Umstritten ist nur, ob sie schon am Schutz die-ser Räumlichkeiten teilnehmen[7] oder einen Sonderfall „befriedeten" Besitztums dar-stellen[8].

**555** **Geschäftsräume** sind Räumlichkeiten, die bestimmungsgemäß für gewerbliche, künstlerische, wissenschaftliche oder ähnliche Zwecke verwendet werden (RGSt 32, 371; OLG Köln NJW 82, 2740).

**556** Eine in das Gebäude eines Kaufhauses hineinversetzte **Passage**, die einen geschützten Ein-gangsbereich für das Kaufhaus darstellt und in der sich während der Geschäftszeit Verkaufs-stände befinden, kann **„Zubehörfläche"** der Geschäftsräume sein und an deren Schutz teilha-ben, wenn sie nach ihrer räumlichen und funktionalen Zuordnung für jedermann erkennbar zu ihnen gehört[9].

---

3  Näher dazu OLG Braunschweig NJW 66, 263 mit abl. Anm. *Schröder*; OLG Hamm GA 61, 181; HK-GS/*Hartmann*, § 123 Rn 5 f; LK-*Lilie*, § 123 Rn 28 ff; *Schall*, Die Schutzfunktion der Strafbestim-mung gegen den Hausfriedensbruch, 1974, S. 137; S/S-*Sternberg-Lieben/Schittenhelm*, § 123 Rn 17.
4  Vgl LK-*Lilie*, § 123 Rn 37; S/S-*Sternberg-Lieben/Schittenhelm*, § 123 Rn 21.
5  RGSt 1, 121; S/S-*Sternberg-Lieben/Schittenhelm*, § 123 Rn 4; aA *Behm*, GA 02, 153: befriedetes Be-sitztum.
6  Näher HK-GS/*Hartmann*, § 123 Rn 9; SSW-*Fahl*, § 123 Rn 2; abl. *Amelung*, NJW 86, 2075, 2079; *Behm*, GA 02, 153; *Kuhli*, JuS 13, 115, 118, jeweils mwN; anders auch NK-*Ostendorf*, § 123 Rn 22.
7  So RGSt 20, 150, 154; 36, 395, 398; *Lackner/Heger*, § 123 Rn 3.
8  So *Frank*, § 123 Anm. I 3; *Müller-Christmann*, JuS 87, 19; S/S-*Sternberg-Lieben/Schittenhelm*, § 123 Rn 6.
9  OLG Oldenburg JR 86, 79 mit Anm. *Bloy*; ebenso *Lackner/Heger*, § 123 Rn 3; im Erg. auch *Müller-Christmann*, JuS 87, 19; abl. *Amelung*, Anm. JZ 86, 247; *Behm*, GA 86, 547 und JuS 87, 950.

*Tathandlungen* **§ 13 I 3**

**Befriedetes Besitztum** ist ein Grundstück, wenn es durch zusammenhängende, nicht **557** unbedingt lückenlose Schutzwehren (= Mauer, Zaun, Hecke usw) in äußerlich erkennbarer Weise gegen das willkürliche Betreten durch andere gesichert ist[10].

**Beispiele:** Friedhöfe, Lagerplätze, Feldscheunen, Ställe, Gärten (soweit Letztere nicht erkennbar zur Wohnung gehören und schon an deren Schutz teilnehmen; vgl Rn 554). Leerstehende, zum **Abbruch bestimmte Wohnhäuser** und Fabrikgebäude gehören ebenfalls zum befriedeten Besitztum, solange ihre Umgrenzung insgesamt den Charakter einer zusammenhängenden Sperrvorrichtung gegen das Betreten durch Unbefugte noch nicht vollständig verloren hat[11]. Ob eine, wenn auch nicht gänzlich lückenlose, so doch den Willen des Berechtigten ausreichend erkennbar machende Einfriedung besteht, hängt von den konkreten Gegebenheiten im Einzelfall ab (so ist ein abbruchreifes Gebäude idR nicht mehr eingefriedet, wenn sämtliche Türen und Fenster herausgebrochen sind, OLG Stuttgart NStZ 83, 123). Bloße Warn- oder Verbotstafeln begründen für sich allein keine Befriedung iS des § 123 (vgl BayObLG NJW 95, 270). **Kein** befriedetes Besitztum sind unterirdische Fußgängerpassagen oder unterhalb des Straßenniveaus liegende Passagen, die nur dem Fußgängerverkehr als Zugang zu U- und S-Bahnanlagen sowie zu sonstigen von der Öffentlichkeit genutzten Einrichtungen dienen (OLG Frankfurt/M. NJW 06, 1746).

Unter die zum **öffentlichen Dienst oder Verkehr** bestimmten Räume fallen ua Ge- **558** richtssäle, Behördenräume, Schulen, Kirchen öffentlichrechtlicher Religionsgemeinschaften, Bahnhofshallen, Wartesäle, Eisenbahnabteile, Straßenbahnen, Omnibusse des Linienverkehrs usw[12]. Zur Problematik eines **Hausverbots** im Universitäts- und Schulbereich siehe BGH NStZ 82, 158; OLG Karlsruhe JZ 77, 478; OLG Hamburg NJW 80, 1007; LK-*Lilie*, § 123 Rn 39 ff, 56 f mwN. Zur Kollission eines Hausverbots mit dem Beförderungsanspruch (vgl § 22 PersonenbeförderungsG) in Passagen, die sowohl den Zutritt zu Läden ermöglichen als auch einziger Durchgang zu einem Bahnhof sind, siehe OLG Frankfurt/M. NJW 06, 1746, 1749 f.

## 3. Tathandlungen

**a)** Die **Tathandlung** besteht bei der ersten Alternative des § 123 I im **Eindringen**. **559** Die hM versteht darunter zutreffend ein *Betreten gegen den Willen des Berechtigten*[13].

Die Minderheitsmeinung, die auf ein Handeln „*ohne*" Willen des Berechtigten abstellt[14], unterscheidet sich davon mehr in der Formulierung als im praktischen Ergebnis. Demgegenüber hält *Kargl*[15] ein solches „Erfordernis der Willensbarriere" für unerheblich; er interpretiert Eindringen als das Überwinden der mit den Tatobjekten verbundenen Schutzwehren.

---

10 Vgl RGSt 11, 293; 20, 150; 36, 395; OLG Hamm NJW 82, 2676; OLG Frankfurt/M. NJW 06, 1746, 1747 f; HK-GS/*Hartmann*, § 123 Rn 9.
11 OLG Hamm NJW 82, 1824; OLG Köln NJW 82, 2674; LK-*Lilie*, § 123 Rn 18 f; *Schall*, NStZ 83, 241; *Seier*, JA 82, 232; hM.
12 BGH NJW 82, 947; OLG Jena NJW 06, 1892; BayObLG JZ 77, 311; OLG Stuttgart NJW 69, 1776; eingehend S/S-*Sternberg-Lieben/Schittenhelm*, § 123 Rn 20.
13 Näher BGH MDR/D 68, 551; *Bohnert*, GA 83, 1; *Fischer*, § 123 Rn 14 ff; *Hanack*, JuS 64, 352; *Maurach/Momsen*, BT I § 30 Rn 8, 13; *Stückemann*, JR 73, 414.
14 *Schröder*, JR 67, 305; SK-*Stein*, § 123 Rn 18.
15 JZ 99, 930; siehe ferner *Schild*, NStZ 86, 346.

**§ 13** *Hausfriedensbruch*

**560** Ob der entgegenstehende Wille *ausdrücklich erklärt* wird oder sich sonst aus den Umständen ergibt (= *mutmaßlicher Wille*), ist gleichgültig. Unerheblich ist auch, ob die Tat offen oder heimlich begangen wird, ob der Täter dabei ein Hindernis zu überwinden hat und ob er mit dem ganzen Körper oder nur mit einem Teil desselben eindringt[16].

**561** Im **Fall 35** hat T die Wohnung von M und F nicht gegen, sondern mit deren Willen betreten, weil sie von beiden zur Silvesterparty *eingeladen* worden war. Fraglich ist aber, wie der Umstand sich auswirkt, dass T diese Einladung durch Täuschung erschlichen hatte.

**562** Am Merkmal des Eindringens **fehlt** es, wenn der Inhaber des Hausrechts mit dem Betreten seiner Wohnung oder sonstigen Räumlichkeiten **einverstanden** ist; seine **Erlaubnis** schließt nicht erst die Rechtswidrigkeit (so nach seinem Ansatz folgerichtig *Kargl*, JZ 99, 930, 937 f), sondern bereits den Tatbestand des § 123 aus (= *tatbestandsausschließendes* **Einverständnis**; näher *Wessels/Beulke/Satzger*, AT Rn 555). Dies gilt selbst bei einem durch *Täuschung erschlichenen*, aber freiwillig zustande gekommenen Einverständnis, da es auch hier an einem real entgegenstehenden Willen des Berechtigten fehlt, dessen Überwindung in Betracht kommen könnte[17].

**563** Die Gegenmeinung, die insoweit auf den *„wahren Willen"* des Berechtigten zurückgreifen will[18], überzeugt nicht. Sie verkennt, dass für einen Rückgriff auf den *mutmaßlichen* oder *hypothetischen* Willen kein Raum ist, wo der Berechtigte seinen **wirklichen Willen ausdrücklich erklärt** hat. Die Ansicht, dass es beim erschlichenen Einverständnis an einer *bewussten* und *freiwilligen* Disposition des Hausrechtsinhabers über seine Privatsphäre fehle (*Amelung/Schall*, JuS 75, 567), ist unzutreffend: Wer andere zum Betreten seiner Wohnung einlädt, tut dies *bewusst*, auch wenn er getäuscht worden ist, und *freiwillig* ist sein Verhalten schon deshalb, weil es nicht abgenötigt, sondern gerade *frei von Zwang* ist. Die Gegenmeinung scheitert auch daran, dass sie sich nicht auf § 123 beschränken ließe, vielmehr beim „Wegnehmen" in § 242 ebenfalls auf den „wahren Willen" des getäuschten Gewahrsamsinhabers zurückgreifen müsste; danach läge im Abschwindeln von Sachen nicht mehr Betrug (§ 263), sondern Diebstahl (§ 242), was offensichtlich verfehlt wäre.

**564** Im **Fall 35** verwirklicht das Verhalten der T somit nicht den Tatbestand des § 123 I Alt. 1, weil T in die Wohnung von M und F nicht *„eingedrungen"* ist.

**565** Das Betreten fremder Räume zur Begehung von Straftaten erfüllt zumeist die Merkmale des Hausfriedensbruchs. Besonderheiten ergeben sich insoweit jedoch bei Räumlichkeiten, die aufgrund einer **generellen Erlaubnis** dem allgemeinen Publikumsverkehr offenstehen, wie etwa Warenhäuser, Ausstellungsräume und dergleichen.

**566** Die **Verfolgung eines widerrechtlichen oder unerwünschten Zwecks** reicht für sich allein nicht aus, um das Betreten zum „Eindringen" zu machen. Hausfriedensbruch kommt in Fällen dieser Art allenfalls dann in Betracht, wenn das **äußere Erscheinungsbild** des Betretens von

---

16  BGH MDR/D 55, 144; RGSt 39, 440; LK-*Lilie*, § 123 Rn 48.
17  Vgl LK-*Lilie*, § 123 Rn 50 f; MüKo-*Schäfer*, § 123 Rn 29; S/S-*Sternberg-Lieben/Schittenhelm*, § 123 Rn 22 mwN; zur umstrittenen Verfassungsmäßigkeit des § 110c StPO siehe *Frister*, StV 93, 151; *Ranft*, Jura 93, 449, im Übrigen die StPO-Kommentare.
18  OLG München NJW 72, 2275; *Amelung/Schall*, JuS 75, 565.

194

*Tathandlungen* **§ 13 I 3**

dem Verhalten abweicht, das durch die *generelle Zutrittserlaubnis gedeckt* ist, wie etwa bei einem überfallartigen Eindringen mit Masken und Waffen zwecks Kassenraubs[19].

Die erste Alternative des § 123 I kann nach überwiegender Ansicht auch durch **Unterlassen** (§ 13) verwirklicht werden; so zB dort, wo jemand eine zeitlich begrenzte Aufenthaltserlaubnis vorsätzlich überschreitet oder erst nachträglich erkennt, dass er den geschützten Ort gegen den Willen des Berechtigten betreten hat[20]. Weitgehend außer Streit ist der Fall, dass ein Garant die zu überwachende Person nicht am Eindringen hindert[21]. **567**

**b)** Die subsidiär eingreifende *zweite* Alternative des § 123 bedroht den Fall des **unbefugten Verweilens** mit Strafe. Zur Tatbestandsmäßigkeit des Verhaltens genügt hier, dass der **Täter sich nicht entfernt**, obwohl er vom Berechtigten *dazu aufgefordert* worden ist („echtes" Unterlassen). **Berechtigte** in diesem Sinne sind neben dem Hausrechtsinhaber alle Personen, die ihn im Willen vertreten oder die sonst, insbesondere kraft Familienzugehörigkeit, im konkreten Fall zur Wahrung des Hausrechts berufen sind. Letzteres kann auch für minderjährige Kinder zutreffen (BGHSt 21, 224). **568**

> Im **Fall 35** ist V nur von M zum Verlassen der Wohnung aufgefordert worden, während F mit seinem weiteren Verweilen einverstanden war. Da bei Ehewohnungen das Hausrecht den Ehegatten *gemeinsam* zusteht, ist zu prüfen, wie sich Meinungsverschiedenheiten mehrerer Mitberechtigter im Rahmen des § 123 auswirken. **569**

Grundsätzlich ist **jeder Mitberechtigte** befugt, anderen Personen den Aufenthalt zu gestatten. Die Mitberechtigung mehrerer hat also nicht zur Folge, dass das Hausrecht nur gemeinsam ausgeübt werden könnte. Im Verhältnis der Mitberechtigten untereinander gilt neben der Verpflichtung zur gegenseitigen Rücksichtnahme bei Meinungsverschiedenheiten das **Prinzip der Zumutbarkeit** (aA NK-*Ostendorf*, § 123 Rn 36). Soweit es ihm zuzumuten ist, hat jeder Mitberechtigte die Anwesenheit von Personen zu dulden, denen ein anderer Mitberechtigter dies gestattet hat. Eine rechtsmissbräuchliche, den anderen Teil unzumutbar belastende Ausübung des Erlaubnisrechts schafft dagegen keine Befugnis zum Verweilen[22]. **570**

So braucht kein Ehegatte den Liebhaber des anderen in der gemeinsamen Wohnung zu dulden (vgl BGHZ 6, 360). Ein Besuch durch die *nächsten Familienangehörigen* des anderen Ehegatten ist regelmäßig hinzunehmen, freilich nicht für einen über Gebühr langen Zeitraum. Immerhin sind die Grenzen der Zumutbarkeit hier relativ weit zu ziehen. **571**

> Im **Fall 35** sind sie durch F bei der Aufenthaltsgestattung für ihren Vater V nicht überschritten.

---

19  Vgl dazu *Hillenkamp*, BT 8. Problem mwN; Matt/Renzikowski-*Kuhli*, § 123 Rn 32 f; SSW-*Fahl*, § 123 Rn 7.
20  Näher BGHSt 21, 224; HK-GS/*Hartmann*, § 123 Rn 19; MüKo-*Schäfer*, § 123 Rn 26; S/S-*Sternberg-Lieben/Schittenhelm*, § 123 Rn 13; anders *Fischer*, § 123 Rn 25 f; *Geppert*, Jura 89, 378, 382; *Herzberg/Hardtung*, JuS 94, 492; *Kuhli*, JuS 13, 211, 214; LK-*Lilie*, § 123 Rn 58; SK-*Stein*, § 123 Rn 30.
21  Anders LK-*Lilie*, § 123 Rn 59; zum Ganzen *Küper/Zopfs*, BT Rn 196.
22  Näher dazu OLG Hamm NJW 55, 761; 65, 2067; *Heinrich*, JR 97, 89; *Kuhli*, JuS 13, 115, 117; LK-*Lilie*, § 123 Rn 33 f; S/S-*Sternberg-Lieben/Schittenhelm*, § 123 Rn 18; aA SK-*Stein*, § 123 Rn 23.

## 4. Tatbestandsvorsatz

**572** In **subjektiver Hinsicht** setzen beide Tatbestandsalternativen des § 123 I *vorsätzliches* Handeln voraus. Dazu gehört das Bewusstsein, gegen den Willen des Berechtigten in geschützte Räumlichkeiten einzudringen oder dort zu verweilen. Eventualvorsatz genügt. Zur Irrtumsproblematik siehe OLG Hamburg JR 78, 291 mit Anm. *Gössel* sowie LK-*Lilie*, § 123 Rn 74.

## 5. Rechtswidrigkeit

**573** Der Hinweis im Gesetz auf die *Widerrechtlichkeit* des Eindringens und das *Fehlen der Befugnis* zum Verweilen betrifft nur die **Rechtswidrigkeit der Tat** (vgl OLG Hamburg NJW 80, 1007). Diese entfällt im Rahmen der allgemein anerkannten Rechtfertigungsgründe, insbesondere aufgrund privat- oder öffentlich-rechtlicher Befugnisse, die dem Hausrecht vorgehen.

**574** Wer in die Wohnung seines verreisten Nachbarn eindringt, um dort einen durch Kurzschluss ausgelösten Brand zu löschen, handelt zwar tatbestandsmäßig iS des § 123 I, ist aber durch **mutmaßliche Einwilligung** gerechtfertigt. In Betracht kommt hier ferner das Betreten fremder Wohnungen durch den Gerichtsvollzieher zwecks Pfändung (§ 758 ZPO) oder durch die Organe der Strafverfolgung zum Zwecke der Durchsuchung, Beschlagnahme, Verhaftung und dergleichen (vgl §§ 102, 104 StPO).

**575** Das **Erlöschen einer vertraglichen Aufenthaltsbefugnis** macht ein weiteres Verweilen innerhalb der geschützten Räumlichkeiten zumeist, aber nicht notwendig unbefugt. Bei Ablauf eines Mietvertrags, aus dem sich auch nach seinem Erlöschen noch Schutzwirkungen ergeben können, endet das durch Besitzüberlassung begründete Hausrecht des bisherigen Mieters in der Regel erst mit der Besitzaufgabe (RGSt 36, 322; *Maurach/Maiwald*, BT I § 30 Rn 20). Auch gegenüber einem *Unter*mieter erlangt der Eigentümer das Hausrecht erst dann zurück, wenn er gegen jenen einen Räumungstitel erwirkt und vollstreckt hat (KG NStZ 10, 34). Anders soll es dort sein, wo die bisherigen Mieter nach Ablauf der Räumungsfrist aufgrund eines neuen Entschlusses das Haus für „besetzt" erklären, es verbarrikadieren und sich eigenmächtig Herrschaftsrechte anmaßen (so OLG Düsseldorf JR 92, 165 mit Anm. *Dölling*).

**576** Daran, dass die sog. „Instandbesetzung" leerstehender Wohnhäuser den Tatbestand des § 123 verwirklicht (= Eindringen in das **befriedete Besitztum** eines anderen; siehe Rn 557) und **nicht gerechtfertigt** werden kann, lässt sich ernsthaft nicht zweifeln. Missstände im Wohnungswesen, städtebauliche Fehlplanungen und Verstöße gegen die Sozialbindung des Eigentums (Art. 14 II GG) geben dem einzelnen Bürger kein Recht zur Selbsthilfe und zur Eigenmacht. Hier für Abhilfe zu sorgen, ist Aufgabe des Gesetzgebers und der gesetzesvollziehenden Verwaltung[23].

Zur Frage der Rechtfertigung des Eindringens in eine Kirche und der Störung der Religionsausübung durch „Wahrnehmung" von Art. 4 GG und zur Abwägung mit widerstreitenden Grundrechten Dritter siehe OLG Jena NJW 06, 1892.

---

23  Näher AG Wiesbaden NJW 91, 188; *Degenhart*, JuS 82, 330; *Schall*, NStZ 83, 241; *Seier*, JA 82, 232 mwN; krit. NK-*Ostendorf*, § 123 Rn 18, 23.

*Schwerer Hausfriedensbruch* **§ 13 II**

## 6. Strafantrag und Konkurrenzfragen

Der einfache Hausfriedensbruch (§ 123 I) ist Strafantrags- (§ 123 II) und Privatklage-  **577**
delikt (§ 374 I Nr 1 StPO). Zu den **Konkurrenzproblemen**, die sich aus der Natur
des Hausfriedensbruchs als *Dauerdelikt* ergeben, siehe LK-*Lilie*, § 123 Rn 77; *Wes-
sels/Beulke/Satzger*, AT Rn 1283•••. Zur Bedeutung des § 123 in der **Fallprüfung**
siehe *Hohmann/Sander*, BT II § 13 Rn 1, aber auch BGH NJW 02, 150.

## II. Schwerer Hausfriedensbruch

Der **Qualifikationstatbestand** des § 124 bildet eine *Mischform* zwischen Hausfrie-  **578**
densbruch (§ 123) und Landfriedensbruch (§ 125). Strafschärfend wirkt, dass der
Hausfriedensbruch hier von einer *aggressiven Menschenmenge* begangen wird, die in
der Absicht handelt, mit vereinten Kräften **Gewalttätigkeiten** *gegen Personen oder
Sachen* zu begehen (dazu Rn 357 ff und *Lackner/Heger*, § 124 Rn 5). Geschützte
Rechtsgüter sind das Hausrecht sowie die öffentliche Sicherheit und Ordnung.

Unter einer **Menschenmenge** ist eine größere, nicht sofort überschaubare Anzahl von Personen  **579**
zu verstehen, bei der es auf das Hinzukommen oder Weggehen eines Einzelnen nicht mehr ankommt[24]. Der BGH hat diese Voraussetzung schon bei einer Gruppe von 10 Personen für gegeben gehalten, wenn besondere Umstände (zB Unübersichtlichkeit auf Grund räumlicher Enge)
es dem Außenstehenden unmöglich machen, die Größe der Menge und die von ihr ausgehende
Gefahr zu erfassen[25]. Kennzeichnend für eine Zusammenrottung ist neben der räumlichen Ver-
einigung die feindselige Übereinstimmung des Willens zur friedensstörenden Aggression (vgl
BGH NJW 54, 1694). Die Zusammenrottung einer Menschenmenge kann sich auch aus einer
zunächst friedlichen Versammlung entwickeln (BGH NJW 53, 1031). Zum Begriff der *Gewalttätigkeit* vgl BGHSt 23, 46. 51 und MüKo-*Schäfer*, § 125 Rn 20.

Zur **Täterschaft** nach § 124 gehört die persönliche Beteiligung an der *Zusammenrot-*  **580**
*tung* und an dem *Eindringen* der Menge in der tatbestandlich umschriebenen Absicht.
Dabei genügt es, dass der Einzelne durch seine Anwesenheit und Hilfsbereitschaft
eine das Eindringen Anderer unterstützende Tätigkeit entwickelt[26].

Zum Problemkreis Landfriedensbruch (§ 125) und **Demonstrationsfreiheit** siehe BGHSt 32,
165, 178; BGH NJW 95, 2643; *Arzt*, JA 82, 269; *Kühl*, NJW 86, 874; *Werle*, Lackner-FS,
S. 481; umfassend LK-*v. Bubnoff*, 11. Aufl., Vor § 125 Rn 20 ff mwN.

---

24  BGHSt 33, 306; BGH NStZ 93, 538.
25  BGH NStZ 94, 483; 02, 538; anders NK-*Ostendorf*, § 124 Rn 7.
26  RGSt 55, 35; S/S-*Sternberg-Lieben/Schittenhelm*, § 124 Rn 19.

Teil II

# Straftaten gegen Gemeinschaftswerte

7. Kapitel

# Straftaten gegen die Staatsgewalt und die öffentliche Ordnung

## § 14 Amtsanmaßung, Widerstand gegen die Staatsgewalt und Behinderung von Hilfsdiensten

### I. Amtsanmaßung

**581**

**Fall 36:** Auf Grund einer verlorenen Wette zieht die Schneiderin S die ihr zum Ausbessern übergebene Uniform der Polizeibeamtin P an, nimmt eine Trillerpfeife sowie eine Spielzeugkelle zur Hand und begibt sich auf die verkehrsreiche Straße, die im Blickfeld ihrer Werkstatt liegt. Dort führt sie unter den Augen ihrer Angestellten eine Verkehrskontrolle durch, in deren Verlauf sie mehreren angehaltenen Autofahrern nach Prüfung ihrer Fahrzeugpapiere mündliche Verwarnungen erteilt.

Hat S sich strafbar gemacht? **Rn 591**

### 1. Schutzzweck

**582** § 132 schützt nach hM die **Autorität des Staates und seiner Organe**[1]. Die Vorschrift will eine Gefährdung des allgemeinen *Vertrauens in die Echtheit und Zuverlässigkeit von Hoheitsakten* verhindern. Gefahren in dieser Hinsicht drohen, wenn hoheitliche Funktionen von Unbefugten ausgeübt werden und der Schein amtlichen Handelns für Tätigkeiten erweckt wird, die in Wahrheit nicht unter der Kontrolle der innerstaatlichen Organe gestanden haben (vgl BGHSt 12, 30; 40, 8)[2].

Keine derartigen Gefahren drohen indes, wenn jemand als „Reichspräsident" Personalausweise des „Deutschen Reiches" ausstellt[3]. Denn Amtsbezeichnungen, die erkennbar und unverwechselbar vergangenen Zeiten zuzuordnen sind, fallen nicht in den Schutzbereich des § 132. Gleiches gilt nach hM für Ämter der EU oder supranationaler Organisationen.

---

1 BGHSt 40, 8, 12; LK-*Krauß*, § 132 Rn 1; aA MüKo-*Hohmann*, § 132 Rn 1: Schutz des Vertrauens des Einzelnen in die Authentizität und Zuverlässigkeit der als Amtsträger auftretenden Personen; NK-*Ostendorf*, § 132 Rn 4: Schutz der bürgerlichen Freiheit vor pseudostaatlicher Machtausübung.
2 Fallbeispiele bei *M. Vormbaum*, ZJS 17, 433, 437 ff.
3 OLG Stuttgart NStZ 07, 527; ähnlich OLG München NStZ-RR 10, 173. Siehe dazu auch *M. Vormbaum*, JR 17, 503, 509 ff.

## 2. Begehungsformen

Der **Tatbestand** des § 132 enthält zwei Alternativen. Dabei bildet die erste die *lex specialis* im Verhältnis zur zweiten[4].   **583**

**a)** Die *erste* Alternative ist erfüllt, wenn der Täter sich unbefugt mit der **Ausübung eines inländischen öffentlichen Amtes befasst**. Das setzt zweierlei voraus:   **584**

Erstens muss sich der Täter als Inhaber eines öffentlichen Amtes ausgeben, das er in Wirklichkeit nicht bekleidet (RGSt 18, 430; BGHSt 3, 241). Dabei kommt es allerdings nicht darauf an, ob dieses Amt in Wirklichkeit existiert. Ferner braucht der Täter keine förmliche Amtsbezeichnung (zB „Kriminalhauptkommissar") zu verwenden oder gar eine bestimmte Dienststelle zu nennen[5]. Schließlich wird auch derjenige erfasst, der ein anderes Amt innehat – also etwa der Polizist, der sich als Staatsanwalt ausgibt.

Zweitens muss der Täter auf Grund dieser Vortäuschung eine Handlung vornehmen, die *nur* kraft eines öffentlichen Amtes vorgenommen werden darf; ohne Bedeutung ist dabei allerdings, ob diese Handlung in den Zuständigkeitsbereich des angemaßten Amtes oder den eines anderen Amtes fällt.

**Beispiel:** § 132 ist erfüllt, wenn sich jemand als Feldjäger der Bundeswehr oder als Kriminalbeamter ausgibt *und* eine „Durchsuchung", „Beschlagnahme" oder „Verhaftung" vornimmt[6]. Das Auftreten als Kriminalbeamter oder als Staatsanwalt (KG NJW 07, 1989) *ohne* Vornahme einer „Amtshandlung" genügt dagegen nicht; ebenso wenig das bloße Vorzeigen eines Geldstücks als „Dienstmarke" (BGH GA 67, 114) oder das Vorspiegeln amtlicher Eigenschaft bei rein privaten oder fiskalischen Tätigkeiten (zB beim Wareneinkauf, BGHSt 12, 30).

**b)** Die *zweite* Alternative des § 132 greift ein, wenn jemand den Anschein hoheitlichen Handelns erweckt, indem er *ohne Vorspiegelung der Amtsinhaberschaft* unbefugt eine Handlung vornimmt, die bei einem unbefangenen Betrachter den **Anschein einer Amtshandlung** hervorruft und deshalb mit einer solchen verwechselbar ist[7]. In diesem Fall maßt der Täter sich nicht ein Amt an, sondern nur die den Staatsorganen vorbehaltene *Handlungsbefugnis*.   **585**

**Beispiel:** Unter § 132 Alt. 2 fällt das heimliche Aufstellen oder Abändern[8] amtlicher Verkehrszeichen durch eine Privatperson, die Verbreitung nachgemachter amtlicher Schreiben[9], der unbefugte Gebrauch eines Blaulichts in einem silberfarben lackierten, mit blauen Streifen an den Seiten versehenen Daimler-Benz im Straßenverkehr[10], nicht jedoch die Vornahme einer Durchsuchung oder Beschlagnahme durch einen Privatdetektiv, der dabei auch als solcher auftritt[11].

---

4  OLG Stuttgart StraFo 06, 255; LK-*Krauß*, § 132 Rn 43; MüKo-*Hohmann*, § 132 Rn 5; für Konsumtion *Lackner/Kühl*, § 132 Rn 10; für *Exklusivität* dagegen *Küper/Zopfs*, BT Rn 29.
5  BGH NJW 16, 3111.
6  BGHSt 56, 196, 200 f; OLG Karlsruhe NStZ-RR 02, 301; S/S-*Sternberg-Lieben*, § 132 Rn 5.
7  BGHSt 40, 8, 13; 56, 196, 202.
8  So OLG Köln NJW 99, 1042 mit abl. Anm. *Wrage*, NStZ 00, 32; zust. hingegen MüKo-*Hohmann*, § 132 Rn 21.
9  LG Paderborn NJW 89, 178.
10  OLG Celle DAR 14, 97.
11  So noch RGSt 59, 291, 295.

§ 14 *Amtsanmaßung, Widerstand gegen die Staatsgewalt, Behinderung von Hilfsdiensten*

### 3. Unbefugtheit des Handelns

**586**  Beide Begehungsformen setzen ein **unbefugtes** Tätigwerden voraus. Unbefugt handelt, wer nicht durch seine Amtsstellung oder kraft anderweitiger Ermächtigung zur Vornahme der Amtshandlung berechtigt ist.

Nach hM ist das Merkmal *unbefugt* hier als **Tatbestandsmerkmal** aufzufassen. Denn die Unbefugtheit des Handelns verleihe dem Delikt der Amtsanmaßung überhaupt erst den Charakter als *Unrechtstypus*. Das hat zur Folge, dass der Täter nur über Vorsatz verfügt, wenn er sich auch vorstellt, zur Vornahme der Amtshandlung mangels entsprechender Amtsstellung nicht befugt zu sein (näher LK-*Krauß*, § 132 Rn 25, 40 mwN).

### 4. Täterschaft

**587**  **Täter** der Amtsanmaßung kann *jeder* sein, auch ein Amtsträger, falls er sich im Rahmen der Tathandlung ein ihm nicht zustehendes Amt oder Befugnisse anmaßt, die mit seinem Amt nicht verbunden sind[12]. (Beispiel: Der Staatsanwalt erlässt einen Haftbefehl.) Ein Verstoß gegen § 132 scheidet aber aus, wenn ein Amtsträger bei generell gegebener Zuständigkeit nur die Grenzen überschreitet, die ihm durch *innerdienstliche* Regelungen in Bezug auf die konkrete Amtshandlung gesetzt sind[13]. Ebenso genügt es nicht, dass er im Rahmen seiner sachlichen Zuständigkeit die Amtshandlung *pflichtwidrig* vornimmt[14].

**Beispiel:** Der Richter erlässt einen Haftbefehl, obwohl die Voraussetzungen der U-Haft nicht vorliegen.

Ob **Mittäter** nur derjenige sein kann, der sich selbst ein Amt anmaßt, es sich bei § 132 also um ein *eigenhändiges Delikt* handelt, ist umstritten[15].

## II. Missbrauch von Titeln, Berufsbezeichnungen und Abzeichen

**588**  § 132a bezweckt in erster Linie den **Schutz der Allgemeinheit** vor Hochstaplern, die sich durch falsche Titel und Bezeichnungen den Schein besonderer Funktionen, Fähigkeiten und Vertrauenswürdigkeit verschaffen[16]. Die Aufzählung der in- und ausländischen Titel, Berufsbezeichnungen, Abzeichen usw in Abs. 1 regelt den strafgesetzlichen Schutz abschließend (*Fischer*, § 132a Rn 3).

**589**  Bei § 132a I Nr 1–3 liegt ein **Führen** von Titeln oder Bezeichnungen nur vor, wenn der Täter selbst sie im Umgang mit anderen durch *aktives Verhalten* in **Anspruch nimmt**, und zwar so, dass dadurch die **Interessen der Allgemeinheit** berührt werden[17]. Das *bloße Dulden* einer ent-

---

12  BGHSt 3, 241; 12, 85.
13  BGHSt 3, 241, 244; 44, 186; BayObLG JR 04, 73 mit zust. Anm. *Sternberg-Lieben*.
14  Vgl RGSt 56, 234; 67, 226.
15  Dafür RGSt 55, 265, 266; 59, 79, 81; dagegen S/S-*Sternberg-Lieben*, § 132 Rn 12; SSW-*Jeßberger*, § 132 Rn. 14; offen gelassen in BGH BeckRS 19, 13091.
16  BGHSt 31, 61; 36, 277; OLG Oldenburg JR 84, 468 mit Anm. *Meurer*; KG NJW 07, 1989; SSW-*Jeßberger*, § 132a Rn 2; krit. NK-*Ostendorf*, § 132a Rn 4.
17  BGHSt 26, 267; BayObLG MDR 73, 778 und NJW 79, 2359; OLG Saarbrücken NStZ 92, 236; OLG Jena OLG-NL 98, 95.

200

sprechenden Anrede vonseiten Dritter genügt nicht. Es reicht auch nicht aus, dass sich jemand im ausschließlich privaten Bereich bei einer einmaligen Gelegenheit nur gegenüber einer einzelnen Person wahrheitswidrig zB als promovierter Rechtsanwalt bezeichnet (BGHSt 31, 61). Zum **Tragen** einer Uniform iS des § 132a I Nr 4 gehört, dass nach außen der Eindruck erweckt wird, sie stehe dem Täter zu. Insoweit genügt schon das einmalige Tragen in der Öffentlichkeit[18]. Da es sich bei § 132a um ein *eigenhändiges* Delikt handelt, kommt eine mittäterschaftliche Zurechnung nicht in Betracht (Beispiel bei *Nestler/Lehner*, Jura 17, 403, 405 f).

Hinsichtlich der systematischen Einordnung des Merkmals **unbefugt** gilt das bei § 132 Gesagte (vgl Rn 586). Ein *vorsätzlicher* Verstoß gegen § 132a kommt daher nur in Betracht, wenn der Täter weiß oder in Kauf nimmt, dass er die Voraussetzungen nicht erfüllt, von denen die *Befugnis* zum Führen des Titels oder zum Tragen der Uniform usw abhängt[19]. **590**

Im **Fall 36** hat S die erste Begehungsform des § 132 verwirklicht, da sie die Durchführung der Verkehrskontrolle nebst der Erteilung von Verwarnungen erkennbar mit der Vorspiegelung verbunden hat, Polizeibeamtin zu sein (vgl BGH GA 64, 151). **591**

Außerdem hat S die Polizeiuniform der P in Kenntnis aller wesentlichen Tatumstände unbefugt getragen. Sie hat sich daher auch nach § 132a I Nr 4 strafbar gemacht (= Tateinheit mit § 132).

## III. Widerstand gegen Vollstreckungsbeamte

**Fall 37:** A ist im Dezember 2017 auf Grund einer im Oktober 2017 erhobenen Abänderungsklage (§ 323 ZPO) verurteilt worden, seiner aus erster Ehe stammenden volljährigen Tochter T über den früher zuerkannten Betrag hinaus monatlich weitere 70 € Unterhalt zu zahlen. Da das Urteil *keinen Anfangstermin* nennt, überweist A den Mehrbetrag entsprechend dem Rat seiner Anwältin erst ab Januar 2018 an T. Eines Tages erscheint der Gerichtsvollzieher Z bei A, um im Auftrag der T den Betrag von 140 € für die der Klageerhebung folgenden Monate *November und Dezember 2017* beizutreiben. Der Zutritt zum Haus wird ihm jedoch durch einen neben der Haustür angebundenen Schäferhund versperrt, der ihn wütend anbellt. Einer wiederholten Aufforderung des Z, den Hund zu entfernen und ihm zum Zwecke der Zwangsvollstreckung Einlass zu gewähren, kommt der aus dem Fenster schauende A nicht nach. Als A außerdem erklärt, sich jeder Vollstreckung widersetzen zu wollen, geht Z fort, kehrt aber bald darauf mit zwei Polizeibeamten zurück. In der Zwischenzeit hat die neue Ehefrau des A (= F) den Hund entfernt. Nachdem Z unter dem Schutz seiner Begleiter in das Haus gelangt ist, reagieren A und F auf alle Beschwichtigungsversuche mit Gewalt gegen die beiden Polizisten, indem sie auf diese einschlagen und eintreten, um die Pfändung von Wertsachen zu unterbinden. A und F sind davon überzeugt, dass das Vorgehen der Polizeibeamten und des Z unzulässig ist. Erst nach längeren Auseinandersetzungen gelingt es Z, eine goldene Armbanduhr des A zu pfänden.

Haben A und F sich nach §§ 113, 114 strafbar gemacht? **Rn 612 f, 616, 626** **592**

---

18    RGSt 61, 7; LK-*Krauß*, § 132a Rn 63.
19    Zur Irrtumsproblematik vgl BGHSt 14, 223, 228.

**§ 14** *Amtsanmaßung, Widerstand gegen die Staatsgewalt, Behinderung von Hilfsdiensten*

## 1. Schutzzweck

593 § 113 dient dem **Schutz der rechtmäßig betätigten Vollstreckungsgewalt** des Staates[20] und **der zu ihrer Ausübung berufenen Organe**[21]. In den letzten Jahren wurde die Vorschrift gleich mehrfach (zuletzt durch das 52. StÄG vom 23.5.2017[22]) mit dem Ziel eines verbesserten strafrechtlichen Schutzes von Vollstreckungsorganen (und Rettungskräften) umgestaltet. Vom Charakter des § 113 als einer „Privilegierungsvorschrift" (so noch BT-Drucks. VI/502, S. 3) gegenüber § 240 ist nach diesen Umgestaltungen kaum noch etwas übrig geblieben (siehe aber Rn 601)[23].

## 2. Anwendungsbereich

594 **Geschützt** werden von § 113 grundsätzlich nur *inländische* **Amtsträger** iS des § 11 I Nr 2 und **Soldaten** der Bundeswehr, soweit sie im Einzelfall zur **Vollstreckung** von Gesetzen, Rechtsverordnungen, Urteilen, Gerichtsbeschlüssen oder Verfügungen berufen sind (näher LK-*Rosenau*, § 113 Rn 13, 16). Ausnahmsweise werden auch *ausländische* Amtsträger erfasst, etwa im Falle bestimmter grenzüberschreitender Polizeimaßnahmen, sofern eine Klausel wie Art. 42 SDÜ ihre Gleichstellung anordnet[24]. § 115 *erstreckt* den Anwendungsbereich des § 113 auf Taten, die sich gegen Vollstreckungshandlungen bestimmter Nichtamtsträger (Abs. 1; etwa bestätigte Jagdaufseher nach § 25 II Bundesjagdgesetz) oder gegen Personen richten, die zur Unterstützung bei der Diensthandlung zugezogen worden sind (Abs. 2; zB Zeugen bei Durchsuchungen gem. §§ 105, 106 StPO, 759 ZPO). Ihnen soll gleicher Schutz gewährt werden wie den Amtsträgern, die sich in Erfüllung hoheitlicher Aufgaben gesteigerten Gefahren aussetzen[25].

## 3. Begriff der Vollstreckungshandlung

595 Der **Tatbestand** des § 113 I setzt voraus, dass der dort umschriebene Widerstand bei der Vornahme „einer *solchen* Diensthandlung", dh bei **Vornahme einer Vollstreckungshandlung** geleistet wird. Angriffe, die sich gegen *andere Amts*handlungen oder eine erst künftig drohende Vollstreckung richten, werden nicht durch § 113, sondern durch § 114 (dazu Rn 623) und § 240 erfasst.

596 Eine **Vollstreckungshandlung** ist jede Tätigkeit der dazu berufenen Organe, die *zur Regelung eines Einzelfalles* auf die Vollziehung der in § 113 I genannten Rechtsnormen oder Hoheitsakte gerichtet ist, also der Verwirklichung des notfalls im Zwangswege durchzusetzenden Staatswillens dient (BGHSt 25, 313; BGH NJW 82, 2081).

---

20 Nur insoweit wie die hM *Deiters*, GA 02, 259; MüKo-*Bosch*, § 113 Rn 2; NK-*Paeffgen*, § 113 Rn 3 ff, 6 f.
21 RGSt 41, 82, 85; S/S-*Eser*, § 113 Rn 2; *Krey/M. Heinrich*, BT I Rn 645; anders MüKo-*Bosch*, § 113 Rn 2; SK-*Wolters*, § 113 Rn 3.
22 Krit. Besprechung bei *Fahl*, ZStW 130 (2018), 745.
23 Zur Entstehungsgeschichte näher NK-*Paeffgen*, § 113 Rn 1 und *Zopfs*, GA 00, 257. Für eine vollständige Abschaffung der §§ 113 ff plädiert *Fallack*, Legale Illegalität, 2016.
24 Näher dazu *Lenk*, GA 19, 455; dort auch zur umgekehrten Konstellation des Schutzes deutscher Vollstreckungsbeamter auf ausländischem Territorium bei grenzüberschreitenden Maßnahmen.
25 Vgl BT-Drucks. 18/11161, S. 13.

*Tathandlungen und Täterschaft* **§ 14 III 4**

**Beispiel:** Darunter fällt die Vollstreckungstätigkeit des Gerichtsvollziehers (RGSt 41, 82; BGHSt 5, 93), die Durchführung polizeilicher Razzien (KG NJW 75, 887) und die Ausübung von Vollziehungsfunktionen durch Polizei- oder Zollbeamte (BGHSt 21, 334). Den **Gegensatz** dazu bildet die **schlichte Gesetzesanwendung**, wie etwa die keinem konkreten Einsatz dienende *Streifenfahrt*, die *bloße Ermittlungstätigkeit* von Polizeibeamten (näher BGHSt 25, 313), polizeiliche Unfallaufnahmen oder der Kontrollgang von Soldaten der Bundeswehr (BGH GA 83, 411).

Eine Vollstreckungshandlung bildet unstreitig auch die polizeiliche Anhalteweisung **597** gegenüber einem PKW-Fahrer, wenn dem Polizisten an dem Fahrzeug technische Mängel aufgefallen sind oder der Fahrer „Schlangenlinien" gefahren ist. Einen „Grenzfall" stellt aber das Haltegebot anlässlich einer *allgemeinen Verkehrskontrolle* gem. § 36 V StVO dar. Die Rechtsprechung geht hier ebenfalls von einer schon begonnenen oder unmittelbar bevorstehenden *bestimmten* (konkreten) Vollstreckungshandlung aus (BGHSt 25, 313, 314). Im Fall des BGH war der absolut fahruntüchtige (in seinem Fahrverhalten indes wohl unauffällige) Fahrer (BAK 1,8 ‰) nach dem Haltegebot auf den Polizisten zugefahren und hatte diesen so gezwungen, den Weg freizugeben[26].

„Bei der Vornahme" bedeutet, dass die konkrete Vollstreckungshandlung einerseits **598** **bereits begonnen** haben oder wenigstens **unmittelbar bevorstehen** muss (RGSt 41, 181; BGHSt 18, 133) und andererseits **noch nicht beendet** sein darf (RGSt 41, 82). Eine Vollstreckungshandlung ist so lange nicht beendet, wie das Verhalten des Vollstreckungsbeamten noch in so engem Zusammenhang mit der Durchsetzung des Staatswillens steht, dass es nach natürlicher Lebensauffassung als deren Bestandteil angesehen werden kann. Geht beispielsweise ein Polizeibeamter von einem Gelände, das er zur Vornahme einer bestimmten Vollstreckungshandlung betreten hat, zu seinem am Rand dieses Geländes abgestellten Dienstfahrzeug zurück, gehört auch sein **Rückweg** zur Vollstreckungshandlung iS des § 113[27].

## 4. Tathandlungen und Täterschaft

**Tathandlungen** können sein: bei §§ 113, 115 I, II das gegen die Diensthandlung ge- **599** richtete **Widerstandleisten** mit *Gewalt* oder durch *Drohung mit Gewalt*; bei § 115 III 1 das **Behindern** durch Gewalt oder durch Drohung mit Gewalt (näher Rn 601). Der **tätliche Angriff** auf den Amtsträger oder die ihm gleichgestellten Personen wurde aus § 113 I und § 115 III 1 herausgelöst und als selbstständiger Straftatbestand in § 114 geregelt, auf den auch § 115 III 2 verweist, vgl dazu Rn 621.

Den Begriff des **Widerstandleistens** erfüllt jede **aktive Tätigkeit**, die die Durchfüh- **600** rung der Vollstreckungsmaßnahme *verhindern* oder *erschweren* soll (BGHSt 18, 133). Zwischen erfolgreichen und erfolglosen Widerstandshandlungen macht § 113 keinen Unterschied (sog. unechtes Unternehmensdelikt). Zum **Gewaltbegriff** siehe schon Rn 357 ff; unter Gewalt ist *hier* die durch tätiges Handeln gegen die Person des Vollstreckenden gerichtete Kraftentfaltung mit *körperlicher* Zwangswirkung zu ver-

---

26  Eingehend zu diesem Grenzfall *Küper*, Frisch-FS, S. 985 mwN.
27  BGH NJW 82, 2081; MüKo-*Bosch*, § 113 Rn 15.

203

**§ 14** *Amtsanmaßung, Widerstand gegen die Staatsgewalt, Behinderung von Hilfsdiensten*

stehen[28]. Bei nicht unerheblichem Kraftaufwand kann daher auch das Sich-Losreißen aus dem Festhaltegriff eines Polizisten Gewalt iS des § 113 I sein[29]. Rein *passiver* Widerstand (= bloßer Ungehorsam) genügt dagegen nicht[30].

**Beispiel:** Widerstand mit Gewalt leistet der Schuldner, der den eine Sachpfändung vornehmenden Gerichtsvollzieher niederschlägt, nicht aber, wer lediglich die Fahrzeugtüren von innen verriegelt und dadurch eine Vollstreckungshandlung verhindert[31].

**601** **Drohung** mit Gewalt ist die Ankündigung bevorstehender Anwendung von Gewalt (iSv Rn 600), wobei es genügt, wenn der bedrohte Amtsträger, Soldat oder nach § 115 I, II Gleichgestellte jene für ernst halten soll. Die Androhung oder Anwendung von Gewalt nur gegenüber **Dritten** reicht nicht aus. Ob ein **Rückgriff auf § 240** zulässig ist, wenn der Täter nicht mit Gewalt, sondern nur mit einem *empfindlichen Übel* droht, war und ist streitig[32]. Eine Auffassung macht geltend, dass § 240 durch den spezieller formulierten § 113 nur dann verdrängt werde, wenn dessen Voraussetzungen gegeben seien; zudem verdienten Vollstreckungsbeamte gegen Nötigung nicht weniger Schutz als andere Staatsbürger. (Zu Gunsten des Täters sei dann aber § 113 III, IV *analog* anzuwenden.) Diese Deutung verkennt indes die **Eigenständigkeit** des § 113[33], der die Strafbarkeit des Widerstands gegen Vollstreckungsbeamte weiterhin „**abschließend**" regelt[34]. § 113 entfaltet gegenüber § 240 deshalb nach wie vor **Sperrwirkung**[35]. Anderenfalls käme es zu einer Mehrfachverwertung derselben Umstände. Das bedeutet, dass § 240 hier keine Anwendung findet.

**602** **Täter** des § 113 kann nach hM *jeder*, also nicht nur der unmittelbar von der Vollstreckung Betroffene, sein[36]. Sein **Vorsatz** braucht sich nur auf die in § 113 I genannten Tatbestandsmerkmale zu beziehen. Nicht dagegen muss er sich auch auf die in § 113 III erwähnte *Rechtmäßigkeit* der Vollstreckungshandlung erstrecken, denn bei dieser handelt es sich nur um eine objektive Bedingung der Strafbarkeit (näher Rn 604). Weiß der Täter nicht, dass er einem Amtsträger gegenübersteht (etwa im Falle einer vorläufigen Festnahme nach § 127 StPO durch eine Zivilstreife der Polizei), befindet er sich in einem vorsatzausschließenden Tatumstandsirrtum; die überwiegende Meinung bestraft ihn aber sodann entsprechend seiner Vorstellung aus § 240[37].

---

28  Vgl NK-*Paeffgen*, § 113 Rn 23; weniger eng S/S-*Eser*, § 113 Rn 42.

29  OLG Dresden NStZ-RR 15, 10 mit zust. Anm. *Hecker*, JuS 15, 563.

30  Näher LK-*Rosenau*, § 113 Rn 23, 24.

31  AA OLG Düsseldorf NZV 96, 458 mit abl. Anm. *Seier/Rohlfs*.

32  Bejahend OLG Hamm NStZ 95, 547; *Lackner/Heger*, § 113 Rn 26; *Wessels*, BT/1, 21. Aufl. 1997, Rn 618; verneinend A/W-*Hilgendorf*, BT § 45 Rn 25; *Deiters*, GA 02, 259; *Fischer*, § 113 Rn 2a; *Küpper/Börner*, BT I § 8 Rn 62; LK-*Rosenau*, § 113 Rn 95; MüKo-*Bosch*, § 113 Rn 23, 64 f; S/S-*Eser*, § 113 Rn 43, 45, 68; Übersicht bei *Hillenkamp*, BT 9. Problem.

33  Näher *Zopfs*, GA 00, 527, 535; siehe auch *Küper/Zopfs*, BT Rn 816.

34  Eingehend *Zopfs*, GA 12, 269 ff mwN; ferner MüKo-*Bosch*, § 113 Rn 65; in der Sache ebenso *Singelnstein/Puschke*, NJW 11, 3473, 3475; aA *Fahl*, StV 12, 623, 624 f; *Rengier* BT II, § 53 Rn 28.

35  Das folgt daraus, dass die Bundesregierung das Ansinnen des Bundesrats, künftig *jegliche* Dienstausübung dem Schutz des § 113 zu unterstellen, mit der Begründung zurückgewiesen hat, dessen Schutzbereich solle auf Vollstreckungshandlungen beschränkt bleiben. Es blieb dann insoweit bei der bisherigen Konzeption des Gesetzes; vgl BT-Drucks. 17/6505, S. 5.

36  MüKo-*Bosch*, § 113 Rn 6; *Küper/Zopfs*, BT Rn 818; anders zum Widerstandleisten ua *Sander*, JR 95, 491 mwN.

37  Näher LK-*Rosenau*, § 113 Rn 96; MüKo-*Bosch*, § 113 Rn 54 mwN; differenzierend S/S-*Eser*, § 113 Rn 51.

*Rechtmäßigkeit der Vollstreckungshandlung* **§ 14 III 5**

## 5. Rechtmäßigkeit der Vollstreckungshandlung

**Fehlt es an der Rechtmäßigkeit** der Vollstreckungshandlung, ist die Tat **nicht nach** **603**
**§ 113** strafbar; dies gilt auch dann, wenn der Täter die Diensthandlung *irrig* für *recht-*
*mäßig* gehalten hat (§ 113 III). Die Strafbarkeit nach anderen Vorschriften (zB nach
§§ 223 ff) bleibt davon unberührt; insoweit gelten die allgemeinen Regeln (insbesondere zur Anwendbarkeit des § 32).

Die systematische Stellung des § 113 III gegenüber § 113 I spricht dafür, in der **604**
**Rechtmäßigkeit** der Vollstreckungshandlung **kein Tatbestandsmerkmal** zu sehen,
sondern nur eine durch § 113 IV *modifizierte* **objektive Bedingung der Strafbarkeit**
(die sich indes wegen ihrer *atypischen Irrtumsregelung* einer reibungslosen Einordnung in die herkömmlichen Begriffskategorien des Strafrechts entzieht)[38]. Darüber
gehen die Meinungen freilich auseinander[39]; Einigkeit besteht aber darüber, dass hier
jedenfalls für einen Tatumstandsirrtum iS des § 16 I 1 kein Raum ist (siehe schon
Rn 602).

Für die **praktische Rechtsanwendung** ist der Meinungsstreit über die systematische Stellung **605**
des § 113 III *ohne Bedeutung*[40], da das Gesetz die einschlägigen Rechtsfolgen in § 113 III, IV
**abschließend geregelt** und sich auf eine *pragmatische Lösung* des Interessenkonflikts beschränkt hat[41]. Wer dem hier vertretenen Standpunkt folgt, prüft beim **Aufbau** im Anschluss an
die Tatbestandsmäßigkeit (§ 113 I) als *Tatbestandsannex*[42] sofort die *Rechtmäßigkeit* der Vollstreckungshandlung (§ 113 III). Fehlt sie, scheidet eine Bestrafung des Widerstandleistenden
nach § 113 aus, ohne dass Rechtswidrigkeit und Schuld insoweit noch einer Erörterung bedürfen.

Die **Rechtmäßigkeit** einer unter § 113 I fallenden Diensthandlung hängt von Voraus- **606**
setzungen ab, die nach hM entsprechend dem Zweck der Regelung spezifisch *straf-*
*rechtlich* zu bestimmen sind (*Küper/Zopfs*, BT Rn 731; krit. NK-*Paeffgen*, § 113
Rn 35, 40 ff). Man spricht hier daher auch vom sog. **strafrechtlichen Rechtmäßig-**
**keitsbegriff** des § 113. Ihm zufolge kommt es nicht auf die materielle Richtigkeit des
Eingriffs, sondern lediglich auf die Einhaltung bestimmter *formaler Voraussetzungen*
an. Entscheidend ist, ob der Amtsträger sich in den Grenzen seiner *sachlichen* und
*örtlichen* **Zuständigkeit** gehalten[43], die *wesentlichen* **Förmlichkeiten** gewahrt[44] (vgl
auch Rn 608), bei Prüfung der sachlichen Voraussetzungen für sein Einschreiten ein
ihm ggf zukommendes **Ermessen** *pflichtgemäß ausgeübt*[45] sowie bei Befehls- oder

---

38  Vgl KG NJW 72, 781; SSW-*Fahl*, § 113 Rn 10; siehe ferner BGHSt 21, 334, 365; *Gössel/Dölling*, BT
    I § 63 Rn 10; LK-*Rönnau*, Vor § 32 Rn 44; krit. MüKo-*Bosch*, § 113 Rn 27 mwN; Überblick bei NK-
    *Paeffgen*, § 113 Rn 63 ff.
39  Näher dazu die 41. Aufl. Rn 704.
40  Theoretisch müsste der Streit Auswirkungen auf Unrechts- und Schuldumfang und damit auf die
    Strafzumessung haben, so zutreffend NK-*Paeffgen*, § 113 Rn 63; doch ist die Strafzumessungsdog-
    matik weit davon entfernt, eine solche Wirkungsdifferenz über Worte hinaus auch sachlich überprüf-
    bar abbilden zu können; dazu näher *Hettinger*, Frisch-FS, S. 1153. Wie hier MüKo-*Bosch*, § 113
    Rn 26.
41  Vgl dazu auch *Lackner/Heger*, § 113 Rn 7; SK-*Wolters*, § 113 Rn 24.
42  Vgl *Wessels/Beulke/Satzger*, AT Rn 219.
43  BGHSt 4, 110; RGSt 40, 212.
44  BGHSt 5, 93; 21, 334, 361; KG StV 01, 260; BVerfGE 51, 97.
45  BGHSt 21, 334, 363; RGSt 61, 297.

§ 14 *Amtsanmaßung, Widerstand gegen die Staatsgewalt, Behinderung von Hilfsdiensten*

Auftragsverhältnissen eine für ihn *verbindliche* **Weisung** im Vertrauen auf deren Rechtmäßigkeit **befolgt** hat[46].

**607** Sind die in dieser Hinsicht zu stellenden Anforderungen erfüllt, so ist die Diensthandlung iS des § 113 nach hM auch dann **rechtmäßig**, wenn der Amtsträger die **Sachlage im Ergebnis falsch beurteilt** hat und die Voraussetzungen für sein Einschreiten in Wirklichkeit nicht vorgelegen haben[47]. Zur Begründung dieser Auffassung wird vorgebracht, der Vollstreckungsbeamte müsse oftmals in einer unübersichtlichen Situation eine schnelle Entscheidung treffen, ohne die sachlichen Voraussetzungen, von denen die materielle Richtigkeit seiner Maßnahme abhänge, eingehend und in eigener Verantwortung prüfen zu können. Daher seien gelegentliche Fehleinschätzungen unvermeidbar. Deshalb müsse die Allgemeinheit die Amtsträger, die in ihrem Interesse tätig würden, auch dann vor gewaltsamer Gegenwehr und handgreiflichem Widerstand bewahren, wenn ihnen ein entsprechender Irrtum unterlaufe. Denn anderenfalls drohe ihre Entschlusskraft zum Nachteil aller gelähmt zu werden.

**608** Fehlende Zuständigkeit des Amtsträgers, Missachtung wesentlicher Formvorschriften und andere gewichtige Mängel, wie etwa willkürliche Ausübung der Hoheitsgewalt, Verkennung der *rechtlichen Grenzen* von Amtsbefugnissen, machen die Vollstreckungshandlung dagegen **unrechtmäßig**[48]; ebenso pflichtwidriges („fahrlässiges") Verhalten bei der Prüfung der *tatsächlichen* Voraussetzungen und der Erforderlichkeit des Einschreitens[49]. Gegen idS rechtswidrige Vollstreckungsmaßnahmen kann nach allgemeinen Regeln **Notwehr** zulässig sein[50].

**609** **Beispiel:** Zu den wesentlichen Förmlichkeiten, die ein **Gerichtsvollzieher** im Hinblick auf § 113 III zu beachten hat, zählen neben den in §§ 750, 751 ZPO genannten Vollstreckungsvoraussetzungen vor allem die nach § 758a I und IV ZPO nF notwendige Anordnung des **Richters** zur **Wohnungsdurchsuchung** gem. § 758 ZPO, die **Zuziehung von Zeugen** im Falle des § 759 ZPO (soweit der Schuldner dies nicht gerade zu vereiteln sucht, vgl BGHSt 5, 93), ferner die **Übergabe** einer **beglaubigten Abschrift des Haftbefehls** gemäß § 802g II 2 ZPO[51].

**610** Die partielle Entkopplung der strafrechtlichen von den einschlägigen fachrechtlichen, dh zumeist verwaltungsrechtlichen, Beurteilungsmaßstäben hat im Schrifttum freilich erhebliche Kritik erfahren. Sie verstoße gegen das Prinzip der Einheit der Rechtsordnung und führe zu Wertungswidersprüchen. Geboten sei eine *akzessorische Bestimmung* des strafrechtlichen Rechtmäßigkeitsbegriffs. Wie diese aussehen soll, steht indes wiederum im Streit. Eine Meinung verlangt, dass über das Vorliegen der formellen Voraussetzungen hinaus die Grundverfügung, die der Amtsträger durchsetzt, materiell-rechtlich korrekt und vollstreckbar sein muss – sog. *materieller Rechtmäßig-*

---

46  BGHSt 4, 161; KG NJW 72, 781.
47  BGHSt 21, 334, 363; BayObLG JZ 80, 109; OLG Celle NJW 79, 57.
48  Vgl KG GA 75, 213; *Fischer*, § 113 Rn 17; LK-*Rosenau*, § 113 Rn 52.
49  *Lackner/Heger*, § 113 Rn 12 mwN; differenzierend S/S-*Eser*, § 113 Rn 28, 29; *grob* fahrlässiges Verhalten fordert BayObLG JR 89, 24.
50  Vgl BGH MDR/H 80, 984; KG GA 75, 213.
51  Zur Durchsuchung nach § 105 II StPO siehe BGH NStZ 86, 84; BayObLG JZ 80, 109; zur vorläufigen Festnahme gem. § 127 I StPO vgl KG StV 01, 260; zur Verletzung der Belehrungspflicht gem. §§ 163b I 1, 163a IV 1, 136 OLG Celle StV 13, 25. Zur Vollstreckung eines **Vorführungsbefehls** iS des § 134 StPO siehe BGH MDR/H 80, 984; zur Belehrungspflicht gem. §§ 163a IV 1, 163b I 1 Hs 2 StPO iVm § 46 I OWiG als wesentliche Förmlichkeit OLG Hamm NStZ 13, 62.

*keitsbegriff.* Demgegenüber will eine zweite Ansicht berücksichtigen, dass nicht nur rechtmäßige, sondern auch rechtswidrige Grundverfügungen, sofern sie wirksam, also nicht gem. § 44 VwVfG nichtig sind, vollstreckbar sein und damit eine Duldungspflicht des Adressaten begründen können. Die Rechtmäßigkeit der Diensthandlung bemesse sich deshalb allein danach, ob die vollstreckungsrechtlichen Bedingungen eingehalten worden seien – sog. *vollstreckungsrechtlicher Rechtmäßigkeitsbegriff.* Hiergegen wendet eine dritte Auffassung ein, dass – sofern gerichtliche Hilfe nicht mehr rechtzeitig zu erlangen sei – die einschlägigen fachrechtlichen Regelungen den Adressaten dazu verpflichteten, auch vollstreckungsrechtlich fehlerhafte Vollzugsmaßnahmen zunächst hinzunehmen und sich mit der Möglichkeit nachträglichen Rechtsschutzes zu begnügen. Anders verhalte es sich lediglich, wenn einer der Nichtigkeitsgründe des § 44 VwVfG vorliege, die sich auch auf Vollzugshandlungen entsprechend anwenden ließen. Legten die fachrechtlichen Regelungen aber dem Adressaten die Pflicht auf, eine rechtswidrige Vollstreckungsmaßnahme zu dulden, solange sie nicht offensichtlich grob fehlerhaft, bösgläubig oder amtsmissbräuchlich sei, begründete es einen normlogischen Widerspruch, wenn ihm das Strafrecht nun gestattete, gegen diese Maßnahme Notwehr zu üben. Folglich müsse eine Vollstreckungshandlung schon dann als strafrechtlich rechtmäßig gelten, wenn sie nicht an einem der in § 44 VwVfG genannten Mängel leide – sog. *wirksamkeitsorientierter* Rechtmäßigkeitsbegriff.

**Beispiel:** Verhaftet der Polizeibeamte unter Beachtung der Förmlichkeiten einen Beschuldigten aufgrund eines Haftbefehls (§ 114 StPO), bei dessen Erlass der Ermittlungsrichter die Voraussetzung des dringenden Tatverdachts (§ 112 I 1 StPO) zu Unrecht bejaht hat, ist die Verhaftung nach dem materiellen Rechtmäßigkeitsbegriff rechtswidrig, nach den anderen Ansichten dagegen rechtmäßig. Wenn der Polizeibeamte aufgrund einer für ihn nicht vermeidbaren Verwechslung die falsche Person verhaftet, gilt sein Handeln nach dem materiellen und dem vollstreckungsrechtlichen Rechtmäßigkeitsbegriff als rechtswidrig, nach dem herrschenden strafrechtlichen und dem wirksamkeitsorientierten Rechtmäßigkeitsbegriff aber als rechtmäßig. **611**

Dem **BVerfG** zufolge ist es grundsätzlich verfassungsrechtlich nicht zu beanstanden, dass die Fachgerichte im Rahmen des § 113 III von einem *eingeschränkten* Rechtmäßigkeitsmaßstab ausgehen. Soweit die Vollstreckungshandlung in den Schutzbereich eines Grundrechts eingreife (im vom BVerfG entschiedenen Fall: Art 8 GG), müsse aber bei der Frage, ob die wesentlichen Förmlichkeiten eingehalten und die Eingriffsvoraussetzungen pflichtgemäß geprüft worden seien, auch der Schutzgehalt des betroffenen Grundrechts hinreichend berücksichtigt werden (BVerfG NVwZ 07, 1180 mit krit. Anm. *Niehaus/Achelpöhler,* StV 08, 71).

Näher zur **hM** BGHSt 4, 161; 21, 334; 24, 125, 130; 60, 253 mit Anm. *Engländer,* NStZ 15, 577 und *Erb,* JR 16, 29; BayObLG JR 89, 24; KG StV 01, 260; 05, 669; OLG Celle NJW 71, 154; OLG Köln NStZ 86, 234; *Fischer,* § 113 Rn 11 ff; LK-*Rosenau,* § 113 Rn 34 ff; Matt/ Renzikowski-*Dietmeier,* § 113 Rn 10 f; S/S-*Eser,* § 113 Rn 21 ff; *Vitt,* ZStW 106 (1994), 581; weitere Nachw. bei *Küper/Zopfs,* BT Rn 731 ff.

Zur **Gegenansicht** (mit erheblichen Divergenzen untereinander) siehe *Amelung,* JuS 86, 329; A/W-*Hilgendorf,* BT § 45 Rn 37 ff; *Eisele,* BT I Rn 1536; *Erb,* Gössel-FS, S. 217; *Krey/ M. Heinrich,* BT I Rn 673 ff; *Jahn,* Anm. JuS 13, 268; LK-*Rönnau,* Vor § 32 Rn 43 ff; MüKo-*Bosch,* § 113 Rn 34 f; *Niehaus/Achelpöhler,* StV 08, 71, *Reinhart,* NJW 97, 911 und StV 95, 101 (unter Berufung auf BVerfGE 92, 191 und 87, 399); *Rengier,* BT II § 53 Rn 14, 20 ff; *Rönnau/Hohn,* StV 16, 313; *Roxin,* Pfeiffer-FS, S. 45; *Rückert,* JA 17, 33; *T. Zimmermann,* JR 10, 363.

**§ 14** *Amtsanmaßung, Widerstand gegen die Staatsgewalt, Behinderung von Hilfsdiensten*

**612**  Im **Fall 37** ist zwischen dem Widerstand gegen die Zwangsvollstreckungshandlung des Gerichtsvollziehers Z und dem Widerstand gegen die Vollstreckungshandlung der Polizeibeamten wie folgt zu unterscheiden:

**a)** A hat sich zunächst geweigert, den neben der Haustür angebundenen Hund zu entfernen. Dieses Verhalten erfüllt zwar den sehr weiten Begriff des *Widerstands* iS der §§ 758 III, 759 ZPO, dessen Vorliegen die Zuziehung eines Polizeibeamten oder zweier Zeugen erforderlich machte[52]. Als bloßes **Unterlassen** und *passiver Widerstand* genügt es den Tatbestandsvoraussetzungen des § 113 I jedoch nicht, sofern sich der Hund wie gewohnt oder rein zufällig an der betreffenden Stelle befand[53]. **Aktiver Widerstand** mit Gewalt wäre aber dann geleistet worden, wenn A planmäßig durch den Hund den Zugang zum Haus vor Z versperrt hätte. Die *gezielte Vorbereitung* des Widerstandes zur Verhinderung oder Erschwerung einer *unmittelbar bevorstehenden Diensthandlung* durch Schaffung eines bei der Vollstreckung wirksam werdenden Hindernisses stellt ein **vorweggenommenes tätiges Handeln** iS des § 113 I dar (BGHSt 18, 133). Im letztgenannten Fall wäre A freilich dennoch nicht strafbar, weil die von Z vorgenommene Zwangsvollstreckung iS des § 113 III nicht rechtmäßig war: Für die Monate November und Dezember 2017 lag, was Z verkannt hatte, aus Rechtsgründen gar **kein Vollstreckungstitel** über erhöhte Unterhaltsleistungen gegen A vor; denn das im Dezember 2017 ergangene Abänderungsurteil enthielt keine (nach § 323 III ZPO mögliche) Verurteilung für die seinem Erlass *vorausgehende* Zeit. Damit *fehlte* es hier an einer **wesentlichen Voraussetzung der Zwangsvollstreckung** (vgl §§ 704, 750 ZPO)[54].

**613**  **b)** Der aktive Widerstand mit Gewalt gegen die Polizeibeamten verwirklicht den Tatbestand des § 113 I. Z hatte beide Beamte nach § 758 III ZPO zu seinem Schutz zugezogen. Sie befanden sich daher als **Amtsträger** *„bei"* dem Vollzug der ihnen gesetzlich obliegenden Aufgaben zwecks Regelung eines Einzelfalles, als sie von A und F attackiert wurden. Für die Frage der **Rechtmäßigkeit ihres Einschreitens** ist es nach hM unerheblich, dass Z die konkrete Zwangsvollstreckung nicht durchführen durfte. Zur Prüfung der rechtlichen Voraussetzungen dieser Zwangsvollstreckung (§§ 704, 750 ZPO) waren die Polizeibeamten weder verpflichtet noch auf Grund ihrer Vorbildung in der Lage. Da sie die sachlichen Voraussetzungen für *ihr Handeln* bei *pflichtgemäßer* Prüfung des von Z ausgehenden Ersuchens um Amtshilfe für gegeben halten durften und für gegeben gehalten haben, war ihre Diensthandlung (anders als die des Z) **rechtmäßig**.

## 6. Irrtumsregelungen

**614**  Ist die Vollstreckungshandlung *rechtswidrig*, macht der Täter sich nach § 113 III 2 auch dann nicht strafbar, wenn er diese irrtümlich für *rechtmäßig* hält, und zwar ganz unabhängig davon, ob der Irrtum auf einer unzutreffenden rechtlichen Bewertung oder auf einer falschen Sachverhaltsvorstellung beruht. Hält der Täter dagegen die Vollstreckungshandlung fälschlicherweise für *rechtswidrig*, obwohl sie objektiv *rechtmäßig* ist, enthält § 113 IV eine abschließende **Sonderregelung** eigener Art, die sich zwar in groben Zügen an der Regelung des Verbotsirrtums (§ 17) orientiert, davon aber auch in mehrfacher Hinsicht abweicht[55].

---

52  Vgl BGHSt 5, 93; OLG Hamm MDR 51, 440 und NStZ 96, 281.
53  Dazu OLG Neustadt GA 61, 60; NK-*Paeffgen*, § 113 Rn 26.
54  Näher OLG Köln NJW 75, 889.
55  Dazu LK-*Rosenau*, § 113 Rn 67 ff; *Maurach/Schroeder*, BT II § 70 Rn 26; vertiefend *Wania*, Grundfragen der Irrtumsregelung in § 113 Abs. 3 S. 2, Abs. 4 StGB, 2017.

*Regelbeispiele für besonders schwere Fälle* **§ 14 III 7**

Der Täter muss (anders als bei § 17) *positiv* angenommen haben, dass die Vollstreckungshand- **615**
lung nicht rechtmäßig sei. War der Irrtum **vermeidbar**, bleiben Vorsatz und Schuld unabhängig von der Art des Irrtums (rechtlicher Bewertungsirrtum, Sachverhaltsirrtum) unberührt; es
liegt lediglich ein fakultativer persönlicher Strafmilderungs- bzw Strafausschließungsgrund
vor. Der Täter ist hier somit auch dann des vorsätzlichen Widerstands gegen Vollstreckungsbeamte schuldig, wenn er sich irrigerweise Umstände vorstellt, bei deren tatsächlichem Vorliegen
die Vollstreckungshandlung rechtswidrig wäre, der Irrtum also der Konstellation des Tatum-
standsirrtums nach § 16 entspricht. War der Irrtum **unvermeidbar**, schützt auch dies (abweichend von § 17) für sich allein nicht vor Strafe. Der Schuldvorwurf entfällt vielmehr erst unter
der *zusätzlichen* Voraussetzung, dass es dem Täter **nicht zuzumuten** war, sich **mit Rechtsbehelfen** zu wehren (§ 113 IV 2 Halbs. 1 = sog. *Rechtsbehelfsklausel*), zB weil ihm sonst ein
nicht wiedergutzumachender Schaden droht. War dem Täter dagegen ein entsprechendes Vorgehen zumutbar, bildet der unvermeidbare Irrtum wiederum nur einen fakultativen persönlichen Strafmilderungs- bzw Strafausschließungsgrund, dh das Gericht kann die Strafe gem.
§ 49 II mildern oder von einer Bestrafung nach § 113 absehen.

Mit Rücksicht darauf, dass A und F im **Fall 37** das Handeln der Polizeibeamten *irrig* als **616**
rechtswidrig angesehen haben, ist zu prüfen, ob ihr gewaltsamer Widerstand gem. § 113 IV
straflos bleibt. Das scheitert freilich wohl schon an der Vermeidbarkeit ihrer Fehlvorstellung. Selbst wenn man aber annimmt, dass der Irrtum unvermeidbar war, so war ihnen der
**Gebrauch von Rechtsbehelfen** (§ 766 ZPO) iS des § 113 IV 2 zumutbar (so in dem entsprechenden Fall OLG Köln, NJW 75, 889). Folgt man dem, sind A und F, da sie auch das
Regelbeispiel des § 113 II 2 Nr 3 verwirklicht haben, des Widerstands gegen Vollstreckungsbeamte im besonders schweren Fall schuldig.

## 7. Regelbeispiele für besonders schwere Fälle

In **besonders schweren Fällen** des Widerstandes, für die § 113 II **Regelbeispiele** **617**
nennt, tritt eine Strafschärfung ein. Bei § 113 II 2 Nr 1 brauchen die *Waffe* oder das
*andere gefährliche Werkzeug*[56] im Unterschied zu § 224 I Nr 2 nicht verwendet zu
werden; vielmehr genügt wie bei §§ 244 I Nr 1 lit. a, 250 I Nr 1 lit. a das bloße **Beisichführen**. Die früher erforderliche Verwendungsabsicht hat der Gesetzgeber mit
dem 52. StÄG vom 23.5.2017 gestrichen. Damit stellt sich jetzt auch hier die Frage,
wie sich die Gefährlichkeit des Werkzeugs unabhängig von der konkreten Art und
Weise der Verwendung bestimmen lässt (vgl zum Streitstand *Wessels/Hillenkamp/
Schuhr*, BT II Rn 273)[57]. In der Gesetzesbegründung findet sich zu dieser Problematik kein Wort[58].

---

56  2011 hat der Gesetzgeber § 113 II 2 Nr 1 um die Variante „oder ein anderes gefährliches Werkzeug"
    ergänzt. Das BVerfG hatte zuvor den früher von der hM bei § 113 II vertretenen extensiven Waffen-
    begriff, der auch die gefährlichen Werkzeuge umfassen sollte, im Hinblick auf Kraftfahrzeuge als
    „Waffen" (der Täter hatte während einer Führerscheinkontrolle plötzlich sein Fahrzeug gestartet und
    den Polizeibeamten einige Meter mitgeschleift) als verfassungswidrig verworfen; vgl BVerfG NJW
    08, 3627 mit abl. Anm. *Simon*, NStZ 09, 84.
57  Parallel dazu wurde aufgrund des inhaltlichen Zusammenhangs auch in § 125a S. 2 Nr 2 auf das Er-
    fordernis der Verwendungsabsicht verzichtet.
58  Zutreffende Kritik dieses gesetzgeberischen Versagens bei *Satzger*, Neumann-FS, S. 1172 f. S. ferner
    *Erb*, Fischer-FS, S. 301, 306; *Magnus*, GA 17, 530, 538 f; *Schiemann*, NJW 17, 1846, 1847; *Zöller*,
    KriPoZ 17, 143, 149.

209

§ 14 *Amtsanmaßung, Widerstand gegen die Staatsgewalt, Behinderung von Hilfsdiensten*

**618** *Beisichführen* erfordert nach hM nicht, dass die Waffe oder das Werkzeug zur Tat mitgebracht wird; ausreichen soll vielmehr, dass sie bzw es räumlich so „zur Verfügung" steht, dass der Täter sich ihrer bzw seiner ohne nennenswerten Zeitaufwand und ohne besondere Schwierigkeiten („jederzeit") bedienen kann[59]. Bei §§ 244, 250 genügt der Rechtsprechung ein Beisichführen zu irgendeinem Zeitpunkt zwischen Versuchsbeginn und Beendigung der Tat[60]. Unabhängig davon, ob diese Deutung dort zutrifft[61], bildet jedenfalls bei § 113 die Vollendung der Tat mangels einer Beendigungsphase in diesem Sinne die Zäsur.

Der andere **Beteiligte** iS des § 113 II 2 Nr 1 muss am Tatort anwesend sein.

**619** Das Regelbeispiel des § 113 II 2 Nr 2 verlangt *eigenhändige* Begehung[62]. Zur **Gewalttätigkeit** siehe Rn 357, zur *Gefahr einer schweren Gesundheitsschädigung* vgl Rn 286. Der Täter muss den Angegriffenen analog § 15 (quasi-) vorsätzlich in eine dieser Gefahren gebracht haben[63].

Zur **gemeinschaftlichen** Begehung mit einem anderen Beteiligten, § 113 II 2 Nr 3, vgl oben Rn 236 f.

### 8. Prüfungsaufbau: Widerstand gegen Vollstreckungsbeamte, § 113

**620**

> **Widerstand gegen Vollstreckungsbeamte, § 113**
> **I. Tatbestandsmäßigkeit**
>    **1. Objektiver Tatbestand**
>       **a) Tatopfer: Vollstreckungsbeamter**
>         → Erweiterung durch § 115 I, II
>       **b) Tatsituation: Vornahme einer Vollstreckungshandlung**
>       **c) Tathandlung:**
>         – **Widerstand leisten**
>         – **mit Gewalt oder durch Drohung mit Gewalt**
>    **2. Subjektiver Tatbestand**
>    **3. Objektive Bedingung der Strafbarkeit: Rechtmäßigkeit der Vollstreckungshandlung, § 113 III 1**
>       Ⓟ strafrechtlicher Rechtmäßigkeitsbegriff
>       → irrige Annahme der Rechtmäßigkeit unbeachtlich, § 113 III 2
> **II. Rechtswidrigkeit**
> **III. Schuld**
>      → von § 17 abweichende Regelung bei irriger Annahme der Rechtswidrigkeit der Vollstreckungshandlung, § 113 IV
> **IV. Besonders schwerer Fall, § 113 II**

---

59 BGHSt 31, 105 mit Anm. *Hruschka*, JZ 83, 217.
60 BGHSt 20, 194; 31, 105; BGH StV 88, 429; dazu *Wessels/Beulke/Satzger*, AT Rn 928, 65–67.
61 Krit. ua LK-*Vogel*, § 250 Rn 36 mwN; ferner *Küper/Zopfs*, BT Rn 118.
62 BGHSt 27, 56; aA MüKo-*Bosch*, § 113 Rn 76.
63 BGHSt 26, 176, 180; LK-*Rosenau*, § 113 Rn 88; ebenso NK-*Paeffgen*, § 113 Rn 87a; ferner *Hettinger*, JuS 97, L 41, 45.

210

## IV. Tätlicher Angriff auf Vollstreckungsbeamte

Der 2017 durch das 52. StÄG neu eingeführte § 114 sieht für den **tätlichen Angriff** **621** auf Vollstreckungsbeamte nicht nur einen gegenüber § 113 erhöhten Strafrahmen vor. Im Unterschied zu § 113 aF verzichtet er außerdem auf den Bezug zu einer Vollstreckungshandlung[64]. Damit bezweckt der Gesetzgeber, Vollstreckungsbeamte und die ihnen gleichgestellten Personen (vgl § 115) auch bei der Vornahme allgemeiner Diensthandlungen gesondert zu schützen[65] und zudem den „spezifische(n) Unrechtsgehalt des Angriffs auf einen Repräsentanten der staatlichen Gewalt" zum Ausdruck zu bringen[66].

Wie schon bisher bei § 113 aF zählt als **tätlicher Angriff** jede in feindseliger Absicht **622** unmittelbar auf den Körper des Betroffenen zielende Einwirkung ohne Rücksicht auf den Erfolg. Zur Körperberührung oder gar zur Körperverletzung braucht es nicht zu kommen; bereits das Ausholen zum Schlag oder der fehlgehende Wurf einer Flasche genügen[67]. Auch subjektiv braucht der Täter nicht mit Körperverletzungsvorsatz zu handeln[68].

Der tätliche Angriff muss **„bei einer Diensthandlung"**, nicht notwendig bei einer **623** Vollstreckungshandlung erfolgen. Unter § 114 fallen daher auch Angriffe auf Vollstreckungsbeamte, wenn diese zB Streifenfahrten, einfache Befragungen von Straßenpassanten, Reifenkontrollen, Unfallaufnahmen oder andere Ermittlungstätigkeiten vornehmen[69]. Ausgeschlossen sind dagegen tätliche Angriffe auf Vollstreckungsbeamte bei Privathandlungen wie etwa dem Kauf eines Kaffees durch den Polizisten vor Beginn der Streifenfahrt.

Die **Regelbeispiele** des § 113 II finden gem. § 114 II auf den tätlichen Angriff eben- **624** falls Anwendung. Handelt es sich bei der Diensthandlung zugleich um eine **Vollstreckungshandlung** iS des § 113 I, gelten zudem gem. § 114 III die §§ 113 III, IV entsprechend. Das bedeutet: Ist die Dienst- und Vollstreckungshandlung *nicht rechtmäßig*, ist der tätliche Angriff nicht nach § 114 strafbar, und zwar auch dann nicht, wenn der Täter sie irrtümlich für rechtmäßig hält; für die Beurteilung der Rechtmäßigkeit bzw Rechtswidrigkeit gilt dabei das bei § 113 Gesagte (vgl Rn 606 ff). Und nimmt der Täter *irrig an*, die tatsächlich rechtmäßige Dienst- und Vollstreckungshandlung sei *rechtswidrig*, richten sich die Folgen nach der *Sonderregelung* des § 113 IV (vgl Rn 614 f). Handelt es sich dagegen um eine **sonstige Diensthandlung**, bei der der tätliche Angriff erfolgt, gelten §§ 113 III, IV nicht. Die *Rechtswidrigkeit* der Dienst-

---

64  Dies entspricht teilweise einem Wunsch des Bundesrates, der bereits im Rahmen des 44. StÄG in einem neuen § 113 I 2 auch die Dienst*ausübung* geschützt sehen wollte. Diese Ausweitung lehnte die Bundesregierung damals in ihrer Gegenäußerung mit dem Argument ab, dass der Schutzbereich des § 113 I auf Vollstreckungshandlungen beschränkt bleiben solle, BT-Drucks. 17/4143, Anlage 3, S. 10; Anlage 4, S. 11.

65  BT-Drs. 18/11161, S. 9.

66  BT-Drs. 18/11161, S. 1. Krit. *Puschke/Rienhoff*, JZ 17, 924, 929 f.

67  OLG Hamm BeckRS 19, 3129. Näher LK-*Rosenau*, § 113 Rn 26. Für eine restriktivere Interpretation aufgrund der Neuregelung *Busch/Singelnstein*, NStZ 18, 510, 512; *Puschke/Rienhoff*, JZ 17, 924, 930 f.

68  OLG Hamm BeckRS 19, 37351.

69  BT-Drs. 18/11161, S. 9.

**§ 14** *Amtsanmaßung, Widerstand gegen die Staatsgewalt, Behinderung von Hilfsdiensten*

handlung schließt daher die Strafbarkeit nach § 114 *nicht per se* aus; sie entfällt lediglich bei Vorliegen eines allgemeinen Rechtfertigungs- (zB Notwehr) oder Entschuldigungsgrundes.

**625** Überschneidungen zwischen § 113 und § 114 ergeben sich, wenn die Gewalt, mit der der Täter Widerstand gegen eine Vollstreckungshandlung leistet, zugleich einen tätlichen Angriff darstellt, so etwa, wenn der Täter auf den Vollstreckungsbeamten einschlägt oder ihn mit Füßen tritt. Fraglich ist daher, in welchem Verhältnis die beiden Straftatbestände zueinander stehen. Denkbar wäre, den § 113 als eine § 114 verdrängende *Privilegierungsvorschrift* zu sehen, die dem begreiflichen Erregungszustand des von der Vollstreckung Betroffenen mit einer gewissen Nachsicht begegnet[70]. Dagegen spricht aber systematisch die Regelung des § 114 III, die zeigt, dass § 114 auch bei Vollstreckungshandlungen grds. Anwendung finden soll[71]. Die besseren Gründe sprechen daher dafür, § 113 hier hinter § 114 im Wege der *Konsumtion* zurücktreten zu lassen[72].

**626** Im **Fall 37** erfüllt das Einschlagen und Eintreten von A und F auf die beiden Polizeibeamten auch die Voraussetzungen des tätlichen Angriffs auf Vollstreckungsbeamte im besonders schweren Fall gem. § 114 I, II iVm § 113 II 2 Nr 3. Dass A und F das Vorgehen der Polizisten irrig als rechtswidrig ansehen, führt jedenfalls wegen der Zumutbarkeit des Gebrauchs von Rechtsbehelfen auch hier nicht zur Straflosigkeit gem. § 114 III iVm § 113 IV (vgl dazu bereits Rn 616). Der ebenfalls erfüllte Widerstand gegen Vollstreckungsbeamte im besonders schweren Fall tritt im Wege der Konsumtion hinter den tätlichen Angriff auf Vollstreckungsbeamte im besonders schweren Fall zurück.

## V. Prüfungsaufbau: Tätlicher Angriff auf Vollstreckungsbeamte, § 114

**627**

**Tätlicher Angriff auf Vollstreckungsbeamte, § 114**

**I. Tatbestandsmäßigkeit**
    **1. Objektiver Tatbestand**
        **a) Tatopfer: Vollstreckungsbeamter**
          → Erweiterung durch § 115 I, II
        **b) Tatsituation: Vornahme einer Diensthandlung**
        **c) Tathandlung: tätlich angreifen**
          → in feindseliger Absicht unmittelbar auf den Körper des Betroffenen zielende Einwirkung ohne Rücksicht auf den Erfolg
    **2. Subjektiver Tatbestand**
    **3. Objektive Bedingung der Strafbarkeit: Rechtmäßigkeit der Diensthandlung, wenn es sich um eine Vollstreckungshandlung handelt, § 114 III iVm § 113 III**
        → bei sonstigen Diensthandlungen: §§ 113 III nicht anwendbar

---

70   So noch das Verständnis des § 113 aF vor der Reform durch das 44. StÄG 2011 im Verhältnis zu § 240. Vgl BT-Drucks VI/502, S. 3.
71   AA – freilich ohne nähere Begründung – *Magnus*, GA 17, 530, 540.
72   Ebenso *König/Müller*, ZIS 18, 96, 99; dagegen für Tateinheit *Puschke/Rienhoff*, JZ 17, 924, 932.

## II. Rechtswidrigkeit

## III. Schuld
→ bei Vollstreckungshandlung: besondere Irrtumsregelung, § 114 III iVm § 113 IV

## IV. Besonders schwerer Fall, § 114 II iVm § 113 II


## VI. Behinderung von Hilfsdiensten

Durch das 52. StÄG wurde der gesamte § 114 aF in den bis dahin unbesetzten § 115 überführt, sodass sich der Straftatbestand der Behinderung von Hilfsdiensten in § 115 III 1 findet. Durch die Regelung sind die dort genannten Hilfeleistenden der Berufs- wie der Freiwilligen Feuerwehren, des Katastrophenschutzes (zB des THW), eines Rettungsdienstes (Notarzt, DRK, DLRG, Bergwacht ua)[73], eines ärztlichen Notdienstes oder einer Notaufnahme[74] ebenfalls dem Schutz der §§ 113, 114 unterstellt[75]. Vorausgesetzt wird ein **Unglücksfall** (dazu Rn 1059), **gemeine Gefahr** oder **Not**. *Gemeine Gefahr* meint einen Zustand, bei dem ex ante die konkrete Möglichkeit eines erheblichen Schadens an Leib oder Leben oder an bedeutenden Sachwerten für unbestimmt viele Personen besteht[76]. **Gemeine Not** hat eine die Allgemeinheit betreffende Notlage im Blick, einen Zustand der Bedrängnis, aus der sich die Betroffenen befreien müssen, etwa eine Überschwemmung, einen Bergrutsch oder den Ausfall der Stromversorgung in einer Stadt[77]. Zu den Begriffen *Gewalt und Drohung* gilt das zu § 113 I, zum Begriff des tätlichen Angriffs das zu § 114 Gesagte (Rn 622).

**Behindern** ist weniger als Verhindern; es meint das Erschweren des Hilfeleistens in jeglicher Form wie zB Zerstören oder Beschädigen von Gerätschaften oder Fahrzeugen, Versperren des Wegs ua. Der Verweis auf § 113 erfasst nur die Abs. 1 und 2[78].

628

629


## VII. Gefangenenbefreiung

**Fall 38:** U verbüßt eine mehrjährige Freiheitsstrafe in der JVA. Da er sich keine Chancen ausrechnet, allein erfolgreich auszubrechen, überredet er seinen Zellengenossen A zur gemeinsamen Flucht. Zusammen gelingt es ihnen, beim Hofgang die Mauer der JVA zu überwinden und zu entkommen.

Haben A und U sich strafbar gemacht? **Rn 639**

630

---

73  Beispiele für die in Abs. 3 aufgeführten Dienste bei *Fischer*, § 115 Rn 6.
74  Die letzteren beiden sind dabei erst durch das Gesetz zur Bekämpfung des Rechtsextremismus und der Hasskriminalität vom 18.6.2020 in § 115 III aufgenommen worden.
75  Das gilt nach der Gesetzesbegründung „unabhängig von bereits vorhandenen Sanktionsmöglichkeiten"; vgl BT-Drucks. 17/4143, S. 7; krit. *Zopfs*, GA 12, 259, 263 ff.
76  NK-*Wohlers/Gaede*, § 323c Rn 8.
77  LK-*Popp*, § 323c Rn 76 ff.
78  *Fischer*, § 115 Rn 10; aA MüKo-*Bosch*, § 114 Rn 14.

§ 14 *Amtsanmaßung, Widerstand gegen die Staatsgewalt, Behinderung von Hilfsdiensten*

## 1. Schutzzweck und Begriff des Gefangenen

**631** **Schutzgut** des Tatbestandes der **Gefangenenbefreiung** (§ 120) ist die zuvor begründete *staatliche Verwahrungsgewalt* über die in Gewahrsam genommene Person, nicht die Rechtspflege[79].

**632** Der **Grundtatbestand** (§ 120 I) umfasst neben der eigentlichen Gefangenenbefreiung zwei täterschaftlich ausgestaltete *Teilnahme*handlungen an einer (tatbestandslosen) Selbstbefreiung des Gefangenen. Der **Qualifikationstatbestand** des § 120 II (= Vergehen) knüpft an die besondere Pflichtenstellung des Täters (§ 11 I Nr 2, 4) an, setzt im Übrigen aber die Begehungsformen des § 120 I voraus. Der Versuch ist in allen Fällen mit Strafe bedroht (§ 120 III).

**633** **Gefangener** ist, wer sich zwecks Ahndung einer Verfehlung oder zur Erzwingung von prozessualen Pflichten kraft richterlicher, polizeilicher oder sonst zuständiger Hoheitsgewalt in formell zulässiger Weise *in staatlichem Gewahrsam* befindet. Hinzu kommen Kriegsgefangene und Internierte.

**634** **Beispiel:** Unter § 120 I, II fallen Straf- und Untersuchungsgefangene[80], Jugendliche im Jugendarrest nach § 16 JGG, von einem Straftatverfolgungsorgan nach § 127 StPO vorläufig Festgenommene[81], **nicht** aber von *Privatpersonen* nach § 127 I StPO Festgenommene[82]. Ferner sind Gefangene in diesem Sinn Personen, die sich nach §§ 51, 70 StPO, §§ 177, 178 GVG oder §§ 380, 390, 888, 890 ZPO in Zwangs- oder Ordnungshaft befinden. Wer gem. § 81a StPO zur Entnahme einer Blutprobe zum Arzt gebracht wird, ist dagegen kein Gefangener iS des § 120 (BayObLG JZ 84, 343).

Einem Gefangenen iS des § 120 I, II *steht* nach § 120 IV *gleich*, wer sonst **auf behördliche Anordnung** in einer **Anstalt verwahrt** wird (zB nach §§ 63, 64 Untergebrachte, Sicherungsverwahrte und dergleichen; vgl BGHSt 37, 388).

**635** Die Gefangenschaft oder Anstaltsverwahrung **beginnt** mit der *formell* ordnungsmäßigen Ingewahrsamnahme ohne Rücksicht auf ihre sachliche Begründetheit (BGH GA 65, 205); sie **endet** mit der *tatsächlichen* Aufhebung des Gewahrsamsverhältnisses (zB dem Verlassen des Anstaltsgeländes). Im *Strafvollzug* besteht die Gefangenschaft auch bei **Lockerungsmaßnahmen** und **freien Vollzugsformen** bis zur Haftentlassung fort (vgl BGHSt 37, 388). Infolgedessen bleibt hier Raum für ein „Befreien" oder ein „Fördern beim Entweichen" zumindest dann, wenn bestehende Freiheitseinschränkungen beseitigt oder Maßnahmen zur Überwachung der Bewegungsfreiheit des Betroffenen wirkungslos gemacht werden.

**636** Im Einzelnen ist dazu aber manches noch nicht abschließend geklärt. Zweifelhaft und umstritten ist beispielsweise, ob oder inwieweit auch **Freigang** und **Hafturlaub** die Gefangenen- bzw Verwahrteneigenschaft unberührt lassen[83].

---

79  Vgl BGHSt 9, 62, 64; KG JR 80, 513; LK-*Rosenau*, § 120 Rn 8.
80  Vgl BGHSt 9, 62; RGSt 19, 330.
81  BGHSt 20, 305, 307; KG JR 80, 513.
82  RGSt 67, 298.
83  Siehe dazu ua BGHSt 37, 388; LK-*Rosenau*, § 120 Rn 25; *Rössner*, JZ 84, 1065.

## 2. Tathandlungen und Täterschaft

Die **Tathandlung** besteht nach § 120 I darin, dass ein anderer den Gefangenen auf **637** beliebige Weise aus dem staatlichen Gewahrsam *befreit*, ihn zum Entweichen *verleitet* (= dazu anstiftet) oder dabei *fördert* (= zur Selbstbefreiung durch Rat oder Tat Hilfe leistet). Ein Befreien kann auch in der Form einer Entlassung aus der Verwahrung geschehen. Rechtsförmliche, von den *zuständigen* Organen angeordnete Entlassungen scheiden allerdings, selbst wenn sie dem materiellen Recht widersprechen, als Tathandlung grundsätzlich aus. Für den subjektiven Tatbestand ist *Vorsatz* erforderlich. **Täter** des § 120 I kann mit Ausnahme des Gefangenen selbst (vgl BGHSt 4, 396, 400) grundsätzlich jeder andere sein, auch ein *Mitgefangener* (Beispiel: G überredet seinen Zellengenossen Z zur Flucht, ohne selbst zu fliehen; beachte aber Rn 639). Die Strafschärfung nach § 120 II ist dagegen auf den durch eine besondere Pflichtbindung gekennzeichneten Täterkreis begrenzt.

Nicht zum Kreis der tauglichen Täter einer Gefangenenbefreiung dürfte – so *Wessels*, BT/1, **638** 21. Aufl. 1997, Rn 647 – freilich die Bundesregierung gehören, wenn sie unter dem Druck einer Geiselnahme im Einvernehmen mit der zuständigen Landesregierung zu Austauschzwecken die Freilassung inhaftierter Strafgefangener anordnet. Dies folge daraus, dass § 120 die Verletzung von Hoheitsrechten voraussetzt, die obersten Träger dieser Hoheitsrechte aber nicht „gegen sich selbst" handeln können[84].

Im **Fall 38** scheidet eine Strafbarkeit von A und U im Hinblick auf die *eigene* Befreiung **639** aus. Die **Selbstbefreiung** ist (abgesehen von § 121 I Nr 2) nicht tatbestandsmäßig. Prinzipiell möglich bleibt allerdings die Verwirklichung von § 120 durch A und U bezüglich des jeweils anderen. Denn grundsätzlich kommt auch der Mitgefangene als Täter in Betracht.

Nicht unter § 120 fällt aber die *wechselseitige* Hilfe, die Mitgefangene sich bei einer gemeinsamen Flucht zur Erlangung ihrer *eigenen* Freiheit leisten[85]. Denn hier steht wiederum ganz die Selbstbefreiung im Vordergrund. Ebenso verhält es sich – entgegen dem BGH[86] –, wenn der Gefangene eine außenstehende Person zur Fluchthilfe *anstiftet*[87]. (Beispiel: G überredet seine Lebensgefährtin L dazu, an der Anstaltsmauer eine Leiter zu platzieren, die G sodann zur Flucht nutzt.)

**Vollendet** ist die Tat bei allen Begehungsformen des § 120 erst dann, wenn der Ge- **640** fangene – sei es auch nur vorübergehend – seine uneingeschränkte Freiheit wiedererlangt hat, dem staatlichen Gewahrsam also vollständig entzogen oder entronnen ist (vgl RGSt 25, 65; BGH NStZ-RR 00, 139).

Ist der staatliche Gewahrsam über einen vorläufig Festgenommenen formell ordnungsmäßig **641** begründet worden, so kann weder seine Befreiung (oder der Versuch dazu) noch eine dabei begangene Körperverletzung unter dem Gesichtspunkt der Nothilfe (§ 32) gerechtfertigt werden (KG JR 80, 513).

---

84 Anders *Krey*, ZRP 75, 97; *Küper*, Darf sich der Staat erpressen lassen?, 1986, S. 17 mwN; LK-*Rosenau*, § 120 Rn 55; MüKo-*Bosch*, § 120 Rn 30.
85 Vgl BGHSt 17, 369; OLG Celle JZ 61, 263.
86 BGHSt 17, 369, 373.
87 Näher LK-*Rosenau*, § 120 Rn 58; S/S-*Eser*, § 120 Rn 15; Überblick bei *Küper/Zopfs*, BT Rn 91.

**§ 14** *Amtsanmaßung, Widerstand gegen die Staatsgewalt, Behinderung von Hilfsdiensten*

## VIII. Gefangenenmeuterei

642     Im Vergehenstatbestand der **Gefangenenmeuterei** (§ 121) sind **Schutzgüter** die Verwahrungsgewalt des Staates iS des § 120 (vgl Rn 631) sowie die in Abs. 1 Nr 1 genannten Personen[88]. **Täter** können nur Gefangene[89] (zum Begriff siehe Rn 633) oder in der Sicherungsverwahrung Untergebrachte (§ 121 IV) sein. Der Tatbestand beschreibt zwar kein eigenhändiges, aber ein *Sonder*delikt. Für Außenstehende, die nur Teilnehmer sein können, gilt nach hL § 28 I nicht, da der Strafgrund in der besonderen Tatgefährlichkeit liege und es sich beim Merkmal des Gefangenen somit nicht um ein täter-, sondern um ein tatbezogenes Merkmal handele[90].

643     **Sich-Zusammenrotten** meint das räumliche Zusammentreten oder Zusammenhalten von nach hM *mindestens zwei*[91] Gefangenen zu dem erkennbaren Zweck eines gemeinschaftlichen gewaltsamen oder bedrohlichen Handelns iS des § 121 I. Der strafbare *Versuch* der Gefangenenmeuterei (§ 121 II) beginnt erst mit dem unmittelbaren Ansetzen zur eigentlichen Meutereihandlung[92], nicht schon mit der bloßen Zusammenrottung. Zu den Meutereihandlungen des § 121 I Nr 1 siehe Rn 354, 357, 367 und 622. Praktisch sind Nr 2 und 3 nur bedeutsam, wenn der Ausbruch oder das Verhelfen dazu ohne eine Tathandlung iS der Nr 1 begangen wird (S/S-*Eser*, § 121 Rn 11). Zur **Vollendung** der Tat gehört jedenfalls in der ersten Begehungsform des § 121 I Nr 1 der Eintritt des Nötigungserfolges (§ 240) und bei den Nr 2, 3 das **Gelingen des Ausbruchs** (dazu BGH MDR/D 75, 542).

644     § 121 III enthält eine Strafzumessungsvorschrift mit drei Regelbeispielen. *Andere Beteiligte* können Täter und Teilnehmer sein (LK-*Rosenau*, § 121 Rn 66). Als **Schusswaffe** iS der Nr 1 zählt jedes Gerät, das geeignet und allgemein dazu bestimmt ist, Menschen körperlich zu verletzen, und mit dem ein festes, mechanisch wirkendes Geschoss mittels Explosions- oder Luftdruck durch einen Lauf getrieben wird. Nach der Rechtsprechung sollen auch chemisch wirkende Waffen wie etwa Gaspistolen erfasst sein[93]. Die Schusswaffe muss einsatzfähig, Munition mindestens griffbereit sein[94]. Zum Beisichführen im Übrigen siehe Rn 618, zu § 121 III 2 Nr 2, 3 vgl Rn 619. *Anderer* iS der Nr 3 kann auch ein Unbeteiligter sein.

---

88  LK-*Rosenau*, § 121 Rn 4; krit. MüKo-*Bosch*, § 121 Rn 1.
89  BGHSt 20, 305.
90  SK-*Wolters*, § 121 Rn 13; SSW-*Fahl*, § 121 Rn 14; aA NK-*Ostendorf*, § 121 Rn 22.
91  BGHSt 20, 305, 307; aA NK-*Ostendorf*, § 121 Rn 8: mehr als zwei; dagegen wiederum LK-*Rosenau*, § 121 Rn 17.
92  RGSt 54, 313; LK-*Rosenau*, § 121 Rn 22; zu weitgehend BGHSt 16, 34, 36 f.
93  BGHSt 24, 136; LK-*Krauß*, § 125a Rn 7.
94  BGHSt 3, 229; BGH NStZ 81, 301.

*Schutzzweck* § 15 II 1

# § 15 Siegel-, Verstrickungs- und Verwahrungsbruch

**Fall 39:** Im Auftrag der Gläubigerin G pfändet der Gerichtsvollzieher Z auf Grund eines vollstreckbaren Zahlungstitels bei dem Schuldner S einen antiken Schreibtisch, den er nach ordnungsgemäßer Anlegung des Pfandsiegels im Gewahrsam des S belässt. Bald darauf bemerkt S, dass die Siegelmarke sich von der glatten Oberfläche des Schreibtisches gelöst hat und abgefallen ist; er hebt sie auf und nimmt sie zu seinen Unterlagen. Am anderen Tag veräußert S den Schreibtisch an den gutgläubigen E, der in Unkenntnis der Pfändung einen hohen Preis bietet und das Liebhaberstück sogleich abholen lässt.

Strafbarkeit des S? **Rn 648, 653, 656, 663**

645

## I. Siegelbruch

**Schutzgut** des § 136 II ist die im Siegel manifestierte *staatliche Autorität*[1], **Tatobjekt** ein dienstliches Siegel, das von einer Behörde (dazu *Fischer*, § 11 Rn 29) oder einem Amtsträger (§ 11 I Nr 2) *angelegt* ist, um Sachen in Beschlag zu nehmen, dienstlich zu verschließen oder zu bezeichnen.

646

**Anlegen** bedeutet die mechanische Verbindung des Siegels mit einem Gegenstand (RGSt 61, 101). Bei einer **Pfändung** nach § 808 II 2 ZPO geschieht das idR durch Aufkleben der Siegelmarke.

Die **Tathandlung** besteht darin, dass das Siegel vorsätzlich *beschädigt, abgelöst* oder zB durch Überkleben *unkenntlich* gemacht wird. Daneben kommt das *Unwirksammachen* des durch ein Siegel bewirkten Verschlusses in Betracht, wie etwa das Einsteigen in einen versiegelten Raum nach Eindrücken eines Fensters. Zur **Rechtmäßigkeit** der Siegelanlegung gilt das zu § 113 Gesagte entsprechend (vgl Rn 606 ff); maßgebend ist auch hier nach hM die formelle Rechtmäßigkeit, nicht das Vorliegen der materiellen Wirksamkeitsvoraussetzungen[2].

647

Im **Fall 39** ist das von Z angelegte Pfandsiegel von selbst abgefallen; es am Pfandobjekt wieder anzubringen, war nicht Aufgabe des S. Für § 136 II ist daher kein Raum.

648

## II. Verstrickungsbruch

### 1. Schutzzweck

**Schutzgut** des Verstrickungsbruchs (§ 136 I) ist die mit einer formell wirksamen Pfändung oder Beschlagnahme entstehende *staatliche Herrschaftsgewalt*[3].

649

---

1 S/S-*Sternberg-Lieben*, § 136 Rn 18 mwN.
2 Näher *Niemeyer*, JZ 76, 314.
3 Vgl BGHSt 5, 155; LK-*Krauß*, § 136 Rn 1.

**§ 15**  *Siegel-, Verstrickungs- und Verwahrungsbruch*

**650** § 136 I bezweckt den Schutz der durch eine **öffentlich-rechtliche Verstrickung** begründeten **amtlichen Verfügungsgewalt**. Im Gegensatz dazu dienen die (in Klausuren oft mit zu erörternden) §§ 288, 289 dem Schutz von Vermögensrechten: Beim **Vereiteln der Zwangsvollstreckung** (§ 288) geht es um das vollstreckungsfähige und *sachlich begründete* Recht des Einzelgläubigers auf Befriedigung aus dem Schuldnervermögen (vgl BGHSt 16, 330, 333 f), bei der **Pfandkehr** (§ 289) um *private* Pfand- und Besitzrechte oder ähnliche Berechtigungen[4].

**651** **Gegenstand** der Tat können nach hM nur **Sachen**, nicht auch Forderungen sein[5]. Was im Einzelnen zur *formellen* **Wirksamkeit** der Pfändung oder Beschlagnahme notwendig ist, richtet sich nach den einschlägigen Vorschriften. Zumeist, aber nicht immer (vgl § 20 ZVG und § 80 I InsO), bedarf es zur Herbeiführung der **Verstrickung** einer Inbesitznahme[6].

**652** Die Pfändung der im Gewahrsam des Schuldners befindlichen Sachen wird nach §§ 803, 808 ZPO dadurch bewirkt, dass der *Gerichtsvollzieher* sie **in Besitz nimmt**[7]. Werden die Pfandobjekte sodann nicht weggeschafft, sondern (wie im **Fall 39**, Rn 645) im Gewahrsam des Schuldners belassen, muss die Pfändung durch Anlegung von Siegeln oder auf sonstige Weise (zB durch Anbringen von Pfandtafeln) **ersichtlich gemacht** werden; ein Verstoß hiergegen führt zu ihrer Unwirksamkeit[8]. Die Pfändung schuldnerfremder oder unpfändbarer Sachen gibt dem Betroffenen nur einen Rechtsbehelf (§ 771 bzw § 766 ZPO), berührt aber den Eintritt der Verstrickung nicht[9].

**653** Im **Fall 39** hatte Z den Schreibtisch ordnungsgemäß gepfändet. Das *nachträgliche Abfallen* des Pfandsiegels war auf den Fortbestand der Verstrickung ohne Einfluss (vgl OLG Hamm NJW 56, 1889; LK-*Krauß*, § 136 Rn 19).

## 2. Begehungsformen und Täterschaft

**654** **Begangen** wird die Tat dadurch, dass die gepfändete oder beschlagnahmte Sache vorsätzlich zerstört, beschädigt, unbrauchbar gemacht oder in anderer Weise **der Verstrickung tatsächlich entzogen** wird. Ob das dauernd oder nur vorübergehend, ganz oder teilweise sowie mit oder ohne räumliche Entfernung der Sache geschieht, ist gleichgültig. Maßgebend ist allein, dass die *Ausübung der amtlichen Verfügungsgewalt* **vereitelt** oder in nicht ganz unbedeutender Weise **erschwert** wird[10]. **Täter** kann außer dem Betroffenen jeder Dritte, auch der *Gerichtsvollzieher* selbst sein, da er die einmal erfolgte Pfändung nur auf gerichtliche Anordnung oder auf Weisung des Gläubigers wieder aufheben darf[11].

---

4  Vgl RGSt 17, 358; 38, 174; näher *Wessels/Hillenkamp/Schuhr*, BT II Rn 468 ff, 475 ff.
5  LK- *Krauß*, § 136 Rn 5; *Maurach/Schroeder*, BT II § 73 Rn 14.
6  Näher BGHSt 15, 149; RGSt 65, 248; MüKo-*Hohmann*, § 136 Rn 9.
7  Näher S/S-*Sternberg-Lieben*, § 136 Rn 8.
8  RGZ 37, 341; 126, 346; RGSt 61, 101. Lehrreich zur Auswirkung zivilprozessualer Vollstreckungsfehler auf die Strafbarkeit nach § 136 *Geppert/Weaver*, Jura 00, 46.
9  RGSt 9, 403; 61, 367; OLG Hamm NJW 56, 1889.
10  OLG Hamm NJW 80, 2537.
11  BGHSt 3, 306; 5, 155, 157; anders für den Fall einer förmlichen Freigabe SK-*Stein*, § 136 Rn 15 mwN.

Anders liegt es, wenn ein Polizeibeamter aus eigener Veranlassung ohne Weisung eines Vorgesetzten nach den Vorschriften der StPO eine Sache beschlagnahmt hat und **ihm noch die alleinige Entscheidungsbefugnis über deren Freigabe** zusteht. In einem solchen Fall kommt nach BGHSt 5, 155 uU ein Verstoß gegen § 133 I, III, nicht jedoch gegen § 136 I (= § 137 aF) in Betracht.

---

Im **Fall 39** hat S sich nach § 136 I strafbar gemacht. Er hat den durch Z gepfändeten Schreibtisch der Verstrickung entzogen, indem er ihn an den *gutgläubigen* E veräußert und zum Abholen übergeben hat. Mit dem Erwerb **lastenfreien Eigentums** durch E nach §§ 929, 136, 135 II, 932, 936 BGB erlosch hier die Verstrickung sogar vollständig (vgl OLG Hamm NJW 56, 1889).

Fraglich ist, ob S sich auch des Verwahrungsbruchs (§ 133 I) schuldig gemacht hat.

---

## III. Verwahrungsbruch

Die Vorschrift des § 133 schützt nach hM die **Herrschaftsgewalt** über Sachen (dazu Rn 658) in **dienstlicher oder kirchenamtlicher Verwahrung** *und* zugleich das **allgemeine Vertrauen** in die Sicherheit einer solchen Aufbewahrung[12]. **Dienstliche Verwahrung** iS des § 133 I setzt voraus, dass *fürsorgliche* **Hoheitsgewalt** den betreffenden Gegenstand in Besitz genommen hat, um ihn *unversehrt zu erhalten* und vor unbefugtem Zugriff zu bewahren, solange der amtliche Verwahrungsbesitz andauert[13]. **Post-** und **Bahnsendungen** sind seit der Umwandlung von Post und Bahn in Aktiengesellschaften mit *privatrechtlichen* Benutzungsverhältnissen nicht mehr „dienstlich" verwahrt; für sie ist der Schutz des § 133 entfallen[14].

Gegenstand der Verwahrung können neben **Schriftstücken** bewegliche **Sachen** aller Art (zB beschlagnahmte Gegenstände, entnommene Blutproben) sein, auch vertretbare und verbrauchbare Sachen, sofern sie ihrer *körperlichen Identität* nach und nicht nur der Gattung nach zurückgegeben werden sollen.

Den Gegensatz zum dienstlichen Verwahrungsbesitz mit seiner besonderen Bestandserhaltungsfunktion bildet der im innerdienstlichen Interesse begründete *allgemeine Amtsbesitz* von Behörden und öffentlichen Körperschaften, wie er etwa am Dienstinventar (zB Computer, Büromöbel), an den zum Verbrauch bestimmten Formblättern und Schreibmaterialien wie Papier oder Stiften[15] oder an dem zur Auszahlung bereitgehaltenen Geld in öffentlichen Kassen[16] besteht. Für diesen allgemeinen Amtsbesitz gilt der Schutz des § 133 nicht, ebenso wenig wie für Gegenstände, die zur Veräußerung oder zur Vernichtung vorgesehen sind[17].

Die Begehungsformen des § 133 I decken sich weitgehend mit denen des § 136 I (vgl BGH GA 78, 206). Der **dienstlichen Verfügung entzogen** wird eine Sache, wenn dem Berechtigten oder einem Mitberechtigten (wie etwa dem Dienstvorgesetzten) die

---

12  BGHSt 38, 381; 5, 155, 159; MüKo-*Hohmann*, § 133 Rn 1; krit. zum zweiten Aspekt *Maurach/ Schroeder*, BT II § 73 Rn 5.
13  BGHSt 18, 312; BayObLG JZ 88, 726.
14  Näher LK-*Krauß*, § 133 Rn 9.
15  RGSt 52, 240; 72, 172.
16  BGHSt 18, 312.
17  BGHSt 38, 381; 33, 190; 18, 312; 9, 64.

**§ 15** *Siegel-, Verstrickungs- und Verwahrungsbruch*

Möglichkeit des ungehinderten Zugriffs und der bestimmungsgemäßen Verwendung genommen oder erheblich erschwert wird (BGHSt 35, 340). Das kann im Wege der widerrechtlichen Zueignung, des Beiseiteschaffens oder des Versteckens innerhalb der Amtsräume geschehen oder auch dadurch erfolgen, dass Schriftstücke in eine falsche Akte gelegt werden (näher LK-*Krauß*, § 133 Rn 26 ff). Bei einer Freigabe durch den Verfügungsberechtigten oder bei der Herausgabe an einen berechtigten Empfänger greift § 133 allerdings nicht ein, selbst dann nicht, wenn der Verfügungsberechtigte dazu durch Täuschung veranlasst worden ist (vgl OLG Düsseldorf NStZ 81, 25). **Täter** eines Verwahrungsbruchs kann jeder sein, auch der Sacheigentümer oder ein Dritter, dem die Sache im Rahmen des Aufbewahrungszwecks dienstlich übergeben worden ist.

**661** **Qualifiziert** ist die Tat nach § 133 III für **Amtsträger** und Personen iS des § 11 I Nr 4, sofern ihnen die Sache aufgrund dieser besonderen Eigenschaft *anvertraut* oder *zugänglich* war. Hier gewinnt der Umstand Bedeutung, dass Schutzgut des § 133 auch das allgemeine Vertrauen in die Zuverlässigkeit der amtlichen Verwahrung ist[18]. Zu beachten ist dabei, dass ein dienstordnungswidriges Verhalten unter dem Blickwinkel des § 133 nicht ohne weiteres den Schluss nahelegt, der Amtsträger habe die im Verwahrungsbesitz befindliche Sache der dienstlichen Verfügung entzogen. Maßgebend in dieser Hinsicht ist vielmehr, ob sein Verhalten die Auffindbarkeit der Sache und die Möglichkeit des jederzeitigen Zugriffs auf sie zwecks bestimmungsgemäßer Verwendung **nachhaltig erschwert** hat oder nicht. Daran fehlt es nach Ansicht des BGH, wenn der dienstlich verwahrte Gegenstand ohne ins Gewicht fallende Hindernisse für den Dienstvorgesetzten des Täters oder für einen sonst Berechtigten erreichbar bleibt, selbst wenn dieser zunächst danach suchen muss[19].

**662** Gepfändete Gegenstände, die der Gerichtsvollzieher nach Inbesitznahme zur Pfandkammer bringt, befinden sich in dienstlicher Verwahrung, *nicht* aber Pfandobjekte, die gem. § 808 II ZPO im Gewahrsam des Schuldners belassen werden[20].

**663** Im **Fall 39** hat S sich somit nicht nach § 133 I strafbar gemacht.

Zu der Frage, ob S einen Betrug (§ 263) gegenüber E begangen hat, vgl *Wessels/Hillenkamp/Schuhr*, BT II Rn 576 ff).

---

18  Näher BGHSt 5, 155, 160; RGSt 64, 2; 61, 334.
19  Vgl BGHSt 35, 340; krit. dazu *Brammsen*, Jura 89, 81.
20  Ebenso *Küper/Zopfs*, BT Rn 714; *Rengier*, BT II § 57 Rn 9; S/S-*Sternberg-Lieben*, § 133 Rn 9.

*Schutzzweck* § 16 I 1

8. Kapitel
# Straftaten gegen die Rechtspflege

## § 16 Falschverdächtigung, Vortäuschen einer Straftat und Strafvereitelung

### I. Falsche Verdächtigung

**Fall 40:** Infolge einer Unachtsamkeit beschädigt Berufskraftfahrer B an einem Freitag mit seinem Privatwagen einen am Straßenrand ordnungsgemäß geparkten PKW. Da niemand den Unfall beobachtet hat und der Schaden an beiden Fahrzeugen beträchtlich ist, entfernt B sich alsbald vom Unfallort und fährt nach Hause. Als er am Sonntag seiner aus einem Kurzurlaub zurückkehrenden Ehefrau F davon berichtet, fordert diese ihn auf, falls Polizeibeamte kämen, auszusagen, dass sie gefahren sei; tue er dies nicht, sei zu befürchten, dass „sein Führerschein weg" sei. Dem zwei Tage später im Zuge der Ermittlungen fragenden Polizeiobermeister P erklärt B, seine Ehefrau F habe den Unfall verursacht, was sodann auch die F dem P bestätigt.

Wie ist der Fall strafrechtlich zu beurteilen? **Rn 681**

664

### 1. Schutzzweck

Welchem **Schutzzweck** der Straftatbestand der **falschen Verdächtigung** dient, ist umstritten. Nach hM besitzt § 164 eine **Doppelnatur**: Die Vorschrift schützt zum einen die *innerstaatliche* **Rechtspflege** gegen Irreführung und unbegründete Inanspruchnahme, dient zum anderen aber auch dem **Schutz des Einzelnen**, der nicht das Opfer eines ungerechtfertigten behördlichen Untersuchungsverfahrens oder sonstiger Maßnahmen hoheitlicher Art werden soll (= Straftat gegen die Allgemeinheit *und* gegen die Einzelperson)[1].

665

Gegen diese „dualistische" Deutung wenden sich zwei „monistische" Ansätze. Der einen Ansicht zufolge dient § 164 nur dem Schutz der staatlichen *Rechtspflege* in ihrer (Autorität und) Funktionsfähigkeit[2]; die andere sieht nur die betroffenen *Individualgüter* des falsch Verdächtigten als geschützt an[3].

666

Die monistischen Auffassungen können indes nicht überzeugen. Für den dualistischen Charakter des § 164 spricht schon, dass ihn einerseits der Gesetzgeber bewusst nach den die Rechtspflege schützenden Aussagedelikten eingeordnet hat, andererseits aber die an ihn anknüpfende Regelung über die Bekanntgabe der Verurteilung (§ 165) klar dem Individualinteresse des Betroffenen dient. Eben dem wird die Interpretation

667

---

1  Siehe BGHSt 5, 66; 9, 240; BGH NJW 52, 1385; LK-*Ruß*, § 164 Rn 1; SSW-*Jeßberger*, § 164 Rn 3.
2  *Langer*, GA 87, 289; *Maurach/Schroeder*, BT II § 99 Rn 5; MüKo-*Zopfs*, § 164 Rn 2 ff, 4, jeweils mwN; so auch RGSt 23, 371; 59, 34.
3  So ua *Hirsch*, Schröder-GedS, S. 307; NK-*Vormbaum*, § 164 Rn 10; *ders.*, Dencker-FS, S. 359, 365.

221

**§ 16** *Falschverdächtigung, Vortäuschen einer Straftat und Strafvereitelung*

der hM gerecht. Ihr zufolge brauchen die beiden Schutzzwecke allerdings nicht kumulativ vorzuliegen. Vielmehr versteht sie das Nebeneinander beider Schutzzwecke **alternativ**, dh es reicht schon die „Verletzung" eines von ihnen zur Erfüllung des Tatbestandes aus[4]. Das führt zwar zu einer weiten Ausdehnung des Strafbarkeitsbereichs, entspricht aber der Gesetzeshistorie seit 1870[5].

**668** Bedeutung gewinnt die Verkoppelung verschiedener Schutzzwecke bei der Irreführung inländischer Behörden iS des § 11 I Nr 7 *mit Einwilligung des Verdächtigten* (= keine Verletzung des Individualinteresses), wo sich die Strafbarkeit gem. § 164 nur mit dem Angriff auf *die Rechtspflege* gem. § 164 begründen lässt[6], und bei der Falschverdächtigung gegenüber ausländischen (= durch § 164 nicht geschützten) Behörden, wo allein der *Schutz des Verdächtigten* vor Zwangsmaßnahmen die Strafbarkeit zu legitimieren vermag (vgl BGH NJW 52, 1385). Näher zum Ganzen *Geilen*, Jura 84, 251, 300.

**669** Innerhalb des § 164 geht Abs. 1 dem Abs. 2 als *lex specialis* vor. Sofern eine **rechtswidrige Tat** iS des § 11 I Nr 5 oder eine *Dienstpflichtverletzung* den Gegenstand der Verdächtigung bildet, ist daher nur § 164 I anwendbar[7]. (Zum Verfahren vgl insoweit § 154e StPO.) In jedem Fall muss die Tat sich gegen **einen anderen**, dh gegen eine *bestimmte lebende Person* richten. Diese braucht zwar nicht mit Namen genannt zu werden, muss aber so weit erkennbar gemacht sein, dass ihre Ermittlung möglich ist (BGHSt 13, 219). *Nicht tatbestandsmäßig* sind daher Anzeigen *gegen Unbekannt*, Beschuldigungen von *Verstorbenen* oder *fiktiven Personen*[8]; hier ist nur Raum für den subsidiär geltenden § 145d (vgl BGHSt 6, 251). Dasselbe gilt für falsche **Selbstbezichtigungen**; folglich kommt hier mangels Haupttat auch keine Anstiftung in Betracht.

**Beispiel:** Autofahrer A, der einen Geschwindigkeitsverstoß (= OWi gem. § 24 StVG iVm §§ 41 I, 49 III Nr 4 StVO) begangen hat, überredet zur Vermeidung des Bußgeldes seinen Arbeitskollegen K zu Folgendem: K solle gegenüber der Bußgeldbehörde zunächst wahrheitswidrig erklären, dass er (K) das Fahrzeug gefahren sei, und erst später, wenn A wegen Verfolgungsverjährung (§ 26 III StVG: 3 Monate) nicht mehr belangt werden könne, offenlegen, dass er den Verstoß doch nicht begangen habe. Hier keine Strafbarkeit des K nach § 164 II (und auch nicht nach § 145d II Nr 1, da dort über den Beteiligten an einer *rechtswidrigen Tat*, also einer solchen, die den Tatbestand eines *Strafgesetzes* verwirklicht, vgl § 11 I Nr 5, getäuscht werden muss, so dass eine Täuschung über den Beteiligten an einer OWi nicht genügt) und folglich auch keine Strafbarkeit des A nach §§ 164 II, 26. (Aufgrund fehlender Tatherrschaft des A scheidet ferner eine Strafbarkeit wegen falscher Verdächtigung in *mittelbarer Täterschaft* ebenfalls aus.[9])

**670** Die **Qualifikation** in Abs. 3 soll die „Kronzeugen"-Regelung in § 46b („Hilfe zur Aufklärung oder Verhinderung von schweren Straftaten") flankieren, indem sie

---

4  Näher *Schröder*, NJW 65, 1888; zur *kumulativen* Deutung, nach der jeweils beide Zwecke betroffen sein müssen, *Frank*, § 164 Anm. I; dagegen *Langer*, Die falsche Verdächtigung, 1973, S. 36 ff und MüKo-*Zopfs*, § 164 Rn 2 f.

5  Dazu NK-*Vormbaum*, § 164 Rn 2 ff; *ders.*, Dencker-FS, S. 359, 360 ff.

6  BGHSt 5, 66; OLG Düsseldorf NJW 62, 1263.

7  RG JW 35, 864 Nr 14; OLG Frankfurt HESt 2, 258; S/S-*Lenckner/Bosch*, § 164 Rn 3.

8  Zu Letzteren siehe OLG Stuttgart BeckRS 18, 2265.

9  OLG Stuttgart NJW 17, 1971 mit zust. Anm. *Kudlich*, JA 17, 632; aA noch OLG Stuttgart NStZ 16, 155.

*Tathandlung nach § 164 I* **§ 16 | 2**

einem selbstbegünstigenden Missbrauch dieser Regelung entgegenwirkt (zur Ergänzung des § 145d siehe Rn 685).

## 2. Tathandlung nach § 164 I

Den **objektiven Tatbestand** des § 164 I verwirklicht, wer einen anderen bei einer **671** *Behörde*, einem zur Entgegennahme von Anzeigen zuständigen *Amtsträger* oder *militärischen Vorgesetzten* oder *öffentlich* einer **rechtswidrigen Tat** oder der Verletzung einer Dienstpflicht verdächtigt. **Subjektiv** muss der Täter *wider besseres Wissen* handeln und *in der Absicht*, ein behördliches Verfahren oder andere behördliche Maßnahmen gegen den Verdächtigen herbeizuführen oder fortdauern zu lassen; nach hM soll insoweit sicheres Wissen genügen[10].

Unter **Verdächtigen** ist jedes Tätigwerden zu verstehen, durch das ein Verdacht auf **672** eine **bestimmte andere Person** (siehe Rn 669) gelenkt oder ein bereits bestehender Verdacht verstärkt wird (BGHSt 14, 240, 246; 60, 198, 202). Das Hervorrufen, Hinlenken oder Bestärken des Verdachts kann dabei nach hM nicht nur durch eine ausdrückliche oder konkludente **Behauptung tatsächlicher Art**, sondern ebenso durch das **Schaffen einer verdächtigenden Beweislage** erfolgen.

**Beispiel:** Erfasst werden die objektiv unwahre Anzeige, das Zuspielen von Fangbriefen in die **673** Hand eines Unschuldigen[11], das Zuleiten falschen Beweismaterials an die Organe der Straftatverfolgung[12], die Abgabe eines Geständnisses unter falschem Namen[13], das Zurücklassen fremder Ausweispapiere am Tatort, um den Tatverdacht auf deren Inhaber zu lenken, und dergleichen[14]. Wesentlich ist nach hM, dass der Täter jeweils Tatsachen behauptet oder Fakten „sprechen" lässt, die mit der Wirklichkeit nicht übereinstimmen und die geeignet sind, den für ein behördliches Einschreiten erforderlichen Verdachtsgrad zu begründen[15].

Demgegenüber hält eine im Schrifttum vertretene Ansicht bloße **Beweismittelmani-** **674** **pulationen** wie das Zurücklassen fremder Ausweispapiere am Tatort für nicht ausreichend[16]. Begründet wird das damit, dass Abs. 2 als Tathandlung das Aufstellen einer *sonstigen* Behauptung tatsächlicher Art fordert. Hieraus folge systematisch, dass auch das Verdächtigen iS des Abs. 1 allein durch eine Tatsachenbehauptung erfolgen könne. Das überzeugt nicht[17]. Abs. 2 bezweckt eine Strafbarkeitserweiterung *speziell für Tatsachenbehauptungen*: Bestimmte Behauptungen tatsächlicher Art sollen auch dann strafbar sein, wenn sie sich nicht, wie von Abs. 1 gefordert, auf rechtswidrige Taten oder Dienstpflichtverletzungen beziehen, sondern einen anderen – eben: *sonstigen* – Inhalt haben. Im Hinblick auf Abs. 1 rechtfertigt die Rede von der „sonstigen Behauptung" in Abs. 2 daher lediglich den Rückschluss auf die Selbstverständlich-

---

10 Vgl S/S-*Bosch/Schittenhelm*, § 164 Rn 32 mwN; aA, nämlich zu Recht dem Wortlaut und -sinn folgend, NK-*Vormbaum*, § 164 Rn 62, 64.
11 BGHSt 9, 240; *Herzberg*, ZStW 85 (1973), 867.
12 Vgl insoweit aber auch RG HRR 38, Nr 1568; OLG Frankfurt HESt 2, 258; OLG Köln NJW 52, 117.
13 BGHSt 18, 204; KG JR 89, 26.
14 Näher LK-*Ruß*, § 164 Rn 5 f; *Welp*, JuS 67, 507, 510.
15 *Kindhäuser/Schramm*, BT I § 52 Rn 9; MüKo-*Zopfs*, § 164 Rn 21; SK-*Rogall*, § 164 Rn 11.
16 *Langer*, Lackner-FS, S. 541; im Erg. ebenso *Klesczewski*, BT § 19 Rn 167; NK-*Vormbaum*, § 164 Rn 21.
17 Die bis zur 41. Aufl. vertretene entgegengesetzte Auffassung wird hiermit aufgegeben.

223

**§ 16** *Falschverdächtigung, Vortäuschen einer Straftat und Strafvereitelung*

keit, dass man jemanden *auch* mit unwahren Tatsachenbehauptungen einer rechtswidrigen Tat oder Dienstpflichtverletzung falsch verdächtigen kann. Keineswegs aber ergibt sich, dass dies *nur* mit Behauptungen tatsächlicher Art möglich ist[18].

**675** Die Tathandlung muss **geeignet** sein, einen Verdacht auf eine andere Person zu lenken oder einen bereits bestehenden Verdacht zu bestärken. Das ist der Fall, wenn die behaupteten Tatsachen den für das behördliche Einschreiten *erforderlichen Verdachtsgrad* begründen (vgl nur §§ 152 II, 160 I, 163 I StPO sowie § 17 I 1 BDG)[19]. Daran fehlt es, wenn schon nach dem Inhalt der verdächtigenden Äußerung ausgeschlossen ist, dass sie zu der beabsichtigten behördlichen Reaktion führen kann (OLG Hamm NStZ-RR 02, 168).

**Beispiel:** Enthalten die Angaben des Täters Umstände, die das Vorliegen einer rechtswidrigen Tat iS des § 11 I Nr 5 ausschließen (zB die Voraussetzungen eines Rechtfertigungsgrundes), oder solche, die sie entschuldigen (§ 35) oder die sonst eine Sanktionierungs- oder Verfolgungsmöglichkeit beseitigen (wie ein Rücktritt, Verjährung oder ein anderes Verfahrenshindernis)[20], sind diese Behauptungen nicht geeignet, ein Verfahren oder Maßnahmen iS des § 164 I herbeizuführen (näher *S/S-Lenckner/Bosch,* § 164 Rn 10). Anders verhält es sich im Falle des **Verschweigens** rechtfertigender Umstände bei zutreffender Schilderung eines tatbestandserheblichen Verhaltens; vgl OLG Karlsruhe NStZ-RR 97, 37; zur Wissentlichkeit siehe OLG Brandenburg NJW 97, 141. Ob § 164 I anwendbar ist, wenn der Täter Umstände verschweigt, die die Schuld, die Sanktionierungs- oder die Verfolgungsmöglichkeit betreffen, ist umstritten[21].

**676** Von der Fremdverdächtigung iS des § 164 I ist die bloße **Selbstbegünstigung** zu unterscheiden, durch die jemand einen *gegen ihn bestehenden Tatverdacht* zu entkräften oder von sich abzulenken versucht. Da niemand verpflichtet ist, sich selbst zu belasten, liegt im bloßen Bestreiten der Täterschaft selbst dann keine Verdächtigung iS des § 164 I, wenn dadurch zwangsläufig andere in Verdacht geraten.

**677** Abgrenzungsschwierigkeiten ergeben sich hierbei, wenn der Sachlage nach feststeht, dass bei einer bestimmten Straftat wie etwa bei einem unerlaubten Entfernen vom Unfallort gem. § 142 von zwei tatverdächtigen Personen (zB Fahrzeuginsassen) eine notwendigerweise der Täter gewesen ist. § 164 I scheidet hier nicht nur im Falle des *Leugnens,* sondern nach hM auch dann aus, wenn jeder der beiden Tatverdächtigen den anderen *ausdrücklich* als den Fahrer des PKW und damit als Täter bezeichnet, weil allein dadurch die Beweislage nicht verändert und der aus der gegebenen Sachlage folgende Tatverdacht nicht verstärkt wird[22]. Die explizite Bezichtigung des anderen hat hier deshalb keinen über das bloße Bestreiten hinausgehenden Erklärungsgehalt.

---

18  Ausf. zum Ganzen *Küper,* GA 18, 359; siehe auch MüKo-*Zopfs,* § 164 Rn 22; SSW-*Jeßberger,* § 164 Rn 9.

19  NK-*Vormbaum,* § 164 Rn 14, 29; SK-*Rogall,* § 164 Rn 12.

20  Zu einem lehrreichen Fall siehe OLG Stuttgart NStZ-RR 14, 276 (mit zust. Anm. *Hecker,* JuS 15, 182) und 39. Aufl. Rn 695.

21  Bejahend die hM; vgl nur LK-*Ruß,* § 164 Rn 15 mwN; aA MüKo-*Zopfs,* § 164 Rn 31 und SK-*Rogall,* § 164 Rn 24, nach denen in solchen Fällen nur § 164 II in Betracht kommen soll; differenz. S/S-*Bosch/Schittenhelm,* § 164 Rn 10.

22  Näher OLG Düsseldorf JZ 92, 978 (mit krit. Anm. *Mitsch*); LK-*Ruß,* § 164 Rn 6; MüKo-*Zopfs,* § 164 Rn 26; S/S-*Bosch/Schittenhelm,* § 164 Rn 5; aA OLG Celle NJW 65, 62; *Dehne-Niemann,* NStZ 15, 677, 679 mwN in Fn 21. Der BGH hat über solche Konstellationen allerdings bislang noch nicht entschieden; vgl BGHSt 60, 198.

*Tathandlung nach § 164 I*  **§ 16 I 2**

**Anders** verhält es sich nach hM jedoch dann, wenn ein Tatverdächtiger zusätzliche Tatsachen behauptet, die auf die Täterschaft des anderen hindeuten, oder wenn er **die Beweislage** zum Nachteil des anderen **verfälscht** (vgl den Sachverhalt in OLG Hamm VRS 32 [1967], 441). Entsprechendes gilt, wenn ein Angeklagter einen bis dahin Unverdächtigen beschuldigt[23] oder einen Belastungszeugen durch bewusst wahrheitswidrige Behauptungen **positiv der Falschaussage** bezichtigt oder gar wider besseres Wissen eine Strafanzeige gegen ihn erstattet. Wer in dieser Weise einen unbegründeten Tatverdacht gegen den Zeugen konstruiert, verdächtigt ihn iS des § 164 und überschreitet die Grenze dessen, was noch als zulässige Selbstbegünstigung zu Verteidigungszwecken hingenommen werden kann[24].

§ 164 I setzt eine falsche, dh **objektiv unwahre** Verdächtigung voraus. Umstritten ist, ob dafür die **Unrichtigkeit** des unterbreiteten **Tatsachenmaterials** genügt oder ob es darüber hinaus *auch* auf die **Unschuld des Betroffenen** ankommt. Nach hL ist allein die Unwahrheit der vorgebrachten Verdachtstatsachen entscheidend. Denn auch ein Schuldiger habe Anspruch darauf, nicht auf Grund falschen Beweismaterials in ein Verfahren verwickelt zu werden[25]. Anders die Rechtsprechung: Dem Wortlaut des § 164 I zufolge müsse sich die Falschheit der Verdächtigung auf die *rechtswidrige Tat* (oder die Dienstpflichtverletzung) beziehen. Habe der Beschuldigte aber die Tat, die ihm angelastet werde, tatsächlich begangen, dann sei die Verdächtigung nicht falsch.

**678**

**Beispiel:** Wer der Wahrheit zuwider behauptet, den Beschuldigten bei der Tat beobachtet zu haben, oder wer sonst falsche Beweismittel bzw Beweisanzeichen für die rechtswidrige Tat eines anderen vorbringt, macht sich nach Ansicht der Rechtsprechung nicht nach § 164 I strafbar, wenn der Verdächtige die betreffende Tat wirklich oder möglicherweise begangen hat[26].

Bloße Übertreibungen, das Weglassen von Nebensächlichkeiten oder die entstellte Wiedergabe von belanglosen Begleitumständen machen eine Anschuldigung noch nicht falsch[27]. Anders liegt es beim Hinzudichten qualifizierender Merkmale (zB das Verwenden eines Schlagstocks bei einer einfachen Körperverletzung) oder bei der wahrheitswidrigen Schilderung von Umständen, die eine Strafbarkeit nach ganz anderen Strafvorschriften begründen (zB die Darstellung einer Körperverletzung als Raubüberfall). Maßgebend ist hier die Richtigkeit oder Unrichtigkeit des die Verdachtsgrundlage bildenden **Tatsachenkerns**[28].

**679**

Um keine Falschverdächtigung iS des § 164 I handelt es sich, wenn die Strafverfolgungsorgane aus wahren tatsächlichen Angaben lediglich falsche rechtliche Schlüsse ziehen und irrig einen Verdacht herleiten[29].

---

23  BGH StV 16, 807 mit Anm. *Zopfs.*
24  Zutreffend *Keller,* Anm. JR 86, 30 zu BayObLG NJW 86, 441; ähnlich *Langer,* JZ 87, 804 und Lackner-FS, S. 541, 568; SK-*Rogall,* § 164 Rn 16.
25  Vgl *Fezer,* Anm. NStZ 88, 177; *Küper/Zopfs,* BT Rn 589; *Langer,* Tröndle-FS, S. 265; MüKo-*Zopfs,* § 164 Rn 34; NK-*Vormbaum,* § 164 Rn 50 ff; S/S-*Bosch/Schittenhelm,* § 164 Rn 16; BVerfG NJW 08, 571 hat diese Ansicht verfassungsrechtlich nicht beanstandet.
26  BGHSt 35, 50; OLG Rostock NStZ 05, 335; ebenso *Fischer,* § 164 Rn 6; *Schilling,* GA 84, 345 und Armin Kaufmann-GedS, S. 595.
27  Vgl BGH JR 53, 181; BayObLG NJW 56, 273.
28  Siehe *Lackner/Kühl,* § 164 Rn 7; SK-*Rogall,* § 164 Rn 28 mwN.
29  RGSt 71, 167, 169; KG JR 63, 351; OLG Köln MDR 61, 618.

**§ 16** *Falschverdächtigung, Vortäuschen einer Straftat und Strafvereitelung*

**680** Eine Tatbestandsverwirklichung durch *pflichtwidriges* **Unterlassen** ist nach hM möglich[30].

**Beispiel:** Das Fortdauernlassen eines Ermittlungsverfahrens, das auf Grund einer gutgläubig erstatteten, inzwischen aber als falsch erkannten Beschuldigung eingeleitet worden ist.

**681** Im **Fall 40** hat B seine Ehefrau F bei einer zur Entgegennahme von Anzeigen zuständigen Stelle (§ 158 StPO) durch unwahre Angaben der Begehung einer rechtswidrigen Tat (§ 142) verdächtigt und einen bis dahin dem Täterkreis nach noch unbestimmten **Tatverdacht auf sie gelenkt.** Das ist *wider besseres Wissen* geschehen und in der *Absicht*, ein Ermittlungsverfahren gegen F herbeizuführen (§§ 163, 152 II StPO).

Am **subjektiven Tatbestand** fehlt es hier nicht etwa deshalb, weil B im Endeffekt nur sich selbst vor einer Strafverfolgung schützen wollte. Für die in § 164 I genannte **Absicht** genügt nach hM jedenfalls der **zielgerichtete Wille**[31]. Die Herbeiführung des Ermittlungsverfahrens gegen F bildete in diesem Sinne ein von B angestrebtes Zwischenziel auf dem Wege zu seinem Endziel.

Hiernach hat B den Tatbestand des § 164 I voll verwirklicht. Ob ihm die Irreführung der Straftatverfolgungsorgane gelungen ist oder nicht, spielt für die **Tatvollendung** keine Rolle (vgl MüKo-*Zopfs*, § 164 Rn 14; S/S-*Lenckner/Bosch*, § 164 Rn 35). Fraglich ist aber, ob auf Grund der **„Einwilligung"** der F nicht die **Rechtswidrigkeit** der Tat entfällt.

Rechtfertigende Kraft hätte die in der Aufforderung an B, sie falsch anzuschuldigen, liegende Billigung nur gehabt, wenn F zur Verfügung über die betroffenen Rechtsgüter befugt gewesen wäre. Das ist jedoch im Hinblick auf die **innerstaatliche Rechtspflege** zu verneinen. Eine Falschverdächtigung bleibt daher auch dann rechtswidrig und strafbar, wenn der Verdächtigte mit der Tat einverstanden war; seine Einwilligung beseitigt nur das Bekanntmachungsrecht aus § 165 (BGHSt 5, 66; OLG Düsseldorf NJW 62, 1263; anders diejenigen, die durch § 164 nur die Individualgüter des Verdächtigten geschützt sehen; vgl Rn 666). B hat sich somit gem. § 164 I strafbar gemacht, der § 145d II Nr 1 verdrängt.

F hat den B in strafbarer Weise zur Falschverdächtigung **angestiftet** (§§ 164 I, 26; näher RGSt 59, 34). Dahinter tritt der Verstoß gegen § 145d II Nr 1, der in ihrer wahrheitswidrigen Selbstbezichtigung liegt, zurück. Einer Bestrafung aus § 258 I, IV steht das *Angehörigenprivileg* des § 258 VI entgegen.

### 3. Tathandlung nach § 164 II

**682** Der **Tatbestand des § 164 II** erweitert den Anwendungsbereich der Vorschrift auf das Aufstellen einer **sonstigen Behauptung tatsächlicher Art**, die **geeignet** ist, ein behördliches Verfahren oder andere behördliche Maßnahmen gegen den Verdächtigten herbeizuführen (zB ein Verfahren nach dem OWiG oder die Entziehung einer Konzession)[32]. Anders als bei § 164 I genügt das Schaffen einer falschen Beweislage hier auch nach hM angesichts des Erfordernisses einer Behauptung nicht (SK-*Rogall*, § 164 Rn 37). In **subjektiver Hinsicht** besteht zwischen § 164 I und II kein Unterschied.

---

30  BGHSt 14, 240, 246; *Kindhäuser/Schramm*, BT I § 52 Rn 17; S/S-*Bosch/Schittenhelm*, § 164 Rn 21; aA NK-*Vormbaum*, § 164 Rn 22; SK-*Rogall*, § 164 Rn 17.
31  BGHSt 13, 219; 18, 204; beachte aber NK-*Vormbaum*, § 164 Rn 62 ff und *Wessels/Beulke/Satzger*, AT Rn 325 ff gegen BayObLG JR 86, 28; OLG Düsseldorf NJW 00, 3582 und die hL.
32  BGH MDR/H 78, 623; BayObLG NJW 58, 1103; näher NK-*Vormbaum*, § 164 Rn 75 ff.

*Schutzzweck* **§ 16 II 1**

## 4. Prüfungsaufbau: Falsche Verdächtigung, § 164

---

**Falsche Verdächtigung, § 164**                                                                          **683**

**I. Tatbestandsmäßigkeit**
  **1. Objektiver Tatbestand**
    **a) Tatobjekt: ein anderer Mensch**
    **b) Tathandlung:**
      **aa)** – **einer rechtswidrigen Tat oder der Verletzung einer Dienstpflicht Verdächtigen (Abs. 1)**
          Ⓟ reine Beweismittelmanipulation
          Ⓟ Abgrenzung zur bloßen Selbstbegünstigung
          Ⓟ falsche Verdachtstatsachen bei schuldigem Betroffenen
         – **(oder) eine sonstige Behauptung tatsächlicher Art Aufstellen, die zum Herbeiführen oder Fortdauer behördlicher Verfahren oder Maßnahmen geeignet ist (Abs. 2)**
      **bb) bei einer Behörde, einem zur Entgegennahme von Anzeigen zuständigen Amtsträger, einem militärischen Vorgesetzten oder öffentlich**
  **2. Subjektiver Tatbestand**
    **a) wider besseres Wissen: mindestens direkter Vorsatz bzgl 1**
    **b) Absicht, ein behördliches Verfahren oder andere behördliche Maßnahmen gegen ihn herbeizuführen oder fortdauer zu lassen**
      → direkter Vorsatz nach *hM* ausreichend
**II. Rechtswidrigkeit**
**III. Schuld**

---

## II. Vortäuschen einer Straftat

---

**Fall 41:** Die D ist auf einem Volksfest Opfer eines Taschendiebstahls geworden. In der ent-   **684**
wendeten Geldbörse befanden sich immerhin 200 €. Sie erstattet daher auf dem nächsten
Polizeirevier Strafanzeige. Um ihrem Anliegen Nachdruck zu verleihen, behauptet D, der
unbekannte Täter habe sie am Rand des Festgeländes hinterrücks zu Boden gestreckt und
sodann die Geldbörse samt Inhalt an sich genommen.

Hat D sich strafbar gemacht? **Rn 688, 691**

---

### 1. Schutzzweck

§ 145d soll gewisse Lücken schließen, die § 164 offen lässt[33]. Die Norm schützt zu-   **685**
nächst die **Rechtspflege** vor *ungerechtfertigter („sinnloser") Inanspruchnahme* des
inländischen staatlichen Verfolgungsapparats und der damit verbundenen Schwächung
der Verfolgungsintensität[34]. Darüber hinaus dient sie durch Abs. 1 Nr 2, Abs. 2 Nr 2,
Abs. 3 Nr 3 auch dem Schutz der *Gefahrenabwehrorgane*. Ziel ist es, ein unnützes Tätigwerden der jeweils zuständigen Organe zu verhindern (BGHSt 6, 251; 19, 305).

---

33  RGSt 71, 306; *Maurach/Schroeder*, BT II § 99 Rn 2.
34  BGH NStZ 84, 360; BayObLG NJW 88, 83; krit. zur Legitimation *Stübinger*, GA 04, 338.

227

**§ 16** *Falschverdächtigung, Vortäuschen einer Straftat und Strafvereitelung*

## 2. Tathandlungen

**686** **a)** Gegenstand des Vortäuschens ist bei § 145d I Nr 1 die **Begehung** einer **rechtswidrigen Tat** iS des § 11 I Nr 5, bei Nr 2 das **Bevorstehen** einer Tat iS des § 126 I. Unter **Vortäuschen** versteht man das Erregen oder Verstärken des falschen Verdachts durch ausdrückliche oder konkludente Tatsachenbehauptung, durch Schaffen einer verdachtserregenden Beweislage oder durch Selbstbezichtigung (*Küper/Zopfs*, BT Rn 738 mwN). Auch die Strafanzeige gegen Unbekannt wird, anders als bei § 164, erfasst (näher Rn 694). Die Handlung muss *geeignet* sein, eine Behörde oder zuständige Stelle zum *sinnlosen* Einschreiten zu veranlassen. Besteht kein Grund zu Ermittlungen, ist der Tatbestand nicht erfüllt[35] – so etwa, wenn jemand zwar eine rechtswidrige Tat vortäuscht, die aber nach seinen eigenen Ausführungen entschuldigt oder bereits verjährt ist. Ob es im Falle eines geeigneten Vortäuschens dann tatsächlich zu einem sinnlosen Einschreiten der Behörde kommt, ist dagegen unerheblich.

**687** Zur Entgegennahme von Anzeigen zuständige Stellen sind neben Behörden iS des § 11 I Nr 7 (dazu *Fischer*, § 11 Rn 29) ua bestimmte militärische Dienststellen, nach hL auch Untersuchungsausschüsse der Parlamente. Die zuständige Stelle braucht nicht unmittelbar Adressat der Täuschungshandlung zu sein. So kann etwa das Verschicken angeblicher Milzbrandbriefe an Dritte, die dann eine Polizeidienststelle informieren, genügen[36]; Gleiches gilt für das Posten angeblicher Straftaten auf Facebook (dazu *Hoven*, ZStW 129 [2017], 718, 735 ff). Erforderlich ist aber stets, dass die zuständige Stelle tatsächlich Kenntnis erlangt, davor liegt allenfalls ein strafloser Versuch vor[37].

**688** Da D keine *bestimmte* Person verdächtigt hat, scheidet im **Fall 41** § 164 aus. In Betracht kommt jedoch § 145d I Nr 1. D hat die Strafanzeige (§ 158 StPO) auf einem Polizeirevier, dh einer iS des § 145 zuständigen Stelle erstattet. Die Anzeige betraf rechtswidrige Taten iS des § 11 I Nr 5, nämlich einen tateinheitlich mit Körperverletzung begangenen Raub. Solche Taten (im materiellen Sinn) waren nicht begangen worden, wohl aber ein Diebstahl. Da auch er eine rechtswidrige Tat iS des § 11 I Nr 5 ist, scheint auf den ersten Blick § 145d I Nr 1 in Anbetracht seins Schutzzwecks (siehe Rn 685) nicht verwirklicht zu sein.

Denn zwar war bezogen auf die angezeigten Taten ein falscher Verdacht erweckt; der Anzeige lag aber mit dem begangenen Diebstahl gleichwohl eine rechtswidrige Tat zu Grunde. Zu fragen ist, ob § 145d I Nr 1 dennoch zum Zuge kommt.

**689** Noch nicht abschließend geklärt ist, ob und gegebenenfalls ab wann der hervorgerufene Verdacht als „falsch" zu bewerten ist, wenn eine rechtswidrige Tat zwar vorliegt, jedoch die vorgetäuschte Tat nicht mit ihr übereinstimmt (Täuschung mit „Wahrheitskern")[38]. Die **Rspr.** verneint § 145d I Nr 1, wenn die falsche Schilderung nur eine Übertreibung oder Vergröberung einer tatsächlich begangenen rechtswidrigen Tat darstellt.

---

35 Näher SK-*Rogall*, § 145d Rn 17; aA S/S-*Sternberg-Lieben*, § 145d Rn 7.
36 Vgl OLG Frankfurt NStZ-RR 02, 209; *Hoffmann*, GA 02, 385, 393; ferner *Schramm*, NJW 02, 419.
37 MüKo-*Zopfs*, § 145d Rn 14; NK-*Kretschmer*, § 145d Rn 15.
38 Dazu eingehend *Krümpelmann*, ZStW 96 (1984), 999; NK-*Schild/Kretschmer*, § 145d Rn 14.

*Tathandlungen* **§ 16 II 2**

**Beispiel:** Das Hinzudichten eines Faustschlags zu einem begangenen schweren Raub, das Vortäuschung qualifizierender Tatumstände (so OLG Hamm NJW 71, 1342), die Darstellung einer lediglich strafbar versuchten Tat als vollendet (OLG Hamm NStZ 87, 558), die Vorspiegelung einer größeren Beute beim Diebstahl (OLG Hamm NJW 82, 60; BayObLG NJW 88, 83).

Die Grenze zu § 145d I Nr 1 soll der Rechtsprechung zufolge erst überschritten sein, wenn die Tat durch die hinzugefügten unrichtigen Angaben ein *völlig anderes Gepräge*, einen anderen „Charakter" erhält. In einem solchem Fall liege der Umfang der erforderlichen Ermittlungsmaßnahmen, vom Zeitpunkt der Tathandlung aus beurteilt, hinsichtlich des vorgetäuschten Delikts *erheblich* über demjenigen hinsichtlich des begangenen Delikts (so OLG Karlsruhe MDR 92, 1166 mit instruktiver Darstellung des Meinungsstands)[39]. Teile des **Schrifttums** schlagen dagegen vor, auf das Verfälschen eines Vergehens zum Verbrechen (iS des § 12 I) oder das Aufbauschen eines Antrags- oder Privatklagedelikts zum Offizialdelikt abzustellen[40]. Andere wollen danach unterscheiden, inwieweit das vorgetäuschte und das tatsächliche Geschehen sich *partiell* überschneiden[41] bzw die vorgetäuschten Umstände ohnehin abzuklären gewesen wären[42] (bejahendenfalls jeweils keine Gefahr sinnloser Ermittlungen).

**690**

Im **Fall 41** hat D sich, folgt man der Rspr., gem. § 145d I Nr 1 strafbar gemacht, da der Raub als verselbstständigte Abwandlung und die Körperverletzung ein ganz anderes Gepräge haben als der einfache Diebstahl.

**691**

**Fall 42:** Die Architektin A, der die Fahrerlaubnis entzogen worden ist, befährt mit ihrem PKW eine Landstraße. Ihre Schwester S, die sich im Besitz einer gültigen Fahrerlaubnis befindet, begleitet sie als Beifahrerin. Als ein von links kommender und in der Dämmerung unerkannt bleibender Motorradfahrer plötzlich unter Missachtung der Vorfahrt die Fahrbahn überquert, wird A zu so heftigem Bremsen gezwungen, dass ihr Wagen auf dem nassen Pflaster ins Schleudern gerät und im Graben landet. A und S bleiben unverletzt. Beim Eintreffen der Polizei gibt S sich absprachegemäß als Fahrerin aus, während A ihre Angaben bekräftigt.
Strafrechtliche Beurteilung der Falschangaben? **Rn 697**

**692**

§ 164 I scheidet hier schon deshalb aus, weil S eine gültige Fahrerlaubnis besitzt, durch A also nicht einer **rechtswidrigen Tat** verdächtigt worden ist. Für das Vorliegen einer Ordnungswidrigkeit in ihrer Person fehlt ebenfalls jeder Anhaltspunkt, sodass auch § 164 II außer Betracht bleibt.

A kann sich aber (abgesehen von dem Verstoß gegen § 21 I Nr 1 StVG) nach § 145d II Nr 1 strafbar gemacht haben.

---

39   Im Erg. ebenso BGH NStZ 15, 514 mit krit. Anm. *Krell/Eibach*, StV 16, 159, die den prozessualen Tatbegriff fruchtbar machen wollen.
40   Zu Ersterem *Krümpelmann*, ZStW 96 (1984), 999, 1022; zu Letzterem *Stree*, NStZ 87, 559. Abl. zu beiden Ansätzen OLG Hamm NStZ 87, 558; anders OLG Karlsruhe MDR 92, 1166, das sie als Indizien für die von der Rspr. geforderte Charakterveränderung einsetzen will.
41   SK-*Rogall*, § 145d Rn 20 f.
42   MüKo-*Zopfs*, § 145d Rn 24 f.

229

## § 16 *Falschverdächtigung, Vortäuschen einer Straftat und Strafvereitelung*

**693** **b)** Eine **Täuschungshandlung** iS des § 145d II Nr 1 liegt vor, wenn der Tatverdacht auf Unbeteiligte gelenkt wird oder die Straftatverfolgungsorgane durch konkrete Falschangaben zu **unnützen Maßnahmen in der falschen Richtung** veranlasst werden sollen. Ungeachtet der an den Versuch erinnernden Formulierung „zu täuschen sucht" ist die Tat wie bei § 145 I erst vollendet, wenn die zuständige Stelle Kenntnis erlangt; der Gesetzgeber wollte lediglich zum Ausdruck bringen, dass auch hier die *Eignung* genügt, die Behörde zu sinnlosen Maßnahmen zu veranlassen, ein tatsächliches Tätigwerden also wiederum nicht erforderlich ist[43].

**694** Geht die Initiative vom Täter der rechtswidrigen Tat selbst aus, kann das Täuschen auch durch eine mit konkreten Hinweisen verbundene **Strafanzeige gegen Unbekannt** begangen werden[44]. Die bloße Abwehr eines bereits bestehenden Tatverdachts im Wege des *Leugnens* oder durch Berufung auf den *„großen Unbekannten"* genügt aber nicht[45], da § 145d II Nr 1 nicht jede Erschwerung der Strafverfolgung pönalisieren will. Handlungen, die lediglich die Ermittlungtätigkeiten der Strafverfolgungsbehörden behindern, diese aber nicht zu unnützen Maßnahmen in die falsche Richtung veranlassen, werden nicht erfasst.

**Beispiel:** Wer dem Verdächtigen ein falsches Alibi verschafft, um so den Tatverdacht von ihm abzulenken[46], verweist die Behörde allein damit noch nicht auf eine falsche Fährte und macht sich deshalb nicht nach § 145d II Nr 1 (uU aber wegen Strafvereitelung nach § 258) strafbar.

**695** Umstritten ist, ob § 145d II Nr 1 eine *wirklich begangene* Tat voraussetzt[47] oder ob es genügt, dass der Täuschende beim **Vorliegen konkreter Verdachtsgründe** die Tatbegehung **irrig annimmt**[48].

**696** § 145d tritt zurück, soweit die Tat in den §§ 164, 258, 258a mit Strafe bedroht ist (= *spezielle* Subsidiarität). Nach der *ratio legis* gilt dies aber nur, wo tatsächlich eine **Bestrafung** aus dem schwereren Gesetz erfolgt. Scheitert eine solche Bestrafung an § 258 V, VI, bleibt § 145d anwendbar[49]. Dies folgt daraus, dass der Verstoß gegen § 145d II Nr 1 die Strafverfolgungsorgane zu unnützen Maßnahmen in die falsche Richtung veranlasst und insoweit über die Verletzung des in § 258 geschützten Rechtsguts hinaus zusätzliches Strafunrecht verwirklicht.

**697** Im **Fall 42** hat A durch ihre unrichtigen Angaben das **Vorliegen** einer **rechtswidrigen Tat** iS des § 11 I Nr 5 *schlechthin* geleugnet, die Polizei also nicht etwa zu *unnützen Maßnahmen in die falsche Richtung* veranlasst, sondern gerade zur **Einstellung jeglicher Ermittlungen** bewegen wollen. Ein solches Verhalten fällt nicht unter § 145d II Nr 1 (BGHSt 19, 305, 307). Auch S hat nicht gegen diese Vorschrift verstoßen, da sie über die bloße Entlastung der A nicht hinausgegangen ist; bei § 258 kommt ihr das Angehörigenprivileg zugute (§§ 258 VI, 11 I Nr 1a).

---

43  MüKo-*Zopfs*, § 145d Rn 33; NK-*Kretschmer*, § 145d Rn 15.
44  BGHSt 6, 251, 255; *Otto*, BT § 95 Rn 18.
45  OLG Celle NJW 61, 1416; MüKo-*Zopfs*, § 145d Rn 34 mwN.
46  BayObLG JR 85, 294 mit Anm. *Kühl*.
47  So OLG Frankfurt NJW 75, 1895; *Fischer*, § 145d Rn 7; *Kindhäuser/Schramm*, BT I § 53 Rn 20.
48  So OLG Hamm NJW 63, 2138 mit Anm. *Morner*, NJW 64, 310; SSW-*Jeßberger*, § 145d Rn 14; differenzierend SK-*Rogall*, § 145d Rn 25; Überblick bei *Küper/Zopfs*, BT Rn 505.
49  OLG Celle JR 81, 34; BayObLG NJW 84, 2302 und 78, 2563; *Kuhlen*, JuS 90, 396.

*Schutzzweck und Systematik* **§ 16 III 1**

## 3. Prüfungsaufbau: Vortäuschen einer Straftat, § 145d

---

**Vortäuschen einer Straftat, § 145d**  698

**I. Tatbestandsmäßigkeit**
  **1. Objektiver Tatbestand**
    **a) Tathandlung:**
      – **Vortäuschen der Begehung einer rechtswidrigen Tat (Abs. 1 Nr 1)**
        Ⓟ Täuschung mit Wahrheitskern
      – **oder des Bevorstehens einer in § 126 I genannten Tat (Abs. 1 Nr 2)**
      – **oder Täuschung über den Beteiligten an einer rechtswidrigen Tat (Abs. 2 Nr 1)**
        Ⓟ Strafanzeige gegen Unbekannt durch den Täter selbst
        Ⓟ irrige Annahme einer Tat bei Vorliegen konkreter Verdachtsgründe
      – **oder Täuschung über den Beteiligten an einer bevorstehenden Tat iS des § 126 I (Abs. 2 Nr 2)**
    **b) bei einer Behörde oder einer zur Entgegennahme von Anzeigen zuständigen Stelle**
  **2. Subjektiver Tatbestand**
    **a) Vorsatz bzgl 1**
    **b) wider besseres Wissen bzgl der Unrichtigkeit der Behauptung**

**II. Rechtswidrigkeit**

**III. Schuld**

---

## III. Strafvereitelung

**Fall 43:** Gegen den Musiker M ist Anklage wegen Meineides erhoben worden, nachdem 699 seine Ehefrau F ihn auf Grund eines ehelichen Zerwürfnisses angezeigt und durch die Preisgabe von Tatsachen belastet hat, die M ihr anvertraut hatte. Kurz vor der Hauptverhandlung eröffnet M seiner Strafverteidigerin S, dass er sein bisheriges Bestreiten aufgeben und ein Geständnis ablegen wolle, weil er sich inzwischen mit F ausgesöhnt habe und seine Richter zur Milde stimmen möchte. S rät ihm davon dringend ab, da sie mit einem Freispruch rechnet, falls F nunmehr die Aussage verweigert. Um in dieser Hinsicht Klarheit zu gewinnen, lässt sie sich von F eine entsprechende Zusage geben. Dem Rat der S folgend, verweigert M in der Hauptverhandlung jede Einlassung zur Sache, während F von ihrem Zeugnisverweigerungsrecht Gebrauch macht. M wird aus tatsächlichen Gründen freigesprochen.

Hat S sich der Strafvereitelung schuldig gemacht, wenn sie von der Begründetheit der Anklage überzeugt war? **Rn 712**

### 1. Schutzzweck und Systematik

§ 258 schützt die innerstaatliche **Strafrechtspflege** (BGHSt 45, 97). Der besseren 700 Übersicht wegen wird in § 258 I und II zwischen **Verfolgungs-** und **Vollstreckungsvereitelung** unterschieden (dementsprechend zu beachten sind §§ 77, 78). Die Ausgestaltung als Erfolgsdelikt mit Versuchsstrafbarkeit (§ 258 IV) lässt dem Täter bis zum Eintritt des Vereitelungserfolges die Möglichkeit des strafbefreienden Rücktritts (§ 24). Nach § 258 I, II muss die Tat zu Gunsten **eines anderen** begangen werden;

**§ 16** *Falschverdächtigung, Vortäuschen einer Straftat und Strafvereitelung*

wer nur sich *selbst* der strafrechtlichen Verfolgung oder Vollstreckung entzieht, handelt nicht tatbestandsmäßig. Der notstandsähnlichen Lage dessen, der durch die Tatbestandsverwirklichung *zugleich für sich selbst* einen Vereitelungserfolg erstrebt, trägt § 258 V durch Gewährung eines *persönlichen Strafausschließungsgrundes* Rechnung. Straffrei bleibt ferner, wer die Tat zu Gunsten eines Angehörigen begeht (§ 258 VI; dazu Rn 717).

**701** Der **Qualifikationstatbestand** des § 258a bildet für die dort genannten Amtsträger ein „uneigentliches" Amtsdelikt (siehe Rn 719 f).

## 2. Verfolgungsvereitelung

**702** Eine **Verfolgungsvereitelung** (§ 258 I) begeht, wer absichtlich oder wissentlich ganz oder zum Teil vereitelt, dass ein anderer dem Strafgesetz gemäß wegen einer rechtswidrigen Tat (§ 11 I Nr 5) bestraft oder einer Maßnahme (§ 11 I Nr 8) unterworfen wird. Die Vereitelungshandlung muss sich somit auf eine **Vortat** beziehen, aus der ein *strafgesetzlich begründetes* Recht zur Bestrafung oder Anordnung einer Maßnahme gegen denjenigen erwachsen ist, der dem Zugriff der Strafrechtspflege entzogen werden soll.

**703** Wer einem anderen, den er nur *irrigerweise* für strafbar hält, Beistand leistet, begeht zwar keine vollendete, aber eine versuchte Strafvereitelung. Das gilt auch dann, wenn der Irrtum auf falschen rechtlichen Erwägungen beruht, der Täter also zB fälschlicherweise ein Verhalten als strafbar ansieht, das nur eine OWi darstellt (BGHSt 210; a.A. BayObLG JR 81, 296)[50]. Greift dagegen jemand in rechtswidriger Weise in ein schwebendes Strafverfahren ein, um einen **zu Unrecht** Beschuldigten und auch von ihm für unschuldig Gehaltenen der drohenden Verurteilung zu entziehen, so scheidet ein Verstoß gegen § 258 I aus, weil sein Verhalten sich nicht gegen ein *wirklich bestehendes* Ahndungsrecht des Staates richtet. Das Gericht, das über eine **Verfolgungsvereitelung** iS des § 258 I befindet, hat (anders als im Falle des § 258 II) die Begehung der Vortat nebst all ihren Voraussetzungen *selbstständig zu prüfen*, ohne dabei an eine schon erfolgte Verurteilung oder Freisprechung des Vortäters gebunden zu sein[51].

**704** Welche Merkmale die **Vortat** aufweisen muss, hängt davon ab, ob die Vereitelungshandlung die **Bestrafung** des Vortäters oder nur die **Anordnung einer Maßnahme** iS des § 11 I Nr 8 betrifft.

Soweit es um die Vereitelung einer Bestrafung geht, müssen alle Voraussetzungen für eine solche gegeben sein. Der Täter muss also *schuldhaft* gehandelt haben und es darf weder ein Strafausschließungs- oder Strafaufhebungsgrund eingreifen noch ein endgültig wirkendes Verfolgungshindernis (zB Verjährung) vorliegen. Steht dagegen die Vereitelung der Anordnung einer Maßnahme nach § 11 I Nr 8 (Maßregel der Besserung und Sicherung, Verfall, Einziehung, Unbrauchbarmachung) in Rede, kommt es darauf an, ob die konkrete Maßnahme schuldhaftes Verhalten voraussetzt (zB die Sicherungsverwahrung, vgl § 66) oder ob die Rechtswidrigkeit genügt (etwa die Unterbringung in einem psychiatrischen Krankenhaus oder einer Entziehungsanstalt, vgl §§ 63, 64). Näher zu den Einzelproblemen der Vortat sowie zur Abgrenzung

---

50 Näher *Rengier*, AT, § 35 Rn 26 ff; *Puppe*, Herzberg-FS, S. 285, 286; SK-*Jäger*, § 22 Rn 54; zur Gegenauffassung s. *Burkhardt*, JZ 1981, 681.
51 BGH MDR/D 69, 194; RGSt 58, 290; teilweise anders *Zaczyk*, GA 88, 356, der bei *freisprechenden* Urteilen eine Bindungswirkung bejaht, sofern nicht ein Wiederaufnahmegrund vorliegt.

232

zwischen Strafvereitelung und Beihilfe zur Vortat einerseits *Maurach/Maiwald*, BT II § 100 Rn 12 und LK-*Ruß*, 11. Aufl., § 258 Rn 7 andererseits.

Die **Tathandlung** des „Vereitelns" kann in einem Tun oder, soweit eine besondere **705** Rechtspflicht zum Tätigwerden iS des § 13 existiert, auch in einem Unterlassen bestehen[52].

**Beispiel:** Ein Vereiteln durch Unterlassen liegt der Rechtsprechung zufolge im Falle des unberechtigt die Aussage verweigernden Belastungszeugen vor, da dieser aufgrund seiner besonderen strafprozessualen Pflichtenstellung Garant für die staatliche Strafrechtspflege sei[53].

Das „Vereiteln" muss seiner Art und Zielsetzung nach darauf ausgerichtet sein, die **706** Realisierung des in § 258 I umschriebenen Ahndungs- oder Anordnungsrechts durch eine **Besserstellung des Vortäters** ganz oder teilweise zu verhindern. Bloßes Zusammenleben mit einem polizeilich gesuchten Straftäter genügt dafür nicht[54]; ebenso wenig andere sozialadäquate, auch berufstypische Verhaltensweisen, wobei hier viel von den konkreten Umständen abhängt[55].

Wer nicht einen anderen, sondern nur **sich selbst** der strafrechtlichen Verfolgung entzieht, handelt nicht tatbestandsmäßig. Wo die Grenze zwischen der nicht strafbaren Teilnahme an einer tatbestandslosen Selbstbegünstigung und strafbarer Täterschaft iS des § 258 verläuft, ist umstritten und noch nicht abschließend geklärt[56]. Wer den Vortäter, der bereits mit seiner Verhaftung rechnet, zur Flucht überredet oder ihn in anderer Weise ohne Besserstellung gegenüber den Strafverfolgungsorganen psychisch unterstützt, gewährt ihm noch nicht den Beistand, dessen Ausschaltung § 258 bezweckt. Wer jedoch über das bloße Fördern solcher Selbstbegünstigungshandlungen hinausgeht, die **Besserstellung des Vortäters** anstrebt und gerade dadurch zur Strafvereitelung beiträgt, dass er den Vortäter beispielsweise zur wahrheitswidrigen Belastung Dritter auffordert[57], auf eine bevorstehende Verhaftung oder Durchsuchung hinweist, ihm bei der Beseitigung von Überführungsstücken hilft, ihm eine andere Unterkunft als Versteck verschafft[58] oder ihm Geld, gefälschte Ausweispapiere und dergleichen zum Zwecke der Flucht besorgt, macht sich je nach den Umständen der versuchten oder vollendeten Strafvereitelung schuldig[59]. Typische Vereitelungshandlungen sind ferner die Beseitigung von Tatspuren, das Trüben von Beweisquellen sowie die Behinderung der Strafverfolgung durch irreführende Angaben oder Falschaussagen vor Gericht[60]. Zu den Grenzen der **Strafverteidigung** siehe Rn 712.

**Vollendet** ist die Tat mit Eintritt des Vereitelungserfolges. Dazu kommt es nach hM **708** nicht erst, wenn Strafen oder Maßnahmen als Rechtsfolgen der Vortat *endgültig* nicht mehr verhängt werden können, sondern schon dann, wenn das strafgesetzlich begrün-

---

52 Vgl dazu BGHSt 4, 167; OLG Hamburg NStZ 96, 102 mit zust. Anm. *Klesczewski*; S/S-*Stree/Hecker*, § 258 Rn 19; zum Unterlassen einer Festnahme durch Polizeibeamte außerhalb der Dienstausübung OLG Koblenz, NStZ-RR 98, 332. Zum Ganzen auch *Lenk*, NStZ 19, 638.
53 BGH BeckRS 17, 132877 mit zust. Anm. *Jahn*, JuS 18, 296. Dagegen hat BGHSt 43, 82 f die Garantenpflicht verneint für Strafvollzugsbeamte, die Straftaten von Bediensteten an Gefangenen nicht anzeigen.
54 BGH NJW 84, 135 mit Anm. *Rudolphi*, JR 84, 337.
55 Näher zu der noch nicht geklärten Problematik *Frisch*, Lüderssen-FS, S. 539; *Lackner/Kühl*, § 258 Rn 3; NK-*Altenhain*, § 258 Rn 26; *Otto*, Lenckner-FS, S. 193, 215.
56 Zur Kritik an der hM siehe insoweit *Rudolphi*, Kleinknecht-FS, S. 330; die hM verteidigend *Küper*, Schroeder-FS, S. 555.
57 OLG Nürnberg NJW 12, 1895.
58 Vgl OLG Koblenz NJW 82, 2785; OLG Stuttgart NJW 81, 1569.
59 So die hM; *Fischer*, § 258 Rn 7, 10.
60 RGSt 54, 41; BayObLG NJW 66, 2177.

**§ 16** *Falschverdächtigung, Vortäuschen einer Straftat und Strafvereitelung*

dete Ahndungsrecht ganz oder teilweise *für geraume Zeit* nicht verwirklicht worden ist[61]. Es genügt somit, dass der Begünstigte besser gestellt worden ist und dass die Strafe oder Maßnahme erst später, als dies sonst möglich gewesen wäre, verhängt oder vollstreckt wird[62].

**Beispiel:** Der Täter verhilft dem Bankräuber zur Flucht, dem deshalb erst ein halbes Jahr später der Prozess gemacht werden kann.

Eine **Teilvereitelung** ist gegeben, wenn die Tat bewirkt, dass die Strafe bzw Maßnahme **milder** als den wahren Umständen entsprechend ausfällt.

**Beispiel:** Die Verurteilung erfolgt nur wegen Vergehens statt Verbrechens oder bloß aus dem Grunddelikt anstelle der Qualifikation; das Gericht nimmt unzutreffend bestimmte Strafmilderungsgründe an (Beispiel bei *Satzger*, Jura 07, 754, 758; siehe auch *Kleszczewski*, BT § 19 Rn 101).

**709** Fraglich ist, welche Zeitspanne den Begriff der **„geraumen Zeit"** erfüllt. Die untere Grenze dürfte hier bei wenigstens 2 Wochen[63] anzusetzen sein, da eine Verzögerung der Ermittlungen oder der Festnahme für sich allein nicht genügt, sondern vielmehr feststehen muss, dass die „Bestrafung" des Täters oder die Verhängung der Maßnahme ohne die Vereitelungshandlung geraume Zeit früher erfolgt wäre (KG JR 85, 24). Ist Letzteres, wie wohl häufig (man denke an die Terminierung der Gerichte) nicht nachweisbar, kommt nach dem Grundsatz *in dubio pro reo* allenfalls ein Strafvereitelungsversuch in Betracht (BGH wistra 95, 143).

**710** Ein **Versuch** (§ 258 IV) liegt erst vor, wenn der Täter zu der auf Herbeiführung des Vereitelungserfolges gerichteten Handlung unmittelbar ansetzt. Die bloße Zusage eines Zeugen gegenüber dem Strafverteidiger, den Angeklagten durch eine unrichtige Aussage vor Gericht zu entlasten, reicht dazu zB nicht aus; die Grenze zwischen Vorbereitung und Versuch wird in einem solchen Fall erst mit dem **Beginn der Falschaussage** überschritten[64]. Anders verhält es sich, wenn ein **Strafverteidiger** im Vorverfahren Zeugen benennt, die er zu falschen Angaben bewogen hat; hier kann nach hM schon der Antrag auf deren Vernehmung einen Versuch begründen[65].

**711** **Subjektiv** muss der Täter *absichtlich* oder *wissentlich* gehandelt, dh die Besserstellung des Vortäters *erstrebt* oder als die sichere Folge seines Verhaltens vorausgesehen haben[66]. Hinsichtlich der Vortat genügt dagegen *Eventualvorsatz*, wobei es präziser Einzelkenntnisse nicht bedarf[67].

---

61 BGHSt 45, 97, 100; 15, 18, 21; BGH NJW 84, 135; *Fischer*, § 258 Rn 8; mit beachtlicher Begründung gegen eine solche „Strafvereitelung auf Zeit" *Wappler*, Der Erfolg der Strafvereitelung (§ 258 Abs. 1 StGB), 1998, S. 169, 184; NK-*Altenhain*, § 258 Rn 48 ff; *Vormbaum*, Küper-FS, S. 663; dagegen wiederum *Schneider*, Geppert-FS, S. 607, 620 ff.

62 Vgl BGH wistra 95, 143; OLG Koblenz NJW 82, 2785; weit. Nachw. bei *Schneider*, Geppert-FS S. 607, 618 f; zweifelnd BGHSt 51, 333, 343 f; *Dölling*, Anm. JR 00, 379; *Maurach/Maiwald*, BT II § 100 Rn 15; krit. zu diesem Zeitmoment *Lenckner*, Schröder-GedS, S. 339, 342; SK-*Hoyer*, 8. Aufl., § 258 Rn 13 ff; siehe dazu auch *Küper/Zopfs*, BT Rn 588 ff.

63 Mit Blick auf § 229 I StPO für drei Wochen *Jahn*, JZ 06, 1134, 1136; ebenso *Eisele*, BT II Rn 1117; *Beulke/Ruhmannseder*, Rn 133.

64 BGHSt 31, 10 mit abl. Anm. *Beulke*, NStZ 82, 330; die Begründung abl. auch *Haas*, Maiwald-FS, S. 277; BayObLG NJW 86, 202; auf der Basis der Tatherrschaftslehre stellt die Frage sich so nicht, *Lackner/Kühl*, § 258 Rn 10.

65 BGH NStZ 83, 503 mit Anm. *Beulke*; ebenso BGH StV 87, 195; dazu *Fischer*, § 258 Rn 16, 21; vgl auch OLG Karlsruhe MDR 93, 368.

66 Näher BGHSt 46, 53, 58; KG JR 85, 24.

67 Vgl BGHSt 45, 97, 100; BGH NStZ 15, 702; S/S-*Stree/Hecker*, § 258 Rn 24.

Im **Fall 43** hat S dem M von einem Geständnis abgeraten und ihn veranlasst, von seinem **712**
**Schweigerecht** nach § 243 V 1 StPO Gebrauch zu machen (vgl dazu *Wessels*, JuS 66, 169).
Zudem hat S auf die **Ausübung des Zeugnisverweigerungsrechts** nach § 52 I Nr 2 StPO
durch F hingewirkt. Darin liegt jedoch kein Verstoß gegen § 258 I StGB. Denn als Beistand
des Beschuldigten (§ 137 I StPO) und als Organ der Rechtspflege (§ 1 BRAO) darf ein
**Strafverteidiger** sich selbst dann für die Freisprechung seines Mandanten einsetzen, wenn
er von dessen Schuld überzeugt ist oder dieser ihm seine Schuld eingestanden hat. Dies folgt
daraus, dass er bei der Geltendmachung aller für den Beschuldigten sprechenden Umstände
einer besonderen Schweigepflicht unterliegt (§ 203 I Nr 3 StGB) und dass auch das Gesetz
den Freispruch des Angeklagten verlangt, wenn dessen Schuld sich in justizförmiger Weise
nach dem Ergebnis der Beweisaufnahme nicht zweifelsfrei feststellen lässt. Es ist dem Verteidiger auch nicht verwehrt, aussagebereite Zeugen zum Gebrauch ihres Zeugnisverweigerungsrechts zu bewegen, sofern er sich dabei **nicht unlauterer Methoden** bedient
(= Zwang, Drohung, Einschüchterung, Täuschung usw). Er muss sich nur jeder bewussten
Verdunkelung der wahren Sachlage und einer Behinderung der Wahrheitserforschung durch
**prozessual unzulässige Mittel** enthalten. So darf er keine Falschaussage herbeiführen und
den Beschuldigten nicht zum *wahrheitswidrigen* Widerruf eines Geständnisses bestimmen;
von der Pflicht zur Wahrhaftigkeit und vom Verdunkelungsverbot ist der Strafverteidiger
nach hM nämlich nicht freigestellt[68]. Nach BGHSt 46, 53 wird prozessual zulässiges Handeln eines Verteidigers, das auf eine sachgerechte Strafverteidigung abzielt, schon vom Tatbestand des § 258 I nicht erfasst[69].

### 3. Vollstreckungsvereitelung

Die **Vollstreckungsvereitelung** (§ 258 II) betrifft das Ob, Wann und Wieweit der ge- **713**
gen einen anderen **rechtskräftig** verhängten Strafe oder Maßnahme. Anders als im
Fall des § 258 I kommt es hier nicht darauf an, ob die Vortat wirklich begangen worden ist. Die insoweit ergangene Entscheidung ist von dem mit der Vollstreckungsvereitelung befassten Gericht auf ihre *sachliche Richtigkeit* **nicht nachzuprüfen**[70].

Typische Vereitelungshandlungen zu § 258 II sind das Verbergen des rechtskräftig Verurteil- **714**
ten, seine Befreiung aus staatlichem Gewahrsam, Fluchthilfe und das Verbüßen der gegen ihn
verhängten Freiheitsstrafe durch einen anderen. Umstritten ist, ob auch die **Zahlung einer
Geldstrafe für andere** unter § 258 II fällt[71]. Die bejahende Ansicht geht davon aus, dass die
Geldstrafe den Verurteilten persönlich treffen und spezial-präventiv beeinflussen soll; dem
Sinn und Zweck des § 258 II entspreche es daher, ihre Zahlung durch andere *unmittelbar* aus
deren Vermögen zu unterbinden. Der BGH hat jedoch entschieden, Vollstreckungsvereitelung
begehe nur, wer durch Eingriffe in den **äußeren Ablauf des Vollstreckungsverfahrens** (hier

---

68  Näher BGHSt 2, 375; 10, 393; 29, 99, 107; 38, 345; 46, 53; BGH wistra 99, 140; NStZ 06, 510; OLG
    Karlsruhe StV 91, 519; OLG Nürnberg NJW 12, 1895; *Beulke/Swoboda*, Strafprozessrecht, Rn 274 ff;
    *Maurach/Maiwald*, BT II § 100 Rn 20; *Volk/Engländer*, Grundkurs StPO, § 11 Rn 26; anders *Fezer*,
    Stree/Wessels-FS, S. 663, 681. Siehe zu diesem Komplex auch BVerfG StV 06, 522; *Dessecker*, GA
    05, 142; *Scheffler*, StV 92, 299 und 93, 470; ferner die Beiträge von *Eckh. Müller* und *Fahl* in Beulke-
    Symposion, S. 7; 17; zusf. *Beulke*, Roxin-FS, S. 1173; *Fischer*, § 258 Rn 16 ff; SK-*Hoyer*, 8. Aufl.,
    § 258 Rn 24 ff.
69  Ebenso BVerfG StV 06, 522; *Beulke/Swoboda*, Strafprozessrecht, Rn 274; *Lackner/Kühl*, § 258 Rn 8
    mwN.
70  RGSt 73, 331; S/S-*Stree/Hecker*, § 258 Rn 26; aA NK-*Altenhain*, § 258 Rn 62.
71  Bejahend OLG Frankfurt StV 90, 112; *Hillenkamp*, Lackner-FS, S. 455, 466; LK-*Walter*, § 258
    Rn 51; verneinend *Engels*, Jura 81, 581; SK-*Hoyer*, 8. Aufl., § 258 Rn 21.

**§ 16** *Falschverdächtigung, Vortäuschen einer Straftat und Strafvereitelung*

also in die „Beitreibung" der Geldstrafe) bewirke, dass die Strafe oder Maßnahme ganz oder zum Teil mindestens für geraume Zeit nicht verwirklicht werden könne; die bloße „Strafzweckvereitelung" werde von § 258 II dagegen nicht erfasst[72]. § 258 II solle lediglich die Vollstreckung und nicht die mit der Vollstreckung verfolgten Ziele schützen. Eine Störung der Vollstreckung selbst sei aber nicht gegeben, da die Geldstrafe gezahlt werde. Anders verhält es sich allerdings bei der **Freiheitsstrafe**: Hier gilt das Absitzen der Strafe durch einen anderen als Vollstreckungsvereitelung, da die Freiheitsentziehung zwingend auf die Person des Verurteilten bezogen ist.[73]

### 4.  Persönlicher Strafausschließungsgrund

**715**   Nach dem **persönlichen Strafausschließungsgrund des § 258 V** bleibt straffrei, wer die Tat zumindest auch begeht, um selbst nicht bestraft oder einer Maßnahme nicht unterworfen zu werden.

**Beispiel:** Ein Angestellter verschleiert durch das Vernichten von Unterlagen die Unterschlagungen seines Kollegen vor der Polizei, damit seine eigene Beteiligung daran nicht aufgedeckt und strafrechtlich verfolgt wird.

Unter den genannten Voraussetzungen greift § 258 V ohne Rücksicht darauf ein, ob das Selbsthilfebestreben des Täters überwiegt oder nicht und ob die Tathandlung sich auf dieselbe Vortat oder auf verschiedene Vortaten bezieht (vgl BGH NStZ 96, 39). Das Gesetz geht hier von dem Grundsatz aus, dass *jede* Strafvereitelung, die *zugleich zum Zwecke des Selbstschutzes* begangen wird, straffrei bleiben soll[74]. Entscheidend ist dabei die subjektive Sicht des Täters. § 258 V findet daher auch Anwendung, wenn die Befürchtung eigener Strafverfolgung objektiv unbegründet ist (BGH NJW 16, 3110). Eine dem § 257 III 2 entsprechende Einschränkung enthält § 258 V nicht. Deshalb kann sich der Täter der Vortat oder ein Teilnehmer an ihr auch dann auf § 258 V berufen, wenn er zu *seinen Gunsten* einen Unbeteiligten zur Strafvereitelung **anstiftet**.

**716**   Straffrei bleibt nach § 258 V *nur die Strafvereitelung* als solche, nicht aber eine damit zusammentreffende sonstige Straftat, wie etwa eine Falschverdächtigung, ein Betrug, eine Falschaussage vor Gericht, ein Verstoß gegen § 145d II Nr 1 oder Widerstand gegen Vollstreckungsbeamte iS des § 113[75].

### 5.  Angehörigenprivileg

**717**   Nicht strafbar ist schließlich die Strafvereitelung, die jemand ausschließlich oder wenigstens zugleich *zu Gunsten eines Angehörigen* begeht (§§ 258 VI, 11 I Nr 1). Das in Rn 716 Gesagte gilt auch im Bereich des § 258 VI. Zu den einschlägigen Irrtumsfragen siehe *Wessels/Beulke/Satzger*, AT Rn 783 ff.

Ob das Angehörigenprivileg auch **Begünstigungshandlungen** iS des § 257 deckt, sofern sie lediglich Mittel zum Zwecke der Strafvereitelung sind, ist umstritten[76].

---

72   BGHSt 37, 226; zust. *Satzger*, Jura 07, 754, 762; abl. *Hillenkamp*, Anm. JR 92, 74; *Scholl*, NStZ 99, 599; differenzierend *Wodicka*, Anm. NStZ 91, 487.
73   Zur davon zu unterscheidenden Ersatzfreiheitsstrafe vgl *Mitsch* NStZ 20, 249.
74   Vgl insoweit auch BGHSt 43, 356 sowie *Lackner/Kühl*, § 258 Rn 16 mwN.
75   Näher BayObLG NJW 78, 2563; OLG Celle JR 81, 34; *Rudolphi*, JuS 79, 859.
76   Siehe BGH NStZ 00, 259; bejahend S/S-*Stree/Hecker*, § 258 Rn 37.

## 6. Prüfungsaufbau: Strafvereitelung, § 258

**Strafvereitelung, § 258**     **718**

**A. Verfolgungsvereitelung (Abs. 1)**
   **I. Tatbestandsmäßigkeit**
     **1. Objektiver Tatbestand**
      **a) tatbestandsmäßige, rechtswidrige und schuldhafte Vortat eines anderen**
       → bei Vereitelung von Maßnahmen iS des § 11 I Nr 8 kein schuldhaftes Handeln erforderlich
      **b) Verhindern der Bestrafung bzw der Maßnahme ganz oder zum Teil**
       → Vollendung bereits bei Verhinderung für geraume Zeit
       ℗ Abgrenzung zu zulässigem Handeln des Strafverteidigers
     **2. Subjektiver Tatbestand**
      **a) zumindest bedingter Vorsatz bzgl der Vortat**
      **b) Absicht oder sicheres Wissen bzgl des Vereitelns**
  **II. Rechtswidrigkeit**
  **III. Schuld**
  **IV. Persönliche Strafausschließungsgründe, § 258 V, VI**
**→ Qualifikation: § 258a**

**B. Vollstreckungsvereitelung (Abs. 2)**
   **I. Tatbestandsmäßigkeit**
     **1. Objektiver Tatbestand**
      **a) gegen einen anderen rechtskräftig verhängte Strafe oder Maßnahme**
       → sachliche Richtigkeit der Entscheidung unerheblich
      **b) Verhindern der Vollstreckung ganz oder zum Teil**
       ℗ Zahlung einer Geldstrafe für andere
     **2. Subjektiver Tatbestand**
      **a) zumindest bedingter Vorsatz bzgl der Strafe/Maßnahme**
      **b) Absicht oder sicheres Wissen bzgl des Vereitelns**
  **II. Rechtswidrigkeit**
  **III. Schuld**
  **IV. Persönliche Strafausschließungsgründe, § 258 V, VI**
**→ Qualifikation: § 258a**

## 7. Strafvereitelung im Amt

Wird die Strafvereitelung durch einen Amtsträger begangen, der zur Mitwirkung bei **719** dem Verfahren oder bei der Vollstreckung berufen ist, ist die Tat nach § 258a qualifiziert[77]. Bei der besonderen Tätereigenschaft handelt es sich somit um ein strafschärfendes Merkmal iS des § 28 II, dh Teilnehmer, die diese Eigenschaft nicht selbst erfüllen, machen sich lediglich wegen Teilnahme am Grunddelikt des § 258 strafbar. Amtsträger, die im konkreten Fall keine Funktion haben, können ebenfalls nur gem. § 258 bestraft werden.

Tathandlung und Taterfolg richten sich nach dem Grundtatbestand des § 258 I, II. Als Täter **720** kommen insbesondere Ermittlungspersonen der Staatsanwaltschaft (§ 152 GVG), Staatsanwäl-

---

[77] Näher zu § 258a *Satzger*, Jura 07, 754, 762 f; ferner *Singelnstein*, Strafbare Strafverfolgung, 2019, S. 223 ff.

§ 17 *Aussagedelikte*

te, Strafrichter und Amtsträger im Bereich der Vollzugsbehörde in Betracht. Umstritten ist, ob und inwieweit ein Amtsträger im Rahmen des § 258a *verpflichtet* ist (§ 13), sein **außerdienstlich** erlangtes Wissen über eine Straftat dienstlich zu verwenden. Die hM bejaht hier eine Offenbarungspflicht zB eines Polizeibeamten, wenn eine **Abwägung** zwischen dem öffentlichen Interesse an der Straftatverfolgung und dem privaten Interesse des Amtsträgers am Schutz seiner Privatsphäre angesichts der Schwere der Straftat ein Überwiegen des öffentlichen Interesses ergibt. Letzteres wird bejaht für die Katalogtaten des § 138, aber auch für andere „erhebliche" Straftaten, etwa schwere Körperverletzungen, für nicht auf den Einzelfall beschränkten Handel mit harten Drogen oder sonstige Taten mit besonderem Unrechtsgehalt oder hohem wirtschaftlichen Schaden[78]. Die Gegenansicht lehnt eine solche Differenzierung ab, weil sie zu unbestimmt sei, um darauf prozessuale Verfolgungspflichten zu gründen[79].

Zu beachten ist, dass § 258a III die Anwendbarkeit des **§ 258 V** (anders als die des § 258 III, VI) nicht ausschließt. Daraus folgt, dass ein Amtsträger nicht nach §§ 258 I, II, 258a bestraft wird, wenn er durch die Tat *zugleich* eine Strafvereitelung zu *seinen eigenen Gunsten* erstrebt[80]. Straffreiheit nach § 258 V scheidet allerdings aus, wenn der Amtsträger erst mit dem Strafgesetz in Konflikt gerät, *nachdem* er bereits im Stande und verpflichtet war, gegen den Vortäter einzuschreiten; so etwa, wenn er den auf frischer Tat festgenommenen Dieb gegen Hingabe eines Beuteanteils laufen lässt[81].

# § 17 Aussagedelikte

## I. Schutzzweck und systematischer Überblick

**721** Schutzgut der §§ 153 ff ist nach hM das **öffentliche Interesse an einer wahrheitsgemäßen Tatsachenfeststellung** in gerichtlichen und gewissen sonstigen Verfahren[1]. Dabei bildet die staatliche Rechtspflege das Hauptanwendungsgebiet der Aussagedelikte[2].

**722** Die §§ 153 ff enthalten *schlichte Tätigkeitsdelikte*. Schon die falsche Angabe als solche begründet hier die Strafbarkeit. Da das Gesetz somit nicht auch eine (konkrete Gefahr einer) sachlich unrichtigen Tatsachenfeststellung oder Entscheidung voraussetzt, sieht die hM in diesen Taten *abstrakte Gefährdungsdelikte*.[3] Des Weiteren versteht sie im Hinblick auf § 160 die §§ 153–156, 161 als *eigenhändige* Delikte[4], dh Mittäterschaft und mittelbare Täterschaft scheiden hier aus.

---

78  Vgl BVerfG JZ 04, 303 mit abl. Anm. *Seebode*; BGHSt 38, 388 (mit abl. Anm. *Mitsch*, NStZ 93, 384); 12, 277; 5, 225; BGH NJW 89, 914; OLG Karlsruhe NStZ 88, 503; NK-*Altenhain*, § 258a Rn 7.
79  *Meyer-Goßner/Schmitt*, StPO, § 160 Rn 10; MüKo-*Cramer*, § 258a Rn 7; *Laubenthal*, JuS 93, 907, 911, jeweils mwN.
80  Vgl BGHSt 6, 20; *Fischer*, § 258a Rn 8.
81  Näher BGHSt 4, 167; 5, 155, 167; S/S-*Stree/Hecker*, § 258a Rn 20.

1  BGHSt GrS 8, 301, 309; 10, 142; S/S-*Bosch/Schittenhelm*, Vor § 153 Rn 2 mwN; SSW-*Sinn*, §§ 153 Rn 2; 154 Rn 11; anders MüKo-*Müller*, Vor § 153 Rn 9: der Gegenstand dieses Interesses.
2  Vgl aber auch *Maurach/Schroeder*, BT II § 75 Rn 9 ff.
3  Zum Begriff siehe *Hettinger*, JuS 97, L 41, 42 mwN; nur im Erg. ebenso *H.E. Müller*, Falsche Zeugenaussage und Beteiligungslehre, 2000, S. 125, 144.
4  S/S-*Bosch/Schittenhelm*, Vor § 153 Rn 2a mwN.

238

*Subjektiver Ansatz* **§ 17 II 2**

Im Bemühen, die tatsächlichen Grundlagen richtigen Entscheidens zu sichern, ist der **723**
strafrechtliche Schutz nahezu flächendeckend ausgestaltet. Von der Strafbarkeit ausgenommen bleiben lediglich die versuchte sowie die fahrlässige uneidliche Falschaussage. Verbrechen iS der §§ 12 I, 23 I, 30 sind nur §§ 154, 155. Eine Besonderheit
stellt § 159 dar; wegen der Gefährdetheit der Entscheidungsgrundlagen wird schon
die versuchte Anstiftung zu §§ 153, 156 abweichend vom Grundsatz des § 30 I (Strafbarkeit nur bei Verbrechen) mit Strafe bedroht. § 157 sieht für Zeugen und Sachverständige in den dort beschriebenen Konfliktlagen einen besonderen *Strafmilderungs-*
*grund* vor. § 158 hat einen Fall des *Rücktritts nach formeller Vollendung* zum Gegenstand (siehe auch § 161 II). In Fällen des § 153 ist für den Eidesunmündigen (§ 60
Nr 1 StPO) § 157 II zu beachten. **Klausur** für Fortgeschrittene bei *Mitsch*, JuS 05,
340. Siehe ferner den **Überblick** bei *Hettinger/Bender*, JuS 15, 577.

## II. Falschheit der Aussage

Über die richtige Bestimmung des Begriffs der falschen Aussage oder Angabe gehen **724**
die Meinungen weit auseinander (zu den drei Hauptrichtungen näher *Hillenkamp*, BT
10. Problem). Grundlage aller Ansichten ist die These, dass eine Aussage dann falsch
ist, wenn ihr Inhalt (das Was) sich mit ihrem Gegenstand (dem Worüber) nicht deckt.
Streit besteht darüber, was den *Gegenstand* der Aussage bildet, anhand dessen die
Falschheit (die Diskrepanz zum Inhalt) der Aussage bestimmt werden muss (eingehend *Küper/Zopfs*, BT Rn 57, 58 ff).

### 1. Objektiver Ansatz

Nach hM ist eine Aussage iS der §§ 153–162 **falsch**, wenn sie **mit der Wirklichkeit** **725**
**nicht übereinstimmt**. Ob dies der Fall ist, ergibt ein Vergleich zwischen ihrem Inhalt
und den *äußeren* oder *inneren* Tatsachen (vgl Rn 451). Maßstab ist die Wirklichkeit,
nicht die Vorstellung der Aussageperson von ihr[5].

**Beispiel:** Falsch ist nach der objektiven Deutung die Aussage des Zeugen, der Angeklagte habe sich zum Tatzeitpunkt nicht am Tatort, sondern in einer Bar aufgehalten, wenn dieser sich
tatsächlich nicht dort befunden hat. Daran ändert sich auch nichts, wenn der Zeuge irrtümlich
annimmt, dass der Angeklagte wirklich in der Bar gewesen ist; in diesem Fall fehlt dem Zeugen
lediglich der *Vorsatz* zu einer Falschaussage, er befindet sich in einem Tatumstandsirrtum iS
des § 16 I 1. Ebenfalls falsch ist die Aussage des Zeugen, *er könne sich nicht daran erinnern* (=
innere Tatsache), den Angeklagten am Tatort gesehen zu haben, wenn er diese Erinnerung sehr
wohl besitzt.

### 2. Subjektiver Ansatz

Der subjektiven Deutung zufolge kommt es nicht auf die Übereinstimmung der Aus- **726**
sage mit der Wirklichkeit, sondern mit dem **gegenwärtigen Wissen** (oder Meinen)
an. Eine Aussage ist danach unabhängig von ihrem objektiven Wahrheitsgehalt

---

5  BGHSt 7, 147; OLG Koblenz NStZ 84, 551 mit Anm. *Bohnert*, JR 84, 425; LK-*Ruß*, Vor § 153 Rn 13;
   Matt/Renzikowski-*Norouzi*, § 153 Rn 4; S/S-*Bosch/Schittenhelm*, Vor § 153 Rn 6 ff; SSW-*Sinn*, § 153
   Rn 8 f; krit. *Paulus*, Küchenhoff-GedS, S. 435, 444; *Stein*, Rudolphi-FS, S. 553, 567.

**§ 17** *Aussagedelikte*

falsch, wenn sie von dem aktuellen Vorstellungsbild und Wissen des Aussagenden abweicht. Nach dieser Ansicht kann eine Aussageperson nur aussagen, was sie aus eigenem Erleben über das Beweisthema weiß, weil ihr die Wirklichkeit überhaupt nur durch das Medium eigenen subjektiven Erlebens zugänglich sei[6].

**Beispiel:** Falsch ist nach der subjektiven Deutung die Aussage des Zeugen, der Angeklagte habe sich zum Tatzeitpunkt am Tatort aufgehalten, wenn dieser sich nach seiner Erinnerung nicht dort befunden hat. Das gilt auch dann, wenn der Angeklagte in Wirklichkeit sehr wohl am Tatort gewesen ist. Umgekehrt ist die Aussage nicht falsch, wenn der Zeuge annimmt, den Angeklagten dort gesehen zu haben, und zwar selbst dann, wenn diese Annahme auf einem Irrtum beruht.

Gegen die subjektive Deutung spricht allerdings die Existenz des § 160, der die Verleitung Gutgläubiger zu einer falschen Aussage unter Strafe stellt[7]. Da diese Personen gerade von der Richtigkeit ihrer Äußerungen überzeugt sind, muss das Merkmal „falsch" hier in einem objektiven Sinne verstanden werden. Es gibt aber keinen Grund, den Begriff der Falschheit bei den Aussagedelikten unterschiedlich zu bestimmen.

### 3.  Pflichtenansatz

**727**  Nach den (unter dem Sammelbegriff „Pflichttheorie") diskutierten *Pflichtmodellen* ist eine Aussage dann *falsch*, wenn der Aussagende seine **prozessuale Wahrheitspflicht verletzt** hat, dh wenn seine Aussage nicht das Wissen wiedergibt, das er bei kritischer Prüfung seines Erinnerungs- bzw Wahrnehmungsvermögens hätte aussagen können[8].

**Beispiel:** Falsch ist nach dem Pflichtmodell die Aussage des Zeugen, der Angeklagte sei zum Tatzeitpunkt nicht am Tatort, sondern in einer Bar gewesen, wenn er sich zwar so erinnert, bei pflichtgemäßer Überlegung aber zu der Überzeugung gelangt wäre, dass der Angeklagte sich nicht in der Bar aufgehalten hat.

Die Pflichttheorie lässt sich indes kaum mit § 161 vereinbaren, da dieser gerade zwischen der Falschheit und der Sorgfaltswidrigkeit der Aussage unterscheidet. Dann aber kann die Falschheit nicht in der Sorgfaltswidrigkeit bestehen[9].

### 4.  Aussagegegenstand

**728**  **Gegenstand** der Aussage können nach der objektiven Deutung der hM *äußere* und *innere* **Tatsachen** sein (siehe Rn 451, 725), bei einem Sachverständigen auch Werturteile (näher *Maurach/Schroeder*, BT II § 75 Rn 21, 22). Hingegen betrifft für die subjektive Deutung und die Pflichtmodelle jede Aussage „Tatsachen des Innenlebens", ein bestimmtes Erlebnisbild (*Otto*, BT § 97 Rn 10).

---

6  Vgl OLG Bremen NJW 60, 1827; *Gallas*, GA 57, 315; krit. *Maurach/Schroeder*, BT II § 75 Rn 18; *S/S-Bosch/Schittenhelm*, Vor § 153 Rn 6.
7  LK-*Ruß*, § 153 Rn 13; *S/S-Bosch/Schittenhelm*, Vor § 153 Rn 6; SSW-*Sinn*, § 153 Rn 9.
8  So *Klesczewski*, BT § 19 Rn 22; *Otto*, JuS 84, 161; differenzierend NK-*Vormbaum*, § 153 Rn 79 ff; zur Kritik siehe *Maurach/Schroeder*, BT II § 75 Rn 19; *Wolf*, JuS 91, 177, 180.
9  *S/S-Bosch/Schittenhelm*, Vor § 153 Rn 6; SSW-*Sinn*, § 153 Rn 9.

*Aussagegegenstand* **§ 17 II 4**

Wird ein Vorgang wahrheitswidrig als Gegenstand eigener Wahrnehmung dargestellt (= „ich habe es selbst gesehen") oder ein unsicheres Erinnerungsbild als frei von Zweifeln wiedergegeben (= „ich erinnere mich noch ganz genau, dass es so und so war"), so ist die Aussage nach allen Ansichten falsch. Der **Wahrheitspflicht** unterliegen nur die Angaben, die **Gegenstand der Vernehmung** sind (näher Rn 730).

---

**Fall 44:** Um eine von ihrem Sohn S begangene Unterschlagung zu verdecken, bezichtigt seine Mutter M den Angestellten A bei der Polizei wider besseres Wissen des Betrugs. Nachdem gegen A Anklage erhoben worden ist, wiederholt M als Zeugin in der mit einem Freispruch endenden Hauptverhandlung ihre belastenden Angaben, um sich und S nicht bloßzustellen. Auch im Berufungsverfahren vor dem LG bleibt sie bei ihrer falschen Aussage, die sie in dieser Instanz mit dem Eid bekräftigt.

Das LG vernimmt und vereidigt eine Reihe weiterer Zeugen, darunter die Zweigstellenleiterin Z. Vor dem Termin, auf den die Sache sodann vertagt worden ist (§ 229 StPO), geht dem Vorsitzenden V ein Schreiben zu, in welchem Z mitteilt, dass sie bei ihrer Vernehmung zur Person ihr Lebensalter um 5 Jahre zu niedrig (= mit 39 statt mit 44 Jahren) angegeben habe. Zu ihrer Entschuldigung führt Z an, bei all ihren Bekannten gelte sie als 39-Jährige. Da einige von ihnen als Zuhörer anwesend gewesen seien, habe sie nicht den Mut gefunden, ihr wirkliches Alter zu offenbaren. Ihr sei zwar klar gewesen, dass sie insoweit nichts Falsches habe sagen dürfen. Sie habe aber geglaubt, dass die Eidesleistung sich nur auf die Vernehmung zur Sache und nicht auf die Angaben zur Person beziehe.

Haben M und Z sich strafbar gemacht? **Rn 734, 746, 750**

---

729

Durch die wissentlich unwahre Beschuldigung gegenüber der Polizei hat M sich zum Nachteil des A der *Falschverdächtigung* (§ 164 I) schuldig gemacht. Näher zu prüfen ist § 153.

Während der Zeuge im **Strafverfahren** formlos mit dem Gegenstand der Untersuchung und seiner Vernehmung vertraut gemacht wird (§ 69 StPO), begrenzt im Zivilprozess der *Beweisbeschluss* förmlich den Vernehmungsgegenstand (§§ 358, 359 ZPO; anders uU bei § 273 II Nr 4 ZPO). Seiner formlosen Erweiterung im Fragewege steht aber nichts entgegen (vgl §§ 69 II, 240 StPO, 397 ZPO). Tatsachen, nach denen der Richter oder mit seiner Zustimmung ein Verfahrensbeteiligter den Zeugen *fragt*, gehören stets zum Vernehmungsgegenstand, und zwar ohne Rücksicht auf ihre Bedeutung oder Erheblichkeit[10]. *Unbefragt* hat der Aussagende bei der Mitteilung seines Wissens alle Tatsachen anzugeben, die mit dem Gegenstand seiner Vernehmung in einem *untrennbaren Sachzusammenhang* stehen und für das konkrete Beweisthema *erkennbar* von Bedeutung sind. Entscheidungserhebliche Umstände dieser Art dürfen auch ohne ausdrückliche Befragung nicht verschwiegen werden; geschieht es gleichwohl, ist die Aussage *unvollständig* und daher *falsch* (vgl §§ 64 StPO, 392 ZPO). Eigene Mutmaßungen oder seinen Verdacht zu einem äußeren Geschehen braucht der Zeuge aber nicht mitzuteilen (BGH StV 90, 110). **Spontane Äußerungen**, die für die Entscheidung erheblich sein können, aber *außerhalb* des Vernehmungsgegenstands liegen, werden von der Wahrheitspflicht nur erfasst, wenn sie auf eine *nachträgliche Erweiterung* des Beweisthemas durch den vernehmenden Richter hin aufrechterhalten werden[11]. (Am **Beispiel**: Der Zeuge wird zu seinen Wahrnehmun-

730

---

10 BGHSt 2, 90; KG JR 78, 77; siehe dazu auch BGH wistra 91, 264 sowie *Paulus*, Küchenhoff-GedS, S. 435, 452.
11 BGHSt 25, 244 mit Anm. *Demuth*, NJW 74, 757 und *Rudolphi*, JR 74, 293; BGH NStZ 82, 464; für generelle Wahrheitspflicht MüKo-*Müller*, § 153 Rn 20 mwN; instruktiv zu diesem Problemkreis *Bruns*, GA 60, 161.

241

**§ 17** *Aussagedelikte*

gen am Tatort befragt und erklärt dabei, zwar habe er nichts Auffälliges bemerkt, aber Tage später einen verdächtigen Anruf erhalten.) Soweit Bekundungen im Ausdruck *mehrdeutig* sind, muss ihr objektiver Sinngehalt durch Auslegung ermittelt werden (RGSt 63, 49, 51).

## III. Falsche uneidliche Aussage

**731**  Zum objektiven **Tatbestand** des § 153 gehört, dass jemand als **Zeuge** oder **Sachverständiger** vor *Gericht* oder einer anderen zur eidlichen Vernehmung von Zeugen oder Sachverständigen *zuständigen Stelle* uneidlich **falsch aussagt**. § 153 erfasst somit nicht *Angeklagte* (§ 157 StPO) oder *eine Partei* im Zivilprozess. Zur Falschheit und dem Gegenstand der Aussage siehe Rn 724, 728. Zu den Gerichten gehören auch die Disziplinar-, nicht aber die Schiedsgerichte[12]. *Internationale Gerichte* werden nur erfasst, soweit sie unter § 162 I fallen (zB der IStGH, der EGMR, der EuGH)[13]. Andere zuständige Stellen sind ua Prüfungsstellen des Patentamtes (§§ 46 I 1, 59 III PatG), deutsche Konsularbeamte (§ 12 Nr 3 KonsG) und Notare (§ 22 I BNotO), nicht aber Rechtspfleger und Referendare.

**732**  Für den **Vorsatz** des Täters ist das Bewusstsein erforderlich, etwas Unwahres ausgesagt oder eine beweiserhebliche, zum Vernehmungsgegenstand gehörende Tatsache verschwiegen zu haben (vgl BGHSt 2, 90, 92). Darüber hinaus muss der Vorsatz sich auf die Zuständigkeit der vernehmenden Stelle iS des § 153 erstrecken.

**733**  **Vollendet** ist die uneidliche Falschaussage erst, wenn die **Vernehmung abgeschlossen** ist. Dies ist der Fall, wenn der Zeuge oder Sachverständige seine Aussage beendet hat, von den Verfahrensbeteiligten keine Fragen mehr an ihn gerichtet werden und der vernehmende Richter in endgültiger Weise zu erkennen gegeben hat, dass er von ihm keine weiteren Angaben zum Vernehmungsgegenstand erwartet[14]. *Eine* Vernehmung kann sich über mehrere Termine erstrecken (vgl BGH NStZ 84, 418); ebenso ist es möglich, dass ein Zeuge in *einem* Verhandlungstermin mehrmals abschließend gehört wird (BGHSt 4, 172, 177). In aller Regel fällt der endgültige Abschluss der Vernehmung im jeweiligen Rechtszug jedoch mit der **Entscheidung zur Frage der Vereidigung** zusammen. Stellt der Zeuge oder Sachverständige unwahre Angaben *vor dem Abschluss seiner Vernehmung* richtig, entfällt eine Bestrafung nach § 153, weil seine Bekundung nicht mehr falsch und die nur versuchte Tat nicht mit Strafe bedroht ist. Nach diesem Zeitpunkt hat die Berichtigung nur für die Anwendbarkeit des § 158 Bedeutung (vgl BGHSt GrS 8, 301, 314).

**734**  Im **Fall 44** hat M durch ihre Falschangaben vor der Polizei nicht gegen § 153 verstoßen, weil Polizei und Staatsanwaltschaft **keine Zuständigkeit** iS dieser Vorschrift besitzen (vgl § 161a I 3 StPO). Durch ihre falsche Zeugenaussage im ersten Rechtszug hat sie sich dagegen nach § 153 strafbar gemacht (bzgl des Verhältnisses zu § 154 und zur Anwendbarkeit des § 157 siehe Rn 746).

---

12  LK-*Hilgendorf*, § 11 Rn 64; näher *Maurach/Schroeder*, BT II § 75 Rn 32.
13  Näher *Grillo*, Nationale Strafbarkeit für Falschaussagen vor internationalen Gerichten nach § 162 Abs. 1 StGB, 2017.
14  BGHSt GrS 8, 301, 314; siehe auch BayObLG StV 89, 251.

_Berichtigung einer falschen Angabe_ **§ 17 V**

## IV. Prüfungsaufbau: Falsche uneidliche Aussage, § 153

| |
|---|
| **Falsche uneidliche Aussage, § 153**   **735** |
|   **I. Tatbestandsmäßigkeit** |
|     **1. Objektiver Tatbestand** |
|       **a) Tätereigenschaft: Zeuge oder Sachverständiger** |
|         → Nicht: Angeklagter oder Partei im Zivilprozess |
|       **b) Tatsituation: vor Gericht oder anderer zur eidlichen Vernehmung zuständigen Stelle** |
|         → Nicht: Polizei, Staatsanwaltschaft, Schiedsgerichte |
|       **c) Tathandlung: falsch aussagen** |
|         ℗ Falschheit der Aussage |
|         → Vollendung: Abschluss der Aussage |
|     **2. Subjektiver Tatbestand** |
|       → Vorsatz auch bzgl. Zuständigkeit der vernehmenden Stelle |
|   **II. Rechtswidrigkeit** |
|   **III. Schuld** |
|   **IV. Besondere Strafmilderungsgründe** |
|     – Aussagenotstand, § 157 |
|     – Berichtigung einer falschen Angabe, § 158 |
| ➔  **Qualifikation: § 154** |

## V. Berichtigung einer falschen Angabe

§ 158 ermöglicht dem Gericht in den Fällen der uneidlichen Falschaussage, des Meineids und der falschen Versicherung an Eides statt, die Strafe nach seinem Ermessen zu mildern oder von Strafe abzusehen, wenn die falsche Aussage _rechtzeitig berichtigt_ wird. Entgegen dem Wortlaut ist diese Vergünstigung nicht auf den Täter beschränkt; sie kommt auch dem _Anstifter_ oder _Gehilfen_ zugute, sofern dieser in eigener Person die dort genannten Voraussetzungen erfüllt[15]. Die Berichtigung, mit der die frühere Falschaussage durch eine wahrheitsgemäße Darstellung ersetzt wird, muss in allen wesentlichen Punkten vollständig und richtig sein[16]. Sie verlangt indessen kein Schuldeingeständnis. Daher kann es beispielsweise genügen, dass ein Zeuge mit der Erklärung, „so etwas nicht oder es nicht so gesagt zu haben", von seinen bisherigen Falschangaben **eindeutig abrückt** und sie zugleich durch eine **wahrheitsgemäße Aussage** ersetzt[17]. Lässt sich nicht klären, ob die Berichtigung der Wahrheit entspricht, greift § 158 schon nach dem Grundsatz _in dubio pro reo_ ein[18].   **736**

**Verspätet** ist eine Berichtigung, wenn sie bei der die _Instanz abschließenden_ Sachentscheidung nicht mehr verwertet werden kann[19], wenn aus der Tat bereits ein Nachteil für einen anderen entstanden ist oder wenn sie erst erfolgt, nachdem eine Anzeige gegen den Täter erstattet   **737**

---

15  BGH NJW 51, 727; BGHSt 4, 172.
16  Vgl BGHSt 9, 99; 18, 348; 21, 115.
17  OLG Hamburg NJW 81, 237; _Rudolphi_, Anm. JR 81, 384.
18  Vgl BayObLG JZ 76, 33 mit Anm. _Stree_, JR 76, 470; _Küper_, NJW 76, 1828.
19  BGH JZ 54, 171; OLG Hamm NJW 50, 358.

**§ 17** *Aussagedelikte*

oder eine Untersuchung gegen ihn eingeleitet worden ist (§ 158 II; näher SK-*Rudolphi*, 8. Aufl., § 158 Rn 6). Zur Berichtigung einer Falschaussage nach Abschluss der Vernehmung, aber vor dem Ende ihrer Beeidigung oder Bekräftigung siehe *Vormbaum*, JR 89, 133.

## VI. Meineid

### 1. Überblick

**738** Der **Meineid** (§ 154) ist eine erschwerte Form der Falschaussage. Zu ihm kommt es durch eine Verbindung von **unwahrer Aussage** und **Eid**. Im Verhältnis zu § 153 ist § 154 zT ein *qualifizierter Tatbestand*[20], zT aber auch *eigenständiges Delikt* (etwa, wenn der Meineid von einer Zivilprozesspartei begangen wird, deren einfache Falschaussage nicht unter § 153 fällt; näher NK-*Vormbaum*, § 154 Rn 4 mwN). **Täter** kann hier, mit Ausnahme des Beschuldigten selbst (BGHSt 10, 8), **jeder Eidesmündige** sein, der auf Grund seiner *Verstandesreife* eine genügende Vorstellung von der Bedeutung des Eides besitzt und im Verfahren als Zeuge, Sachverständiger *oder Zivilprozesspartei* (§ 452 ZPO) vereidigt wird. Auch der Dolmetscher unterfällt § 154[21].

**739** Die hM sieht auch eidesunmündige Personen unter 18 Jahren (§ 60 Nr 1 StPO *erste* Alternative) als *taugliche Täter* eines Meineides an[22]. Dem ist *nicht* zuzustimmen, da die Einführung der Altersgrenze im Gesetz eine unwiderlegliche Vermutung dafür begründet, dass Jugendlichen (iS des § 1 II JGG) die erforderliche Einsicht in den besonderen Unrechtsgehalt eines Eidesdelikts fehlt[23].

**740** Werden die *wesentlichen Förmlichkeiten* eingehalten (§§ 64–67 StPO, 481 ff ZPO), hindern etwaige **Verfahrensverstöße** durch die zur Eidesabnahme zuständige Stelle die Anwendbarkeit der §§ 153, 154 nach hM nicht[24]. Insbesondere Verstöße gegen Belehrungspflichten (etwa §§ 52 III, 55 II StPO), aber auch solche gegen § 60 Nr 2 StPO, sind nur bei der Strafzumessung strafmildernd zu berücksichtigen[25]. Nach aA ist bei Verletzung strafprozessualer Vorschriften, wenn das die Unverwertbarkeit der Aussage zur Folge hat, schon die Tatbestandsmäßigkeit nach §§ 153 ff zu verneinen[26].

### 2. Tathandlung und Konkurrenzen

**741** Die **Tathandlung** besteht darin, dass der Täter vor Gericht oder vor einer anderen zur Eidesabnahme zuständigen Stelle vorsätzlich **falsch schwört**. § 154 meint damit das Beschwören einer **falschen Aussage** im oben dargelegten Sinn (vgl Rn 724). Zu be-

---

20 BGHSt GrS 8, 301, 309; insoweit hält *Vormbaum*, Beulke-FS, S. 581, 587, die Norm für illegitim.
21 BGHSt 4, 154; LK-*Ruß*, § 154 Rn 5; aA *Fischer*, § 154 Rn 9.
22 RGSt 36, 278; BGHSt 10, 142, 144; LK-*Ruß*, § 154 Rn 10.
23 Näher *Hruschka/Kässer*, JuS 72, 709; *Maurach/Schroeder*, BT II § 75 Rn 23; MüKo-*Müller*, § 154 Rn 13; S/S-*Bosch/Schittenhelm*, Vor § 153 Rn 25 mwN.
24 BGHSt 10, 142; 16, 232; KG JR 78, 77; *Lackner/Heger*, Vor § 153 Rn 6; differenzierend MüKo-*Müller*, § 153 Rn 30; § 154 Rn 23; *Otto*, BT § 97 Rn 28.
25 BGH wistra 93, 258; OLG Karlsruhe StV 03, 505 mit krit. Anm. *H.E. Müller*.
26 *Geppert*, Jura 02, 173, 175; SK-*Rudolphi*, 8. Aufl., Vor § 153 Rn 32 ff; *Otto*, BT § 97 Rn 28, für den Fall, dass das Gericht die Unverwertbarkeit der Aussage habe erkennen können; anders *H.E. Müller*, NStZ 02, 356: Billigt die vom Gericht nicht beachtete Verfahrensnorm dem Zeugen in Konfliktlagen ein Aussage-, Auskunfts- oder Eidesverweigerungsrecht zu, soll bei Verstoß für den Unwissenden von Strafe obligatorisch abgesehen werden; ferner MüKo-*Müller*, § 154 Rn 23 ff.

*Tathandlung und Konkurrenzen* **§ 17 VI 2**

achten ist, dass bei der Vernehmung von **Zeugen** auch die **Angaben zur Person** (§ 68 StPO) der Wahrheitspflicht unterliegen und von der **Eidesleistung mit umfasst** werden (vgl §§ 64 ff StPO). Im Gegensatz dazu bezieht sich der *Sachverständigeneid* nach §§ 79 StPO, 410 ZPO nur auf die *Erstattung des Gutachtens* und nicht auf die Vernehmung zur Person, die allein durch § 153 StGB strafbewehrt ist (RGSt 20, 235).

Ob jemand mit *religiöser* Beteuerung oder ohne sie schwört, ist gleichgültig (vgl § 64 **742** StPO). § 155 stellt dem Eid die ihn ersetzende *Bekräftigung* und die Berufung auf eine frühere Eidesleistung oder Bekräftigung gleich (vgl dazu §§ 65, 67 StPO; krit. *Grünwald*, R. Schmitt-FS, S. 311).

**Vollendet** ist die Tat beim Regelfall der Vereidigung im Anschluss an die Verneh- **743** mung *(Nacheid)* mit Durchführung der Vereidigung. Der *versuchte* Meineid beginnt also nicht schon mit der Falschaussage, sondern erst mit dem Beginn der Eidesleistung[27]. Beim **Voreid** (vorgeschrieben bei Dolmetschern, § 189 GVG; möglich auch nach § 410 I ZPO) tritt Vollendung mit dem Abschluss der Vernehmung ein; der Versuch beginnt mit der Falschaussage (siehe A/W-*Hilgendorf*, BT § 47 Rn 68).

Aussage und Eidesabnahme müssen nach § 154 vor Gericht oder einer sonst **zustän-** **744** **digen Stelle** erfolgen (dazu S/S-*Lenckner/Bosch*, § 154 Rn 10). Neben der *allgemeinen* Zuständigkeit zur **eidlichen Vernehmung** wird dabei vorausgesetzt, dass das Gesetz einen Eid dieser Art **in dem betreffenden Verfahren** überhaupt zulässt[28].

**Beispiel:** Die StPO kennt keine eidliche Vernehmung des Beschuldigten.

An der Zuständigkeit fehlt es bei der Eidesabnahme durch einen Staatsanwalt **745** (§ 161a I 3 StPO), Referendar (§ 10 GVG) oder Rechtspfleger (§ 4 II Nr 1 RPflG) sowie nach hM bei der Vereidigung von *Verfahrensbeteiligten* im Verfahren der freiwilligen Gerichtsbarkeit[29]. Bei irriger Annahme der *tatsächlichen Voraussetzungen* der Zuständigkeit durch den Täter ist ein *untauglicher Versuch* (§§ 154, 22, 23 I, 12 I) gegeben. (Am Beispiel: Der Zeuge hält den ihn vernehmenden Staatsanwalt irrtümlich für einen Ermittlungsrichter.) Die Abgrenzung zum **Wahndelikt** ist umstritten[30].

Im **Fall 44** hat M ihre Falschaussage vor dem Berufungsgericht *wiederholt* und im Anschluss daran **beschworen**. Da diese Vernehmung vor der Eidesleistung abgeschlossen war, liegt ein erneuter Verstoß gegen § 153 vor, der jedoch in dem nachfolgenden **Meineid** aufgeht, sodass die Bestrafung allein aus § 154 erfolgt (BGHSt GrS 8, 301, 310 ff). Die Verwirklichung des § 153 *im ersten Rechtszug* steht dazu in *Tatmehrheit*. **746**

In jedem Falle ist der M aber im Rahmen der Strafzumessung das Vorliegen eines **Aussagenotstandes iS des § 157** zugute zu halten, da sie vor Gericht die Unwahrheit gesagt hat, um von ihrem Sohn S die Gefahr einer Bestrafung nach § 246 und von sich selbst die Gefahr einer Bestrafung nach § 164 I abzuwenden. Die Anwendung des § 157 wird nicht dadurch ausgeschlossen, dass der Täter sich auf §§ 52, 55 StPO hätte berufen können[31] oder dass er den Aussagenotstand schuldhaft herbeigeführt hat[32]. § 157 käme hinsichtlich des Meineids

---

27  BGHSt 1, 241, 243 f; 31, 178, 182.
28  BGHSt 3, 235 und 248; 10, 142 und 272; 12, 56.
29  BGHSt 10, 272; 12, 56; OLG Hamm NStZ 84, 551; S/S-*Bosch/Schittenhelm*, § 154 Rn 9 mwN.
30  *Otto*, BT § 97 Rn 45; NK-*Puppe*, § 16 Rn 23; S/S-*Bosch/Schittenhelm*, § 154 Rn 15, jeweils mwN.
31  BGH StV 95, 250; BayObLG NStZ-RR 99, 174.
32  BGHSt 7, 332; BGH StV 95, 249 f; wistra 07, 64.

245

**§ 17** *Aussagedelikte*

der M in der Berufungsinstanz also auch dann in Betracht, wenn sie diesen nur geschworen hätte, um nicht wegen ihrer Falschaussage in der ersten Instanz bestraft zu werden (krit. S/S-*Lenckner/Bosch*, § 157 Rn 11). Nicht anwendbar ist § 157 allerdings auf einen Meineid, der zur Verdeckung einer uneidlichen Falschaussage in *derselben* Instanz geschworen wurde, da es sich bei dieser Falschaussage auf Grund ihrer tatbestandlichen Einheit mit dem Meineid um keine dem Meineid *vorausgegangene selbstständige* Straftat handelt (BGHSt 8, 301, 318 ff).

Daran, dass Z sich gem. § 153 strafbar gemacht hat, ist schon auf Grund ihrer eigenen Einlassung nicht zu zweifeln. Bei § 154 fehlt es dagegen am *subjektiven* Tatbestand: Hier muss der *Vorsatz* des Täters sich darauf erstrecken, dass die Aussage falsch ist, dass der unrichtige Aussageteil unter den Eid fällt und dass die Zuständigkeit zur Eidesabnahme gegeben ist (BGHSt 1, 148; 3, 248). Z wusste aber nicht, dass die Eidesleistung auch ihre **Angaben zur Person** umfasste (= *vorsatzausschließender* Tatumstandsirrtum iS des § 16 I)[33], sodass neben § 153 nur für § 163 Raum bleibt.

**747** Nach dem **Sinn** des § 157 kommt es trotz des missverständlichen Gesetzeswortlauts nicht darauf an, ob mit der Falschaussage die Gefahr, *überhaupt* bestraft zu werden, abgewendet werden soll oder ob es dem Aussagenden lediglich darum geht, eine *mildere* Bestrafung zu erreichen (zB wegen eines minder schweren Falles des Totschlags nach §§ 212, 213 statt wegen Mordes nach § 211; vgl BGHSt 29, 298). § 157 I setzt nicht voraus, dass die dort erwähnte Gefahr objektiv droht; maßgebend ist allein das uU irrige Vorstellungsbild des Aussagenden[34], wobei auch hier der Grundsatz *in dubio pro reo* gilt (BGH NJW 88, 2391).

**Beispiel:** Der verheiratete Zeuge sagt vor Gericht wahrheitswidrig aus, kein Verhältnis mit dem Opfer gehabt zu haben, weil er irrtümlich annimmt, Ehebruch sei strafbar.

Zum Kreis der „Angehörigen" zählen nicht Personen, die in einer nicht ehelichen Lebensgemeinschaft zusammenleben; auch für eine analoge Anwendung des § 157 ist insoweit kein Raum (BayObLG NJW 86, 202).

### 3. Prüfungsaufbau: Meineid, § 154

**748**

**Meineid, § 154**
  I. **Tatbestandsmäßigkeit**
    1. **Objektiver Tatbestand**
      a) **Tätereigenschaft: Zeuge, Sachverständiger, Partei, vereidigter Dolmetscher**
        → Nicht: Beschuldigter im Strafverfahren
        ℗ Eidesunmündige Personen unter 18 Jahren
      b) **Tatsituation: vor Gericht oder anderer zur Abnahme von Eiden zuständigen Stelle**
        → Nicht: Staatsanwaltschaft, Referendar, Rechtspfleger, freiwillige Gerichtsbarkeit (hM)
        ℗ Irrtum über Zuständigkeit: Abgrenzung Wahndelikt/untauglicher Versuch

---

33  BGHSt 4, 214; RGSt 60, 407; *Ebert*, JuS 70, 400, 405.
34  BGH NStZ-RR 08, 9; zust. *Kudlich*, JA 08, 233; *Meyer-Goßner*, Anm. StraFo 06, 32.

*Falsche Versicherung an Eides statt* **§ 17 VIII**

---

**c) Tathandlung**: Beschwören einer falschen Aussage
→ bei Zeugen auch Angaben zur Person von Eidesleistung mit umfasst
Ⓟ Falschheit der Aussage
→ Vollendung beim Nacheid: Durchführung der Vereidigung
→ Vollendung beim Voreid: Abschluss der Vernehmung
**2. Subjektiver Tatbestand**
→ Vorsatz auch bzgl. Zuständigkeit der abnehmenden Stelle

**II. Rechtswidrigkeit**

**III. Schuld**

**IV. Besondere Strafmilderungsgründe**
– Aussagenotstand, § 157
– Berichtigung einer falschen Angabe, § 158

---

## VII. Fahrlässiger Falscheid

Der **fahrlässige Falscheid** ist nach § 161 I strafbar (krit. A/W-*Hilgendorf*, BT § 47 Rn 91). Bei einem **Zeugen** kann im Zivilprozess die **Verletzung der Sorgfaltspflicht** auch darauf beruhen, dass er es entgegen § 378 ZPO unterlassen hat, ihm zur Verfügung stehende Aufzeichnungen oder Unterlagen einzusehen (so S/S-*Lenckner/Bosch*, § 161 Rn 3). Vor allem kommt hier aber in Betracht, dass der Zeuge es *während seiner Vernehmung* aus Nachlässigkeit an der gebotenen Anspannung seines Gedächtnisses fehlen lässt, dass er bei seiner Aussage erkennbare Fehlerquellen hinsichtlich seiner Wahrnehmungsmöglichkeiten nicht berücksichtigt oder dass er bei *Zweifeln über den Umfang seiner Wahrheits- und Eidespflicht* sich nicht mit Hilfe einer Rückfrage durch den vernehmenden Richter aufklären lässt (zur Rechtsprechung siehe LK-*Ruß*, § 161 Rn 5 ff; S/S-*Lenckner/Bosch*, § 161 Rn 3 ff).

**749**

---

Diese objektiven Sorgfaltsanforderungen hat Z im **Fall 44** nicht erfüllt. Das gereicht ihr unter Berücksichtigung ihres Bildungsstandes auch persönlich zum Vorwurf. Insgesamt hat Z sich somit nach §§ 153, 161, 52 schuldig gemacht (BGHSt 4, 214).

Soweit es um die Strafbarkeit nach § 161 I geht, hat Z jedoch dadurch **Straflosigkeit** erlangt, dass sie die falschen Angaben über ihr Lebensalter noch **rechtzeitig berichtigt** hat (§§ 161 II, 158 = *persönlicher Strafaufhebungsgrund*). Hinsichtlich der uneidlichen Falschaussage (§ 153) *kann* das Gericht gem. § 158 I nach seinem Ermessen die Strafe mildern oder ganz von Strafe absehen.

**750**

---

## VIII. Falsche Versicherung an Eides statt

---

**Fall 45**: Im Rahmen einer Vermögensauskunft gem. §§ 802a II Nr 2, 802c ZPO gibt der Schuldner S in dem dort vorgesehenen Vermögensverzeichnis ein unter Eigentumsvorbehalt erworbenes Fernsehgerät als noch in seinem Besitz befindlich an, obwohl er es kurz zuvor an einen gutgläubigen Dritten, der ihn für den Eigentümer hielt, veräußert hat. Sodann

**751**

**§ 17** *Aussagedelikte*

> versichert S vor dem Gerichtsvollzieher die Richtigkeit und Vollständigkeit der von ihm verlangten Angaben an Eides statt.
>
> Hat S sich nach § 156 strafbar gemacht? **Rn 755, 758**

## 1. Bedeutung

752 Die **falsche Versicherung an Eides statt** (§ 156) bildet neben der uneidlichen Falschaussage und dem Meineid den dritten Grundtyp der Aussagedelikte.

> **Eidesstattliche Versicherungen**, die in mündlicher wie in schriftlicher Form abgegeben werden können, sind ein wichtiges Mittel zur **Glaubhaftmachung** tatsächlicher Behauptungen (vgl §§ 294, 920 II, 936 ZPO, 56, 74 III StPO). Besondere Bedeutung kommt ihnen im Zwangsvollstreckungsverfahren zu (vgl §§ 707, 719, 769 ZPO), wo sie bei der **Vermögensauskunft** (zur Reform der Sachaufklärung in der Zwangsvollstreckung vgl *Vollkommer*, NJW 12, 3681) ein Anwendungsgebiet gefunden haben (§§ 802c II, III, 883 II ZPO). Werden in ein und demselben Verfahren *mehrere* falsche eidesstattliche Versicherungen abgegeben, rechtfertigt das allein nicht die Annahme einer einheitlichen Tat (BGHSt 45, 16).

## 2. Zuständigkeit der Behörde

753 Erforderlich ist zunächst die **allgemeine Zuständigkeit** der Behörde, *überhaupt* eidesstattliche Versicherungen dieser Art abzunehmen. Staatsanwaltschaft und Polizei sind hiernach keine zuständigen Behörden iS des § 156 (RGSt 37, 209). Vorausgesetzt wird ferner die **besondere Zuständigkeit**, dass sie auch die konkrete Versicherung in dem konkreten Verfahren abnehmen darf[35] (so etwa im Hinblick auf eine eidesstattliche Versicherung über die Eigenständigkeit der erbrachten wissenschaftlichen Leistung bei der Promotion nach Art. 64 I 6 BayHSchG die bayerischen Hochschulen, sofern die jeweilige Promotionsordnung dies vorsieht). Schließlich darf die konkrete Erklärung rechtlich nicht völlig wirkungslos sein[36]. Im **Strafverfahren** haben eidesstattliche Versicherungen des *Beschuldigten* keinerlei Rechtswirkung (vgl BayObLG NStZ 90, 340). Ebenso verhält es sich bei entsprechenden Versicherungen durch Zeugen, soweit sie die *Schuldfrage* betreffen[37].

754 **Abgegeben** ist die Versicherung, sobald sie in den Machtbereich derjenigen Behörde gelangt ist, an die sie gerichtet war; der Kenntnisnahme von ihrem Inhalt bedarf es nicht (RGSt 49, 47; 70, 130; BGHSt 45, 16).

755 > Im **Fall 45** ergibt sich die Zuständigkeit des Gerichtsvollziehers zur Abnahme der eidesstattlichen Versicherung aus § 802e I ZPO. Bei der Frage, ob S eine *falsche* Versicherung abgegeben hat, kommt es entscheidend auf den durch § 802c I, II ZPO festgelegten **Umfang der Offenbarungspflicht** an.

---

35  Dazu *Maurach/Schroeder*, BT II § 75 Rn 63 ff.
36  BGHSt 5, 69; 17, 303; 24, 38.
37  BGHSt 17, 303; 24, 38.

## 3. Vermögensauskunft nach § 802c ZPO

Nach §§ 802c, 802f I ZPO hat der Schuldner im Termin zur Abgabe der Vermögens- **756** auskunft ein **Verzeichnis seines gegenwärtigen Vermögens** vorzulegen und an Eides statt zu versichern (§ 802c III 1 ZPO), dass er die geforderten Angaben nach bestem Wissen und Gewissen richtig und vollständig gemacht habe. Die Vermögensauskunft dient dem *Zweck*, dem betreibenden Gläubiger Kenntnis vom Vorhandensein solcher Vermögensgegenstände zu verschaffen, die *möglicherweise* seinem **Zugriff im Weg der Zwangsvollstreckung** wegen einer Geldforderung unterliegen (BGHSt 8, 399). Da es nicht Sache des Schuldners ist, die Erfolgsaussichten einer Vollstreckung zu beurteilen, sind auch unpfändbare Gegenstände, zur Zeit uneinbringliche Forderungen, anfechtbare Rechte und mit Drittrechten überlastete oder aus sonstigen Gründen als wertlos erscheinende Gegenstände anzugeben, es sei denn, dass die Unpfändbarkeit außer Zweifel steht und eine Austauschpfändung nicht in Betracht kommt oder dass die Wertlosigkeit des Gegenstandes nach objektivem Maßstab offensichtlich ist (vgl § 802c II 4 ZPO; BGHSt 13, 345, 349). **Anwartschaften** aus bedingter Übereignung wie etwa an Sachen, die auf Abzahlung gekauft und unter Eigentumsvorbehalt erworben sind, unterliegen ebenfalls der Offenbarungspflicht, solange das Anwartschaftsrecht fortbesteht, mag auch der Restkaufpreis höher sein als der Zeitwert des betreffenden Gegenstandes (BGHSt 13, 345; 15, 128). Früher vorhanden gewesene Vermögensstücke sind nur insoweit offenbarungspflichtig, als über sie in der durch § 802c II 3 Nr 1 und Nr 2 ZPO bezeichneten Weise verfügt worden ist. In jedem Fall bestimmt aber **nur das Gesetz selbst** den Umfang der Offenbarungspflicht; durch Fragen des Gerichtsvollziehers oder des im Termin anwesenden Gläubigers (§ 802f IV 2 ZPO) kann der Kreis der offenbarungspflichtigen Gegenstände **nicht erweitert** werden (BGHSt 14, 345, 348).

**a)** **Falsch** ist die nach § 802c III 1 ZPO abzugebende Vermögensauskunft, wenn sie **757** **unvollständig** oder sonst **unrichtig** ist. Unrichtig wird sie nicht nur durch das *Verheimlichen* von Vermögenswerten, sondern auch durch die Aufnahme nicht existierender Gegenstände oder erdichteter Forderungen, weil der Gläubiger auf diese Weise zu unnützen und zwecklosen Vollstreckungsmaßnahmen veranlasst werden kann[38]. Die *Aufnahme* eines Gegenstandes in das Verzeichnis ist daher uU ebenso gefährlich wie die *Nichtaufnahme*. Infolgedessen empfiehlt es sich für den Schuldner, etwaige Zweifel in dieser Hinsicht nebst ihren Gründen in der Vermögensauskunft darzulegen.

Im **Fall 45** waren **Anwartschaftsrecht** und **Besitz** des S am Fernsehgerät mit dessen Veräu- **758** ßerung an einen gutgläubigen Erwerber erloschen (vgl §§ 929, 932 BGB). S hat ein *unrichtiges Verzeichnis* und eine *falsche* eidesstattliche Versicherung abgegeben, weil er einen endgültig aus seinem Vermögen ausgeschiedenen Gegenstand wahrheitswidrig *als noch vorhanden* bezeichnet hat. Er hat sich daher bei vorsätzlicher Begehung nach § 156, im Fahrlässigkeitsfall nach § 161 I strafbar gemacht (näher BGHSt 7, 375; was dort zum *Offenbarungseid* ausgeführt ist, gilt sinngemäß auch für § 156).

**b)** Nach § 802c I 1 ZPO ist der Schuldner zur Angabe seines Geburtsnamens sowie **759** des Geburtsdatums und -ortes verpflichtet. Im Übrigen fallen falsche Angaben über

---

38  BGHSt 7, 375; 8, 399; OLG Hamm NJW 61, 421.

**§ 17** *Aussagedelikte*

persönliche Verhältnisse nur dann unter §§ 156 StGB, 802c II ZPO, wenn sie geeignet sind, dem betreibenden Gläubiger den Zugriff auf Vermögensstücke des Schuldners zu erschweren oder unmöglich zu machen (BGHSt 11, 223; 37, 340). Letzteres kann der Fall sein, wenn der Schuldner unrichtige Angaben über seinen Beruf und seine Arbeitsbeziehungen macht, zB einen in Wirklichkeit nicht ausgeübten Beruf angibt oder seinen tatsächlichen Beruf verschweigt und dadurch den Gläubigerzugriff vereitelt oder erschwert (näher dazu *Fischer*, § 156 Rn 13).

### 4. Umfang der Wahrheitspflicht in sonstigen Fällen

760 In sonstigen Fällen bestimmt sich der Umfang der prozessualen Wahrheitspflicht bei eidesstattlichen Versicherungen nach der Eigenart des jeweiligen Verfahrens und dem in Betracht kommenden Verfahrensgegenstand (instruktiv OLG Frankfurt NStZ-RR 98, 72). Bei einer **unverlangt** abgegebenen Versicherung an Eides statt kommt es darauf an, welches Beweisthema sich *der Erklärende selbst* gestellt hat und ob in diesem Rahmen Tatsachen unrichtig dargestellt oder verschwiegen wurden, deren richtige und vollständige Mitteilung in einem wesentlichen Punkt den Aussagegehalt der eidesstattlichen Versicherung entscheidend verändert hätte[39]. *Spontane Angaben*, die für den Gegenstand und den Ausgang des Verfahrens ohne jede mögliche Bedeutung sind, werden von der Wahrheitspflicht nicht erfasst.

### 5. Prüfungsaufbau: Falsche Versicherung an Eides statt, § 156

761

> **Falsche Versicherung an Eides statt, § 156**
>
> **I. Tatbestandsmäßigkeit**
>   **1. Objektiver Tatbestand**
>     **a) Tätereigenschaft: Jedermann**
>     **b) Tatsituation: vor einer zur Abnahme von eidesstattlichen Versicherungen zuständigen Stelle**
>       → Allg. Eideszuständigkeit + spezifische Verfahrenszuständigkeit
>       → Nicht: Staatsanwaltschaft, Polizei
>     **c) Tathandlung: Abgabe einer falschen Versicherung an Eides statt (Alt. 1) oder Falschaussage unter Berufung auf eine frühere Versicherung an Eides statt (Alt. 2)**
>       Ⓟ Umfang der Wahrheitspflicht
>       → Vollendung: Gelangen der eidesstattlichen Versicherung in den Machtbereich der Behörde
>   **2. Subjektiver Tatbestand**
>     → Vorsatz auch bzgl. Zuständigkeit der abnehmenden Stelle
>
> **II. Rechtswidrigkeit**
>
> **III. Schuld**
>
> **IV. Besondere Strafmilderungsgründe**
>   Berichtigung einer falschen Angabe, § 158

---

39  BGH JR 90, 479 mit Anm. *Keller*; LK-*Ruß*, § 156 Rn 17; SK-*Rudolphi*, 8. Aufl., § 156 Rn 10; anders OLG Düsseldorf NJW 85, 1848.

*Versuchte Anstiftung zur Falschaussage* **§ 17 IX 2**

# IX. Teilnahmeprobleme und Verleitung zur Falschaussage

**Fall 46:** Nach erbitterten Erbstreitigkeiten klagt der obsiegende Erbe E gegen seinen Bruder B auf Ersatz des Schadens, der ihm beim Betrieb einer Brutmaschine in seiner Geflügelfarm durch Unterbrechung der Stromzufuhr zugefügt worden ist. B bestreitet wahrheitswidrig die ihm zur Last gelegte Tat. Als Tatzeugin kommt nur eine Schwägerin (S) der Parteien in Frage, die sich auf Bitten des B bereit erklärt, zu seinen Gunsten falsch auszusagen und ihre Angaben ggf zu beeiden. Im Termin zur Beweisaufnahme löst S ihr Versprechen ein; wider Erwarten wird sie jedoch nicht vereidigt. Der von B zum Termin gestellte Zeuge Z verschafft diesem unter Eid für die Tatzeit ein Alibi. Dazu hatte B ihn in der Annahme überredet, dass Z infolge eines Erinnerungsfehlers von der Richtigkeit seiner Bekundung überzeugt sein werde; in Wirklichkeit handelt Z bei seiner Vernehmung wider besseres Wissen. Strafbarkeit der Beteiligten? **Rn 764, 771**

762

## 1. Anstiftung zu Aussagedelikten

Täter der Aussagedelikte kann nur sein, wer in eigener Person falsche Angaben macht („Eigenhändigkeit der Tatbegehung"; siehe Rn 722). Außenstehende kommen deshalb nur als Anstifter oder Gehilfen in Betracht. Insoweit gelten die allgemeinen Regeln (*B. Heinrich*, JuS 95, 1115).

763

S hat sich im **Fall 46** der uneidlichen Falschaussage schuldig gemacht (§ 153). Des Weiteren hat sie sich zu einem Meineid, dh zur Begehung eines *Verbrechens* bereit erklärt (§§ 30 II Alt. 1, 12 I, 154). Beide Straftaten stehen zueinander in Tatmehrheit (§ 53).

764

B ist nach allgemeinen Regeln wegen *vollendeter Anstiftung* zur uneidlichen Falschaussage (§§ 26, 153) und wegen einer in Tateinheit (§ 52) dazu stehenden *versuchten Anstiftung* zum Meineid zu bestrafen (§§ 30 I, 154, 12 I). Näher BGHSt 9, 131; *Wessels/Beulke/Satzger*, AT Rn 864, 912. Umstritten ist, ob die Zeugenstellung des Aussagenden ein besonderes persönliches Merkmal ist[40].

## 2. Versuchte Anstiftung zur Falschaussage

Der Grundsatz, dass die **versuchte Anstiftung** nur bei **Verbrechen** mit Strafe bedroht ist (§ 30 I), erfährt durch § 159 eine Ausnahme. Diese Vorschrift *erweitert* den Anwendungsbereich der §§ 30 I, 31 I Nr 1, II auf die **Vergehenstatbestände der §§ 153, 156**. Das mag man für erforderlich halten (so *Dreher*, JZ 53, 421, 425). Wertungsmäßig bleiben aber Zweifel, weil das Gesetz den *Versuch* der Tat bei §§ 153, 156 gerade nicht mit Strafe bedroht. Dass dann eine Handlung, die noch im Vorfeld des nicht strafbaren Versuchs angesiedelt ist, unter Strafe gestellt wird, erscheint ungereimt (vgl auch *Maurach/Schroeder*, BT II § 75 Rn 88).

765

Die Rspr. versucht diese Bedenken dadurch zu mildern, dass sie eine Bestrafung nach § 159 nur dann bejaht, wenn die in Aussicht genommene Haupttat im Falle ihrer Begehung den Tatbestand des § 153 oder des § 156 tatsächlich voll verwirklicht hätte. Praktische Bedeutung gewinnt das vor allem bei irriger Annahme der in §§ 153, 156 vorausgesetzten *Zuständigkeit*.

766

---

40 Verneinend MüKo-*Müller*, Vor § 153 Rn 19 f; bejahend LK-*Schünemann*, § 28 Rn 61, jeweils mwN.

**§ 17** *Aussagedelikte*

(Am **Beispiel:** Der Beschuldigte B bittet den Zeugen Z um eine ihn begünstigende Falschaussage gegenüber dem Staatsanwalt S, den er [B] irrtümlich für einen Ermittlungsrichter hält; Z weist das Ansinnen des B empört zurück.) Nach BGHSt 24, 38 scheidet eine Bestrafung wegen **versuchter Anstiftung gem. § 159 aus**, wenn die geplante Haupttat so, wie der Anzustiftende sie begehen sollte, nur zu einem untauglichen Versuch der §§ 153, 156 hätte führen können; das Gleiche soll gelten, falls die Haupttat das Stadium des **untauglichen Versuchs** tatsächlich erreicht hat[41]. Die dafür gegebene Begründung überzeugt jedoch nicht, weil sie in Widerspruch zu dem steht, was im Rahmen des § 30 I allgemein anerkannt ist (vgl *Schröder*, JZ 71, 563). Im Ergebnis ist eine *teleologische Reduktion* des § 159 als unzulässiger Weg einer Korrektur des als falsch erachteten Gesetzes abzulehnen[42].

### 3. Verleitung zur Falschaussage

**767** Als Ersatz für die bei Aussagedelikten entfallende Möglichkeit mittelbarer Täterschaft iS des § 25 I (siehe Rn 722) greift hier der Sondertatbestand der **Verleitung zur Falschaussage** (§ 160) ein, der im Bereich der §§ 153, 154, 156 eine Bestrafung des Hintermannes ermöglicht.

**768** Die Ansichten über den sachlichen Gehalt des § 160 gehen auseinander[43]. Richtigerweise besitzt § 160 wegen seiner milden Strafdrohung gegenüber den wesentlich strengeren §§ 153 ff in Verbindung mit §§ 26, 30 oder 159 lediglich eine **Ergänzungsfunktion**. Deshalb bleibt für § 160 nur dort Raum, wo nach allgemeinen Regeln weder **Anstiftung** noch **versuchte Anstiftung** zum einschlägigen Aussagedelikt in Betracht kommt. Das betrifft die Fälle, in denen der Aussagende, wie der Veranlasser weiß, *unvorsätzlich* oder *gerechtfertigt* falsch aussagt. Denn dann fehlt für eine Anstiftung schon die vorsätzliche oder rechtswidrige Haupttat und für eine versuchte Anstiftung der Vorsatz, den Aussagenden zu einer solchen zu bestimmen. Kein Bedarf hinsichtlich einer Anwendung des § 160 besteht dagegen, wenn der Aussagende lediglich *nicht schuldhaft* handelt. Denn aufgrund der limitierten Akzessorietät der Teilnahme (vgl *Wessels/Beulke/Satzger*, AT Rn 870) bleibt hier eine Strafbarkeit wegen Anstiftung möglich. Es muss nur eine vorsätzliche und rechtswidrige Haupttat vorliegen; schuldhaft braucht diese nicht zu sein.

**Beispiel:** Der schwerer Verbrechen angeklagte Mafia-Boss M lässt die Familie des Belastungszeugen Z entführen und bedroht diesen mit der Ermordung der Angehörigen, wenn er nicht zu seinen Gunsten in der Hauptverhandlung falsch aussagt. Billigt man Z, wenn er sodann tatsächlich eine falsche Aussage tätigt, einen Nötigungsnotstand zu und bewertet diesen mit der – freilich nicht zweifelsfreien – hM nicht als Rechtfertigungs-, sondern als Entschuldigungsgrund (näher dazu Matt/Renzikowski-*Engländer*, § 34 Rn 41), hat Z eine zwar entschuldigte und damit nicht strafbare, aber gleichwohl vorsätzliche und rechtswidrige Falschaussage begangen. M ist somit der Anstiftung zur Falschaussage schuldig. Eine Strafbarkeit nach § 160 scheidet daher aus.

---

41  Zust. *H.E. Müller*, Falsche Zeugenaussage und Beteiligungslehre, 2000, S. 372, 376; *Vormbaum*, GA 86, 353; abl. LK-*Ruß*, § 159 Rn 1a; S/S-*Bosch/Schittenhelm*, § 159 Rn 4.

42  *Otto*, BT § 97 Rn 79 mwN; zweifelnd *Fischer*, § 159 Rn 6; aA *Kindhäuser/Schramm*, BT I § 48 Rn 7; *Maurach/Schroeder*, BT II § 75 Rn 89; *Wessels*, BT/1, 21. Aufl. 1997, Rn 760.

43  Näher *Gallas*, Engisch-FS, S. 600; *Hruschka*, JZ 67, 210; *Hruschka/Kässer*, JuS 72, 709, 713; *Vormbaum*, Der strafrechtliche Schutz des Strafurteils, 1987, S. 295 ff. *Küper*, JZ 12, 992 ff, 997 deutet die „eigentümliche" Verleitung zur Falschaussage nach § 160 I ihrem materiellen Gehalt und ihrem Zurechnungsmodus nach als eine zur Täterschaft avancierte Anstiftung zu einer *unvorsätzlichen* Haupttat.

*Verleitung zur Falschaussage* **§ 17 IX 3**

Angesichts der Ergänzungsfunktion des § 160 liegt es nahe, ihn als eine auf die Fälle unvorsätzlichen oder gerechtfertigten Handelns begrenzte *Sonderregelung* der **mittelbaren Täterschaft** zu verstehen. **Verleiten** bedeutet deshalb das tatherrschaftliche Herbeiführen einer *unvorsätzlichen* oder *gerechtfertigten* Falschaussage. Die Tatherrschaft bestimmt sich dabei nach den allgemeinen Regeln (näher *Wessels/Beulke/Satzger*, AT Rn 840 ff). Die Gegenauffassung, die zunächst die Herbeiführung *jeder*, also auch einer vorsätzlichen und rechtswidrigen Falschaussage unter den Begriff des Verleitens subsumieren und sodann § 160 lediglich auf der Konkurrenzebene hinter der (versuchten) Anstiftung zurücktreten lassen will[44], geht im Hinblick auf die Ergänzungsfunktion des Straftatbestands deutlich zu weit. Zu eng ist es hingegen, das Verleiten auf das Bewirken solcher Falschaussagen zu beschränken, die der Aussagende – und sei es fahrlässig – für richtig hält[45], da dann eine Schutzlücke in den Fällen des tatherrschaftlichen Herbeiführens einer gerechtfertigten Falschaussage entsteht. Grds. kann die Einwirkung auf den Aussagenden durch beliebige Mittel (zB durch eine gezielte Täuschung, das Ausnutzen eines schon bestehenden Irrtums, eine Drohung oder dergleichen) erfolgen. Der **Verleitungsvorsatz** muss die Verwirklichung des objektiven Unrechtstatbestandes umfassen, dh nach der hiesigen Konzeption auch den Tatherrschaftswillen beinhalten.

**769**

Auf dieser Basis lässt sich auch beantworten, welche Konsequenzen eine Fehleinschätzung der Gut- bzw Bösgläubigkeit des Aussagenden durch den Hintermann hat. Zwei Konstellationen kommen hier in Betracht: (1) Der Aussagende ist *tatsächlich bösgläubig*, sagt also vorsätzlich falsch aus, wird aber vom Hintermann irrtümlich für *gutgläubig* gehalten. (2) Der Aussagende ist *tatsächlich gutgläubig*, sagt somit unvorsätzlich falsch aus, wird vom Hintermann indes fälschlicherweise als bösgläubig angesehen. Zunächst zur besonders problematischen ersten Konstellation: Eine Strafbarkeit des Hintermanns wegen Anstiftung scheidet hier aus, da ihm der Vorsatz hinsichtlich der Begehung einer vorsätzlichen Haupttat fehlt; er befindet sich insoweit in einem Tatumstandsirrtum gem. § 16 I 1. Im Hinblick auf die Strafbarkeit nach § 160 bejaht die Rspr. sodann eine *vollendete* und nicht nur versuchte Verleitung zum Falscheid[46]. Das verdient keine Zustimmung. Es fehlt dafür an der – aufgrund der Ergänzungsfunktion des § 160 erforderlichen – unvorsätzlichen oder gerechtfertigten Falschaussage und damit im objektiven Tatbestand am Merkmal des Verleitens. Liegt dieses nicht vor, scheidet eine Bestrafung aus vollendetem Delikt aus. Es bleibt, da der Tatentschluss des Hintermanns auf die tatherrschaftliche Herbeiführung einer unvorsätzlichen Falschaussage gerichtet ist, die Strafbarkeit wegen *versuchter* Verleitung[47].

**770**

---

44  BGHSt 21, 116, 118; *Rengier*, BT I, § 49 Rn 57; SSW-*Sinn*, § 160 Rn 5.

45  So aber Matt/Renzikowski-*Norouzi*, § 160 Rn 5; MüKo-*Müller*, § 160 Rn 14; NK/*Vormbaum*, § 160 Rn 20; S/S-*Bosch/Schittenhelm*, § 160 Rn 7 (die aber sodann widersprüchlich ein vollendetes Verleiten auch dann bejahen wollen, wenn der Aussagende objektiv bösgläubig ist und vom Veranlasser nur irrtümlich für gutgläubig gehalten wird; vgl Rn 9); *Wessels/Hettinger*, BT I, 40. Aufl. 2016, Rn 783.

46  BGHSt 21, 116; ebenso, aber mit neuer Begründung *Küper*, JZ 12, 992, 1001 f; dem BGH zust. *Küper/Börner*, BT I § 7 Rn 32 f; *Lackner/Heger*, § 160 Rn 4; LK-*Ruß*, § 160 Rn 2; S/S-*Bosch/Schittenhelm*, § 160 Rn 9; *Bosch*, Jura 15, 1295, 1304; SSW-*Sinn*, § 160 Rn 5.

47  Ebenso iE *Eschenbach*, Jura 93, 407; *Gallas*, Engisch-FS, S. 619; *Geppert*, Jura 02, 173, 179; HK-GS/*M. Heinrich*, § 160 Rn 3; *Kleszczewski*, BT § 19 Rn 87; *Maurach/Schroeder*, BT II § 75 Rn 102; MüKo-*Müller*, § 160 Rn 16; *Otto*, BT § 97 Rn 92; *Vormbaum*, Maiwald-FS, S. 817, 824 ff.

**§ 17** *Aussagedelikte*

Im **umgekehrten Fall** (= entgegen der Vorstellung des Hintermanns ist der Aussagende nicht bös-, sondern gutgläubig) handelt es sich um einen *Anstiftungsversuch*, sodass die Bestrafung des Hintermannes nach §§ 30 I, 154 bzw nach § 159 in Verbindung mit §§ 153, 156 erfolgt. (Vollendete Anstiftung scheidet aus, da es wegen der Gutgläubigkeit des Vordermanns an einer vorsätzlichen Haupttat fehlt.)

**771**  Z hat sich im **Fall 46** des Meineides schuldig gemacht. Urheber dieser Tat war B, der die Voraussetzungen der *Anstiftung* (§§ 26, 154) jedoch nicht erfüllt, weil sein Vorsatz nicht darauf gerichtet war, den Z zu einer *vorsätzlichen* Eidesverletzung zu bestimmen; nach der Vorstellung des B sollte Z gerade *gutgläubig* falsch aussagen. Es bleibt § 160. Da Z nach der hier vertretenen Auffassung mangels Gutgläubigkeit nicht iS des § 160 I verleitet worden ist, scheidet Vollendung aus. B kann insoweit nur gem. §§ 160 I, II, 22 bestraft werden. Zwischen dieser Tat des B und seinen anderen besteht Tatmehrheit (§ 53).

### 4.   Prüfungsaufbau: Verleitung zur Falschaussage, § 160

**772**
> **Verleitung zur Falschaussage, § 160**
>   **I. Tatbestandsmäßigkeit**
>     **1. Objektiver Tatbestand**
>       **a) Taterfolg: Ableistung**
>         – **einer uneidlichen Falschaussage**
>         – **oder eines falschen Eides – oder einer falschen eidesstattlichen Versicherung durch einen anderen**
>       **b) Tathandlung: den anderen dazu verleiten**
>         → tatherrschaftliches Herbeiführen einer unvorsätzlichen oder gerechtfertigten Falschaussage
>         Ⓟ Bösgläubigkeit des Aussagenden (bei irrtümlicher Annahme seiner Gutgläubigkeit)
>     **2. Subjektiver Tatbestand**
>         → auch Tatherrschaftswille
>         Ⓟ irrtümliche Annahme der Bösgläubigkeit des Aussagenden (bei tatsächlicher Gutgläubigkeit)
>   **II. Rechtswidrigkeit**
>   **III. Schuld**

### 5.   Beihilfe durch Tun und durch Unterlassen

**773**  Für die **Beihilfe** zu Aussagedelikten durch *positives Tun* gelten keinerlei Besonderheiten. Zu denken ist hier insbesondere an Fälle, in denen ein schon zur falschen Aussage Entschlossener in seinem Vorhaben durch Rat oder Tat bestärkt wird[48]. Sehr umstritten ist dagegen, wann und unter welchen Voraussetzungen **Beihilfe durch Unterlassen** kraft **Garantenstellung** anzunehmen ist. Die Rechtsprechung dazu hat wie-

---

48   BGH MDR/D 74, 14; näher *B. Heinrich*, JuS 95, 1115, 1118 mwN; zu einem Fall „mittelbarer" Beihilfe zu uneidlicher Falschaussage OLG Bamberg NJW 06, 2935, 2937; zu den Grenzen der Strafverteidigung *Beulke/Ruhmannseder*, Rn 256, 263.

_Fälschung von Urkunden, technischen Aufzeichnungen und beweiserheblichen Daten_ **§ 18**

derholt gewechselt. Anerkannt ist, dass der **Zeuge** prozessual unter _eigener Verant-_
_wortung_ steht und dass die Garantenstellung einer Prozesspartei sich nicht allein mit
ihrer Wahrheitspflicht (§ 138 ZPO) begründen lässt (BGHSt 4, 327). Zu weit geht die
Ansicht, dass sich eine Prozesspartei, die durch ihr wahrheitswidriges Bestreiten die
Vernehmung eines vom Prozessgegner benannten Zeugen veranlasst hat, schon dann
wegen Beihilfe durch Unterlassen zum Meineid strafbar macht, wenn sie eine in ihrer
Gegenwart stattfindende Falschaussage dieses Zeugen nicht dadurch verhindert, dass
sie die Wahrheit bekennt (so aber BGHSt 3, 18; RGSt 75, 271). Diese Auffassung ist
von der Rechtsprechung mit Recht **aufgegeben** worden (BGHSt 17, 321). Eine Garantenstellung aus vorangegangenem Tun wird jetzt bejaht, wenn der Verfahrensbe-
teiligte den Zeugen pflichtwidrig in eine **besondere**, dem Prozess nicht mehr eigentümliche _(inadäquate)_ Gefahr der **Falschaussage** gebracht hat[49].

**Beispiel:** Der des Wohnungseinbruchsdiebstahls angeklagte A benennt den bislang unbekannten Mittäter M als Entlastungszeugen. Dieser wird in der Folge richterlich vernommen und tätigt erwartungsgemäß eine Falschaussage, die A entlastet. Hier hat A durch das Benennen des
M diesen in eine inadäquate, dem Prozess nicht mehr eigentümliche Gefahrenlage gebracht, da
M nur mehr durch eine wahrheitswidrige Aussage eine Selbstbelastung vermeiden kann. Als
Garantenpflichtiger aus Ingerenz macht A sich daher wegen Beihilfe durch Unterlassen strafbar, sofern er die erwartete Falschaussage des M nicht (versucht zu) verhindern.

9. Kapitel
# Urkundenstraftaten

# § 18 Fälschung von Urkunden, technischen Aufzeichnungen und beweiserheblichen Daten

**Fall 47:** Im Hochgefühl des gerade erreichten Volljährigkeitsalters bleibt der 18-jährige     **774**
Gymnasiast U zur Karnevalszeit an 2 Tagen dem Unterricht fern. Im Sekretariat der Schule
gibt er eine von ihm verfasste und unterzeichnete sog. Entschuldigung ab, in der er sein
Fernbleiben wahrheitswidrig damit begründet, dass er an Brechdurchfall gelitten habe. Seine Mitschülerin S meint dazu, das grenze an Urkundenfälschung. U hält es für abwegig,
eine Entschuldigung als Urkunde im Sinne des Strafrechts anzusehen.

Wer hat Recht? **Rn 789**

---

49    BGHSt 17, 321; 14, 229; BGH NStZ 93, 489; OLG Düsseldorf NJW 94, 272; OLG Hamm NJW 92,
      1977; OLG Köln NStZ 90, 594; näher zur Problematik _Bartholme_, JA 98, 204; _Geppert_, Jura 02, 173,
      178; _B. Heinrich_, JuS 95, 1115; _Scheffler_, GA 93, 341; krit. zum Kriterium der Schaffung einer inadä-
      quaten Gefahr _H.E. Müller_, Falsche Zeugenaussage und Beteiligungslehre, 2000, S. 302 ff.

**§ 18** *Fälschung von Urkunden, technischen Aufzeichnungen und beweiserheblichen Daten*

## I. Schutzzweck und Urkundenbegriff

### 1. Schutzzweck

**775** Geschütztes **Rechtsgut** der im 23. Abschnitt des StGB geregelten Delikte ist nach hM die **Sicherheit und Zuverlässigkeit des Rechtsverkehrs** mit Urkunden, technischen Aufzeichnungen und Daten als **Beweismitteln**[1]. Wo eine **Urkunde** Tatobjekt ist, lassen sich **vier** verschiedene **Schutzrichtungen** unterscheiden: Das Vertrauen auf die *Echtheit und Unverfälschtheit* wird bei allen Urkunden ohne Rücksicht auf ihre Erscheinungsform geschützt (§ 267). Im Gegensatz dazu genießt das Vertrauen auf die *inhaltliche Wahrheit* der urkundlichen Erklärung nur in bestimmten Fällen Schutz, und zwar in erster Linie bei *öffentlichen* Urkunden (§§ 348, 271, 276, 276a, 277 Alt. 1, 278, 279). Allein um die Bestandserhaltung, die jederzeitige Verfügbarkeit und die *äußere Unversehrtheit* der Urkunde geht es im Schutzbereich der §§ 273, 274 I Nr 1, während § 281 Schutz vor *missbräuchlicher Verwendung* nur bei (echten) Ausweispapieren bietet[2].

### 2. Merkmale des Urkundenbegriffs

**776** **Urkunde** im Sinne des materiellen Strafrechts ist nach hM jede **verkörperte Gedankenerklärung** (Perpetuierungsfunktion), die zum Beweis im Rechtsverkehr **geeignet** und **bestimmt** ist (Beweisfunktion) und die ihren **Aussteller erkennen lässt** (Garantiefunktion)[3]. *Echt* ist die Urkunde, wenn sie den wirklichen Aussteller (den Erklärenden) erkennen lässt[4] (beachte Rn 787).

**777** Eine Minderheitsmeinung im Schrifttum misst nur den in **Schriftform** verkörperten Gedankenerklärungen Urkundeneigenschaft zu[5]. Trotz mehrerer Anläufe zur Reform ist es bisher beim weiteren gesetzlichen Begriff geblieben[6]. Praktische Bedeutung hat dieser Theorienstreit für die von der hM bejahte Frage einer Einbeziehung der sog. **Beweiszeichen** in den Urkundenbegriff (näher Rn 790).

**778** **a)** Ihren besonderen Wert als Beweismittel gewinnt die **Urkunde** durch ihre **Perpetuierungsfunktion**, dh durch die hinreichend feste Verbindung der ihr zugrunde liegenden Gedankenerklärung mit einem körperlichen Gegenstand (näher S/S-*Heine/ Schuster*, § 267 Rn 3, 6). *Mündlichen* Gedankenäußerungen fehlt diese stoffliche Verkörperung; das gesprochene Wort bleibt flüchtig und vergänglich.

---

1 Vgl BGHSt 2, 50, 52; *Kleszewski*, BT § 17 Rn 2 ff; LK-*Zieschang*, Vor § 267 Rn 6; aA *Jakobs*, Urkundenfälschung, 2000, S. 5 ff, 95; MüKo-*Erb*, § 267 Rn 2 ff; *Kargl*, JA 03, 604, 609; NK-*Puppe*, § 267 Rn 6 ff; zur problematischen Überschrift *Maurach/Schroeder*, BT II § 65 Rn 1 und SK-*Hoyer*, Vor § 267 Rn 4.

2 Näher zum Ganzen *Freund*, Urkundenstraftaten, 2. Aufl. 2010, Rn 1 ff = JuS 93, 731; Serie: Grundfälle zu den Urkundendelikten; *Satzger*, Jura 12, 106.

3 BGHSt 3, 82; 4, 284; 13, 235, 239; S/S-*Heine/Schuster*, § 267 Rn 2 mwN; krit. dazu NK-*Puppe*, § 267 Rn 17 ff; anders auch MüKo-*Erb*, § 267 Rn 25, 107.

4 Vgl auch *Maurach/Schroeder*, BT II § 65 Rn 46; SK-*Hoyer*, § 267 Rn 4.

5 Vgl *Kienapfel*, Urkunden im Strafrecht, 1967, S. 349 ff; *Otto*, BT § 70 Rn 9; *Samson*, Urkunde und Beweiszeichen, 1968, S. 94 ff sowie JuS 70, 369; *Welzel*, Lb S. 403.

6 Vgl §§ 303, 304 E 1962 und Begr., S. 473 ff; *Schwartz*, Das StGB für das Deutsche Reich, 1914, § 267 Anm. 2; *Kleszewski*, BT § 17 Rn 14 f.

*Merkmale des Urkundenbegriffs* § 18 I 2

Durch ihren **gedanklichen Inhalt** unterscheidet die **Urkunde** sich vom Augenscheinsobjekt   **779**
und von der selbsttätig durch ein Gerät bewirkten *technischen Aufzeichnung* iS des § 268. **Augenscheinsobjekte** sind sachliche Beweismittel, die aufgrund ihrer *Existenz und Beschaffenheit* bestimmte Schlussfolgerungen zulassen und so zum Beweis von Tatsachen dienen (= Fingerabdrücke, Fußspuren, Blutflecke an der Kleidung usw: RGSt 17, 103; *Schilling*, Der strafrechtliche Schutz des Augenscheins, 1965); sie verkörpern aber selbst keine menschliche Gedankenerklärung. Zur technischen Aufzeichnung siehe Rn 846 ff.

**Tonbänder, Schallplatten** und **Magnetbänder** sind zwar zur Fixierung menschlicher Gedan-   **780**
ken geeignet; ihnen fehlt die Urkundeneigenschaft jedoch deshalb, weil es bei Urkunden entscheidend auf die Möglichkeit *optisch-visueller* Wahrnehmung ihres Inhalts ankommt (krit. *Freund*, Urkundenstraftaten, 2. Aufl. 2010, Rn 88 ff). Entsprechendes gilt für elektronisch gespeicherte Daten (siehe Rn 527).

**b)**   Von wesentlicher Bedeutung für den Urkundenbegriff ist weiter, dass die verkör-   **781**
perte Gedankenerklärung zum **Beweise im Rechtsverkehr geeignet und bestimmt**
ist (= **Beweisfunktion** der Urkunde; krit. MüKo-*Erb*, § 267 Rn 107, 111).

Die **Eignung** zum Beweis für eine *rechtlich erhebliche Tatsache* ist allein nach objektiven Kriterien zu beurteilen (BGH GA 71, 180). Dabei spielt es keine Rolle, ob die Urkunde gerade zum Beweis desjenigen Rechtsverhältnisses herangezogen wird, für das sie ursprünglich bestimmt war. So können zB Briefe mit *deliktischem* Inhalt wie einer Beleidigung oder einer Drohung beweisgeeignet sein, obwohl sie dazu nach dem Willen ihres Ausstellers gewiss nicht vorgesehen waren (S/S-*Heine/Schuster*, § 267 Rn 9 mwN). *Klassen- und Prüfungsarbeiten* sind geeignet, Beweis für bestimmte Kenntnisse ihres Verfassers zu erbringen[7].

Beweiseignung ist nicht gleichbedeutend mit Beweiskraft. Zum **Beweis geeignet** ist   **782**
eine verkörperte Gedankenerklärung bereits dann, wenn sie für sich allein oder in
Verbindung mit anderen Umständen bei der Überzeugungsbildung *mitbestimmend ins
Gewicht fallen kann*; nicht notwendig ist, dass sie vollen Beweis liefert. Wie weit dagegen die *Beweiskraft* einer Urkunde reicht, ergibt sich aus §§ 415–419 ZPO (näher
Rn 899). **Zu beachten** ist, dass die Frage der Beweiseignung bei *unechten* Urkunden
(etwa einem gefälschten Testament) unter der *gedachten* Voraussetzung ihrer Echtheit zu stellen und zu beantworten ist. Bei der Herstellung eines unechten Abiturzeugnisses geht es somit darum, ob dieses Zeugnis im Falle seiner Echtheit geeignet wäre,
Beweis für das Bestehen der Reifeprüfung zu erbringen[8].

Die für den Urkundenbegriff erforderliche **Beweisbestimmung**[9] kann schon von   **783**
vornherein durch den Aussteller oder erst nachträglich durch einen Dritten getroffen
werden, sofern diesem von Rechts wegen die Möglichkeit eröffnet ist, mit der Urkunde Beweis zu erbringen. Im ersten Fall spricht man von **Absichts-** und im zweiten
Fall von **Zufallsurkunden**. Diese Unterscheidung ist aber terminologisch missverständlich und sachlich entbehrlich[10]. Nach hM kann ein *Dritter* einem Schriftstück
*nachträglich* eine Beweiseignung und -bestimmung verleihen[11] – so etwa, wenn eine

---

7   BGHSt 17, 297; RGSt 68, 240; BayObLG JZ 81, 201; aA MüKo-*Erb*, § 267 Rn 75.
8   Weitere Beispiele: RGSt 32, 56; 62, 218; RG LZ 1920, 393.
9   Für einen Verzicht auf dieses Merkmal *Krell*, GA 19, 325, 327 ff, 337.
10  Vgl *Kargl*, JA 03, 604; MüKo-*Erb*, § 267 Rn 33; NK-*Puppe*, § 267 Rn 9 ff.
11  BGHSt 3, 82; 13, 235, 238; *Fischer*, § 267 Rn 13; aA *Erb*, Puppe-FS, S. 1107, 1113 ff.

257

**§ 18** *Fälschung von Urkunden, technischen Aufzeichnungen und beweiserheblichen Daten*

Partei im Zivilprozess den Brief eines anderen zum Beweis eines bestimmten Umstandes in das Verfahren einführt.

**784** Zur **Beweisbestimmung** bedarf es auch bei sog. *Absichtsurkunden* keines zielgerichteten Handelns; vielmehr genügt die Einführung der urkundlichen Erklärung in den Rechtsverkehr mit dem Bewusstsein, dass ein anderer eine rechtliche Reaktion daran knüpfen und sie zu Beweiszwecken benutzen kann.

**785** Praktische Bedeutung erlangt das vor allem bei den sog. **Deliktsurkunden**, die einen strafbaren oder sonstwie deliktischen Inhalt aufweisen, wie etwa beleidigende oder betrügerische Schreiben. Hier lässt sich das Vorhandensein der Beweisbestimmung nicht mit der Begründung verneinen, dass dem Aussteller die *Absicht* gefehlt habe, dem Empfänger ein Beweismittel zu verschaffen[12].

**786** Solange die **Beweisbestimmung nicht getroffen** ist, liegt noch keine Urkunde vor (BGHSt 13, 235). Wichtig ist das bei persönlichen Aufzeichnungen, Erinnerungsnotizen, Privatbriefen, bloßen **Urkundenentwürfen** und als **Collagen** zusammengefügten Fotokopiervorlagen[13]. Entfällt die Beweisbestimmung schlechthin, wie etwa beim Aussondern von Akten oder von benutzten Fahrkarten zum Einstampfen, so endet damit die Urkundeneigenschaft (OLG Köln MDR 60, 946); anders aber, wenn der Berechtigte die ursprüngliche Beweisbestimmung lediglich ändert[14].

**787** c) Schließlich muss die verkörperte Gedankenerklärung ihren **Aussteller** *bezeichnen* oder sonst *erkennbar machen*, dh auf eine **bestimmte Person** oder Behörde (BGHSt 7, 149, 152) hinweisen, die als Urheber und Garant hinter der urkundlichen Erklärung steht (= **Garantiefunktion** der Urkunde). Aussteller in diesem Sinne ist nicht, wer die Urkunde *körperlich hergestellt* hat, sondern derjenige, dem das urkundlich Erklärte im Rechtsverkehr **zugerechnet** wird und von dem die Erklärung in *diesem* Sinne **geistig herrührt**, weil er sich zu ihr als Urheber bekennt (= sog. *Geistigkeitstheorie*[15]). Bedeutung hat die Vergeistigung des Ausstellerbegriffs vornehmlich beim Einsatz von Schreibgehilfen und in Fällen der Stellvertretung[16], ferner bei Computerausdrucken in Gestalt von Rechnungen, Gehaltsabrechnungen, Steuerbescheiden, Parkscheinen und dergleichen[17].

**788** Wo das Gesetz nicht etwas anderes bestimmt, wie etwa bei der Errichtung eines Testaments (§ 2247 BGB), braucht die Urkunde nicht eigenhändig unterschrieben zu sein; auch beim Fehlen jeder Unterzeichnung genügt es, dass sich die Person des Ausstellers dem Gesamtzusammenhang nach aus dem Urkundeninhalt ergibt[18]. Zu verneinen ist die Urkundsqualität bei **anonymen Schreiben** und **relativer Anonymität** unter Verwendung eines Decknamens, sofern dessen Gebrauch jeden Zweifel daran ausschließt, dass der Urheber anonym bleiben will. Wer etwa einen „Personenausweis" des „Deutschen Reiches" verwendet, den „i. V. der Polizeiprä-

---

12  Näher RGSt 32, 56; 62, 218; BGH LM Nr 18 zu § 267; S/S-*Heine/Schuster*, § 267 Rn 14 f.
13  Vgl RGSt 57, 310; BGHSt 3, 82; BGH wistra 03, 231; OLG Bremen NJW 62, 1455; BayObLG NJW 92, 3311; S/S-*Heine/Schuster*, § 267 Rn 14, 42a.
14  Lesenswert dazu BGHSt 4, 284; siehe auch OLG Koblenz NStZ-RR 16, 388 mit zust. Bespr. *Jäger*, JA 17, 231 zu entstempelten Kfz-Kennzeichenschildern.
15  BGHSt 13, 382, 385; MüKo-*Erb*, § 267 Rn 124 f; *Otto*, BT § 70 Rn 10; *Samson*, JA 79, 526, 660 – hM; krit. zur Bezeichnung NK-*Puppe*, § 267 Rn 63.
16  Vgl RGSt 75, 46; OLG Koblenz NJW 95, 1625.
17  Näher *Zielinski*, Armin Kaufmann-GedS, S. 605 mwN.
18  BGH GA 63, 16; BayObLG NJW 88, 2190; OLG Köln StraFo 01, 352.

*Beweis- und Kennzeichen* **§ 18 I 3**

sident in Groß-Berlin" am 11.7.2005 ausgestellt haben soll, gebraucht mangels wirklichkeits-
nahen Anscheins eines behördlichen Dokuments keine Urkunde; hier ist offenkundig, dass niemand hinter der Erklärung steht[19]. (Anders soll es sich allerdings bei einem vom „Bürgeramt"
ausgestellten „Ausweis" der „Republik Freies Deutschland" verhalten, da er bei oberflächlicher
Betrachtung oder bei fehlendem Bildungs- und Informationshintergrund als gültiges Dokument
erscheine[20].) Die Verwendung eines frei erfundenen oder häufig vorkommenden Namens (zB
*Meier, Müller, Schulze*) hindert die Bejahung der Urkundeneigenschaft jedoch dann nicht,
wenn der Eindruck erweckt wird, dass ein bestimmter Träger dieses Namens zu der betreffenden Erklärung stehe[21].

Im **Fall 47** erfüllt die von U abgegebene Entschuldigung alle Merkmale des Urkundenbe-   **789**
griffs; insbesondere war sie dazu bestimmt und geeignet, eine rechtlich erhebliche Tatsache
(= die Einhaltung der Schulordnung durch U) zu beweisen. Diese Urkunde war jedoch *echt*.

Einen Straftatbestand hat U also nicht verwirklicht, da die Entschuldigung von ihm als dem
angegebenen Aussteller herrührte und § 267, der hier allein in Betracht käme, den Fall der
**schriftlichen Lüge** (= das Herstellen einer inhaltlich unwahren, aber *echten* Urkunde) **nicht**
erfasst. Näher dazu Rn 808; siehe zum Ganzen auch den Rechtsprechungsbericht von *Puppe*, JZ 91, 447, 550 und JZ 97, 490.

## 3. Beweis- und Kennzeichen

**Urkunden** im strafrechtlichen Sinne sind nach hM **nicht nur Gedankenäußerungen**   **790**
*in Schriftform* (siehe Rn 776), **sondern auch** die mit einem körperlichen Gegenstand
fest verbundenen **Beweiszeichen**, die eine menschliche Gedankenerklärung verkörpern, ihren Aussteller erkennen lassen und nach Gesetz, Herkommen oder Vereinbarung der Beteiligten geeignet und bestimmt sind, zum Beweis für eine rechtlich erhebliche Tatsache zu dienen[22].

**Beispiele:** früher Motor- und Fahrgestellnummern von Kraftfahrzeugen (BGHSt 9, 235; 16,   **791**
94), heute Fahrzeug-Identifizierungsnummer (§ 59 I Nr 4 StVZO), amtlich ausgegebene Kenn-
zeichenschilder (BGHSt 18, 66, 70; BayObLG VRS 53 [1977], 351), die Prüfplakete des TÜV
(BayObLG NJW 66, 748), das Künstlerzeichen auf einem Gemälde (RGSt 76, 28), bei hinreichend fester Verbindung auch Preisauszeichnungen an Waren (RGSt 53, 237 und 53, 327;
OLG Köln NJW 73, 1807 und 79, 729) und dergleichen. Die **Einbeziehung dieser Beweiszeichen** in den **Urkundenstrafschutz** beruht darauf, dass der Geschäftsverkehr auf *wortvertreten-
de* Abkürzungen, Bezeichnungen und Symbole nicht verzichten kann und dass die *Allgemeinheit* ihnen hinsichtlich ihres Beweiswertes das gleiche Vertrauen entgegenbringt wie Urkunden
in Schriftform[23].

Das Gegenstück zu den urkundengleichen Beweiszeichen bilden die nicht zum Ur-   **792**
kundenbereich zählenden **Kennzeichen** sowie Identitäts- und Herkunftszeichen, die
nicht für bestimmte rechtliche Beziehungen Beweis erbringen sollen, sondern ihrer
**Funktion** nach lediglich der *unterscheidenden Kennzeichnung*, der *Sicherung* oder

---

19  OLG München NStZ-RR 10, 173; OLG Koblenz NStZ-RR 08, 120 mwN. Näher dazu *M. Vormbaum*,
   JR 17, 503, 507 ff.
20  OLG München BeckRS 18, 23716.
21  BGHSt 5, 149; RGSt 46, 297; MüKo-*Erb*, § 267 Rn 152; *Satzger*, Jura 12, 106, 108 f.
22  BGHSt 13, 235, 239; 16, 94; vgl *Küper/Zopfs*, BT Rn 552 f.
23  Siehe dazu *Freund*, Urkundenstraftaten, 1996, Rn 90 ff; *Puppe*, Jura 80, 18.

259

**§ 18** *Fälschung von Urkunden, technischen Aufzeichnungen und beweiserheblichen Daten*

dem *Verschluss* von Sachen dienen, wie etwa ein Wäschemonogramm, Eigentümerzeichen in Büchern, Dienststempel auf Inventarstücken, Plomben an Postsäcken usw (vgl BGHSt 2, 370; RGSt 64, 48).

**793** Ob im Einzelfall ein **Beweiszeichen** oder nur ein **Kennzeichen** vorliegt, lässt sich nicht vom Begriff, sondern allein von der **Funktion des Zeichens** her bestimmen (vgl etwa zu Plomben an Stromzählern als *Beweiszeichen* RGSt 50, 191)[24].

### 4. Durchschriften, Ausfertigungen, Abschriften, Fotokopien, Telefaxe

**794** Ob und wieweit **Vervielfältigungsstücke** Urkundenqualität besitzen, hängt von ihrer Ausgestaltung ab. Wird auf technischem Wege eine Mehrheit von Exemplaren hergestellt, so ist jedes Einzelstück eine Urkunde iS des § 267, *wenn* es den Anforderungen des Urkundenbegriffs genügt und es sich insgesamt um gleichwertige Verkörperungen derselben Erklärung des Ausstellers handelt[25]. **Durchschriften** werden im Rechtsverkehr als Urkunden anerkannt, da sie die Originalerklärung des Ausstellers verkörpern und gerade zu dem Zweck hergestellt werden, mehrere Exemplare der Urkunde als Beweismittel zur Verfügung zu haben[26].

**795** **Ausfertigungen** einer Urkunde, deren Original in den Akten des Gerichts oder in notarieller Verwahrung verbleibt, treten im Rechtsverkehr an die Stelle der Urschrift; ihre Urkundeneigenschaft steht somit außer Zweifel (vgl §§ 317 II, 724 ZPO, 20 I BNotO, 47 BeurkG).

**796** *Einfache* **Abschriften** sind dagegen keine Urkunden, da sie als solche nicht erkennen lassen, von wem sie herrühren, und nichts anderes darstellen als eine *Reproduktion* des Originals, ohne dass jemand die Gewähr für ihre Richtigkeit übernimmt[27]. Anders liegt es bei **beglaubigten** Abschriften, deren originalgetreue Wiedergabe bescheinigt wird und bei denen der **Beglaubigungsvermerk** alle Erfordernisse des Urkundenbegriffs erfüllt[28].

**797** **Fotokopien** ohne Beglaubigungsvermerk besitzen keine Urkundenqualität, soweit sie wie einfache Abschriften nur schlichte Reproduktionen des Originals sind und sich in dessen Wiedergabe erschöpfen[29] (zum sog. **mittelbaren** Gebrauch einer Urkunde siehe Rn 838). Anders liegt es nach hM, wenn eine fotografische Reproduktion als *angeblich vom Aussteller herrührende Urschrift* hergestellt wird und durch eine geschickte Manipulation den *Anschein* einer Originalurkunde erwecken soll[30].

**Beispiel:** Jemand stellt von einer Konzerteintrittskarte eine täuschend echt aussehende Fotokopie her, um sich damit Zutritt zur Konzerthalle zu verschaffen. Zur Problematik des Missbrauchs „gescannter" Unterschriften siehe *Fischer*, § 267 Rn 22 mwN.

---

24 So wohl auch *Satzger*, Jura 12, 106, 110; krit. zum Ganzen *Maurach/Schroeder*, BT II § 65 Rn 26 ff; MüKo-*Erb*, § 267 Rn 78; NK-*Puppe*, § 267 Rn 32 ff.

25 Vgl LG Paderborn NJW 89, 178; *Küper/Zopfs*, BT Rn 547; *Welp*, Stree/Wessels-FS, S. 511, 519.

26 RG JW 38, 1161; KG wistra 84, 233; OLG Hamm NJW 73, 1809; MüKo-*Erb*, § 267 Rn 91.

27 BGHSt 2, 50; LK-*Zieschang*, § 267 Rn 105.

28 RGSt 34, 360; *Maurach/Schroeder*, BT II § 65 Rn 39; S/S-*Heine/Schuster*, § 267 Rn 40a.

29 BGHSt 24, 140; BayObLG NStZ 94, 88 und NJW 92, 3311; *Geppert*, Jura 90, 271; SSW-*Wittig*, § 267 Rn 57; krit. dazu *Freund*, JuS 91, 723 und StV 01, 234; Gegenkritik bei *Erb*, GA 98, 577 und Anm. NStZ 01, 317; für eine Gleichstellung der Kopie auch NK-*Puppe*, § 267 Rn 50.

30 OLG Stuttgart NJW 06, 2869 mwN; *Fischer*, § 267 Rn 20; MüKo-*Erb*, § 267 Rn 96, 170 ff.

*Private und öffentliche Urkunden* **§ 18 II 1**

Für *Fernkopien* im herkömmlichen **Telefax**-Verfahren ist umstritten, ob und inwie-　**798**
weit sie Urkunden sein können. Da hier ein Schriftstück vom Sendegerät eingelesen
und vom Empfangsgerät wiedergegeben wird, handelt es sich bei dem Ausdruck
grundsätzlich nur um eine *Kopie* des Schriftstücks[31]. Wer nun aber Kopien den Urkunden gleichstellt, sieht auch in der Fernkopie eine solche[32]. Eine andere Ansicht
nimmt Urkundencharakter dann an, wenn auf dem Ausdruck infolge der eingeschalte-
ten Faxkennung der Absender erkennbar wird, weil damit die Garantiefunktion erfüllt
sei (sog. Zweitausfertigung); Urkundenqualität habe auch die Übermittlung einer Urkunde, die nicht vom Absender stamme, denn hier bilde dessen Kennung die Garan-
tieerklärung für die originalgetreue Wiedergabe, sei das Fax mithin einer *beglaubigten* Kopie gleichzusetzen[33].

Einfacher ist das **Computerfax** einzuordnen. Bei diesem gibt es keine Faxvorlage.
Die im Sendegerät gespeicherten Daten können vielmehr am Empfangsgerät ausge-
druckt werden und sind dann die Fernanfertigung eines Originals, also eine Urkunde,
sofern der Text auch die übrigen Merkmale des Begriffs erfüllt[34].

### 5.　Vordrucke und Urkundenentwürfe

**Vordrucke** und **Formulare** bilden vor ihrer Ausfüllung noch keine Urkunden[35].　**799**
Mangels Beweisbestimmung fehlt die Urkundeneigenschaft ferner bei einem bloßen
**Urkundenentwurf**[36]. Dazu zählte beispielsweise eine ausgefüllte Postanweisung, *bevor* sie durch Übergabe an den im Schalterdienst tätigen Angestellten in den Rechtsverkehr gelangte (RGSt 67, 90, 92). Auch ein vollständiges und schon unterzeichne-
tes Schriftstück *kann* noch ein bloßer **Entwurf** sein, sofern der Entstehungsvorgang
den rein vorläufigen Charakter des Erklärten verdeutlicht und die verkörperte Erklärung noch zur ausschließlichen Verfügung des Ausstellers steht, wie etwa die in Erwartung einer Zahlung *im Voraus* angefertigte Quittung oder ein vorsorglich ausgefülltes Wechselformular (vgl LK-*Zieschang*, § 267 Rn 19 mwN).

## II.　Besondere Formen der Urkunde

### 1.　Private und öffentliche Urkunden

Bei §§ 267, 274 I Nr 1 ist die Unterscheidung zwischen **Privaturkunden** und **öffent-**　**800**
**lichen Urkunden** ohne Bedeutung. Unter §§ 271, 348 fallen dagegen nur *öffentliche*
Urkunden (näher dazu Rn 894).

---

31　BGH NStZ 10, 703; zur Problematik ferner OLG Zweibrücken NJW 98, 2918 mit für den Fall zust.
　　Bespr. von *Beckemper*, JuS 00, 123; OLG Oldenburg StraFo 09, 80; *Bosch*, JA 10, 555; *Eisele*, BT I
　　Rn 813; *Fischer*, § 267 Rn 21; LK-*Zieschang*, § 267 Rn 122, 125.
32　*Freund*, Urkundenstraftaten, Rn 127; NK-*Puppe*, § 267 Rn 49.
33　SK-*Hoyer*, § 267 Rn 21; S/S-*Heine/Schuster*, § 267 Rn 43; zT anders differenzierend *Beckemper*,
　　JuS 00, 123, 127; ihr zust. *Rengier*, BT II § 32 Rn 28; siehe auch LK-*Zieschang*, § 267 Rn 122 f; in-
　　struktiv zu diesen Ansätzen *Küper/Zopfs*, BT Rn 5 f, die zutr. auf die „erheblichen Differenzen im ein-
　　zelnen" hinweisen; ferner *Beck*, JA 07, 423.
34　So zutr. *Küper/Zopfs*, BT Rn 550; ferner MüKo-*Erb*, § 267 Rn 106; LK-*Zieschang*, § 267 Rn 127;
　　SSW-*Wittig*, § 267 Rn 60.
35　BGHSt 13, 235; LG Berlin wistra 85, 241.
36　Vgl RGSt 57, 310; 61, 161; OLG Bremen NJW 62, 1455; näher MüKo-*Erb*, § 267 Rn 85.

§ 18 *Fälschung von Urkunden, technischen Aufzeichnungen und beweiserheblichen Daten*

## 2. Gesamturkunden

**801** Werden in einem Schriftstück mehrere **Einzelurkunden** zusammengefasst, so verlieren sie nicht ohne Weiteres ihre Selbstständigkeit.

**802** Eine **Gesamturkunde** entsteht nach hM, wenn mehrere Einzelurkunden in dauerhafter Form so zu einem **einheitlichen Ganzen** verbunden werden, dass sie über ihre Einzelbestandteile hinaus einen *selbstständigen*, für sich bestehenden Erklärungsinhalt aufweisen und nach Gesetz, Herkommen oder Vereinbarung der Beteiligten dazu bestimmt sind, ein **erschöpfendes Bild** über einen bestimmten Kreis fortwährender Rechtsbeziehungen zu vermitteln[37]. Aufgabe einer Gesamturkunde soll es sein, auch dafür Beweis zu erbringen, dass *andere* als die in ihr enthaltenen Rechtsvorgänge *nicht* erfolgt sind.

Gesamturkunden sind nach der Rspr. zB Sparkassenbücher (BGHSt 19, 19), kaufmännische Handelsbücher (RGSt 50, 420; 69, 396); Personalakten (OLG Düsseldorf NStZ 81, 25) und das Einwohnermeldeverzeichnis (BGH JR 54, 308), **nicht** aber ein Reisepass (BayObLG NJW 90, 264), die Handakten eines Rechtsanwalts (BGHSt 3, 395, 399), Vergabeakten (OLG Thüringen wistra 10, 111), Briefwahlunterlagen und dergleichen (aA *Greiser*, NJW 78, 927 im Anschluss an BGHSt 12, 108, 112). Zur **Krankenakte** siehe OLG Koblenz NJW 95, 1624 und *Ulsenheimer*, Arztstrafrecht, Rn 917.

## 3. Zusammengesetzte Urkunden

**803** Von einer **zusammengesetzten Urkunde** spricht man, wenn eine verkörperte Gedankenerklärung *mit ihrem Bezugsobjekt* **räumlich fest** (= nicht notwendig untrennbar) zu einer **Beweismitteleinheit** derart verbunden ist, dass beide zusammen einen einheitlichen Beweis- und Erklärungsinhalt in sich vereinigen[38].

Das ist ua der Fall beim Anbringen eines Beglaubigungsvermerks auf einer Abschrift, bei der Anlegung eines Pfandsiegels am Pfandobjekt, bei amtlichen Kennzeichen iS des § 8 FZV an Kraftfahrzeugen (nicht aber bei den roten Kennzeichen iS des § 28 FZV, die anderen Zwecken dienen[39], und auch nicht bei Kennzeichen, bei denen die Stempelplakette der Zulassungsbehörde fehlt[40]), bei der am amtlichen Kennzeichen von Kraftfahrzeugen angebrachten Prüfplakette („TÜV-Plakette") iS des § 29 II 1 Nr 1, 2 StVZO[41] sowie bei einer hinreichend festen Verbindung zwischen Preisschild und Ware[42] (näher unten Rn 828 ff).

Nach OLG Köln[43] sind *Verkehrszeichen* – hier Streckenverbotszeichen 274, § 41 StVO, Anlage 2 Zeichen 274 – keine (zusammengesetzten) Urkunden[44]. **Fall** bei *Baier*, JuS 04, 56.

---

37 BGHSt 4, 60; RGSt 60, 17; 67, 245; 69, 396; ausführlich OLG Thüringen wistra 10, 111, 113; SSW-*Wittig*, § 267 Rn 49; aA *Lampe*, GA 64, 321; MüKo-*Erb*, § 267 Rn 58; *Puppe*, Jura 80, 18, 22 und NK, § 267 Rn 41.
38 Vgl BGHSt 5, 75, 79; OLG Stuttgart NJW 78, 715; B. *Heinrich*, JA 11, 423; *Küper/Zopfs*, BT Rn 545; LK-*Zieschang*, § 267 Rn 100; *Maurach/Schroeder*, BT II § 65 Rn 24, 42 zieht „trägerbezogene Erklärung" vor.
39 BGHSt 34, 375; krit. dazu *Puppe*, JZ 91, 447.
40 BGH NJW 18, 87.
41 RGSt 53, 237 und 53, 327; OLG Köln NJW 73, 1807; 79, 729.
42 OLG Celle NJW 11, 2983.
43 NJW 99, 1042 mit zust. Anm. *Jahn*, JA 99, 98; *Lackner/Heger*, § 267 Rn 8; S/S-*Heine/Schuster*, § 267 Rn 36a.
44 Zust. *Lackner/Heger*, § 267 Rn 8; S/S-*Cramer/Heine*, § 267 Rn 36a; aA *Böse*, NStZ 05, 370 mwN; *Rengier*, BT II § 32 Rn 18a; diff. Matt/Renzikowski-*Maier*, § 267 Rn 40.

*Echtheit und Unechtheit von Urkunden* **§ 18 III 1**

## III. Herstellen unechter Urkunden

**Fall 48:** Der Schuldner S hat seiner Gläubigerin G ein Darlehen von 2000 € gegen Quittung zurückgezahlt, jedoch vergessen, sich den von ihm ausgestellten Schuldschein zurückgeben zu lassen. Nach dem Tode der G besteht deren Alleinerbe E gutgläubig auf der Einlösung des im Nachlass vorgefundenen Schuldscheins. Um nicht noch einmal zahlen zu müssen, stellt S die nicht auffindbare Quittung in der Weise wieder her, dass er ein von ihm selbst ausgefülltes Formular mit der Unterschrift der G versieht. E schöpft keinen Argwohn und gibt den Schuldschein bei Vorlage der Quittung an S zurück.

Strafbarkeit des S? Unterschied gegenüber **Fall 47** (Rn 774, 789)? **Rn 811, 824**

**804**

**Fall 49:** Im Auftrag seines erkrankten Freundes F kauft A beim Antiquitätenhändler V eine wertvolle Biedermeier-Kommode zum Sonderpreis. Den Kaufvertrag unterzeichnet A ohne Hinweis auf seinen Freundschaftsdienst mit dem Namen des F. Sodann bringt er die Kommode bei F vorbei, der überglücklich über das Schnäppchen ist und sie sofort aufstellt.

Verstößt das Verhalten des A gegen § 267? **Rn 818**

**805**

**Fall 50:** Der Handelsvertreter H hat sein Auto zur Inspektion in die Werkstatt gebracht. Im Ablagefach des Wagens befindet sich ein Scheckheft, in welchem das oberste Formular bereits mit der Blankounterschrift des H versehen ist. Der Auszubildende A nimmt diesen Scheck an sich, vervollständigt ihn durch Eintragung eines Betrages von 100 € und legt ihn seiner Sparkasse zur Einlösung vor, die den Betrag seinem Konto gutschreibt.

Hat A (abgesehen von sonstigen Delikten) eine Urkundenfälschung begangen? **Rn 820, 824**

**806**

Eine Urkundenfälschung begeht, wer zur *Täuschung im Rechtsverkehr* eine unechte Urkunde herstellt, eine echte Urkunde verfälscht oder eine unechte bzw verfälschte Urkunde gebraucht (§ 267 I).

**807**

### 1. Echtheit und Unechtheit von Urkunden

Eine Urkunde ist **unecht**, wenn sie nicht von demjenigen herrührt, der aus ihr als Aussteller („Erklärender") hervorgeht. **Echt** ist sie dagegen, wenn sie von demjenigen stammt, der sich aus ihr als Urheber der verkörperten Gedankenerklärung ergibt. Kennzeichnend für das Herstellen einer unechten Urkunde ist das Anstreben einer sog. **Identitätstäuschung**, dh ein Handeln zum Zwecke der Herbeiführung oder Aufrechterhaltung eines Irrtums über die **Person des wirklichen Ausstellers**[45]. Unerheblich ist, ob die als Aussteller genannte Person überhaupt existiert oder nicht. Es kommt auch nicht darauf an, ob der Adressat der Erklärung sich unter dem angeblichen Aussteller eine bestimmte Person als Namensträger *vorstellen* kann. Es genügt vielmehr, dass der Eindruck erweckt wird, eine *bestimmte* Person mit dem betreffenden Namen wolle sich zu der urkundlichen Erklärung als Aussteller bekennen (RGSt 46, 297).

**808**

**Aussteller** von Urkunden können nicht nur Menschen, sondern auch **Behörden** als solche sein. Wer einer Urkunde den Anschein gibt, dass sie von einer bestimmten, für ihre Herstellung zu-

**809**

---

45  BGHSt 1, 117, 121; 33, 159; 40, 203; BGH NStZ 93, 491; *Freund*, Urkundenstraftaten, 1996, Rn 136 ff; krit. dazu NK-*Puppe*, § 267 Rn 79.

263

**§ 18** *Fälschung von Urkunden, technischen Aufzeichnungen und beweiserheblichen Daten*

ständigen Behörde herrühre, während dies in Wirklichkeit nicht zutrifft, täuscht darüber, wer ihr Aussteller ist, stellt also eine *unechte* Urkunde her[46]. An einer Urkunde fehlt es freilich, wenn als Aussteller eine erkennbar nicht (mehr) existente Behörde genannt ist (vgl Rn 788).

810    Bei dem **Merkmal der Unechtheit** geht es allein um die Frage der **Urheberschaft** und nicht etwa um die *Wahrheit* der urkundlichen Erklärung[47]. Eine Urkunde kann **echt** sein, obwohl sie etwas Unwahres bezeugt (so die „Entschuldigung" des U im **Fall 47**). Umgekehrt kann eine *inhaltlich wahre* Urkunde unecht sein, wenn ihr wirklicher Aussteller nicht mit der Person identisch ist, von der sie herzurühren scheint (siehe Rn 787).

811    Im **Fall 48** kommt das Herstellen einer unechten Urkunde in Betracht: S hatte das Darlehen bereits an G zurückgezahlt und G hatte den Empfang des Geldes schriftlich bestätigt. Infolgedessen entsprach die von S angefertigte und dem E vorgelegte Quittung *inhaltlich* durchaus der Wahrheit. Gleichwohl war sie als Urkunde **unecht**, weil sie den Anschein erweckte, von der Hand der G zu stammen, während sie in Wirklichkeit von S hergestellt war und von ihm als Aussteller herrührte.

812    Wer sich beim Anfertigen einer Klausur in der juristischen Staatsprüfung eine **fremde geistige Leistung zu Eigen macht**, indem er die von einem Dritten angefertigte und geschriebene Lösung (= Urkundenentwurf) mit seiner Unterschrift oder (was der Unterschrift gleichkommt) mit seiner Platzziffer versieht, um sie sodann beim Aufsichtsbeamten als seine Arbeit abzugeben, stellt eine **inhaltlich unwahre**, aber keine *unechte* Urkunde her[48]. Es fehlt hier an einer Täuschung über die Person des Ausstellers, weil der Prüfling unter den gegebenen Umständen selbst zum „Aussteller" der abgegebenen Arbeit wird und als Garant hinter der urkundlichen Erklärung steht. Seine konkludente Behauptung, dass er die Lösung selbst erarbeitet und niedergeschrieben habe, entbehrt lediglich der Wahrheit, macht die Klausurarbeit als Urkunde jedoch nicht unecht iS des § 267.

813    Wer die fremde Unterschrift unter einer Urkunde ausradiert und durch seine eigene Unterschrift ersetzt, macht die fremde Gedankenerklärung zu seiner eigenen und stellt damit eine *echte* Urkunde her, verstößt also nicht gegen § 267, sondern allenfalls gegen § 274 I Nr 1, sofern dessen sonstige Voraussetzungen erfüllt sind[49].

814    **a)** Die Tatvariante des Herstellens verlangt keine Eigenhändigkeit; demgemäß ist Mittäterschaft möglich[50]. Das Herstellen unechter Urkunden geschieht bei Schriftstücken idR durch **Zeichnen mit falschem Namen**. Unbedingt notwendig ist das aber nicht, denn auch beim Gebrauch des *richtigen* Namens kann eine Urkunde **unecht** sein, so etwa dann, wenn der Täter sich zwecks Täuschung nicht seines Rufnamens, sondern eines sonst nicht gebrauchten Vornamens bedient[51] oder wenn er durch Zusätze zu seiner Unterschrift den Anschein erweckt, der **Aussteller sei eine andere Person** (zB durch den Zusatz „sen." oder durch Beifügung eines Behörden- oder Firmenstempels; vgl BGHSt 17, 11). Anderseits führt die Verwendung eines falschen

---

46   Vgl BGHSt 7, 149, 152; 9, 44, 46; *Lackner/Heger*, § 267 Rn 19; aA *Otto*, JuS 87, 761, 765.
47   Verkannt von OLG Düsseldorf JR 98, 478 mit abl. Anm. *Krack.*
48   BayObLG JZ 81, 201; dazu *F.-C. Schroeder*, JuS 81, 417; **Fall** bei *Heger*, JA 14, 754.
49   Vgl BGH NJW 54, 1375; zum Aufkopieren des Briefkopfes des eigenen Instituts auf den Befundbericht eines Fremdlabors siehe BGH StraFo 03, 215.
50   BGH wistra 13, 236; *Matt/Renzikowski-Maier*, § 267 Rn 108.
51   BGHSt 40, 203; zust. *Puppe*, JZ 97, 490, 491 f mwN; *Meurer*, NJW 95, 1655; aA *Hohmann/Sander*, BT II § 17 Rn 41.

264

*Echtheit und Unechtheit von Urkunden* **§ 18 III 1**

Namens nicht zwangsläufig zur Urkundenfälschung; vielmehr kann beim *Fehlen einer Identitätstäuschung* auch eine bloße **Namenstäuschung** vorliegen, die durch § 267 nicht erfasst wird.

So etwa, wenn jemand zum Zwecke des *Untertauchens* einen ihm nicht zustehenden Namen führt, in seinem neuen Lebenskreis mit diesem Namen identifiziert wird und darunter alle Geschäfte abwickelt (= Täuschung „über" den Namen)[52]. Das Gleiche soll nach hM dort gelten, wo die Wahrheit der Namensangabe für die jeweilige Beweissituation unter Berücksichtigung des Verwendungszwecks der Urkunde ohne jede Bedeutung ist und die Beteiligten kein Interesse daran haben, dass der Urkundenaussteller sich seines richtigen Namens bedient[53]. In Betracht kommt das etwa, wenn das Auftreten unter falschem Namen *ausschließlich* der Wahrung des Inkognitos dient und nicht die Gefahr begründet, dass der Vertragspartner ins *Leere* greift, wenn er sich an den Aussteller der urkundlichen Erklärung halten will (**Beispiel:** Ein Minister verbringt seinen Sommerurlaub *inkognito* in einem kleinen Schwarzwalddorf, oder ein verheirateter Manager verlebt das Wochenende mit seiner Assistentin in einem Hotel, wo beide sich als Ehepaar ausgeben und unter Angabe eines falschen Namens in das Gästebuch eintragen). **Anders** liegt es dagegen, wenn das Zeichnen mit falschem Namen dem Täter die *Möglichkeit offen halten soll*, sich der Inanspruchnahme aus seinen urkundlich geschlossenen Vertragsverpflichtungen durch den Einwand zu entziehen, dass er mit dem Namenszeichner nicht identisch sei (= Täuschung „mit" falschem Namen über die Person des Ausstellers). **Beispiel:** Absteigen im Hotel unter falschem Namen, um ohne Bezahlung verschwinden zu können[54]. Diese auf den (wandelbaren) Willen des Täters und fehlendes Interesse des Adressaten abstellende Differenzierung (eine Art „verständnisvolle" Reduktion) ist freilich kaum überzeugend[55]. **815**

**b)** Wer eine urkundliche Erklärung **für einen anderen** abgibt und **mit dessen Namen** zeichnet, stellt nach hM keine unechte, sondern eine **echte Urkunde** her, wenn er den Namensträger *vertreten* will, dieser sich auch *vertreten lassen möchte* (sich somit zu der für ihn abgegebenen Erklärung bekennt) und wenn der Unterzeichnende den Namensträger schließlich *rechtlich vertreten darf*[56]. **816**

**Unzulässig** ist eine derartige Stellvertretung nach allgemeiner Ansicht, wenn die *eigenhändig-persönliche* Herstellung oder Unterzeichnung der Urkunde gesetzlich vorgeschrieben ist oder im Rechtsverkehr vorausgesetzt wird, wie etwa beim eigenhändigen Testament (§ 2247 BGB; RGSt 57, 235), bei Prüfungsarbeiten (RGSt 68, 240; BayObLG JZ 81, 201), bei Abgabe einer eidesstattlichen Versicherung (RGSt 69, 117) und bei sog. eigenhändigen Lebensläufen (OLG Oldenburg JR 52, 410). Ein vom Erblasser nicht selbst geschriebenes, wohl aber *eigenhändig unterschriebenes* Testament ist zwar **formungültig**, aber nicht unecht (S/S-*Heine/Schuster*, § 267 Rn 59). Unterzeichnet jemand eine Urkunde für eine andere natürliche Person in *offener Stellvertretung* (dh mit eigenem Namen unter Offenlegung des Vertretungsverhältnisses), begründet es noch keine Urkundenfälschung iS der ersten Alternative des § 267 I, wenn das Vertretungsverhältnis in Wahrheit nicht besteht. Denn eine *solche* Urkunde weist nach ihrem Inhalt und Erscheinungsbild als **ihren Aussteller** grundsätzlich nicht den Vertretenen, sondern den **817**

---

52  Vgl RGSt 48, 238, 241; BGHSt 1, 117, 121.
53  BGHSt 33, 159; OLG Celle NJW 86, 2772.
54  Vgl BGH MDR/D 73, 556; *Arzt/Weber*, BT § 31 Rn 14; *Otto*, JuS 87, 761, 767 und BT, § 70 Rn 45.
55  Näher NK-*Puppe*, § 267 Rn 70; ferner *Samson*, JA 79, 526, 659; S/S-*Heine/Schuster*, § 267 Rn 48 ff; *Seier*, JA 79, 133, 137.
56  Näher RGSt 75, 46; 76, 125; BGHSt 33, 159, 161; BayObLG NJW 89, 2142 und 88, 1401; OLG Stuttgart NJW 81, 1223; *Maurach/Schroeder*, BT II § 65 Rn 50, 51; *Samson*, JuS 70, 369, 375; krit. dazu *Otto*, JuS 87, 761, 764; *Paeffgen*, Anm. JR 86, 114; *Puppe*, JR 81, 441, Jura 86, 22, JuS 89, 361 und NK, § 267 Rn 66; SK-*Hoyer*, § 267 Rn 47 ff.

§ 18 *Fälschung von Urkunden, technischen Aufzeichnungen und beweiserheblichen Daten*

**Erklärenden** aus (BGH NStZ 93, 491). Die wahrheitswidrige Behauptung der Vertretungsbefugnis stellt daher unter diesen Umständen nur eine „schriftliche Lüge" dar, die vom Tatbestand des § 267 nicht erfasst wird.

818 Im **Fall 49** hat A den Kaufvertrag mit dem Namen des F unterzeichnet. Hierin könnte das Herstellen einer unechten Urkunde liegen. Für die Frage, wer **Aussteller** dieser Urkunde (= Kaufvertrag) ist, kommt es indes nicht entscheidend darauf an, dass A den Herstellungsakt körperlich vollzogen hat. Maßgebend ist vielmehr, von wem die Empfangsbestätigung in dem Sinne **„geistig" herrührt**, dass der Betreffende gleichsam als Garant hinter ihr steht und sie rechtlich als eigene Erklärung gegen sich gelten lassen muss (= sog. *Geistigkeitstheorie*; siehe Rn 787). Das ist in diesem Falle F, weil ihm nach hM das Handeln des A nach Stellvertretungsregeln zuzurechnen ist (vgl aber auch SK-*Hoyer*, § 267 Rn 51). Im vorliegenden Fall handelt es sich daher nicht um eine unechte, sondern um eine echte Urkunde.

819 c)   Herstellen einer unechten Urkunde ist auch die sog. **Blankettfälschung**. Sie liegt vor, wenn der Täter einem Blankett *ohne Erlaubnis* oder gegen die Anordnung des als Aussteller Erscheinenden einen urkundlichen Inhalt gibt[57].

820 Die sog. Identitätstäuschung ergibt sich im **Fall 50** daraus, dass A den Anschein erweckt, der von ihm eigenmächtig vervollständigte Text des Schecks rühre von H als Aussteller her. Mithin hat A eine unechte Urkunde hergestellt.

821 d)   Zur Herbeiführung einer *Unterschrift* durch **Täuschung** oder **Zwang** siehe *Lampe*, NJW 78, 679; SK-*Hoyer*, § 267 Rn 43; MüKo-*Erb*, § 267 Rn 64 ff; *F.-C. Schroeder*, GA 74, 225; krit. dazu *Blei*, JA 74, 673.

## 2.   Subjektive Tatbestandsmerkmale

822 In **subjektiver Hinsicht** wird vorausgesetzt, dass der Täter *vorsätzlich* und *zur Täuschung im Rechtsverkehr* gehandelt hat. Zum Vorsatz gehört die Kenntnis der wesentlichen Umstände, aus denen sich die Urkundeneigenschaft ergibt[58]. Zur Täuschung im Rechtsverkehr handelt, wer irgendeinen anderen über die Echtheit (oder Unverfälschtheit) der Urkunde zu täuschen sucht und ihn dadurch **zu einem rechtserheblichen Verhalten veranlassen** will[59].

823 Der Wille, die Polizei irrezuführen, Strafverfolgungsmaßnahmen zu verhindern oder die Steuerbehörde im Falle einer Geschäftsüberprüfung zu täuschen, reicht aus[60]. Wer dagegen nur Angehörige beruhigen (RGSt 47, 199), die Gunst eines Mädchens gewinnen (RGSt 64, 95) oder dem Liebhaber ein jüngeres Lebensalter vorschwindeln will (BayObLG MDR 58, 264), hat zwar eine Täuschung im *mitmenschlichen Bereich* im Sinn, erstrebt aber keine **Täuschung im Rechtsverkehr**.

Einer **Täuschungsabsicht** ieS des *Daraufankommens* bedarf es nach hM nicht[61]. Genügen soll vielmehr für alle Begehungsformen des § 267 der **Wille zur Täuschung** in Gestalt des *dolus*

---

57   BGHSt 5, 295; MüKo-*Erb*, § 267 Rn 121; *Weiß*, Jura 93, 288.
58   Näher BGHSt 13, 235; 38, 345; MüKo-*Erb*, § 267 Rn 201.
59   BGHSt 5, 149; 33, 105; OLG Köln NJW 83, 769.
60   BGH NJW 53, 955; BGH LM Nr 18 zu § 267; BGHSt 5, 149.
61   Anders noch BayObLG NJW 67, 1476; *Maurach/Schroeder*, BT II § 65 Rn 73; SK-*Hoyer*, § 267 Rn 91; eingehend und krit. zur hM *M. Vormbaum*, GA 11, 167.

*directus* und in dem Bewusstsein eines sicheren Eintritts des vorgestellten Täuschungserfolges[62].

In den oben gebildeten **Fällen 48** und **50** sind alle subjektiven Tatbestandsmerkmale des § 267 I gegeben:

Im **Fall 48** ging es dem S darum, den E durch Täuschung über die Echtheit der Quittung von einer Weiterverfolgung des Rückzahlungsanspruchs abzuhalten. Im **Fall 50** verfolgte A das Ziel, seine Sparkasse und die Bank des H über die Echtheit des Schecks zu täuschen und dadurch dessen Einlösung zu erwirken. Beide haben sich daher wegen Herstellens einer unechten Urkunde strafbar gemacht.

824

§ 270 stellt der Täuschung im Rechtsverkehr die **fälschliche Beeinflussung einer Datenverarbeitung** im Rechtsverkehr gleich. Bedeutsam wird das beispielsweise, wenn jemand eine unechte Urkunde zu dem Zweck herstellt, sie als Unterlage für die Datenverarbeitung einer im Rechtsverkehr eingesetzten Anlage zu verwenden, soweit bei deren Einsatz keine Kontrolle durch einen Menschen stattfindet (siehe dazu BGHSt 40, 203; *Meurer*, NJW 95, 1655).

825

## IV. Verfälschen echter Urkunden

**Fall 51:** In der Kabine eines Kaufhauses, das weitgehend auf Selbstbedienung eingestellt ist, probiert der Kunde K mehrere Skihosen an. Ausweislich der Preisschilder, die durch einen Nylonfaden mit Knebelende an den Kleidungsstücken befestigt sind, soll die teuerste Markenhose 199 € und eine schlichte Stoffhose 99 € kosten. Nach mehreren vergeblichen Versuchen gelingt es K, die Preisschilder dieser beiden Hosen auszutauschen. Seine Manipulation wird jedoch entdeckt, als er die Markenhose mit dem ausgewechselten Preisschild von 99 € an der Kasse zur Bezahlung vorlegt.

Hat K sich der Urkundenfälschung schuldig gemacht? **Rn 831**

826

**Fall 52:** Die Schülerin S hat eine für ihre Versetzung wichtige Klassenarbeit in Mathematik ohne vollständige Lösung abgeben müssen, weil sie mit der letzten Aufgabe nicht fertig geworden ist. Bevor die Mathematiklehrerin M sich mit der Durchsicht und Bewertung der Arbeiten befassen kann, nutzt S die freundschaftlichen Beziehungen ihrer Mutter zu der bei M beschäftigten Haushaltshilfe H wie folgt aus: Nachdem sie sich vergewissert hat, dass „die Luft rein" ist, eilt S zur Wohnung der M, wo H sie erwartet und ihr Gelegenheit gibt, ihre Lösung in dem von ihr schon bereitgelegten Klassenarbeitsheft zu vervollständigen.

Verstößt das Verhalten der S gegen § 267? **Rn 836**

827

---

62 Ebenso jetzt BayObLG NJW 98, 2917; vgl auch *Küper/Zopfs*, BT Rn 500; *Lackner/Heger*, § 267 Rn 25; S/S-*Heine/Schuster*, § 267 Rn 91; noch weitergehend MüKo-*Erb*, § 267 Rn 209; NK-*Puppe*, § 267 Rn 103; offen gelassen in BGHSt 5, 149, 152; instruktiv zur Problematik *Dencker*, Samson-FS, 2010, S. 283.

**§ 18** *Fälschung von Urkunden, technischen Aufzeichnungen und beweiserheblichen Daten*

## 1. Verfälschungstatbestand

**828** Die zweite Begehungsform des § 267 I setzt als Tatobjekt eine echte Urkunde voraus. **Verfälschung** ist nach hM jede (unbefugte, nachträgliche) **Veränderung der Beweisrichtung** und des **gedanklichen Inhalts** einer **echten Urkunde**, so dass diese nach dem Eingriff etwas anderes zum Ausdruck bringt als vorher. Es muss der Anschein erweckt werden, dass die Urkunde *von vornherein* den ihr nachträglich beigelegten Inhalt gehabt und dass der Aussteller die urkundliche Erklärung **von Anfang an** in der jetzt vorliegenden Form abgegeben habe[63]. Allerdings darf die Urkunde durch die Tat ihre **Beweiseignung** und **Urkundenqualität** nicht völlig verlieren. Wo das geschieht und dieser Mangel nicht sogleich wieder behoben wird, ist für den Verfälschungstatbestand des § 267 kein Raum, aber zu prüfen, ob stattdessen die Voraussetzungen des § 274 I Nr 1 erfüllt sind. **Beispiel:** Vollständiges Ausradieren der Angaben über die *Fahrzeugklasse* in einem Führerschein alter Machart, um bei einer Verkehrskontrolle durch wahrheitswidrige Behauptungen eine Fahrerlaubnis der nächsthöheren Klasse vorzuspiegeln; lehrreich dazu, insbesondere zu dem Umstand, dass Führerscheine (siehe auch Rn 877) ihrem rechtmäßigen Inhaber „ausschließlich gehören" und daher keine tauglichen Tatobjekte iS des § 274 I Nr 1 sind: OLG Braunschweig NJW 60, 1120; *Lackner/Heger*, § 274 Rn 2 mwN; *Weber*, Jura 82, 66. Diese Strafbarkeitslücke hat § 273 geschlossen.

**829** Eine Urkunde verfälscht nicht, wer Kraftfahrzeugkennzeichen mit sog. **Antiblitzmitteln** versieht (BGHSt 45, 197 mwN und zust. Anm. *Kudlich*, JZ 00, 426, der auf § 22 I Nr 3 StVG hinweist)[64]. Zum Beseitigen von Entwertungsvermerken auf Fahrkarten siehe *F.-C. Schroeder*, JuS 91, 301 und *Ranft*, Jura 93, 84. Zur Abgrenzung zwischen der ersten und zweiten Alternative des § 267 I bei der nachträglichen Ergänzung von zunächst unvollständig gelassenen Rechnungsdurchschriften siehe OLG Hamm NJW 73, 1809.

**830** Soweit im **Verfälschen** zugleich das Herstellen einer unechten Urkunde liegt, tritt die erste Alternative des § 267 I zurück. Wer nicht eine echte, sondern eine unechte Urkunde verfälscht, stellt (erneut) eine unechte Urkunde her und ist nur nach der ersten Alternative strafbar (vgl RGSt 68, 94; MüKo-*Erb*, § 267 Rn 179).

**831** Im **Fall 51** bildete die *räumlich feste Verbindung* des Preisschildes über 99 € mit der Stoffhose eine **zusammengesetzte Urkunde** (vgl Rn 803), die geeignet und bestimmt war, Beweis für die Höhe des Kaufpreises zu erbringen. Diese **echte Urkunde** hat K **verfälscht**, indem er das Bezugsobjekt der Preisauszeichnung über 99 € durch das Entfernen der Stoffhose und das Verbinden mit der Markenhose austauschte, so die bisherige Beweisrichtung veränderte und den Anschein erweckte, die Geschäftsleitung des Kaufhauses habe der betreffenden Urkunde von Anfang an den jetzt aus ihr ersichtlichen Aussagegehalt beigelegt. Würde man das Verhalten des K in seine Einzelakte zerlegen, so könnte man in dem *ersten Handlungsabschnitt* (= Abtrennung der Stoffhose vom zugehörigen Preisschild) auch eine Urkundenvernichtung iS des § 274 I Nr 1 und im *zweiten Handlungsabschnitt* (= Verbinden der Markenhose mit dem falschen Preisschild über 99 €) das Herstellen einer unechten Urkunde iS der ersten Alternative des § 267 I erblicken. Einer solchen Beurteilung stünde je-

---

63  BGHSt 9, 235; BGH GA 63, 16; zum Streitstand siehe Rn 833 f und *Küper/Zopfs*, BT Rn 574.

64  Zur Urkundenfälschung bei Verwendung eines Kfz-Kennzeichens auf einer Klebefolie, wenn die Stempelplakette der Zulassungsbehörde auf dem Klebekennzeichen täuschend echt mit abgedruckt ist, *Wiese*, JA 16, 426.

doch entgegen, dass die genannten Einzelakte bei natürlicher Betrachtung Bestandteil einer einzigen, *einheitlichen* Tathandlung sind, deren **Gesamtvollzug** den **Verfälschungstatbestand** verwirklicht, wobei der Verstoß gegen § 274 I Nr 1 nur das *Mittel* zur Verfälschung darstellt und aus diesem Grunde hinter § 267 zurücktritt[65]. Dass K zur Täuschung im Rechtsverkehr gehandelt hat, weil er an der Kasse die *Unverfälschtheit* der mit ihrem Bezugsobjekt verbundenen Preisauszeichnung vorspiegeln und dadurch die Geltendmachung des Kaufpreisanspruchs in der richtigen Höhe vereiteln wollte, steht außer Zweifel. Bei der darüber hinaus erfolgten *Manipulation* an dem auf 199 € lautenden *Preisschild*, das jetzt mit der billigen Stoffhose verbunden ist, dürfte es dagegen am subjektiven Tatbestand des § 267 I fehlen.

Vorsicht ist in Fällen dieser Art beim Stichwort der **zusammengesetzten Urkunde** geboten, wenn das Preisschild nur **an** der **Verpackung** (wie etwa an einem die Ware umhüllenden Karton oder an einer Klarsichthülle), nicht aber *an der Ware selbst* befestigt ist:    832

In einem vom OLG Köln (NJW 79, 729) entschiedenen Fall hatte der Angeklagte in einem Supermarkt zwei Oberhemden, die sich in Klarsichthüllen mit aufgeklebten Preisschildern befanden, in der Weise ausgetauscht, dass er das teurere Hemd (29,90 DM) in die Hülle mit dem niedrigeren Preis (17,90 DM) steckte. An der Kasse zahlte er sodann nur den geringeren Preis für das wertvollere Hemd. Das OLG vermisste in dem angefochtenen Urteil, das Betrug in Tateinheit mit Urkundenfälschung angenommen hatte, zu § 267 ausreichende Feststellungen. Es führt dazu aus: „Unzweifelhaft bestand zwischen dem Preisschild und der Verpackung eine feste Verbindung. Das angefochtene Urteil lässt aber offen, ob auch zwischen der **Verpackung** und dem **Inhalt** eine feste Verbindung bestand. Insoweit lässt sich nicht ausschließen, dass das Hemd lediglich lose in der offenen Klarsichthülle lag. Dies würde aber als feste Verbindung nicht ausreichen, da sich die Preisauszeichnung nicht auf die Verpackung, sondern auf deren Inhalt bezieht. Nicht die Verpackung ist das Bezugsobjekt, das die Gedankenerklärung des Beweiszeichens individualisiert, sondern **das Oberhemd**, das zum Preis von 29,90 DM zum Kauf angeboten war. Hieran würde sich auch nichts ändern, wenn die Hülle durch eine lose Lasche oder Klappe das Hemd vor zufälligem Herausrutschen schützen würde oder wenn die Hülle bereits als Teil der angebotenen Ware anzusehen wäre. Eine feste **Verbindung** hätte nur bestanden, wenn die Öffnung der Klarsichthülle verschweißt oder durch Klebestreifen so **verschlossen** gewesen wäre, dass Hemd und Verpackung auch äußerlich als **feste Beweiseinheit** anzusehen gewesen wären." Zu anderen typischen Sachverhalten, zB Austausch gestempelter Kennzeichen an einem Kraftfahrzeug, siehe S/S-*Heine/Schuster*, § 267 Rn 36a, 44, 65a.

## 2. Tatbegehung durch den Aussteller

Wird die Tat durch eine andere Person als den Aussteller begangen, so lässt sich das Verfälschen als Unterfall der *ersten* Begehungsform des § 267 I auffassen, weil das Endprodukt eine *unechte* Urkunde darstellt und der Eindruck erweckt wird, dass die urkundliche Erklärung in ihrer jetzigen Form vom ursprünglichen Aussteller herrühre. In Fällen dieser Art tritt die erste Alternative des § 267 I hinter den spezielleren Verfälschungstatbestand zurück (siehe Rn 828, 830). **Bedeutsamkeit** gewinnt der Verfälschungstatbestand nach hM jedoch dann, wenn jemand eine von ihm selbst    833

---

65  So *Peters*, Anm. NJW 68, 1894; vgl ferner BGHSt 9, 235; 16, 94; OLG Köln NJW 73, 1807 und 79, 729; *Geppert*, Jura 88, 158; NK-*Puppe*, § 274 Rn 18.

§ 18 *Fälschung von Urkunden, technischen Aufzeichnungen und beweiserheblichen Daten*

ausgestellte Urkunde **nach dem Erlöschen seines Abänderungsrechts** zur Täuschung im Rechtsverkehr verändert[66].

834 Nach aA soll auch der **Verfälschungstatbestand** eine *Identitätstäuschung* voraussetzen und nur erfüllt sein, wenn der Anschein erweckt wird, dass der jetzige Inhalt der Urkunde vom Aussteller stamme[67]. Diese Auffassung vermag freilich nicht zu begründen, warum § 267 den (von ihrem Standpunkt aus überflüssigen) Verfälschungstatbestand überhaupt enthält[68].

835 Wann die Abänderungsbefugnis des Ausstellers **endet**, hängt von den Umständen ab. Maßgebend ist, ob die Urkunde bereits in der Weise in den Rechtsverkehr gelangt ist, dass sie nicht mehr der alleinigen Verfügung des Ausstellers unterliegt und dass **ein anderer ein Recht auf ihren unverfälschten Fortbestand erlangt** hat; so ordnet etwa § 275 I 3 StPO an, dass nach Ablauf der Fristen iS des § 275 I 2, 4 StPO die Urteilsgründe nicht mehr geändert werden dürfen; dazu OLG Naumburg NStZ 13, 533 mit Anm. *Jahn*, JuS 12, 950.

836 Im **Fall 52** war die von S geschriebene Klassenarbeit dazu bestimmt und geeignet, das Vorhandensein der für die Versetzung erforderlichen Kenntnisse im Fach Mathematik zu beweisen (näher BGHSt 17, 297). Mit der **Abgabe** dieser Arbeit zum Zwecke ihrer Bewertung durch M war die Ergänzungs- und Abänderungsbefugnis der S erloschen; von diesem Augenblick an bestand ein Recht der Schule auf ihren unveränderten und unverfälschten Fortbestand. Das Verhalten der S erfüllt daher objektiv wie subjektiv den **Verfälschungstatbestand** des § 267 I. Dazu hat H ihr Beihilfe geleistet. Für die *erste* Alternative des § 267 I ist hier kein Raum, weil die Klassenarbeit in ihrer früheren wie jetzigen Gestalt von S als Ausstellerin herrührt, also nicht *unecht* ist. (§ 274 I Nr 1 [Beschädigen] würde jedenfalls verdrängt; vgl Rn 886.)

## V. Gebrauchen unechter oder verfälschter Urkunden

### 1. Gebrauchen

837 **Gebraucht** iS der *dritten* Begehungsform des § 267 I ist eine Urkunde, wenn **sie selbst** und nicht nur ihre schlichte Abschrift oder Ablichtung dem zu Täuschenden in der Weise *zugänglich gemacht* wird, dass er die **Möglichkeit zur Kenntnisnahme** hat; auf die tatsächliche Einsichtnahme kommt es nicht an[69]. Wer einen Führerschein, in welchem an die Stelle der Klasse 4 eine gefälschte Eintragung der Klasse 3 gesetzt ist, bei der Benutzung eines Fahrzeugs, für das die Fahrerlaubnis der Klasse 4 ausreicht, einem Polizeibeamten vorzeigt, **gebraucht** eine verfälschte Urkunde und handelt dabei auch **zur Täuschung im Rechtsverkehr**[70]. Dass er die Fahrerlaubnis der

---

66 BGHSt 13, 382, 386; RGSt 74, 341; 60, 187; *Kargl*, JA 03, 604, 607; *Klesczewski*, BT § 17 Rn 45; *Lackner/Heger*, § 267 Rn 21 mwN.
67 *Kienapfel*, Jura 83, 185; *Lampe*, GA 64, 321, 330; MüKo-*Erb*, § 267 Rn 191; NK-*Puppe*, § 267 Rn 89; S/S-*Heine/Schuster*, § 267 Rn 68; SK-*Hoyer*, § 267 Rn 83 mwN.
68 Für dessen Streichung *Kargl*, JA 03, 604, 610 f.
69 BGHSt 2, 50; 36, 64 mit Anm. *Puppe*, JZ 89, 596; LK-*Zieschang*, § 267 Rn 220 ff; *Maurach/Schroeder*, BT II § 65 Rn 70; vgl aber auch *Jakobs*, Urkundenfälschung, 2000, S. 89.
70 BGHSt 33, 105 mit Anm. *Kühl*, JR 86, 297; OLG Köln NJW 81, 64 gegen OLG Hamm NJW 76, 2222.

270

Klasse 4 wirklich besitzt, ist belanglos, weil er das **Vorhandensein der Fahrerlaubnis** nicht anders als durch den *verfälschten* Teil des Führerscheins dartun kann und weil er mit der Aushändigung des Führerscheins an den kontrollierenden Polizeibeamten konkludent zum Ausdruck bringt, dass ihm der Führerschein *in der jetzt vorliegenden Form* von der zuständigen Verwaltungsbehörde erteilt worden sei.

In der Vorlage einer *unbeglaubigten* Fotokopie liegt nach richtiger Ansicht kein („mittelbarer") Gebrauch der vorhandenen Originalurkunde[71]. Anders aber die Rechtsprechung: Sie will die Vorlage der Kopie einer *vorhandenen* unechten oder verfälschten Urkunde genügen lassen, weil sie *mittelbar* die sinnliche Wahrnehmung der abgebildeten (unechten oder verfälschten) Urkunde ermögliche[72]. Das Benutzen eines Kraftwagens mit gefälschten Kennzeichen ist bereits ein vollendetes Gebrauchmachen (BGHSt 18, 66, 70), nicht aber das bloße Beisichführen eines gefälschten Führerscheins für den Fall einer (bisher ausgebliebenen) Verkehrskontrolle, weil die unechte oder verfälschte Urkunde wenigstens **in den Machtbereich des zu Täuschenden gelangt sein** muss (BGHSt 36, 64; BGH GA 73, 179).

**838**

## 2. Konkurrenzfragen

Bei der umstrittenen Frage nach dem **Verhältnis** der ersten beiden Begehungsformen des § 267 I **zum Gebrauchmachen** ist wie folgt zu unterscheiden:

**839**

a) Hat der Täter (wie oben in den Fällen 44, 46, 47 und 48) von vornherein **einen ganz bestimmten** Gebrauch des Falsifikats ins Auge gefasst und sodann realisiert, so wird die *schon* mit dem Herstellungs- oder Verfälschungsakt *vollendete* Straftat erst durch den konkreten Gebrauch *beendet*. Es liegt dann nur *eine* Urkundenfälschung (§ 267 I), dh **eine einheitliche Tat** im Rechtssinn vor[73]. Da Herstellen und Verfälschen materiell Vorbereitungshandlungen sind, ist in solchen Fällen auf den *Gebrauch* abzustellen.

**Beispiel:** Der Assessor fälscht sein Examenszeugnis, um es bei seiner Bewerbung als Anwalt in der Kanzlei X & Y vorzuzeigen.

b) Das zu a) Gesagte gilt auch, wenn es sich um **mehrere** Urkunden handelt, die der Täter zum Zweck desselben (einmaligen) Gebrauchs gefälscht hat[74].

c) Wer eine unechte Urkunde herstellt oder eine echte Urkunde verfälscht, deren Verwendung zu diesem Zeitpunkt aber nur in allgemeinen Umrissen geplant hat, begeht durch den späteren Gebrauch eine **neue selbstständige Straftat**, die zum vorausgegangenen Fälschungsakt im Verhältnis der Tatmehrheit steht[75].

**Beispiel:** Der Assessor fälscht sein Examenszeugnis, um es bei späteren Bewerbungen vorzulegen, weiß aber zu diesem Zeitpunkt noch nicht, wann und wo er sich bewerben möchte.

d) **Mehrere Fälle des Gebrauchs** einer gefälschten Urkunde bilden grundsätzlich mehrere selbstständige Handlungen (= Tatmehrheit).

---

71   *Hohmann/Sander*, BT II § 17 Rn 48; *Jescheck*, GA 55, 97, 105; MüKo-*Erb*, § 267 Rn 198; SK-*Hoyer*, § 267 Rn 88. So für § 281 I 1 noch BGHSt 20, 17 f; anders auch dort jetzt aber BGH NStZ 19, 675; NStZ-RR 20, 106.

72   BGHSt 5, 291; BGH NJW 16, 884, 886; BayObLG NJW 91, 2163; *Eisele*, BT I Rn 835; wohl auch *Fischer*, § 267 Rn 37; offen gelassen in BGHSt 24, 140, 142.

73   BGHSt 5, 291; BGH NJW 18, 87, 88; SK-*Hoyer*, § 267 Rn 113 f.

74   BGH wistra 09, 182; wistra 16, 151 f; S/S-*Heine/Schuster*, § 267 Rn 79c; *Fischer*, § 267 Rn 58.

75   BGHSt 5, 291; 17, 97; *Lackner/Heger*, § 267 Rn 27.

**§ 18** *Fälschung von Urkunden, technischen Aufzeichnungen und beweiserheblichen Daten*

**Beispiel:** Der Assessor zeigt das gefälschte Examenszeugnis bei den Kanzleien A & B, X & Y sowie L & M vor. Anders verhält es sich allerdings, wenn der mehrfache Gebrauch dem ursprünglichen Tatplan entspricht (= Tateinheit)[76].

### 3. Prüfungsaufbau: Urkundenfälschung, § 267

**840**

> **Urkundenfälschung, § 267**
>
> **I. Tatbestandsmäßigkeit**
>   **1. Objektiver Tatbestand**
>     **a) Tatobjekt: Urkunde**
>       *(1) verkörperte Gedankenerklärung (Perpetuierungsfunktion)*
>         - Ⓟ Abgrenzung Beweiszeichen/Kennzeichen
>         - Ⓟ Gesamturkunden, zusammengesetzte Urkunden
>       *(2) zum Beweis im Rechtsverkehr geeignet und bestimmt (Beweisfunktion)*
>         → nicht nur Absichtsurkunden, sondern auch Zufallsurkunden
>         - Ⓟ Vordrucke, Urkundenentwürfe
>       *(3) lässt ihren Aussteller erkennen (Garantiefunktion)*
>         → derjenige, von dem die Erklärung geistig herrührt
>         - Ⓟ Durchschriften, einfache und beglaubigte Abschriften, Fotokopien, Telefax
>     **b) Tathandlung**
>       **aa) eine unechte Urkunde herstellen**
>         → Identitätstäuschung
>         - Ⓟ Abgrenzung von schriftlicher Lüge, bloßer Namenstäuschung
>         - Ⓟ Stellvertretung
>       **bb) oder eine echte Urkunde verfälschen**
>         → Veränderung der Beweisrichtung und des gedanklichen Inhalts
>         - Ⓟ Abgrenzung von der Urkundenunterdrückung
>         - Ⓟ Tatbegehung durch den Aussteller
>       **cc) oder eine unechte oder verfälschte Urkunde gebrauchen**
>         → Möglichkeit der Kenntnisnahme des zu Täuschenden
>   **2. Subjektiver Tatbestand**
>     **a) Vorsatz bzgl 1**
>     **b) Absicht, die Urkunde zur Täuschung im Rechtsverkehr zu gebrauchen**
>       → direkter Vorsatz nach *hM* ausreichend
> **II. Rechtswidrigkeit**
> **III. Schuld**
> **IV. Besonders schwerer Fall, § 267 III**
> **➜ Qualifikation: § 267 IV**

---

76 Instruktiv BGH NStZ-RR 17, 26 zur mehrfachen Nutzung eines falschen amtlichen Kfz-Kennzeichens.

*Missbrauch von Ausweispapieren* **§ 18 VI 2**

# VI. Vorbereitung der Fälschung und Missbrauch von amtlichen Ausweisen

## 1. Vorbereitungshandlungen zum Missbrauch

§ 275 stellt als **Vorbereitung zur Urkundenfälschung,** deren erste beiden Modalitäten materiell schon Vorbereitungshandlungen sind, bestimmte Verhaltensweisen unter Strafe, soweit sie der Fälschung von amtlichen Ausweisen dienen sollen. Sie decken sich weitgehend mit denjenigen des § 149 I. Lässt sich *nur* eine entsprechende Eignung feststellen, greift § 127 I 1 OWiG ein. **Amtliche Ausweise** (auch ausländische) sind ausschließlich oder jedenfalls auch zum Zweck des Nachweises der Identität einer Person oder ihrer persönlichen Verhältnisse ausgestellte amtliche Urkunden, zB Pässe, Personal-, Dienst- und Studentenausweise; ferner Führerscheine, nicht aber Scheck- und Kreditkarten (vgl auch § 276a). Vordrucke für amtliche Ausweise iS des § 275 I Nr 3 meint Schriftstücke, die zur Vervollständigung durch Einzelangaben bestimmt sind, auch bereits teilweise ausgefüllte (BT-Drucks. 12/6853, S. 29). Gem. § 275 III sind die Regelungen des § 149 II, III zur tätigen Reue entsprechend anwendbar.

**841**

Hingegen erfasst § 276 Verhaltensweisen, die auf den **Missbrauch** von unechten, bereits verfälschten oder falsch beurkundeten **amtlichen Ausweisen** (ergänzend: § 276a) **abzielen,** wobei hinsichtlich der letzteren Alternative unerheblich ist, ob die falsche Beurkundung mit oder ohne Wissen des ausstellenden Amtsträgers erfolgt ist. § 276 I Nr 1 ist wie § 275 I letzte Alt. als *Unternehmensdelikt* (§ 11 I Nr 6) ausgestaltet. Die Tathandlungen des Abs. 1 Nr 2 entsprechen denjenigen des § 149. Insoweit ist zusätzlich die Absicht erforderlich, den Gebrauch des falschen oder falsch beurkundeten Ausweises zur Täuschung im Rechtsverkehr zu ermöglichen. Gegenüber zumindest strafbar versuchten Urkundsdelikten ist § 276 *subsidiär* (MüKo-*Erb*, § 276 Rn 5); mit § 263 ist Tateinheit möglich (*Fischer*, § 276 Rn 7). Auch das Verändern von amtlichen Ausweisen iS des § 273 I Nr 1 gehört insofern hierher, als es, wenn zur Täuschung im Rechtsverkehr erfolgt, bereits die Strafbarkeit begründet, soweit nicht schon § 267 oder § 274 eingreift (siehe die Subsidiaritätsklausel § 273 I am Ende; vgl etwa den Sachverhalt bei BayObLG StV 97, 355).

**842**

## 2. Missbrauch von Ausweispapieren

**Fall 53:** Dem Autofahrer A ist wegen Trunkenheit im Verkehr die Fahrerlaubnis entzogen worden. Während sein Bruder B, der ihm zum Verwechseln ähnlich sieht, im Krankenhaus liegt, nimmt A heimlich dessen Führerschein an sich und sucht in der Nachbarstadt die Fahrzeugvermietung F auf. Dort tritt er unter dem Namen des B auf und mietet gegen Vorlage des Führerscheins für zwei Tage einen Kraftwagen, mit dem er einen Abstecher zur Ostsee macht. Um einen Teil des Kilometergeldes zu sparen, löst A zeitweilig die Verbindung zwischen Tachometer und Tachometerwelle, sodass der Kilometerzähler des Wagens bei der Rückgabe nur eine Fahrstrecke von 180 km statt der in Wirklichkeit zurückgelegten 600 km anzeigt.

Strafbarkeit des A? **Rn 845, 852**

**843**

**Ausweispapiere** iS des § 281 sind neben amtlichen Ausweisen (siehe Rn 841) nach Abs. 2 auch solche, die im Verkehr als Ausweis verwendet werden, so etwa Versiche-

**844**

273

**§ 18** *Fälschung von Urkunden, technischen Aufzeichnungen und beweiserheblichen Daten*

rungs- und Werksausweise, Taufscheine, Diplome, Führerscheine und Behinderten-ausweise mit Lichtbild und Unterschrift[77]. Die Papiere müssen **echte** sein. Zum *Gebrauchen* siehe Rn 837 und sogleich die aktuelle Entscheidung. *Überlassen* erfordert Übertragung der Verfügungsgewalt derart, dass dem anderen der Gebrauch ermöglicht wird (KG NJW 53, 1274). Im **subjektiven Bereich** setzt § 281 neben dem Tatbestandsvorsatz *zweierlei* voraus: Der Täter muss den Eindruck erwecken wollen, mit der Person identisch zu sein, für die der Ausweis ausgestellt ist. Des Weiteren muss sein Wille darauf gerichtet sein, den zu Täuschenden zu einem rechtlich erheblichen Verhalten zu bestimmen[78].

**Die aktuelle Entscheidung:** Im Zusammenhang mit betrügerischen Geschäften über das Internet übersandte der Angeklagte seinen Opfern, um diese über seine Identität zu täuschen, Bilddateien von Ausweisen anderer Personen, die er sich zuvor verschafft hatte. Das LG verurteilte ihn deshalb neben zahlreicher anderer Delikte auch wegen Missbrauchs von Ausweispapieren zu einer Gesamtfreiheitsstrafe von drei Jahren und zehn Monaten. Die Revision des Angeklagten will der 5. Strafsenat zumindest insoweit verwerfen, als sie sich gegen die Verurteilung nach § 281 I 1 richtet (BGH NStZ 19, 675). Er sieht sich daran jedoch durch die entgegenstehende Rechtsprechung des 4. Strafsenats gehindert und hat deshalb beim 4. Senat angefragt, ob er an seiner Rechtsprechung festhalte.

Bislang hat der 4. Senat die Auffassung vertreten, ein Gebrauchen iS des § 281 I 1 setze voraus, dass der Täter das Originaldokument einem potenziellen Täuschungsopfer zur unmittelbaren Wahrnehmung zugänglich macht, so dass die Vorlage einer Fotokopie oder Bilddatei nicht genügt. Der Rechtsverkehr verdiene keinen besonderen Schutz, wenn er nicht die Vorlage der Urschrift fordere (BGHSt 20, 17, 18). Nun möchte der 5. Senat den Begriff des Gebrauchens so wie bei § 267 I auslegen. Dort genüge es aber nach ständiger Rechtsprechung, wenn der Täter dem zu Täuschenden eine Fotokopie oder ein Lichtbild der Urkunde zugänglich mache, da auf diese Weise mittelbar die Wahrnehmung der Urkunde selbst ermöglicht werde (vgl dazu Rn 838). Gegen eine von § 267 I abweichende, engere Begriffsbestimmung bei § 281 I 1 sprächen nicht nur Systematik und Gesetzeshistorie, sondern auch Sinn und Zweck der Vorschrift. Heute sei im Rechtsverkehr ganz weitgehend die elektronische Kommunikation üblich, bei der verbreitet digitale Kopien von Urkunden verwendet würden. Das betreffe auch die Verwendung von Ausweispapieren, an deren Übermittlung zur Identitätsprüfung der Rechtsverkehr ein besonderes Interesse habe. Es sei nun aber gerade die Funktion des § 281 I 1, das Vertrauen des Rechtsverkehrs zu schützen, dass nur derjenige zum Identitätsnachweis ein amtliches (oder gleichgestelltes) Ausweispapier nutze, der berechtigter Inhaber sei.

Der 4. Senat hat sich – unter Kritik einiger rechtlicher Erwägungen des Anfragebeschlusses – mittlerweile der Rechtsansicht des 5. Senats angeschlossen und seine bisherige Rechtsprechung aufgegeben (BGH NStZ-RR 20, 106). Beide Beschlüsse verdienen insoweit Zustimmung, als gute Gründe für eine einheitliche Bestimmung des Begriffs des Gebrauchens sprechen. Damit ist allerdings noch nicht gesagt, dass nun auch bei § 281 I 1 die Vorlage einer Kopie oder die elektronische Übersendung des Bildes eines echten Ausweises genügen kann. Denn dies hängt von der umstrittenen Prämisse ab, dass für das Gebrauchen bei § 267 I das

---

77  Dazu OLG Koblenz VRS 55 (1978), 428; AG Nürnberg DAR 05, 410; OLG Stuttgart BeckRS 13, 18815 mit Anm. *Hecker*, JuS 14, 277; *Lackner/Heger*, § 281 Rn 2; vgl auch *Hecker*, GA 97, 525.

78  Näher BGH MDR/D 69, 360; zu den Teilnahmefragen im Rahmen des § 281 siehe *R. Schmitt*, NJW 77, 1811.

*Schutzgut und Systematik* **§ 18 VII 1**

Zugänglichmachen der Fotokopie oder Bilddatei einer Urkunde genügt (dagegen MüKo-*Erb*, § 267 Rn 198 mwN).

Im **Fall 53** enthält die Wegnahme des Führerscheins aus dem Gewahrsam des B zur vorübergehenden Nutzung lediglich eine nicht strafbare Gebrauchsanmaßung (vgl *Wessels/Hillenkamp/Schuhr*, BT II Rn 156 f). Seine Vorlage zwecks Anmietung eines Kraftwagens könnte nach § 281 strafbar sein. *Führerscheine* sind Ausweispapiere iS dieser Vorschrift. A hat den für B ausgestellten *echten* Führerschein F vorgelegt, ihn also gebraucht. Dabei wollte er über seine Identität täuschen und F zur Vermietung und Überlassung des Fahrzeugs, mithin einem rechtlich erheblichen Verhalten bestimmen. Demnach hat A sich gem. § 281 strafbar gemacht (zu der Frage, ob insoweit auch ein sog. *Besitzbetrug* in Betracht kommt, vgl BGHSt 21, 112). Das nachfolgende *Fahren ohne Fahrerlaubnis* (§ 21 I Nr 1 StVG) steht dazu im Verhältnis der Tatmehrheit (§ 53). Zu prüfen bleibt, ob in der Manipulation an der Tachometerwelle ein Verstoß gegen § 268 I, III liegt[79]. **845**

## VII. Fälschung technischer Aufzeichnungen

### 1. Schutzgut und Systematik

Die Strafvorschrift über die **Fälschung technischer Aufzeichnungen** (§ 268) schützt, ähnlich wie § 267, die **Sicherheit und Zuverlässigkeit des Beweisverkehrs** mit technischen Aufzeichnungen. Im Einzelnen geht es hier um den **Schutz des Vertrauens** darauf, dass ein Gegenstand, der im Rechtsverkehr als *technische Aufzeichnung* präsentiert wird, in dieser Form *ohne Manipulation* entstanden ist und *gerade deshalb* (dh als Ergebnis eines automatisierten, von störender Einwirkung freien Vorganges) die Vermutung der inhaltlichen Richtigkeit für sich hat (BGHSt 28, 300; 40, 26). Die Richtigkeit selbst liegt allerdings außerhalb dieses unmittelbaren Schutzzwecks; auf sie kommt es daher bei der Anwendung und Auslegung des § 268 nicht an. **846**

Der **Tatbestandsaufbau** des § 268 entspricht weitgehend dem des § 267. Bedenken gegen diese Parallelkonstruktion unter dem Blickwinkel des *Echtheitsschutzes* ergeben sich jedoch daraus, dass **technische Aufzeichnungen** im Gegensatz zu Urkunden weder eine Gedankenerklärung verkörpern noch auf eine Person als Aussteller hinweisen, also zur Gruppe der **Augenscheinsobjekte** gehören, wo sie im Vergleich zu den *natürlichen* Augenscheinsbeweismitteln (zB Fingerabdrücken, Fußspuren) eine Sonderstellung einnehmen. **847**

§ 268 ist durch das 1. StrRG in das StGB eingefügt worden, um angesichts der fortschreitenden technischen Entwicklung Lücken im Strafrechtsschutz zu schließen. Im Mittelpunkt der Reformüberlegungen stand die zunehmende Verwendung von Geräten, die *selbsttätig* rechtlich erhebliche Zustände oder Vorgänge sowie Mess- und Rechenwerte in Aufzeichnungsform festhalten. Als Beispiele dafür wurden im Gesetzgebungsverfahren Waagen mit selbsttätigem Druckwerk, Zählwerke mit Druckvorrichtung, Manometer mit automatischer Aufzeichnung, Fahrtenschreiber, Elektrokardiogramme und Aufzeichnungen Daten verarbeitender Maschinen **848**

---

79 Zu einer interessanten Fallgestaltung OLG Stuttgart DAR 14, 213 (mit zust. Anm. *Hecker*, JuS 14, 277); näher 38. Aufl. Rn 858.

275

**§ 18** *Fälschung von Urkunden, technischen Aufzeichnungen und beweiserheblichen Daten*

genannt. Die **praktische Bedeutung** des § 268 ist indessen relativ gering geblieben (vgl auch MüKo-*Erb*, § 268 Rn 5); die mangelnde Klarheit seiner dogmatischen Grundkonzeption hat zahlreiche Streitfragen ins Leben gerufen. Die Rechtsprechung dazu wird von Unsicherheit beherrscht. Der BGH hat seinen Standpunkt zum Begriff der technischen Aufzeichnung inzwischen grundlegend revidiert (BGHSt 29, 204); er neigt jetzt dazu, den Anwendungsbereich des § 268 so weit wie möglich einzuschränken. Zu **Grundfällen** siehe *Freund*, JuS 94, 207.

## 2. Begriff der technischen Aufzeichnung

849 Der **Begriff** der technischen Aufzeichnung ist in § 268 II gesetzlich definiert. Unter einer „Darstellung" im dort genannten Sinn ist nach jetzt hM nur eine **Aufzeichnung** zu verstehen, bei der die *gerätautonom* produzierte Information in einem selbstständig verkörperten, vom Gerät **abtrennbaren Stück** enthalten ist (BGHSt 29, 204; BGH StV 16, 364 mit insoweit abl. Anm. *Erb*; dazu Rn 857). Bloße *Anzeigegeräte* fallen danach (im Gegensatz zu echten „Aufzeichnungsgeräten") nicht unter § 268.

850 Die **Gegenansicht**, die zunächst auch vom BGH vertreten wurde, lässt als technische Aufzeichnung jede Darstellung von einer gewissen **Dauerhaftigkeit** genügen, deren Verwendbarkeit als Beweismittel über ihren Entstehungszeitpunkt hinaus erhalten bleibt[80]. Bedeutung hat dies vor allem für **Anzeigegeräte**, die (wie etwa Gas- und Wasseruhren oder Strom- und Kilometerzähler) den jeweiligen Stand eines fortlaufenden Messvorganges wiedergeben und den errechneten Endwert solange unverändert festhalten, bis der Messvorgang bei erneuter Inbetriebnahme fortgesetzt wird. Bei ihnen lässt sich eine hinreichend dauerhafte Verkörperung der Darstellung mit der Begründung bejahen, dass der vorangegangene Messwert bei erneuter Ingangsetzung des Geräts nicht ersatzlos gelöscht wird, sondern im Wege der kontinuierlichen Addition in die nachfolgenden Messwerte mit eingeht. Demgegenüber fehlt jegliche **Perpetuierung** bei einer rein *optischen* Anzeige von Messwerten, wie etwa beim Zeigerstand einer Waage oder eines Geschwindigkeitsmessers, und auch bei der ablesbaren Anzeige von Messwerten auf Geräten, die nach jedem Einzelvorgang auf den Nullstand zurückläuft, wie dies bei der Ziffernanzeige einer Waage oder dem Zählwerk der Benzinuhr an Zapfsäulen der Fall ist. Hier ist für § 268 nach einhelliger Ansicht kein Raum, sofern diese Geräte ihr Messergebnis nicht in anderer Weise perpetuieren, wie etwa in Form gedruckter Aufzeichnungen oder dergleichen (zB in Gestalt von Wiegekarten nebst Gebührenberechnung oder eines gedruckten Benzinabrechnungsbelegs beim Selbsttanken).

851 Die Gründe, die in BGHSt 29, 204 für die hM angeführt werden, stehen zum Teil auf schwachen Füßen: Der *Wortlaut* des Gesetzes ist unergiebig, da die Begriffe „Aufzeichnung" und „Darstellung" in Bezug auf technische Geräte mehrdeutig sind. Der *Wille des Gesetzgebers* ist so dunkel wie die gesamte Entstehungsgeschichte des § 268; die hier interessierende Frage der **Abtrennbarkeit** des Aufzeichnungsergebnisses vom Aufzeichnungsgerät ist nirgendwo klar angesprochen. Die *systematische* Anlehnung des § 268 an § 267 und die Parallelität zum Urkundenbegriff rechtfertigen zwar den Schluss, dass nur Darstellungen von einer gewissen Dauerhaftigkeit den gesetzlichen Anforderungen genügen. Daraus folgt aber nicht unbedingt, dass die Verkörperung und Perpetuierung in einem selbstständigen, vom Aufzeichnungsgerät *abtrennbaren* Zeichenträger ihren Niederschlag finden müssen; die Sicherung des Beweiswertes einer technischen Aufzeichnung ist wohl nicht nur im letztgenannten Fall

---

[80] OLG Frankfurt NJW 79, 118 mit zust. Anm. *Sonnen*, JA 79, 168; S/S-*Heine/Schuster*, § 268 Rn 9; SK-*Hoyer*, § 268 Rn 9 mwN.

*Begriff der technischen Aufzeichnung* § 18 VII 2

gewährleistet. Fraglich ist ferner, ob § 268 (wie es in BGHSt 29, 204, 210 heißt) seinem Sinn und Zweck nach lediglich Diagramme von „besonderer Vollkommenheit und Zuverlässigkeit" schützen soll; denn dass zB ein Fahrtenschreiber weniger störanfällig sei und zuverlässiger arbeite als ein Kilometerzähler, lässt sich schwerlich behaupten. Zustimmung verdient die hM letztlich aber insoweit, als es nicht geboten erscheint, Messgeräte herkömmlicher Art mit einer ablesbaren **Anzeige** von Werten wie Gas- und Wasseruhren oder Strom- und Kilometerzähler sowie **reine Anzeigegeräte** ähnlicher Art durch § 268 vor Manipulationen und verfälschenden Eingriffen zu schützen, da insoweit bereits durch §§ 242, 248c, 263, 266 ein hinreichender Strafrechtsschutz besteht. Das Bemühen, den Anwendungsbereich des § 268 nicht ausufern zu lassen, sondern einzuschränken, verdient daher Unterstützung (beachte aber *Erb*, Anm. StV 16, 366).

Im **Fall 53** richtete die störende Einwirkung des A auf die Anzeigeeinrichtung des Kilometerzählers durch die Manipulation an der Tachometerwelle sich somit nicht gegen ein taugliches Tatobjekt iS des § 268 I, III, sodass nur ein vollendeter oder versuchter Betrug zulasten der F in Betracht kommt[81].

Wer der Gegenansicht[82] den Vorzug gibt, muss prüfen, ob im **Fall 53** die sonstigen Voraussetzungen des § 268 I, III erfüllt sind; dazu Rn 862.

852

Wesentlich für den Begriff der technischen Aufzeichnung ist weiter, dass der Aufzeichnungsvorgang durch ein technisches Gerät ganz oder zum Teil **selbsttätig bewirkt** wird. Was das Gesetz darunter versteht, ist zweifelhaft und umstritten.

853

Die Legaldefinition in § 268 II erfasst alle voll- oder teilautomatisch arbeitenden Geräte, bei denen das **Prinzip der Automation** an die Stelle der menschlichen Eigenleistung getreten ist. Da das Gesetz sich mit der *teilweisen* Selbsttätigkeit des Gerätes begnügt, ist eine menschliche Mitwirkung bei der Herstellung technischer Aufzeichnungen nicht ausgeschlossen. Sie darf nur nicht so weit gehen, dass der Mensch (wie bei der Benutzung einer elektrischen Schreibmaschine) den Inhalt der Aufzeichnung selbst bestimmt. Die **Selbsttätigkeit des Geräts** beginnt dort, wo es die aufgenommenen Impulse und die ihm eingegebenen Anfangsdaten in *gerätautonomer* Weise *umsetzt oder verarbeitet*. Im Sinne des § 268 II bewirkt ein Gerät seine Aufzeichnungen **selbsttätig**, wenn es durch einen in Konstruktion oder Programmierung *festgelegten automatischen Vorgang* das Vorliegen bestimmter Phänomene registriert, eingegebene Daten in bestimmter Weise umwandelt oder verarbeitet (zB addiert oder multipliziert), die zur Herstellung einer bestimmten Information erforderlichen Zeichen auswählt und auf diese Weise den das Ergebnis bildenden Aufzeichnungsinhalt konkret gestaltet[83].

854

**Fotokopien** (BGHSt 24, 140, 142), Fotografien, Tonbandaufzeichnungen sowie Film- und Fernsehaufnahmen sind **keine** technischen Aufzeichnungen iS des § 268 II, wenn die Leistung des Geräts sich in der bloßen Perpetuierung und Wiedergabe eines von Menschen unmittelbar erfassbaren Vorganges oder Zustandes erschöpft[84]. Zu **bejahen** sind die Begriffsmerkmale des § 268 II dagegen bei Aufzeich-

855

---

81  BGHSt 29, 204; *Krey/M. Heinrich*, BT I Rn 1029; LK-*Zieschang*, § 268 Rn 6; NK-*Puppe*, § 268 Rn 24 mwN.

82  OLG Frankfurt NJW 79, 118; LG Marburg MDR 73, 65; S/S-*Heine/Schuster*, § 268 Rn 9 mwN.

83  Vgl dazu LK-*Zieschang*, § 268 Rn 15 ff; enger NK-*Puppe*, § 268 Rn 18 ff.

84  *Erb*, GA 98, 577; LK-*Zieschang*, § 268 Rn 17; ebenso jetzt S/S-*Heine/Schuster*, § 268 Rn 17; aA NK-*Puppe*, § 267 Rn 49 f.

277

§ 18 *Fälschung von Urkunden, technischen Aufzeichnungen und beweiserheblichen Daten*

nungen durch vollautomatisch arbeitende Kameras innerhalb der **Verkehrsüberwachung** (= Geschwindigkeits- oder Rotlichtkontrollen; vgl NK-*Puppe*, § 268 Rn 15), durch **Fahrtenschreiber** (vgl BGHSt 40, 26) oder im medizinischen Bereich durch Röntgengeräte, Elektrokardiographen und dergleichen.

856 Schließlich muss die in dieser Weise bewirkte Aufzeichnung ihren **Gegenstand**, dh ihr Bezugsobjekt allgemein oder für Eingeweihte **erkennen** lassen und **zum Beweis** für eine rechtlich erhebliche Tatsache **bestimmt** sein. Die Erkennbarkeit des Bezugsobjekts kann sich unmittelbar aus der Aufzeichnung (zB durch gleichzeitige Abbildung des Verkehrssünders bei der Radarmessung), aus einer räumlich-festen Verbindung zu ihr oder aus einem erläuternden Beziehungsvermerk ergeben, wie etwa aus der Namenseintragung auf einem EKG (vgl LK-*Zieschang*, § 268 Rn 22 mwN).

### 3. Tathandlungen

857 Die **Handlungsmodalitäten** des § 268 I entsprechen denen des § 267 I. Der Herstellung einer unechten technischen Aufzeichnung stellt § 268 III den Fall gleich, dass der Täter durch *störende Einwirkung auf den Aufzeichnungsvorgang* das Ergebnis der Aufzeichnung beeinflusst. Diese Gleichstellungsklausel, die den Gedanken des inhaltlichen Wahrheitsschutzes mit der in § 268 I gewählten Grundkonzeption des **Echtheitsschutzes** zu verbinden sucht, zwingt dazu, den in § 267 I vorgeprägten Begriff der *Unechtheit* für den Bereich des § 268 zu modifizieren.

858 **Unecht** ist eine **technische Aufzeichnung**, wenn sie überhaupt nicht oder nicht so, wie sie vorliegt, das Ergebnis eines *in seiner Selbsttätigkeit* **von Störungshandlungen unbeeinflussten Aufzeichnungsvorganges** ist, obwohl sie diesen Anschein erweckt. Das gilt insbesondere bei einer manuellen Nachahmung[85].

Versteht man das Merkmal der Unechtheit für alle Fallgestaltungen des § 268 einheitlich in diesem Sinn, so ist die in § 268 III besonders erwähnte „störende Einwirkung auf den Aufzeichnungsvorgang" nur ein Unterfall des **Herstellens** einer unechten Aufzeichnung[86].

859 Liefert ein nicht ordnungsgemäß arbeitendes Gerät auf Grund technischer Mängel, infolge eines *Versagens seiner Einrichtungen* oder eines sonstigen **Eigendefekts** falsche Ergebnisse, so sind seine Aufzeichnungen zwar *inhaltlich unrichtig*, aber **nicht unecht**. Ihre Herstellung unter bewusster Ausnutzung dieses Defekts ist nicht tatbestandsmäßig iS des § 268 I Nr 1 *erste* Alternative[87]. Wer von ihnen in Kenntnis ihrer Unrichtigkeit Gebrauch macht, verstößt nicht gegen § 268 I Nr 2, kann sich aber des Betruges (§ 263) schuldig machen.

860 Aus dem **Schutzzweck** des § 268 folgt, dass Manipulationen, die den selbsttätig-fehlerfreien Funktionsablauf des Geräts nicht berühren, keine „Unechtheit" der Aufzeichnung begründen. So macht beispielsweise ein LKW-Fahrer, der die (personalisierte) Chip-Fahrerkarte eines Kollegen in den digitalen Fahrtenschreiber steckt, um die Einhaltung von Lenk- und Ruhezeiten vorzutäuschen, sich nicht gem. § 268 strafbar, denn das Gerät zeichnet Entfernung und Ge-

---

85 Vgl BGHSt 28, 300; LK-*Zieschang*, § 268 Rn 26; *Widmaier*, NJW 70, 1358; aA *Lampe*, NJW 70, 1097, 1101.
86 Vgl *Lackner/Heger*, § 268 Rn 8; *Fischer*, § 268 Rn 17, 22.
87 BGHSt 28, 300; BayObLG VRS 55 (1978), 425.

278

*Begehen durch Unterlassen* **§ 18 VII 5**

schwindigkeit auch dann korrekt auf, wenn der Fahrer eine fremde Fahrerkarte gesteckt hat. In Betracht kommt dann allerdings eine Strafbarkeit gem. § 269 (OLG Stuttgart VRS 13, 321; ausführlich *Duchstein*, SVR 13, 361, 362). Zu vergleichbaren Problemen bei mechanischen Fahrtenschreibern in Fahrzeugen, die vor dem 1. Mai 2006 zugelassen wurden, vgl OLG Karlsruhe NStZ 02, 652.

Manches von dem, was im Zeitalter der Computertechnik als besonders gefährlich erscheint, wird somit durch § 268 nicht erfasst. Wer einem Computer lediglich falsche Daten eingibt und das für seine Zwecke zum Schaden anderer ausnutzt, macht sich nicht nach § 268 strafbar, weil das Schaffen fehlerhafter Arbeitsvoraussetzungen keine *störende Einwirkung auf den Aufzeichnungsvorgang* als solchen darstellt, also nur zur Entstehung unrichtiger, **nicht** aber zur Herstellung **unechter** Aufzeichnungen führt. Diese Strafbarkeitslücke ist durch das 2. WiKG vom 15.5.1986 (BGBl I 721) mithilfe der §§ 269, 263a geschlossen worden. **861**

§ 268 III setzt voraus, dass die störende Einwirkung den **selbsttätig-fehlerfreien Funktionsablauf** des Aufzeichnungsvorganges in Mitleidenschaft zieht und dass der Eingriff das **Aufzeichnungsergebnis nachteilig beeinflusst**[88]. Zu welchem Zeitpunkt und auf welche Weise das im Einzelnen geschieht, ist gleichgültig[89]. Wird durch Verwenden einer *„Gegenblitzanlage"* die Gewinnung eines verwertbaren Fotos des Fahrers anlässlich einer Radarkontrolle verhindert, fehlt es an einer störenden Einwirkung auf den Aufzeichnungsvorgang iS des § 268 III; das Foto ist zwar unbrauchbar, aber echt[90]. Wer mit der oben (zu Rn 850) erwähnten **Minderheitsmeinung** in der Anzeige eines Kilometerzählers eine technische Aufzeichnung iS des § 268 erblickt, müsste im **Fall 53** (Rn 843) die Manipulation des A an der Tachometerwelle als störende Einwirkung auf den Aufzeichnungsvorgang gelten lassen und ein tatbestandsmäßiges Handeln gem. § 268 I Nr 1, 2, III bejahen. **862**

*Perpetuierung* (handwritten margin note)

## 4. Subjektiver Tatbestand

Zum **Vorsatz** und zur **Täuschungsabsicht** gilt hier das Gleiche wie zu § 267 (vgl Rn 822). Zwischen § 268 und § 267 kann uU Tateinheit in Betracht kommen. **863**

Der **Vorsatz** des Täters muss die Umstände mit einschließen, aus denen die Unechtheit der technischen Aufzeichnung folgt. Dazu gehört im Falle des § 268 III die Vorstellung, dass der Aufzeichnungsvorgang von Menschenhand durch eine *störende Einwirkung* nachteilig beeinflusst worden ist. Eventualvorsatz in dieser Hinsicht genügt.

## 5. Begehen durch Unterlassen

Fraglich ist, ob und inwieweit § 268 III auch durch ein **Unterlassen** in Garantenstellung verwirklicht werden kann. Die Antwort darauf ergibt sich aus dem oben entwickelten Unechtheitsbegriff und aus dem Erfordernis eines **menschlichen Eingriffs** in den selbsttätigen Funktionsablauf des betreffenden Geräts. Folgende Fallgruppen sind dabei zu unterscheiden: **864**

---

88  Zu einem lehrreichen Fall BGH StV 16, 364 mit Anm. *Erb*. Näher dazu *Wessels/Hettinger*, BT I, 40. Aufl. 2016, Rn 875.
89  Vgl dazu BGHSt 40, 26; BayObLG NZV 95, 287.
90  OLG München NStZ 06, 576; LG Flensburg DAR 00, 132; zust. *Geppert*, DAR 00, 106; aA AG Tiergarten JR 00, 386.

**§ 18** *Fälschung von Urkunden, technischen Aufzeichnungen und beweiserheblichen Daten*

**865** **a)** Ein Aufzeichnungsgerät iS des § 268, wie etwa ein Fahrtenschreiber, ist infolge **menschlicher Einwirkung** (durch gezielte Manipulation oder durch bloße Unachtsamkeit im Umgang mit dem Gerät) von eigener oder dritter Hand gestört. Wer dieses Gerät, das jetzt **unechte** Aufzeichnungen liefert, in Kenntnis aller Tatumstände und zur Täuschung im Rechtsverkehr in Betrieb nimmt, verwirklicht den Tatbestand des § 268 I Nr 1 *erste* Alternative in Verbindung mit § 268 III im Wege des **aktiven Tuns** (= **Herstellung** einer unechten technischen Aufzeichnung). Das Gleiche gilt, wenn der Täter das Zugrundeliegen einer störenden Einwirkung nicht positiv gekannt, aber in Rechnung gestellt und insoweit mit *Eventualvorsatz* gehandelt hat. Die Frage des pflichtwidrigen Unterlassens und der „Entstörung" des Geräts vor seiner Inbetriebnahme taucht hier gar nicht auf, weil ein **Begehungsdelikt** vorliegt (näher BGHSt 28, 300, 304).

**866** **b)** Die Störung des Geräts beruht auf dem Versagen seiner Einrichtungen, dh auf einem sog. **Eigendefekt.** Wer eine solche Störung zur Täuschung im Rechtsverkehr vorsätzlich **ausnutzt** und das Gerät in Betrieb nimmt oder die Inbetriebnahme seitens Dritter zulässt, verstößt in keinem Falle gegen § 268, weil das **Ingangsetzen** eines *defekten* Geräts für sich allein keine „störende Einwirkung" iS des § 268 III ist und die so hergestellten Aufzeichnungen nur **inhaltlich unrichtig**, aber nicht „unecht" sind (BGHSt 28, 300, 306).

**867** **c)** Mangels Tatbestandsvorsatzes entfällt eine Bestrafung nach § 268, wenn objektiv ein Sachverhalt der erstgenannten Art (Rn 865) vorliegt, der Täter das Vorhandensein der menschlichen Einwirkung auf den Aufzeichnungsvorgang aber weder kennt noch in Rechnung stellt, sondern *irrig* vom Vorliegen eines **Eigendefekts** ausgeht.

**868** **d)** Zur Problematik des **unechten Unterlassungsdelikts** gelangt man somit erst in den Fällen, in denen ein Garant **störende Einwirkungen Dritter** pflichtwidrig nicht verhindert, obwohl er es könnte, oder wenn er die Inbetriebnahme eines Aufzeichnungsgeräts zur Täuschung im Rechtsverkehr geschehen lässt, ohne die ihm bekannte störende Wirkung **fremder Eingriffe** oder eines eigenen *unvorsätzlichen* Eingriffs zu beseitigen. Hier ist ein Verstoß gegen § 268 nach den Regeln der unechten Unterlassungsdelikte möglich (vgl BGHSt 28, 300, 307). Grundlage der **Garantenstellung** kann insoweit neben dem eigenen pflichtwidrigen Vorverhalten die Verantwortlichkeit für Gefahrenquellen im eigenen Herrschaftsbereich sein[91].

## 6. Prüfungsaufbau: Fälschung technischer Aufzeichnungen, § 268

**869** **Fälschung technischer Aufzeichnungen, § 268**
  **I. Tatbestandsmäßigkeit**
    **1. Objektiver Tatbestand**
      **a) Tatobjekt: technische Aufzeichnung**
        *(1) Darstellung (= geräteautonom produzierte Information in selbstständig verkörpertem, vom Gerät abtrennbaren Stück)*
        ⓟ Abgrenzung zur Anzeige in Anzeigegerät
        ⓟ selbsttätiges Bewirken der Aufzeichnung
        *(2) lässt den Aufzeichnungsgegenstand erkennen*
        *(3) zum Beweis für eine rechtlich erhebliche Tatsache bestimmt*
      **b) Tathandlung:**
        **aa) eine unechte technische Aufzeichnung herstellen**
        → ebenso: durch störende Einwirkung auf den Aufzeichnungsvorgang das Ergebnis der Aufzeichnung beeinflussen, § 268 III

---

91 Wie hier *Lackner/Heger*, § 268 Rn 9; *Maurach/Schroeder*, BT II § 65 Rn 87; aA MüKo-*Erb*, § 268 Rn 45.

> → Täuschung über geräteautonomen Aufzeichnungsvorgang
> Ⓟ Eigendefekt des Geräts
> Ⓟ „Gegenblitzanlage"
> **bb) oder eine echte technische Aufzeichnung verfälschen**
> **cc) oder eine unechte bzw. verfälschte technische Aufzeichnung gebrauchen**
> → Möglichkeit der Kenntnisnahme des zu Täuschenden
> **2. Subjektiver Tatbestand**
> **a) Vorsatz bzgl 1**
> **b) Absicht der Täuschung im Rechtsverkehr**
> → direkter Vorsatz nach *hM* ausreichend
> **II. Rechtswidrigkeit**
> **III. Schuld**
> **IV. Besonders schwerer Fall, § 268 V iVm § 267 III**

## VIII. Fälschung beweiserheblicher Daten

Wer zur Täuschung im Rechtsverkehr beweiserhebliche Daten so speichert oder ver- **870** ändert, dass bei ihrer Wahrnehmung eine unechte oder verfälschte Urkunde vorliegen würde, oder wer derart gespeicherte oder veränderte Daten gebraucht, wird nach §§ 269, 270 mit Freiheitsstrafe bis zu 5 Jahren oder mit Geldstrafe bestraft. Der Versuch ist mit Strafe bedroht; § 267 III, IV gilt entsprechend.

§ 269 bezweckt die **Verhinderung von Missbräuchen bei der Verwendung von** **871** **Datenverarbeitungsanlagen**, die im Wirtschaftsverkehr oder in anderen Bereichen zum Einsatz gelangen. Gegenstand der Tat sind *beweiserhebliche* **Daten** (= Informationen, die sich codieren lassen, einschließlich der Verarbeitung dienender Programme), die elektronisch, magnetisch oder sonst nicht unmittelbar wahrnehmbar gespeichert oder übermittelt werden, wie etwa Stammdaten von Geschäftskunden, Angaben über den Kontostand bei Gehalts- und Bankkonten, oder über die Eigentumsverhältnisse an Grundstücken, Daten des Bundeszentralregisters, der Personenstandsregister, der Fahndungsdateien und dergleichen[92]. Mit Ausnahme der Wahrnehmbarkeit müssen die manipulierten Daten alle Elemente einer falschen (= unechten oder verfälschten) Urkunde aufweisen. Insbesondere muss ihr Aussteller erkennbar sein, dh derjenige, dem die Daten („geistig") zuzurechnen sind (*Otto*, BT § 70 Rn 61). Dem Herstellen einer unechten Urkunde entspricht bei § 269 das Speichern unechter Daten, dem Verfälschen einer echten Urkunde das Verändern bereits vorhandener Daten, wobei das Hinzufügen oder Löschen von einzelnen Daten genügen kann (S/S-*Heine/Schuster*, § 269 Rn 17). Gebraucht sind falsche Daten, wenn sie dem zu Täuschenden zur Kenntnis gebracht oder verfügbar gemacht werden, zB durch Sichtbarmachen am Bildschirm oder Ermöglichung ungehinderten Abrufs (*Möhrenschlager*, wistra 86, 128, 135).

Der Schutz des § 269 setzt bereits mit der Eingabephase ein; er umfasst auch Manipu- **872** lationen, die in einer unrichtigen Programmgestaltung bestehen und die bei einem

---

92  Dazu *Lackner/Heger*, § 263a Rn 3; S/S-*Heine/Schuster*, § 269 Rn 6 ff.

**§ 19** *Urkundenunterdrückung und Falschbeurkundung*

Vergleich mit § 267 dem Herstellen einer unechten Urkunde entsprechen würden. Die Daten müssen hiernach so gespeichert oder verändert werden, dass sie in ausgedruckter Form bei visueller Wahrnehmung eine Urkundenfälschung iS des § 267 darstellen würden, unter dem Blickwinkel der Urheberschaft mithin „unecht" sind[93]. Damit soll erreicht werden, dass Verhaltensweisen, die im Bereich des § 267 eine nicht strafbare „schriftliche Lüge" (siehe Rn 789) darstellen, auch von § 269 nicht erfasst werden[94]. Zum sog. *Phishing*, dem Versuch, durch Versenden von E-Mails dem Empfänger sensible Daten abzulisten, siehe *Eisele*, BT I Rn 889 ff; *Fischer*, § 269 Rn 8 und *Seidl/Fuchs*, HRRS 10, 85, jeweils mwN. Die Anmeldung eines Accounts auf einer Internetplattform wie eBay unter falschem Namen verwirklicht § 269 I, so mit Recht KG StraFo 10, 77 in Abgrenzung zu OLG Hamm StV 09, 475 mit krit. Anm. *Jahn*, JuS 09, 662; instruktiv zur Streitfrage *Willer*, NStZ 10, 553 und *Puppe*, JuS 12, 961. Zu den Konkurrenzverhältnissen zwischen §§ 267–269 siehe *Lackner/Heger*, § 269 Rn 12 mwN; **Fälle** bei *Freund*, JuS 94, 207, 209; *Meier*, Jura 91, 142; *Petermann/Savanovic*, JuS 11, 1003.

# § 19 Urkundenunterdrückung und Falschbeurkundung

## I. Vernichtung und Unterdrückung von Urkunden, technischen Aufzeichnungen und beweiserheblichen Daten

873 **Fall 54:** Autofahrer A hat beim Zurücksetzen seines Wagens aus einer Parklücke den VW des Kraftfahrers K am Kotflügel erfasst und beschädigt. Nach längerem Warten klemmt A seine Visitenkarte mit einem kurzen Hinweis auf das Kennzeichen seines Fahrzeuges und auf seine Bereitschaft, für den Schaden aufzukommen, unter den Scheibenwischer des VW. Sodann fährt er fort, um einen wichtigen Termin nicht zu versäumen. Dass ihm sein Bekannter B von der anderen Straßenseite aus zuwinkt, nimmt A nicht wahr. B ahnt, was geschehen ist; um dem A weiteren Ärger zu ersparen, nimmt er die Visitenkarte vom VW weg und steckt sie ein.

Hat B sich strafbar gemacht?

In Betracht kommt eine Urkundenunterdrückung nach § 274 I Nr 1. **Rn 882, 885**

## 1. Schutzzweck

874 Die **Urkundenunterdrückung** iS des § 274 I Nr 1 dient dem *Bestandsschutz* von Urkunden und technischen Aufzeichnungen. Anders als bei §§ 267, 268 geht es dem Täter hier nicht um die Erlangung, sondern um die Beseitigung oder Beeinträchtigung eines Beweismittels. Die Tat richtet sich gegen die **Beweisführungsbefugnis eines anderen**, nicht gegen den Beweisverkehr im Allgemeinen. Infolgedessen bildet die

---

93  Zum Aufladen von Telefonkarten lehrreich BGH StV 04, 21.
94  Näher dazu *Möhrenschlager*, wistra 86, 128, 134; *Welp*, CR 92, 291, 354.

282

*Einwilligung* des Berechtigten, sofern sie nicht aus besonderen Gründen (zB wegen eines sittenwidrigen Missbrauchs der Vertretungsmacht: BGHSt 6, 251) unwirksam ist, einen **Rechtfertigungsgrund**[1].

Die **Gegenmeinung** nimmt an, dass § 274 I Nr 1 den Bestandsschutz allein im *allgemeinen* **875** Interesse gewähre. Demzufolge soll die Einwilligung des Betroffenen nicht rechtfertigend wirken, sondern zum „alleinigen Gehören" der Urkunde, dh zum Tatbestandsausschluss führen[2]. Die Besonderheiten, die § 274 I Nr 1 in objektiver und in subjektiver Hinsicht von § 267 abheben, dürften indessen mehr für die Ansicht sprechen, dass § 274 I Nr 1 dem Schutz von Individualinteressen dient.

## 2. Gegenstand der Tat in § 274 I Nr 1

**Gegenstand** der Tat in § 274 I Nr 1 sind nur **echte** Urkunden und technische Auf- **876** zeichnungen, die dem Täter **nicht** oder **nicht ausschließlich gehören**.

**Falsifikate**, die lediglich in ihrer Eigenschaft als *schlichte Augenscheinsobjekte* Beweis für das Vorliegen einer strafbaren Handlung erbringen sollen, genießen nur nach §§ 133, 303 Schutz.

Mit „Gehören" meint das Gesetz hier nicht die (dinglichen) Eigentumsverhältnisse, **877** sondern das **Recht**, die Urkunde oder technische Aufzeichnung **zum Beweis zu gebrauchen**. Täter kann daher auch der Eigentümer sein, falls die Rechtsordnung ihm die Verpflichtung auferlegt, die Urkunde usw für die Beweisführung durch einen anderen herauszugeben oder bereitzuhalten (zB gem. § 810 BGB oder §§ 421 ff ZPO)[3].

Bei **Ausweispapieren** bleiben *rein öffentlichrechtliche* Vorlagepflichten, die den Aufgaben der Verwaltung oder der polizeilichen Kontrolle dienen, in dieser Beziehung unberücksichtigt, sodass Reisepässe, Personalausweise und Führerscheine ihrem **rechtmäßigen Inhaber** iS des § 274 I Nr 1 „ausschließlich gehören"[4].

## 3. Tathandlungen

**Tathandlung** kann ein Vernichten, Beschädigen oder Unterdrücken sein. **878**

**Vernichten** bedeutet die völlige Beseitigung der *beweiserheblichen* Substanz, wie et- **879** wa durch Zerstörung, Unleserlichmachen oder Trennung einer zusammengesetzten Urkunde[5].

**Beschädigen** meint hier die Beeinträchtigung des Beweiswertes (RGSt 59, 321; *Eise-* **880** *le*, BT I Rn 901); fehlt es daran, bleibt nur Raum für § 303 I Alt 1.

Ein **Unterdrücken** liegt in jeder Handlung, durch die dem Beweisführungsberechtig- **881** ten die Benutzung des Beweismittels dauernd oder zeitweilig entzogen oder vorenthalten wird[6].

---

1 NK-*Puppe*, § 274 Rn 1, 15; S/S-*Heine/Schuster*, § 274 Rn 11; krit. *Duttge*, Jura 06, 15, 19.
2 *Kienapfel*, Jura 83, 185, 188.
3 Vgl BGHSt 6, 251; 29, 192; BayObLG NJW 68, 1896; ferner SK-*Hoyer*, § 274 Rn 9; SSW-*Wittig*, § 274 Rn 7 f.
4 BayObLG NJW 90, 264; StV 97, 335; *Küper/Zopfs*, BT Rn 561; NK-*Puppe*, § 274 Rn 3.
5 Vgl BGH NJW 54, 1375; OLG Braunschweig NJW 60, 1120; *Fischer*, § 274 Rn 4.
6 RGSt 39, 405; 49, 144; 57, 310; OLG Koblenz NStZ 95, 50; MüKo-*Freund*, § 274 Rn 47.

**§ 19** *Urkundenunterdrückung und Falschbeurkundung*

**882** Im **Fall 54** erfüllte die von A am VW des K angebrachte Visitenkarte alle Merkmale des Urkundenbegriffs: Als Aussteller hatte A darin zum Ausdruck gebracht, den Schaden am VW verursacht zu haben und dafür einstehen zu wollen. Diese Erklärung war dazu bestimmt und geeignet, Beweis für den Ersatzanspruch des K gegen A zu erbringen. Zur Zeit der Wegnahme durch B gehörte diese Urkunde ungeachtet der Eigentumsverhältnisse dem A *nicht mehr ausschließlich* iS des § 274 I Nr 1, weil sie bereits in den Machtbereich des K gelangt war und dieser das *ihm nicht mehr entziehbare Recht* erworben hatte, sie zum Beweise zu gebrauchen[7]. Da nicht anzunehmen ist, dass B die Visitenkarte sich oder einem Dritten zueignen wollte, kommt hier ein Unterdrücken in Frage.

**883** Zum **Vorsatz** gehört neben der Kenntnis aller Tatumstände, dass der Beeinträchtigungswille sich gegen die Funktion des Tatobjekts als *Beweismittel* richtet (andernfalls kann § 303 eingreifen). Hinzukommen muss die **Absicht**, dem Betroffenen dadurch (insbesondere durch die Verschlechterung seiner Beweislage: OLG Köln VRS 50 [1976], 421) **Nachteil zuzufügen**, wobei es sich nicht um einen Vermögensnachteil zu handeln braucht (BGHSt 29, 192). Es reicht also aus, wenn der Täter weiß, dass der Urkunde potenziell eine Beweisbedeutung innewohnt, die sich jederzeit realisieren kann, und es ihm auf die Beeinträchtigung eines sich darauf beziehenden Beweisführungsrechts ankommt oder er dies als notwendige Folge seines Handelns hinnimmt (BGH wistra 10, 104). Eine Vereitelung des staatlichen Straf- oder Bußgeldanspruchs genügt insoweit nicht[8].

**884** Die hM deutet den Absichtsbegriff auch hier als direkten Vorsatz (Wissentlichkeit). Danach genügt die Vorstellung, dass die Tat notwendigerweise einen fremden Nachteil zur Folge haben wird[9].

**885** Im **Fall 54** ist bei B am Vorliegen dieser Erfordernisse nicht zu zweifeln; die evtl. Vorstellung, im Interesse des A so handeln zu dürfen, könnte allenfalls zur Annahme eines *vermeidbaren Verbotsirrtums* führen.

## 4. Konkurrenzfragen

**886** Dem § 303 geht § 274 I Nr 1 vor[10]; im Verhältnis zu § 133 ist mit Rücksicht auf dessen besondere Schutzrichtung Tateinheit möglich. Durch die *Aneignungsdelikte* (§§ 242, 246, 249) wird § 274 I Nr 1 regelmäßig verdrängt; in Ausnahmefällen kann aber Tateinheit wie Tatmehrheit in Betracht kommen[11]. Bildet der Eingriff in eine echte Urkunde nur das Mittel zu deren Verfälschung, tritt § 274 I Nr 1 hinter § 267 zurück (= Konsumtion)[12].

---

7 Näher BayObLG NJW 68, 1896; OLG Celle NJW 66, 557; weitergehend AG Karlsruhe NJW 00, 87; NK-*Puppe*, § 274 Rn 5 f.

8 OLG Düsseldorf JR 91, 250; BayObLG NJW 97, 1592; S/S-*Heine/Schuster*, § 274 Rn 16; anders *Bottke*, Anm. JR 91, 252; NK-*Puppe*, § 274 Rn 14; *Schneider*, NStZ 93, 16; *Zieschang*, HRRS 13, 49, 52.

9 BGH NJW 53, 1924; BayObLG NJW 68, 1896; *Eisele*, BT I Rn 905; *Küper/Zopfs*, BT Rn 411; aA MüKo-*Freund*, § 274 Rn 54; *Otto*, BT § 72 Rn 5; SK-*Hoyer*, § 274 Rn 17.

10 Näheres bei *Dingler*, JA 04, 810.

11 Näher BGH NJW 55, 876; GA 56, 318; OLG Köln NJW 73, 1807.

12 BGH BeckRS 19, 30105; für Subsidiarität *Jäger*, Anm. JA 20, 310.

*Falschbeurkundung* **§ 19 II**

## 5. Prüfungsaufbau: Urkundenunterdrückung, § 274 I Nr 1

---

**Urkundenunterdrückung, § 274 I Nr 1**                                    887

**I. Tatbestandsmäßigkeit**
   **1. Objektiver Tatbestand**
      **a) Tatobjekt: echte Urkunde oder technische Aufzeichnung, die dem Täter**
         **überhaupt nicht oder nicht ausschließlich gehört**
         → „gehören" bezeichnet nicht das Eigentum, sondern das Beweisführungsrecht
      **b) Tathandlung:**
         **– vernichten**
         **– oder beschädigen**
         **– oder unterdrücken**
   **2. Subjektiver Tatbestand**
      **a) Vorsatz bzgl 1**
      **b) Absicht, einem anderen Nachteil zuzufügen**
         → direkter Vorsatz nach *hM* ausreichend
**II. Rechtswidrigkeit**
**III. Schuld**

---

## 6. Tatobjekt und Tathandlungen in § 274 I Nr 2

Nach § 274 I Nr 2 macht sich strafbar, wer **beweiserhebliche Daten** iS des § 202a,    888
über die er nicht oder nicht ausschließlich verfügen darf, in der Absicht, einem anderen Nachteil zuzufügen, löscht, unterdrückt, unbrauchbar macht oder verändert[13].
Dieser Straftatbestand ist durch das 2. WiKG als Ergänzung zu § 269 in das StGB
eingefügt und dem Vorbild des § 274 I Nr 1 angepasst worden.

# II. Falschbeurkundung

**Fall 55:** Als Kaufpreis für ein Grundstück hat K an den Eigentümer E im Voraus 80 000 €    889
gezahlt. Um Steuern zu sparen, geben E und K bei der Beurkundung des Kaufvertrages
durch den ahnungslosen Notar N den Kaufpreis nur mit 50 000 € an.

**a)** Haben E und K sich nach § 271 strafbar gemacht?

**b)** Würde sich die Beurteilung ändern, wenn N die Beurkundung in Kenntnis der wahren
Höhe des Kaufpreises vorgenommen hätte? **Rn 904, 905**

**Fall 56:** A und B schließen vor dem Standesbeamten S die Ehe. Als Trauzeugen wirken T,    890
ein Freund des A, und Z, der kleine Bruder der B, mit. Dass A schon einmal verheiratet war
und die kinderlose Ehe inzwischen geschieden ist, weiß außer ihm keiner der Beteiligten.
Bei der Anmeldung der Eheschließung hatte A eidesstattlich versichert, er sei noch nicht
verheiratet gewesen. Demgemäß bezeichnet S den Familienstand des A bei Beurkundung
der Eheschließung im Eheregister als „ledig". Auf Befragen geben T und Z ihr Lebensalter
mit 26 bzw 17 Jahren an. Da Minderjährige als Trauzeugen nicht mitwirken sollen, trägt S

---

13  Näher *Otto*, BT § 72 Rn 9; SK-*Hoyer*, § 274 Rn 18; Fälle bei *Freund*, JuS 94, 207, 210.

§ 19 *Urkundenunterdrückung und Falschbeurkundung*

bei den Angaben zur Person des Z im Eheregister kurzerhand „18 Jahre alt" ein. Er geht zutreffend davon aus, dass die Beteiligten bei der Unterschriftsleistung darauf nicht achten werden.
Strafbarkeit von A und S? **Rn 900**

## 1. Überblick

891 Im Gegensatz zu § 267 schützen die §§ 271, 348 den Rechtsverkehr nicht vor unechten, sondern vor **inhaltlich unwahren** Beweismitteln, soweit es sich um **öffentliche** Urkunden, Bücher, Dateien oder Register handelt. Durch diesen **Wahrheitsschutz** will das Gesetz das allgemeine Vertrauen in die besondere Beweiskraft öffentlicher Urkunden sichern[14].

892 Die Vornahme der Beurkundung ist Sache eines **Amtsträgers** (§ 11 I Nr 2). Ist dieser *bösgläubig*, wird er als Täter wegen **Falschbeurkundung im Amt** (§ 348) bestraft. Etwaige Tatbeteiligte ohne *Amtsträgereigenschaft* können nur Anstifter oder Gehilfen sein, wobei ihnen die Strafmilderung nach § 28 I zugute kommt.

893 Bedient ein **Nichtbeamter** sich eines *gutgläubig* handelnden Amtsträgers zur Herbeiführung einer inhaltlich unwahren Beurkundung oder einer ihr gleichstehenden Speicherung in Dateien, so liegt ein Fall der **mittelbaren Falschbeurkundung** vor (§ 271). Das Gleiche soll nach einem Teil der Lehre gelten, wenn ein Außenstehender einen *schuldunfähigen* Amtsträger wissentlich *als Werkzeug* zur Tat benutzt oder wenn er sich über die Gut- bzw Bösgläubigkeit des Amtsträgers irrt[15].

## 2. Besonderheiten öffentlicher Urkunden

894 **Gegenstand** der Tat sind *öffentliche* Urkunden, Bücher, Dateien und Register, in keinem Fall also Privaturkunden. **Öffentliche Urkunden** sind solche, die von einer Behörde (vgl LK-*Hilgendorf*, § 11 Rn 93) oder von einer mit öffentlichem Glauben versehenen Person (wie zB von einem Notar, § 20 BNotO) innerhalb ihrer sachlichen Zuständigkeit in der vorgeschriebenen Form aufgenommen sind. Diese Definition des § 415 ZPO gilt auch für das Strafrecht[16] (beachte Rn 896).

895 **Ausländische** öffentliche Urkunden werden nach hM zumindest insoweit von § 271 erfasst, als es sich um ihren **Gebrauch im Inland** handelt[17]. Sie haben die gleiche Beweiskraft wie inländische Urkunden (BVerwG NJW 87, 1159).

Im Einzelnen ist für den Bereich der Falschbeurkundung Folgendes zu beachten:

896 **a)** Unter §§ 348, 271 fallen *nur* **öffentliche** Urkunden; *aber nicht jede* öffentliche Urkunde ist zwangsläufig taugliches Objekt einer Straftat dieser Art. Vom **Schutzzweck** der genannten Vorschriften werden allein diejenigen öffentlichen Urkunden

---

14 RGSt 66, 407; 72, 201, 205; NK-*Puppe*, § 271 Rn 3; SK-*Hoyer*, § 271 Rn 2.
15 SK-*Hoyer*, § 271 Rn 5; zu Recht gegen die Deutung des Bewirkens iS einer allgemeinen Urheberschaft NK-*Puppe*, § 271 Rn 41.
16 BGHSt 19, 19; BayObLG NStZ 93, 591; *Küper/Zopfs*, BT Rn 568 ff; SSW-*Wittig*, § 271 Rn 7.
17 RGSt 68, 300; KG JR 80, 516; OLG Düsseldorf NStZ 83, 221; MüKo-*Freund*, § 271 Rn 16; aA S/S-*Heine/Schuster*, § 271 Rn 1a; *Wiedenbrüg*, NJW 73, 301.

*Besonderheiten öffentlicher Urkunden* **§ 19 II 2**

erfasst, die *für den Rechtsverkehr nach außen bestimmt* sind und dem Zweck dienen, **Beweis für und gegen jedermann** zu erbringen, dh gegenüber beliebigen Dritten[18].

Den Gegensatz dazu bilden die sog. **schlicht amtlichen** Urkunden, die nicht für den Rechtsverkehr nach außen, sondern lediglich für den *inneren Dienstbetrieb* bestimmt sind und die vornehmlich der Kontrolle, Ordnung und Übersicht der Geschäftsführung dienen[19].

**897**

**Beispiel** aus der Zwangsvollstreckung: Der **Gerichtsvollzieher** ist Urkundsperson iS der §§ 348, 271. Das von ihm nach § 762 ZPO aufzunehmenden Protokoll über Vollstreckungshandlungen ist für den Rechtsverkehr nach außen zum Beweis für und gegen Dritte bestimmt (RGSt 60, 27; OLG Hamm NJW 59, 1333).

**898**

**Schlicht amtliche Urkunden** sind dagegen die Eintragungen im Dienstregister und im Kassenbuch, die für den *inneren Dienstbetrieb* geführt werden und der Aufsichtsbehörde eine Übersicht über die dem Gerichtsvollzieher erteilten Aufträge, deren Erledigung, die Einnahmen und Ausgaben usw bieten sollen (RGSt 68, 201).

**b)** Selbst wenn eine öffentliche Urkunde für den Rechtsverkehr nach außen bestimmt ist, nehmen **nicht alle ihre Einzelbestandteile** zwangsläufig an der *erhöhten Beweiskraft* teil, deren Schutz die §§ 348, 271 bezwecken. **Beurkundet** im dort gemeinten Sinn sind lediglich diejenigen Erklärungen, Vorgänge und Tatsachen, auf **die sich die Beweiskraft** der jeweiligen öffentlichen Urkunde **erstreckt**[20].

**899**

**Beispiel:** Die Beweiskraft eines Verwaltungsakts erstreckt sich lediglich darauf, dass die Entscheidung erlassen wurde, nicht aber auch darauf, dass die Entscheidung – zB über die Festsetzung von Kindergeld – sachlich richtig ist (FG Baden-Württemberg BeckRS 18, 37129).

Welche Teile der Beurkundung das sind und wie weit deren besondere Beweiskraft reicht, hängt von den einschlägigen Vorschriften ab[21]. Die Verkehrsanschauung kann für sich genommen die besondere Beweiskraft nicht begründen, sondern nur ergänzend zur Klärung des Sinns und Zwecks der Vorschriften herangezogen werden[22].

Im **Fall 56** ist das anhand des § 54 I 1 PStG zu klären: Nach dieser Bestimmung beweisen die **Personenstandsregister** Eheschließung, Geburt und Tod sowie die *darüber gemachten näheren Angaben*. Welche Angaben das bei Eintragungen in das **Eheregister** sind, regelt § 15 I PStG. Nur die dort aufgeführten Angaben werden in den durch § 54 I 1 PStG abgesteckten Grenzen **„beurkundet"**. Dazu zählt die in § 15 I PStG nicht vorgesehene Erklärung des A, dass er *ledig* sei, nicht. A hat sich daher nicht nach § 271 strafbar gemacht, obwohl er über seinen Familienstand bewusst falsche Angaben, die in das Eheregister übernommen worden sind, gemacht hat (bitte lesen: BGHSt 6, 380). Da für § 169 ebenfalls kein Raum ist, weil die Falschangaben des A nicht den Personenstand *eines anderen* betreffen, kann A nur wegen Abgabe einer falschen eidesstattlichen Versicherung bestraft werden (§§ 156 StGB, 9 II 2 PStG).

**900**

**„Beurkundet"** iS des § 348 ist auch nicht etwa die unrichtige Eintragung im Eheregister zum Lebensalter des Z: Lediglich die Erklärung, die Ehe eingehen zu wollen, ist vom Zeu-

---

18  BGHSt 6, 380; 12, 88; 17, 66; 19, 19 und 87; lehrreich dazu *F. Meyer*, Dreher-FS, S. 425; krit. zum Aussagegehalt dieser Formel NK-*Puppe*, § 271 Rn 8 f und MüKo-*Freund*, § 348 Rn 13; gegen die ganz hM *Bock*, ZIS 11, 330.
19  Vgl RGSt 53, 224; 67, 256; 68, 201; 71, 46; LK-*Zieschang*, § 271 Rn 24 ff.
20  BGHSt GrS 22, 201, 203; 12, 88; 6, 380; OLG Zweibrücken NJW 04, 2912; *Fischer*, § 271 Rn 9 ff.
21  Vgl BGHSt 42, 131; 44, 186; 47, 39; BGH NStZ 96, 231.
22  BGHSt 44, 186; NK-*Puppe*, § 271 Rn 10; § 348 Rn 4.

**§ 19** *Urkundenunterdrückung und Falschbeurkundung*

gen zu unterschreiben (§ 14 III PStG). Weitere Angaben zum Zeugen sind im Eheregister nicht vorgesehen, so dass die Grenzen der Beweiskraft aus § 54 I PStG greifen, die sich beim Eheregister **nur** auf **die Eheschließung selbst** und die *„darüber"* gemachten näheren Angaben beziehen. Trauzeugen machen vor dem Standesbeamten aber lediglich Angaben zu *ihrer* Person, nicht jedoch über die Eheschließung (BGHSt 12, 88). Infolgedessen hat S sich im **Fall 56** trotz seines ordnungswidrigen Verhaltens nicht nach § 348 strafbar gemacht.

901 Die **Zulassungsbescheinigung Teil I** (§ 11 FZV [vor dem 1.3.2007 = Fahrzeug-*schein*, §§ 23, 24 StVZO aF]) beweist nicht zu öffentlichem Glauben, dass die Angaben zur Person des Zulassungsinhabers richtig sind (BGHSt GrS 22, 201) oder dass die Fabrikationskennzeichen (Fahrgestell- und Motornummern) wirklich vom Hersteller des Fahrzeugs herrühren (BGHSt 20, 186). Bei ihrer Ausstellung wird iS der §§ 271, 348 StGB nur „beurkundet", unter welchem amtlichen Kennzeichen das in ihr beschriebene Fahrzeug zum Verkehr auf öffentlichen Straßen zugelassen ist (BGHSt GrS 22, 201) und wann die Anmeldung zur nächsten Hauptuntersuchung (§ 29 StVZO) zu erfolgen hat (BGHSt 26, 9). Die öffentliche Beweiskraft erstreckt sich ferner auf die Identität des Fahrzeugs, da die Zulassungsbehörde gem. § 6 VIII FZV verpflichtet ist, die Identität vor Erstellen der Bescheinigung und vor der Zulassung zu überprüfen. Auch die **Zulassungsbescheinigung Teil II** (§ 12 FZV [vor dem 1.3.2007 = Fahrzeug*brief* nach § 25 StVZO aF]) ist hinsichtlich der in ihr enthaltenen Angaben zur Person keine öffentliche Urkunde; denn sie beweist zu öffentlichem Glauben weder, dass die Eintragungen zur Person richtig sind, noch dass die eingetragene Person Verfügungsberechtigter oder Halter des in der Zulassungsbescheinigung genannten Fahrzeugs ist[23]. Weiterhin *nicht* vom öffentlichen Glauben erfasst wird die Fahrzeugidentifikationsnummer (sic!)[24].

Dem BGH zufolge beurkundet die **TÜV-Plakette** (vgl § 29 II 2, III StVZO) mit besonderer Beweiskraft iS des § 348 I nicht lediglich den Termin der nächsten Hauptuntersuchung, sondern auch die Vorschriftsmäßigkeit des Fahrzeugs zum Zeitpunkt der Durchführung der Hauptuntersuchung (BGH NJW 19, 88 mit Anm. *Hoven*; aA noch BayObLG NStZ 99, 575). Die öffentliche Beweiskraft des **Führerscheins** erstreckt sich auf die Erteilung einer bestimmten Fahrerlaubnis (§ 5 StVZO aF) und auf den Nachweis, dass sein Inhaber mit der im Führerschein bezeichneten Person identisch ist (BGHSt 25, 95). Sie umfasst insoweit auch die Richtigkeit des diese Person betreffenden Geburtsdatums[25], nicht aber die Berechtigung zum Führen des Doktortitels (BGH NJW 55, 839) oder die Existenz einer ausländischen Fahrerlaubnis bei einem Erteilungsvermerk iS des § 15 StVZO aF (BGHSt 25, 95; 33, 190). Die erhöhte Beweiskraft der amtlichen Meldebestätigung erstreckt sich nicht darauf, dass der Angemeldete an dem angegebenen Ort auch wohnt (OLG München wistra 06, 194). Zur reichhaltigen Kasuistik siehe *Fischer*, § 271 Rn 9 ff.

---

23  BGH NJW 15, 802 mit Anm. *Kudlich*, JA 15, 310.
24  BGH DAR 09, 95; *Hentschel/König/Dauer*, Straßenverkehrsrecht, § 11 FZV Rn 2, 5.
25  BGHSt 34, 299; anders *Ranft*, Anm. JR 88, 383 und MüKo-*Freund*, § 271 Rn 22.

*Mittelbare Falschbeurkundung* **§ 19 II 3**

## 3. Mittelbare Falschbeurkundung

Die erforderliche **Tathandlung** umschreibt § 271 in sehr umständlicher Weise. Kurz **902** gesagt muss der Täter vorsätzlich **bewirken**, dass ein Amtsträger etwas inhaltlich **Unwahres zu öffentlichem Glauben beurkundet** oder **in Dateien speichert**, *ohne* dass eine strafbare Teilnahme an einer *Falschbeurkundung im Amt* (§§ 348, 26, 27) vorliegt (vgl dazu Rn 892).

Vereinzelt wird angenommen, dass § 271 in seiner auf **Dateien** erweiterten Fassung bei der **903** Tathandlung nicht mehr unbedingt das Mitwirken eines Amtsträgers voraussetze, vielmehr auch dann eingreife, wenn ein Außenstehender in öffentliche Dateien eindringe und dort eigenhändig falsche Daten eingebe oder gespeicherte Daten verändere (*Möhrenschlager*, wistra 86, 128, 136). Dem widerspricht aber die unverändert gebliebene Struktur des § 271 und die in seiner Überschrift klar zum Ausdruck gebrachte Beschränkung seines Schutzbereichs auf die mittelbare Herbeiführung des Taterfolgs[26]. Hinzu kommt, dass die erwähnte Umdeutung des § 271 (selbst wenn sie zulässig wäre) entbehrlich ist, weil die eigenhändige Manipulation durch Außenstehende bereits von § 269 erfasst wird.

Bei der Gesetzesanwendung ist mit größter Sorgfalt zu prüfen, *worauf* die besondere **904** Beweiskraft der Beurkundung oder Datenspeicherung sich erstreckt. Zu unterscheiden ist dabei wie folgt:

**a)** Wird lediglich zu öffentlichem Glauben beurkundet, dass jemand eine Erklärung des betreffenden Inhalts **abgegeben** hat, umfasst die Beweiskraft nur die Abgabe dieser Erklärung und nicht mehr.

> So liegt es im **Fall 55**: Nach §§ 311b BGB, 20 BNotO war durch N zu beurkunden, welche Erklärung E und K vor ihm **abgegeben** hatten. Da diese Erklärung tatsächlich dahin ging, dass der Kaufpreis für das Grundstück 50 000 € betrage, und N das – wie erklärt – zu Protokoll genommen hat, *fehlt* es an einer *Falschbeurkundung* iS der §§ 271, 348. Selbst wenn N gewusst haben sollte, dass als Kaufpreis 80 000 € vorgesehen und gezahlt waren, ändert sich nichts daran, dass er die Erklärung nicht falsch, sondern *richtig*, nämlich so beurkundet hat, wie E und N sie vor ihm *abgegeben* haben. Dass N seine Mitwirkung im **Fall 55b** nach § 14 II BNotO hätte versagen müssen, berührt die Strafbarkeitsfrage iS des § 348 nicht[27].

**b)** Wird dagegen zu öffentlichem Glauben beurkundet, dass eine **bestimmte Per-** **905** **son** eine Erklärung bestimmten Inhalts abgegeben hat, schließt die Beweiskraft der öffentlichen Urkunde auch die *Personenidentität* des Erklärenden mit ein.

> So etwa, wenn im **Fall 55** eine *andere Person* sich als E ausgegeben und unter dem Namen des E dessen Grundstück an K verkauft hätte, denn bei der **Beurkundung rechtsgeschäftlicher Willenserklärungen** bezieht der öffentliche Glaube sich auch auf die **Identität der Vertragspartner** (RGSt 66, 356; 72, 226; vgl dazu § 10 BeurkG). Bei Unterzeichnung der Niederschrift durch diese Person greift außerdem § 267 ein (RGSt 39, 346).

**c)** Wird darüber hinaus beurkundet, dass die abgegebene Erklärung **ihrem Inhalt** **906** **nach richtig** ist und von einer **bestimmten Person** stammt, bezieht die Beweiskraft

---

26 Zutreffend NK-*Puppe*, § 271 Rn 29; S/S-*Heine/Schuster*, § 271 Rn 26.
27 Vgl BGH NStZ 86, 550 mit Anm. *Schumann*, JZ 87, 523; BayObLG NJW 55, 1567.

## § 19 Urkundenunterdrückung und Falschbeurkundung

der öffentlichen Urkunde sich auf die *Personenidentität* des Erklärenden, die *Abgabe* der betreffenden Erklärung *und* auf die *inhaltliche Wahrheit* des Erklärten.

In Betracht kommt das ua nach § 60 PStG aF bei den in § 11 I Nr 1 PStG aF vorgesehenen Angaben der Eheschließenden (vgl BGHSt 6, 380).

**907** **d)** Wie weit insbesondere im Strafverfahren bei einer Verurteilung unter falschem Namen die **Beweiskraft von Protokollen, Beschlüssen und Urteilen** reicht, ist umstritten.

Die Rspr. neigt hier mit Recht zur Zurückhaltung und sieht nur als bewiesen an, dass entsprechende **Namensangaben erfolgt** sind und dass seitens des Gerichts Personenidentität **angenommen** worden ist[28]. Falsche Namensangaben bei Eintragungen im **Gefangenenbuch** fallen dagegen unter § 271, weil die Feststellung der Personenidentität für den Haftvollzug wesentlich ist[29].

### 4. Prüfungsaufbau: Mittelbare Falschbeurkundung, § 271 I

**908**

> **Mittelbare Falschbeurkundung, § 271 I**
>
> **I. Tatbestandsmäßigkeit**
>   1. **Objektiver Tatbestand**
>      a) **Tatobjekt: öffentliche Urkunde**
>         → für den Rechtsverkehr nach außen bestimmt zum Zweck, für und gegen jedermann Beweis zu erbringen
>      b) **Bewirken einer unwahren Beurkundung bzw Speicherung (Abs. 1)**
>         Ⓟ Reichweite der Beweiskraft
>   2. **Subjektiver Tatbestand**
> **II. Rechtswidrigkeit**
> **III. Schuld**

---

28  Vgl RGSt 11, 126; 11, 188 und 11, 314; 41, 189 und 41, 201; 46, 112; OLG Hamm NJW 77, 592; dazu NK-*Puppe*, § 271 Rn 18.
29  BGH GA 66, 280; RGSt 52, 140; OLG Hamm NJW 56, 602.

*Systematischer Überblick* **§ 20 I**

10. Kapitel
# Geld- und Wertzeichenfälschung

# § 20 Geldfälschung, Inverkehrbringen von Falschgeld, Fälschung von Wertzeichen, Zahlungskarten und Euroscheckvordrucken

**Fall 57:** Auf Grund einer Wette hat der Handwerker W eine 2-€-Münze nachgemacht, die    **909**
er im Kreis seiner Freunde bewundern lassen und dann vernichten will. Im Verlauf des
Abends bringt sein Freund F das Falschgeldstück heimlich in seinen Besitz, um es zusammen mit echten Geldstücken zum Einwurf in einen Automaten zu verwenden. Während der
Heimfahrt hält F an einem Getränkeautomaten unweit einer Tankstelle an. Nach mehreren
Versuchen, den Münzmechanismus zu überwinden, wirft F die falsche Münze verärgert
fort. Am nächsten Morgen findet der Tankwart T die Münze, hält sie für echt und steckt sie
ein. Erst eine Bemerkung des Auszubildenden A bringt ihn auf den Gedanken, seinen Fund
genauer zu untersuchen. Als T und A dabei die Überzeugung gewinnen, dass es sich um
Falschgeld handeln müsse, bietet A dem T an, die Münze für ihn abzusetzen, falls ihm selbst
dazu der Mut fehlen sollte. T geht auf den Vorschlag ein. In seinem Auftrag begibt A sich
zum Markt und besorgt bei der Händlerin H, die das falsche Geldstück arglos annimmt, fri-
sches Obst, das T im Lauf des Tages verzehrt.

Wie ist der Sachverhalt strafrechtlich zu beurteilen? **Rn 928, 931**

## I. Systematischer Überblick

Die Vorschriften des 8. Abschnitts im StGB schützen das *Allgemeininteresse an der*    **910**
*Sicherheit und Zuverlässigkeit des Rechtsverkehrs* im Umgang mit **Geld, amtlichen**
**Wertzeichen, Zahlungskarten, Euroschecks** und bestimmten **Wertpapieren** des
Inlands und fremder Währungsgebiete[1].

Wegen der besonderen Gefährlichkeit der hier einschlägigen Fälschungshandlungen ist der    **911**
**Rechtsschutz weit vorverlegt**: §§ 149 I, 152a V und § 152b V dehnen den Strafbarkeitsbe-
reich auf eine Reihe deliktstypischer *Vorbereitungs*handlungen aus. Um dem Täter, der einen
dieser besonderen Tatbestände erfüllt hat, noch einen Anreiz zur Umkehr zu geben, hält das
Gesetz ihm die Möglichkeit offen, unter den Voraussetzungen des § 149 II, III durch **tätige**
**Reue** Straffreiheit zu erlangen. In den §§ 146 I, 148 I wird bereits das *Nachmachen, Verfäl-*
*schen* und *Sichverschaffen* der dort genannten Tatobjekte unter Einschluss des *Tatversuchs* mit
Strafe bedroht, sofern die Handlung in der Absicht begangen wird, die Falsifikate als echt in
den Verkehr gelangen zu lassen (siehe auch NK-*Puppe*, § 146 Rn 1). Eine ähnliche Regelung

---

1   BGHSt 42, 162, 169; siehe auch LK-*Ruß*, Vor § 146 Rn 6; MüKo-*Erb*, Vor § 146 Rn 1. Mit dem Weg-
    fall der Garantiefunktion von Euroscheckkarten zum 1.1.2002 ist auch deren Ausgabe eingestellt wor-
    den. Die Einbeziehung der Euroscheckvordrucke in § 152b I dient der Erfassung von Altfällen, vgl BT-
    Drucks. 15/1720, S. 10.

291

**§ 20** *Geld- und Wertzeichenfälschung*

enthalten die §§ 152a und 152b. Für die in § 6 Nr 7 aufgeführten Taten gilt das deutsche Strafrecht auch dann, wenn sie im Ausland begangen worden sind[2]; die meisten sind darüber hinaus nach § 138 Nr 4 anzeigepflichtig.

## II. Geldfälschung

### 1. Begriff des Geldes

**912** **Geld** im Rechtssinn ist jedes von einem Staat oder von einer durch ihn ermächtigten Stelle als Wertträger beglaubigte und zum Umlauf im öffentlichen Verkehr bestimmte Zahlungsmittel ohne Rücksicht auf einen allgemeinen Annahmezwang[3]. *Virtuelle Währungen* wie zB Bitcoins erfüllen diese Voraussetzungen nicht[4]. *Außer Kurs* gesetzte Geldscheine und Münzen, die häufig als Sammelobjekte weiter im Handel sind, verlieren mit dem Erlöschen der Einlösungspflicht ihre Geldeigenschaft. Zu mit der Einführung des **Euro** zusammenhängenden Fragen siehe LK-*Ruß*, § 146 Rn 4a; *C. Schröder*, NJW 98, 3179; *Vogel*, ZRP 02, 7.

**913** Bei den Geldfälschungsdelikten handelt es sich nach allgemeiner Ansicht um **Sonderfälle der Urkundenfälschung** (vgl BGHSt 27, 255, 258). Der Begriff des Falschgeldes ist daher gleichbedeutend mit dem des *unechten* Geldes, das nicht oder zumindest nicht in der vorliegenden Form vom Inhaber des Währungsmonopols, sondern von einer anderen Person als Aussteller stammt (näher *Wessels*, Bockelmann-FS, S. 669, 672). Die §§ 146 bis 151 sind auch auf Geld, Wertzeichen und Wertpapiere eines fremden Währungsgebiets anzuwenden (§ 152).

**914** **Echt** sind Geldscheine und Geldmünzen (auch bei Anfertigung in der Münzstätte eines Landes) nur dann, wenn ihre Herstellung durch einen **staatlichen Auftrag** gedeckt ist und die in ihnen verkörperte Gedankenerklärung, dass und in welcher Höhe sie gesetzliche Zahlungsmittel sind, vom Träger des Geldmonopols „geistig herrührt"[5].

### 2. Tathandlungen

**915** Die **Geldfälschung** (§ 146) ist *Verbrechen*. Die **Tathandlungen** gliedert das Gesetz wie folgt:

**916** **a)** § 146 I Nr 1 erfasst zum einen das **Nachmachen** von Geld *in der Absicht*, es als echt in Verkehr zu bringen oder ein solches Inverkehrbringen zu ermöglichen, und zum anderen das **Verfälschen echten Geldes** in dieser Absicht. Geld ist **nachgemacht**, wenn die Falsifikate den Anschein gültiger Zahlungsmittel erwecken, mit echtem Geld verwechselt werden können und im gewöhnlichen Verkehr den Arglosen zu täuschen vermögen, ohne dass in dieser Hinsicht (von ganz plumpen Fälschun-

---

2 Dazu *Jescheck/Weigend*, AT § 18 III 4; LK-*Werle/Jeßberger*, § 6 Rn 89, 93.
3 BGHSt 23, 229, 231; 19, 357; 12, 344; krit. dazu *Geisler*, GA 81, 497. Die von der Republik Südafrika ausgegebenen Krügerrand-Goldmünzen, die an Stelle eines Nennwerts nur die Angabe ihres Feingoldgehalts tragen, erfüllen diese Voraussetzungen mangels Umlauffähigkeit nicht; BGHSt 32, 198.
4 *Grywotz/Köhler/Rückert*, StV 16, 756.
5 BGHSt 27, 255; LK-*Ruß*, § 146 Rn 10.

gen abgesehen; *Lackner/Heger*, § 146 Rn 4, 12) allzu hohe Anforderungen zu stellen sind. Dass entsprechendes Geld überhaupt als Zahlungsmittel existiert, wird nicht vorausgesetzt; entscheidend ist nur die **Verwechslungsgefahr**[6].

Unter § 146 I Nr 1 Alt. 1 fällt auch das Herstellen sog. *Systemnoten*, dh das Zusammenkleben verkürzter Einzelteile von echten Banknoten (näher BGHSt 23, 229).

Ein **Verfälschen** ist gegeben, wenn **echtes Geld** so verändert wird, dass es als Zahlungsmittel einen *höheren Wert* zu haben scheint und in dieser Hinsicht mit dem Makel der Unechtheit behaftet ist[7].                                            **917**

**b)** Nach § 146 I Nr 2 wird bestraft, wer Falschgeld in der Absicht **sich verschafft**    **918**
oder **feilhält**, es als echt in den Verkehr gelangen zu lassen.

Falsches Geld **verschafft sich** nach hM[8], wer es *in Kenntnis der Unechtheit* (Eventualvorsatz genügt) zu eigenen Zwecken in seinen Besitz oder sonstwie **in seine Verfügungs- oder Mitverfügungsgewalt** bringt (BGHSt 2, 116; 3, 154). Diese Voraussetzungen können auch erfüllt sein, wenn jemand Falschgeld, das er zahlungshalber hingegeben hatte, wieder **zurücknimmt**, weil der andere die Unechtheit des Geldes erkannt hat[9]. Ob das **Sichverschaffen** im Wege des *abgeleiteten* oder des *originären* Besitzerwerbs erfolgt, wie etwa durch Unterschlagung, Diebstahl, Fund oder dergleichen, ist gleichgültig[10].

An einem **Sichverschaffen fehlt** es, wenn jemand Falschgeld nicht zur Verfügung für eigene    **919**
Zwecke erhält, sondern nur, um es etwa **als Fremdbesitzer** für einen anderen zu verwahren[11]. Ferner verneint die hM das Sichverschaffen auch bei demjenigen, der das falsche Geld **als Mittelsmann**, Transport- und Verteilungsgehilfe oder Empfangsbote eines anderen weiterleitet[12]. Zur Frage, wie ein solcher Mittelsmann bei Kenntnis der Unechtheit des Geldes im Zeitpunkt des Weiterleitens zu bestrafen ist, siehe Rn 930. Ein Mittelsmann, der allerdings eigenmächtig die „Kaufpreisforderung" erhöht, verfolgt insoweit ein eigenes Verwertungsinteresse am Erlös und erfüllt damit das Merkmal des Sichverschaffens[13]; ebenso derjenige, der dem bisherigen Gewahrsamsinhaber vor oder bei der Übernahme lediglich vorgespiegelt hat, er werde mit dem Falschgeld nur nach dessen Weisungen verfahren[14].

**Feilhalten** ist das äußerlich als solches erkennbare Bereitstellen zum Zweck des Ver-    **920**
kaufs. Mit dieser Alternative[15] sollen insbesondere Fälle des Vorrätighaltens des Falschgelds zum Zweck der Veräußerung an *Bösgläubige* erfasst werden[16].

---

6   BGH NJW 95, 1844; NStZ 20, 155.
7   Vgl RGSt 68, 65, 69; Überblick bei *Küper/Zopfs*, BT Rn 263.
8   BGH wistra 05, 303; S/S-*Sternberg-Lieben*, § 146 Rn 15; aA NK-*Puppe*, § 146 Rn 20 f; näher zu ihrem Ansatz unten Rn 935.
9   BGHSt 42, 162, 168 f; BGH NJW 95, 1845 mit krit. Anm. *Wohlers*, StV 96, 28.
10  RGSt 67, 294; LK-*Ruß*, § 146 Rn 20; anders *Frister*, GA 94, 553, der einen „quasi-rechtsgeschäftlichen, entgeltlichen Erwerb" verlangt; vgl auch NK-*Puppe*, § 146 Rn 21 ff.
11  Vgl BGH wistra 05, 303; LK-*Ruß*, § 146 Rn 20; *Wessels*, Bockelmann-FS, S. 669, 673; aA BGHSt 35, 21, ausdrücklich aufgegeben durch BGHSt 44, 62 mit Anm. *Puppe*, NStZ 98, 460.
12  BGHSt 3, 154; BGH GA 84, 427.
13  So BGH 1 StR 623/98; siehe auch SK-*Stein*, § 146 Rn 14.
14  BGHSt 3, 154; LK-*Ruß*, § 146 Rn 29.
15  Vgl auch §§ 148 I Nr 3, 149 I sowie zum Begriff BGHSt 23, 286, 288.
16  So BT-Drucks. 15/1720, S. 8; SSW-*Wittig*, § 146 Rn 19; krit. *Fischer*, § 146 Rn 14.

**§ 20** *Geld- und Wertzeichenfälschung*

**921** **c)** Den Tatbestand des § 146 I Nr 3 erfüllt, wer falsches Geld, das er unter den Voraussetzungen der Nr 1 oder 2 nachgemacht, verfälscht oder sich verschafft hat, **als echt in Verkehr bringt.** Ein **Inverkehrbringen** in diesem Sinne ist jeder Vorgang, durch den der Täter das Falschgeld derart *aus seinem Gewahrsam* oder *aus seiner sonstigen Verfügungsgewalt* entlässt, dass ein anderer tatsächlich in die Lage versetzt wird, sich seiner zu bemächtigen und mit ihm nach *eigenem* Belieben umzugehen[17].

**Beispiel:** Die Rückgabe des Falschgelds an dessen Lieferanten (BGH wistra 02, 382); der Verkauf nachgemachter Münzen an einen Sammler[18]; der Einwurf in einen Automaten oder Opferstock (= Aufbewahrungsbehälter für die Kollekte in der Kirche)[19]; unter Umständen sogar das Wegwerfen des Falschgeldes, sofern es an allgemein zugänglichen Orten geschieht und ein beliebiger Dritter dadurch in die Lage versetzt wird, sich des Falschgeldes zu bemächtigen und es als echt in Verkehr zu bringen[20]. Die Übergabe an einen **verdeckten Ermittler** ist dagegen nur als versuchte Tat zu werten, weil das Falschgeld hier unmittelbar in amtlichen Gewahrsam gelangt (BGHSt 34, 108; BGH wistra 02, 339; 13, 141).

**922** Zum **Inverkehrbringen** gehört, dass der Inverkehrbringende seine bisherige Verfügungsgewalt *vollständig* aufgibt und der Wechsel der Verfügungsgewalt sich im **Außenverhältnis** vollzieht. Rein *interne Vorgänge*, wie etwa die Übergabe des Falschgeldes durch den Fälscher an seine Verteilungsgehilfen oder eine Gewahrsamsverschiebung unter Mittätern bilden für sich allein *kein Inverkehrbringen* iS der §§ 146 I Nr 3, 147, weil der „Verkehr" nicht berührt wird, solange das Falschgeld in der Verfügungsgewalt des Täters oder eines Mittäters verbleibt[21].

**923** **Als echt** wird falsches Geld anerkanntermaßen dann in Verkehr gebracht, wenn die Weiterleitung **unter Vorspiegelung seiner Echtheit** geschieht. Fraglich und *sehr umstritten* ist dagegen, ob es stets einer Täuschung des Empfängers bedarf oder ob auch die Weitergabe an einen **Eingeweihten** (im Außenverhältnis und zu dessen *freier* Verfügung) mit dem Willen genügt, *ihm* ein solches Inverkehrbringen **zu ermöglichen.** Diese Streitfrage ist insbesondere für den Anwendungsbereich des **§ 147** von Bedeutung.

**924** Die Vertreter der **engeren Auffassung** lehnen ein Inverkehrbringen in den Fällen der Weitergabe des Falschgeldes an einen Bösgläubigen ab und berufen sich auf den Wortlaut und die Systematik der §§ 146, 147. Schon der Sprachgebrauch lege mit der Formulierung „als echt" nahe, dass die Weitergabe an einen Eingeweihten nicht erfasst sei, denn dieser erhalte das Falschgeld „als unecht"[22]. Verstärkt wird diese Erwägung durch einen systematischen Aspekt: Während § 146 I Nr 1, 2 ausdrücklich neben dem „Inverkehrbringen als echt" auch das „**Ermöglichen** eines *solchen* Inverkehrbringens" nennt, **fehlt** in den §§ 146 I Nr 3, 147 die Variante des Ermöglichens.

---

17  RGSt 67, 167; BGH NJW 95, 1845.
18  BGHSt 27, 255, 259; BGH JR 76, 294 mit krit. Anm. *Dreher.*
19  BGH NJW 52, 311; *Döll,* NJW 52, 289.
20  Nach BGHSt 35, 21 soll selbst das Einwerfen in den Abfalleimer einer Autobahnraststätte genügen; zust. *Hauser,* Anm. NStZ 88, 453; krit. dagegen *Maurach/Schroeder,* BT II § 67 Rn 26 mwN; NK-*Puppe,* § 146 Rn 41.
21  BGH MDR/D 71, 16; S/S-*Sternberg-Lieben,* § 146 Rn 21.
22  LG Kempten NJW 79, 225; OLG Stuttgart NJW 80, 2089; MüKo-*Erb,* § 146 Rn 46; NK-*Puppe,* § 146 Rn 34; *Otto,* Anm. JR 81, 82.

*Tathandlungen* **§ 20 II 2**

Daraus wird gefolgert, dass der Gesetzgeber seinen Sprachgebrauch iS der engeren Auffassung festgelegt habe[23].

Die von der hM vertretene **weitere Auffassung** stützt sich demgegenüber auf die Ent- **925** stehungsgeschichte des EGStGB[24] sowie auf teleologische Argumente. In der Tat lassen die Beratungen des Sonderausschusses für die Strafrechtsreform die Absicht erkennen, die bereits für die alte Gesetzesfassung[25] bestehende Streitfrage zu klären. Durch das Tatbestandsmerkmal des Ermöglichens sollte der „denkbaren Auslegung", die Weitergabe an Eingeweihte iS Rn 923 sei nicht erfasst, die Grundlage entzogen werden (BT-Drucks. 7/550, S. 226). Auch die weiteren Beratungen geben Anhaltspunkte dafür, dass der Sonderausschuss die Problematik nunmehr als geklärt ansah (BT-Drucks. 7/1261, S. 13). Unter teleologischem Blickwinkel weist die **weitere Auffassung** auf anderenfalls entstehende Ungereimtheiten hin. Zum einen sei kein Grund ersichtlich, bei den „Gefährdungsdelikten" (§ 146 I Nr 1, 2) die beabsichtigte Weitergabe an Dritte genügen zu lassen, bei den „Vollzugsdelikten" (§§ 146 I Nr 3, 147) dagegen nicht[26]. Zum anderen führe die **engere Auffassung** zu einem Wertungswiderspruch: Überlasse jemand das von ihm als echt empfangene Falschgeld (daher mangels Vorsatz keine Strafbarkeit nach § 146 I Nr 2 Var. 1) einem eingeweihten Dritten, drohe ihm nach der engeren Auffassung eine Bestrafung wegen Teilnahme an der Tat seines Mittelsmannes, idR eines Verbrechens (§§ 146 I Nr 2, 3, 27); bringe er das Falschgeld hingegen selbst in Verkehr, greife dagegen unstreitig lediglich der mildere § 147[27]. Zudem entstünden Strafbarkeitslücken in den Fällen, in denen der Eingeweihte sich als Polizeibeamter herausstelle, da die Lösung über § 27 dann an der fehlenden Haupttat scheitere (BGHSt 29, 311, 315). Dem Wortlautkriterium misst die weite Auffassung keine Bedeutung zu: Der „allgemeine Sprachgebrauch" erlaube es, auch in der Weitergabe an Eingeweihte ein Inverkehrbringen „als echt" zu sehen[28], und den Gegenschluss aus § 146 I Nr 1, 2 habe der Gesetzgeber nicht gewollt[29]. Teilweise wird das Fehlen der Ermöglichungsvariante in den §§ 146 I Nr 3, 147 als **Redaktionsversehen** behandelt und „im Wege der Auslegung" korrigiert[30].

Grundsätzlich verdient das Bemühen der weiten Auffassung, den gesetzgeberischen **926** Willen zur Geltung zu bringen, zwar Zustimmung; diese endet jedoch dort, wo das Ergebnis mit dem Wortlaut der §§ 146 I Nr 3, 147 nicht mehr vereinbar ist. Die Argumente der hM dienen *nicht mehr der Auslegung*, sondern der **Berichtigung** des Gesetzestextes. Selbst wenn man mit einem – freilich nur behaupteten – „allgemeinen Sprachgebrauch" im Abschieben von Falschgeld an einen Eingeweihten schon ein „Inverkehrbringen als echt" anstelle einer Teilnahme an der Tat dieses Dritten sehen

---

23  *Prittwitz*, NStZ 89, 8, 10; *Puppe*, JZ 86, 992, 994; SK-*Stein*, § 146 Rn 18; *Stein/Onusseit*, JuS 80, 104, 105.

24  BGHSt 29, 311; 35, 21, 23; 42, 162, 168; BGH MDR/H 82, 101; LK-*Ruß*, § 147 Rn 3; S/S-*Sternberg-Lieben*, § 146 Rn 22; *Wessels*, Bockelmann-FS, S. 669, 676 ff.

25  Vgl BGHSt 1, 143; RGSt 69, 3, 8 sowie NK-*Puppe*, § 146 Rn 34.

26  BGHSt 29, 311, 314; LK-*Ruß*, § 147 Rn 3 f.

27  *Eisele*, BT I Rn 981; LK-*Ruß*, § 147 Rn 4; *Wessels*, Bockelmann-FS, S. 669, 677.

28  BGHSt 29, 311, 313; *Rengier*, BT II § 39 Rn 24.

29  BGHSt 29, 311, 314; OLG Düsseldorf JR 86, 512.

30  *Wessels*, Bockelmann-FS, S. 669, 677.

**§ 20** *Geld- und Wertzeichenfälschung*

wollte, gebührt der spezifischen gesetzlichen Begrifflichkeit der Vorrang. Was im Gesetzestext nicht zum Ausdruck kommt, darf deshalb nicht berichtigend in ihn hineingelesen werden. Korrekturen von ungewollten oder unbilligen Ergebnissen stehen nur dem Gesetzgeber zu[31]. Da das Ermöglichen des Inverkehrbringens als echt neben diesem Inverkehrbringen selbst zwar in § 146 I Nr 1 und hierauf Bezug nehmend in Nr 2, nicht aber auch in den §§ 146 I Nr 3, 147 aufgeführt ist, muss die Auslegung diesem unterschiedlichen gesetzlichen Sprachgebrauch Rechnung tragen[32].

Das Ergebnis mag zu bedauern sein, ist aber unvermeidbare Folge eines vom Gesetzgeber selbst zu beseitigenden Fehlers. Siehe dazu auch Rn 934.

**927** Praktische Bedeutung besitzt § 146 I Nr 3 neben § 146 I Nr 1, 2 vor allem dann, wenn jemand *nach seiner rechtskräftigen Verurteilung* wegen eines Geldfälschungsdelikts den noch vorhandenen, versteckt gehaltenen Bestand an Falschgeld absetzt (aA NK-*Puppe*, § 146 Rn 32), oder wenn das Inverkehrbringen **auf einem neuen Tatentschluss** beruht, der nach zwischenzeitlicher Aufgabe der ursprünglichen Verbreitungsabsicht gefasst worden ist.

**928** Im **Fall 57** ist die Anwendbarkeit des § 146 auf das Verhalten der Beteiligten wie folgt zu beurteilen:

Zwar verwirklicht W objektiv den Tatbestand des § 146 I Nr 1; subjektiv hat er den Fälschungsakt aber nicht in der *Absicht* ausgeführt, die nachgemachte 2-€-Münze als echt in den Verkehr gelangen zu lassen (zum *Absichtsbegriff* selbst vgl BGH NJW 52, 311). W hat sich daher nicht strafbar gemacht.

Das Verhalten des F erfüllt alle objektiven und subjektiven Tatbestandsmerkmale des § 146 I Nr 2 (= **Sichverschaffen** von Falschgeld). Der durch Entwendung des falschen Geldstücks begangene Diebstahl (§ 242) steht dazu im Verhältnis der Tateinheit (§ 52). Das spätere Einwerfen in den Getränkeautomaten ist kein *vollendetes*, sondern nur ein *versuchtes* Inverkehrbringen iS des § 146 I Nr 3: Zwar kann der Vollendungszeitpunkt schon erreicht sein, wenn jemand ein ihm übergebenes Geldstück als unecht erkennt und es aus diesem Grunde sofort zurückweist, da es nun noch an ihm liegt, ob das Falschgeld in seiner Hand verbleibt oder nicht (vgl RGSt 67, 167). Im **Fall 57** stand dem Automatenaufsteller der Zugriff auf das Falschgeldstück jedoch gerade nicht frei, weil der Münzprüfmechanismus dafür sorgte, dass die von F benutzte Münze bei jedem Einwurf sogleich wieder ausgeworfen wurde. Dieser *Versuch* des Inverkehrbringens (§§ 146 I Nr 3, 22, 23 I, 12 I) geht in der Tatvollendung nach § 146 I Nr 3 durch Wegwerfen des Geldstücks in der Nähe des Tankstellengeländes auf, *sofern* man darin mit BGHSt 35, 21 ein vollendetes Inverkehrbringen erblickt. Die Verstöße gegen § 146 I Nr 2 und Nr 3 bilden hier zusammen *ein einheitliches* Delikt. Innerhalb des § 146 I sind die **Konkurrenzfragen** in ähnlicher Weise zu beurteilen wie im Bereich des § 267 (vgl dazu BGHSt 34, 108; 35, 21, 27; 42, 162, 170; ferner *Lackner/Heger*, § 146 Rn 14 sowie oben Rn 839). Zur Frage des Versuchs eines Diebstahls oder eines Automatenmissbrauchs vgl *Wessels/Hillenkamp/Schuhr*, BT II Rn 678 mwN.

Bei A fehlt es nach hM (siehe Rn 918) an einem *Sichverschaffen* iS des § 146 I Nr 2, denn er übte den Gewahrsam nur als *Besitzdiener* für den Tankwart T aus, ohne selbst die ge-

---

31  Ebenso NK-*Puppe*, § 146 Rn 35, die allerdings den *hier* vertretenen Standpunkt verkennt.

32  Dazu auch *Puppe*, JZ 86, 992, 994, die sich dort unmittelbar auf das Analogieverbot beruft; ebenso SK-*Stein*, § 146 Rn 18; vgl ferner *Maurach/Schroeder*, BT II § 67 Rn 27; MüKo-*Erb*, § 146 Rn 46 ff; eingehend *Simon*, Gesetzesauslegung, S. 71, 135, 363, 400.

*Anwendungsbereich des § 147* **§ 20 III 2**

ringste Mitverfügungsgewalt zu eigenen Zwecken erlangt zu haben (vgl BGHSt 3, 154 und § 855 BGB).

T hat sich nicht nach § 146 I Nr 2 strafbar gemacht, weil er die *Unechtheit* des gefundenen Geldstücks bei **Begründung seiner Verfügungsgewalt** nicht kannte. Damit entfällt auch § 146 I Nr 3. Zur Frage einer Unterschlagung nach § 246 I nF siehe *Küper/Zopfs*, BT Rn 853; vgl auch §§ 965 II, 973 II BGB. Zu § 147 siehe Rn 931.

## III. Inverkehrbringen von Falschgeld

### 1. Das Verhältnis des § 147 zu § 146 I Nr 3

§ 147 stellt nach hM als Ergänzung zu § 146 I Nr 3 alle dort nicht erfassten oder mangels Beweises nicht anders zu erfassenden Fälle des **Inverkehrbringens von Falschgeld** unter Strafe. Die Tat ist lediglich ein *Vergehen*.   **929**

### 2. Anwendungsbereich des § 147

Die Voraussetzungen des § 147 sind beispielsweise dann gegeben, wenn jemand falsches Geld als echt in Verkehr bringt, das er **ohne** die in § 146 I Nr 1, 2 geforderte **Verbreitungsabsicht** hergestellt oder sich verschafft hat. Nur unter § 147 fällt auch, wer **gutgläubig erlangtes** Falschgeld *nach erkannter oder vermuteter Unechtheit* selbst als echt in Verkehr bringt. Problematisch ist die Anwendbarkeit des § 147 dagegen, wenn das Falschgeld durch einen **eingeweihten Dritten** abgeschoben wird. Die hM bejaht aus den in Rn 925 erörterten Gründen für beide Beteiligten eine täterschaftliche Bestrafung. Die Handlung des Weitergebenden wird jedoch aufgrund der hier vertretenen Ansicht (Rn 926) meist als Teilnahme einzustufen sein. Dabei ist zu differenzieren. Erfolgt die Weitergabe des Falschgeldes an den Dritten zu dessen *selbstständiger* Verfügung, liegt immer eine Teilnahme an dessen Straftat nach § 146 I Nr 2 und ggf Nr 3 (Verbrechen!) vor. Handelt der Dritte hingegen **auf Weisung** des Weitergebenden, ist er nicht nach § 146 (vgl Rn 919), sondern nur nach § 147 strafbar, sodass der Weitergebende dann – je nach den konkreten Tatumständen und der zur Abgrenzung Täterschaft/Teilnahme vertretenen Auffassung (dazu *Wessels/Beulke/Satzger*, AT Rn 803 ff) – entweder Mittäter oder Teilnehmer an dieser Straftat nach § 147 ist[33].   **930**

Ein *Versuch* des Inverkehrbringens kommt erst in Betracht, wenn der Täter Handlungen vornimmt, die nach seiner Vorstellung unmittelbar zur Aufgabe des eigenen Gewahrsams am Falschgeld zu Gunsten des Abnehmers führen sollen (BGH wistra 03, 177). Das bloße Beisichführen des Falschgelds, um es irgendwann später als Zahlungsmittel zu verwenden, genügt nicht (KG BeckRS 17, 117147).

In Bezug auf A und T bleibt im **Fall 57** § 147 zu erörtern. Außerdem kommt ein Betrug gegenüber der Händlerin H in Betracht (§ 263). A ist nach §§ 147, 263, 52 zu bestrafen. Er hat   **931**

---

33   Vgl SK-*Stein*, § 146 Rn 19; ferner NK-*Puppe*, § 147 Rn 3 ff.

## § 20 Geld- und Wertzeichenfälschung

die von T gefundene und zunächst für echt gehaltene Münze nach erkannter Unechtheit zur Bezahlung des Obstes verwendet, mithin als echt in Verkehr gebracht. Der Umstand, dass A keinerlei eigene Verfügungsgewalt erstrebte, sondern den Gewahrsam für T ausübte und nur dessen Vorteil im Auge hatte, spricht nicht gegen diese Beurteilung, weil § 147 (anders als § 146 I Nr 2) kein „Sichverschaffen" und keine eigennützige Verfügungsgewalt des Täters, sondern nur ein **tatsächliches Innehaben** des Falschgeldes voraussetzt und A das Merkmal des „Inverkehrbringens als echt" **eigenhändig** verwirklicht hat. Bei § 147 gilt hier im Ergebnis nichts anderes als bei § 263, wo die Täterschaft des A auch nicht daran scheitert, dass die Vorteile der Tat nur dem T zugute kommen sollten. Zwischen § 147 und § 263 besteht *keine Gesetzeseinheit*, sondern mit Rücksicht auf die Verschiedenheit der Rechtsgüter **Tateinheit** (vgl BGHSt 3, 154, 156; 31, 380). Ob T Mittäter oder Anstifter des A war, hängt davon ab, welche Anforderungen man an die Täterschaft stellt. Eine Bestrafung auf Grund der vorhergehenden Übergabe der Münze durch T an seinen Mittelsmann A scheidet aus, da dies nur eine rein *interne* Gewahrsamsverschiebung und noch kein Inverkehrbringen iS des § 147 darstellt (vgl BGH MDR/D 71, 16). Maßgeblich ist damit allein das Inverkehrbringen durch A. Verlangt man für Täterschaft eine wesentliche Mitwirkung im Ausführungsstadium (vgl LK-*Schünemann*, § 25 Rn 182 ff mwN), wäre T lediglich als Anstifter gem. §§ 147, 263, 26 strafbar. Lässt man dagegen das wesentliche Mitgestalten des Tatablaufes im Vorfeld ausreichen, wäre T als Mittäter zu bestrafen.

### 3. Fallbeispiele

**932**  Die praktischen Auswirkungen des Meinungsstreits zu §§ 146, 147 lassen sich anhand eines weiteren Fallbeispiels in gedrängter Kürze wie folgt verdeutlichen:

**a)  Ausgangsfall:** Nach mehreren Einkäufen, die er im Laufe des Tages gemacht hat, stellt A fest, dass man ihm irgendwo mit dem Wechselgeld einen gefälschten 50 €-Schein untergeschoben hat. Da er darauf nicht „sitzen bleiben" möchte, verwendet er ihn beim Kauf einer Flasche Wein im Geschäft des G zum Bezahlen, ohne dass G die Unechtheit des Geldscheins erkennt.

> Für § 146 I Nr 2, 3 ist hier kein Raum, da A beim Erwerb des Geldscheins gutgläubig war, dh dessen Unechtheit bei Begründung seiner Verfügungsgewalt nicht kannte. Durch die Weitergabe an den arglosen G hat A sich aber nach § 147 strafbar gemacht; außerdem hat er einen Betrug zum Nachteil des G begangen (§§ 263, 52).

**933**  **b)  Fallabwandlung:** A traut sich nicht, den Falschgeldschein selbst in Verkehr zu bringen. Bei der Diskussion dieser Frage im Familienkreis erklärt seine Tochter T, dass sie „für den Vater einspringen" und ihm mithilfe des Falschgeldes bei G eine Flasche Wein besorgen werde, was dann auch geschieht.

> Die Übergabe des 50-€-Scheines durch A an T berührt als rein *interner* Vorgang noch nicht den Verkehr nach außen; die Frage, ob A Falschgeld „als echt" in Verkehr gebracht hat, wird somit für *diesen* Zeitpunkt gar nicht aktuell (BGH MDR/D 71, 16).
>
> Die Voraussetzungen des § 146 I Nr 2, 3 liegen nach hM (siehe Rn 918) bei T nicht vor, da sie den Geldschein nicht zur freien Verfügung und nicht für *eigene* Rechnung übernommen, sondern allein im Interesse und **für Rechnung des A** gehandelt hat.

*Fallbeispiele* **§ 20 III 3**

Kraft bewussten und gewollten Zusammenwirkens haben A – *sofern* man seinen Tatbeitrag im Vorbereitungsstadium ausreichen lässt – und T sich als Mittäter gem. §§ 147, 263, 25 II, 52 strafbar gemacht[34].

**c) Weitere Fallabwandlung:** Bei der Erörterung im Familienkreis gibt A zu verstehen, dass er mit der „heiklen Sache" nichts mehr zu tun haben möchte. Als T über soviel Ängstlichkeit den Kopf schüttelt, schenkt A ihr den 50-€-Schein mit der Bemerkung, T möge das Geld für *eigene* Zwecke verwenden; er selbst wolle definitiv aus dem Spiel bleiben.

**934**

Hier hat A seine bisherige Verfügungsgewalt zu Gunsten der T vollständig aufgegeben; infolgedessen handelt es sich nicht mehr um einen rein internen Gewahrsamswechsel, sondern um einen **nach außen** wirkenden Vorgang, der den „Verkehr" iS der §§ 146, 147 betrifft.

Durch die Annahme des Geldscheins als Geschenk hat T sich nach § 146 I Nr 2 strafbar gemacht (= Begründung freier Verfügungsgewalt für eigene Rechnung in Kenntnis der Unechtheit des Geldes und in der Absicht, es als echt in Verkehr zu bringen bzw dies durch andere zu ermöglichen). Bringt T das Falschgeld dann in Verkehr, verwirklicht sie außerdem § 146 I Nr 3.

Bei A stellt sich die Frage, ob er sich der **Beihilfe** zum *Verbrechen* der T (§§ 146 I Nr 2, 27) schuldig gemacht hat oder ob in der Weitergabe des Geldscheins an T ein Inverkehrbringen „als echt" liegt, so dass A lediglich als **Täter** des in § 147 normierten Vergehens bestraft werden kann. Die hM (Nachw. in Rn 925) beschreitet den zweiten Weg; eine daneben vorliegende Teilnahme des A an den Taten der T schließt sie auf Grund einer „Sperrwirkung" des § 147 aus (LK-*Ruß*, § 147 Rn 8). Sie erreicht damit im Hinblick auf den Ausgangsfall, in dem A das Falschgeld selbst abgeschoben hat, ein stimmiges Ergebnis, muss allerdings eine mit dem Gesetzeswortlaut vereinbare Begründung (vgl Rn 926 und NK-*Puppe*, § 147 Rn 14) schuldig bleiben. A ist deshalb gem. §§ 146 I Nr 2, 27 strafbar[35]. Da jedoch im Vergleich zum Ausgangsfall (Rn 932) eine strengere Bestrafung (vgl die Strafrahmen des § 147 und der §§ 146 I, 49 I Nr 3!) nicht angemessen erscheint und der Gesetzgeber mit § 147 eine Privilegierung gerade dieser Fälle bezweckt hat, wird erwogen, in einer Analogie zugunsten des Täters den Strafrahmen des § 147 heranzuziehen[36].

Einen anderen Begründungsweg beschreitet *Puppe*. Einerseits sieht sie – wie hier – in der Weitergabe an den Eingeweihten kein Inverkehrbringen als echt. Andererseits lässt sie für ein Sichverschaffen das Erlangen der *faktischen* Verfügungsgewalt genügen (NK-*Puppe*, § 146 Rn 20), sodass der Dritte eigentlich und unabhängig davon, ob er im eigenen oder fremden Interesse verfügen will, nach § 146 I Nr 2 und der Abschiebende als Teilnehmer an dieser Tat zu bestrafen wären. Weiter verlangt sie dann aber für § 146 Nr 2 als zusätzliches *ungeschriebenes* Tatbestandsmerkmal, dass der Täter sich das Falschgeld von einem *Vortäter* verschafft (NK-*Puppe*, § 146 Rn 28). Daran fehlt es, wenn der Abschiebende das Falschgeld gutgläubig erworben hat. In diesen Fällen soll dann lediglich eine Strafbarkeit des eingeweihten Dritten nach § 147 in Betracht kommen, wenn er das Geld in Verkehr bringt, sowie eine Teilnahme des Abschiebenden an dieser Tat.

**935**

---

34 Vgl BGH MDR/H 82, 101, 102; krit. NK-*Puppe*, § 146 Rn 21, 36 und § 147 Rn 16.
35 Ebenso die Beurteilung von *Maurach/Schroeder*, BT II § 67 Rn 27.
36 SK-*Stein*, § 147 Rn 6; weitere Lösungen bei *Otto*, JR 81, 82, 85 f; *Stein/Onusseit*, JuS 80, 104, 107.

299

**§ 20** *Geld- und Wertzeichenfälschung*

## IV. Wertpapier- und Wertzeichenfälschung

### 1. Geschützte Wertpapiere

**936** § 151 erstreckt den Schutz der Geldfälschungstatbestände auf bestimmte Wertpapiere (Inhaber- und Orderschuldverschreibungen, Aktien, Anteilscheine, Reiseschecks und dergleichen), die im Gesetz (Nr 1–5) näher umschrieben und abschließend aufgezählt sind.

Die Existenz dieser Vorschrift beruht auf der Überlegung, dass es gewisse Wertpapiere gibt, die im Geschäftsverkehr wegen ihres massenhaften Vorkommens und ihrer (dem Papiergeld ähnlichen) Ausstattung besonderes Vertrauen genießen und deshalb zu einer gewissen Oberflächlichkeit bei der Echtheitsprüfung verleiten. Ein solcher (über § 267 hinausgehender) Schutz ist indessen nur dann gerechtfertigt, wenn die betreffenden Papiere „durch Druck und Papierart **gegen Nachahmung besonders gesichert**" sind. Die im Börsenverkehr der Bundesrepublik Deutschland gehandelten Wertpapiere entsprechen im Allgemeinen diesen speziellen Anforderungen. Zur Tathandlung des **Nachmachens** ist erwähnenswert, dass die Falsifikate kein wirklich vorhandenes Vorbild voraussetzen, also Phantasieprodukte darstellen können; wesentlich ist (wie bei der Geldfälschung) allein die **Verwechslungsgefahr**[37].

### 2. Fälschung amtlicher Wertzeichen

**937** Durch die Vorschrift des § 148 hat der Gesetzgeber die früher verstreut getroffenen Regelungen zum **Schutz amtlicher Wertzeichen** in *einer* Strafbestimmung zusammengefasst. In enger Anlehnung an das Vorbild des § 146 normiert § 148 I die eigentlichen Fälle der **Wertzeichenfälschung**. § 148 II bedroht dagegen das missbräuchliche Verwenden und Inverkehrbringen *bereits verwendeter* Wertzeichen nach Beseitigung des Entwertungszeichens mit Strafe.

**938** **Gegenstand** der Tat sind **amtliche Wertzeichen**. Dazu gehören alle vom Staat oder von einer Körperschaft des öffentlichen Rechts herausgegebenen oder zugelassenen Marken und Zeichen, die einen bestimmten Geldwert verkörpern, öffentlichen Glauben genießen und die Zahlung von Gebühren, Steuern, Abgaben und dergleichen nachweisen sollen, wie zB Beitragsmarken der Sozialversicherung, Gerichtskostenmarken, Stempelabdrücke usw[38]. Seit der Privatisierung der Post sind Briefmarken keine amtlichen Wertzeichen mehr[39]. Zwischen § 148 I und § 263 kommt Tateinheit in Betracht (BGHSt 31, 380).

## V. Fälschung von Zahlungskarten ua

**939** § 152a und § 152b bezwecken den Schutz des besonderen Rechtsguts der **Sicherheit und Funktionsfähigkeit des bargeldlosen Zahlungsverkehrs** (vgl BT-Drucks. 13/8587, S. 29)[40].

---

37 Näher BGH NJW 81, 1567 und 1965; NStZ 87, 504; *Stree*, Anm. JR 81, 427; krit. *Otto*, Anm. NStZ 81, 478.
38 BGHSt 32, 68, 75; BGH NJW 84, 2772.
39 *Fischer*, § 148 Rn 2; eingehend dazu *Bohnert*, NJW 98, 2879; *G. Schmidt*, ZStW 111 (1999), 388; aA NK-*Puppe*, § 148 Rn 9.
40 S/S-*Sternberg-Lieben*, § 152a Rn 1; anders NK-*Puppe*, § 152a Rn 3 und § 152b Rn 1: geschützt sind (Daten-)Urkunden (§§ 267, 269), daneben das Vermögen des Gläubigers oder Kartenausstellers.

*Fälschung von Zahlungskarten ua* **§ 20 V**

Dabei soll § 152a den Grundtatbestand für Fälschungshandlungen im Zusammenhang mit den in Abs. 1 Nr 1 genannten Objekten bilden. Neben *Schecks* und *Wechseln* sind die von einem Kredit- oder Finanzdienstleistungsinstitut herausgegebenen, in besonderer Weise gegen Nachahmung gesicherten *Zahlungskarten* **ohne Garantiefunktion** erfasst, also solche Karten, die den Inhaber oder Benutzer in die Lage versetzen, Geld oder einen monetären Wert zu übertragen[41]. Nicht hierzu gehören dagegen reine *Leistungskarten*, zB solche, die lediglich den Ausdruck von Kontoauszügen oder den Zutritt zu bestimmten Räumlichkeiten ermöglichen. *Schecks* und *Wechsel* werden nur von dem milderen § 152a und nicht von §§ 146 ff geschützt, weil sie – anders als der Reisescheck iS des § 151 Nr 5 – dem Geld nicht derart angenähert sind, dass sie dessen Strafschutz unterworfen werden sollten. Da von Privatpersonen oder -unternehmen individuell ausgestellt, sind nach Ansicht des Gesetzgebers die Gefahren beim Umlauf nicht mit denen von Geld vergleichbar, zumal es vielfach an einer besonderen Sicherung iS des § 151 fehlt[42].

§ 152b erfasst die wegen ihrer universalen Verwendbarkeit als nahezu geldgleiches **940** Zahlungsmittel besonders gefährdeten *Zahlungskarten* **mit Garantiefunktion** iS des § 152b IV, also solche Karten, die auch gegenüber anderen als dem Aussteller benutzt werden können („Drei-„ bzw „Vier-Partner-System"). Weil diesen Zahlungsmitteln *mit* Garantiefunktion ein großes Vertrauen entgegengebracht wird, stellen ihre Fälschung und Verfälschung „eine hohe abstrakte Gefährdung für den Zahlungsverkehr" dar[43]. Deshalb hat der Gesetzgeber § 152b als Verbrechen iS des § 12 I ausgestaltet. Kreditkarten im Drei bzw Vier-Partner-System sind zB American-Express-Card, Mastercard oder Diners Club. *Zahlungskarten* mit Garantiefunktion sind ua auch die **Maestro**-Karte, die die Funktionen von Zahlungs- und Kreditkarte in sich vereint[44], und die sog. Prepaid-Kreditkarte[45].

Der BGH hält eine unechte Zahlungskarte iS des § 152b selbst dann für ein taugliches Falsifikat, wenn ihr Einsatz aus technischen Gründen den (scheinbaren) Kontoaussteller nicht zu einer garantierten Zahlung veranlassen kann[46]. Zu den Euroscheckkarten siehe Rn 910; *sonstige Karten* sind nach dem gegenwärtigen Entwicklungsstand bestimmte aufladbare Geldkarten mit Chip („elektronische Geldbörsen"), wobei die allgemein gehaltene Definition die Vorschrift für systemkonforme Entwicklungen im Bereich des „bargeldlosen" Zahlungsverkehrs offen halten will[47].

*Falsch* sind die Karten, Schecks, Wechsel oder Vordrucke, wenn sie nicht von dem aus ihnen **941** ersichtlichen Aussteller herrühren. Als **Tathandlungen** erfasst § 152a I, auf den § 152b I insoweit Bezug nimmt, besonders gefährliche Fälschungs- und Verbreitungshandlungen, wobei der Schutz von Zahlungskarten vor Fälschung bzw Verfälschung im Vordergrund steht. Zum Nachmachen siehe Rn 916. *Verfälschen* setzt eine Veränderung an einer *echten* Karte voraus (zB des Gültigkeitsdatums, des Inhabernamens, bei Geldkarten die Erhöhung der elektronischen Werteinheiten usw; vgl auch BGHSt 46, 146). *Sich oder einem anderen Verschaffen* meint das Erlangen alleiniger oder gemeinsamer Verfügungsgewalt für sich oder einen Dritten,

---

41  BT-Drucks. 15/1720, S. 9; näher *Fischer*, § 152a Rn 4 ff.
42  So BT-Drucks. 15/1720, S. 9; dazu näher *Fischer*, § 152a Rn 6 ff.
43  So BT-Drucks. 15/1720, S. 9.
44  SK-*Stein*, § 152b Rn 3; SSW-*Wittig*, § 152b Rn 5; *Fischer*, § 152b Rn 5; aA *Heger*, wistra 10, 281.
45  BGH NStZ 19, 11.
46  BGH wistra 14, 224 mit abl. Anm. *Trüg*; abl. auch MüKo-*Erb*, § 152b Rn 9; NK-*Puppe*, § 152b Rn 7.
47  BT-Drucks. 13/8587, S. 29.

**11. Kapitel** *Gemeingefährliche Straftaten und Verkehrsdelikte*

*Feilhalten* das äußerlich erkennbare Bereithalten zum Verkauf an Dritte (regelmäßig Bösgläubige; siehe auch Rn 920), *Überlassen* die Übertragung des Gewahrsams (auch durch Duldung; RGSt 59, 214, 217) und *Gebrauchen* das zu § 267 Gesagte (siehe Rn 837). Zwar verwenden §§ 152a, 152b (wie zB auch §§ 132a, 133, 174 ff, 306, 314) für die Tatobjekte die Mehrzahl; der Tatbestand soll jedoch bereits dann erfüllt sein, wenn die Handlung sich auf *eine* Zahlungskarte, *einen* Scheck oder Wechsel oder *einen* Euroscheckvordruck bezieht[48]. Jeweils muss der Täter mit (zumindest bedingtem) Vorsatz handeln sowie zur Täuschung im Rechtsverkehr bzw um eine solche Täuschung zu ermöglichen. Gebraucht der Täter falsche Karten, Schecks, Wechsel oder Vordrucke, die er sich in dieser Absicht in einem Akt verschafft hat, so liegt nur eine Tat im Sinn des § 152a I Nr 2 oder des § 152b I vor (BGH StV 00, 666; wistra 05, 177).

§ 152a III qualifiziert Taten nach Abs. 1; § 152b bildet eine Qualifikation zu § 152a, soweit die Zahlungskarte mit Garantiefunktion von einem Institut iS des § 152a IV Nr 1 herausgegeben worden ist, im Übrigen stellt er ebenfalls einen Grundtatbestand dar[49]. Für minder schwere Fälle des § 152b I, II sieht dessen Abs. 3 Strafzumessungsbestimmungen vor. Durch § 152a V bzw § 152b V werden Vorbereitungshandlungen zu diesen (Vorfeld-) Taten unter Strafe gestellt, wobei das Gesetz nach den Maßstäben des § 149 unterscheidet, sowie die Einzugsmöglichkeit nach § 150 eröffnet[50].

Beim *Skimming* (vgl Rn 529) ist zu beachten, dass das Anbringen von Spähvorrichtungen an Geldautomaten und das Auslesen sowie das Weiterleiten (str.) der auf diesen Geräten erfassten Kundendaten zur Herstellung der Kartendubletten lediglich Vorbereitungshandlungen und noch nicht den Beginn der tatbestandlichen Handlung des Nachmachens darstellen. Zur noch nicht vollständig geklärten Frage des Versuchsbeginns BGH wistra 14, 182[51]; zur Abgrenzung von Mittäterschaft und Beihilfe BGH NStZ 16, 338; NStZ-RR 17, 116. Im Falle der hier häufig anzutreffenden Gewerbs- bzw Bandenmäßigkeit ist freilich schon die bloße *Verabredung* zur Tat strafbar, §§ 152b I, II, 152a I Nr 1, 30 II, 12 I.

11. Kapitel

# Gemeingefährliche Straftaten und Verkehrsdelikte

**942** Die Überschrift des 28. Abschnitts zeigt an, dass die **Gemeingefährlichkeit** des Verhaltens die Klammer für die im Einzelnen ganz unterschiedlichen Straftatbestände bilden soll[1]. Dieses gesetzgeberische Motiv ist bei der Interpretation der Vorschriften im Auge zu behalten. Als Begriff des Tatbestandes taucht die *gemeine Gefahr* nur noch in §§ 145 und 323c auf (ferner im Regelbeispiel des § 243 I 2 Nr 6). Kennzeich-

---

48  So BGHSt 46, 146 mit insoweit abl. Anm. *Puppe*, JZ 01, 471 mwN; zust. hingegen *Simon*, Gesetzesauslegung, S. 55 f; so jetzt auch NK-*Puppe*, § 152b Rn 5.

49  Zu den umstrittenen Konkurrenzfragen vgl *Fischer*, § 152a Rn 20 ff und § 152b Rn 14.

50  Zur bloßen Vorbereitung der (gewerbs- und bandenmäßigen) Fälschung von Zahlungskarten mit Garantiefunktion BGHSt 56, 170 mit Anm. *Bachmann/Goeck*, JR 11, 425; *Seidl/Fuchs*, HRRS 11, 265.

51  Zur Strafbarkeit verschiedener Phasen des Skimmings *Feldmann*, wistra 15, 41.

1  Näher *Frank*, Vor § 306 Anm. I, II; *Klesczewski*, BT § 11 Rn 38 ff; MüKo-*Radtke*, Vor § 306 Rn 2 ff; *Bender*, Brandstiftung, S. 224 ff und passim; ferner *Klesczewski*, HRRS 13, 465.

*Systematischer Überblick* **§ 21 I**

nend für sie ist die Entfesselung von Naturgewalten oder technischen Kräften, deren Auswirkungen der Täter regelmäßig nicht zu begrenzen vermag und die ihrer Art nach geeignet sind, eine größere, *unbestimmte Anzahl von Menschen* oder von *bedeutenden Sachwerten* zu gefährden.

Die Begriffe **Gefahr, Gefährdung** und **Gefährlichkeit** werden im StGB sowie in Rspr. und Schrifttum nicht einheitlich gebraucht; Sinngehalt und Zweck sind aus der jeweiligen Bestimmung abzuleiten[2]. Besonders wichtig im 28. Abschnitt ist die Kenntnis des Unterschieds zwischen *konkreten* und *abstrakten* **Gefährdungsdelikten** (für Letztere auch: *Gefährlichkeits*delikte; dazu *Hettinger*, JuS 97, L 41, 42 mwN). **943**

# § 21  Brandstiftung

> **Fall 58:** Der A hat sich einer Gruppe von Obdachlosen angeschlossen, die von Zeit zu Zeit **944** mit Wissen des Bauern B in dessen mit Heu und Stroh angefüllter Scheune übernachtet, in der regelmäßig auch der – wegen seiner Vorliebe für Wermut als „Wermutbruder" bekannte – W zu schlafen pflegt. Eines Nachts zündet der leicht angetrunkene A im Verlauf eines Wortgeplänkels aus Übermut das in der Scheune lagernde Stroh an, um seinen Schlafgenossen einen gehörigen Schrecken einzujagen. Als die Flamme auflodert, schlägt A – wie geplant – sofort mit seiner Jacke in die Glut, um das Feuer im Keim zu ersticken. Das gelingt ihm jedoch nicht. Trotz aller Anstrengung vermag er auch mithilfe seiner Kumpane und des herbeigerufenen B nicht zu verhindern, dass die Scheune ein Opfer der Flammen wird. Dabei findet der volltrunken im hinteren Scheunenteil schlafende W den Tod. A war – wie die anderen – der Meinung, dass W sich rechtzeitig in Sicherheit gebracht habe.
>
> Strafbarkeit des A? **Rn 953, 962, 966, 974**

## I.  Systematischer Überblick

Die Systematik der Brandstiftungsdelikte stellt für viele Studierende eine Herausfor- **945** derung dar und erfordert eine intensive Auseinandersetzung mit den einzelnen Deliktstypen. Der hL zufolge wird der 28. Abschnitt mit § 306 von einem Spezialfall der Sachbeschädigung eröffnet[1]. Schon die („einfache" vorsätzliche) **Brandstiftung** ist ein *Verbrechenstatbestand*, weil der Gesetzgeber davon ausgeht, dass auch ihr „ein Element der Gemeingefährlichkeit bzw -schädlichkeit anhaftet"[2]. Die **schwere**

---

2  Grundlegend *Hirsch*, Arthur Kaufmann-FS, S. 545; vgl auch *Fischer*, Vor § 13 Rn 18 f.

1  So etwa *Lackner/Heger*, § 306 Rn 1; LK-*Wolff*, § 306 Rn 3; SK-*Wolters*, § 306 Rn 1; (krit. zur Platzierung *Sinn*, Jura 01, 803; *Wolters*, JR 98, 271); anders *Radtke*, ZStW 110 (1998), 848, 854, der in §§ 306 I und 306a I zwei Grundtatbestände sieht; ebenso *Börner*, Ein Vorschlag zum Brandstrafrecht, 2006, S. 3 ff; hingegen ordnet *Bender*, Brandstiftung, § 306 I als abstraktes Gefährdungsdelikt (Gefährlichkeitsdelikt) und Grundtatbestand zu § 306a ein, S. 224 ff, 391 ff; siehe auch *Klesczewski*, Seebode-GedS, S. 117, 127 ff.

2  BT-Drucks. 13/8587, S. 87; BGH NJW 01, 765; krit. *H. Wolff*, JR 02, 94; für eine reine Gefährdungslösung *Bender*, Brandstiftung, S. 224 und passim.

303

**§ 21** *Brandstiftung*

Brandstiftung (§ 306a I, II) ist nicht etwa eine Qualifikation zu § 306; vielmehr enthält sie die Grundtatbestände der *gemeingefährlichen* Brandstiftungsdelikte. Dabei unterstellt Abs. 2 Fälle des § 306 der schweren Brandstiftung, wenn durch die Tat ein anderer Mensch in die Gefahr einer Gesundheitsschädigung gebracht wird. Eine *Erfolgsqualifikation* hierzu *und* zu § 306 bildet die **besonders schwere Brandstiftung** (§§ 306b I, 18)[3]. Bei § 306b II handelt es sich dagegen nicht um eine Erfolgsqualifikation, sondern um eine Vorsatz bedingende *Qualifikation* zu § 306a. Eine weitere Erfolgsqualifikation stellt sodann die **Brandstiftung mit Todesfolge (§ 306c)** dar, die *wenigstens leichtfertige* Verursachung voraussetzt. Das **Herbeiführen einer Brandgefahr** nach § 306f I ist ein *Eigentumsgefährdungsdelikt* im Vorfeld des § 306 I, während § 306f II das Vorfeld des § 306a II im Auge hat. Für Taten nach §§ 306 I, 306a I stellt § 306d I auch *fahrlässiges Handeln* unter Strafe; zudem ist für § 306a II eine gestufte Vorsatz- (vgl § 11 II) bzw Fahrlässigkeitsstrafbarkeit vorgesehen (§ 306d I Alt. 2, II). Zur *tätigen Reue* siehe § 306e[4], zu deren Abgrenzung zu § 24 *Wessels/Beulke/Satzger*, AT Rn 1097. **Grundfälle** zu §§ 306 ff bei *Wrage*, JuS 03, 985; *Kudlich/Herold*, JA 13, 511, *Schumann*, ZJS 16, 489. **Didaktischer Überblick** bei *Oğlakcıoğlu*, JA 17, 745.

**946** Die vorsätzlichen Brandstiftungsdelikte gehören, wie die Strafdrohungen zeigen, zur Schwerkriminalität. Für 2017/2018/2019 weist die **Polizeiliche Kriminalstatistik** insgesamt 18 891/ 20 369/19 985 Brandstiftungstaten aus (Aufklärungsquote 49,9/48,4/47,8 %), davon 11 473/ 11 827/11 933 vorsätzliche nach §§ 306–306c, 306f I und II.

## II. Arten vorsätzlicher Brandstiftung

### 1. Brandstiftung nach § 306

**947** Taugliche *Tatobjekte* der einfachen Brandstiftung sind die in § 306 Nrn 1–6 aufgeführten Gegenstände, allerdings nur soweit sie für den Täter **fremd** sind, also zumindest auch im Eigentum eines anderen stehen (vgl *Küper/Zopfs*, BT Rn 445; anders *Bender*, Brandstiftung, S. 247). **Gebäude** iS des § 306 I Nr 1 ist ein mit dem Erdboden verbundenes, mit Wänden und Dach versehenes Bauwerk; diese Voraussetzung erfüllt bereits der Rohbau ohne Türen und Fenster[5]. Bei der **Hütte** sind die Anforderungen an Größe, Festigkeit und Dauerhaftigkeit geringer als bei einem Gebäude[6].

**Beispiel:** Als Hütten zählen Jahrmarktsbuden, transportierbare und zerlegbare Raumgebilde wie Wochenendhäuschen; ein zum Aufenthaltsraum ausgestalteter Bauwagen, sofern er durch sein Eigengewicht auf dem Boden ruht (nicht aber, wenn er mit Rädern ausgestattet und jederzeit bewegbar ist; vgl BGH BeckRS 18, 20315).

Unter **Betriebsstätten**, technischen Einrichtungen und Maschinen iS der Nr 2 versteht man Anlagen, die durch Nr 1 nicht notwendig erfasst sind (näher *Fischer*, § 306 Rn 4). Teilweise ist die Vorschrift deutlich zu weit geraten und bedarf daher einer einschränkenden Interpretation. So umfasst Nr 4 dem Wortlaut nach bei den Land-

---

3 NK-*Herzog/Kargl*, § 306b Rn 1 mwN; aA *Geppert*, Jura 98, 597, 603: § 15.
4 Eingehend *Geppert*, Jura 98, 597, 605 und zT krit. *Radtke*, ZStW 110 (1998), 848, 872, 881.
5 BGHSt 6, 107; SK-*Wolters*, § 306 Rn 3.
6 RGSt 17, 179, 184; *Fischer*, § 306 Rn 3a.

*Brandstiftung nach § 306* **§ 21 II 1**

fahrzeugen auch das Mofa und bei den Wasserfahrzeugen gar das Paddelboot[7]. Dass eine als Verbrechen(!) ausgestaltete Brandstiftung begehen soll, wer auf einem See ein Paddelboot in Brand setzt, wird auch der Gesetzgeber nicht gemeint haben. Eine ähnlich unbestimmte Weite haftet auch den **Erzeugnissen** iS der Nr 6 an[8].

**Tathandlungen** sind das *In-Brand-Setzen* und das *Brandlegen*. **In Brand gesetzt** ist eine Sache schon dann, wenn sie vom Feuer in einer Weise erfasst ist, die ein Fortbrennen aus eigener Kraft, dh ohne Fortwirken des Zündstoffs, ermöglicht (BGHSt 36, 221). Einer offenen Flamme bedarf es nicht; es genügt ein Schwelbrand. Bei **Gebäuden** (siehe Rn 947) genügt die Inbrandsetzung eines für dessen bestimmungsgemäßen Gebrauch wesentlichen Bestandteils. *Wesentlich* ist er dann, wenn er nicht jederzeit entfernt werden kann, ohne dass das Bauwerk selbst beeinträchtigt würde[9].

**948**

**Beispiel:** Als wesentliche Gebäudeteile zählen Wände, Türen, Fußböden, Treppen, nicht dagegen Gardinen, Tapeten, lose verlegte Teppiche, Fußbodensockelleisten, die Lattentür eines Kellerraums, das Mobiliar wie Regale und Schränke, soweit nicht fest eingebaut, sonstiges Inventar[10].

Ob es zur Vollendung schon ausreicht, wenn der Brand sich auf wesentliche Teile des Gebäudes ausbreiten *kann*[11], ist zweifelhaft. Die Rechtsprechung bejaht das. Sie lässt also bereits eine entsprechende *Eignung* des Brandes genügen[12]. Die bloße Möglichkeit, dass der Brand auf einen für den bestimmungsgemäßen Gebrauch wesentlichen Gebäudeteil übergreift, hat aber weder die Bedeutung noch das Gewicht des Inbrandsetzens eines Gebäudes oder Gebäudeteils[13]. Abgesehen davon, dass die Vorverlegung der Vollendung zu Friktionen im Versuchsbereich führt[14], ist auch ein Bedürfnis für eine solche Ausweitung angesichts der Versuchsstrafbarkeit (vgl § 23 I) nicht zu sehen[15].

Ein schon brennendes Gebäude kann nach hM an anderer Stelle nochmals in Brand gesetzt werden; das bloße Intensivieren eines bereits bestehenden Brandherdes genügt dagegen nicht (hier liegt somit nur Beihilfe vor)[16]. Ein Begehen durch *Unterlassen* ist möglich[17] (am Beispiel: der Vater schaut seelenruhig zu, wie seine dreijährige Tochter durch das Spielen mit einem Feuerzeug eine fremde Hütte in Brand setzt). Das garantenpflichtwidrige Nicht-Löschen eines *bereits bestehenden* Brandes stellt allerdings kein *Inbrandsetzen* dar und scheidet daher aus.

**949**

---

7 Vgl auch *Lackner/Heger*, § 306 Rn 2 und *Wolff*, Rüping-FS, S. 29, 45 ff.
8 Beispiel bei *Kindhäuser/Schramm*, BT I § 61 Rn 5; für „restriktive" Auslegung wegen der Weite *Fischer*, § 306 Rn 10; *Geppert*, Jura 98, 597, 599; *Lackner/Heger*, § 306 Rn 2; LK-*Wolff*, § 306 Rn 43; *Bender*, Brandstiftung, S. 273 ff, hält § 306 I Nr 2 und Nr 6 für verfassungswidrig.
9 BGH StV 02, 145; abl. zum Erfordernis der Wesentlichkeit des in Brand gesetzten Bestandteils *Bender*, Brandstiftung, S. 250 ff.
10 BGHSt 18, 363; zur Kasuistik LK-*Wolff*, § 306 Rn 8.
11 So BT-Drucks. 13/8587, S. 26 unter Hinweis auf ua BGHSt 18, 363; 34, 115, aber auch auf S/S-*Cramer*, 25. Aufl. 1997, § 306 Rn 9.
12 BGHSt 48, 14 mwN; siehe aber auch BGHSt 7, 37; BGH NStZ 84, 74; 91, 433.
13 Krit. auch *Eisele*, BT I Rn 1011; *Ingelfinger*, Anm. JR 99, 211; LK-*Wolff*, § 306 Rn 7; SK-*Wolters*, § 306 Rn 11; S/S-*Heine/Bosch*, § 306a Rn 11.
14 Vgl insoweit auch *Kratzsch*, JR 87, 360.
15 Zum Versuchsbeginn sehr weit BGH NStZ 06, 331.
16 OLG Hamm JZ 61, 94.
17 LK-*Wolff*, § 306 Rn 11 mwN.

305

**§ 21** *Brandstiftung*

**950** Die Tathandlung des **Brandlegens**, durch das eines der Schutzobjekte des § 306 I Nr 1–6, ganz oder teilweise zerstört werden muss, soll klarstellen, dass die (teilweise) Zerstörung *nicht* auf ein „Brennen mit heller Flamme" zurückzugehen braucht. Hierdurch wird dem Umstand Rechnung getragen, dass infolge der Verwendung feuerbeständiger Baustoffe wesentliche Gebäudeteile zwar nicht mehr in Brand geraten, Menschen und bedeutende Sachwerte aber auch durch Gase, die Hitzeentwicklung oder Verrußungen gefährdet werden können. Darüber hinaus dient die Tathandlung des Brandlegens der Erfassung von Fällen, in denen – vom Täter nicht gewollt – der Zündstoff statt zu brennen explodiert[18]. Ein Brand ist gelegt, wenn die zerstörende Wirkung des Brandmittels eintritt; zum Brand des jeweiligen Objekts muss es nicht kommen.

**951** Das Element „ganz oder teilweise zerstört" entstammt §§ 305, 305a. Dementsprechend ist ein Objekt **ganz zerstört**, wenn es vernichtet ist oder seine bestimmungsgemäße Brauchbarkeit vollständig verloren hat, **teilweise** zerstört, wenn einzelne, für den bestimmungsgemäßen Gebrauch des Objekts wesentliche Teile unbrauchbar geworden sind. Im letzteren Fall muss es sich angesichts der hohen Strafdrohung um Zerstörungen *von einigem Gewicht* handeln.

**Beispiel:** Ein teilweises Zerstören von einigem Gewicht liegt bei einem Mehrfamilienhaus vor, wenn für einen beträchtlichen Zeitraum (jedenfalls mehr als einen Tag) eine zum Wohnen bestimmte, abgeschlossene Untereinheit durch die Brandlegung für Wohnzwecke (das sind insbesondere der Aufenthalt, die Nahrungsversorgung und das Schlafen) nicht mehr benutzbar ist, etwa infolge starker Verrußung des gesamten Wohnbereichs[19]. Ebenso verhält es sich bei Flüchtlingsunterkünften, wenn das einem Bewohner zu Wohnzwecken zur Verfügung gestellte Zimmer brandbedingt unbewohnbar wird[20].

Dagegen reicht die Unbrauchbarmachung eines einzelnen Patientenzimmers in einem Klinikgebäude nicht aus[21].

**952** Zu den (zT Erfolgs-)Qualifikationen der §§ 306a II, 306b I, 306c siehe Rn 964, 968, 971. Da es sich nach hM bei § 306 um ein spezielles Sachbeschädigungsdelikt handelt („Wer *fremde* ..."), ist eine rechtfertigende Einwilligung möglich[22].

**953** Im **Fall 58** hat A mit dem Stroh landwirtschaftliche Erzeugnisse (LK-*Wolff*, § 306 Rn 42) sowie mit der Scheune je nach den Gegebenheiten ein Gebäude oder eine Hütte in Brand gesetzt (§ 306 I Nr 1, 6). Beide Objekte standen im Eigentum des Bauern B, waren also für A fremd. Vorsätzlich verwirklicht hat A jedoch nur § 306 I Nr 6 (ganz außer Zweifel ist das allerdings nicht, da es A nur um das Brennen einer geringen Menge Stroh ging, Nr 6 aber eine „bestimmte" Quantität voraussetzt [RGSt 6, 22; 35, 285; 62, 28; BGHSt 18, 363, 365; SK-*Wolters*, § 306 Rn 8]. Zu denken wäre dann an § 306d; zur eigenen Ansicht Rn 974).

---

18 Vgl BT-Drucks. 13/9064, S. 22; BGHSt 48, 14; *Fischer*, § 306 Rn 16; *Küper/Zopfs*, BT Rn 368 f; MüKo-*Radtke*, § 306 Rn 54; abl. *Wrage*, JR 00, 360.
19 BGHSt 48, 14 mit zust. Anm. *Radtke*, NStZ 03, 432. Vgl auch BGH NJW 18, 246.
20 BGH NJW 20, 942 mit Anm. *Bosch*, Jura (JK) 20, 635 und *Kudlich*, JA 20, 312.
21 BGH NStZ-RR 17, 375.
22 BGH NJW 03, 1824; *Fischer*, § 306 Rn 20 f; *Lackner/Heger*, § 306 Rn 1; im Erg. auch *Klesczewski*, BT § 12 Rn 21; *Radtke*, ZStW 110 (1998), 848, 861 sowie in MüKo, § 306 Rn 61 und SK-*Wolters*, § 306 Rn 9; über die Deutung der Einwilligung als negatives Tatbestandsmerkmal auch *Klesczewski*, Seebode-GedS, S. 117, 127 f; aA mit historisch untermauerter Begründung *Bender*, Brandstiftung, S. 204 ff mwN; ferner *Börner*, Ein Vorschlag zum Brandstrafrecht, 2006, S. 9 f.

*Schwere Brandstiftung nach § 306a* **§ 21 II 3**

## 2. Prüfungsaufbau: Brandstiftung, § 306

---

**Brandstiftung, § 306**  954

**I. Tatbestandsmäßigkeit**
1. **Objektiver Tatbestand**
   a) **Tatobjekt aus Nr 1-6, das für den Täter fremd ist**
   b) **In-Brand-Setzen oder durch eine Brandlegung ganz oder teilweise Zerstören**
   Ⓟ wesentlicher Bestandteil bei Gebäuden
2. **Subjektiver Tatbestand**

**II. Rechtswidrigkeit**
   → Einwilligung möglich

**III. Schuld**

**IV. Tätige Reue, § 306e**

---

## 3. Schwere Brandstiftung nach § 306a

**a)** Die **schwere Brandstiftung** nach § 306a I bildet einen Grundtatbestand zu   955
§§ 306b, 306c; sie ist ein *abstraktes Gefährlichkeits- beziehungsweise Gefährdungs-delikt*[23]. Das Gesetz stuft schon die Tathandlungen allein als erfahrungsgemäß generell gefährlich für das Leben oder die körperliche Unversehrtheit von Menschen ein, soweit sie sich auf die in Nr 1–3 erfassten Objekte beziehen (vgl auch *Stein*, Einführung, S. 76). Deshalb spielt die Eigentumsfrage hier keine Rolle (liegen bei einer Tat nach § 306a I zugleich die Voraussetzungen des § 306 I Nr 1 vor, so tritt dieser zurück; BGH NJW 01, 765); wohl aber muss zur Vollendung des Delikts das Objekt in Brand gesetzt oder durch eine Brandlegung ganz oder teilweise zerstört worden sein (zu diesen Tathandlungen siehe Rn 948–951). Den Strafgrund bildet nicht erst die konkrete Gefährdung von Menschen, sondern schon die generelle **Gefährlichkeit der Handlung** selbst. Dem muss die Auswahl der Tatobjekte entsprechen.

Zentrales Merkmal des § 306a I Nr 1 ist die **andere Räumlichkeit, die dem Wohnen**   956
**von Menschen dient**; Gebäude, Schiff und Hütte stellen nur Beispiele dar. Unter einer **Räumlichkeit** in diesem Sinn ist ein nach allen Seiten und nach oben („kubisch") abgeschlossener Raum zu verstehen (SK-*Wolters*, § 306a Rn 6, 12), *soweit* er tatsächlich Wohnzwecken dient. Letzteres ist der Fall, wenn er zumindest für einen Menschen den räumlichen Lebensmittelpunkt bildet (*Geppert*, Jura 98, 597, 599). Dabei genügt auch ein nur *zeitweiser* Gebrauch wie bei einem Wochenendhaus, einer Ferienwohnung oder einem Wohnmobil (BGH NStZ 10, 519), um der Räumlichkeit *durchgängig* Wohnungseigenschaft zukommen zu lassen. Entscheidend ist nicht eine Bestimmung oder Eignung zum Wohnen, sondern allein die *tatsächliche,* sei es auch widerrechtliche Nutzung als Wohnung[24].

**Beispiel:** Die Hütte im Wald, in der sich ein Obdachloser einquartiert hat; nicht dagegen der noch nicht bezogene Neubau.

---

23 Vgl *Lackner/Heger*, § 306a Rn 1; S/S-*Heine/Bosch*, § 306a Rn 1, jeweils mwN; nur Letzterem zust. *Bender*, Brandstiftung, S. 292; anders *Maurach/Schroeder*, BT II § 51 Rn 14.
24 BGHSt 26, 121; RGSt 60, 136; *Lackner/Heger*, § 306a Rn 2; LK-*Wolff*, § 306a Rn 6, 11.

307

**§ 21** *Brandstiftung*

**957** Mit dem endgültigen Auszug aller Bewohner oder dem Tod des einzigen Bewohners verliert ein Gebäude seine Wohnungseigenschaft wieder (BGHSt 23, 114; 16, 394; sog. **Entwidmung**). Seinen Willen, die Räumlichkeit als Wohnung aufzugeben, kann der einzige Bewohner ggf auch dadurch realisieren, dass er sie in Brand setzt[25]. Das Gleiche gilt für Mitbewohner, die mit der Brandlegung einverstanden sind und das Gebäude vor der Tat verlassen haben[26]. Dabei müssen bei mehreren Bewohnern freilich **alle** den Willen aufgegeben haben, die Räumlichkeit als Wohnung zu nutzen. Leben *Minderjährige* in der Wohnung, so ist grundsätzlich der Wille der *Sorgeberechtigten* entscheidend[27].

Ist vom Bewohner die Inbrandsetzung nur **eines Teils** des bewohnten Gebäudes beabsichtigt, so liegt gleichwohl eine Entwidmung vor, wenn er bei der Tat im Hinblick auf die mangelnde Kontrollierbarkeit der Brandentwicklung hinnimmt, dass auch die übrigen Räumlichkeiten durch den Brand unbewohnbar werden[28].

**958** Als Räumlichkeiten, die der Wohnung von Menschen dienen, gelten auch sowohl zu gewerblichen als auch zu Wohnzwecken, dh **„gemischt"** genutzte, einheitliche Gebäude (zB ein mehrstöckiges Bürohaus mit Mansardenwohnungen). Streitig ist hier allerdings, wann die Vollendung der Tat eintritt. Nach hM reicht es für die Vollendung aus, wenn nur der gewerblich genutzte Gebäudeteil in Brand gesetzt wird, das Übergreifen des Brandes auf den Wohnbereich aber „nicht auszuschließen" ist (ständige Rechtsprechung, vgl etwa BGH NStZ-RR 10, 279). § 306a I Nr 1 stelle als abstraktes Gefährdungsdelikt ein Handeln unter Strafe, das typischerweise das Leben von Personen gefährdet, die sich in einer Räumlichkeit aufhalten. Eine solche abstrakte Gefahr bestehe aber schon dann, wenn „das Gebäude" brenne und der Brand sich ausweiten könne. Allerdings muss dafür zumindest ein wesentlicher Bestandteil des gewerblich genutzten Gebäudeteils in Brand gesetzt sein.

**Beispiel:** Es genügt nicht, dass lediglich das Inventar eines Lokals in Brand gesetzt wurde; und zwar auch dann nicht, wenn die Gefahr bestanden haben mag, dass sich das Feuer ohne Löschung auf zwei Stockwerke höher gelegene Wohnungen ausgebreitet hätte[29].

**959** Anders verhält es sich jedoch bei der *Brandlegungsvariante*. Hier fordert der BGH, dass zumindest ein zum selbstständigen Gebrauch bestimmter Teil des Wohngebäudes („eine zum Wohnen bestimmte abgeschlossene Untereinheit") durch die Brandlegung für Wohnzwecke unbrauchbar geworden ist[30]. Eine (teilweise) Zerstörung könne auf vielfältigen durch die Brandlegung ausgelösten Umständen beruhen, etwa auf der Ruß- und Hitzeentwicklung. Betreffe die Brandlegung nur die gewerblichen Räume, sei das deshalb nicht typischerweise auch mit einer Gefährdung von Personen verbunden, die sich in dem zu Wohnzwecken genutzten Gebäudeteil aufhalten[31].

---

25 BGHSt 16, 394; BGH NStZ 94, 130; *Geppert*, Jura 98, 597, 600.
26 BGH JZ 88, 55; NStZ-RR 05, 76; S/S-*Heine/Bosch*, § 306a Rn 5.
27 Näher dazu und zur Frage, was bei Getrenntleben der Sorgeberechtigten gilt, BGH StV 07, 584.
28 BGH StV 07, 584 mit krit. Anm. *Radtke*, NStZ 08, 100.
29 BGH NStZ 10, 452; *Fischer*, § 306a Rn 5a; aA *Bachmann/Goeck*, Anm. ZIS 10, 445 f; offen gelassen bei *Rengier*, BT II, § 40 Rn 38 f.
30 BGH NJW 11, 2148; *Fischer*, § 306a Rn 5c; krit. *Bender*, Brandstiftung, S. 317 ff; *ders.*, Brandforschung, S. 125.
31 BGH NStZ 10, 452 mit abl. Anm. *Bachmann/Goeck*, ZIS 10, 445.

*Schwere Brandstiftung nach § 306a* **§ 21 II 3**

Wann Baulichkeiten ein einheitliches zusammenhängendes Gebäude darstellen, ist eine Tatfrage, entscheidet sich also nach den Gegebenheiten im einzelnen Fall (BGH GA 69, 118). Nicht jede Verbindung macht aus mehreren Bauten ein einheitliches Gebäude[32].

**Die aktuelle Entscheidung:** In einem Haus mit einer Bar und mehreren Mietwohnungen legte der Angeklagte in der Gaststätte ein Feuer. Die Einrichtung der Bar brannte fast komplett aus. Auf andere Gebäudeteile oder die Hausfassade griffen die Flammen jedoch nicht über. Es bestand nicht einmal die Gefahr eines solchen Übergreifens des Brandes. Durch die starke Hitzeentwicklung wurden allerdings die Gas-, Strom- oder Wasserleitungen im Keller so stark beschädigt, dass die Wohnungen für rund zweieinhalb Monate ohne Grundversorgung blieben. Das LG Hannover verurteilte den Angeklagten zwar wegen Brandstiftung, nicht aber auch wegen schwerer Brandstiftung.

Die Revision der StA, die eine Verurteilung nach § 306a I Nr 1 erstrebte, hat der 3. Strafsenat als unbegründet verworfen (BGH NStZ 19, 27 mit Anm. *Krüger*). Zunächst verneint der Senat eine Strafbarkeit wegen schwerer Brandstiftung in der Inbrandsetzungsvariante, da diese ausscheide, wenn nur der gewerblich genutzte Gebäudeteil in Brand gesetzt worden und das Übergreifen des Brandes auf den Wohnbereich auszuschließen sei (vgl Rn 958). Der Senat sieht sodann auch die Brandlegungsvariante als nicht erfüllt an. Zwar müsse die Unbrauchbarkeit der Wohnung nicht aus einer unmittelbaren Brandeinwirkung resultieren; es reiche aus, wenn sie mittelbar auf die Brandlegung zurückzuführen sei, so zB wenn die Wohnung aufgrund des Einsatzes von Löschmitteln nicht genutzt werden könne. Allerdings müsse sich die Unbrauchbarkeit aus einer Einwirkung auf die *Sachsubstanz* der Wohneinheit selbst ergeben. Nicht ausreichend sei daher die Beschädigung der im Keller verlaufenden Gas-, Strom- oder Wasserleitungen durch die Brandlegung, auch wenn das zur Unbenutzbarkeit der Wohnung führe. Dafür sprächen zunächst der natürliche und der juristische Gebrauch des Begriffs der Zerstörung. So werde auch bei §§ 303 I, 303b I Nr 3, 304 I, 305 I, 305a I eine Einwirkung auf die Sachsubstanz verlangt. Des Weiteren bestehe eine dem Inbrandsetzen vergleichbare Gefährlichkeit für das Leben und die Gesundheit der Bewohner nur, wenn auf die Sachsubstanz selbst eingewirkt werde.

Nr 2 soll Kirchen und andere **der Religionsausübung dienende Gebäude** schützen, da auch hier stets mit der Anwesenheit von Menschen zu rechnen ist. Zum herausgehobenen Schutz nur solcher Gebäude krit. *Fischer*, § 306a Rn 6 mwN; *Radtke*, ZStW 110 [1998], 848, 867. **960**

§ 306a I Nr 3 bezieht auch **Räumlichkeiten** in den Schutzbereich ein, die **zeitweise dem Aufenthalt** von Menschen **dienen,** *wenn* die Tat zu einer Zeit begangen wird, in der *Menschen sich dort aufzuhalten pflegen.* Auch hier wird nicht vorausgesetzt, dass Menschen sich zur Tatzeit *wirklich* in den Räumlichkeiten befunden haben. Notwendig ist indessen, dass das geschützte Objekt zu einer Zeit vom Feuer erfasst wird, in der sich Menschen üblicherweise darin aufzuhalten pflegen. **961**

**Beispiele:** Bürogebäude, Werkstatträume, Fabriken, Theater, Kinos während des Betriebs, ebenso geräumige Verkehrsmittel wie Zugwagons und Busse (nicht jedoch PKW)[33], uU auch **Stallgebäude** und **Scheunen,** sofern sie mit einer gewissen Regelmäßigkeit von Menschen zum Aufenthalt benutzt werden (BGHSt 23, 60).

---

32  BGH StV 01, 576; zur Kasuistik *Fischer*, § 306a Rn 5.
33  BGHSt 10, 208; BGH MDR/H 77, 638; differenz. S/S-*Heine/Bosch*, § 306a Rn 8.

309

**§ 21** *Brandstiftung*

Darauf muss sich der, zumindest bedingte, Vorsatz des Täters erstrecken (BGHSt 36, 221). Dass der zum Brand führende Ursachenverlauf zur erwähnten Zeit in Gang gesetzt wird, genügt für sich allein nicht. Bei einem einheitlichen Gebäude, das nur zum Teil Räumlichkeiten iS des § 306a I Nr 3 enthält (vgl Rn 958), reicht es nach der Rechtsprechung zur Verwirklichung dieses Tatbestandes aus, dass allein der übrige Gebäudeteil in Brand gesetzt wird[34].

**962** Im **Fall 58** wurde die **Scheune** des B wiederholt und mit hinreichender Regelmäßigkeit von W und seinen Begleitern zum Übernachten aufgesucht; sie war daher ein **taugliches Tatobjekt** iS des § 306a I Nr 3. A hat diese Räumlichkeit zum maßgeblichen Zeitpunkt in Brand gesetzt (siehe Rn 948). Im Fall 58 fehlt es aber am *subjektiven* Tatbestand des § 306a I Nr 3, weil A ein *Übergreifen* des Feuers auf das *Scheunengebäude* weder gewollt noch billigend in Kauf genommen hat.

**963** Fraglich ist, ob der objektive Tatbestand womöglich dadurch ausgeschlossen wird, dass sich der Täter vor dem In-Brand-Setzen vergewissert, dass sich niemand außer ihm in der Räumlichkeit befindet. Allerdings wird bei § 306a I als **abstraktem Gefährdungsdelikt** nicht vorausgesetzt, dass sich zur Zeit der Tat Menschen wirklich in der geschützten Räumlichkeit aufgehalten haben. Der BGH zieht eine teleologische Reduktion des Tatbestands der schweren Brandstiftung daher nur in Erwägung, wenn der Täter sich durch absolut zuverlässige lückenlose Maßnahmen vergewissert hat, dass die verbotene Gefährdung mit Sicherheit nicht eintreten kann[35]. In Betracht kommt das *allenfalls* bei kleinen, insbesondere einräumigen Gebäuden, bei denen *auf einen Blick* übersehbar ist, dass Menschen sich dort nicht aufhalten. Fehlt es an einer derartigen klaren Lage, führt der (unwiderlegte) Einwand des Täters, er habe sich vor der Tat vergewissert, allenfalls zur Anwendung des § 306a III[36]. Der Gesetzgeber hat diese Rechtsprechung bei den Beratungen zum 6. StrRG ausdrücklich gebilligt und deshalb von der Einfügung einer tatbestandseinschränkenden Klausel nach Art des § 326 VI abgesehen[37]. Damit ist die Interpretation des BGH bestätigt[38].

Zu Fragen der Vollendung des § 306 I Nr 1 und den Grenzen einer restriktiven Auslegung des § 306a I Nr 1 siehe BGH NStZ 14, 404 mit Anm. *Nestler*. Die Entscheidung des 3. Strafsenats könnte auf Grund der Summe von Fehlern der Strafkammer zu einem **Muster für Brandstiftungsklausuren** werden. Zu dem Urteil siehe auf der Basis einer Deutung der §§ 306 ff als Delikte abstrakter Gemeingefährlichkeit *Bender*, Brandforschung, S. 119 ff.

**964** **b)** Bei § 306a II spielt im Unterschied zu § 306 die Eigentumslage am jeweiligen Tatobjekt keine Rolle[39]; die Vorschrift verweist nur auf die in § 306 I Nrn 1–6 be-

---

34  BGHSt 35, 283; krit. *Kindhäuser*, Anm. StV 90, 161 und MüKo-*Radtke*, § 306a Rn 34.

35  BGHSt 26, 121; 34, 115; BGH NJW 82, 2329.

36  BT-Drucks. 13/8587, S. 47; zum Meinungsstand näher *Geppert*, Jura 98, 597, 601; *Hillenkamp*, BT 15. Problem; krit. *Koriath*, JA 99, 298; *Radtke*, ZStW 110 (1998), 848, 863; SK-*Wolters*, § 306a Rn 21.

37  Vgl BT-Drucks. 13/8587, S. 47; im weiteren Gesetzgebungsverfahren wurde die Entscheidung nicht mehr in Zweifel gezogen; krit. zur Begründung *Stein*, Einführung, S. 88.

38  AA *Rengier*, JuS 98, 397, 399, *Geppert*, Weber-FS, S. 427, 434, LK-*Wolff*, § 306a Rn 6 mwN und eingehend *Bender*, Brandforschung, S. 302 ff, die jede Einschränkung ablehnen. Für eine Lösung über erhöhte Anforderungen an den Gefährdungsvorsatz *Kargl*, Neumann-FS, S. 1105.

39  Vgl BGH NStZ 99, 32; StV 01, 16 und die Nachw. bei MüKo-*Radtke*, § 306a Rn 48; zur Kritik *Stein*, Einführung, S. 98; ferner *Fischer*, § 306a Rn 10a ff.

*Prüfungsaufbau: Schwere Brandstiftung, § 306a* **§ 21 II 4**

zeichneten Objekte, nicht dagegen auch auf das Merkmal „fremd". Erfasst werden damit sowohl *fremde* als auch *eigene* oder *herrenlose Sachen*.

**Beispiel:** Der Fabrikant setzt seinen eigenen Warenvorrat in Brand und gefährdet dadurch die Gesundheit von einem seiner Arbeiter.

Ist das Tatobjekt ein Gebäude, das dem Wohnen dient, so ist eine Brandlegung – anders als in Fällen des § 306a I – bereits dann vollendet, wenn Gebäudeteile, die nicht dem Wohnen dienen, wie zB Kellerräume, teilweise zerstört sind (BGHSt 56, 94).

Die Tat ist ein **konkretes Gefährdungsdelikt**[40]: *Durch* die Tathandlung (dazu Rn 948 ff) muss ein anderer Mensch in die (konkrete) Gefahr einer Gesundheitsschädigung[41] gebracht worden sein. Dabei muss der Gefahrerfolg aus der spezifischen Gefährlichkeit der Tathandlung resultieren[42]. **965**

**Beispiel:** Die Gefahr der Rauchvergiftung; die Gefahr der Verletzung durch herabstürzende Gegenstände.

Der Umstand, dass ein Mensch sich in enger räumlicher Nähe zur Gefahrenquelle befindet, genügt hierfür noch nicht. Vielmehr muss die Tathandlung das geschützte Gut derart in eine kritische Situation gebracht haben, dass es nur noch vom Zufall abhängt, ob es verletzt wird oder nicht (BGH NStZ 99, 32).

Ob und inwieweit **Rettungswillige**, die sich sehenden Auges in den Gefahrenbereich (zurück) begeben, vom Schutzweck des § 306a II erfasst sind, ist umstritten[43] (siehe auch Rn 155 und 965).

A hat im **Fall 58** zwar landwirtschaftliche Erzeugnisse iS des § 306 I Nr 6 vorsätzlich in Brand gesetzt, hierbei aber nicht mit dem, sei es auch nur „bedingten", Vorsatz gehandelt, dadurch einen anderen Menschen in die Gefahr einer Gesundheitsschädigung zu bringen. **966**

## 4. Prüfungsaufbau: Schwere Brandstiftung, § 306a

**Schwere Brandstiftung, § 306a** **967**

**A. § 306a I**
  **I. Tatbestandsmäßigkeit**
    **1. Objektiver Tatbestand**
      **a) Tatobjekt aus Nr 1–3**
      **b) In-Brand-Setzen oder durch Brandlegung ganz oder teilweise Zerstören**
        → keine konkrete Gefährdung von Menschen erforderlich
        Ⓟ Entfallen des Wohnzwecks durch Entwidmung
        Ⓟ teleologische Reduktion bei kleinen, einräumigen Gebäuden
        Ⓟ gemischt genutzte Gebäude
    **2. Subjektiver Tatbestand**
  **II. Rechtswidrigkeit**

---

40 Vgl auch SK-*Wolters*, § 306a Rn 26; S/S-*Heine/Bosch*, § 306a Rn 16.
41 Zum Begriff Rn 213; krit. zu seiner Verwendung *F.-C. Schroeder*, GA 98, 571, 573.
42 Eingehend *Geppert*, Jura 98, 597, 602; *Stein*, Einführung, S. 108.
43 Vgl *Eisele*, BT I Rn 1080 f; *Rengier*, BT II § 40 Rn 67 ff; *Stein*, Einführung, S. 117 f.

311

**§ 21** *Brandstiftung*

III. Schuld
IV. Tätige Reue, § 306e
→ **Qualifikation: § 306b II**
B. **§ 306a II**
    I. **Tatbestandsmäßigkeit**
        1. **Objektiver Tatbestand**
            a) **Tatobjekt aus § 306 I Nr 1–6**
                → Fremdheit nicht erforderlich!
            b) **In-Brand-Setzen oder durch Brandlegung ganz oder teilweise Zerstören**
            c) **Gefahr einer Gesundheitsschädigung eines anderen Menschen**
            d) **spezifischer Gefahrzusammenhang zwischen der Tathandlung und dem Gefahrerfolg**
                Ⓟ Zurechnungszusammenhang bei Rettern
        2. **Subjektiver Tatbestand**
    II. **Rechtswidrigkeit**
    III. **Schuld**
    IV. **Tätige Reue, § 306e**
→ **Qualifikation: § 306b II**

## 5. Besonders schwere Brandstiftung nach § 306b

**968** **a)** Die **besonders schwere Brandstiftung** nach § 306b I bildet eine *Erfolgsqualifikation* zu § 306a *und* § 306 (insoweit mit der Beschränkung auf *fremde* Tatobjekte; siehe Rn 947)[44]. Bezüglich der Erfolgsherbeiführung genügt daher wenigstens Fahrlässigkeit (§ 18). Zur schweren Gesundheitsschädigung siehe Rn 286, zur „einfachen" Rn 213. Eine **große Zahl** erfordert einerseits weniger Menschen als in § 309 II („unübersehbare Zahl") vorausgesetzt, andererseits mehr als drei[45]. Da der Katalog der Tatobjekte in §§ 306 I, 306a I auch solche enthält, bei denen die Gefährdung unübersehbar großer Menschengruppen eher fern liegt, die schwere Gesundheitsschädigung bereits eines Menschen der „einfachen" Gesundheitsschädigung einer großen Zahl gleichgestellt ist und zudem die Mindeststrafe lediglich zwei Jahre beträgt (im Vergleich etwa zu fünf Jahren bei § 309 II), folgert der BGH[46], dass die Zahl der Geschädigten jedenfalls dann „groß" ist, wenn 14 Personen als Bewohner eines mittelgroßen Hauses betroffen sind. Auch hier ist erforderlich, dass eine der (schweren) Brandstiftung eigentümliche Gefahr sich in der qualifizierenden Folge verwirklicht (sog. tatbestandsspezifischer Gefahrzusammenhang)[47].

**969** **b)** Fälle des § 306a I, II (zu Abs. 2 näher *Kudlich*, NStZ 03, 458) werden *qualifiziert* bestraft, wenn der Täter zumindest eine der drei Nummern des § 306b II verwirklicht.

---

44  Ebenso LK-*Wolff*, § 306b Rn 4; S/S-*Heine/Bosch*, § 306b Rn 1f; krit. *Wolters*, JR 98, 271, 273.
45  BGHSt 44, 175, 178; näher MüKo-*Radtke*, § 306b Rn 8 f; SK-*Wolters*, § 306 Rn 4; vgl auch *Kretschmer*, Herzberg-FS, S. 827.
46  BGHSt 44, 175; siehe auch *Fischer*, § 306b Rn 5: jedenfalls ab 20 Personen; LK-*Wolff*, § 306b Rn 6: ab zehn; *Nagel*, Jura 01, 588.
47  Dazu *Lackner/Heger*, § 306b Rn 2; *Rengier*, JuS 98, 397, 399 f, auch zur Schädigung von *rettungswilligen* Helfern, zur versuchten Erfolgsqualifizierung und zum erfolgsqualifizierten Versuch der Tat; ferner *Stein*, Einführung, S. 102, 111, 117.

312

Vorausgesetzt ist jeweils *vorsätzliches* Handeln des Täters (zu Nr 1 vgl BGH JR 00, 114 mit Anm. *Stein*). Bei Nr 2 muss der Täter zusätzlich eine der dort beschriebenen, wie in § 315 III aus dem § 211 übernommenen *Absichten* aufweisen (dazu BGH NJW 00, 3581 mwN und oben Rn 73), auf die § 28 II anwendbar ist (BGH NJW 11, 2148). Besondere Schwierigkeiten wirft die Interpretation des Merkmals „**andere Straftat**" in § 306b II Nr 2 im Fall der Ermöglichungsabsicht auf.

**Beispiel:** Um an die Versicherungssumme aus der Brandschutzversicherung heranzukommen, zündet der Ehemann E das von ihm und seiner Familie bewohnte Haus an, während sich seine Frau und die Kinder bei den Großeltern befinden; am nächsten Tag will er den Fall seiner Versicherung melden.

Jedenfalls der Versicherungsmissbrauch gem. § 265 scheidet zur Begründung einer Strafbarkeit nach § 306b II Nr 2 aus. Er bildet keine „andere Straftat", die der Täter durch die schwere Brandstiftung nach § 306a I Nr 1 erst ermöglichen will; vielmehr handelt es sich bei ihm um einen weiteren Straftatbestand, den der Täter durch *ein* und *dieselbe* Handlung – das Inbrandsetzen des Gebäudes – verwirklicht.[48]

Fraglich ist aber, wie es sich mit dem geplanten Betrug zu Lasten der Versicherung gem. § 263 I, III 2 Nr 5 verhält (unstreitig ist die Tathandlung – Täuschung der Versicherung durch Meldung des Schadensfalls – hier nicht identisch mit dem Inbrandsetzen des Gebäudes). Der BGH sieht keinen Grund zu einer „restriktiven" Auslegung. Er bejaht § 306b II Nr 2 Alt. 1, weil der Täter bereit sei, Unrecht mit der Begehung weiteren Unrechts zu verknüpfen; das rechtfertige die erhöhte Strafdrohung[49]. Nach der Gegenauffassung muss dagegen bei der Auslegung dem Umstand Rechnung getragen werden, dass der Anwendungsbereich dieser Alternative gegenüber dem Vorläufer § 307 Nr 2 aF erweitert worden ist (dort wurde verlangt, dass der Täter in der Absicht handelt, die Brandstiftung zur Begehung einer Tat gem. §§ 211, 249 f, 252, 255 auszunutzen). Nach altem Recht hätte dem Täter für seine Tat daher nur eine Mindeststrafe von einem Jahr gedroht. Nach heutigem Recht in der Deutung der Rechtsprechung läge die Mindeststrafe bei nunmehr 5 Jahren. Diese massive Verschärfung durch Erweiterung des Strafbarkeitsbereichs habe der Gesetzgeber des 6. StrRG, in dem die Brandstiftungsdelikte umgestaltet worden seien, offenkundig übersehen, zumal er gleichzeitig den bisher als Verbrechen ausgestalteten Versicherungsbetrug mit einer Freiheitsstrafe von einem Jahr bis zehn Jahren zum Vergehen des Versicherungsmissbrauchs in § 265 herabgestuft habe. Zudem stelle die betrügerische Absicht generell eine *typische Begleiterscheinung* von schweren Brandstiftungen nach § 306a dar und sei deshalb nicht in der Lage, die enorme Erhöhung der Mindeststrafe zu rechtfertigen. Das alles spreche für eine *restriktive Auslegung*. Die Qualifikation des § 306b II Nr 2 Alt. 1 sei deshalb nur gegeben, wenn der Täter den Brand mit seinen *spezifischen Gefahren* (Auswirkungen der geschaffenen Gemeingefahr: Flucht, Panik usw., die in nahem zeitlich/örtlichen Zusammenhang zu geplanten weiteren Taten ausgenutzt werden sollen) gerade als Mittel zur Begehung der anderen

970

---

48  Gleiches gilt, wenn der Täter durch das Feuer im Gebäude befindliches Inventar eines Dritten zerstören will, um dem Dritten Leistungen aus dessen Hausratsversicherung zu verschaffen; vgl BGHSt 51, 236; zust. *Bosch*, JA 07, 743.

49  BGHSt 45, 211; BGH NStZ 08, 571; zust. *Radtke*, Anm. JR 00, 428; *Rönnau*, JuS 01, 328; LK-*Wolff*, § 306b Rn 21; *Simon*, Gesetzesauslegung, S. 331, 529.

§ 21 *Brandstiftung*

Straftat einsetzen wolle[50]. Im obigen Beispielsfall würde die restriktive Ansicht § 306b II Nr 2 verneinen, da hier keine spezifischen Gefahren des Brandes zur Begehung des Betruges ausgenutzt werden sollen. (Unabhängig von diesem Streit liegt ganz unstreitig keine andere Straftat vor, wenn die Brandstiftung den Anspruch gegen die Versicherung *nicht* entfallen lässt, so etwa in dem Fall, in dem der Ehemann als Versicherungsnehmer nichts von der Brandstiftung seiner Ehefrau weiß, so dass die Meldung des Versicherungsfalls schon keine Täuschung darstellt[51]. Dieser Punkt ist daher in der Klausur stets sorgfältig zu prüfen.)

Zum Begriff der *konkreten Gefahr* iS der Nr 1 siehe BGH NStZ 19, 32 sowie oben Rn 287, 965, zum spezifischen Zusammenhang zwischen Tat und Gefahrerfolg sowie zur **Retter**problematik *Stein*, Einführung, S. 108, 117. Bei § 306b II Nr 3 muss der Täter das Löschen des Brandes erfolgreich verhindern oder doch mit einer gewissen Erheblichkeit erschweren[52].

### 6. Brandstiftung mit Todesfolge nach § 306c

**971** Die Vorschrift enthält ein *erfolgsqualifiziertes Delikt*. Als Ausgangstat soll dabei neben den §§ 306a und b auch § 306 genügen. Wie bei § 306b II Nr 1 ist hier nicht erforderlich, dass das Opfer sich zur Zeit der Tat in einer in Brand gesetzten Räumlichkeit befand. Der Tod muss *durch* eine Brandstiftung nach den §§ 306–306b verursacht sein, etwa durch Verbrennen, Ersticken infolge Rauchvergiftung oder Sauerstoffmangels, Einstürzen des Mauerwerks usw. Insoweit reicht schon aus, dass das Opfer sich im unmittelbaren Wirkungsbereich des Brandes bzw des (teilweise) zerstörten Objekts befindet und sich in seinem Tod ein brandstiftungsspezifisches Risiko verwirklicht.

**972** Umstritten ist, ob es noch in den Verantwortungsbereich des Brandstifters fällt, wenn sich eine Person, sei es ein Feuerwehrmann sei es ein sonstiger Helfer, in Kenntnis der Lage in den Gefahrenbereich (zurück) begibt, etwa um einen Dritten oder wertvolles Gut zu **retten**, und hierdurch zu Tode kommt. Das Problem stellt sich nicht nur bei § 306c, sondern entsprechend bei §§ 306a II (auch iV mit § 306d I, II), 306b I, II Nr 1 im Hinblick auf den dortigen (Gefahr-)Erfolg.

Verwirklicht sich eines der brandtypischen Risiken, soll nach einer zu weit gehenden Ansicht grundsätzlich die Erfolgszurechnung zu bejahen sein, weil es in solchen, vom Täter geschaffenen Situationen gerade typischerweise zu Unfällen von Helfern komme[53]. Die ganz überwiegende Ansicht hingegen hebt hinsichtlich einer möglichen Unterbrechung des Zurechnungszusammenhangs auf den Grundsatz **frei verantwortlicher Selbstgefährdung**[54] ab sowie auf Art und Umfang der Pflichtenstellung des

---

50 *Fischer*, § 306b Rn 8 ff; *Hecker*, GA 99, 332; *Rengier*, BT II § 40 Rn 79 ff; SK-*Wolters*, § 306b Rn 14 ff; LG Itzehoe (Jugendkammer) HRRS 09 Nr 362 hatte mit Beschluss vom 12.3.2009 den Weg der konkreten Normenkontrolle gem. Art. 100 I GG beschritten; BVerfG HRRS 11 Nr 280 hat die Vorlage als unzulässig zurückgewiesen.
51 BGH NStZ 17, 290.
52 BGH NStZ-RR 13, 277, 278 mit zust. Anm. *Theile*, ZJS 14, 122.
53 *Geppert*, Jura 98, 597, 602; für speziell ausgebildete „professionelle" Helfer erwägt *Stein*, Einführung, S. 118, eine Ausnahme.
54 Dazu näher *Wessels/Beulke/Satzger*, AT Rn 264, 286 ff mwN; siehe auch *Eisele*, BT I Rn 1078 f; *Rengier*, BT II § 40 Rn 67 ff; komprimierte Darstellung des Diskussionsstands bei S/S-*Heine/Bosch*, § 306c Rn 5 ff; siehe auch *Satzger*, Jura 14, 695.

*Prüfungsaufbau: Besonders schwere Brandstiftung, § 306b I* **§ 21 II 7**

Helfers[55]. Welche Anforderungen an die Freiverantwortlichkeit zu stellen sind, ist allerdings umstritten[56]. Weitgehend Einigkeit besteht immerhin darüber, dass die Folgen eines von vornherein sinnlosen oder mit offensichtlich zu hohen Risiken verbundenen (unvernünftigen) Rettungsversuchs dem Brandstifter nicht zugerechnet werden[57].

Einfache Fahrlässigkeit im Hinblick auf die Todesfolge genügt nicht. § 306c verlangt **973** wenigstens **Leichtfertigkeit**. Der Täter muss also die im Verkehr erforderliche Sorgfalt in besonders schwerwiegender Weise verletzt haben (siehe zum Begriff BGHSt 33, 66)

**Fälle** bei *Murmann*, Jura 01, 260; *Kreß/Weißer*, JA 06, 119.

Da W in den Flammen der abbrennenden Scheune zu Tode kam, ist im **Fall 58** § 306b I **974** Alt. 1, II Nr 1, insbesondere aber § 306c zu prüfen, bei dessen Vorliegen § 306b verdrängt würde. Als Grundtatbestand zu § 306c kommt hier lediglich § 306 I Nr 6 in Betracht, weil A nur landwirtschaftliche Erzeugnisse vorsätzlich in Brand gesetzt hat. Ohne das Anzünden des Strohs wäre W nicht gestorben. Darüber hinaus müsste sich in seinem Tod eine der Gefahren verwirklichen, die der konkreten Tat des A nach § 306 I Nr 6 eigentümlich waren. Zwar starb W nicht unmittelbar infolge des Inbrandsetzens des Strohs, sondern erst in den Flammen der brennenden Scheune. Doch gehört es zu den typischen Risiken des Inbrandsetzens von Stroh in einer Scheune, dass dessen Brand auf die Scheune übergreift. Deshalb ist der Tod des W durch die Brandstiftung nach § 306 I Nr 6 „verursacht". Da nach der Vorstellung des A der Tod eines Menschen ausgeschlossen war, bleibt die Frage, ob er durch sein Tun den Tod des W *wenigstens leichtfertig* bewirkt hat. Das ist zu bejahen; das Anzünden von Stroh in einer Scheune, in der, wie der Täter weiß, Menschen schlafen, stellt ein in grobem Maße fahrlässiges Verhalten dar. Die sich auch ihm aufdrängende Möglichkeit eines tödlichen Verlaufs seiner Handlung hat A aus besonderem Leichtsinn außer Acht gelassen; er hat also leichtfertig gehandelt. Die §§ 306 I Nr 6 (306b), 222, 229 treten hinter § 306c zurück.

## 7. Prüfungsaufbau: Besonders schwere Brandstiftung, § 306b I

**Besonders schwere Brandstiftung, § 306b I** **975**

I. **Tatbestandsmäßigkeit**
   1. **Objektiv und subjektiv tatbestandsmäßige Brandstiftung nach**
      – **§ 306**
      – **§ 306a I**
      – **§ 306a II**
      → bezieht sich auf Tatobjekt des § 306, aber keine Fremdheit erforderlich
   2. **Eintritt und Verursachung der schweren Folge**
      – **schwere Gesundheitsschädigung eines anderen Menschen**
      – **oder Gesundheitsschädigung einer großen Zahl von Menschen**
   3. **Objektive Zurechnung**
      a) **Zurechnung der schweren Folge zum Verhalten des Täters nach allgemeinen Zurechnungsregeln**
      Ⓟ Zurechnungszusammenhang bei Rettern

---

55 MüKo-*Radtke*, § 306c Rn 20 f.
56 Eingehend *Radtke/Hoffmann*, GA 07, 201 mwN; *Stuckenberg*, Roxin-FS II, S. 411.
57 SK-*Wolters*, § 306c Rn 4; S/S-*Heine/Bosch*, § 306c Rn 7.

315

**§ 21** *Brandstiftung*

> **b) Tatbestandsspezifischer Gefahrzusammenhang zwischen der Brandstiftung und der schweren Folge**
> **4. (wenigstens) Fahrlässigkeit hinsichtlich der schweren Folge (§ 18)**
> → idR nur noch objektive Erkennbarkeit des Gefahrzusammenhangs und objektive Vorhersehbarkeit der schweren Folge zu prüfen
> **II. Rechtswidrigkeit**
> **III. Schuld**
> → insb. subjektive Erkennbarkeit des Gefahrzusammenhangs und subjektive Vorhersehbarkeit der schweren Folge

## 8. Prüfungsaufbau: Brandstiftung mit Todesfolge, § 306c

**976**

> **Brandstiftung mit Todesfolge, § 306c**
> **I. Tatbestandsmäßigkeit**
> **1. Objektiv und subjektiv tatbestandsmäßige Brandstiftung nach §§ 306–306b**
> **2. Eintritt und Verursachung des Todes**
> **3. Objektive Zurechnung**
> **a) Zurechnung der schweren Folge zum Verhalten des Täters nach allgemeinen Zurechnungsregeln**
> Ⓟ Zurechnungszusammenhang bei Rettern
> **b) Tatbestandsspezifischer Gefahrzusammenhang zwischen der Brandstiftung und der schweren Folge**
> **4. (wenigstens) Leichtfertigkeit hinsichtlich des Todes (§ 18)**
> → idR nur noch objektive Erkennbarkeit des Gefahrzusammenhangs und objektive Vorhersehbarkeit der schweren Folge zu prüfen
> **II. Rechtswidrigkeit**
> **III. Schuld**
> → insb. subjektive Erkennbarkeit des Gefahrzusammenhangs und subjektive Vorhersehbarkeit der schweren Folge

## III. Fahrlässige Brandstiftung nach § 306d

**977** § 306d I erfasst fahrlässiges Handeln in Fällen des § 306 und des § 306a I, daneben entgegen der gesetzlichen Überschrift auch Fälle *vorsätzlichen* Handelns iS des § 306a II, *soweit* hierdurch die Gefahr einer Gesundheitsschädigung fahrlässig verursacht wird (Vorsatz-Fahrlässigkeits-Kombination iS § 11 II), wobei die Strafdrohung für alle drei Varianten – im Hinblick auf Tatunrecht und Schuld nicht begründbar – die gleiche ist. Darüber hinaus passt von den Strafrahmen her § 306d I Hs. 2 nicht zur Regelung des § 306 I: Erfüllt der Täter § 306, wird er mit Freiheitsstrafe von einem Jahr bis zu zehn Jahren bestraft (am Beispiel: ein Spaziergänger setzt vorsätzlich einen Wald in Brand); bringt er dadurch außerdem einen anderen (etwa einen weiteren Spaziergänger) fahrlässig in die Gefahr einer Gesundheitsschädigung, sieht § 306d I für die Tat lediglich Freiheitsstrafe bis zu fünf Jahren oder Geldstrafe vor[58].

---

58 *Wertungswidersprüche* sehen auch *Fischer*, § 306d Rn 6; S/S-*Heine/Bosch*, § 306d Rn 1; *F.-C. Schroeder*, GA 98, 571, 574; vgl dazu SK-*Wolters*, § 306d Rn 7.

*Straßenverkehrsgefährdung, Entfernen vom Unfallort und Trunkenheit im Verkehr* **§ 22**

Hat der Täter in Fällen des § 306a II sowohl fahrlässig gehandelt als auch die Gefahr fahrlässig verursacht (Fahrlässigkeits-Fahrlässigkeits-Kombination), kommt § 306d II zum Zuge[59]. Das führt zu einer weiteren Ungereimtheit: Bei einem Täter, der „nur" ein fremdes Tatobjekt des § 306 fahrlässig in Brand setzt, beträgt die Höchststrafe fünf Jahre Freiheitsstrafe (am **Beispiel:** durch eine achtlos weggeworfene Zigarette verursacht ein Spaziergänger einen Waldbrand). Bringt der Täter aber dadurch noch einen anderen Menschen fahrlässig in die Gefahr einer Gesundheitsschädigung, liegt die Höchstgrenze bei drei Jahren Freiheitsstrafe.

**Löscht** der Täter freiwillig den Brand, bevor ein erheblicher Schaden entsteht, wird er gem. § 306e II nicht nach § 306d bestraft; sein freiwilliges und ernsthaftes Bemühen kann unter den Voraussetzungen des § 306e III genügen (vgl BGH StV 99, 211). Den *erheblichen Schaden* iS des § 306e bejaht die Rspr., wenn die Schadensbeseitigung bezogen auf das Tatobjekt mindestens 2.500 € kostet (BGH NJW 19, 243)[60].

**979**

### IV. Herbeiführen einer Brandgefahr nach § 306f

§ 306f, ein **konkretes** Gefährdungsdelikt, setzt schon im *Vorfeld* erfolgreicher Brandstiftungen an. Gegenüber diesen Verletzungsdelikten ist die Norm subsidiär[61]. § 306f I schützt wie § 306 I in einem Katalog aufgeführte *täterfremde* Gegenstände; dabei decken sich die Kataloge allerdings nur teilweise. Bei § 306f II ist die Eigentumslage hingegen ohne Bedeutung, so dass hier eine Einwilligung *nicht* in Betracht kommt. Neben der Brandgefahr setzt § 306f II eine „dadurch" hervorgerufene konkrete Gefährdung von Leib oder Leben eines anderen Menschen oder fremder Sachen von bedeutendem Wert voraus (dazu Rn 998). § 306f III Alt. 1 stellt das fahrlässige Herbeiführen einer Brandgefahr iS des Abs. 1 unter Strafe, Alt. 2 enthält eine Vorsatz-Fahrlässigkeits-Kombination (wie § 306d I HS 2). *Tätige Reue* nach Herbeiführen einer Brandgefahr schließt der Wortlaut des § 306e aus[62].

**980**

# § 22 Straßenverkehrsgefährdung, unerlaubtes Entfernen vom Unfallort und Trunkenheit im Verkehr

**Fall 59:** Nach Entwendung eines teuren Sportwagens wird der Dieb D von der Polizeibeamtin P mit einem Motorrad verfolgt. Um sich der Festnahme zu entziehen, hindert D die hartnäckige P auf einer längeren Strecke am Überholen, indem er jeweils zur äußersten linken Fahrbahnseite hinüberwechselt, sobald P zum Überholen ansetzt. Einige Male entgeht P nur um Haaresbreite einer Kollision. Über den letzten nochmals scheiternden Versuch der P, an dem Auto vorbeizukommen, ist D so erbost, dass er beim abrupten Wechsel der Fahr-

**981**

---

59   Näher zu den Tatvarianten SK-*Wolters*, § 306d Rn 2 ff.
60   Siehe zum erheblichen Schaden auch SK-*Wolters*, § 306e Rn 9 ff und S/S-*Heine/Bosch*, § 306e Rn 5 ff.
61   Vgl *Fischer*, § 306f Rn 7.
62   Dazu MüKo-*Radtke*, § 306e Rn 5; S/S-*Heine/Bosch*, § 306e Rn 16.

§ 22 *Straßenverkehrsgefährdung, Entfernen vom Unfallort und Trunkenheit im Verkehr*

bahn eine Verletzung der P billigend in Kauf nimmt. Nur ihre Fahrkunst bewahrt P vor einem Aufprall. Bei einem erneuten Manöver dieser Art gelingt es P schließlich, rechts an D vorbeizufahren. Der Aufforderung zum Anhalten leistet D aber erst Folge, als er bemerkt, dass sich zwei Streifenwagen in seine Verfolgung eingeschaltet haben.

Welche Verkehrsgefährdungsdelikte könnten vorliegen? **Rn 989**

Es stellt sich die Frage, ob das verkehrsgefährdende Verhalten des D unter § 315b I Nr 2 oder unter § 315c I Nr 2b fällt.

## I. Systematischer Überblick

**982** Mit Verkehrsfragen befassen sich im 28. Abschnitt des Besonderen Teils des StGB die §§ 315–316. Während der *Bahn-, Schiffs-* und *Luftverkehr* in §§ 315, 315a thematisiert wird, handeln §§ 315b-e von den Straftaten mit Bezug zum *Straßenverkehr*. § 316 schließlich gilt für alle genannten Verkehrsarten (zu häufigen **Klausurproblemen** knapp *Kopp*, JA 99, 943; **Fall** bei *Bergmann/Blaue*, ZJS 14, 397). §§ 315–315c beschreiben *konkrete Gefährdungsdelikte*, setzen zur Vollendung also den Eintritt eines Gefahrerfolgs voraus („und dadurch …"; siehe Rn 287). Hingegen stellt § 316, Trunkenheit im Verkehr, ein *gefährliches* Verhalten als solches unter Strafe: Wer im Verkehr (§§ 315–315e) ein Fahrzeug führt, obwohl er infolge des Genusses alkoholischer Getränke oder anderer berauschender Mittel nicht in der Lage ist, das Fahrzeug sicher zu führen, wird schon allein für dieses Tun bestraft, unabhängig davon, ob es durch das Führen des Fahrzeugs zu einer konkreten Gefährdung von Leib oder Leben eines anderen Menschen oder fremder Sachen von bedeutendem Wert kommt. Bei § 316 handelt es sich demnach um ein sog. *abstraktes Gefährdungsdelikt* (ein Gefährlichkeitsdelikt; dazu Rn 943). § 315d enthält einen im Grundtatbestand ebenfalls als abstraktes Gefährdungsdelikt ausgestalteten Straftatbestand zur Pönalisierung *illegaler Autorennen* im Straßenverkehr[1].

**983** Welche Rechtsgüter die **Straßenverkehrsdelikte** schützen, ist ebenso umstritten wie die Frage, ob insoweit eine einheitliche Bestimmung überhaupt möglich ist (dazu LK-*König*, § 315 Rn 3 f). Nach hM dienen sie dem Schutz der *Sicherheit des öffentlichen Straßenverkehrs*, daneben auch dem des Lebens, der körperlichen Unversehrtheit und des Eigentums[2]. Als **öffentlich** iS des Verkehrsstrafrechts gelten die dem allgemeinen Straßenverkehr *gewidmeten* Straßen, Wege und Plätze, aber auch Verkehrsflächen, die jedermann oder größeren Gruppen von Verkehrsteilnehmern, die nach allgemeinen Merkmalen bestimmt sind, dauernd oder vorübergehend[3] zur Benutzung offen

---

1 Ausgangspunkt war ein Gesetzesentwurf des Bundesrats (BR-Drucks. 362/16). Krit. zu diesem *Ceffinato*, ZRP 16, 201; grds. befürwortend (mit Kritik im Einzelnen) *Mitsch*, DAR 17, 70; *Zieschang*, JA 16, 721; diff. *Piper*, NZV 17, 70; vgl. auch *Neumann*, Jura 17, 160; *Jansen*, NZV 17, 214; *Preuß*, NZV 17, 105.

2 BGH NJW 89, 2550 mwN; StV 12, 218; *Lackner/Heger*, § 315b Rn 1; § 315c Rn 1; *Rengier*, BT II § 44 Rn 1; aus Praktikabilitätsgründen ebenso *Tepperwien*, Nehm-FS, S. 427, 434; aA LK-*König*, § 315b Rn 4: nur das Universalrechtsgut; *Kindhäuser/Schramm*, BT I, § 65 Rn 1; SK-*Wolters*, § 315b Rn 2, § 315c Rn 2: nur die Individualrechtsgüter; zur historischen Entwicklung der Straßenverkehrsdelikte *Hörtz*, Die Gefährdung von Tatbeteiligten im Anwendungsbereich der §§ 315b, 315c StGB, 2016, S. 88, 113 f.

3 Dazu BGH NStZ 13, 530.

318

*Gefährlicher Eingriff in den Straßenverkehr* **§ 22 II**

stehen. Dabei nimmt es der Verkehrsfläche nicht den Charakter der Öffentlichkeit, wenn für die Nutzung ein Entgelt verlangt wird[4].

**Beispiele:** Kaufhaus- und Gasthausparkplätze, Parkplätze und -häuser von Kaufhäusern, Tankstellen, Autowaschanlagen[5] usw., nicht dagegen der durch eine Schranke abgetrennte, allein der An- und Ablieferung von Waren dienende Teil eines Betriebsgeländes[6].

## II. Gefährlicher Eingriff in den Straßenverkehr

Nach der Systematik der Straßenverkehrsdelikte soll § 315b **verkehrsfremde Eingriffe** unterbinden, die **von außen her** die Sicherheit des Straßenverkehrs beeinträchtigen, indem sie diesen in seinem ungestörten, geregelten Ablauf gefährden (BGHSt 22, 6, 8). Gefährliche Verhaltensweisen **im Straßenverkehr**, auch wenn sie noch so schwerwiegend und gefahrenträchtig sind, werden dagegen **abschließend** durch den *Katalog des § 315c I Nr 2* erfasst. Daher kann § 315b nicht als Auffangtatbestand herangezogen werden, wenn sich das Fehlverhalten eines Verkehrsteilnehmers nicht unter eine der „sieben Todsünden" des § 315c Abs. 1 Nr 2a–g StGB subsumieren lässt.

984

§ 315b ist dreistufig aufgebaut. Er verlangt erstens einen **Eingriff** iS der Nrn 1–3, der zweitens für die Sicherheit des Straßenverkehrs (abstrakt) gefährlich sein und drittens sich zu einer konkreten Gefahr für eines der genannten Schutzobjekte verdichten muss[7]. Zwar braucht diese konkrete Gefahr (oder gar der Schaden) nicht innerhalb des öffentlichen Verkehrsraums (Rn 983) einzutreten. Wohl aber muss das Opfer in dem Augenblick, in dem der Täter zur Verwirklichung des Tatbestands iS des § 22 unmittelbar ansetzt, sich noch im öffentlichen Verkehrsraum befunden haben[8].

985

**Typische Beispiele** für verkehrsfremde Eingriffe von außen bilden iS der **Nr 1** das Durchtrennen der Bremsschläuche an einem Kraftwagen (BGH NJW 96, 329) oder das Zerstören eines Wechsellichtzeichens iS des § 37 StVO (= Ampel), iS der **Nr 2** das Spannen eines Drahtseils über die Fahrbahn oder das Hinüberlegen eines Baumstammes (BGH VRS 13 [1957], 125) wie auch das Fixieren einer auf die rechte Fahrbahn einer stark befahrenen Autobahn geworfenen Person auf dem Boden (BGH NStZ 07, 34), iS der **Nr 3** das Werfen von Steinen oder anderen Gegenständen auf fahrende Fahrzeuge (BGHSt 48, 119) oder die Abgabe von Schüssen auf Verkehrsteilnehmer (BGHSt 25, 306).

Allgemein nimmt derjenige einen *ähnlichen, ebenso gefährlichen Eingriff* iS des § 315b I Nr 3 vor, dessen Verhalten zwar kein Zerstören, Beschädigen oder Beseitigen iS der Nr 1 bzw kein Hindernis-Bereiten iS der Nr 2 darstellt, das aber im Ergebnis ebenso gefährlich ist[9].

---

4 BGHSt 49, 128; BGH NStZ 04, 625; StV 12, 218; instruktiv zum Ganzen *Geppert*, Jura 96, 639; LK-*König*, § 315b Rn 4 ff.
5 OLG Oldenburg NZV 18, 532 mit krit. Anm. *Krumm*.
6 LG Arnsberg ZfSch 17, 111.
7 Vgl BGHSt 48, 119, 122; BGH NStZ 09, 100; DAR 12, 390 f; lehrreich dazu *Dencker*, Nehm-FS, S. 373; NK-*Zieschang*, § 315b Rn 3; SSW-*Ernemann*, § 315b Rn 5.
8 BGH StV 12, 218 mit Bespr. von *Geppert*, DAR 12, 372.
9 *Maurach/Maiwald*, BT II § 53 Rn 16, hinsichtlich der Bestimmtheit mit Bedenken, die von der hM nicht geteilt werden; vgl BGHSt 22, 365, 367; LK-*König*, § 315 Rn 40 f mwN; zur Kasuistik siehe *Geppert*, Jura 96, 639, 644; *König*, JA 03, 818.

**§ 22** *Straßenverkehrsgefährdung, Entfernen vom Unfallort und Trunkenheit im Verkehr*

**986** Der Eingriff ist für die Sicherheit des Straßenverkehrs **abstrakt gefährlich**, wenn er sich störend auf Verkehrsvorgänge auswirkt und so zu einer Steigerung der *allgemeinen Betriebsgefahr* führt. Diese abstrakte Gefährlichkeit muss sich sodann zu einer **konkreten Gefahr** für Leib oder Leben einer anderen Person oder für eine Sache von bedeutendem Wert verdichten (näher dazu unten Rn 997; zur Frage, ob eine konkret gefährdete Person wirksam in ihre Gefährdung einwilligen kann[10], vgl Rn 1001). Der Schutzzweck der Vorschrift gebietet dabei eine einschränkende Auslegung. Als konkrete Gefahr iS des § 315b[11] kommt nur eine solche in Betracht, die **verkehrsspezifisch** ist[12]. Das bedeutet: sie muss – jedenfalls auch – auf die Wirkungsweise der für Verkehrsvorgänge typischen Fortbewegungskräfte (die Dynamik des Straßenverkehrs) zurückzuführen sein[13].

**Beispiel:** Feuert der Täter auf den Fahrer des neben ihm befindlichen Fahrzeugs einen Schuss aus einer Pistole ab, so sind verkehrstypisch etwa die Gefahren, die daraus resultieren, dass der Fahrer infolge des Schusses die Kontrolle über sein Fahrzeug verliert und es deshalb zumindest zu einem „Beinahe-Unfall" (zu diesem Kriterium siehe Rn 997) kommt. Nicht verkehrstypisch ist dagegen die Gefahr, die sich losgelöst vom Verkehrsgeschehen unmittelbar aus den abgefeuerten Projektilen für Leib oder Leben des Fahrers ergibt[14].

Im Normalfall gehen der verkehrsfremde Eingriff und die Begründung der abstrakten Gefahr dem Eintritt der konkreten Gefahr zeitlich voraus – so etwa, wenn der Täter nachts einen Baumstamm über die Fahrbahn legt, dadurch die allgemeine Betriebsgefahr erhöht und diese sich schließlich bei einem späteren Herannahen eines Fahrzeugs zur konkreten Gefahr verdichtet. Das ist aber nicht zwingend. § 315b I kommt auch in Betracht, wenn der Eingriff *unmittelbar* zu einer konkreten Gefahr oder sogar zu einer Schädigung führt, sofern dieser Erfolg zugleich eine Steigerung (Konkretisierung) der durch die Tathandlung bewirkten abstrakten Gefahr für die Sicherheit des Straßenverkehrs darstellt[15].

**Beispiel:** Der Täter wirft von einer Autobahnbrücke auf das unter dieser durchfahrende Fahrzeug einen schweren Gesteinsbrocken. Hier treffen die abstrakte Gefährdung des Straßenverkehrs und die konkrete Gefahr für das Fahrzeug durch den drohenden Aufprall des Gesteinsbrockens zeitlich zusammen. Da diese konkrete Gefahr in Verbindung mit der Nutzung des Fahrzeugs als Fortbewegungsmittel und der daraus resultierenden Dynamik steht, ist sie verkehrstypisch. Für eine Strafbarkeit nach § 315b ist es deshalb hier nicht erforderlich, dass es noch zu weiteren Gefahren wie einem „Beinahe-Unfall" infolge eines Kontrollverlustes des Fahrers über das Fahrzeug kommt[16].

**987** Wie erwähnt (Rn 984), scheidet § 315b *grundsätzlich* für alle Vorgänge des fließenden und ruhenden Verkehrs aus; § **315c** kommt insoweit eine Sperrwirkung zu. Eine *Ausnahme* davon gilt aber für Verhaltensweisen, die sich nicht in der Verletzung von

---

10  *Fischer*, § 315b Rn 16a; LK-*König*, § 315b Rn 74a f.
11  Zum „Beinahe-Unfall" knapp unten Rn 997; ausf. *Fischer*, § 315b Rn 5, 17; LK-*König*, § 315b Rn 63, jeweils mwN.
12  BGHSt 48, 119, 122, 124; BGH NStZ 09, 100, 101.
13  Vgl dazu auch LK-*König*, § 315b Rn 83 f.
14  BGH NStZ 09, 100, 101; NStZ-RR 17, 356.
15  So BGHSt 48, 119 mit krit. Anm. *König*, JR 03, 255; im Erg. zust., aber krit. zur postulierten Dreistufigkeit des § 315b *Dencker*, Nehm-FS, S. 373, 375; vgl auch *Fischer*, § 315b Rn 8a.
16  BGHSt 48, 119, 122 ff.

*Gefährlicher Eingriff in den Straßenverkehr* **§ 22 II**

Verkehrsregeln und in einer fehlerhaften Verkehrsteilnahme erschöpfen, sondern auf Grund einer **bewussten Zweckentfremdung** eines Fahrzeugs und der damit verbundenen Gefahrverursachung den Charakter von **verkehrsfeindlichen Einwirkungen** annehmen[17] (beachte auch Rn 988). Das kommt vor allem dann in Betracht, wenn das Fahrzeug nicht seiner Zweckbestimmung gemäß als Fortbewegungsmittel benutzt, sondern zweckfremd und verkehrsfeindlich als Mittel einer *gezielten Verkehrsbehinderung* von einigem Gewicht eingesetzt wird.

**Beispiele:** Das absichtliche Verhindern eines Überholversuchs durch Abschneiden des Weges[18]; das Provozieren eines Auffahrunfalls durch abruptes Bremsen;[19] das vorsätzliche Rammen eines am Fahrbahnrand geparkten Kraftwagens[20]; das **gezielte Zufahren** auf eine Person, etwa einen Halt gebietenden Polizeibeamten, um ihn zur Freigabe der Fahrbahn zu zwingen[21]. Dagegen fehlt es in den Fällen des gezielten Zufahrens an einer bewussten Zweckentfremdung, wenn der Fahrer (insbesondere bei Benutzung eines wendigen Motorrads) die Absicht verfolgt, an der Person *vorbeizufahren* oder *um sie herumzufahren* und das ohne deren Gefährdung für möglich hält[22]. Auch Verstöße *geringeren* Gewichts, wie etwa langsames Zufahren auf einen Fußgänger, der ohne Schwierigkeit und ohne Gefahr ausweichen kann, erfüllen den Tatbestand des § 315b I Nr 3 nicht[23]. Um einen solchen geringfügigen Verstoß handelt es sich freilich nicht mehr, wenn der Täter bei einer Geschwindigkeit von 20 km/h mit einem Kraftwagen gezielt auf einen Fußgänger zufährt, ihn *verletzen will* und die beabsichtigte Verletzung auch erreicht (BGH JZ 83, 811).

Nach einem Urteil des 4. Strafsenats (BGH NJW 99, 3132) soll § 315b sogar bei objektiv **verkehrsgerechtem Verhalten** erfüllt sein, wenn es von der **Absicht** geleitet ist, einen Verkehrsunfall herbeizuführen[24].

**Beispiel:** Der PKW-Fahrer P setzt den Blinker und bremst sein Fahrzeug vor der Einfahrt einer links gelegenen Tankstelle ab. Der nachfolgende Fahrzeugführer F geht, wie von P vorausgesehen und geplant, davon aus, dass P erst mehrere Meter nach der Tankstelle an einer Kreuzung links abbiegen will, und fährt deshalb mit seinem Wagen hinten auf den PKW des P auf. P geht es darum, Leistungen aus der Kfz-Versicherung des F in Anspruch zu nehmen.

Die Entscheidung des 4. Senats kann nicht überzeugen. Allein der Umstand, dass ein Fahrer auf das Fehlverhalten eines anderen Verkehrsteilnehmers *hofft*, macht sein eigenes verkehrsgerechtes Handeln nicht zu einem verkehrsfeindlichen Eingriff. Sein Verhalten erfüllt schon nicht die tatbestandlichen Umschreibungen des § 315b I[25].

In **subjektiver Hinsicht** verlangt die Rspr. für den verkehrsfeindlichen Eingriff schon seit jeher, dass der Täter neben dem erforderlichen Gefährdungsvorsatz das von ihm gesteuerte Fahrzeug in verkehrsfeindlicher Einstellung *bewusst zweckwidrig* **988**

---

17 BGHSt 41, 231, 234 (mit krit. Anm. *Ranft*, JR 97, 210); 48, 233; *Fischer*, § 315b Rn 9; zu solchen Eingriffen von innen vgl auch *König*, JA 03, 818 mwN.
18 BGHSt 21, 301; 22, 67; OLG Celle DAR 85, 125.
19 Zu weit BGH NStZ 92, 182 mit abl. Anm. *Scheffler*, NZV 93, 463; vgl auch BGH NZV 16, 533.
20 BGH NStZ 95, 31; 02, 252; krit. *Dencker*, Nehm-FS, S. 373, 378, 384.
21 BGHSt 23, 4; 26, 176; Kasuistik bei *Fischer*, § 315b Rn 11 ff.
22 BGHSt 28, 87, 89; BGH NStZ 85, 267; DAR 97, 281; *Fischer*, § 315b Rn 13.
23 Dazu *Fischer*, § 315b Rn 12a mwN; sie können aber nach § 240 strafbar sein, vgl BGHSt 28, 87, 90.
24 Zust. *Freund*, JuS 00, 754; LK-*König*, § 315b Rn 33a; SSW-*Ernemann*, § 315b Rn 13; *Murmann*, Herzberg-FS, S. 123, 135 f und *Rengier*, BT II § 45 Rn 20.
25 Wie hier *Eisele*, BT I Rn 1156; *Kudlich*, StV 00, 23 und *Rath*, Gesinnungsstrafrecht, 2002, S. 47, jeweils mit weiteren Argumenten.

**§ 22** *Straßenverkehrsgefährdung, Entfernen vom Unfallort und Trunkenheit im Verkehr*

einsetzt, mithin in der *Absicht* handelt, den Verkehrsvorgang zu einem Eingriff in den Straßenverkehr zu „pervertieren"[26]. Darüber hinaus fordert die neuere Rechtsprechung, dass das Fahrzeug auch mit (mindestens bedingtem) **Schädigungsvorsatz**, „etwa als Waffe oder Schadenswerkzeug", missbraucht werden muss. Denn erst dann liege eine über den Tatbestand des § 315c hinausgehende verkehrs-atypische Pervertierung, also ein gefährlicher Eingriff iS des § 315b I vor[27]. Das bedeutet für die besonders klausurträchtigen Fälle des **gezielten Zufahrens** auf eine Person, um sie zur Freigabe der Fahrbahn zu zwingen[28], dass der subjektive Tatbestand des § 315b I Nr 3 nur noch erfüllt ist, wenn der Täter nicht nur die konkrete Gefahr[29] für eines der in § 315b genannten Schutzgüter, sondern auch ihre *Realisierung* billigend in Kauf genommen hat. (Je nach Richtung des Schädigungsvorsatzes wird dann auch eine [versuchte] Tat nach §§ 224 I Nr 2, 5; 211 oder § 305a vorliegen.)

**Beispiel:** Fährt der PKW-Fahrer, um einer Verkehrskontrolle zu entgehen, auf den ihm Halt gebietenden Polizisten in der Erwartung zu, dieser werde im letzten Augenblick zur Seite springen und sich in Sicherheit bringen, scheidet eine Strafbarkeit nach § 315b I Nr 3 mangels bedingten Schädigungsvorsatzes aus.

Liegt der Schädigungsvorsatz vor und will der Täter mit seinem verkehrsfeindlichen Eingriff eine andere Straftat verdecken, ist die Tat nach § 315b III iVm § 315 III qualifiziert.

**989**    Durch die zweckfremde Verwendung des gestohlenen Autos als Mittel gezielter und grober Verkehrsbehinderung gegenüber P hat D im **Fall 59** ein die Verkehrssicherheit erheblich beeinträchtigendes **Hindernis** bereitet; dadurch hat er Leib oder Leben der P **vorsätzlich** in eine **konkrete** Gefahr gebracht (näher BGHSt 21, 301; 22, 6; BGH NJW 95, 3131; MDR 96, 88; zum Gefährdungsvorsatz i.S. des § 315b I grundlegend BGHSt 22, 67). Darüber hinaus wies er bei seinem abrupten Fahrbahnwechsel bedingten Körperverletzungsvorsatz hinsichtlich P auf. Mithin sind § 315b I Nr 2 und §§ 224 I Nr 2, II, 22 verwirklicht. Da D zudem in der Absicht gehandelt hat, den zuvor begangenen Diebstahl zu verdecken, tritt eine **Strafschärfung** nach § 315b III iVm § 315 III Nr 1b Alt. 2[30] ein (vgl BGH VRS 71 [1996], 193). Nach hM besteht ferner Tateinheit mit § 315c I Nr 2b[31].

Zur Frage einer Bestrafung des D wegen *Widerstands gegen Vollstreckungsbeamte* (§ 113 I, II) siehe oben Rn 599 ff.

---

26   Ständige Rechtsprechung: vgl etwa BGH NStZ 03, 486; dazu *König*, NStZ 04, 175.
27   Näher dazu BGHSt 48, 233 (mit abl. Anm. *Seier/Hillebrand*, NZV 03, 490; abl. auch *König*, NStZ 04, 175 und NZV 05, 27; siehe auch *Brüning*, ZJS 12, 394); BGH NStZ 10, 391; NZV 16, 533.
28   BGHSt 23, 4; 26, 176; Kasuistik bei *Fischer*, § 315b Rn 11 ff.
29   Dazu in den Zufahr-Fällen BGH StV 16, 286.
30   Zu Fällen des § 315 III Nr 1a siehe BGH NStZ-RR 01, 298; NStZ 03, 266 und *Fischer*, § 315 Rn 22 sowie LK-*König*, § 315 Rn 111 ff.
31   BGHSt 22, 67, 75 f; BGH VRS 65 (1983), 359; *Fischer*, § 315b Rn 23; aA LK-*König*, § 315b Rn 95; S/S-*Hecker*, § 315b Rn 18 und SK-*Wolters*, § 315c Rn 27, der Gesetzeseinheit mit Vorrang des § 315b annimmt.

*Gefährdung des Straßenverkehrs* **§ 22 IV**

## III. Prüfungsaufbau: Gefährlicher Eingriff in den Straßenverkehr, § 315b I

---

**Gefährlicher Eingriff in den Straßenverkehr, § 315b I**                                    **990**

   **I. Tatbestandsmäßigkeit**
     **1. Objektiver Tatbestand**
       **a) verkehrsfremder Eingriff (Nr 1–3)**
         → grds. nur Eingriffe von außen in den Straßenverkehr
         Ⓟ bewusste Zweckentfremdung eines Kfz in verkehrsfeindlicher Einstellung, sog. verkehrsfeindlicher Inneneingriff
         Ⓟ objektiv verkehrsgerechtes Verhalten mit Schädigungsabsicht
         Ⓟ Zufahren auf einen Polizeibeamten
       **b) dadurch Beeinträchtigung der Sicherheit des Straßenverkehrs**
       **c) dadurch konkrete „verkehrsspezifische" Gefahr für**
         **– Leib oder Leben eines anderen Menschen**
           Ⓟ Insassen des Täterfahrzeuges, Teilnehmer an der Tat
         **– oder eine fremde Sache von bedeutendem Wert**
           → zurzeit ab ca. 750 €
           Ⓟ Tatfahrzeug, das nicht dem Täter gehört
     **2. Subjektiver Tatbestand**
         Ⓟ Schädigungsvorsatz beim verkehrsfeindlichen Inneneingriff
   **II. Rechtswidrigkeit**
   **III. Schuld**
→   **Qualifikation: § 315b III iVm § 315 III Nr 1**
→   **Erfolgsqualifikation: § 315b III iVm § 315 III Nr 2**

---

## IV. Gefährdung des Straßenverkehrs

---

**Fall 60:** Der Kellner A spült seinen beruflichen Ärger mit einigen Gästen nach Dienst-    **991**
schluss mit einigen hastig getrunkenen Schnäpsen hinunter. Als er die Heimfahrt mit seinem
PKW antritt, hat er eine Alkoholmenge im Körper, die zu einer Blutalkoholkonzentration
von mehr als 1,1‰ führt; gleichwohl hält A sich noch für fahrsicher. Unterwegs streift er
den Mopedfahrer M, den er aus Unachtsamkeit zu spät bemerkt hat und der bei dem Unfall
so schwer verletzt wird, dass er kurz darauf stirbt. Um sich der Feststellung seiner Person zu
entziehen, setzt A seine Fahrt ohne Unterbrechung mit erhöhter Geschwindigkeit fort, wobei er für geraume Zeit die Fahrzeugbeleuchtung ausschaltet.

Nach etwa 8 km gerät er in eine Verkehrskontrolle, die zu seiner Ermittlung als Unfallverursacher führt.

Strafbarkeit des A? **Rn 1002, 1004, 1031, 1038**

---

Das Verhalten des A erfüllt alle Voraussetzungen der fahrlässigen Tötung (§ 222). Näherer
Prüfung bedarf das Vorliegen einer vorsätzlichen oder fahrlässigen **Gefährdung des Straßenverkehrs** (§ 315c I Nr 1a, III Nr 2, sowie ggf das einer Trunkenheit im Verkehr (§ 316).

323

**§ 22** *Straßenverkehrsgefährdung, Entfernen vom Unfallort und Trunkenheit im Verkehr*

### 1. Begriff des Fahrzeugführens

**992** § 315c I Nr 1 ist ein **eigenhändiges** Delikt. **Täter** kann deshalb nur sein, wer im Straßenverkehr **ein Fahrzeug** selbst **führt**. Eine Zurechnung des Verhaltens anderer nach § 25 I Alt. 2 (mittelbare Täterschaft) oder § 25 II (Mittäterschaft) scheidet aus. Als Fahrzeug zählt grds. jedes Beförderungsmittel zur Fortbewegung im öffentlichen Verkehr.

**Beispiele:** Kraftfahrzeuge, Fahrräder, Pferdefuhrwerke, Krankenfahrstühle iS von § 24 II StVO; nicht dagegen Fortbewegungsmittel iS von § 24 I StVO: Rollstühle, Kinderwagen, Roller, Rollschuhe, Inline-Skates[32].

Maßgebend für das Führen ist der **Bewegungsvorgang** im Verkehr. Ein Fahrzeug führt daher, wer es allein oder mitverantwortlich in Bewegung setzt oder hält und durch den öffentlichen Verkehrsraum lenkt. Handlungen *vor Fahrtbeginn* wie das Sitzen im Fahrzeug auf dem Fahrersitz, das Anlassen des Motors, das Einschalten des Abblendlichtes oder das Lösen der Handbremse genügen ebenso wenig wie Vorgänge nach Fahrtende wie das Abstellen des Motors oder das Verlassen des Kraftfahrzeugs; auch das Losrollen aufgrund nicht angezogener Feststellbremse nach Fahrtende reicht nicht (OLG Karlsruhe NZV 06, 441). Der im Fahrzeug lediglich mitfahrende Halter ist kein Fahrzeugführer. Dasselbe gilt für den Fahrlehrer, solange er sich auf Anweisungen beschränkt und nicht einen zumindest wesentlichen Teil der zur Fortbewegung bestimmten Vorrichtungen selbst bedient[33]. Dagegen ist der Einsatz von Motorkraft nicht erforderlich. Ein Fahrzeug führt daher auch derjenige, der einen mit einem Seil abgeschleppten oder von anderen angeschobenen PKW lenkt (BGHSt 36, 341)[34], oder der einen Wagen auf einer Gefällstrecke abrollen lässt, ohne den Motor zu starten (BGHSt 35, 390).

**993** Anders als eine **Trunkenheitsfahrt iS des § 316** ist die unter den Voraussetzungen des § 315c I Nr 1a, III begangene Straßenverkehrsgefährdung *kein Dauerdelikt* (BGHSt 23, 141, 147; vgl auch Rn 982). Der Verstoß gegen § 315c I Nr 1a beginnt nämlich nicht schon mit dem Antritt der Fahrt, sondern erst mit dem **Herbeiführen einer konkreten Gefahr** für Leib oder Leben eines anderen oder für fremde Sachen von bedeutendem Wert. *Vollendet* ist die Tat mit dem Eintritt dieser Gefahr; *beendet* und damit auch nach der Rechtsprechung nicht mehr teilnahmefähig ist sie mit deren Beseitigung (BGH VRS 62 [1982], 191)[35]. Sind von derselben Gefahrenlage mehrere Personen gleichzeitig betroffen, liegt nicht gleichartige Tateinheit (§ 52 I Alt. 2), sondern nur *eine* Gesetzesverletzung vor[36]. Nach BGH StV 89, 154 soll dasselbe für mehrere Gefährdungen während derselben Trunkenheitsfahrt gelten.

---

32 LG Landshut BAK 16, 267; *F. Zimmermann*, JuS 10, 22.
33 BGHSt 59, 311 (= NJW 15, 1124) mit zust. Anm. *Kudlich*, JA 15, 232.
34 Näher zum Ganzen LK-*König*, § 315c Rn 11 ff, 34 ff.
35 Das schließt nicht aus, dass im Einzelfall mehrere Verstöße gegen § 315c I Nr 1a eine einheitliche Tat im Rechtssinne bilden können, wie etwa im Rahmen einer sog. *natürlichen Handlungseinheit*, vgl BGHSt 23, 141, 148; LK-*König*, § 315c Rn 209.
36 BayObLG NJW 84, 68; *Geppert*, Anm. NStZ 89, 320; anders SK-*Wolters*, § 315c Rn 27: Tateinheit.

## 2. Absolute und relative Fahrunsicherheit

Nach allgemein anerkannter Auffassung ist ein Fahrzeugführer **fahrunsicher**[37], wenn  994
seine Gesamtleistungsfähigkeit durch Enthemmung (= Selbstüberschätzung, erhöhte
Risikobereitschaft, Verlust von Umsicht und Besonnenheit) sowie infolge geistig-
seelischer oder körperlicher Leistungsausfälle so weit herabgesetzt ist, dass er **nicht
mehr fähig** ist, sein Fahrzeug im Straßenverkehr eine längere Strecke (auch bei
plötzlichem Auftreten schwieriger Verkehrslagen) **sicher zu führen**[38]. Diese Fahruntüchtigkeit muss auf Alkoholgenuss bzw den Genuss anderer berauschender Mittel
(zB Kokain, Heroin) oder auf geistige oder körperliche Mängel (zB Übermüdung,
Wahrnehmungsstörungen durch Medikamente) zurückzuführen sein. Im Hinblick auf
die **Beweisführung** bei der *alkoholbedingten Fahruntüchtigkeit* sind zwei Varianten
zu unterscheiden:

**Absolute Fahrunsicherheit** ist bei allen **Kraftfahrern** ab einer *Blutalkoholkonzen-*  995
*tration* von 1,1‰ gegeben[39]. Als absolut fahrunsicher gilt auch der Kraftfahrer, der
eine **Alkoholmenge im Körper** hat, die zu einer Blutalkoholkonzentration von
1,1‰ führt. Das gewinnt praktische Bedeutung, wenn – zB nach einem sog. *Sturz-*
*trunk* oder nach *forciertem Trinken* – eine Blutalkoholkonzentration von 1,1‰ zwar
zum Zeitpunkt der Blutprobe vorliegt, aber im *früheren* Zeitpunkt der Tat noch nicht
erreicht war; hier gleicht die sog. *Anflutungswirkung* des Alkohols das Noch-nicht-
Erreichtsein des Grenzwertes (= den sog. *„Konzentrationsfehlbetrag“*) zum Tatzeitpunkt aus.

Näher dazu sowie zur *Rückrechnungsmethode* BGHSt 25, 246; LK-*König*, § 316 Rn 28 ff; LK-
*Schöch*, § 20 Rn 106. Auf eine Atemalkoholmessung ist die Rückrechnungsmethode nicht direkt übertragbar; vgl OLG Düsseldorf BAK 16, 386. Näher zur Berechnung bei fehlender Blutprobe LK-*König*, aaO Rn 37 ff; *Schütz/Weiler*, StraFo 99, 371. Zur Alkoholdelinquenz im Verkehr aus kriminologischer Sicht siehe *Schöch*, NStZ 91, 11 und *Schwind*, Kriminologie, § 26
Rn 23, 32.

Der absolute Grenzwert von 1,1‰ gilt auch für den Führer eines abgeschleppten Kraftwagens
(BGHSt 36, 341), für Mofa-Fahrer (BGHSt 30, 251), für Fahrer von E-Scootern (LG München
I BeckRS 19, 38560) oder motorisierter Krankenfahrstühle[40] sowie für Führer von Pferdekut-
schen (OLG Oldenburg NJW 14, 2211). Er setzt sich zusammen aus einem **Grundwert** von
1,0‰, bei dessen Vorliegen *jeder* Kraftfahrer und Mofa-Fahrer nach wissenschaftlicher Erkenntnis fahrunsicher ist, und einem **Sicherheitszuschlag** von 0,1‰, der die Streubreite der
verschiedenen Blutalkoholbestimmungsmethoden auffangen soll (näher BGHSt 45, 140
mwN). **Radfahrer** werden erst bei einem Blutalkoholgehalt von 1,6‰ als absolut fahrunsicher
angesehen[41].

---

37  Zum Begriff der Fahrunsicherheit näher *Dencker*, Geppert-FS, S. 43; *Stein*, Dencker-FS, S. 307, je-
    weils mwN.
38  BGHSt 13, 83; *Fischer*, § 315c Rn 4 f; *Lackner/Heger*, § 315c Rn 3, 5; *Ranft*, JuS 92, 468.
39  BGHSt 37, 89 im Anschluss an BGHSt 21, 157, wo der Grenzwert noch auf 1,3‰ festgelegt war; krit.
    zu dieser Änderung *Konzak/Hüting*, Jura 91, 241.
40  OLG Nürnberg NStZ-RR 11, 153; dazu *Wegerich/Scheibenpflug*, NZV 12, 414.
41  Vgl OLG Karlsruhe DAR 97, 456 mwN; siehe auch *Fahl*, JA 98, 448; LK-*König*, § 316 Rn 71.

**§ 22** *Straßenverkehrsgefährdung, Entfernen vom Unfallort und Trunkenheit im Verkehr*

**996** **Relative Fahrunsicherheit** kommt (ab 0,3‰)[42] in Betracht, wenn der Grenzwert von 1,1‰ nicht erreicht oder nicht nachgewiesen ist und bestimmte **Ausfallerscheinungen** den Schluss auf eine alkoholbedingte Fahrunsicherheit zulassen[43].

**Beispiel:** Eine auffällige Fahrweise wie etwa das Fahren in Schlangenlinien, ungewöhnliche Fahrfehler, mangelhafte Reaktionen, Stolpern und Schwanken des Fahrers.

Die Unterscheidung zwischen absoluter und relativer Fahrunsicherheit hat nichts mit einem höheren oder geringeren Grad von Fahrunsicherheit zu tun. Der Fahrer gilt in beiden Fällen gleichermaßen als fahruntüchtig. Vielmehr hängt sie mit den unterschiedlichen Anforderungen zusammen, die an den **Nachweis** der Fahrunsicherheit zu stellen sind[44]. Bei der absoluten Fahruntüchtigkeit wird die Fahruntüchtigkeit allein aufgrund der Höhe der Blutalkoholkonzentration unwiderleglich vermutet; ein „Gegenbeweis" ist hier ausgeschlossen. Für die Bejahung *relativer* Fahrunsicherheit reicht dagegen die (ersetzbare, vgl OLG Zweibrücken StV 99, 321) Feststellung der Alkoholisierung für sich nicht aus. Hinzutreten müssen noch zusätzliche Beweisanzeichen und Tatsachen in Gestalt alkoholbedingter Ausfallerscheinungen. Maßgebend und notwendig ist hier stets eine **Gesamtwürdigung** aller Indizien und Umstände des Einzelfalles. Dabei rechtfertigt nicht *jedes* fehlerhafte Verhalten des alkoholisierten Fahrers im Straßenverkehr (zB das Nichtbeachten der Vorfahrt oder das Überholen mit zu geringem Seitenabstand) die Annahme eines *rauschbedingten* Versagens, denn Fahrfehler werden auch von nüchternen Kraftfahrern begangen. Unter Berücksichtigung der allgemeinen Lebenserfahrung ist vielmehr zu prüfen, ob der beschuldigte Kraftfahrer in nüchternem Zustand anders reagiert und den betreffenden Fahrfehler nicht begangen hätte[45]. Je seltener ein bestimmter Fahrfehler bei nüchternen Fahrern vorkommt und je häufiger er von alkoholisierten Fahrern begangen wird, desto eher ist der Schluss gerechtfertigt, dass er dem Beschuldigten in nüchternem Zustand nicht unterlaufen wäre (näher LK-*König*, § 316 Rn 98, 101 ff). Nähert sich der Blutalkoholgehalt des Fahrers zum Tatzeitpunkt bereits dem Grenzwert von 1,1‰ (bzw 1,6‰ bei Radfahrern), sind an die übrigen Beweisanzeichen keine allzu hohen Anforderungen zu stellen (BGHSt 31, 42, 45).

Zur Feststellung der Fahrunsicherheit bei *anderen* berauschenden Mitteln bedarf es neben dem Nachweis von Drogenwirkstoffen regelmäßig der Feststellung weiterer aussagekräftiger Beweisanzeichen, da hier der BAK von 1,1‰ entsprechende „Grenzwerte" wissenschaftlich noch nicht gesichert sind[46]. Sie kann somit stets nur nach den Grundsätzen der relativen Fahrunsicherheit ermittelt werden.

---

42 *Fischer*, § 316 Rn 31; beachte LK-*König*, § 316 Rn 93: bloßer Richtwert; vgl auch *Janker*, NZV 01, 197 und *Stein*, Dencker-FS, S. 307, 313.

43 Vgl BGHSt 22, 352; BGH NStZ 95, 88; *Lackner/Heger*, § 315c Rn 7; *Peters*, MDR 91, 487; S/S-*Hecker*, § 316 Rn 12.

44 *König*, JA 03, 131 und in LK, § 316 Rn 90.

45 Vgl BGH VRS 34 (1968), 211; 36 (1969), 174; 49 (1975), 429.

46 BGHSt 44, 219 (mit zust. Anm. *Berz*, NStZ 99, 407; krit. hingegen *L.H. Schreiber*, NJW 99, 1770); vgl auch OLG Düsseldorf JR 99, 474 mit Anm. *Hentschel*; OLG Frankfurt BA 02, 388; ferner *Mettke*, NZV 00, 199; LK-*König*, § 316 Rn 148 ff; *Scheffler/Halecker*, BA 04, 422 und S/S-*Hecker*, § 316 Rn 5.

*Gefahrverursachung* **§ 22 IV 3**

## 3.  Gefahrverursachung

**Durch die Tathandlung** muss in allen Fällen des § 315c für zumindest eines der dort 997
genannten Individualrechtsgüter (Leib oder Leben eines anderen, fremdes Sacheigentum von bedeutendem Wert) eine **konkrete Gefahr** verursacht worden sein, in der sich die **Pflichtwidrigkeit des Täterverhaltens realisiert** und bei der das Ausbleiben eines Verletzungsschadens weitgehend vom Zufall abhängt (näher *Küper/Zopfs*, BT Rn 460 mwN). Es muss also eine kritische Verkehrssituation entstehen, in der es zumindest **beinahe** zu einem Unfall gekommen wäre (näher BGH NJW 95, 3131 mwN).

**Beispiel:** Ein entgegenkommendes Fahrzeug entgeht nur knapp dem Zusammenstoß; der Fahrer eines mit mehreren Personen besetzten Wagens kann das unkontrolliert schleudernde Fahrzeug in letzter Sekunde noch einmal abfangen. Zur Feststellung einer konkreten Gefahr für Leib oder Leben reicht bei einem provozierten Auffahrunfall allerdings die Erwägung nicht aus, bei derartigen Unfällen bestehe regelmäßig die Gefahr von Verletzungen im Kopf- und Halswirbelbereich; vielmehr sind hier *konkrete Feststellungen* insbes. zu den Geschwindigkeiten im Zeitpunkt der Kollision und der Intensität des Aufpralls erforderlich[47].

Ob die gefährdete Sache von **bedeutendem Wert** ist, bestimmt sich grds. nach dem 998
Verkehrswert. Derzeit liegt die Untergrenze noch bei 750 €[48]; bei mehreren gefährdeten Sachen soll es genügen, wenn ihr *Gesamtwert* bedeutend ist (näher LK-*König*, § 315 Rn 82 ff, 87). Zu beachten ist, dass auch der drohende Schaden „bedeutend" i.S. des genannten Maßstabes sein muss.

**Beispiel:** Keine konkrete Gefahr für eine Sache von bedeutendem Wert liegt vor, wenn dem Gegenstand im Wert von 2000 € lediglich eine geringfügige Beschädigung i.H.v. 200 € droht.

Vorzunehmen sind daher stets *zwei Prüfungsschritte*: Zunächst muss geklärt werden, ob es sich bei der gefährdeten Sache um eine solche von bedeutendem Wert handelt. Wird das bejaht, ist anschließend zu prüfen, ob ihr auch ein bedeutender Schaden gedroht hat. Dabei ist zu beachten, dass ein tatsächlich entstandener Schaden geringer sein kann als der *maßgebliche Gefährdungsschaden*[49], d.h. auch wenn der Erstere unter 750 € liegt, kann der Letztere diese Wertgrenze überschritten haben.

Ob allein die Gefährdung des vom Täter zur Fahrt benutzten, ihm aber nicht gehören- 999
den **Fahrzeugs** zur Tatbestandsverwirklichung ausreicht, ist umstritten. Von der hM wird das verneint. § 315c unterscheidet zwischen dem Mittel und dem Gegenstand der Gefährdung („... ein Fahrzeug führt... und dadurch... fremde Sachen von bedeutendem Wert gefährdet..."). Das Täterfahrzeug als Tatmittel kann daher nicht zugleich Gefährdungsobjekt sein; gefährdet der Täter lediglich das von ihm geführte Fahrzeug, ist der Schutzbereich (vgl Rn 983) nicht betroffen[50]. Das gilt selbst dann, wenn das Fahrzeug gegen den Willen des Berechtigten geführt wird[51].

---

47   BGH NZV 12, 393.
48   BGHSt 48, 119; dezidiert BGH NStZ 11, 215 mit instruktiver Anm. *Jahn*, JuS 11, 660; BayObLG NJW 98, 1966; zur Gegenansicht: nicht mehr unter 1300 €, siehe die Nachw. bei *Fischer*, § 315 Rn 16a.
49   BGH NStZ 10, 216.
50   BGHSt 27, 40; 11, 148; BGH NStZ-RR 18, 24; BayObLG JZ 83, 560; *Fischer*, § 315c Rn 15c; aA SK-*Wolters*, Vor § 306 Rn 11.
51   OLG Hamm BeckRS 17, 137244.

**§ 22** *Straßenverkehrsgefährdung, Entfernen vom Unfallort und Trunkenheit im Verkehr*

**1000** Ein anderer Mensch iS des § 315c I kann prinzipiell auch ein Mitfahrer des Täters sein. Die **Insassen** eines Kraftwagens sind freilich *nicht* schon deswegen *konkret* gefährdet, weil der Führer dieses Fahrzeugs infolge des Genusses alkoholischer Getränke absolut fahrunsicher ist[52]; wie sonst bedarf es stets noch des Eintretens einer kritischen Verkehrssituation. Umstritten ist, ob auch **Tatteilnehmer** (etwa der Beifahrer, der den Fahrzeugführer zur Trunkenheitsfahrt angestiftet hat) zu dem von § 315c geschützten Personenkreis gehören. Eine Ansicht will das bejahen, da der Wortlaut des § 315c keine diesbezügliche Einschränkung enthalte[53]. Nach hM ist der Tatbeteiligte dagegen aus dem Kreis tauglicher Gefährdungsopfer auszuscheiden[54]. Die §§ 315 ff dienten dem Schutz der Allgemeinheit, als deren Repräsentant der Tatbeteiligte nicht in Betracht komme. Zudem bewirke eine Einbeziehung des Tatbeteiligten seine Strafbarkeit wegen Anstiftung oder Beihilfe zu § 315c. Es erscheine aber ungereimt, dass eine Vorschrift, die seinem Schutz dienen solle, nun zu einer Pönalisierung seines Verhaltens führe.

**1001** Streitig ist ferner, ob eine **Einwilligung des Gefährdeten in die Tat** erheblich oder bedeutungslos ist (wichtig für Fahrzeuginsassen). Die hM nimmt Letzteres an, weil der Gefährdete über das Rechtsgut der *allgemeinen Verkehrssicherheit* (dazu Rn 983) nicht wirksam verfügen kann[55]. Eine rechtfertigende Einwilligung scheidet danach aus.

**1002** Im **Fall 60** war A infolge des sog. Sturztrunkes (= BGHSt 24, 200) zur Zeit der Tat **fahrunsicher**. Es *ist* davon auszugehen, dass die Gefährdung des M durch A *alkoholbedingt* war. Damit sind die objektiven Tatbestandsvoraussetzungen des § 315c I Nr 1a erfüllt.

### 4. Vorsatz und Fahrlässigkeit

**1003** In **subjektiver Hinsicht** verlangt § 315c I in Bezug auf alle Merkmale des objektiven Unrechtstatbestandes einschließlich der Gefahrverursachung **Vorsatz**, wobei Eventualvorsatz genügt[56]. Wird die Tathandlung *vorsätzlich* begangen, die Gefahr aber nur **fahrlässig** verursacht, so greift § 315c III Nr 1 ein (= Vorsatz-Fahrlässigkeits-Kombination; vgl insoweit auch § 11 II StGB). Bei *fahrlässigem* Handeln und *fahrlässiger* Gefährdung gilt § 315c III Nr 2.

**1004** Diese Kombination ist im **Fall 60** gegeben, da A sich noch für fahrsicher hielt und die Gefahrenlage für M ebenfalls nur fahrlässig herbeigeführt hat. (Zur Vermeidbarkeitsfrage im Rahmen des § 315c und zum Fahrlässigkeitsmaßstab bei trunkenheitsbedingter Fahrunsi-

---

52 BGH NJW 95, 3131 mit Anm. *Berz*, NStZ 96, 85; BayObLG NJW 90, 133; OLG Köln NJW 91, 3291; vgl ferner *Küper/Zopfs*, BT Rn 256; *Tepperwien*, Nehm-FS, S. 427, 435.
53 *Rengier*, BT II § 44 Rn 17; S/S-*Hecker*, § 315c Rn 31.
54 BGH NJW 91, 1120; NStZ 12, 701; *Geppert*, Jura 96, 47; *F.-C. Schroeder*, JuS 94, 846 mwN. Siehe zum Ganzen auch *Hörtz*, Die Gefährdung von Tatbeteiligen im Anwendungsbereich der §§ 315b, 315c StGB, 2016.
55 BGHSt 23, 261; OLG Stuttgart NJW 76, 1904; *Lackner/Heger*, § 315c Rn 32; *Tepperwien*, Nehm-FS, S. 427, 434; aA *Geppert*, Jura 01, 559, 565; *Kleszczewski*, BT § 15 Rn 40; *Kindhäuser/Schramm*, BT I § 65 Rn 23, 26; *Rengier*, BT II § 44 Rn 18 ff; S/S-*Hecker*, § 315c Rn 41; SK-*Wolters*, Vor § 306 Rn 10 mwN.
56 BGH NStZ-RR 97, 18; NJW 16, 1109.

*Hinweise zu § 315c I Nr 2*  **§ 22 IV 5**

cherheit siehe *Maiwald*, Dreher-FS, S. 437 sowie S/S-*Sternberg-Lieben/Schuster*, § 15 Rn 158 (gegen BGHSt 24, 31).)

Zwischen der fahrlässigen Tötung (§ 222) und der fahrlässigen Straßenverkehrsgefährdung (§ 315c I Nr 1a, III Nr 2) besteht *Tateinheit* (vgl NK-*Herzog*, § 315c Rn 27). § 316 II tritt für diesen Teil des Tatgeschehens aus Gründen der *Subsidiarität* hinter § 315c zurück.

## 5. Hinweise zu § 315c I Nr 2

Bei dieser Regelung, für die das vorstehend Gesagte sinngemäß gilt, fasst das Gesetz in den Nr 2a-2g die sog. „Todsünden" im fließenden oder ruhenden Verkehr zusammen (Nichtbeachten der Vorfahrt, falsches Überholen, zu schnelles Fahren an unübersichtlichen Stellen usw). Ein „falsches Überholen" iS der Nr 2b hat die Rspr dabei auch in dem an einen Actionfilm erinnernden Fall bejaht, dass der Fahrer auf der Flucht vor der Polizei mit seinem PKW auf den Gehweg ausweicht, um an Fahrzeugen vorbeizufahren, die vor einer roten Ampel warten, und dabei beinahe einen Fußgänger über den Haufen fährt (BGHSt 61, 249).

**1005**

Erforderlich ist allerdings, dass der Verstoß **grob verkehrswidrig** und **rücksichtslos** erfolgt. Während die **grobe Verkehrswidrigkeit** ein Verhalten kennzeichnet, das sich objektiv als besonders schwerer Verstoß gegen eine Verkehrsvorschrift und die Sicherheit des Straßenverkehrs darstellt[57], betrifft das Merkmal der **Rücksichtslosigkeit** die innere Einstellung des Täters und die gesteigerte Vorwerfbarkeit seines Fehlverhaltens (die Stellung des Merkmals *im Deliktsaufbau* ist umstritten[58]). Rücksichtslos handelt, wer sich aus eigensüchtigen Gründen über seine Pflichten im Straßenverkehr hinwegsetzt oder aus Gleichgültigkeit Bedenken gegen sein Verhalten gar nicht erst aufkommen lässt und unbekümmert drauflosfährt[59]. Der erste Teil dieser Definition ist für Fälle vorsätzlichen Handelns maßgebend; der zweite Teil gilt für Fahrlässigkeitstaten iS des § 315c III Nr 2. Für eine Vorsatz-Fahrlässigkeitskombination ist nur Raum, wenn der Tätervorsatz auch die grobe Verkehrswidrigkeit umfasste und der Täter sich außerdem der Gefährlichkeit seines Verhaltens sowie der Umstände bewusst war, aus denen der Vorwurf der Rücksichtslosigkeit folgt[60]. Nach hM handelt es sich bei der Rücksichtslosigkeit um ein täterbezogenes *strafbegründendes Merkmal* iS des § 28 I[61]. Zum Konkurrenzverhältnis zwischen Straßenverkehrsgefährdung (§ 315c) und gefährlichem Eingriff in den Straßenverkehr (§ 315b) siehe BGH NStZ-RR 07, 59 mwN; **Fall** bei *Radtke/Meyer*, JuS 11, 521.

**1006**

---

57  Vgl BGHSt 5, 392, 395; LK-*König*, § 315c Rn 133.
58  Vgl LK-*König*, § 315c Rn 138 mwN; *Wessels/Beulke/Satzger*, AT Rn 673.
59  BGHSt 5, 392; S/S-*Hecker*, § 315c Rn 28 f; siehe dazu auch *Spöhr/Karst*, NJW 93, 3308.
60  Vgl *Fischer*, § 315c Rn 18 mwN.
61  Vgl *Rengier*, BT II § 44 Rn 9; LK-*König*, § 315c Rn 206.

329

§ 22 *Straßenverkehrsgefährdung, Entfernen vom Unfallort und Trunkenheit im Verkehr*

### 6. Prüfungsaufbau: Gefährdung des Straßenverkehrs, § 315c

**1007**

---

**Gefährdung des Straßenverkehrs, § 315c**

**I. Tatbestandsmäßigkeit**
1. **Objektiver Tatbestand**
    a) **Führen eines Fahrzeugs**
        → nur eigenhändiges Verhalten
    b) **im Straßenverkehr**
    c) – **in fahrunsicherem Zustand (Nr 1a oder b)**
        *(1) absolute Fahrunsicherheit*
            → unwiderleglich vermutet ab 1,1‰ BAK
        *(2) oder relative Fahrunsicherheit*
            → ab 0,3‰ BAK und Ausfallerscheinungen (Gesamtwürdigung)
      – **oder grob verkehrswidrig und rücksichtslos begangene Verfehlung nach Nr 2a–g**
    d) **dadurch konkrete Gefahr für**
        – **Leib oder Leben eines anderen Menschen**
            Ⓟ Insassen des Täterfahrzeuges, Teilnehmer an der Tat
        – **oder eine fremde Sache von bedeutendem Wert**
            → zurzeit ab ca. 750 €
            Ⓟ Tatfahrzeug, das nicht dem Täter gehört
2. **Subjektiver Tatbestand**
**II. Rechtswidrigkeit**
**III. Schuld**

---

## V. Verbotene Kraftfahrzeugrennen

### 1. Schutzzweck

**1008** Aufgrund von mehreren aufsehenerregenden Unfällen im Zusammenhang mit illegalen Autorennen in deutschen Großstädten, bei denen unbeteiligte Passanten zu Tode gekommen sind oder schwer verletzt wurden, hat der Gesetzgeber zum 1.10.2017 in § 315d einen neuen Straftatbestand beschlossen, der die Veranstaltung von und die Teilnahme an nicht erlaubten Kraftfahrzeugrennen unter Strafe stellt[62]. Bis dahin wurde die Beteiligung an solchen Rennen grds nur als Ordnungswidrigkeit geahndet (§§ 29 I, 49 II Nr 5 StVO aF); strafrechtlich erfasst war sie lediglich unter den besonderen Voraussetzungen des § 315c I Nr 2[63]. **Überblick** bei *Kusche*, NZV 17, 414; *Stam*, StV 18, 464; mit **Fallbeispielen** bei *Gründel*, ZJS 19, 211; *Kulhanek*, Jura 18, 561.

---

62 Aufgrund mangelnder Bestimmtheit als verfassungswidrig sieht die Norm AG Villingen-Schwenningen BeckRS 20, 167. Die Bestimmtheit bejahend dagegen KG DAR 2020, 149.
63 Näher dazu und zur Nichtanwendbarkeit von § 315b *Kubiciel/Hoven*, NStZ 17, 439, 444 f.

*Grundtatbestand* **§ 22 V 2**

## 2. Grundtatbestand

Der Grundtatbestand in § 315d I ist als *abstraktes Gefährdungsdelikt* ausgestaltet. **1009**
Aufgrund ihrer besonderen Gefährlichkeit für den Straßenverkehr reichen die in
Nrn 1–3 genannten Tathandlungen als solche zur Tatbestandsverwirklichung aus; zu
einer konkreten Gefährdung oder Verletzung anderer braucht es hier nicht zu kommen. Als **Kraftfahrzeugrennen** zählen „Wettbewerbe oder Teile eines Wettbewer-
bes (zB Sonderprüfung mit Renncharakter) sowie Veranstaltungen zur Erzielung von
Höchstgeschwindigkeiten oder höchsten Durchschnittsgeschwindigkeiten mit mindestens zwei teilnehmenden Kraftfahrzeugen" (BT-Drucks. 18/12964, S. 5), wobei
es keiner vorherigen Absprache der Beteiligten bedarf[64]. Auch das spontane Kräfte-
messen im Verkehr von Ampel zu Ampel zählt daher als Rennen[65]. Dass die Teilnehmer nicht gleichzeitig, sondern nacheinander starten, steht dem Vorliegen eines
Rennens nicht entgegen. Ebenso wenig soll das Einhalten der Verkehrsregeln den
Renncharakter ausschließen (*Preuß*, NZV 17, 109; zweifelnd *Kusche*, NZV 17, 415;
*Stam*, StV 18, 466; für eine teleologische Reduktion *Weigend*, Fischer-FS, S. 569,
573).

**Nr 1** stellt das *Ausrichten* und *Durchführen* verbotener Kraftfahrzeugrennen unter **1010**
Strafe. Nach Abs. 3 ist hier auch der bloße **Versuch** strafbar. Genehmigte Rennen fal-
len nicht unter § 315d. Durch das Tatbestandsmerkmal des **Ausrichtens** soll auch
derjenige erfasst werden, der als Veranstalter im Hintergrund bleibt – zB durch eine
Organisation des Rennens via Internet. Nicht ausreichend für ein Ausrichten oder
Durchführen ist es, wenn jemand lediglich Hilfstätigkeiten verrichtet, also etwa das
Startsignal gibt oder als Streckenposten fungiert; hier kommt nur eine Beihilfestraf-
barkeit in Betracht. **Nr 2** pönalisiert das *Teilnehmen*. Dabei kann **Täter** nur derjenige
sein, der ein **Kraftfahrzeug führt** (dazu Rn 992); § 315d I Nr 2 ist ein eigenhändiges
Delikt[66]. Ein Beifahrer kann sich daher nur als Anstifter oder Gehilfe strafbar machen. Der Begriff des **Teilnehmens** in Nr 2 ist nicht im Sinne der allgemeinen Beteiligungslehre (Anstiftung oder Beihilfe) zu verstehen, sondern er bezeichnet die Handlungen, mit denen die Kraftfahrzeugführer den Geschwindigkeitswettbewerb untereinander austragen[67]. **Nr 3** soll die Fälle erfassen, in denen nur ein einziges Fahrzeug
ein Rennen gleichsam nachstellt (BT-Drucks. 18/12964, S. 5; krit. dazu *Weigend*, Fischer-FS, S. 569, 576). Dabei wird über das Fahren mit nicht angepasster Geschwindigkeit hinaus verlangt, dass der Kraftfahrzeugführer auch **grob verkehrswidrig** und
**rücksichtslos** handelt (dazu Rn 1006)[68]. Subjektiv muss er außerdem noch über die
**Absicht** verfügen, eine *höchstmögliche Geschwindigkeit* zu erreichen. Eine restriktive Ansicht will dies nur bejahen, wenn der Täter anstrebt, das Fahrzeug bis an die
technischen und physikalischen Grenzen auszufahren[69]. Nach einer etwas weiteren
Auffassung genügt es, wenn er unter Berücksichtigung der Verkehrslage und der Wit-
terungsbedingungen eine möglichst hohe Geschwindigkeit, nicht aber unbedingt die

---

64  Abweichender Definitionsvorschlag bei *Blanke-Roeser*, JuS 18, 18, 22.
65  *Jansen*, NZV 17, 214, 216; *Zieschang*, JA 16, 724.
66  *Kusche*, NZV 17, 416; *Preuß*, NZV 17, 110; *Zieschang*, JA 16, 725; aA *Mitsch*, DAR 17, 71.
67  BT-Drucks. 18/12964, S. 5.
68  Näher *Kusche*, NZV 17, 417 f.
69  LG Stade DAR 18, 577, 578; mit Verweis auf den eindeutigen Wortlaut *Nestler*, Jura (JK) 19, 557.

331

§ 22 *Straßenverkehrsgefährdung, Entfernen vom Unfallort und Trunkenheit im Verkehr*

Höchstgeschwindigkeit des Fahrzeugs erzielen will[70]. Welche weitergehenden Ziele er damit verfolgt, spielt keine Rolle.

**Beispiel:** Nach § 315d I Nr 3 macht sich strafbar, wer seinen Wagen zunächst innerorts auf 145 km/h und sodann nach dem Ortsausgang auf der teils kurvenreichen und unübersichtlichen Bundesstraße auf mindestens 160–180 km/h beschleunigt, um einem ihn aus Anlass einer Verkehrskontrolle verfolgenden Polizeifahrzeug zu entkommen[71].

### 3. Qualifikationstatbestand

**1011** § 315d II enthält eine **Qualifikation** für die Fälle des Abs. 1 Nr 2, 3 in Form eines *konkreten Gefährdungsdelikts*. Der Kraftfahrzeugführer muss durch die Tathandlung eines der genannten Individualgüter konkret gefährdet haben (vgl Rn 997 ff). Handelt der Täter im Hinblick auf diese Gefährdung nicht vorsätzlich, sondern nur fahrlässig, greift § 315d IV ein (= Vorsatz-Fahrlässigkeits-Kombination).

### 4. Erfolgsqualifikation

**1012** § 315d V bildet eine *Erfolgsqualifikation* zu Abs. 2: Verursacht der Täter durch eine Tat nach § 315d II wenigstens fahrlässig (vgl § 18) eine der in Abs. 5 genannten schweren Folgen, erhöht sich die Strafe auf Freiheitsstrafe von mindestens einem Jahr[72]. Da die Erfolgsqualifikation nur an die Tat nach Abs. 2 (Vorsatz-Vorsatz-Kombination) und nicht auch an die nach Abs. 4 (Vorsatz-Fahrlässigkeits-Kombination) anknüpft, muss der Täter im Hinblick auf die konkrete Gefährdung mit *Vorsatz* gehandelt haben; Fahrlässigkeit genügt insoweit nicht[73].

**Beispiel:** Keine Strafbarkeit nach § 315d V, wenn der Täter nachts auf einer abgelegenen Landstraße in der Überzeugung, dort werde sich außer ihm um diese Uhrzeit niemand aufhalten, sein Fahrzeug auf 180 km/h beschleunigt und mit einem entgegenkommenden Fahrzeug kollidiert, dessen Fahrerin infolge des Zusammenstoßes verstirbt. Denn mangels Gefährdungsvorsatzes liegt hier keine Tat nach § 315d II, sondern nur eine nach § 315d IV vor.

Zum Begriff der schweren Gesundheitsschädigung vgl Rn 286; zum Begriff der großen Zahl vgl Rn 968. Zur Frage des *Tötungsvorsatzes* vgl Rn 31.

## VI. Unerlaubtes Entfernen vom Unfallort

### 1. Schutzzweck und Systematik

**1013** § 142 schützt das **private Interesse der Unfallbeteiligten** und Geschädigten an einer möglichst umfassenden **Aufklärung des Unfallhergangs** zu dem Zweck, die Durchsetzung oder Abwehr von Schadensersatzansprüchen zu sichern und der Gefahr eines

---

70  KG DAR 2020, 149, 151; LG Berlin BeckRS 18, 13524.
71  OLG Stuttgart NJW 19, 2787 mit Anm. *Zopfs*; aA S/S-*Hecker*, § 315d Rn 3 u. 9; *Schefer/Schülting*, HRRS 19, 458.
72  Krit. zu dieser Regelung vor dem Hintergrund, dass § 315c keine entsprechende Erfolgsqualifikation enthält, *Piper*, NZV 17, 72. Abl. auch *Ceffinato*, ZRP 16, 201 f. Zur Problematik der versuchten Erfolgsqualifikation und des erfolgsqualifizierenden Versuchs *Mitsch*, Fischer-FS, S. 253. Zu spezifischen Zurechnungsproblemen *Weigend*, Fischer-FS, S. 569, 579 ff.
73  Eingehend dazu *Rengier*, Kindhäuser-FS, S. 779.

Tatbestandsmerkmale § 22 VI 2

Beweisverlustes entgegenzuwirken (BGHSt 29, 138, 142). Es handelt sich somit um ein *abstraktes Vermögensgefährdungsdelikt* (vgl MüKo-*Zopfs*, § 142 Rn 4). Schutzgut der Vorschrift ist dagegen *nicht* das öffentliche Interesse an einer Strafverfolgung; das unerlaubte Entfernen vom Unfallort bildet keine Straftat gegen die Rechtspflege. Die Flucht vor der Polizei nach einem Unfall ohne andere Beteiligte und ohne Fremdgeschädigte fällt daher nicht unter § 142. Ferner kann die Weigerung, sich am Unfallort eine Blutprobe entnehmen zu lassen, allenfalls nach § 113, nicht jedoch nach § 142 strafbar sein.

Die Vereinbarkeit des § 142 mit dem Grundgesetz wird im Hinblick auf die Selbstbelastungsfreiheit verschiedentlich bezweifelt[74]. Wie die Unfallstatistik zeigt, sind mit dem Massenverkehr auf öffentlichen Straßen und Wegen erhebliche Gefahren für Leben, Gesundheit und Eigentum der Verkehrsteilnehmer verbunden. Aufgabe der Rechtsordnung ist es daher, die Entschädigungsansprüche der Unfallopfer nach besten Kräften sicherzustellen. Dieses Schutzbedürfnis hat dem BVerfG zufolge Vorrang vor dem Interesse des Unfallverursachers an einer nicht strafbaren Selbstbegünstigung[75]. Aus dem Rechtsstaatsprinzip lasse sich kein allgemeiner verfassungsrechtlicher Satz des Inhalts herleiten, dass eine Selbstbegünstigung immer erlaubt und straflos sein müsse. Der Gesetzgeber sei nicht gehindert, ein Handeln zu Selbstbegünstigungszwecken, das *fremde Rechtsgüter verletze*, mit Strafe zu bedrohen (vgl auch Rn 73). **1014**

Für das Verhältnis der in § 142 enthaltenen Tatvarianten zueinander gilt Folgendes: Hat ein Unfallbeteiligter die ihm nach § 142 I Nr 1 obliegenden Pflichten vollständig erfüllt, ist die in Abs. 2 vorgesehene „Nachholpflicht" für ihn gegenstandslos (OLG Köln VRS 64 [1983], 193); ein Verstoß gegen § 142 scheidet hier von vornherein aus. Hat er umgekehrt die ihm nach § 142 I Nr 1, 2 obliegenden Pflichten verletzt, ohne dass zu seinen Gunsten ein Rechtfertigungs- oder Entschuldigungsgrund eingreift, ist er nach Maßgabe dieser Vorschriften zu bestrafen; Abs. 2 hat dann keine Bedeutung mehr (OLG Köln VRS 63 [1982], 352). Ist der Unfallbeteiligte dagegen den ihm durch § 142 I Nr 1 auferlegten Verpflichtungen nicht nachgekommen, hat sich jedoch *berechtigt, entschuldigt* oder erst nach Ablauf der Wartefrist (Abs. 1 Nr 2) vom Unfallort entfernt, entsteht für ihn gem. § 142 II eine „Nachholpflicht", deren Verletzung als solche mit Strafe bedroht ist. **1015**

## 2. Tatbestandsmerkmale

a) Der **objektive Tatbestand** aller Begehungsformen des § 142 setzt zunächst voraus, dass sich ein **Unfall im öffentlichen Straßenverkehr** (dazu Rn 983) ereignet hat. Unter einem **Verkehrsunfall** ist jedes für zumindest einen der Beteiligten plötzliche, mit dem Straßenverkehr und seinen Gefahren ursächlich zusammenhängende Ereignis zu verstehen[76], das einen nicht völlig belanglosen Personen- oder Sachschaden **1016**

---

74 Vgl ua *Dietrich*, § 142 StGB und das Verbot zwangsweiser Selbstbelastung, 1998, S. 103, 135 f; *Schünemann*, DAR 98, 424 mwN; sehr krit. auch A/W-*Hilgendorf*, § 38 Rn 49; eingehend zur Problematik NK-*Schild/Kretschmer*, § 142 Rn 18 ff; zur Reformbedürftigkeit siehe die Nachw. bei *Lackner/Kühl*, § 142 Rn 2.

75 BVerfGE 16, 191 (zu § 142 aF); BGHSt 29, 138, 142; krit. *Duttge*, JR 01, 181.

76 BGHSt 24, 382; *Bosch*, Jura 11, 593; krit. *Lackner/Kühl*, § 142 Rn 8; krit. zum Unfallbegriff der hM *Freund*, GA 87, 537.

333

**§ 22** *Straßenverkehrsgefährdung, Entfernen vom Unfallort und Trunkenheit im Verkehr*

zur Folge hat[77]. Auch Vorkommnisse zwischen Radfahrern und Fußgängern oder im *ruhenden Verkehr* können genügen, soweit sie *verkehrsbezogene* Ursachen haben (ob der Zusammenstoß zwischen einem nicht ordnungsmäßig abgestellten Einkaufswagen und einem geparkten Kraftfahrzeug auf dem öffentlichen Parkplatz eines Supermarktes genügt, ist umstritten[78]).

**1017** Als **Verkehrsunfall** iS des § 142 zählt nicht nur die *ungewollte* Fremd- oder Selbstschädigung; vielmehr erfasst dieser Begriff auch die fahrlässige, uU sogar die *vorsätzliche Herbeiführung* des Schadensereignisses, wie etwa das bewusste Umfahren von Leitpfosten, um sich in gedrückter Stimmung „abzureagieren"[79]. Entscheidend ist allein, dass der Schadenseintritt **in unmittelbarem Zusammenhang mit den im Straßenverkehr typischen Gefahren** steht und eine Auswirkung des allgemeinen Verkehrsrisikos darstellt[80]. Daran fehlt es allerdings, wenn ein Kraftfahrzeug nicht (auch) als Fortbewegungsmittel, sondern nur als Werkzeug zur Verwirklichung eines bestimmten Tatplans und zur Herbeiführung eines *außerhalb des Straßenverkehrs liegenden Erfolges* benutzt wird, etwa um einen Nebenbuhler zu töten oder um den Gartenzaun am Grundstück des Nachbarn zu zerstören (näher SK-*Stein*, 8. Aufl., § 142 Rn 14)[81].

**1018** § 142 ist ein (echtes) **Sonderdelikt**; nur ein **Unfallbeteiligter** kommt als Täter in Betracht. Als solcher gilt nach der *Legaldefinition* des § 142 V jeder, dessen Verhalten nach den jeweiligen Umständen zur Verursachung des Unfalls (dazu Rn 1016 f) beigetragen *haben kann* (nicht notwendig: beigetragen hat[82]). Insoweit genügt die nicht ganz unbegründete, aus dem äußeren *Anschein* der Unfallsituation zu folgernde Möglichkeit der (Mit-)Verursachung. Der Begriff des Unfallbeteiligten erfasst somit neben denjenigen, die zur Verursachung des Unfalls tatsächlich beigetragen haben, auch alle Personen, die bei dem **aktuellen Unfallgeschehen anwesend** waren (BayObLG JZ 87, 49), *soweit* ihr Verhalten nach den konkreten Umständen den *Verdacht* begründet, dass es zum Unfall mit beigetragen hat. Deshalb kann ua auch ein *Mitfahrer* Unfallbeteiligter iS des § 142 V sein, wenn *konkrete Anhaltspunkte* dafür vorliegen, dass sein Verhalten in der Unfallsituation den Unfall mitverursacht hat (zB durch Ablenken oder Behindern des Fahrers) oder er selbst das Unfallfahrzeug gefahren ist[83]. Wer hingegen erst *nach* dem Ereignis am Unfallort eintrifft, ist nicht Beteiligter[84].

---

77  Die Bagatellgrenze wird derzeit bei ca. 25 € gezogen, vgl *Fischer*, § 142 Rn 11; OLG Nürnberg NZV 07, 535 will angesichts erheblicher Verteuerungen von Reparaturen den Schwellenwert jetzt bei 50 € ansiedeln.

78  Bejahend OLG Koblenz MDR 93, 366; ebenso OLG Köln NStZ-RR 11, 354 zum Beladen eines Lkw mit Schadensfolge (mit abl. Anm. *Hecker*, JuS 11, 1038; *Bosch*, Jura 11, 593, 595); OLG Düsseldorf NStZ 12, 326; aA LG Düsseldorf NStZ-RR 11, 355; MüKo-*Zopfs*, § 142 Rn 34; *ders.*, ZIS 16, 426, 431; NK-*Schild/Kretschmer*, § 142 Rn 39. Zu Schäden, die durch das Beladen von Fahrzeugen oder den Einsatz eines Einkaufswagens im öffentlichen Verkehrsraum verursacht werden, vgl auch *Zopfs*, ZIS 16, 426.

79  BayObLG VRS 69 (1985), 438; 71 (1986), 277.

80  BGHSt 24, 382; 47, 158 (mit Anm. *Sternberg-Lieben*, JR 02, 386); BGH VRS 56 (1979), 189; *Geppert*, Eisenberg-FS, S. 293 mwN; krit. *Schnabl*, NZV 05, 281.

81  Zum Schrotthändlerfall siehe OLG Köln NStZ-RR 11, 354 mit krit. Bespr. von *Hecker*, JuS 11, 1038 mwN.

82  Vgl BGHSt 15, 1, 4; für Verfassungswidrigkeit der Bestimmung *Engelstädter*, Der Begriff des Unfallbeteiligten in § 142 Abs. 4 StGB, 1997, S. 238; NK-*Schild*, § 142 Rn 22; dagegen SK-*Stein*, 8. Aufl., § 142 Rn 3.

83  Vgl *Küper/Zopfs*, BT Rn 523, aber auch *Tepperwien*, Nehm-FS, S. 427, 431.

84  *Fischer*, § 142 Rn 16; differenzierend NK-*Schild/Kretschmer*, § 142 Rn 52.

*Tatbestandsmerkmale* **§ 22 VI 2**

**Beispiel:** Ein Falschparker kehrt zu seinem Fahrzeug zurück und fährt davon, obwohl er bemerkt, dass während seiner Abwesenheit sein verkehrswidrig abgestellter PKW einen Unfall mitverursacht hat.

Ob mit der Unfallbeteiligung nur die „Positionsnähe" zum geschützten Rechtsgut (dann: tatbezogenes Merkmal) oder aber die besondere Pflichtbindung des Täters (dann: täterbezogenes Merkmal) charakterisiert wird, ist umstritten (vgl SK-*Stein*, 8. Aufl., § 142 Rn 6 mwN). Nimmt man Letzteres an, ist bei Teilnehmern § 28 I zu beachten.

Im Falle des § 142 I besteht die **Tathandlung** darin, dass der Unfallbeteiligte sich **1019** *vorsätzlich* **vom Unfallort entfernt**, bevor er die in Nr 1 bezeichneten Feststellungen ermöglicht oder gem. Nr 2 seine Wartepflicht erfüllt hat. Unfallort iS des § 142 I ist die Stelle, an der sich das schädigende Ereignis zugetragen hat, sowie der engere Umkreis, innerhalb dessen das unfallbeteiligte Fahrzeug durch den Unfall zum Stillstand gekommen ist oder hätte angehalten werden können. Darüber hinaus gehört hierzu der Bereich, innerhalb dessen feststellungsbereite Personen den Wartepflichtigen vermuten und ggf durch Befragen ermitteln würden[85].

**Beispiel:** Der Parkplatz in unmittelbarer Nähe der Unfallstelle auf der Autobahn.

Allgemeingültige Entfernungsangaben lassen sich dazu nicht machen; maßgebend sind vielmehr die Umstände des Einzelfalls (im innerörtlichen Bereich ist der Radius des Unfallortes enger als auf Autobahnen[86]).

Unter dem „Sich-Entfernen" versteht man das **willensgetragene Verlassen** des un- **1020** mittelbaren Unfallbereichs. Es entfernt sich daher nicht, wer vom Unfallort ohne oder gegen seinen Willen entfernt wird oder sich am Unfallort nur versteckt.

**Beispiel:** Um kein Sich-Entfernen handelt es sich beim Abtransport eines Bewusstlosen oder beim Verbringen des vorläufig Festgenommenen auf das Polizeirevier. Entzieht sich der ohne oder gegen seinen Willen entfernte Unfallbeteiligte später seinen Feststellungspflichten, ist für § 142 I daher gleichwohl kein Raum (ebenso *Lackner/Kühl*, § 142 Rn 12). Auch ein Rückgriff auf § 142 II Nr 2 scheidet aus, da dieser ebenfalls ein Sich-Entfernen des Unfallbeteiligten voraussetzt[87]. Es bleibt daher nur die Ahndung wegen einer Ordnungswidrigkeit übrig (§ 49 I Nr 29 nebst § 34 I Nr 5a StVO).

§ 142 I Nr 1 enthält zwei Pflichten, um anderen anwesenden Unfallbeteiligten oder **1021** Geschädigten die zur Sicherung oder Abwehr zivilrechtlicher Ersatzansprüche erforderlichen Feststellungen über Person, Fahrzeug und Art der Beteiligung zu ermöglichen: zum einen die (passive) **Feststellungsduldungspflicht**, die durch bloße *Anwesenheit am Unfallort* erfüllt wird, und zum anderen die (aktive) **Vorstellungspflicht**, die vom Wartepflichtigen die *Angabe* verlangt, „dass" er am Unfall beteiligt ist. Darüber hinaus begründet § 142 aber keine generelle Verpflichtung, die Aufklärung des

---

85  Näher *Küper/Zopfs*, BT Rn 526; MüKo-*Zopfs*, § 142 Rn 47 f; siehe auch *Rittig*, NZV 12, 561.
86  Vgl OLG Karlsruhe NStZ 88, 409; OLG Thüringen DAR 04, 599; *Berz*, Anm. NStZ 92, 591; *Küper/ Zopfs*, BT Rn 5 ff; NK-*Schild/Kretschmer*, § 142 Rn 81 f; zur Frage unzulässigen Anhaltens *Mitsch*, NZV 10, 225.
87  OLG Hamm NJW 79, 438; *Klinkenberg*, NJW 82, 2359; LK-*Geppert*, § 142 Rn 125; MüKo-*Zopfs*, § 142 Rn 106; aA BayObLG NJW 82, 1059; OLG Düsseldorf VRS 65 (1983), 364; differenzierend *Volk*, DAR 82, 81; offen gelassen in BGHSt 30, 160, 164 und in OLG Hamm DAR 85, 228.

335

**§ 22** *Straßenverkehrsgefährdung, Entfernen vom Unfallort und Trunkenheit im Verkehr*

Unfallhergangs durch *aktive Mitwirkung* zu fördern (näher *Lackner/Kühl*, § 142 Rn 17 f).

**Beispiel:** Wer sich über die Art und Rolle seiner Unfallbeteiligung ausschweigt, Spuren verwischt, die Angabe seiner Personalien verweigert oder durch unrichtige Angaben zum Unfallhergang die Feststellungen am Unfallort erschwert, verletzt die ihm nach § 142 I Nr 1 obliegenden Pflichten nicht, solange er sich nicht entfernt und seine Unfallbeteiligung nicht *als solche* leugnet[88]. (Bedeutung gewinnt die Vereitelung von Feststellungen zwar regelmäßig im Fall des § 142 II, III 2 und im Rahmen des § 34 StVO. Das ändert aber nichts daran, dass im Anwendungsbereich des § 142 I Nr 1 zwischen den dort normierten Pflichten und dem durch § 34 StVO erweiterten, lediglich bußgeldbewehrten Pflichtenkreis zu unterscheiden ist. Näher dazu *Küper*, JZ 88, 473).

**1022** Die Angabe, dass er an dem Unfall beteiligt sei, muss der Unfallbeteiligte *von sich aus* machen; sonst hätte die Vorstellungspflicht wenig Sinn. Ihre Aufnahme in das Gesetz soll Vertuschungsmanövern entgegenwirken und verhindern, dass ein Unfallbeteiligter zwar an Ort und Stelle bleibt, sich den erforderlichen Feststellungen aber dadurch entzieht, dass er sich unter die Zuschauer mischt oder zB in seinem Auto sitzen bleibt, bis der Halter des von ihm beim Einparken beschädigten Kraftwagens davongefahren ist, ohne den Schaden bemerkt zu haben. Umstritten sind freilich die Konsequenzen, wenn jemand gleichwohl seine Vorstellungspflicht in dieser Weise verletzt. Nach einer in der Rspr. vertretenen Auffassung ist § 142 I Nr 1 hier nicht erfüllt (BayObLG NJW 1984, 1365; OLG Frankfurt NJW 1990, 1189). Mangels Anwesenheit feststellungsbereiter Personen seien die Feststellungsduldungspflicht und die Vorstellungspflicht zum *Zeitpunkt des Sich-Entfernens* bereits wieder erloschen. Und da keine weitergehende Wartepflicht bestehe, scheide auch § 142 I Nr 2 aus. Grundlage einer Bestrafung könne dann allenfalls § 142 II sein. Die inzwischen auch vom BGH vertretene (siehe dazu sogleich **die aktuelle Entscheidung**) Gegenansicht beruft sich auf den Willen des Gesetzgebers, die Gesetzessystematik und den Schutzzweck der Norm[89]. Dass die Feststellungsduldungspflicht und die Vorstellungspflicht zum Zeitpunkt des Sich-Entfernens nicht mehr bestehe, hindere die Strafbarkeit nach § 142 I Nr 1 nicht. Es genüge, dass diese Pflichten vor dem Sich-Entfernen bestanden hätten und der Täter gegen sie verstoßen habe. Das Merkmal *„bevor"* in § 142 I könne ohne weiteres iS von *„ohne zuvor"* gelesen werden (siehe *Küper*, GA 94, 49, 69; MüKo-*Zopfs*, § 142 Rn 62).

**Die aktuelle Entscheidung:** Nachdem der Angeklagte durch das Fahren mit überhöhter Geschwindigkeit einen Unfall mitverursacht hatte, stellte er sein Fahrzeug in der Nähe der Unfallstelle am Straßenrand ab und kehrte zu Fuß zur Unfallstelle zurück. Dort gab er sich allerdings nicht als Unfallbeteiligter zu erkennen, sondern spiegelte den zwischenzeitlich erschienenen Polizeibeamten vor, er habe den Unfall lediglich als Fußgänger beobachtet. Schließlich verließ der Angeklagte den Unfallort wieder. Ob zu diesem Zeitpunkt noch feststellungsberechtigte Personen anwesend waren oder ob der Angeklagte das Ende des Polizeieinsatzes abgewartet hatte, konnte in der Hauptverhandlung nicht geklärt werden. Das LG Hagen verurteilte den Angeklagten wegen unerlaubten Entfernens vom Unfallort.

---

88 BayObLG VRS 65 (1983), 136; *Küper*, JuS 88, 212, 286 und JZ 90, 510.
89 Siehe *Lackner/Kühl*, § 142 Rn 18; SK- *Stein*, § 142 Rn 32, jeweils mwN.

336

*Tatbestandsmerkmale* **§ 22 VI 2**

Die dagegen gerichtete Revision des Angeklagten hat der 4. Strafsenat des BGH als unbegründet verworfen (BGHSt 63, 121 mit Anm. *Berghäuser*, NStZ 18, 602; *Eisele*, JuS 18, 1011 und *Kudlich*, JA 18, 709). Der Tatbestand des § 142 I Nr 1 sei auch dann erfüllt, wenn der Täter den Unfallort erst nach der letzten feststellungsbereiten Person verlasse, sofern er zuvor seine Vorstellungspflicht verletzt habe. Der Wortlaut der Vorschrift stehe dem nicht entgegen; er verlange lediglich, dass der Täter sich entferne, ohne zuvor die gebotenen Feststellungen ermöglicht zu haben. Für die vorgenannte Lösung spreche der Wille des Gesetzgebers. Dieser habe in Nr 1 auch alle Verhaltensweisen erfassen wollen, bei denen der Schädiger zwar gewartet, sich aber nicht als Unfallbeteiligter zu erkennen gegeben habe. Zudem führe die Gegenauffassung zu einem gesetzessystematischen Wertungswiderspruch. Denn nach ihr mache sich zwar strafbar, wer *berechtigt* oder *entschuldigt* den Unfallort verlassen habe, wenn er die Feststellungen nicht unverzüglich nachträglich ermögliche, vgl § 142 II Nr 2; es bleibe aber derjenige straffrei, der sich *ohne Rechtfertigungs-* oder *Entschuldigungsgrund* (so dass § 142 II Nr 2 nicht anwendbar sei) nach Verletzung seiner Vorstellungspflicht als Letzter vom Unfall entferne. Schließlich streite der Gesetzeszweck ebenfalls für die obige Lösung. Denn das Interesse an der Sicherung bzw Abwehr der durch den Unfall entstandenen zivilrechtlichen Ansprüche sei auch betroffen, wenn ein Unfallbeteiligter, der seine Vorstellungspflicht nicht erfüllt habe, den Unfallort erst nach den Feststellungsberechtigten verlasse.

Zu ermöglichen sind die Feststellungen *zu Gunsten* der **Geschädigten** und der **anderen Unfallbeteiligten**. Zum Kreis dieser **Feststellungsberechtigten** gehören *nicht* die nur *mittelbar betroffenen* Versicherungsgesellschaften (Kasko- und Haftpflichtversicherungen); infolgedessen treffen die Pflichten des § 142 I nicht denjenigen, der nur sich selbst verletzt oder seine eigenen Sachen beschädigt hat (BGHSt 8, 263). Von der Feststellungsberechtigung ist die **Feststellungsbereitschaft** zu unterscheiden. Feststellungsbereit können auch andere Personen als Geschädigte und Unfallbeteiligte sein, sofern sie kraft Amtes dazu berufen sind (wie etwa Polizeibeamte) oder erkennbar den Willen haben, die Feststellungen zu Gunsten der Berechtigten zu treffen und sie weiterzugeben[90]. **1023**

**Beispiel:** Nach § 142 I Nr 1 macht sich auch strafbar, wer beim Ausparken ein fremdes Fahrzeug beschädigt und sodann davon fährt, ohne sich gegenüber einem feststellungsbereiten Passanten als Unfallbeteiligter vorzustellen.

Für den Fall, dass keine feststellungsbereiten Personen am Unfallort anwesend sind, ordnet § 142 I Nr 2 eine **Wartepflicht** an. **Dauer** und **Umfang** richten sich nach der Schwere des Unfalls und den sonstigen Umständen (zB Tageszeit, Verkehrsdichte, Witterungsverhältnisse). Ihre Grenzen ergeben sich aus dem Grundsatz der **Erforderlichkeit** und dem Gesichtspunkt der **Zumutbarkeit**. Bei Verursachung eines Schadens bis zu 200 € reicht üblicherweise eine Wartezeit von 15 Minuten; bei hohem Sachschaden oder Unfällen mit Personenschäden dürfte eine Wartezeit von 1 Stunde die untere Grenze bilden[91]. Die Befürchtung, sich durch Verbleiben am Unfallort der Gefahr einer Straftatverfolgung auszusetzen, macht das Warten in keinem Falle unzumutbar[92]. Treffen feststellungsbereite Personen erst nach dem Ablauf der **1024**

---

90  Vgl BayObLG VRS 64 (1982), 119; OLG Köln VRS 64 (1982), 193; enger NK-*Schild/Kretschmer*, § 142 Rn 61.
91  Näher LK-*Geppert*, § 142 Rn 114; S/S-*Sternberg-Lieben*, § 142 Rn 39.
92  Vgl dazu BayObLG JZ 85, 855; *Berz*, JuS 73, 558; *Ulsenheimer*, JuS 72, 24.

**§ 22** *Straßenverkehrsgefährdung, Entfernen vom Unfallort und Trunkenheit im Verkehr*

Wartefrist am Unfallort ein, so darf der dort noch anwesende Unfallbeteiligte sich nicht entfernen, ohne zuvor die in § 142 I Nr 1 umschriebenen Feststellungen ermöglicht zu haben[93].

1025 Hat der Unfallbeteiligte nicht gegen § 142 I verstoßen, weil er sich erst nach Ablauf der Wartefrist oder sonst berechtigt oder entschuldigt vom Unfallort entfernt hat, macht er sich gem. § 142 II gleichwohl strafbar, wenn er die in § 142 III festgelegten Feststellungen nicht **unverzüglich nachträglich** ermöglicht. § 142 II bestimmt somit eine **Nachholpflicht** und stellt ein *echtes* Unterlassungsdelikt dar[94].

1026 Berechtigt ist das Sich-Entfernen vom Unfallort, wenn es durch einen Rechtfertigungsgrund, etwa § 34 oder eine rechtfertigende Pflichtenkollision, gedeckt wird.

**Beispiel:** Der Unfallbeteiligte bringt einen schwer Verletzten ins Krankenhaus.

Um ein entschuldigtes Sich-Entfernen handelt es sich, wenn der Täter ohne Schuld gehandelt hat, also ein Entschuldigungs- oder Schuldausschließungsgrund vorliegt.

1027 Fraglich ist, ob § 142 II Nr 2 auch dann Anwendung findet, wenn ein Unfallbeteiligter sich **in Unkenntnis des Unfalls**, dh *unvorsätzlich*, vom Ort des Geschehens entfernt und erst im Anschluss daran von dem Unfall Kenntnis erlangt, dann aber die Feststellungen auch nicht nachträglich ermöglicht. Lange hat die Rspr. hier eine Strafbarkeit bejaht[95]. Die Begriffe „berechtigt" oder „entschuldigt" seien nicht formal-dogmatisch auf die allgemein anerkannten strafrechtlichen Rechtfertigungs- oder Entschuldigungsgründe beschränkt. Ihnen komme ihrem *natürlichen Wortsinne* nach ein darüber hinausgehender Gehalt zu, der es ermögliche, mit ihnen auch tatbestandsmäßig nicht vorsätzliche Verhaltensweisen zu bezeichnen. Das BVerfG sieht in dieser Auslegung allerdings einen Verstoß gegen das *Analogieverbot* aus Art. 103 II GG (NJW 07, 1666 mit zust. Anm. *Simon*). Die Begriffe „berechtigt" oder „entschuldigt" besäßen einen klar umrissenen fachsprachlich-normativen Gehalt und könnten deshalb nicht einfach in einem alltagssprachlich-faktischen Sinne interpretiert werden. Wer sich „berechtigt" oder „entschuldigt" vom Unfallort entferne, handele objektiv und subjektiv unter ganz anderen Voraussetzungen als jemand, der dies in Unkenntnis des Unfalls tue. Damit scheidet eine Strafbarkeit nach § 142 II Nr 2 aus[96].

1028 § 142 II Nr 2 erfasst nicht den Fall, dass der Verstoß gegen § 142 I eine **Rauschtat** iS des § 323a ist und zu einer Bestrafung des Täters nach jener Vorschrift führt[97]. Denn hier verlässt der Unfallbeteiligte den Unfallort nicht insgesamt straflos, sondern in strafbarer Weise.

---

93  OLG Stuttgart NJW 82, 1769; *Lackner/Kühl*, § 142 Rn 16; MüKo-*Zopfs*, § 142 Rn 77; aA *Küper*, NJW 81, 853, 854.
94  Vgl BGHSt 28, 129, 135; BayObLG NJW 90, 1861; *Lackner/Kühl*, § 142 Rn 21.
95  BGHSt 28, 129; BayObLG NJW 79, 436.
96  So jetzt auch BVerfG NJW 07, 1666; im Erg. zust. *Dehne-Niemann*, Jura 08, 135; *Brüning*, ZIS 07, 317; vgl ferner *Fischer*, § 142 Rn 52; *Lackner/Kühl*, § 142 Rn 25; MüKo-*Zopfs*, § 142 Rn 105; krit. *Laschewski*, NZV 07, 444. Zu einem Versuch, die Problematik durch eine extensive Bestimmung des Begriffs des Unfallorts zu lösen, OLG Düsseldorf NStZ-RR 08, 88; dagegen zu Recht BGH NStZ 11, 209; OLG Hamburg NJW 09, 2074; Matt/Renzikowski-*Renzikowski*, § 142 Rn 48; *Rengier*, BT II § 46 Rn 28 und SSW-*Ernemann*, § 142 Rn 43
97  BayObLG NJW 89, 1685; *Küper*, NJW 90, 209; *Rengier*, BT II § 46 Rn 32; im Erg. auch *Paeffgen*, NStZ 90, 365; anders *Keller*, Anm. JR 89, 343; *Miseré*, Jura 91, 298.

*Tatbestandsmerkmale* **§ 22 VI 2**

Schwierigkeiten bereitet das **Unverzüglichkeitsgebot** in § 142 II, das ein Tätigwer- **1029** den ohne vorwerfbares Zögern zur Pflicht macht, im Hinblick auf die jeweiligen Umstände des Einzelfalls (insbesondere unter Berücksichtigung der Unfallfolgen und der Schadenshöhe) jedoch stets am **Schutzzweck** des § 142 zu messen ist[98]. Das Gesetz selbst bestimmt nicht abschließend, wie und auf welche Weise die erforderlichen Feststellungen zu ermöglichen sind. Die in § 142 III genannten Verhaltensweisen (Mitteilung an den Berechtigten oder an eine nahe gelegene Polizeidienststelle) sind nur beispielhaft gemeint und im Sinne von Mindestanforderungen zu verstehen. Es gibt, insbesondere bei reinen Sachschäden, keine Pflicht, stets sogleich die Polizei einzuschalten. Der Unfallbeteiligte hat grundsätzlich die *freie Wahl*, auf welchem Wege er die nachträglichen Feststellungen ermöglichen will, solange er dem Unverzüglichkeitsgebot gerecht wird[99]. Danach darf der Unfallbeteiligte im Allgemeinen versuchen, sich zunächst an den Geschädigten zu wenden. Ist dieser nicht oder nicht ohne Verletzung des Unverzüglichkeitsgebots erreichbar, bleibt allerdings zumeist nur der Weg zur Polizei. Das alles muss alsbald nach Wegfall der Gründe geschehen, aus denen die „Straflosigkeit" des Sich-Entfernens vom Unfallort folgt.

**Beispiel:** Ein PKW-Fahrer, der nachts einen nicht allzu hohen Sachschaden anrichtet und sich nach Ablauf der Wartefrist vom Unfallort entfernt, genügt bei eindeutiger Haftungslage dem Unverzüglichkeitsgebot des § 142 II, wenn er am nächsten Morgen gegen 8 Uhr die zuständige Polizeidienststelle von dem Unfall verständigt[100]. Wer dagegen durch sein Abwarten die konkrete Gefahr eines Beweisverlustes schafft, verletzt die Pflicht zum *unverzüglichen* Handeln[101]. Das Gleiche gilt, wenn ein Unfallbeteiligter, der sich mit dem Verletzten in dessen nahe gelegene Wohnung begeben hat, dort nach dem Scheitern des Einigungsversuchs das Eintreffen der vom Verletzten herbeigerufenen Polizei nicht abwartet, sondern vielmehr die Flucht ergreift[102].

**b)** Für den **subjektiven Tatbestand** ist Vorsatz erforderlich; Eventualvorsatz ge- **1030** nügt. Der Täter muss wissen oder billigend in Kauf nehmen, dass ein Unfall mit einem nicht ganz unerheblichen Personen- oder Sachschaden vorliegt, er als Unfallbeteiligter in Betracht kommt und er durch sein Verhalten die Feststellungen verhindert oder erschwert[103]. Zur Abgrenzung zwischen Tatumstands- und Verbotsirrtum im Rahmen des § 142 vgl OLG Düsseldorf NJW 86, 2001; OLG Frankfurt NJW 83, 293 sowie *Fischer*, § 142 Rn 39, 50 f; *Lackner/Kühl*, § 142 Rn 36; zu weiteren Irrtumsproblemen *Mitsch*, NZV 05, 347.

Im **Fall 60** kommt auch § 142 in Betracht. A hat sich in Kenntnis aller maßgeblichen Tat- **1031** umstände vom Unfallort entfernt, ohne dass er den ihm durch § 142 I Nr 1, 2 auferlegten Verpflichtungen nachgekommen ist. **Vollendet** war die Tat spätestens in dem Zeitpunkt, in dem er sich unter dem Schutz der Dunkelheit so weit von der Unfallstelle entfernt hatte, dass er als Unfallbeteiligter nicht mehr ohne weiteres erkennbar war[104]. Zu den vorausge-

---

98 Eingehend MüKo-*Zopfs*, § 142 Rn 108 ff.
99 BGHSt 29, 138; BayObLG JZ 80, 579; NK-*Schild/Kretschmer*, § 142 Rn 146; krit. *Beulke*, Anm. JR 80, 523; SK-*Stein*, § 142 Rn 57 ff; eingehend *Zopfs*, Unfallflucht bei eindeutiger Haftungslage?, 1993, S. 46 ff, 63 ff.
100 OLG Hamm VRS 61 (1981), 263; vgl auch OLG Frankfurt VRS 65 (1983), 30.
101 Näher OLG Karlsruhe MDR 82, 164; *Lackner/Kühl*, § 142 Rn 26.
102 OLG Köln NJW 81, 2367; anders *Beulke*, JuS 82, 815.
103 Näher BGHSt 15, 1; OLG Thüringen VRS 110 (2005), 15; KG NZV 12, 497; MüKo-*Zopfs*, § 142 Rn 88; S/S-*Sternberg-Lieben*, § 142 Rn 71.
104 Vgl OLG Stuttgart NJW 81, 878; *Küper*, JZ 81, 209, 251; S/S-*Sternberg-Lieben*, § 142 Rn 83.

339

**§ 22** *Straßenverkehrsgefährdung, Entfernen vom Unfallort und Trunkenheit im Verkehr*

gangenen Straftaten steht dieses weitere Vergehen im Verhältnis der *Tatmehrheit* (§ 53), weil der Verkehrsunfall eine **Zäsur** des Gesamtgeschehens bewirkte und die ihm nachfolgende Unfallflucht auf einem **neuen Tatentschluss** des A beruhte[105]. Zu den sog. **Polizeifluchtfällen** siehe LK-*König*, § 315c Rn 209 und *Wessels/Beulke/Satzger*, AT Rn 1255 und oben Rn 985 ff.

### 3. Rechtswidrigkeit

**1032** Die **Rechtswidrigkeit** der Tat kann nach den allgemeinen Regeln, insbesondere durch rechtfertigenden Notstand (§ 34), durch Einwilligung des Betroffenen (uU auch eines sonstigen Feststellungsberechtigten) sowie durch mutmaßliche Einwilligung beseitigt werden.

**1033** Eine durch Täuschung erschlichene Zustimmung zum Verlassen des Unfallortes ist nach den allgemeinen Regeln unwirksam und unbeachtlich. Ob dieser Umstand, insbesondere bei der Angabe falscher Personalien, allerdings ohne weiteres die Möglichkeit zur Bestrafung nach § 142 I Nr 1 eröffnet, ist zweifelhaft und umstritten[106]. Die Lösung dieser Streitfrage hängt von den tatbestandlichen Besonderheiten des § 142 I Nr 1 ab. Zunächst liegt in falschen Auskünften zur Person keine Verletzung der Vorstellungspflicht, solange nur die Beteiligung am Unfall *als solche* eingeräumt wird. Ferner erlischt die Anwesenheitspflicht mit dem Abschluss der Feststellungen am Unfallort. Deshalb wirkt sich die Unbeachtlichkeit eines durch Täuschung erschlichenen Verzichts auf weitere Anwesenheit unter dem Blickwinkel des § 142 I Nr 1 nur dann zulasten des Unfallbeteiligten aus, wenn er sich *vor* dem definitiven Abschluss der am Unfallort laufenden Feststellungen entfernt. Dagegen bleibt sie tatbestandlich irrelevant, wenn er **bis zu diesem Zeitpunkt** den Unfallort nicht verlässt (näher *Küper*, JZ 90, 510, 519 ff).

**1034** Für die Annahme einer *mutmaßlichen* Einwilligung des Geschädigten (etwa beim Hinterlassen einer Visitenkarte nebst Zusicherung der uneingeschränkten Ersatzbereitschaft an dem beim Einparken beschädigten Kraftwagen) ist nur bei engen persönlichen Beziehungen zum Fahrzeughalter oder bei ganz geringfügigen Schäden und eindeutiger Haftungslage Raum[107].

### 4. Prüfungsaufbau: Unerlaubtes Entfernen vom Unfallort, § 142

**1035**

**Unerlaubtes Entfernen vom Unfallort, § 142**

    **I. Tatbestandsmäßigkeit**
        **1. Objektiver Tatbestand**
            **a) Unfall im Straßenverkehr**
                Ⓟ vorsätzliches Herbeiführen des Schadensereignisses
            **b) Unfallbeteiligter**
                → Legaldefinition in § 142 V

---

105 BGHSt 23, 141; 25, 72; BayObLG JR 82, 249; OLG Celle JR 82, 79.
106 Bejahend OLG Stuttgart NJW 82, 2266; differenzierend BayObLG NJW 84, 1365; *Küper*, JZ 90, 510.
107 Vgl BayObLG JZ 83, 268; StV 85, 109; OLG Köln VRS 64 (1983), 115; *Krey/Hellmann*, BT II Rn 967 ff; S/S-*Sternberg-Lieben*, § 142 Rn 77.

c) **vom Unfallort Sichentfernen**
d) **– ohne bestimmte Feststellungen zu ermöglichen (Abs. 1 Nr 1)**
→ Feststellungsduldungs- und Vorstellungspflicht; aber keine
generelle Aufklärungs- und Mitwirkungspflicht
Ⓟ Anwesenheit feststellungsbereiter Personen
**– oder ohne eine angemessene Zeit zu warten (Abs. 1 Nr 2)**
→ Dauer und Umfang der Wartepflicht richten sich insb. nach der
Schwere des Unfalls
**– oder nach gestattetem Entfernen ohne die Feststellungen unverzüglich
nachträglich zu ermöglichen (Abs. 2)**
Ⓟ unvorsätzliches Entfernen vom Unfallort
2. **Subjektiver Tatbestand**
II. **Rechtswidrigkeit**
Ⓟ durch Täuschung erschlichene Zustimmung zum Verlassen des Unfallorts
III. **Schuld**
IV. **Tätige Reue, § 142 IV**

## 5. Strafbare Teilnahme

Die Möglichkeit einer **Teilnahme** am Delikt des § 142, die durch positives Tun oder 1036
durch Unterlassen in Garantenstellung erfolgen kann, richtet sich nach den allgemeinen Regeln[108]. Beihilfe durch pflichtwidriges Unterlassen kommt beispielsweise in
Betracht, wenn der am Unfallort anwesende Halter und Fahrzeugeigentümer den Unfallverursacher, den er zum Führen seines Fahrzeugs ermächtigt hatte, nicht an der
Weiterfahrt hindert, obwohl er dies ohne Schwierigkeit könnte und sich dessen bewusst ist. Grundlage der **Garantenstellung** ist unter solchen Umständen die Sachherrschaft und Verfügungsberechtigung des Eigentümers über sein Fahrzeug, das in
seiner Gegenwart als Mittel zur Begehung einer Straftat (§ 142 I Nr 1) benutzt werden soll (näher OLG Stuttgart NJW 81, 2369). Zu den Anforderungen, die im Bereich
des § 142 II, III 1 an eine Beihilfehandlung zu stellen sind, siehe BayObLG NJW 90,
1861 mit krit. Bespr. *Herzberg*, NZV 90, 375; *Seelmann*, JuS 91, 290.

## VII. Trunkenheit im Verkehr

Der Begriff des „Fahrzeugführens" erfasst auch bei § 316 nur **Bewegungsvorgänge** 1037
im Verkehr (§§ 315–315d; siehe Rn 992); das bloße Ansetzen dazu (zB durch Anlassen des Motors) fällt in den Bereich des hier nicht mit Strafe bedrohten Versuchs
(BGHSt 35, 390). Unter der Voraussetzung, dass der Fahrzeugführer *infolge* berauschender Mittel (Mitursächlichkeit genügt) nicht mehr in der Lage ist, das Fahrzeug
sicher zu führen (vgl Rn 994), stellt das Gesetz diese Tätigkeit unter Strafe (siehe
Rn 982). Anders als bei § 315c braucht es nicht zu einer konkreten Gefahr für einen
anderen Menschen oder eine fremde Sache von bedeutendem Wert zu kommen.

---

108 Vgl dazu *Arloth*, GA 85, 492; SK-*Stein*, § 142 Rn 64. Zur Beihilfe zwischen Vollendung und Beendigung OLG Karlsruhe NStZ-RR 17, 355 mit abl. Anm. *Hecker*, JuS 17, 1125.

**§ 22** *Straßenverkehrsgefährdung, Entfernen vom Unfallort und Trunkenheit im Verkehr*

Strafbar ist aufgrund ihrer generellen Gefährlichkeit bereits die Trunkenheit im Verkehr als solche. Die Tat kann sowohl vorsätzlich als auch fahrlässig begangen werden (§ 316 I, II), wobei das Führen des Fahrzeugs bei allen Verkehrsdelikten immer Vorsatz erfordert. Zur Frage bedingten Vorsatzes hinsichtlich der Fahrunsicherheit vgl BGHSt 60, 227; LK-*König*, § 316 Rn 184, 192. Verwirklicht der Täter infolge seiner Trunkenheit auch den Tatbestand des § 315c I Nr 1a, tritt § 316 als **subsidiär** zurück, § 316 I aE.

**1038** Im **Fall 60** ist es während der Weiterfahrt durch A im Zuge der „Verkehrsunfallflucht" zu einer erneuten Gefährdung iS des § 315c I Nr 1a, III Nr 2 nicht gekommen. Insoweit liegt daher lediglich eine nach § 316 II zu bestrafende **folgenlose Trunkenheitsfahrt** vor (zur Frage des Vorsatzes hinsichtlich der rauschbedingten Fahrunsicherheit vgl *Lackner/Heger*, § 316 Rn 6 mwN).

Zwischen dem unerlaubten Entfernen vom Unfallort (§ 142 I) und dem Vergehen nach § 316 II besteht Tateinheit (§ 52). Der Umstand, dass eine Trunkenheitsfahrt iS des § 316 ein **Dauerdelikt** ist und dass diese Straftat im Fall 60 mit der fahrlässigen Straßenverkehrsgefährdung in *Gesetzeseinheit* steht (= Subsidiarität), führt nicht zu einer **Verklammerung** zur Tateinheit zwischen § 142 und § 315c I Nr 1a, III Nr 2, weil § 316 II im Vergleich zu den beiden Strafvorschriften das minderschwere Delikt ist[109].

**1039** Der für Verkehrsstrafsachen zuständige 4. Strafsenat des BGH ist der Ansicht, dass die sog. Grundsätze der *actio libera in causa* im Bereich der §§ 315c, 316 nicht anwendbar sind[110].

## VIII. Prüfungsaufbau: Trunkenheit im Verkehr, § 316 I

**1040**

> **Trunkenheit im Verkehr, § 316 I**
>
> **I. Tatbestandsmäßigkeit**
>   1. **Objektiver Tatbestand**
>      a) **Führen eines Fahrzeugs**
>         → nur eigenhändiges Verhalten
>      b) **im Verkehr (§§ 315–315d)**
>      c) **in fahrunsicherem Zustand**
>         *(1) absolute Fahrunsicherheit*
>            → unwiderleglich vermutet ab 1,1‰ BAK
>         *(2) oder relative Fahrunsicherheit*
>            → ab 0,3‰ BAK und Ausfallerscheinungen (Gesamtwürdigung)
>   2. **Subjektiver Tatbestand**
> **II. Rechtswidrigkeit**
> **III. Schuld**
> **IV. Formelle Subsidiarität zu §§ 315a, 315c**

---

109 Näher BGHSt 23, 141, 149; *Wessels/Beulke/Satzger*, AT Rn 1284.

110 BGHSt 42, 235; aA *Freund*, GA 14, 137; näher zur Problematik *Wessels/Beulke/Satzger*, AT Rn 664 mwN, aber auch *Hettinger*, GA 89, 1, 14 und in *Schnarr* ua, Reform, S. 187–299 sowie SK-*Wolters*, § 323a Rn 30; *Zenker*, Actio libera in causa, 2003.

*Schutzzweck* **§ 23 I 1**

# § 23 Vollrausch, Unterlassen der Hilfeleistung und Behinderung von hilfeleistenden Personen

**Fall 61:** Der Alkoholiker T ist wegen Volltrunkenheit und unverschämten Benehmens – auch dem Gast G gegenüber – aus einer vielbesuchten Waldgaststätte gewiesen worden. Gleich zu Beginn des Heimweges stolpert T am Straßenrand über einen Ziegelstein, den er aufhebt und wütend fortschleudert. Dabei prallt der Stein gegen einen abgestellten Kraftwagen, dessen Kotflügel beschädigt wird. Da niemand den Vorfall beobachtet hat, wankt T unbehelligt davon. Noch innerhalb des Waldes stürzt er ein Stück neben dem Wanderweg kopfüber in einen Wassergraben, der so schmal und so tief ist, dass T sich aus eigener Kraft nicht befreien kann, zumal sein rechter Arm gebrochen ist. Der Gast G kommt wenig später an der Unfallstelle vorbei, hört die kläglichen Hilferufe, eilt hinzu, überlässt den T jedoch seinem Schicksal, nachdem er ihn als den „unverschämten Trinker" wiedererkannt hat, dem (wie er meint) recht geschehe, wenn er noch eine Weile in seiner Lage verharren müsse. In der Tat wird T erst etwa 10 Minuten später im Zustand fast völliger Erschöpfung von Spaziergängern entdeckt und betreut, bis sein Abtransport erfolgt.
Strafrechtliche Beurteilung des Sachverhalts? **Rn 1046, 1053, 1065**

**1041**

## I. Vollrausch

### 1. Schutzzweck

§ 323a bezweckt den **Schutz der Allgemeinheit** vor Gefahren, die der Zustand des **Vollrausches** wegen der damit verbundenen Aufhebung (zumindest: Reduzierung) der Fähigkeit zur Normerkenntnis und Normbefolgung erfahrungsgemäß mit sich bringt. **Strafgrund** ist die selbstverschuldete Herbeiführung eines die freie Willensbildung ausschließenden und damit gemeingefährlichen Zustandes[1]. Das bedeutet: Das Unrecht des § 323a ist nicht die Begehung der Rauschtat, sondern das gefährliche Sich-Berauschen als solches. Der **Vollrausch** ist damit nach hM ein *abstraktes Gefährdungsdelikt*[2]; seine Strafbarkeit als solche verstößt nicht gegen das Schuldprinzip[3].

**1042**

Näher zu § 323a außerdem *Berster*, Vollrauschtatbestand und unsicherer Rauschgrad, ZStW 124 (2012), 991; *Cramer*, Der Vollrauschtatbestand als abstraktes Gefährdungsdelikt, 1962; *Duttge*, Der Vollrauschtatbestand de lege lata und de lege ferenda, Geppert-FS, S. 63; *Fahl*, JuS 05, 1076; *Geppert*, Die Volltrunkenheit (§ 323a StGB), Jura 09, 40; *Paeffgen*, Zur rechtlichen und rechtspolitischen Problematik des Vollrausch-Tatbestandes (§ 323a StGB) in Egg/Geisler (Hrsg.), Alkohol, Strafrecht und Kriminalität, 2000, S. 49, 59; *Puppe*, Neue Entwicklungen in der Dogmatik des Vollrauschtatbestandes, Jura 82, 281; *Streng*, Unterlassene Hilfe-

**1043**

---

1 BGHSt 1, 124 und 1, 275; 16, 124.
2 AA OLG Hamm NStZ 09, 40 mit im Erg. zust. Anm. *Geisler.*
3 BGHSt 32, 48; 16, 124; OLG Hamburg JR 82, 345; beiläufig auch BVerfG DAR 79, 181 bei *Spiegel*; aA etwa *Frister*, Schuldprinzip, Verbot der Verdachtsstrafe und Unschuldsvermutung als materielle Grundprinzipien des Strafrechts, 1986, S. 53, 59; *Lagodny*, Strafrecht vor den Schranken der Grundrechte, 1996, S. 233, 484; instruktiv zum Diskussionsstand MüKo-*Geisler*, § 323a Rn 2 ff.

343

**§ 23** *Vollrausch, Unterlassen der Hilfeleistung, Behinderung von hilfeleistenden Personen*

leistung als Rauschtat?, JZ 84, 114. Die Minderheitsmeinung, die § 323a als ein *konkretes* Gefährdungsdelikt besonderer Art auffasst und dementsprechend darauf abstellt, ob sich in der Rauschtat die konkrete Gefährlichkeit des Rauschzustandes realisiert hat, ist näher dargestellt bei *Barthel*, Bestrafung wegen Vollrauschs trotz Rücktritts von der versuchten Rauschtat?, 2001, S. 86 und bei *Geisler*, Schuldprinzip, S. 388 mwN. Die Vorschrift stellt den Interpreten vor *letztlich nicht lösbare* Schwierigkeiten (vgl auch *Kleszczewski*, BT § 23 Rn 7; NK-*Paeffgen*, § 323a Rn 9). Keine der möglichen Deutungen lässt sich widerspruchsfrei in den allgemeinen dogmatischen Systemzusammenhang einfügen (*Lackner/Heger*, § 323a Rn 1). Zur Abgrenzung von den sog. Grundsätzen der *actio libera in causa* vgl BGHSt 21, 381; 17, 259; *Wessels/Beulke/Satzger*, AT Rn 652 ff.

## 2. Unrechtstatbestand

**1044** Den **Unrechtstatbestand** des § 323a verwirklicht, wer sich durch alkoholische Getränke oder andere berauschende Mittel *vorsätzlich* oder *fahrlässig* in einen so hochgradigen **Rausch** versetzt, dass er schuldunfähig (§ 20) wird oder in einen Zustand gerät, bei dem **Schuldunfähigkeit nicht auszuschließen** ist. Der Alkohol- oder Rauschmittelmissbrauch muss nicht die alleinige Ursache des Vollrausches gewesen sein; Mitursächlichkeit neben einer besonderen körperlichen oder seelischen Verfassung des Täters genügt[4].

**1045** Das bedeutet, § 323a ist **anwendbar**, wenn die Schuldunfähigkeit iS des § 20 infolge des Rausches *feststeht*. Ebenso findet er Anwendung, wenn die Schuldunfähigkeit iS des § 20 nur *möglich* erscheint, aber zweifelsfrei *feststeht*, dass die Schuldfähigkeit zumindest iS des § 21 erheblich vermindert war[5]. Umgekehrt **scheidet** § 323a in den Fällen **aus**, in denen außer Zweifel steht, dass der Täter durch den Rauschmittelgenuss *nicht schuldunfähig* geworden ist. Problematisch ist der Fall, dass einerseits die *Schuldunfähigkeit* iS des § 20 *möglich* erscheint, andererseits aber auch die *volle Schuldfähigkeit nicht ausgeschlossen* werden kann. Hier muss der Täter unter *gegenläufiger Anwendung* des Grundsatzes *in dubio pro reo* freigesprochen werden: Im Hinblick auf die im Rausch begangene Straftat (wie etwa § 212 oder § 316) ist zu seinen Gunsten zu unterstellen, dass er sich im Zustand der Schuldunfähigkeit befand und deshalb wegen dieser Straftaten nicht bestraft werden kann, und bezüglich § 323a muss davon ausgegangen werden, dass er schuldfähig war und deshalb eine Bestrafung aus dem Vollrauschtatbestand ausscheidet[6]. Eine Wahlfeststellung zwischen Vollrausch (§ 323a) und der im Rausch begangenen Straftat kommt nicht in Betracht, weil es an der *rechtsethischen* und *psychologischen Vergleichbarkeit* der verschiedenen Verhaltensweisen fehlt[7].

---

4  BGHSt 22, 8; 26, 363; BGH StV 00, 26; zur Einnahme von Medikamenten siehe OLG Hamburg JR 82, 345 mit Anm. *Horn*; OLG Karlsruhe NJW 79, 611.

5  BGHSt 32, 48; BGH NStZ 89, 365; *Dencker*, NJW 80, 2159; *Krey/M. Heinrich*, BT I Rn 1155; *Puppe*, Jura 82, 281; anders, jedoch unzutreffend OLG Karlsruhe NJW 79, 1945. Nichts anderes meinte auch die früher gebräuchliche, aber unklare Formel, dass der „sichere Bereich des § 21 (von der Schuldfähigkeit her) überschritten" sein müsse; vgl BGHSt GrS 9, 390.

6  Vgl BGH VRS 56 (1979), 447; BayObLG VRS 56 (1979), 449; OLG Köln VRS 68 (1985), 38; OLG Karlsruhe NZV 04, 592; aA *Fischer*, § 323a Rn 11c; *Montenbruck*, GA 78, 225; SK-*Wolters*, § 323a Rn 17.

7  BGHSt GrS 9, 390, 394; *Küpper/Börner*, BT I § 10 Rn 67.

*Objektive Bedingung der Strafbarkeit* **§ 23 I 3**

Im **Fall 61** ist davon auszugehen, dass T sich vorsätzlich (vgl dazu BGH NJW 67, 579; GA **1046**
66, 375) oder zumindest fahrlässig in den seine Schuldfähigkeit ausschließenden Vollrausch
versetzt hat. Die *Vorwerfbarkeit* dieses Verhaltens folgt daraus, dass ihm als Alkoholiker
die enthemmende Wirkung des Alkohols bekannt war, die selbst friedfertige Menschen oft
in gefährlicher Weise verändert und bis zu völlig unberechenbaren, teils wesensfremden
Entgleisungen führt (vgl BGHSt 16, 124; BGH NJW 79, 1370).

## 3. Objektive Bedingung der Strafbarkeit

**Bestraft** wird der Vollrausch nur unter der Bedingung, dass der Berauschte eine **1047**
**rechtswidrige Tat** iS des § 11 I Nr 5 begeht (= *objektive Bedingung der Strafbarkeit*). Diese sog. **Rauschtat** (vgl § 323a III) muss den *objektiven* und (bei Vorsatzde-
likten) *subjektiven* Tatbestand eines Strafgesetzes verwirklichen (bei bloßen Ord-
nungswidrigkeiten kommt § 122 OWiG in Betracht; zu Recht krit. NK-*Paeffgen*,
§ 323a Rn 9).

Voraussetzung ist daher stets eine Handlung, dh ein vom natürlichen Willen be- **1048**
herrschtes oder beherrschbares Verhalten. Erbrechen und sog. *Zwangshandlungen*
scheiden infolgedessen von vornherein aus[8]. Ist die Rauschtat ein sog. **Absichtsdelikt**
wie zB ein Diebstahl oder Betrug, so muss neben dem entsprechenden *Tatbestandsvorsatz* auch die jeweils geforderte *besondere Absicht* (= Zueignungs- bzw Bereicherungsabsicht) gegeben sein[9]. Bei einer Verleumdung (§ 187) muss der Volltrunkene
*wider besseres Wissen* gehandelt haben. Hat jemand im Rausch einen anderen er-
schossen, so bedarf es der Prüfung, ob er auf ihn gezielt (= § 212 als Rauschtat) oder
ihn nur aus Versehen getroffen hat (= § 222 als Rauschtat). Äußere Umstände der
Rauschtat wie Art, Umfang, Schwere und Gefährlichkeit oder Folgen sollen nach der
Rechtsprechung für die Strafzumessung Bedeutung haben[10] (zur Frage der Berücksichtigung von Umständen iS des § 49 I im Rahmen des § 323a II siehe BGH NStZ-
RR 01, 15 und JR 93, 33 mit Anm. *Streng*).

Als Rauschtat kommen auch **Unterlassungsdelikte**, nach hM unter Einschluss des **1049**
§ 323c I, in Betracht[11], so etwa wenn der Volltrunkene es unterlässt, die ärztliche Hilfe herbeizuholen, die ein Schwerverletzter benötigt. Die Gefahr eines rauschbedingten Verlustes der Einsichtsfähigkeit oder des Hemmungsvermögens kann sich in
einem Unterlassungsdelikt ebenso realisieren wie in einem Begehungsdelikt. Der
Einwand, dass dies bei § 323c I zu einer Erweiterung der Hilfspflicht und zu dem Gebot führen würde, sich *jederzeit* für eine Hilfeleistung bereit zu halten, ist nicht stich-
haltig, weil § 323c I bei fehlender Handlungsfähigkeit schon tatbestandlich entfällt[12].
Vom noch handlungsfähigen Berauschten wird gem. § 323a iVm § 323c I lediglich

---

8   Vgl RGSt 69, 189, 191; BGHSt 1, 124, 127; MüKo-*Geisler*, § 323a Rn 32.
9   Vgl BGHSt 18, 235; *Fischer*, § 323a Rn 7.
10  Siehe dazu BGHSt 38, 356, 361; BGH NStZ 96, 334; *Barthel*, Bestrafung wegen Vollrauschs trotz
    Rücktritts von der versuchten Rauschtat?, 2001, S. 83; *Lackner/Heger*, § 323a Rn 16 und MüKo-
    *Geisler*, § 323a Rn 81.
11  BayObLG NJW 74, 1520; LK-*Popp*, § 323a Rn 63; NK-*Paeffgen*, § 323a Rn 70, jeweils mwN.
12  Zur Gegenansicht siehe *Lenckner*, Anm. JR 75, 31.

345

**§ 23** *Vollrausch, Unterlassen der Hilfeleistung, Behinderung von hilfeleistenden Personen*

verlangt, in dem Maße Hilfe zu leisten, wie ihm das entsprechend dem Grad seiner Berauschung bei Entstehung der Hilfspflicht möglich ist (so die hM).

1050 Umstritten ist, ob im Rahmen der Rauschtat die Rechtsfolgen des § 16 auch bei einem *rauschbedingten* Tatumstands- oder Erlaubnistatumstandsirrtum eintreten, dem der Täter nüchtern nicht erlegen wäre (vgl RGSt 73, 11, 17; BGH NJW 53, 1442).

**Beispiel:** Der volltrunkene V nimmt nach einem Barbesuch einen an der Garderobe hängenden fremden Mantel mit, den er rauschbedingt irrtümlich für seinen eigenen hält.

Da die Straflimitierung des § 323a II Bezug auf die konkrete Rauschtat nimmt (dazu NK-*Paeffgen*, § 323a Rn 9, 86), ist hier kein Raum für eine von den allgemeinen Regeln abweichende Behandlung der Irrtumsprobleme[13]. Ein Tatumstandsirrtum bzw Erlaubnistatumstandsirrtum schließt ein Vorsatzdelikt als Rauschtat aus; ob der Irrtum dem Täter auch in nüchternem Zustand unterlaufen wäre, ist dabei unerheblich.

1051 Anders verhält es sich bei Fehlvorstellungen, die (wie etwa ein rauschbedingter Verbotsirrtum iS des § 17) den Bereich der **Unrechtseinsicht** betreffen. Hier ist danach zu fragen, ob der Täter dem gleichen Irrtum auch in nüchternem Zustand erlegen wäre *und* ob dieser Irrtum in der konkreten Situation einen Nüchternen entlasten würde[14]. Ist das nicht der Fall, ist der Irrtum unbeachtlich.

1052 Für das Eingreifen von Rechtfertigungsgründen, wie etwa des § 32 oder der §§ 228, 904 BGB, gelten keine Besonderheiten (vgl BGH NJW 79, 1370). Ebenso verhält es sich bei den Entschuldigungsgründen (zB des § 35 I) und den persönlichen Strafausschließungs- oder Strafaufhebungsgründen. Nach hM kann der Volltrunkene daher auch von einem Versuch als Rauschtat nach § 24 strafbefreiend zurücktreten[15]. § 323a geht es nur um die Fälle, in denen der Täter **allein** aufgrund der rauschbedingten Schuldunfähigkeit nicht wegen der Tat bestraft werden kann.

**Beispiel:** Ist der Täter nach § 33 entschuldigt, liegt zwar an sich eine rechtswidrige Tat iS des § 11 I Nr 5 vor. Diese ist aber aufgrund des Normzwecks von § 323a nicht als Rauschtat anzusehen. Die Formulierung „… und ihretwegen nicht bestraft werden kann, weil er infolge des Rausches schuldunfähig war…" ist also zu verstehen als „… und ihretwegen **nur deshalb** nicht bestraft werden kann, weil er infolge des Rausches schuldunfähig war…".

1053 Im **Fall 61** kommt als Rauschtat nur eine **Sachbeschädigung** (§ 303) in Betracht, deren Merkmale in objektiver Hinsicht erfüllt sind. Fraglich ist aber, ob T den lädierten Kraftwagen *vorsätzlich* oder nur *ungewollt-fahrlässig* beschädigt hat. Da eine fahrlässige Sachbeschädigung keine **rechtswidrige Tat** iS des § 11 I Nr 5 ist, könnte T nur im erstgenannten Fall wegen *Vollrausches* bestraft werden, wobei zum Antragserfordernis § 323a III iVm § 303c zu beachten wäre.

---

13 Vgl *Dencker*, NJW 80, 2159, 2164; S/S-*Hecker*, § 323a Rn 15; SK-*Wolters*, § 323a Rn 14; anders LK-*Popp*, § 323a Rn 66.

14 Vgl OLG Hamm VRS 110 (2006), 17, 19; *Ranft*, JA 83, 193, 242; NK-*Paeffgen*, § 323a Rn 77; SK-*Wolters*, § 323a Rn 19.

15 Vgl BGH StV 94, 304; NStZ 94, 131 mit Anm. *Kusch*; NStZ-RR 99, 8; *Eisele*, BT I Rn 1242; MüKo-*Geisler*, § 323a Rn 45; zusf. *Geppert*, Jura 09, 40, 46 f. Krit. *Barthel*, Bestrafung wegen Vollrauschs trotz Rücktritts von der versuchten Rauschtat?, 2001.

_Schutzzweck_ **§ 23 II 1**

## 4.  Konkurrenzfragen

Die Begehung mehrerer Rauschtaten im selben Rausch begründet lediglich *ein* Vergehen nach § 323a (BGHSt 13, 223). Hat jemand im Vollrausch ein **Eigentumsdelikt** begangen und eignet er sich die fremde Sache nüchtern erneut zu (was auch nach BGHSt 14, 38, 43/45 durchaus möglich bleibt), so ist er allein wegen Unterschlagung (§ 246) zu bestrafen; der Verstoß gegen § 323a ist damit abgegolten (= *mitbestrafte Vortat* aus dem Gesichtspunkt der *Subsidiarität*)[16].

**1054**

Wie man in **Übungsarbeiten** auf § 323a einzugehen hat, hängt von der Sachgestaltung im Einzelfall ab. Im Zweifel empfiehlt sich folgendes Vorgehen: Zunächst behandelt man die im Rausch begangene Tat nach den herkömmlichen Aufbauregeln. Gelangt man dabei zur Verneinung der Schuldfähigkeit (§ 20) im Zeitpunkt der Tathandlung, ist nach hM zu prüfen, ob die Tat nach den Grundsätzen der *actio libera in causa* strafrechtlich erfasst werden kann[17]. Erst im Anschluss daran geht man, soweit noch erforderlich, auf § 323a ein. Zum evtl. **Konkurrenzverhältnis** siehe S/S-*Hecker*, § 323a Rn 30 ff.

**1055**

## 5.  Prüfungsaufbau: Vollrausch, § 323a

| |
|---|
| **Vollrausch, § 323a** |
| |
| **I.  Tatbestandsmäßigkeit** |
|    **1.  Objektiver Tatbestand** |
|       **a) Rausch** |
|          → zumindest sicherer Bereich des § 21 erreicht |
|       **b) Sich-Versetzen** |
|    **2.  Subjektiver Tatbestand: Vorsatz bzgl 1** (bzw bei Fahrlässigkeit im obj. Tb. unter 1c obj. Sorgfaltspflichtwidrigkeit) |
|    **3.  Objektive Bedingung der Strafbarkeit: Rauschtat** |
|       → Legaldefinition der rechtswidrigen Tat in § 11 I Nr 5 |
|       Ⓟ rauschbedingter Tatumstands-, Erlaubnistatumstands- oder Verbotsirrtum |
| **II.  Rechtswidrigkeit** |
| **III.  Schuld** |

**1056**

# II.  Unterlassene Hilfeleistung

## 1.  Schutzzweck

Bei Unglücksfällen und gemeiner Gefahr oder Not ist *jedermann* verpflichtet, die zur Vermeidung erheblicher (weiterer) Schäden *erforderliche* und ihm *zumutbare Hilfe* zu leisten. Grundgedanke des § 323c I ist die Wahrung der in akuten Notfällen zur Schadensabwehr gebotenen **mitmenschlichen Solidarität**, die vom Einzelnen als

**1057**

---

16    Vgl S/S-*Hecker*, § 323a Rn 33; *Wessels/Hillenkamp/Schuhr*, BT II Rn 330; anders NK-*Paeffgen*, § 323a Rn 83 und *Ranft*, JA 83, 193, 244, die Tatmehrheit annehmen.

17    Zum **Aufbau** siehe auch *Rath*, JuS 95, 405, 413; *Rengier*, BT II § 41 Rn 4; *Wessels/Beulke/Satzger*, AT Rn 652 ff.

**§ 23** *Vollrausch, Unterlassen der Hilfeleistung, Behinderung von hilfeleistenden Personen*

Teil der Gemeinschaft ein gewisses Mindestmaß an Hilfsbereitschaft verlangt[18]. **Schutzgegenstand** der Vorschrift sind die **Individualrechtsgüter** des Betroffenen (vor allem Leben, Gesundheit und Eigentum[19]), denen infolge des Unglücksfalls, gemeiner Gefahr oder Not **Schaden droht**[20]. Die Tat ist ein **echtes Unterlassungsdelikt** (vgl *Wessels/Beulke/Satzger*, AT Rn 1153). Anders als bei unechten Unterlassungsdelikten wird hier nicht das Unterlassen der Erfolgsabwendung, sondern nur das Unterlassen der **Hilfeleistung** bestraft. Der Versuch ist nicht mit Strafe bedroht.

## 2. Unglücksfall, gemeine Gefahr oder Not

**1058**  Ausgelöst wird die sog. Jedermannspflicht zur Hilfeleistung durch einen **Unglücksfall**, eine **gemeine Gefahr** oder eine die **Allgemeinheit betreffende Notlage** (Brand, Überschwemmung, Naturkatastrophe usw; vgl LK-*Spendel*, 11. Aufl., § 323c Rn 58, 70).

**1059**  **Unglücksfall** ist nach hM jedes (plötzlich eintretende) Ereignis, das die unmittelbare Gefahr eines erheblichen (weiteren) Schadens für andere Menschen oder fremde Sachen von bedeutendem Wert hervorruft[21]. Nicht erforderlich ist, dass bereits ein Schaden eingetreten ist[22]. Erfasst werden nicht nur *zufällig* entstandene oder *fahrlässig* verursachte Gefahrenlagen wie eine plötzliche schwere Erkrankung oder ein Verkehrsunfall, sondern auch *vorsätzlich* herbeigeführte Gefahrensituationen. So ist ein gegenwärtiger rechtswidriger Angriff aus Sicht des Opfers ein Unglücksfall. Zur Frage, ob und ggf ab welchem Zeitpunkt ein **Selbsttötungsversuch** als Unglücksfall begriffen werden kann, siehe Rn 131. Die Gefahr muss **tatsächlich bestehen**, dh ihr Vorliegen bestimmt die hM ex post aus der Perspektive eines objektiven (vernünftigen) Beobachters[23]. Nicht jede **Erkrankung** ist ein Unglücksfall iS des § 323c I; sie kann sich aber dazu entwickeln, wenn ihr Verlauf eine sich rasch verschlimmernde Wendung nimmt[24].

Eingehend *Kreuzer*, Ärztl. Hilfeleistungspflicht bei Unglücksfällen, 1965. Nur wer die *Möglichkeit* zur Hilfeleistung hat, kann zu ihr verpflichtet sein[25] Zur Auswirkung der **Grundrechte** (Art. 4 I GG) auf § 323c I vgl BVerfGE 32, 98. Bei bloßen **Sachgefahren** ist unter dem Blickwinkel der Schadenserheblichkeit und der Zumutbarkeit etwaiger Hilfe nur für eine sehr restriktive Anwendung des § 323c I Raum[26].

---

18  Zum Solidaritätsgedanken im Strafrecht *Frisch*, GA 16, 121; *Kühnbach*, Solidaritätspflichten Unbeteiligter, 2007; *v. Hirsch* (Hrsg.), Solidarität im Strafrecht, 2013.
19  AA mit gewichtigen Gründen *Zopfs*, Seebode-FS, S. 449.
20  Näher *Dölling*, NJW 86, 1011; LK-*Popp*, § 323c Rn 14; *Seelmann*, JuS 95, 281; SK-*Stein*, § 323c Rn 2; abweichend *Pawlik*, GA 95, 360.
21  Vgl BGHSt 3, 65; 6, 147; 57, 42, 48; *Küper/Zopfs*, BT Rn 531; SK-*Stein*, § 323c Rn 7 ff.
22  AA *Seebode*, Kohlmann-FS, S. 279, 286.
23  *Otto*, BT § 67 Rn 7 mwN; differenzierend *Stein*, Küper-FS, S. 607 und in SK, 9. Aufl., § 323c Rn 8; klärend *Küper/Zopfs*, BT Rn 532 ff.
24  BGH NStZ 85, 409; OLG Düsseldorf NJW 95, 799 und JR 92, 37 mit Anm. *Meurer*.
25  BGH NStZ 16, 153; *Rengier*, BT II, § 42 Rn 12 mwN.
26  Näher SK-*Stein*, § 323c Rn 14; noch enger NK-*Wohlers/Gaede*, § 323c Rn 6; S/S-*Hecker*, § 323c Rn 5; ganz abl. *Klesczewski*, BT § 16 Rn 15; *Otto*, BT § 67 Rn 4 mwN.

*Umfang der Hilfspflicht* **§ 23 II 3**

### 3. Umfang der Hilfspflicht

Der **Umfang der Hilfspflicht** wird durch die **Erforderlichkeit** und die **Zumutbarkeit** der Hilfe bestimmt, wobei die Grenzen des *eigenen Leistungsvermögens* mit zu berücksichtigen sind. Nach dem Grundsatz *ultra posse nemo obligatur* ist niemand zu Handlungen verpflichtet, die ihm unmöglich sind. Innerhalb dieser Grenzen muss der Hilfspflichtige allerdings sofort und auf die **wirksamste Weise** helfen[27]; uU kann dazu die *Benachrichtigung* eines zur Hilfe besser Geeigneten (Arzt, Unfallrettungsdienst usw) genügen.

**1060**

An der **Erforderlichkeit** fehlt es, wenn der Betroffene sich in jeder Hinsicht selbst helfen kann, wenn bereits von anderer Seite ausreichende Hilfe geleistet wird, wenn der Verunglückte schon tot ist oder wenn ein Tätigwerden nach dem vorausschauenden Urteil eines verständigen Beobachters offenbar sinnlos wäre[28]. Dass der Unterlassende die fehlende Erforderlichkeit der Hilfe nicht erkennt, ist unerheblich. Denn in diesem Fall stellt sein Verhalten lediglich eine versuchte unterlassene Hilfeleistung dar, die jedoch nicht unter Strafe steht.

**1061**

Bei einem schwer Verletzten ist Hilfe selbst dann noch erforderlich, wenn sie zwar nicht den Tod abwenden, wohl aber Schmerzen lindern kann (BGH JR 56, 347). Desgleichen ist die Erforderlichkeit der Hilfe dort zu bejahen, wo erst *in der Rückschau* klar wird, dass der Verunglückte auch bei sofortiger ärztlicher Hilfe keine Überlebenschance gehabt hätte, die in Betracht kommende Hilfeleistung also vergeblich gewesen wäre[29]. **Weigert** der Gefährdete sich, die ihm angebotene Hilfe anzunehmen, so entfällt die Hilfspflicht, soweit über das bedrohte Rechtsgut verfügt werden kann[30]. Geht es dabei um eine **Heilbehandlung** und eine dringend notwendige Operation zur Abwendung einer *akuten Lebensgefahr*, so ist die Weigerung des Patienten aber nicht etwa deshalb unbeachtlich, weil er dadurch sein Leben aufs Spiel setzt. Vielmehr ist hier zu berücksichtigen, dass jede Heilbehandlung der **Einwilligung** des Patienten bedarf und dass dessen Weigerung akzeptiert werden muss, wenn er sie trotz umfassender Aufklärung über das damit verbundene Risiko aufrechterhält[31]. Für **Ärzte** ergibt sich aus § 323c I **keine Erweiterung ihrer Berufspflicht**. Das Vorhandensein ärztlicher Sachkunde ist aber uU für die Entstehung der Hilfspflicht wie für Art und Umfang der Hilfeleistung von Bedeutung[32]. Hilfspflichtig sind nicht nur am Unfallort Anwesende, sondern auch der zu Hilfe Gerufene, sofern ihm die Hilfeleistung auf Grund der konkreten Umstände des Einzelfalles möglich ist[33].

**1062**

Die **Zumutbarkeit** der Hilfeleistung wächst mit dem Grad der Gefährdung des Hilfsbedürftigen und der Beziehung des zur Hilfe Fähigen zum Unfallgeschehen. Je größer das Ausmaß des drohenden Schadens und die Wahrscheinlichkeit des Schadenseintritts sind, umso eher muss der Adressat der Hilfspflicht eigene Belange zurückstel-

**1063**

---

27 BGHSt 14, 213; vgl dazu auch *Harzer*, Jura 95, 208.
28 BGHSt 17, 166; 32, 367, 381; BayObLG VRS 44 (1973), 106.
29 BGH NStZ 85, 501; NK-*Wohlers/Gaede*, § 323c Rn 10.
30 *Maurach/Schroeder*, BT II § 55 Rn 4, 21; S/S-*Hecker*, § 323c Rn 23.
31 BGHSt 11, 111, 114; anders BGH NJW 83, 350 mit abl. Anm. *Geiger*, JZ 83, 153; siehe dazu auch *Lilie*, Anm. NStZ 83, 314.
32 Instruktiv BGHSt 2, 296; 21, 50; näher LK-*Popp*, § 323c Rn 79.
33 Näher dazu S/S-*Hecker*, § 323c Rn 22.

**§ 23** *Vollrausch, Unterlassen der Hilfeleistung, Behinderung von hilfeleistenden Personen*

len. Die beiden explizit genannten zumutbarkeitsbegrenzenden Gesichtspunkte – das Drohen erheblicher eigener Gefahren und die Verletzung anderer wichtiger Pflichten – sind nicht abschließend („insbesondere"). Letztlich kommt es stets auf eine umfassende Güter- und Interessenabwägung an. Die Gefahr der Strafverfolgung lässt die Zumutbarkeit in aller Regel nicht entfallen (BGHSt 11, 353; 39, 164). Zur Zumutbarkeit der Notwehrhilfe vgl *Engländer*, Roxin-FS II, S. 657.

Die hM sieht in der Zumutbarkeit der Hilfeleistung bei § 323c I zutreffend ein **Tatbestandsmerkmal** (BGHSt 17, 166, 170). Es ist als Regulativ gedacht und soll dem Umstand Rechnung tragen, dass die Belastungsgrenze bei Hilfspflichten, die für *jedermann* gelten, nicht zu hoch angesetzt werden darf[34]. Zur Frage der **Pflichtenkollision** in diesem Zusammenhang siehe *Wessels/Beulke/Satzger*, AT Rn 1212 ff.

### 4. Vorsatz

**1064**  Der **Vorsatz** des Täters muss alle Umstände umfassen, aus denen sich zB das Vorliegen eines *Unglücksfalles* sowie die *Möglichkeit, Erforderlichkeit* und *Zumutbarkeit* der Hilfeleistung ergibt (näher BGH GA 71, 336).

**1065**  Im **Fall 61** kann G sich nach § 323c I strafbar gemacht haben, als er T seinem Schicksal überließ. G hat dem verunglückten T die erforderliche und zumutbare Hilfe wissentlich und willentlich versagt. Rechtfertigungs- und Entschuldigungsgründe liegen nicht vor. Dass G geraume Zeit vorher in der Gaststätte von T belästigt worden war, berührt die Rechtslage nicht. G hat sich daher nach § 323c I strafbar gemacht. Vollendet war die Tat, als G sich vom Unfallort entfernte und dadurch seinen mangelnden Hilfswillen nach außen hin manifestierte (vgl BGHSt 14, 213, 217; 21, 50, 55).

### 5. Konkurrenzfragen

**1066**  § 323c I ist **subsidiär**, soweit der Hilfsunwillige wegen der aus dem Unglücksfall drohenden Schadensfolge als Täter oder Gehilfe eines entsprechenden vorsätzlichen **Begehungs- oder unechten Unterlassungsdelikts** bestraft wird[35], so etwa, wenn der Unfallfahrer das verletzte Opfer des von ihm verschuldeten Unfalls einfach liegen lässt. Fehlt es dagegen bei einem Begleiter des Täters an den Voraussetzungen der Mittäterschaft und der Teilnahme, bleibt in *seiner* Person für § 323c I Raum (wie etwa dann, wenn er dem besinnungslos geschlagenen Raubopfer vorsätzlich keine Hilfe verschafft; vgl BGH MDR/H 85, 284). Ist nicht zu klären, ob der Beschuldigte sich in strafbarer Weise an der den Unglücksfall bildenden Straftat beteiligt hat, ist ebenfalls ein Rückgriff auf § 323c I möglich[36].

---

34  Vgl dazu *Geilen*, Jura 83, 140, 145; SK-*Stein*, § 323c Rn 32; aA *Maurach/Schroeder*, BT II § 55 Rn 22, der die Zumutbarkeitsfrage auch hier in den Schuldbereich verweist; im Erg. ebenso LK-*Popp*, § 323c Rn 79; zur Aufgabe des Erfordernisses der Zumutbarkeit NK-*Wohlers/Gaede*, § 323c Rn 11.

35  BGHSt 3, 65, 67; 14, 282; BGH MDR/H 82, 448; eingehend zu Konkurrenzfragen *Geppert*, Jura 05, 39, 47.

36  So BGHSt 39, 164; BGH NStZ 97, 127; zum Ganzen *Fischer*, § 323c Rn 23.

## 6. Prüfungsaufbau: Unterlassene Hilfeleistung, § 323c I

> **Unterlassene Hilfeleistung, § 323c I**      **1067**
>
> **I. Tatbestandsmäßigkeit**
>   **1. Objektiver Tatbestand**
>     **a) Unglücksfall oder gemeine Gefahr oder Not**
>       Ⓟ Selbsttötungsversuch
>     **b) Unterlassen der Hilfeleistung**
>     **c) Erforderlichkeit der Hilfeleistung**
>       Ⓟ nicht rettbar Verletzte
>     **d) Möglichkeit der Hilfeleistung**
>     **e) Zumutbarkeit der Hilfeleistung**
>   **2. Subjektiver Tatbestand**
> **II. Rechtswidrigkeit**
> **III. Schuld**

# III. Behinderung von hilfeleistenden Personen

**1068** Der durch das 52. StÄG vom 23.5.2017 neu eingefügte § 323c II soll Gefahren durch eine verzögerte oder verhinderte Hilfeleistung infolge einer Behinderung der hilfeleistenden Personen bekämpfen[37]. Anders als § 115 III schützt er nicht die Helfenden, sondern wie § 323c I die *Hilfebedürftigen*[38].

**1069** Vorliegen muss zunächst wiederum ein Unglücksfall, gemeine Gefahr oder Not. **Tathandlung** ist das *Behindern* einer Person, die einem Dritten Hilfe leistet oder Hilfe leisten will. **Behindern** ist wie bei § 115 III zu verstehen (vgl Rn 629); erfasst wird damit das Erschweren des Hilfeleistens in jeglicher Form wie zB das Zerstören oder Beschädigen von Gerätschaften oder Fahrzeugen, das Versperren des Wegs, das Blockieren von Notfallgassen ua[39]. Nicht erforderlich ist, dass durch das Behindern die Lage des Verunglückten bzw des in gemeine Gefahr oder Not Geratenen *tatsächlich verschlechtert* wird. Anders als bei § 323c I (vgl Rn 1061) ist der Tatbestand hier daher auch erfüllt, wenn ungeachtet der Behinderung von anderer Seite ausreichende Hilfe geleistet wurde oder der Verunglückte zum Tatzeitpunkt bereits verstorben war[40]. Dafür spricht neben den Gesetzesmaterialien[41] auch der Wortlaut der Vorschrift, der die Behinderung einer Person genügen lässt, die einem Dritten Hilfe *leisten will*. Im Hinblick auf den Schutzzweck der Vorschrift (Schutz der Hilfebedürftigen, nicht der Helfenden) hat der Gesetzgeber die Strafbarkeit damit indes zu weit ge-

---

37   Krit. *Magnus*, GA 17, 530, 541 f; diff. *Schiemann*, NJW 17, 1846, 1848. Zur Frage des Deliktstyps siehe *Lenk*, JuS 18, 229, 230; *Preuß*, ZIS 19, 345 f; *Schöch*, GA 18, 510, 512 ff; *Zöller*, KriPoZ 17, 143, 147.
38   BT-Drucks 18/12153, S. 6.
39   Für eine räumliche Beschränkung auf Behinderungshandlungen nur am Unglücksort *Lenk*, JuS 18, 229, 232 f; dagegen *Preuß*, ZIS 19, 345, 352; *Schöch*, GA 18, 510, 515 f.
40   AA *Lenk*, JuS 18, 229, 231. Krit. dazu *Schöch*, GA 18, 510, 516.
41   BT-Drucks 18/12153, S. 7.

**12. Kapitel** *Straftaten im Amt*

fasst[42]. Zudem leuchtet nicht ein, weshalb das *Behindern* einer nicht erforderlichen Hilfeleistung strafwürdig sein soll, wenn es das *Unterlassen* einer solchen Hilfeleistung (etwa beim Verstorbenen oder anderweitig Geretteten) nicht ist.

**1070** **Subjektiv** muss der Täter erkannt haben, dass die durch sein Handeln behinderte Person einem Dritten bei einem Unglücksfall oder gemeiner Gefahr oder Not Hilfe leistet oder leisten will. Einen Vorsatz hinsichtlich einer konkreten Gefährdung oder Verletzung des Dritten infolge der Behinderung braucht er dagegen nicht zu haben.

12. Kapitel

# Straftaten im Amt – Allgemeines und Amtsträgerbegriff

**1071** Der 30. Abschnitt des Besonderen Teils des StGB fasst die wichtigsten **echten** (oder: eigentlichen) und **unechten Amtsdelikte** zusammen[1], ohne diese Materie aber abschließend zu regeln, da einige unechte Amtsdelikte beim jeweiligen Grundtatbestand ihren Platz gefunden haben (vgl §§ 120 II, 133 III, 201 III, 203 II, 258a)[2]. Die zu den echten Amtsdelikten zählenden sog. Bestechungsdelikte (§§ 331 ff) wurden in den letzten Jahren mehrfach ergänzt und verschärft – zuletzt durch das (2.) Gesetz zur Bekämpfung der Korruption vom 26.11.2015.

Zur kriminologischen Analyse *Bannenberg*, Korruption in Deutschland und ihre strafrechtliche Kontrolle, 2002; zum neuen grenzüberschreitenden Korruptionsstrafrecht *Deiters*, Weßlau-GS, S. 51; *Kappel/Junkers*, NZWiSt 16, 382; zu Korruptionsrisiken in der (hier: niedersächsischen) Polizei *Linssen/Kammigan/Pfeiffer*, Kriminalistik 14, 18.

**1072** Der Begriff des **Amtsträgers** wird in § 11 I Nr 2, derjenige des Europäischen Amtsträgers in § 11 I Nr 2a und der des für den öffentlichen Dienst besonders Verpflichteten in § 11 I Nr 4 legaldefiniert. Nach § 11 I Nr 2c gilt als Amtsträger auch, wer nach deutschem Recht „sonst dazu bestellt ist, bei einer Behörde oder bei einer sonstigen Stelle oder in deren Auftrag Aufgaben der öffentlichen Verwaltung *unbeschadet der zur Aufgabenerfüllung gewählten Organisationsform* wahrzunehmen"[3]. Diese Regelung stellt (gegen die frühere Rechtsprechung[4]) klar, dass Aufgaben der öffentlichen Verwaltung iS der Norm auch dann wahrgenommen werden, wenn im Bereich der Daseinsvorsorge die Leistungsverwaltung sich zur Ausführung einer **privatrechtlich** organisierten Form, etwa einer Kapitalgesellschaft, bedient (vgl BT-Drucks. 13/5584, S. 12). Eine privatrechtlich organisierte Einrichtung oder Unternehmung der öffentli-

---

42  Für eine einschränkende Auslegung daher *Preuß*, ZIS 19, 345, 350.

1  Vgl LK-*Sowada*, Vor § 331 Rn 9 f; für außenstehende Beteiligte kommt bei den echten Amtsdelikten § 28 I, bei den unechten § 28 II zur Anwendung; vgl auch *Rengier*, BT II, § 59 Rn 4 f.

2  SK-*Stein/Deiters*, Vor § 331 Rn 3; S/S-*Heine/Eisele*, Vor § 331 Rn 5 f; krit. zu den „unechten" Amtsdelikten NK-*Puppe*, §§ 28, 29 Rn 32 ff.

3  Sehr krit. zu dieser Legaldefinition *Leimbrock*, Strafrechtliche Amtsträger, 2009, S. 428 ff.

4  BGHSt 38, 199, 203.

_Straftaten im Amt_ **12. Kapitel**

chen Hand ist als **„sonstige Stelle"** anzusehen, wenn sie _zwei Bedingungen_ erfüllt. Sie muss erstens eine **öffentliche Aufgabe** wahrnehmen (Daseinsvorsorge: zB sozialer Wohnungsbau, Energieversorgung, Abfallentsorgung) und zweitens derart **staatlicher Steuerung** unterliegen, dass sie bei einer _Gesamtbewertung_ als „verlängerter Arm" des Staates erscheint[5].

**Beispiele:** Als Amtsträger kommen in Betracht der Geschäftsführer eines als GmbH organisierten kommunalen Energieversorgungsunternehmens[6], der Geschäftsführer eines entsprechend organisierten Abfallentsorgungsunternehmens[7]oder das Mitglied des Leitungsorgans eines Rechtsanwaltsversorgungswerks (BGHSt 54, 39). Gleiches gilt für Angestellte einer GmbH, die auf dem Gebiet der Entwicklungs-Zusammenarbeit tätig ist und dabei staatlicher Steuerung unterliegt (BGHSt 43, 370).

Auch Redakteure öffentlich-rechtlicher Rundfunkanstalten sind Amtsträger iS des § 11 I Nr 2c. Auf diese „staatsfreien" Anstalten und Träger mittelbarer Staatsverwaltung, deren öffentliche Aufgabe in der Grundversorgung der Bevölkerung mit Rundfunkprogrammen besteht, ist das für privatrechtlich organisierte Unternehmen der öffentlichen Hand entwickelte Abgrenzungskriterium der „staatlichen Steuerung" freilich _nicht_ übertragbar[8].

**Gegenbeispiele:** Verneint hat die Rspr. die „sonstige Stelle" iS des § 11 I Nr 2c mangels ausreichender staatlicher Steuerung bei der Flughafen Frankfurt/Main AG (heute: Fraport AG; BGHSt 45, 16) und der Deutschen Bahn AG, (BGHSt 49, 214, 219 ff)[9]; ihre Mitarbeiter sind daher keine Amtsträger. An der staatlichen Steuerung fehlte es ebenfalls im Fall einer städtisch beherrschten Abfallverwertungsgesellschaft, an der ein **Privater** dergestalt beteiligt war, dass er über eine _Sperrminorität_ verfügte und so wesentliche unternehmerische Entscheidungen mitbestimmen konnte (BGHSt 50, 299; „Kölner Müllskandal")[10].

Kein Amtsträger ist nach Ansicht des Großen Senats auch der niedergelassene, für die vertragsärztliche Versorgung zugelassene **(Kassen-)Arzt**[11]. Zwar sind die gesetzlichen Krankenkassen sonstige Stellen iS des § 11 I Nr 2c und erfüllen eine öffentliche Aufgabe. Der einzelne Vertragsarzt nehme aber keine Aufgabe öffentlicher Verwaltung wahr[12]. Er sei freiberuflich tätig, die Versicherten verfügten zudem über Wahlfreiheit. Ihr Verhältnis zum Vertragsarzt werde daher wesentlich von Elementen persönlichen Vertrauens geprägt, sodass weder aus Sicht der Beteiligten noch objektiv die Einbindung des Arztes in das System öffentlicher, staatlich gelenkter Daseinsfürsorge überwiege[13]. (In Reaktion auf diese Entscheidung des Großen Senats hat der Gesetzgeber mittlerweile in §§ 299a und 299b die Bestechung und die Bestechlichkeit im Gesundheitswesen gesondert unter Strafe gestellt[14].)

---

5  BGHSt 45, 16; 46, 310; krit. _Dölling_, ZStW 112 (2000), 334, 339.
6  BGH wistra 04, 99 mit zust. Anm. _Dölling_, JR 05, 27 und krit. Anm. _Krehl_, StV 05, 325.
7  BGH wistra 07, 17.
8  BGHSt 54, 202 mit krit., im Erg. zust. Anm. _B. Heinrich_, JZ 10, 529; aA _Bernsmann_, Herzberg-FS, S. 167, 171 ff.
9  Dagegen soll die DB Netz AG, ein 100%iges Tochterunternehmen der DB AG, aufgrund besonderer Umstände eine sonstige Stelle iS des § 11 I Nr 2c sein. Vgl BGHSt 52, 290, 292, 294 ff (mit krit. Anm. _Rübenstahl_, NZW 08, 3737 und _Zieschang_, Anm. StV 09, 74); 56, 97 mit zust. Anm. _Hecker_, ZuS 11, 561 und _Radtke_, NStZ 11, 510.
10  Zust. _Saliger_, NJW 06, 337 und in Puppe-FS, S. 933; in Erg. auch _Noltensmeier_, Anm. StV 06, 135; abl. hingegen _Radtke_, NStZ 07, 57; zusf. _Kudlich/Oğlakcıoğlu_, Wirtschaftsstrafrecht, Rn 448, 488.
11  BGHSt GrS 57, 202, 207 ff mit zust. Anm. _Kölbel_, StV 12, 592; _Wengenroth/Meyer_, JA 12, 646. Auch eine Strafbarkeit gem. § 299 hat der Große Senat, aaO 210 ff, verneint; krit. insoweit _Kölbel_ aaO; _Fischer_, § 299a Rn 2.
12  BGHSt GrS 57, 202, 204 ff.
13  BGHSt GrS 57, 202, 209; zur Kritik _Fischer_, § 11 Rn 22d; ferner _Odenthal_, Kriminalistik 14, 224.
14  Allgemein zum Konkurrenzverhältnis zwischen §§ 229, 229b und §§ 331 ff _Seifert_, medstra 17, 280.

§ 24 *Bestechungsdelikte*

Grundwissen zum Begriff Amtsträger bei *Rönnau/Wegner*, JuS 15, 505; eingehend zum Ganzen *B. Heinrich*, Der Amtsträgerbegriff im Strafrecht, 2001, S. 431, 477, der darauf abstellt, ob die Organisation eine Monopolstellung innehat. Hingegen scheide § 11 I Nr 2c dort aus, wo die Organisation gleichberechtigt neben anderen Privaten tätig werde, es sei denn, der staatliche Träger erfüllte durch seine Tätigkeit noch eine wettbewerbsregulierende oder wirtschaftslenkende Aufgabe (dagegen MüKo-*Radtke*, § 11 Rn 52). Zur Amtsträgereigenschaft iS des § 11 I Nr 2c umfassend *Leimbrock*, Strafrechtliche Amtsträger, 2009, S. 50 ff, 423.

# § 24   Bestechungsdelikte

**1073**  **Fall 62:** Die Amtsträgerin A ist als Leiterin der Bauabteilung einer Oberfinanzdirektion für die Vergabe öffentlicher Aufträge zuständig, wobei ihr ein weiter Entscheidungsspielraum zusteht. Nach der Errichtung ihres Privateigenheimes verlangt sie von dem Bauunternehmer B einen unangemessen hohen Preisnachlass; dabei lässt sie durchblicken, dass ein Entgegenkommen des B sich bei der bevorstehenden Vergabe einiger lukrativer Bauaufträge im Bereich der Oberfinanzdirektion vorteilhaft auswirken werde. B fügt sich dem Begehren der A und gewährt ihr den Preisnachlass in der Erwartung, gegenüber den Konkurrenzbewerbern bevorzugt behandelt zu werden. In Wirklichkeit ist A innerlich entschlossen, sich dadurch in der Freiheit ihres dienstlichen Handelns nicht beeinflussen zu lassen.

Wie ist der Sachverhalt strafrechtlich zu beurteilen, wenn die in der Folgezeit von A getroffenen Vergabeentscheidungen, soweit sie zu Gunsten des B ausfallen, vom Ergebnis her keinen sachlichen Beanstandungen ausgesetzt sind? **Rn 1099, 1104**

## I.   Systematischer Überblick

### 1.   Sonderdelikte – Allgemeindelikte

**1074**  **a)   Vorteilsannahme** (§ 331) und **Bestechlichkeit** (§ 332) sind Sonderdelikte in der Form *echter* (oder: eigentlicher) *Amtsdelikte*, da der Täterkreis auf *Amtsträger* und *für den öffentlichen Dienst besonders Verpflichtete* beschränkt ist und dieser Eigenschaft straf*begründende* Bedeutung zukommt (siehe Rn 1071). Der Versuch dieser Taten ist strafbedroht; eine Ausnahme hiervon macht lediglich § 331 I.

**1075**  Der Begriff des **Amtsträgers**, des **Europäischen Amtsträgers** und des **für den öffentlichen Dienst besonders Verpflichteten** wird in § 11 I Nr 2, 2a, 4 festgelegt (dazu bereits Rn 1072)[1]. Unter welchen Voraussetzungen ein Freiberufler, etwa ein Planungsingenieur oder ein Kassenarzt, Amtsträger iS der §§ 11 I Nr 2c, 331 ff sein kann, ist nach wie vor umstritten[2]. Dass *Soldaten* in §§ 333, 334 besonders genannt

---

1   Vgl dazu BGHSt 31, 264; 37, 191; 38, 199; 49, 214; KG NStZ 94, 242; *F. Walther*, Jura 09, 421. Zur Entwicklung des Amtsträgerbegriffs *B. Heinrich*, wistra 16, 471.
2   BGHSt 42, 230; 43, 96 mit Anm. *Otto*, JR 98, 73 und Aufsatz *Ransiek*, NStZ 97, 519; BGHSt 43, 370 und BGH NJW 98, 2373 mit Anm. *Ransiek*, NStZ 98, 564; vgl auch *Haft*, Lenckner-FS, S. 81; eingehend MüKo-*Radtke*, § 11 Rn 44–103; zum niedergelassenen (Kassen-)Arzt BGHSt GrS 57, 202 und oben Rn 1072.

354

*Sonderdelikte – Allgemeindelikte* **§ 24 I 1**

sind, liegt an der früheren Fassung des § 48 WStG, der den § 332 für sämtliche Soldaten, den § 331 aber nur für Offiziere und Unteroffiziere anwendbar machte; seit der
Änderung des § 48 WStG[3] stehen hinsichtlich der §§ 331, 332, 335 I Nr 1a, II und
336 auch Mannschaftsdienstgrade den Amtsträgern und ihr Wehrdienst dem Amt
gleich.

Keine Amtsträger sind Abgeordnete der Parlamente und, soweit sie rechtssetzend im
Organ einer Selbstverwaltungskörperschaft tätig sind, kommunale Mandatsträger[4].
Letztere unterfallen aber § 11 I Nr 2c, soweit sie – zB im Aufsichtsrat eines kommunalen Versorgungsunternehmens – Aufgaben der öffentlichen Verwaltung wahrnehmen[5].

§ 335a erstreckt die Korruptionsdelikte unter bestimmten Voraussetzungen auch auf ausländische und internationale Bedienstete (dazu *Wittig*, Wirtschaftsstrafrecht, 4. Aufl. 2017, § 27
Rn 96 ff sowie eingehend *Hoven*, Auslandsbestechung: Eine rechtsdogmatische und rechtstat-
sächliche Untersuchung, 2018).

Die **Tathandlung** besteht im Fordern, Sich-versprechen-Lassen oder Annehmen       **1076**
eines Vorteils für sich oder einen Dritten (näher Rn 1084); im Fall des § 331 I „für die
Dienstausübung", im Übrigen „als Gegenleistung" für das jeweils beschriebene Verhalten. *Richter* und *Schiedsrichter* (dazu SK-*Stein/Deiters*, § 331 Rn 20 f), die mit
Bezug auf eine begangene oder künftige *richterliche* Handlung so handeln, unterfallen den Qualifizierungen der §§ 331 II, 332 II. Hinsichtlich *nicht*richterlicher Tätigkeiten (in der Justizverwaltung) gelten auch für Richter die Grundtatbestände (zum
Ganzen vgl LK-*Sowada*, Vor § 331 Rn 20 ff).

Die §§ 331, 332 verlangen ein Beziehungsverhältnis (= Äquivalenzverhältnis), eine       **1077**
sog. **Unrechtsvereinbarung**. Der *wesentliche Unterschied* zwischen § 331 I und
§§ 331 II, 332 besteht in Folgendem: Letztere setzen den Vorteil **„als Gegenleistung"** für eine Diensthandlung oder eine richterliche Handlung voraus. Somit muss
bei §§ 331 II, 332 der Vorteil dem Empfänger konkret **für** eine vorgenommene oder
künftige **Diensthandlung** oder richterliche Handlung zugewendet werden. Bei
§ 331 I hat der Gesetzgeber 1997 die Voraussetzung eines Vorteils als Gegenleistung
für eine Dienst*handlung* dagegen „gelockert". Eine *Vorteilsannahme* ist schon dann
zu bejahen, wenn der Täter den Vorteil **für die Dienstausübung** fordert (beachte
Rn 1087) oder annimmt oder sich den Vorteil für sie versprechen lässt. Die Formulierung *„für* die Dienstausübung" stellt klar, dass zwar weiterhin eine **Beziehung** zwischen der Vorteilsannahme und dem dienstlichen Handeln des Amtsträgers bestehen
muss. Jedoch braucht keine konkrete Diensthandlung als „Gegenleistung" nachgewiesen zu werden[6].

---

3  Durch das 48. StÄG vom 23.4.2014.
4  BGHSt 51, 44, 49; BGH wistra 06, 419; vgl auch LK-*Sowada*, § 331 Rn 16 f; aA *Niehaus*, ZIS 08, 49:
   Mandatsträger sollen § 11 I Nr 2b unterfallen. Eingehend zum Ganzen *Peters*, Korruption in Volksvertretungen, 2017, S. 456 ff.
5  *Lackner/Heger*, § 11 Rn 11 mit Hinw. auf § 108e; SK-*Stein/Deiters*, § 11 Rn 44; *Marel*, StraFo 03,
   259; aA LG Köln StV 03, 507.
6  So BT-Drucks. 13/8079, S. 15; siehe auch BGHSt 49, 275, 280; BGHSt 53, 6 mit Anm. *Hettinger*, JZ
   09, 370 und *Trüg*, NJW 09, 196; dazu auch *Kuhlen*, JR 10, 148; *Zimmermann*, Korruption, S. 524 ff.
   Zum Hintergrund und der Problematik dieser Neufassung siehe *Ambos*, JZ 03, 345, 349; *König*, JR 97,
   397; *Hendrik Schneider*, Seebode-FS, S. 331, 336 ff.

355

**§ 24** *Bestechungsdelikte*

**1078** Vorteilsannahme und Bestechlichkeit unterscheiden sich außerdem noch insofern, als § 332 eine **pflichtwidrige** Diensthandlung bzw richterliche Handlung verlangt[7]. Er erfasst nur solche Handlungen, deren Vornahme oder Unterlassung (§ 336)[8] **Dienstpflichten verletzt hat oder verletzen würde** (dazu BGHSt 15, 88 und 15, 239; BGH wistra 07, 222). Somit fällt das Fordern, Sich-Versprechen-Lassen oder Annehmen von Vorteilen für **pflichtgemäße** Diensthandlungen bzw richterliche Handlungen allein unter § 331 I, II.

**1079** **b)** Das Gegenstück zur Strafbarkeit des **Vorteilsnehmers** nach §§ 331, 332 bilden aufseiten des **Vorteilsgebers** die Straftatbestände der **Vorteilsgewährung** (§ 333) und der **Bestechung** (§ 334, ggf in Verbindung mit § 335 I Nr 1b). Bei ihnen handelt es sich um *Allgemeindelikte*, weil jedermann tauglicher Täter sein kann. Der Vorteilsgeber wird *nur* aus diesen Vorschriften bestraft und nicht noch zusätzlich wegen Anstiftung oder Beihilfe zur Vorteilsannahme bzw Bestechlichkeit des Amtsträgers.

**1080** **Tathandlung** ist hier das Anbieten, Versprechen oder Gewähren eines Vorteils als spiegelbildliches Gegenstück zum Fordern, Sich-Versprechen-Lassen und Annehmen[9]. Hinsichtlich der (in § 333 I ebenfalls gelockerten) sog. **Unrechtsvereinbarung** gilt das in Rn 1077 Gesagte entsprechend. Zur Verwirklichung des *Anbietens* genügt (wie beim Fordern; dazu Rn 1084) eine auf den Abschluss der Unrechtsvereinbarung zielende Erklärung[10]. Parallel zu §§ 331, 332 (siehe Rn 1075) verläuft auch die Unterscheidung zwischen **pflichtgemäßen** (§ 333) und **pflichtwidrigen** Diensthandlungen oder richterlichen Handlungen (§ 334).

**1081** Für die **Vorteilsannahme** nach § 331 I und die **Vorteilsgewährung** nach § 333 I bestimmt der jeweilige Abs. 3, dass die Tat unter den dort beschriebenen Voraussetzungen nicht strafbar ist. Ausgenommen von der Genehmigungsmöglichkeit der zuständigen Behörde im Rahmen ihrer Befugnisse ist nach § 331 III der Fall, dass der Täter den Vorteil *gefordert* hatte[11].

## 2. Schutzzweck

**1082** Welches Rechtsgut die Bestechungstatbestände schützen, war und ist weiterhin umstritten (eingehend dazu *Zimmermann*, Korruption, S. 128 ff)[12]. Der Gesetzgeber von 1975 sah es in der **Lauterkeit des öffentlichen Dienstes**. Nach seiner Vorstellung sollten die §§ 331 ff die *Käuflichkeit* von Diensthandlungen und die *Befangenheit* der Bediensteten durch einen Vorteil bei der Erfüllung ihrer Pflichten und damit auch eine *Verfälschung des Staatswillens* verhindern[13]. Dem entspricht in der Sache die

---

7 Zur Problematik der bloß vorgetäuschten Pflichtwidrigkeit einer Diensthandlung *Sporer*, Die Auswirkungen der Täuschung im Rahmen der §§ 331, 332 StGB, 2017, S. 135 ff.
8 Instruktiv zur Dienstpflichtverletzung durch Unterlassen BGH NStZ 04, 565.
9 Dazu BT-Drucks. 13/5584, S. 9, 16.
10 BGHSt 15, 88, 97; *Lackner/Heger*, § 333 Rn 3; zu weit OLG Düsseldorf JR 03, 521 mit Anm. *Böse*.
11 Zu §§ 331 III, 333 III siehe *Korte*, NStZ 97, 513, 515 und MüKo, § 331 Rn 185; § 333 Rn 38.
12 Krit. Überblick bei *Roxin*, Kargl-FS, S. 459; siehe auch *Greco*, GA 16, 249, 250 f; *Wachter*, GA 19, 735 (aus rechtsgutskritischer Perspektive).
13 Vgl BT-Drucks. 7/550, S. 269; dazu *Dölling*, 61. DJT, Bd. I 1996, C 48; *Hettinger*, NJW 96, 2263, 2268; *Höltkemeier*, Sponsoring, S. 55, 82; hinsichtlich des Verfälschungsaspekts abl. SSW-*Rosenau*, § 331 Rn 6 unter Berufung auf BGHSt 47, 22, 25.

356

*Vorteil für sich (diesen) oder einen Dritten* **§ 24 I 3**

hM, die zusätzlich auf das allerdings missdeutbare Kriterium des „Vertrauens der Allgemeinheit" abstellt[14].

### 3. Vorteil für sich (diesen) oder einen Dritten

Durch die Formulierung „für sich (bzw diesen) oder einen Dritten" hat der Gesetzgeber in den §§ 331–334 bestimmt, dass die Strafbarkeit nicht davon abhängt, ob der Vorteil dem Amtsträger selbst oder einem Dritten gewährt wird oder werden soll (BT-Drucks. 13/5584, S. 9, 16). **Vorteil** iS der §§ 331 ff ist nach hM jede Zuwendung materieller oder immaterieller Art, die den Amtsträger oder den Dritten wirtschaftlich, rechtlich oder persönlich *objektiv messbar* besser stellt und auf die kein durchsetzbarer Anspruch besteht[15]. Dass der Begünstigte einen vergleichbaren Vorteil auch auf anderem Weg erlangen könnte, stellt den Vorteilscharakter nicht in Frage (BGHSt 53, 6).

**1083**

**Beispiele:** Geld, Rabatte (selbst wenn sie angesichts eines überhöhten Ausgangspreises wirtschaftlich nicht vorteilhaft sind[16]), Urlaubsreisen, Einladungen zu Kongressen, Freikarten für Theaterbesuche oder Konzerte, Ehrungen, Ehrenämter, sexuelle Zuwendungen, Spenden an die Partei[17] oder einen Verein, denen der Amtsträger angehört. Dagegen dürfte es bei der „Verbesserung von Karrierechancen" oder der „Steigerung wissenschaftlicher Reputation" an der objektiven Messbarkeit eines Vorteils fehlen (BGHSt 47, 295, 304).

Auf **vertraglich vereinbarten Zuwendungen** besteht zwar ein durchsetzbarer Anspruch, so dass sie nicht als „Vorteil" zählen. Einen Vorteil kann hier aber die *Begründung* dieses Anspruchs durch den *Vertragsschluss* darstellen. Das kommt dann in Betracht, wenn der Amtsträger auf den Abschluss des Vertrags seinerseits keinen Anspruch hat – wie etwa im sog. Schulfotografenfall, in dem in einem Vertrag über die Durchführung einer Fotoaktion an einer Schule zwischen dem Fotografen und der Schulleitung vereinbart worden war, dass ersterer eine angemessene Zuwendung für die organisatorische Mitwirkung seitens der Lehrer zahlt. Abzustellen ist in diesem Zusammenhang darauf, ob die Diensthandlung in verwaltungsrechtlich zulässiger Weise von einer Vergütung abhängig gemacht werden darf (dann kein „Vorteil") oder nicht[18].

Zumindest dem Wortlaut nach fällt auch die Spende an eine gemeinnützige Organisation wie das Rote Kreuz oder SOS-Kinderdorf unter den Vorteilsbegriff. Jedenfalls greifen die §§ 331,

---

14 BGHSt 15, 88, 96; 30, 46; 47, 295, 309; BGH wistra 94, 104; *Kargl*, ZStW 114 (2002), 763, 782; *Maurach/Maiwald*, BT II § 79 Rn 9; LK-*Sowada*, Vor §. 331 Rn 29, 34; *Wentzell*, Zur Tatbestandsproblematik der §§ 331, 332 StGB unter besonderer Berücksichtigung des Drittvorteils, 2004, S. 79 ff; vgl auch BT-Drucks. 13/5584, S. 16; wie hier *Gössel/Dölling*, BT I § 75 Rn 1; krit. auch *Roxin*, Kargl-FS, S. 459, 461 ff, 463, der das geschützte Rechtsgut als „eine vom Anschein regelwidriger Beeinflussbarkeit durch Geld oder geldwerte Zuwendungen freie Amtsführung" bezeichnet.
15 BGHSt 53, 6 (m. Anm. *Jahn*, JuS 09, 176); BGH NStZ 05, 334; näher *Dauster*, NStZ 99, 63; *Küper/Zopfs*, BT Rn 750; SK-*Stein/Deiters*, § 331 Rn 41 ff; vgl aber auch NK-*Kuhlen*, § 331 Rn 39, 52 ff; *Satzger*, ZStW 115 (2003), 469, 475 und *Zimmermann*, Korruption, S. 465, die aus guten Gründen auch den „durchsetzbaren Anspruch" einbeziehen und auf die Sachwidrigkeit der Verknüpfung von Vorteil und Dienstausübung abstellen; zust. HK-GS/*Bannenberg*, § 331 Rn 13 ff; zur früheren Rechtslage BGHSt 47, 295, 304.
16 So BGH wistra 01, 260 mit abl. Anm. *Kudlich*, JR 01, 156.
17 Vgl BGHSt 49, 275; dazu *Saliger/Sinner*, NJW 05, 1073.
18 Näher BGH wistra 11, 391, 393; *Zimmermann*, Korruption, S. 595 f.

§ 24 *Bestechungsdelikte*

332 ein, soweit der Amtsträger für seine Dienstausübung das Tätigen entsprechender Spenden gefordert hat oder sich hat versprechen lassen. Ist dies nicht der Fall, stellt sich die noch klärungsbedürftige Frage, ob *altruistische* Leistungen zugunsten einer gemeinnützigen Einrichtung selbst dann den §§ 331 ff unterfallen, wenn der Amtsträger hieraus keinen, auch keinen mittelbaren Nutzen zieht[19].

Eine Einschränkung des Vorteilsbegriffs im Bereich der universitären **Drittmittelforschung**[20] hat der 1. Strafsenat abgelehnt[21] (näher dazu Rn 1088).

## II. Vorteilsannahme

### 1. Unrechtstatbestand

1084 **Tathandlungen** des § 331 sind das Fordern, Sich-versprechen-Lassen oder Annehmen eines Vorteils für sich oder einen Dritten. **Fordern** ist das einseitige Verlangen einer Leistung, sei es auch nur in versteckter Form[22]. **Sich-versprechen-Lassen** bedeutet die Annahme eines entsprechenden Angebots späterer Leistung (RGSt 57, 28). **Annehmen** ist die tatsächliche Entgegennahme eines geforderten oder angebotenen Vorteils mit dem Willen, darüber für sich oder einen Dritten zu verfügen; darunter fällt auch das Behalten einer zunächst gutgläubig erlangten Zuwendung[23]. Zu den **Konkurrenzfragen** siehe BGHSt 47, 22; BGH NStZ 95, 92 und *Fischer*, § 331 Rn 39 f[24].

1085 Bei der Vorteilsannahme genügt, dass der Täter einen Vorteil für die Dienst*ausübung* fordert, sich versprechen lässt oder annimmt (siehe schon Rn 1076). Eine hinlänglich bestimmte Diensthandlung als „Gegenleistung" ist somit nicht notwendig – aber natürlich hinreichend (näher NK-*Kuhlen*, § 331 Rn 58, 74). Durch diese **Lockerung der Unrechtsvereinbarung** sollen insbesondere Vorteile erfasst werden, die keinen bestimmten Diensthandlungen zugeordnet werden können (BT-Drucks. 13/8079, S. 15). Des Weiteren geht es um Fälle von Zuwendungen als „Dankeschön", für „Wohlverhalten" oder allgemein zur „Klimapflege", die (noch) nicht auf eine bestimmte Diensthandlung als Gegenleistung abzielen.

**Beispiel:** Der Bauunternehmer überreicht dem Leiter des städtischen Bauamts „auf gute Zusammenarbeit" 50 000 €.

Die Lockerung der Unrechtsvereinbarung bei gleichzeitiger Einbeziehung der Drittvorteile führt zu einer Randunschärfe des Strafbarkeitsbereichs, deren Beseitigung der Rspr. aufgegeben ist (siehe auch Rn 1088 ff)[25].

---

19 Dazu *Dölling*, 61. DJT, Bd. I 1996, C 67; *König*, JR 97, 397, 399; NK-*Kuhlen*, § 331 Rn 50; S/S-*Heine/Eisele*, § 331 Rn 20, 39; *Wentzell*, aaO S. 41 ff, 170.
20 Dazu ua *Dauster*, NStZ 99, 63; *Höltkemeier*, Sponsoring, S. 190 und *Satzger*, ZStW 115 (2003), 469, 490.
21 BGHSt 47, 295, 303, 308; zust. *Rönnau*, JuS 03, 232; näher dazu HK-GS/*Bannenberg*, § 331 Rn 37 ff; LK-*Sowada*, § 331 Rn 77 ff.
22 BGHSt 10, 237; BGH wistra 06, 344; NK-*Kuhlen*, § 331 Rn 20.
23 BGHSt 15, 88, 97; 14, 123, 127; SK-*Stein/Deiters*, § 331 Rn 50.
24 Zum Verhältnis zur Nötigung siehe ferner *Kuhlen*, Drohen mit einem Übel und Versprechen eines Vorteils, 2018.
25 Vgl *Korte*, NStZ 97, 513, 515; *Walter*, ZRP 99, 292, 294.

358

*Tatbestandseinschränkungen* **§ 24 II 2**

Soweit in §§ 331 II, 332 von einer „vorgenommenen" (= zurückliegenden) Dienst-  **1086**
handlung die Rede ist, setzt die Rspr. (unter Berufung auf den Wortlaut und die Entstehungsgeschichte des Gesetzes) deren **tatsächlich erfolgte Vornahme** voraus.
Spiegelt der Amtsträger, Richter oder Schiedsrichter lediglich vor, die Diensthandlung erbracht zu haben, für die er einen Vorteil fordert, sich versprechen lässt oder annimmt, so kann er sich nach Ansicht des BGH zwar des (versuchten) Betruges schuldig machen, aber nicht wegen Vorteilsannahme (§ 331) oder Bestechlichkeit (§ 332)
bestraft werden[26].

Zu unterscheiden ist zwischen Handlungen im Rahmen der Dienstausübung und Pri-  **1087**
vathandlungen. In den Bereich der **Dienstausübung** fällt jede Tätigkeit, die zu den
dienstlichen Obliegenheiten gehört und in amtlicher Eigenschaft vorgenommen wird
(vgl SK-*Stein/Deiters*, § 331 Rn 23 mwN). Auf die konkrete Zuständigkeit und die
interne Geschäftsverteilung kommt es beim Vorliegen dieser Voraussetzungen nicht
an (BGHSt 16, 37).

**Beispiel:** Keine Privattätigkeit, sondern eine pflichtwidrige Diensthandlung liegt vor, wenn
Krankenpfleger in einem psychiatrischen Landeskrankenhaus ihre amtliche Stellung dazu
missbrauchen, eine durch Dienstvorschriften verbotene Handlung (= Überlassen von Alkohol
an Suchtkranke) vorzunehmen, zu der ihnen gerade ihre amtliche Stellung die Möglichkeit
gibt[27].

Eine *außerdienstliche* Tätigkeit bleibt auch dann eine **Privathandlung**, wenn sie unter Ausnutzung der im Dienst erworbenen Kenntnisse vorgenommen wird (zB die Erteilung von Privatunterricht: BGH GA 66, 377) oder wenn sie als unerlaubte Nebentätigkeit eine Dienstpflichtverletzung darstellt (BGHSt 18, 59 und 263, 267). Es ist
hier aber darauf zu achten, ob nicht ein vordergründig für die private Nebentätigkeit
vereinbartes Entgelt hintergründig *auch* mit der Dienstausübung verknüpft wird (näher BGH StV 07, 637). Gefälligkeitshandlungen nur *bei Gelegenheit* von Dienstverrichtungen fallen in die private Sphäre (S/S-*Heine/Eisele*, § 331 Rn 33).

## 2. Tatbestandseinschränkungen

Schon am Tatbestand des § 331 dürfte es fehlen, wenn kleinere Aufmerksamkeiten in  **1088**
den relativ engen Grenzen der *Sozialadäquanz* oder der *Verkehrssitte* angenommen
werden, also solche, die ohne Verstoß gegen die Regeln der Höflichkeit nicht zurückgewiesen werden können, wie etwa die Einladung zu einer Tasse Kaffee anlässlich
einer Dienstverrichtung oder auf ein Glas Bier bei vertraglichen Vorverhandlungen[28].

Eine *einschränkende* Auslegung des § 331 I bejaht der BGH mit Blick auf die gesetzlich verankerte Dienstaufgabe der Hochschullehrer zur Einwerbung von **Drittmitteln**
zur Förderung von Forschung und Lehre, *sofern* das im jeweiligen Hochschulrecht
vorgesehene Anzeige- und Genehmigungsverfahren eingehalten worden ist (BGHSt

---

26  BGHSt 29, 300; zust. *Fischer*, § 331 Rn 10 mwN; aA *Lackner/Heger*, § 331 Rn 11; NK-*Kuhlen*,
    § 331 Rn 37 f.
27  BGH NJW 83, 462; LK-*Sowada*, § 331 Rn 57; krit. dazu *Amelung/Weidemann*, JuS 84, 595.
28  Dazu BGHSt 31, 264, 279; BGH NStZ 05, 334; wistra 02, 426; NJW 03, 763, 765; *Dölling*, 61. DJT,
    Bd. I 1996, C 69; *Fischer*, § 331 Rn 25; HK-GS/*Bannenberg*, § 331 Rn 30; ferner *Höltkemeier*, Spon-
    soring, S. 124; *Zimmermann*, Korruption, S. 534.

359

§ 24 *Bestechungsdelikte*

47, 295)[29]. Zwar liege in der Verbesserung der Forschungsbedingungen des Hochschullehrers eine objektiv messbare Verbesserung der persönlichen Wirkungsmöglichkeiten, mithin ein Vorteil[30]. Bei Einhaltung des Anzeige- und Genehmigungsverfahrens stehe aber die gesetzlich erwünschte Förderung von Forschung und Lehre im Vordergrund, so dass nach hochschulrechtlichen Wertungen eine Unrechtsvereinbarung fehle[31]. Eine einschränkende Auslegung bringe somit Strafrecht und Hochschulrecht auf der *Tatbestands*ebene in einen systematischen Einklang[32].

Unterbleibt allerdings die Anzeige und die Einholung der Genehmigung, kann bei Vorliegen weiterer Umstände auch § 332 I, III in Betracht kommen (BGHSt 48, 44, 47; vgl auch Rn 1097).

**1089** Die tatbestandseinschränkende Deutung des § 331 I durch den BGH führt im **Spannungsfeld** zwischen Hochschulrecht und Strafrecht zu vernünftigen Ergebnissen (krit. zum methodischen Vorgehen *Rönnau*, JuS 03, 232, 236). Allerdings bleibt neben den **Drittmittelgebern** die Forschung von Amtsträgern außerhalb von Hochschulen ausgespart, womit ein Zwei-Klassen-Strafrecht droht[33]. Der Bundesrat hat ua deshalb um die Vorlage eines Gesetzentwurfs gebeten, der die Drittmittelforschung im Hinblick auf §§ 331 ff auf eine einwandfreie Grundlage stellt[34]; die Bundesregierung ist diesem Ansinnen unter Hinweis auf den verfassungsrechtlich sehr eingeschränkten Spielraum und die Möglichkeiten landesrechtlicher Regelung nicht nachgekommen[35].

**1090** Eine Übertragung der Grundsätze zur Einwerbung von Drittmitteln auf **Wahlkampfspenden,** die ein Amtsträger (zB der Oberbürgermeister) zu seiner Unterstützung und der seiner **Partei** oder Wählervereinigung eingeworben hat, lehnt der BGH mangels Vergleichbarkeit der Konstellationen ab[36]. Eine Einschränkung des (an sich verwirklichten) § 331 hält er allerdings aus Gründen der verfassungsrechtlich garantierten Wahlgleichheit gleichwohl für geboten; andernfalls wäre nämlich der Amtsinhaber gegenüber Kandidaten benachteiligt, die mangels eigener Amtsträgerschaft unbegrenzt Zuwendungen annehmen können. Deshalb gilt § 331 nicht als erfüllt, wenn die Wahlkampfspende allein dazu dienen soll oder dient, dass der Amtsträger nach erfolgreicher Wahl das wiedererlangte Amt in einer Weise ausübt, die den allgemeinen wirtschaftlichen oder politischen Vorstellungen des Vorteilgebers entspricht (BGHSt 49, 275, 294; BGH wistra 07, 467). Sog. *Einflussspenden*, die im Hinblick darauf gewährt werden, dass der Amtsträger im Laufe der künftigen Amtszeit mit Entscheidungen zu Vorhaben des Spenders befasst sein wird, bleiben dagegen strafbar.

---

29  Zust. ua *Kuhlen*, JR 03, 231; *Michalke*, NJW 02, 3381; näher *Kudlich/Oğlakcıoğlu*, Wirtschaftsstrafrecht, Rn 365, 392.
30  Zust. *Ambos*, JZ 03, 345, 350; *Rönnau*, JuS 03, 232, 234, jeweils mwN auch zur aA.
31  BGHSt 47, 295, 309; vgl auch *Kuhlen*, JR 03, 231, 233 ff.
32  BGHSt 47, 295, 303; krit. *Höltkemeier*, Sponsoring, S. 217; *Mansdörfer*, wistra 03, 211; vgl auch *Korte*, NStZ 03, 156 und *Hendrik Schneider*, Seebode-FS, S. 331, 339.
33  *Diettrich/Schatz*, ZRP 01, 521, 525; ferner *Korte*, NStZ 03, 156.
34  BR-Drucks. 541/01 [Beschluss]; siehe auch *Ambos*, JZ 03, 345, 354; *Rönnau*, JuS 03, 232, 237.
35  BR-Drucks. 952/02; vgl dazu *Höltkemeier*, Sponsoring, S. 220, 230; *Sanchez-Hermosilla*, Kriminalistik 02, 506; ferner *Schmidt/Güntner*, NJW 04, 471; zu Problemen, in die international engagierte Hochschullehrer geraten können, *Gropp*, Wolter-FS, S. 575, 578 ff.
36  BGHSt 49, 275; dazu *Dölling*, Anm. JR 05, 519; HK-GS/*Bannenberg*, § 331 Rn 35 f; *Saliger/Sinner*, NJW 05, 1073; *Kargl*, JZ 05, 503; krit. *Korte*, Anm. NStZ 05, 512.

360

*Prüfungsaufbau: Vorteilsannahme, § 331* **§ 24 II 4**

Für einen Teil der Problemfälle – etwa die Einladung hoher Amtsträger zu Festspie-  **1091**
len oder Sportveranstaltungen, insbesondere im Zusammenhang mit dem wichtig ge-
wordenen **Sponsoring**[37] – wird im Schrifttum eine Unterscheidung zwischen der
Vorteilszuwendung für die Dienstausübung und der Vorteilszuwendung mit Rücksicht auf die Amts*stellung* des Begünstigten als Teil des Repräsentationssystems der
hiesigen Gesellschaft vorgeschlagen[38]. In derartigen Fällen erfolge die Gewährung
des Vorteils nicht für die Dienstausübung, sondern in Anerkennung der Amtsstellung[39].

## 3. Genehmigung

Umstritten ist die **Rechtsnatur** einer **Genehmigung** nach § 331 III[40]. Die *vorher* er-  **1092**
teilte Zustimmung erlaubt dem Amtsträger das Sich-Versprechen-Lassen und die Annahme (nicht: das Fordern!) des Vorteils; sie ist daher Rechtfertigungsgrund[41]. Eine
*nachträglich* eingeholte Genehmigung kann dagegen die Unrechtmäßigkeit des Verhaltens des Amtsträgers nicht nachträglich beseitigen; sie wirkt deshalb idR nur als
*Strafaufhebungsgrund*[42]. Die Gelegenheiten, §§ 331 III, 333 III mit den beamten-
rechtlichen Regelungen (ua §§ 71 BBG, 42 BeamtStG) zu harmonisieren, wurden lei-
der nicht genutzt[43]. Nicht ganz klar ist auch, *wer* einer iS des § 11 I Nr 2c bestellten
Person eine Genehmigung erteilen kann[44].

## 4. Prüfungsaufbau: Vorteilsannahme, § 331

---

**Vorteilsannahme, § 331**  **1093**

I. **Tatbestandsmäßigkeit**
  1. **Objektiver Tatbestand**
    a) **Tätereigenschaft: Amtsträger oder für den öffentlichen Dienst besonders Verpflichteter**
    b) **Vorteil für sich oder einen Dritten**
      → objektiv messbare Besserstellung
      Ⓟ Altruistische Leistungen
    c) **für die Dienstausübung**
      → Abgrenzung zur Privathandlung
    d) **Tathandlung: Fordern, Sich-Versprechen-Lassen oder Annehmen**

---

37  Vgl BGHSt 53, 6; HK-GS/*Bannenberg*, § 331 Rn 31 ff mwN; *Höltkemeier*, Sponsoring; *Schlösser*, StV 11, 300; Matt/Renzikowski-*Sinner*, § 331 Rn 36; zum Kultursponsoring *Bock/Borrmann*, ZJS 09, 625; zum Verwaltungssponsoring *Lung*, NZWiSt 17, 100.
38  *Schünemann*, Otto-FS, S. 777, 793 ff; *Greco*, GA 16, 249, 254 f. Das gleiche Ergebnis strebt *Saliger*, Kühne-FS, S. 443, 444, 450 ff über den Begriff Hospitality (iS von Gastfreundschaft) an. Siehe auch *Roxin*, Kargl-FS, S. 459, 468 ff.
39  Zu weiteren Abgrenzungskriterien siehe *Schünemann*, Otto-FS, S. 777, 795 ff, 797 f.
40  Hierzu und zu § 333 III vgl *Korte*, NStZ 97, 513, 515 und 03, 156 sowie in MüKo, § 331 Rn 180 ff; ferner *H. Schneider*, Kühne-FS, S. 477.
41  Vgl BGHSt 31, 264, 285 mit krit. Anm. *Geerds*, JR 83, 465; NK-*Kuhlen*, § 331 Rn 131.
42  Eingehend S/S-*Heine/Eisele*, § 331 Rn 55 ff.
43  Näher dazu *Fischer*, § 331 Rn 33; *Joecks*, § 331 Rn 25; SK-*Stein/Deiters*, § 331 Rn 62 und § 333 Rn 13 ff; aA LK-*Sowada*, § 331 Rn 115 ff; MüKo-*Korte*, § 331 Rn 182, jeweils mwN.
44  Dazu MüKo-*Korte*, § 331 Rn 189; *Michalke*, E. Müller-FS, S. 447, jeweils mwN.

**§ 24** *Bestechungsdelikte*

---

e) **Keine Sozialadäquanz/Verkehrssitte**
- Ⓟ Drittmittel
- Ⓟ Wahlkampfspenden
- Ⓟ Sponsoring

2. **Subjektiver Tatbestand**

II. **Rechtswidrigkeit**
→ keine *vorherige* Genehmigung nach Abs. 3

III. **Schuld**

IV. **Persönlicher Strafaufhebungsgrund**
→ *nachträgliche* Genehmigung nach Abs. 3

→ **Qualifikationen: §§ 331 II, 332**

---

## III. Bestechlichkeit

### 1. Objektiver Tatbestand

1094    Zum **objektiven Tatbestand** des § 332 I gehört, dass der Amtsträger **für** eine zurückliegende, gleichzeitig vorgenommene oder künftige **pflichtwidrige Diensthandlung** als Gegenleistung einen **Vorteil** fordert, sich versprechen lässt oder annimmt. Zu den Tathandlungen siehe Rn 1084, zum Vorteil Rn 1083.

1095    Das Gesetz erfasst hier nicht nur Tätigkeiten, die, wie zB das Erteilen von Genehmigungen, ihrer Natur nach in den Kreis der einschlägigen Amtspflichten fallen. Eine pflichtwidrige Diensthandlung iS des § 332 begeht vielmehr auch, wer seine *amtliche Stellung* dazu **missbraucht**, eine mit Strafe bedrohte oder sonst verbotene Handlung vorzunehmen, die ihm gerade seine amtliche Stellung ermöglicht (zB die illegale Herausgabe bestimmter Informationen). Ein solcher Missbrauch ist keine Privattätigkeit, sondern eine pflichtwidrige Diensthandlung[45].

1096    **Kern der Tathandlung** ist das Herstellen eines **Beziehungsverhältnisses** zwischen Vorteil und Diensthandlung im Wege der sog. „**Unrechtsvereinbarung**" (grundlegend dazu BGHSt 15, 88; 15, 239; siehe auch Rn 1077). Das Gesetz bringt dies dadurch zum Ausdruck, dass der Vorteil als Gegenleistung „für" eine bestimmte Diensthandlung oder einen hinreichend bestimmten Kreis von Dienstverrichtungen gedacht sein muss[46]. Die Pflichtwidrigkeit der Diensthandlung, um deren Vornahme es geht, muss dabei der Rechtsprechung zufolge feststehen (insoweit reicht der bloße Anschein also nicht aus; vgl BGH NStZ 84, 24)[47].

1097    Bei noch *bevorstehenden* Ermessenshandlungen iS des § 332 III wird der Tatbestand des § 332 I schon dadurch verwirklicht, dass der Amtsträger **sich käuflich zeigt**. Das ist der Fall, wenn er sich ausdrücklich oder stillschweigend bereit erklärt, bei der Aus-

---

45    BGH NJW 87, 1340 zur Fälschung von Angebotsunterlagen, um bestimmten Firmen städtische Aufträge zu verschaffen; zust. *Letzgus*, Anm. NStZ 87, 309; ferner *Fischer*, § 332 Rn 7.
46    Näher BGHSt 39, 45; 32, 290; BGH NStZ 05, 214; wistra 05, 378.
47    Näher zur Bestimmung der Pflichtwidrigkeit der Diensthandlung BGH wistra 07, 222.

362

*Qualifikationstatbestand* **§ 24 III 3**

übung seines Ermessens nicht ausschließlich nach sachlichen Gesichtspunkten zu entscheiden, sondern sich von dem Vorteil beeinflussen zu lassen[48]. Ob er dies dann später auch tatsächlich tut, spielt keine Rolle; es genügt der *Anschein der Käuflichkeit*. Ein innerer Vorbehalt des Amtsträgers, die in Aussicht gestellte Pflichtverletzung nicht zu begehen und seine bevorstehende (Ermessens-)Entscheidung sachlich korrekt zu treffen, schließt deshalb den objektiven Tatbestand der Bestechlichkeit (§ 332) nicht aus[49].

## 2. Vorsatz

Für den **subjektiven Tatbestand** ist vorsätzliches Handeln erforderlich, wobei Eventualvorsatz genügt. Die Vorstellung des Täters muss dabei auch die **Pflichtwidrigkeit** der Diensthandlung umfassen (so BGH NStZ 84, 24). Bei einem sog. **Ermessensbeamten** genügt dazu das Bewusstsein, dass er nach außen hin den Anschein erweckt, er werde bei der künftigen Vergabe von Aufträgen oder anderen Ermessensentscheidungen der Rücksicht auf den Vorteil Raum geben, also nicht ausschließlich sachliche Gesichtspunkte walten lassen (BGHSt 15, 352; 48, 44). Der geheime Vorbehalt, die Pflichtverletzung nicht zu begehen, lässt infolgedessen auch den Tatbestandsvorsatz unberührt.

**1098**

Im **Fall 62** könnte A sich der *Bestechlichkeit* (§ 332 I) schuldig gemacht haben. Sie hat von B einen Vorteil in Gestalt eines rechtlich nicht begründeten Preisnachlasses gefordert als Gegenleistung dafür, dass sie zumindest eine Diensthandlung künftig vornehme. Hierdurch zeigte A sich bereit, sich bei Ausübung des ihr eingeräumten Ermessens durch den Vorteil beeinflussen zu lassen (§ 332 III Nr 2). Besteht ein solcher Ermessensspielraum nach den einschlägigen Bestimmungen nicht, kommt § 332 III Nr 1 zum Zug. Demgemäß hat A den Tatbestand der **Bestechlichkeit** schon durch das **bloße Fordern** des Preisnachlasses unter Erweckung des Eindrucks verwirklicht, dass sie ein entsprechendes Entgegenkommen des B bei ihren künftigen Vergabeentscheidungen berücksichtigen und durch eine bevorzugte Behandlung des B honorieren werde. A hat sich daher nach § 332 I, III strafbar gemacht (zum wirtschaftlich nicht vorteilhaften Rabatt siehe Rn 1083). Daneben kommt ggf ein Betrug (§ 263) zum Nachteil des B in Betracht (vgl RG HRR 40, Nr 195).

**1099**

## 3. Qualifikationstatbestand

§ 332 II sieht eine **Qualifikation** für **richterliche Handlungen** vor (= Verbrechen iS der §§ 12 I, 23 I).

**1100**

---

48 BGHSt 48, 44, 46 mwN; instruktive Kritik bei *Kuhlen*, JR 03, 231, 235; **Fall** bei *Heger*, JA 14, 754.
49 BGHSt 15, 88; *Lackner/Heger*, § 332 Rn 5; *Zimmermann*, Korruption, S. 586.

363

**§ 24** *Bestechungsdelikte*

**4. Prüfungsaufbau: Bestechlichkeit, § 332**

**1101**

> **Bestechlichkeit, § 332**
>
> **I. Tatbestandsmäßigkeit**
>   1. **Objektiver Tatbestand**
>      a) **Tätereigenschaft: Amtsträger oder für den öffentlichen Dienst besonders Verpflichteter**
>      b) **Vorteil für sich oder einen Dritten**
>         → objektiv messbare Besserstellung
>         ℗ Altruistische Leistungen
>      c) **für eine *pflichtwidrige* Diensthandlung**
>         → „Unrechtsvereinbarung"
>         → bestimmte (bereits vorgenommene oder künftige) Diensthandlung
>      d) **Tathandlung: Fordern, Sich-Versprechen-Lassen oder Annehmen**
>   2. **Subjektiver Tatbestand**
>      → insbesondere Pflichtwidrigkeit der Diensthandlung
> **II. Rechtswidrigkeit**
> **III. Schuld**
> **IV. Besonders schwerer Fall, § 335**
> → **Qualifikation: § 332 II StGB**

## IV. Vorteilsgewährung und Bestechung

**1102** Wie schon (in Rn 1079) erwähnt, bilden die §§ 333, 334 auf Seiten des **Vorteilsgebers** das *spiegelbildliche Gegenstück* zu den §§ 331, 332. Daraus folgt, dass der Vorteilsgeber **nur aus diesen Vorschriften** und nicht etwa außerdem wegen Anstiftung oder Beihilfe zum *Bestechungsdelikt* des Amtsträgers (§§ 331, 332) bestraft werden darf[50] (vgl noch Rn 1103).

Unberührt bleibt eine Teilnahmebestrafung freilich insoweit, als die Verletzung der Dienst- oder Amtspflicht durch den Amtsträger einen **weiteren Straftatbestand** verwirklicht (zB §§ 258, 258a); die Anstiftung hierzu kann mit dem Verstoß gegen § 334 in Tateinheit stehen.

**1103** Nimmt man die für Vorteilsnehmer und -geber angedrohten Strafen in den Blick, zeigen sich *gravierende Fehler*, die zT **Zweifel an der Verfassungsmäßigkeit** begründen. Der schwerste Missgriff liegt in der Gleichbehandlung des Amtsträgers und des Außenstehenden (= Extraneus) in §§ 331, 333, 335 I Nr 1. *Wenn* die §§ 331, 332 Sonderdelikte (echte Amtsdelikte) sind, was zu Recht ganz hM ist, *muss* das im Strafrahmen der zur Täterschaft verselbstständigten Teilnahmetaten der §§ 333, 334 entsprechend dem Gedanken des § 28 I zum Ausdruck kommen[51].

---

50  Dazu auch *Sowada*, Tiedemann-FS, S. 273. Zur Auswirkung dieser Regelung auf die Teilnahme außenstehender **Dritter** siehe BGHSt 37, 207; vgl auch *Bell*, MDR 79, 719; *Fischer*, § 331 Rn 38.
51  Näher *Hettinger*, NJW 96, 2263, 2272; *Zimmermann*, Korruption, S. 401. *Sowada*, Tiedemann-FS, S. 273, 287 hält die Gleichbehandlung für hinnehmbar.

364

*Rechtsbeugung* § 25

Im **Fall 62** hat B sich durch die Gewährung des von A geforderten Preisnachlasses lediglich der *Bestechung* (§ 334 I, III), nicht auch der Anstiftung zur Bestechlichkeit schuldig gemacht.

**1104**

§ 335 enthält für **besonders schwere Fälle** der Bestechlichkeit und Bestechung Strafzumessungsbestimmungen. Die Abs. 1 zugeordneten **Regelbeispiele** finden sich in § 335 II. Nach dessen Nr 1 liegt ein besonders schwerer Fall in der Regel vor, wenn die Tat sich auf einen Vorteil *großen Ausmaßes* bezieht, ein Merkmal, das auch in §§ 263 III 2 Nr 2, 264 II Nr 1, 267 III 2 Nr 2, 300 I Nr 1) und § 370 III 2 Nr 1 Abgabenordnung Verwendung gefunden hat. Seine Auslegung hat sich am jeweiligen Tatbestand zu orientieren, hier also an §§ 332, 334; gewisse Anhaltspunkte bieten ferner die gleichgestellten Regelbeispiele in § 335 II Nr 2, 3[52]. Der 5. Senat hat entschieden, dass ein Vorteil großen Ausmaßes gem. § 335 I Nr 2, II Nr 1 grundsätzlich erst ab einem Betrag von 50 000 € vorliegt[53]; dagegen hält der 1. Senat je nach den Umständen des Einzelfalls auch bei einem niedrigeren Betrag ein großes Ausmaß für möglich[54]. Das Regelbeispiel Nr 2 modifiziert den Strafrahmen des § 332 für Fälle, in denen der Amtsträger aus eigenem Antrieb sich ständig bezahlen lässt, mithin die Lauterkeit des öffentlichen Dienstes besonders nachhaltig schädigt. Nr 3 schließlich hat vor allem außenstehende Täter iS des § 334 im Auge[55].

**1105**

Zum Verjährungsbeginn bei Bestechlichkeit und Bestechung siehe BGHSt 52, 300 (mit krit. Anm. *Dann*, NJW 08, 3078); sowie BGH wistra 12, 29, 35 f (mit krit. Anm. *Rübenstahl* aaO, 117); *Fischer*, § 331 Rn 30b und *Jäckle*, ZRP 12, 97; zum Tatbestand der **Wählerbestechung** (§§ 108b, d) siehe BGHSt 33, 336 mit krit. Anm. *Geerds*, JR 86, 253; zur **Abgeordnetenbestechung** nach § 108e vgl *Fischer*, § 108e Rn 8 ff; *Peters*, Korruption in Volksvertretungen, 2017[56].

**1106**

# § 25   Rechtsbeugung

**Fall 63:** Jugendstaatsanwalt S nimmt bei ihm eingehende polizeiliche Meldungen wegen nicht schwerwiegender Straftaten von männlichen Jugendlichen und Heranwachsenden zum Anlass, den Beschuldigten mit ihrem Einverständnis Schläge auf das nackte Gesäß zu geben, und zwar in den elterlichen Wohnungen nach vorheriger Erörterung der Sachlage und mit der Ermahnung zu „künftigem Wohlverhalten". Sodann stellt er das Ermittlungsverfahren gegen die Betroffenen ein, ohne die körperliche Züchtigung aktenkundig zu machen. In den Einstellungsverfügungen hebt er in der Regel auf vorangegangene erzieherische Maßnahmen (§ 45 II JGG) ab, in einigen Fällen mit der Behauptung, diese seien von den Eltern vorgenommen worden.

Hat S sich der Rechtsbeugung schuldig gemacht? **Rn 1117, 1119, 1121, 1124**

**1107**

---

52   Zur Beseitigung der Indizwirkung eines verwirklichten Regelbeispiels BGH wistra 10, 185 f.

53   BGH wistra 16, 155 mit Bespr. *Houben*, NZWiSt 16, 362; zu § 370 III AO BGH wista 16, 157.

54   BGH BeckRS 18, 28260.

55   BT-Drucks. 13/5584, S. 17; aber nicht nur, vgl ausf. zu Nr 3 LK-*Sowada*, § 335 Rn 15 f; zur Bande iS der Nr 3 BGH wistra 13, 107; NStZ-RR 17, 114.

56   Zu den Einzelheiten der Regelung siehe *Eckardt*, Novellierung der Abgeordnetenbestechung, 2016; *Satzger*, Jura 14, 1024; *Sinner*, Kargl-FS, S. 559; zur Kritik *Kubiciel/Hoven*, NK 14, 340; *H.E. Müller*, FS-v. Heintschel-Heinegg, S. 325.

§ 25 *Rechtsbeugung*

## I. Allgemeines

**1108**  Der Verbrechenstatbestand des § 339 schützt die **Rechtspflege** in ihrer speziellen Aufgabe, bei der Leitung und Entscheidung von Rechtssachen die Geltung der Rechtsordnung zu gewährleisten. Dabei geht es nicht um Eingriffe von außen, sondern um Angriffe von **innen**, die einen **Rechtsbruch** beinhalten. Das spezifische Unrecht der Rechtsbeugung wird mitgeprägt durch den *Missbrauch* eines besonderen Amtes. Er kommt darin zum Ausdruck, dass Richter, Schiedsrichter oder andere Amtsträger in vergleichbarer Funktion *willkürlich* gewählte, dem Recht eindeutig widersprechende Maßstäbe bei der Rechtsanwendung „als Recht ausgeben" und so das in sie gesetzte Vertrauen der Allgemeinheit enttäuschen[1]. Die Tat ist ein **echtes Sonderdelikt** (dazu *Wessels/Beulke/Satzger*, AT Rn 55), hinsichtlich Richtern und anderen Amtsträgern auch *echtes* (oder: eigentliches) Amtsdelikt (NK-*Kuhlen*, § 339 Rn 12). Täter kann daher nur sein, wer ein Amt der zuvor genannten Art ausübt. Für außenstehende Teilnehmer ist § 28 I zu beachten.

**1109**  **Richter** ist, wer nach deutschem Recht Berufsrichter oder ehrenamtlicher Richter ist (§ 11 I Nr 3). Auch Laienrichter, wie zB Schöffen, Handels- oder Arbeitsrichter, fallen somit unter § 339. **Amtsträger** iS dieser Vorschrift sind beispielsweise Rechtspfleger, Staatsanwälte als Leiter des Ermittlungsverfahrens, die Inhaber der Disziplinargewalt sowie Verwaltungsbeamte, die in Ordnungswidrigkeitenverfahren über die Festsetzung von Bußgeldern entscheiden[2]. Nicht erforderlich ist, dass der betreffende Amtsträger weisungsfrei tätig wird und Unabhängigkeit genießt[3].

## II. Tatbestandsmerkmale

**1110**  Den Tatbestand des § 339 verwirklicht, wer sich als Richter, Schiedsrichter oder anderer Amtsträger bei der Leitung oder Entscheidung einer **Rechtssache** zugunsten oder zum Nachteil einer Partei vorsätzlich einer **Beugung des Rechts** schuldig macht (**Fall** bei *Jänicke*, JA 16, 430).

### 1. Leitung oder Entscheidung einer Rechtssache

**1111**  **Rechtssache** ist nach hM eine Rechtsangelegenheit, in der mehrere Beteiligte sich mit widerstreitenden Interessen oder Belangen gegenüberstehen können und über die in einem *förmlichen Verfahren nach Rechtsgrundsätzen* zu entscheiden ist. Von der bloßen Verwaltungstätigkeit, die ebenfalls an Gesetz und Recht gebunden ist (Art. 20 III GG), unterscheiden sich Rechtssachen iS des § 339 dadurch, dass sie primär der „Verwirklichung des Rechts" dienen und Unparteilichkeit gegenüber den wi-

---

1  Exempl. und speziell zur Rechtsbeugung in Kollegialgerichten OLG Naumburg NStZ 09, 214 mit zu Recht scharf abl. Bespr. von *Erb*, ebd. S. 189 und *Scheinfeld*, JA 09, 401; dem OLG iE zustimmend *Klose*, NJ 16, 319, 322 ff. Eingehend zur Thematik *Chr. Putzke*, Rechtsbeugung in Kollegialgerichten, 2012.

2  Vgl BGH wistra 15, 439.

3  Näher BGHSt 14, 147; 35, 224; *Fischer*, § 339 Rn 5; AnwK-*Mückenberger*, § 339 Rn 7 ff; SSW-*Kudlich*, § 339 Rn 8.

*Tathandlung* **§ 25 II 2**

derstreitenden Interessen voraussetzen, also Aufgaben betreffen, die zum Wesen des Richtens gehören und in einer entsprechend herausgehobenen Funktion zu erledigen sind (BGHSt 34, 146; 35, 224; BGH wistra 15, 439).

**Beispiel:** Rechtssachen sind insbesondere die von den Gerichten zu entscheidenden Strafsachen und Rechtsstreitigkeiten, aber auch das **Ermittlungsverfahren** im Strafprozess und in Jugendstrafsachen, soweit es eigenverantwortliche *Entscheidungen* der Staatsanwaltschaft vorsieht, wie die Einstellung des Verfahrens[4], nach hM auch die Anklageerhebung[5]; ferner richterliche Entscheidungen wie die Aufhebung eines Haftbefehls nach § 115a StPO (BGHSt 42, 343). Dagegen erfasst § 339 nicht das Steuerfestsetzungsverfahren nach §§ 85 ff Abgabenordnung[6], das Planfeststellungsverfahren[7], das Strafvollstreckungsverfahren[8] oder das Verfahren zur Verhängung eines Verwarnungsgeldes nach §§ 56 ff OWiG[9].

Das Merkmal „bei der Leitung oder Entscheidung" ist gegeben, wenn das Handeln objektiv auf der Leitungskompetenz des Amtsträgers beruht. Zwischen Handlung und Verfahrensleitung oder Sachentscheidung muss somit ein innerer, funktionaler Zusammenhang bestehen[10]. **1112**

## 2. Tathandlung

Das missbilligte Verhalten besteht im **Beugen** (= Verbiegen, Verdrehen; anschaulich LK-*Hilgendorf*, § 339 Rn 10) des materiellen oder prozessualen Rechts bei der Leitung oder Entscheidung einer Rechtssache. Nach der bisherigen, verfassungsrechtlich gebilligten[11] Rechtsprechung[12] erfordert die Rechtsbeugung einen **elementaren Verstoß** gegen die Rechtspflege. Das bedeutet, dass der Amtsträger sich *bewusst* und *in schwerwiegender Weise* von Gesetz und Recht entfernen muss[13]. Unter dieser Voraussetzung kommt *jede* objektiv fehlerhafte Anwendung des prozessualen oder materiellen Rechts in Betracht; so der Verstoß gegen die gesetzlichen Anforderungen hinsichtlich Entscheidungsprozess und -begründung, etwa die unzutreffende Sachverhaltsfeststellung, die Verletzung der Aufklärungspflicht oder die Nichtgewährung des rechtlichen Gehörs; ferner die Androhung (BGH NStZ 13, 106) oder Vornahme gesetzlich nicht zulässiger Maßnahmen, der Ermessensmissbrauch bei Ermessensentscheidungen und dergleichen[14]. Der Widerspruch zum Recht muss aber in jedem Fall **eindeutig** (= evident) sein, bei auslegungsbedürftigen Vorschriften und mehreren **1113**

---

4  BGHSt 32, 357, 361; 38, 381; 40, 169, 177; aA *Vormbaum*, Paeffgen-FS, S. 377, 387.
5  BGHSt 41, 247; *Lackner/Heger*, § 339 Rn 3; MüKo-*Uebele*, § 339 Rn 12; aA *Fischer*, § 339 Rn 7; SK-*Stein/Deiters*, § 339 Rn 25.
6  BGHSt 24, 326 mit Anm. *Bemmann*, JZ 72, 599; OLG Celle NStZ 86, 513.
7  OLG Hamburg NStZ-RR 05, 143.
8  OLG Koblenz NStZ-RR 06, 77.
9  OLG Hamm NJW 79, 2114; detaillierte Auflistung bei NK-*Kuhlen*, § 339 Rn 22 ff.
10  BGHSt 10, 294, 302; LK-*Hilgendorf*, § 339 Rn 32.
11  BVerfG NJW 16, 3711.
12  Krit. zu ihr *Fischer*, § 339 Rn 15, 27, 30 ff, 38.
13  BGHSt 47, 105 (mit zust. Anm. *Böttcher*, NStZ 02, 146 und abl. Anm. *Foth*, JR 02, 252 sowie *Müller*, StV 02, 306); 59, 144 (mit Anm. *Jahn*, JuS 14, 850 sowie *Fischer*, HRRS 14, 324, 326 ff, 334 f); BGH NStZ 13, 655 (mit Anm. *Nestler*, 657 f; *Hecker*, JuS 14, 85 und instruktiver Bespr. *Heghmanns*, ZJS 14, 105); BGHSt 59, 144; siehe auch MüKo-*Uebele*, § 339 Rn 31 ff, 40; AnwK-*Mückenberger*, § 339 Rn 21 ff.
14  Näher LK-*Hilgendorf*, § 339 Rn 47 ff, 55 ff; SK-*Stein/Deiters*, § 339 Rn 36 ff.

**§ 25** *Rechtsbeugung*

Interpretationsmöglichkeiten also die **Grenze des Vertretbaren** *klar* überschreiten[15]. Eindeutig ist der Verstoß jedenfalls dann, wenn geltendes Recht nicht angewandt worden ist, wie zB im Fall einer rechtswidrigen informellen Absprache[16].

**1114** Umstritten ist, ob das Beugen des Rechts subjektiv, objektiv oder aber unter Rückgriff auf die dem Richter, Amtsträger oder Schiedsrichter obliegenden Pflichten bestimmt wird. Nach dem **subjektiven Ansatz** ist das Recht nur dann gebeugt, wenn die Rechtsanwendung im bewussten Widerspruch zur rechtlichen Überzeugung des Richtenden steht[17]. Bereits der objektive und nicht erst der subjektive Tatbestand des § 339 muss nach dieser Ansicht verneint werden, wenn die getroffene Entscheidung zwar *objektiv* eindeutig gegen Recht und Gesetz verstößt, der Richtende aber *subjektiv* überzeugt ist, rechtlich richtig entschieden zu haben. Dem lässt sich indes entgegenhalten, dass so den rechtlichen Regelungen ihre objektive Bestimmungsfunktion abhanden käme. Rechtsbeugung ist kein „Überzeugungsdelikt"[18], die Redlichkeit des Richtenden nur Mittel zum Ziel der Einhaltung des geltenden Rechts. Zudem gibt es Fälle, in denen das Gesetz verlangt, die persönliche Meinung hintanzusetzen; so etwa im Kollegialgericht, in dem der Standpunkt der Mehrheit für den bei der Beratung überstimmten Richter verbindlich ist (§ 196 GVG[19]).

**1115** Die in der Lehre herrschende **objektive Deutung** stellt darauf ab, ob die getroffene Entscheidung mit Gesetz und Recht objektiv in Einklang steht oder nicht[20]. Widerspricht die Entscheidung einem eindeutigen Rechtssatz (zB § 19), so ist am Vorliegen des objektiven Tatbestands des § 339 nicht zu zweifeln. Allerdings beruht nicht jedes objektiv unrichtige Ergebnis auf einer „Verbiegung" des Rechts. Verurteilt beispielsweise der Strafrichter einen in Wahrheit Unschuldigen, nachdem er aus dem Inbegriff der Hauptverhandlung und den voll ausgeschöpften, sachgerecht gewürdigten Beweismitteln die Überzeugung von der Täterschaft des Angeklagten gewonnen hat, so urteilt er gem. § 261 StPO rechtsrichtig; in seiner Entscheidung liegt dann schon objektiv keine „Beugung" des Rechts[21]. Zweifelhaft ist die Grenzziehung insbesondere, wenn die Anwendung *mehrdeutiger* Rechtsnormen in Rede steht oder dem Normanwender ein rechtlich gebundenes „Ermessen" eingeräumt ist wie zB bei der Strafzumessung oder bei § 47 II OWiG.

Wenn der Richtende zwar *subjektiv* die Überzeugung besitzt, dass er eindeutig rechtlich falsch entschieden hat, die getroffene Entscheidung aber tatsächlich *objektiv* mit Recht und Gesetz im

---

15 BGHSt 38, 381; 42, 343; 44, 258; 47, 105; BGH wistra 87, 339; 09, 392; NStZ 95, 31; KG NStZ 88, 557; *S/S-Hecker*, § 339 Rn 10; dahingehend auch SSW-*Kudlich*, § 339 Rn 19 ff; krit. dazu *Fischer*, § 339 Rn 30 ff; *Herdegen*, Anm. NStZ 99, 456; *Seebode*, JR 94, 1 und Lenckner-FS, S. 585; *Scheffler*, NStZ 96, 67; *Sowada*, GA 98, 177; *Spendel*, JZ 98, 85.

16 Dazu BVerfGE 133, 168; *Erb*, StV 14, 103.

17 *Sarstedt*, Heinitz-FS, S. 427; *v. Weber*, NJW 50, 272.

18 *Rudolphi*, ZStW 82 (1970), 610, 624 ff; ferner *Maurach/Maiwald*, BT II § 77 Rn 9; LK-*Hilgendorf*, § 339 Rn 42.

19 Anders, wenn die Entscheidung das Recht beugt; dazu *Erb*, Küper-FS, S. 29; *Fischer*, § 339 Rn 8 mwN.

20 LK-*Hilgendorf*, § 339 Rn 47; *Maurach/Maiwald*, BT II § 77 Rn 10; MüKo-*Uebele*, § 339 Rn 26; *Seebode*, Das Verbrechen der Rechtsbeugung, 1969, S. 21; S/S-*Hecker*, § 339 Rn 9.

21 Vgl dazu BGH NStZ 95, 31, 33; *Herdegen*, Anm. NStZ 99, 456; anders LK-*Hilgendorf*, § 339 Rn 50, der hier lediglich den Vorsatz verneint.

Einklang steht, kommt nach der objektiven Deutung nur eine Strafbarkeit wegen versuchter Rechtsbeugung nach §§ 339, 22, 23 I, 12 I in Betracht.

Während die Rechtsprechung (siehe Rn 1113) bislang eine schwerwiegende Über- **1116** schreitung der Grenze des Vertretbaren auf der Basis einer *objektiv* fehlerhaften Rechtsanwendung gefordert hat[22], will die **Pflichtverletzungslehre** ein rechtsbeugendes Verhalten auch dann bejahen, wenn das Ergebnis zwar im Interpretationsrahmen bzw Ermessensspielraum der anzuwendenden Norm bleibt, also objektiv vertretbar ist, aber auf *sachfremden Motiven* (Erwägungen) beruht. Sie begründet das damit, dass als Recht nur anerkannt werden könne, was der Richtende mit den Mitteln und Methoden der Rechtsfindung, dh „pflichtgemäß", dem objektiv mehrdeutigen Normtext entnommen habe. Dementsprechend liege eine Rechtsbeugung auch nicht erst bei objektivem Überschreiten eines Ermessensspielraums vor, sondern schon dann, wenn der Richtende seine Entscheidung allein auf *sachfremde* Erwägungen gründe, weil er damit gegen seine *Amtspflichten* verstoße[23]. Dem ist nicht zuzustimmen. Der bloße Verstoß gegen eine interne Amtspflicht begründet nicht notwendig auch eine objektive Rechtsverletzung iS des § 339. Trifft der Richtende allerdings aus sachfremden Erwägungen eine im Widerspruch zu *seiner* bisherigen Praxis stehende Entscheidung, so liegt ein Verstoß gegen das Gebot der Gleichbehandlung als Ausprägung des Willkürverbots (Art. 3 I GG) vor, also eine Rechtsverletzung[24]. Fehlt es an einer solchen, kommt § 339 nicht in Betracht. Seit einigen Jahren will offenbar auch der BGH schon die **Tätermotivation allein** genügen lassen, um bereits den objektiven Tatbestand zu bejahen[25]. Dem wäre aus den genannten Gründen zu widersprechen[26]. Anders kann es nur dann liegen, wenn objektiv ein Rechtsfehler feststeht[27].

Im **Fall 63** hat S bei Leitung des Ermittlungsverfahrens objektiv **das Recht gebeugt**, indem **1117** er gegenüber den Beschuldigten bzw deren Eltern darauf hinwirkte, dass sie in der irrigen Annahme, die Einstellung des Verfahrens nur so erreichen zu können, in eine körperliche Züchtigung einwilligten. Eine Beugung des Rechts liegt ferner in dem eigenhändig durchgeführten Vollzug der im JGG nicht vorgesehenen Prügelstrafe, da auch dieser zur „Leitung der Rechtssache" zählt. Zu prüfen bleibt somit nur noch, ob die körperliche Züchtigung als solche und die (noch zu erörternde) Einstellung des Verfahrens „zu Gunsten oder zum Nachteil einer Partei" erfolgt sind.

## 3. Tatbestandlicher Erfolg

Als schädlichen **Erfolg** der Tathandlung setzt § 339 die Verbesserung der Lage zu- **1118** gunsten oder ihre Verschlechterung zulasten einer Partei voraus. Bei Verstößen gegen Verfahrensrecht soll es schon genügen, dass die *konkrete Gefahr* einer falschen Ent-

---

22  BGHSt 38, 381; 42, 343.

23  Vgl *Behrendt*, JuS 89, 945; *Murmann*, Herzberg-FS, S. 123, 136; *Rudolphi*, ZStW 82 (1970), 610; *Schmidhäuser*, BT 23/44; *Wagner*, Amtsverbrechen, 1975, S. 195 ff.

24  Vgl auch *Scholderer*, Rechtsbeugung im demokratischen Rechtsstaat, 1993, S. 288, 296, 317 mwN; zust. *Heghmanns*, ZJS 14, 105, 108.

25  BGHSt 47, 105 mit Anm. *Kühl/Heger*, JZ 02, 201; NK-*Kuhlen*, § 339 Rn 61 ff.

26  Abl. auch *Müller*, Anm. StV 02, 306; *Wohlers/Gaede*, GA 02, 483 und *Rath*, Gesinnungsstrafrecht, 2002, S. 53; ferner *Fischer*, § 339 Rn 30 ff; S/S-*Hecker*, § 339 Rn 10; SSW-*Kudlich*, § 339 Rn 22.

27  BGHSt 42, 343; BGH NStZ-RR 01, 243.

**§ 25** *Rechtsbeugung*

scheidung begründet wird[28]; dass zB ein Angeklagter durch einen auf Grund unzulässiger Mittel erwirkten Rechtsmittelverzicht seine Rechtsmittelbefugnis (scheinbar) verliert, genügt (BGH NStZ 13, 106). Der Begriff der „Partei" ist in diesem Zusammenhang nicht im technischen Sinne des Zivilprozessrechts zu verstehen. Er meint vielmehr jeden Verfahrensbeteiligten[29].

**1119** Der Nachteil, den die Betroffenen im **Fall 63** erlitten haben, liegt in der ihnen zugefügten körperlichen Misshandlung. Die so eingetretene Schlechterstellung der Beschuldigten wurde auch nicht etwa dadurch ausgeglichen, dass die spätere Einstellung des Verfahrens sich zu ihren Gunsten auswirkte und ihnen willkommen war.

Mit seiner Entscheidung, von der Verfolgung gem. § 45 II JGG abzusehen, hat S zudem das Recht zum Nachteil des *Staates* gebeugt. Denn dem Sanktionsrecht des Staates, das aus den begangenen Jugendverfehlungen erwachsen war, wurde unter den hier gegebenen Umständen nicht in einer dem JGG und seinen Zielen entsprechenden Weise Rechnung getragen.

### 4. Vorsatz

**1120** Der subjektive Tatbestand der Rechtsbeugung setzt **Vorsatz** voraus[30]. Er muss neben der Sachverhalts- und Bedeutungskenntnis das Merkmal der Leitung oder Entscheidung einer Rechtssache, den Rechtsverstoß (= die Rechtsbeugung) und dessen begünstigende oder benachteiligende Wirkung für einen Beteiligten umfassen. Für das Vorliegen eines Rechtsverstoßes genügt bedingter Vorsatz, für dessen Schwere verlangt der BGH dagegen Bedeutungskenntnis iS direkten Vorsatzes. Der Täter muss also zum einen die Unvertretbarkeit seiner Rechtsansicht zumindest für möglich gehalten und billigend in Kauf genommen und sich zum anderen der grundlegenden Bedeutung der verletzten Rechtsregel bewusst gewesen sein[31]. An der erforderlichen Bedeutungskenntnis kann es beispielsweise fehlen, wenn der Amtsträger den Sinn einer auslegungsbedürftigen Vorschrift völlig missverstanden hat und aus diesem Grund zu einer objektiv fehlerhaften Interpretation gelangt ist. Allein der Wunsch oder die Vorstellung, „gerecht" zu handeln, schließt eine Rechtsbeugung dagegen nicht aus[32].

**1121** Im **Fall 63** hat der BGH sehr kleinliche Anforderungen an die Feststellungen zur inneren Tatseite geknüpft und die Sache deshalb zurückverwiesen (BGHSt 32, 357). In Wirklichkeit war aber am Vorsatz des S nicht zu zweifeln (näher *Spendel*, JR 85, 485, 489).

---

28  So BGHSt 42, 343, 351; BGH NStZ-RR 01, 243; BGH NStZ 13, 655 mit zust. Anm. *Hecker*, JuS 14, 85; *Lackner/Heger*, § 339 Rn 7.

29  SK-*Stein/Deiters*, § 339 Rn 51.

30  BGHSt 40, 272, 276; näher dazu *Behrendt*, JuS 89, 945, 949; *Hupe*, Der Rechtsbeugungsvorsatz, 1995; *Lackner/Heger*, § 339 Rn 9; MüKo-*Uebele*, § 339 Rn 61 f.

31  BGHSt 59, 144; BGH NStZ 13, 655; *Fischer*, Seebode-GedS, S. 59, 64 f; krit. zu dieser Problematik *Heghmanns*, ZJS 14, 105, 107. Missverständlich ist es, wenn BVerfG NJW 20, 675, 678, den Standpunkt des BGH so zusammenfasst, dass es für den bewusst überzeugungswidrigen Regelverstoß nicht genüge, wenn der Täter lediglich mit der Möglichkeit einer rechtlich nicht mehr vertretbaren Entscheidung rechne und sich damit abfinde. Das trifft nur insoweit zu, als der BGH hinsichtlich der *Schwere* des für *möglich* gehaltenen Verstoßes direkten Vorsatz verlangt.

32  *Fischer*, § 339 Rn 36, 40.

370

*Vorsatz* **§ 25 II 4**

**Die aktuelle Entscheidung:** Der Angeklagte war als Richter am AG zuständig für einen – aus seiner Sicht auf das Strafmaß beschränkten – Einspruch des D gegen einen wegen Exhibitionismus, (§ 183) ergangenen Strafbefehl[33]. In der aufgrund des Einspruchs anberaumten Hauptverhandlung versuchte der Angeklagte, den D zu einem Geständnis zu überreden. Ein solches hielt er für erforderlich, um diesem im Rahmen einer Bewährungsanordnung die Weisung erteilen zu können, sich einer ambulanten Therapie zu unterziehen. Als D sich allerdings weigerte, ein Geständnis abzugeben, hielt der Angeklagte ihm zunächst vor, im Wiederholungsfalle mit einer Freiheitsstrafe rechnen zu müssen, wobei er dann im Gefängnis ein leichtes Opfer für sexuelle Übergriffe seitens seiner Mitgefangenen sei. Da diese „Warnung" ohne Wirkung blieb, führte der Angeklagte den D, um ihm seine mögliche Zukunft bildlich vor Augen zu führen, in den Gewahrsamsbereich im Keller des AG, forderte ihn sodann auf, sich in eine der dortigen Zellen zu begeben, und ließ schließlich durch einen Wachtmeister hinter dem mittlerweile völlig verängstigten D die Zellentür verriegeln – wobei er D allerdings zuvor darauf hingewiesen hatte, er könne jederzeit klopfen und werde dann sofort freigelassen. Nach ca. einer Minute durfte D die Zelle wieder verlassen; die Hauptverhandlung wurde fortgesetzt. Nachdem der Angeklagte den D dort weiter massiv unter Druck gesetzt hatte, gab dieser letztlich das gewünschte Geständnis ab und willigte auch in eine ambulante Therapie ein. Daraufhin verwarnte der Angeklagte den D unter Vorbehalt (§ 59 I) einer Geldstrafe von 70 Tagessätzen zu je 7 € und erteilte ihm eine Therapieweisung (§ 59a II Nr 4 Var 1). Noch unter dem Eindruck des Einschlusses in der Gewahrsamszelle erklärte der Angeklagte, den der Verhandlungstermin „sehr mitgenommen" hatte, direkt nach der Urteilsverkündung einen Rechtsmittelverzicht.

Das LG Kassel sprach den Angeklagten im Hinblick auf dieses Vorgehen zunächst vom Vorwurf der Rechtsbeugung (§ 339) in Tateinheit mit Aussageerpressung (§ 343) frei. Auf Revision der Staatsanwaltschaft wurde der Freispruch aufgehoben und die Sache zur erneuten Verhandlung an eine andere Strafkammer des LG zurückverwiesen, die den Angeklagten nunmehr wegen Rechtsbeugung in Tateinheit mit Aussageerpressung zu einer Freiheitsstrafe von einem Jahr auf Bewährung verurteilte. Dieses jetzt vom Angeklagten im Wege der Revision angegriffene Urteil hat der 2. Strafsenat ebenfalls aufgehoben (BGH NJW 19, 789 mit krit. Anm. *Leitmeier*). Zunächst bemängelt der Senat, dass die Aussageerpressung durch die Tatsachenfeststellungen nicht belegt werde. Da der Angeklagte dem D die Möglichkeit eingeräumt habe, durch das Klopfen an der Zellentür jederzeit den Aufenthalt in der Zelle zu beenden, stelle das kurzzeitige Einsperren in dieser keine Freiheitsberaubung (§ 239) und damit auch keine „sonstige Gewaltanwendung" iS des § 343 I Nr 1 Var 2 dar. Ebenso wenig liege in dem vom Angeklagten ausgeübten psychischen Druck schon ein „seelisches Quälen" in der von § 343 I Nr 1 Var 4 vorausgesetzten Intensität. Ferner sieht der Senat die Feststellungen auch im Hinblick auf die Rechtsbeugung als nicht ausreichend an. Zwar könne eine Rechtsbeugung durch den Verstoß gegen Verfahrensrecht begangen werden. Soweit das LG hier eine elementare Missachtung des § 136a StPO bejaht habe, sei diese jedoch nicht genügend belegt. Eine erhebliche Beeinträchtigung der Willensentschließung und Willensbetätigung durch unzulässigen Zwang (= das Einsperren) liege aus den bereits genannten Gründen nicht vor. Weitere Gründe für eine erhebliche Beeinträchtigung habe das LG nicht geprüft; dies sei nun Aufgabe in der erneuerten Hauptverhandlung. Dabei werde das neue Tatgericht in einer Gesamtwürdigung das gesamte Verhalten des Angeklagten auch vor und nach dem Gang mit D in den Gewahrsamsbereich des AG berücksichtigen müssen. Zweifel bestünden außerdem an der konkreten Gefahr einer falschen Entscheidung zum Nachteil des D infolge der etwaigen schwerwiegenden Verstöße des Angeklagten gegen Verfahrensrecht. Denn hin-

---

33    Vgl zum Strafbefehlsverfahren *Volk/Engländer*, StPO § 33.

**§ 25** *Rechtsbeugung*

sichtlich der vom Angeklagten erwirkten Einwilligung des D in die Erteilung einer Therapieweisung habe es einer solchen Zustimmung objektiv gar nicht bedurft. Und bezüglich der Erlangung des Geständnisses sei zu beachten, dass es aus der Sicht des Angeklagten, der einen allein auf das Strafmaß beschränkten Einspruch gegen den Strafbefehl angenommen habe, in der Hauptverhandlung nicht mehr um die Schuldfrage ging, so dass ihm insoweit zumindest der *Vorsatz* der Nachteilszufügung gefehlt haben dürfte. Schließlich bestehe auch im Hinblick auf den Rechtsmittelverzicht als denkbarem Nachteil noch weiterer Aufklärungsbedarf.

Die Entscheidung zeigt ein weiteres Mal eindrucksvoll, welch hohe (Kritiker meinen: überspannte), kaum zu überwindende Anforderungen der BGH an die Bejahung der Rechtsbeugung stellt.

## III. Rechtswidrigkeit und Unrechtsbewusstsein

### 1. Eingreifen von Rechtfertigungsgründen

**1122** Für Rechtfertigungsgründe, wie etwa § 34, dürfte § 339 kaum Raum lassen. Eher kann man sich Situationen vorstellen, bei denen ein entschuldigender Notstand gem. § 35 in Betracht kommt (vgl dazu LK-*Hilgendorf*, § 339 Rn 115).

### 2. Unrechtsbewusstsein

**1123** Mit Blick auf § 17 ist das Bewusstsein des Täters, Unrecht zu tun, je nach den Umständen genauerer Prüfung wert.

**1124** Im **Fall 63** steht allerdings außer Zweifel, dass S sich der Rechtswidrigkeit der von ihm vorgenommenen Züchtigungen bewusst war. Dies zeigt sich ua daran, dass er sie in den Einstellungsverfügungen geflissentlich nicht erwähnt hat. S ist somit der Rechtsbeugung schuldig.

### 3. Ergänzender Hinweis

**1125** Nach hM kommt § 339 eine nicht unwesentliche **Schutzwirkung** für Richter zu. Wer wegen seiner Tätigkeit bei der Leitung oder Entscheidung einer Rechtssache (etwa unter dem Vorwurf der Freiheitsberaubung und dergleichen) zur Verantwortung gezogen werden soll, kann nämlich *insoweit* nur bestraft werden, wenn ihm eine Rechtsbeugung iS des § 339 nachgewiesen wird[34] (sog. *Sperrwirkung* bei Verneinung einer Rechtsbeugung).

Im Fall einer nachträglichen Änderung der Urteilsformel (§ 268 II StPO) durch einen Strafrichter hatte das LG in erster Instanz eine Rechtsbeugung und sodann auch eine Urkundenfälschung iS des § 267 I, II 2 Nr 4 verneint. Der 3. Strafsenat des BGH billigte Ersteres, hob aber

---

[34] BGHSt 10, 294; 41, 247, 255; OLG Karlsruhe NJW 04, 1469; zu dieser Sperrwirkung LK-*Hilgendorf*, § 339 Rn 144; MüKo-*Uebele*, § 339 Rn 71; NK-*Kuhlen*, § 339 Rn 17; *ders.*, HRRS 15, 492; *Schroeder*, GA 93, 389; S/S-*Hecker*, § 339 Rn 17; krit. SK-*Stein/Deiters*, § 339 Rn 4, 5 ff; *Begemann*, Anm. NStZ 96, 389; *Stumpf*, NStZ 97, 7; siehe auch *Heghmanns*, ZJS 14, 105, 108 f; *Singelnstein*, Strafbare Strafverfolgung, 2019, S. 552 ff.

_Ergänzender Hinweis_ **§ 25 III 3**

den Freispruch hinsichtlich § 267 auf, weil diese Handlung des Strafrichters „bereits für sich alleine" gegen ein Strafgesetz, hier § 267, verstoßen habe[35].

Zur strafrechtlichen Verantwortlichkeit von Richtern und Staatsanwälten der ehemaligen DDR wegen Rechtsbeugung siehe BVerfG NJW 98, 2585; BGHSt 40, 30; 169 und 272; 41, 157; 41, 247 und 41, 317; 43, 183; 44, 275; Überblick bei _Lackner/Kühl_, § 2 Rn 19 und _Laufhütte_, BGH-FS, S. 409, 427, jeweils mwN (diese Rechtsprechung zu Recht abl. SK-_Stein/Deiters_, § 339 Rn 19 mwN). Der BGH hält für diesen Bereich innerhalb des § 339 StGB und des § 244 DDR-StGB an dem Erfordernis eines „elementaren Verstoßes" gegen die Rechtspflege" fest, dessen Vorliegen er nur bei offensichtlichen Willkürakten und unerträglichen Menschenrechtsverletzungen bejaht[36]. Zur Frage einer „Strafbarkeit beim Dealen mit dem Recht" _Fischer_, HRRS 14, 324. Zur Rechtsbeugung durch beharrliche Verweigerung der Pflichtvorlage an den EuGH _Rönnau_, Rengier-FS, S. 313.

**1126**

---

35 BGH wistra 15, 439, 441.
36 Vgl MüKo-_Uebele_, § 339 Rn 35 ff; krit. SK-_Stein/Deiters_, § 339 Rn 40 f; _Seebode_, Lenckner-FS, S. 585; _Wassermann_, Kaiser-FS, S. 1405, jeweils mwN; zu BGHSt 44, 275, 298 aus anwaltlicher Sicht _Krauß_, Widmaier-FS, S. 357; zu NS- und DDR-Unrecht _Koch_, ZIS 11, 470.

# Sachverzeichnis

Die Angaben beziehen sich auf die Randnummern.

A.C.A.B.-Fall   430
Abbruch
– der Schwangerschaft   5 f, 174 ff
Abfangen von Daten   526, 530
– Vorbereiten des   531
Abgeordnetenbestechung   1106
Abhören, Abhörgerät   491, 499, 501 ff
Ablösen von Siegeln   645 f
Abschluss der Vernehmung   733
Abschrift   796 f, 803, 837
Absichtsurkunde   783 f
Absolute Fahrunsicherheit   995
Abstrakte Gefährdungsdelikte   313, 401,
   722, 955, 963, 982, 1042
Abtreibung
   s. Abbruch der Schwangerschaft
Achtungsanspruch   421, 433, 472 f
actio libera in causa   1039, 1055
Affekttotschlag   35
Aids   s. HIV
Akzessorietät
– Lockerung der A.   90
Alibi, Verschaffen eines falschen   694 f
Alkoholwirkung   995 f, 1044
Allg. Persönlichkeitsrecht   507
Amtliche Ausweise   841 f
Amtliche Verwahrung   657
Amtsanmaßung   582 ff
Amtsausübung
– bei Vollstreckungshandlungen   592 f
– Rechtmäßigkeit der A.   603 ff
Amtsbesitz   659
Amtsdelikte   1071 ff
Amtsträger   1071 f, 1074 f
Anbieten   507, 514
Andenken Verstorbener   424
Angehörigenprivileg
– bei Strafvereitelung   681, 697, 717
Angriff
– mehrerer   317 f
– tätlicher   622
Anonymität
– offene und relative   788

Anschuldigung, falsche
   s. Verdächtigung, falsche
Antiblitzmittel   829
Antragsdelikte   528, 534
Anwendung von Gewalt   334, 354 f,
   357 ff
Anzapfen
– von Telefonleitungen   502
Ärztliche Eingriffe
– Heilbehandlung   296 ff, 1062
– Zwangsmaßnahmen   309 ff
Aufbauhinweise
– bei Mord und Totschlag   83 ff
– bei Tötung auf Verlangen   113
– bei Vollrausch   1055
– bei Widerstand gegen Vollstreckungs-
   beamte   605
Aufbewahrung, dienstliche   657
Aufnehmen des gesprochenen Wortes
   489 ff
Aufsuchen räumlicher Nähe   339
Aufzeichnung, technische   779, 846 ff,
   874 ff
Augenscheinsobjekte   779, 847, 876
Ausbruch von Gefangenen   643
Ausländische Urkunden   895
Aussage, falsche uneidliche   731 ff
– Abschluss der Vernehmung   733
– Gegenstand der Vernehmung   728 ff
– Vollendung der Tat   733
Aussagedelikte   721 ff
– Anstiftung zu   761, 763
– Beihilfe zu   773
– Versuchte Anstiftung zu   765
Aussagegegenstand   728 ff
Aussagenotstand   746 f
Aussetzung   161
– hilflose Lage   162
– Im-Stich-Lassen   164
– Versetzen in hilflose Lage   162, 169
Ausspähen von Daten   s. auch Daten
– Vorbereiten des   528
Aussteller einer Urkunde   787 ff, 808 ff

*Sachverzeichnis*

– als Verfälscher 833 ff
Ausweispapiere 844
– amtliche 841 f
– Missbrauch von 843 ff
Autonomie
  *s. Selbstbestimmungsrecht*
Autoraser-Fälle 31
Autorennen 1008 ff

Banknoten *s. Geld*
Beatmungsgerät, Abschalten 147
Beauftragter für den Datenschutz 536
Bedeutender Wert 997 f
Bedrohung 331, 389
Befriedetes Besitztum 557
Beglaubigte Abschrift 796
Behältnis 519
Behandlungsabbruch 141, 147 ff
Beharrlich 342
Behörde
– als Urkundenaussteller 809
– falsche Verdächtigung bei einer B.
  668, 671
Beibringung von Gift 223 f
Beisichführen 617 f
Beleidigung 446, 448, 450, 467 ff
– als Kundgabedelikt 436 ff
– bei vertraulichen Äußerungen 438 ff
– Formalbeleidigung 468
– mittelbare 433 ff
– tätliche 446, 468
– unter einer Kollektivbezeichnung 429 ff
– Verfolgbarkeit der 445
– verleumderische 451 ff
– Vollendung 444
– von Personengemeinschaften 425
– von Soldaten der Bundeswehr 478
– von Verbänden 425
– Wahrheitsbeweis 458, 473
– Wahrnehmung berechtigter Interessen
  477 f, 480
Berichtigung von Falschaussagen 733,
  736 f, 750
Berufsbezeichnung, Missbrauch 588 ff
Berufsgeheimnisträger 536, 542
Beschneidung 311
Besonders schwere Fälle
  *s. Strafzumessungsregel*
Bestechlichkeit 1074, 1077, 1094 ff
Bestechung 1102 ff
Beteiligung an der Selbsttötung 116

Beteiligung an einer Schlägerei 312 ff
Betreuungsrecht 150
Betriebsstätte 947
Beweggründe, niedrige 49, 51 f
Beweisbestimmung 781, 783 ff
Beweiseignung 781 ff
Beweisführungsbefugnis 874, 877
Beweisfunktion der Urkunde 781 ff
Beweiskraft 782, 899 f
– öffentlicher Urkunden 899 ff
Beweismittelmanipulation 674
Beweiszeichen 777, 790 ff
Bilanzsuizid 132
Blankettfälschung 819
Blockade
– Sitzblockade 354, 359 f
– Straßenblockade 360
– von Bahngleisen 359
Blutalkoholgehalt 995 f
Blutrache 50
Bluttransfusion 299
Brandgefahr, Herbeiführung 980
Brandlegen 950
Brandstiftung 944 f
– besonders schwere 968 f, 971
– einfache 947 ff
– fahrlässige 977
– mit Todesfolge 971, 974
– schwere 955 ff
– Überblick 945 f
Briefgeheimnis 515 ff

Collagen 786
Computerkriminalität 528, 861, 870 ff
Contergan-Fall 15
Cyber-Mobbing 507

Dateien 891, 893, 903
Daten 527 f, 871 f
– Abfangen von 528
– allgemein zugängliche 532
– Ausspähen von 526
– Vorbereiten des Ausspähens und
  Abfangens von 528
Datengeheimnis, formelles 532
Datenhehlerei 526, 532 ff
Datenspionage 526 ff
Dauernde Entstellung 250, 255
Deliktsurkunde 785
Demonstrationsrecht 383, 580
Dienstausübung 1076, 1087

376

Diensthandlung 1076, 1087 f, 1092
– pflichtwidrige 1094 f
Dienstliche Verwahrung 657
Dienstpflichtverletzung 1094 f
Dolmetscher 738
Doping 303
Doppelsuizid 124 f
Drittgeheimnis 538, 544
Drittmittelforschung 1083, 1088, 1092
Drohung 340, 360, 367 f, 408, 413, 599, 601
– gegen Dritte 340, 369
– mit Unterlassen 371
Durchschrift einer Urkunde 794

Ehrbegriff 421 f
Ehrenrührigkeit 452
Ehrverletzungen 421 ff
Eidesdelikte 738 ff
Eidesmündigkeit 738 f
Eidesstattliche Versicherung 752
Eindringen 559 ff
Eingriff, verkehrsfremder 985
Einnistung 186
Einsperren 347
Einverständliche Prügelei 292
Einwilligung 117, 119, 148, 150, 156, 297 f, 494, 506, 515
– bei Brandstiftung 952, 980
– bei Körperverletzung 289 ff
– bei Körperverletzung im Amt 278
– hypothetische 298, 563
– mutmaßliche 297 f, 494, 563
Einzelurkunden 801
Embryonenschutz 17
Empfindliches Übel 369, 410
Entgelt 508
Entstellung des Aussehens 250
Entweichenlassen
– von Gefangenen 637
Entwidmung 957
Entziehen 395
Entziehung Minderjähriger 393 f
Erforderlichkeit der Hilfeleistung 1061
Ermöglichungsabsicht 73, 75
Eröffnungswehen 8, 10, 186
Ersatzgeisel 410
Euro 912
Euroscheckkarte 940
Euthanasie  s. Sterbehilfe

Fahrerflucht 1015
Fahrlässige Tötung 154 f
Fahrunsicherheit 994 f
– von Radfahrern 995
Fahrzeugschein 901
Falschaussage 724 f
– Verleitung zur F. 767 f, 771
Falschbeurkundung 889 ff
Falsche Versicherung an Eides statt 752 ff
Falscheid, fahrlässiger 749 f
Falschgeld 913 f
Fälschung
– beweiserheblicher Daten 870 ff
– technischer Aufzeichnungen 846 ff
– von amtlichen Ausweisen 841 ff
– von amtlichen Wertzeichen 937 f
– von Fernkopien 797
– von Geld 912 ff
– von Urkunden 807 ff
– von Vordrucken für Euroschecks 939, 941
– von Wertpapieren 936 ff
– von Zahlungskarten 939, 941
Falschverdächtigung 665 f
Fax 798
Fernziele 379, 383
Feststellungsberechtigter 1023
Feststellungsbereiter 1024
Formalbeleidigung 468
Fortbewegungsfreiheit 345
Fortpflanzungsfähigkeit 245
Fotokopie 797, 838, 855
Freiheitsberaubung 345 ff
Freiheitsdelikte, Überblick 331 f
Fremdgefährdung 155
Fremdtötung 116, 118 ff, 125 f, 129, 134 ff
– Abgrenzung zur Beteiligung an der Selbsttötung 121 ff, 125 f, 129, 135 f
– Abgrenzung zur Selbsttötungsbeihilfe 112
Führen von Fahrzeugen 992, 1037
Führerschein als Ausweis 841, 844 f, 901
– öffentl. Beweiskraft 901

Garantenstellung
– kraft Sachherrschaft 1036
Garantiefunktion der Urkunde 787 f
Gebäude 947, 958 f
– der Religionsausübung dienende 960
– gemischt genutzte 958 f, 961

## Sachverzeichnis

Gebrauchen
- von Bildaufnahmen 511
- von Tonaufnahmen 492
- von Urkunden 837 ff
Geburt 8 ff
Gefahr 57, 943, 993, 997 ff
- gemeine 942
Gefährdung 943, 963 f, 968, 982, 998 ff
- des Straßenverkehrs 991 ff
Gefährdungsdelikt
- abstraktes 313, 401, 722, 955, 963, 982, 1042
- konkretes 161, 287, 965, 982, 1043
Gefährlicher Eingriff in den Straßenverkehr 984 ff
Gefährliches Werkzeug 227 ff, 617 f
Gefährlichkeit 313, 943 f, 955
Gefahrzusammenhang 243, 261 ff, 406, 971
Gefangenenbefreiung 631 f
Gefangenenmeuterei 642 f
Gefangener 633 ff
Gegenblitzanlage 862
Geheimnisschutz 483 ff
Geheimsphäre 483
Gehör 245
Geiselnahme 406 f
- Zwei-Personen-Verhältnis 413
Geistige Krankheit 253
Geistigkeitstheorie 787, 818
Gekreuzte Mordmerkmale 101
Geld 912 ff
Geldfälschung 912 ff
Geldkarte 940
Geldstrafe
- Zahlung für andere 714
Gemeingefahr 942, 1057 f
Gemeingefährliche Mittel 57
Gemeingefährliche Straftaten 942
Gemeinschaftlich verübte Körperverletzung 236 f
Gesamturkunde 801 f
Geschäftsgeheimnis 537
Geschäftsraum 555
Geschlechtsumwandlung 307
Gesundheitsschädigung 213 f, 219
- schwere 286 f
Gesundheitsschädliche Stoffe 221
Gesundheitszerstörung 219
Gewalt
- Begriff 357 ff

- durch Einwirkung auf Sachen 361, 377
- Erscheinungsformen 362
- gegen Dritte 363
Gewalttätigkeit 578
Gewerbsmäßig 404
Gewinnsucht 404
Gift 219
Grausame Tötung 56, 58
Grobe Verkehrswidrigkeit 1006
Große Zahl 968
Großes Ausmaß eines Vorteils 1105
Gubener Verfolgungsjagd-Fall 274

Habgier 48, 95, 97, 99
- Vorteil, rechtmäßiger 48
Hacking 526
Hausbesetzung 576
Hausfriedensbruch
- einfacher 548 ff
- schwerer 578 ff
Hausrecht 548
- des Mieters 551
- Inhaber 550 f
- mehrerer 570 f
- Übertragbarkeit 552
Hausverbot 558
Heilbehandlung 297 f, 300
Heimtückische Tötung 39, 41, 59 f, 94
- Arglosigkeit 63 ff
- Besinnungsloser 63
- feindselige Willensrichtung 71
- Normativierung 65
- Schlafender 63
- von Kleinstkindern 63
- Wehrlosigkeit 66 ff
Hemmschwelle 29
Herbeiführen einer Brandgefahr 980
Herstellen unechter Urkunden 804 ff
Herstellen von Bildaufnahmen 507, 509, 514
Herztod 20
Hilflose Lage
- bei Aussetzung 162, 166
Hilflosigkeit 507 f
Hilfspflicht bei Unglücksfällen 1057 ff
Hinterlist 234 f
Hirntod 20 ff
HIV 221, 225 f, 543
Hochsitz-Fall 264
Höchstpersönlicher Lebensbereich 507 f
Hungerstreik 309 f

378

Hütte 947

Identitätstäuschung 808, 814, 834
Implantate 212
Inbrandsetzen 948 f, 951
Indikationen
– beim Schwangerschaftsabbruch 177,
181, 189 ff
Inverkehrbringen von Falschgeld 921 ff
– als echt 923

Kannibale von Rothenburg-Fall 109
Kassenarzt 1072, 1075
Kastration 305
Kaufhauspassage 556
Keimendes Leben 6
Kennzeichen 792 f
Kinderhandel 401 ff
Kindesentziehung
 *s. Entziehung Minderjähriger*
Kindestötung 8
Kirchenamtliche Verwahrung 657
Kollektivbezeichnung 429 ff
Kompulsive Gewalt 362, 370
Konkrete Gefährdungsdelikte 161, 287,
965, 982, 1043
Konkurrenzprobleme
– Aussetzung 172
– Freiheitsberaubung 352 f
– Geiselnahme 418
– Hausfriedensbruch 577
– Körperverletzung 294 f
– Unterlassene Hilfeleistung 1066
– Urkundenfälschung 839
– Urkundenunterdrückung 886
– Vollrausch 1054 f
Körperliche Misshandlung 210 f
Körperverletzung 201, 203
– einfache 210 f, 213
– fahrlässige 204, 288
– gefährliche 218 f
– gemeinschaftliche 236 f
– im Amt 204, 277 ff
– mit Todesfolge 261 ff
– Rechtswidrigkeit der 289 ff
– schwere 243 ff
– Selbstverletzung 202
– Überblick 204 ff
Kosmetische Operation 303
Kraftfahrzeugrennen 1008 ff
Krankenakte 802

Krankenfahrstuhl, motorisierter 995
Kreditgefährdung 455
Kronzeugen-Regelung 670
Kunstfreiheit 480

Lähmung 252
Landfriedensbruch 578, 580
Lebensbereich, höchstpersönlicher 507 f
Lebensbereich, Schutz 483, 537, 544
Lebensfähigkeit 3 f, 12 f
Lebensgefährdende Behandlung 238 ff
Lebenslange Freiheitsstrafe 38 f, 43
Lebensschutz 2 ff
– Beginn 8 ff
– Ende 18 ff
Leibesfrucht 6, 9, 11 f, 15, 184 ff, 203
Leichtfertigkeit 415, 973 f
Letalitätslehre 262 f, 273 f
List 347, 396
Löschen 977
– Verhindern 969
Lüge, schriftliche 789, 817
Lustmord 47

Maestro-Karte 940
Magensonde, Entfernen 147
Mahnbriefefall 385
Meineid 738 ff
Meinungsäußerung 464, 468, 475
Mensch 8 ff
Menschenmenge 579
Menschenraub 331
– erpresserischer 333, 406, 410
Milzbrandbriefe 687
Minder schwere Fälle 36
Missbrauch
– der amtlichen Stellung 278, 1095
– von Ausweispapieren 843 ff
– von Titeln 588 ff
Misshandlung, körperliche 210 f
– von Schutzbefohlenen 281 ff
Mitleidstötung 140
Mitteilen, öffentlich 505
Mittelbare Falschbeurkundung 902 ff
Mofa 995
Mord 37 ff
– außergewöhnliche Umstände 39
– Befriedigung des Geschlechtstriebes 47
– Ermöglichungsabsicht 73, 75
– gekreuzte Mordmerkmale 101
– gemeingefährliche Mittel 57

*Sachverzeichnis*

- Gesamtwürdigung 49
- grausam 56, 58
- Habgier 48, 95, 97, 99
- Heimtücke 39, 41, 59 f, 94
- Mittäterschaft 102
- Mordlust 46
- niedrige Beweggründe 49, 51 f
- Rechtsfolgenlösung 39 ff
- schuldsteigernde Merkmale 44
- Täterschaft und Teilnahme 88 f
- Verdeckungsabsicht 73 f, 76 ff
Motivbündel 51 f, 109
Münzdelikte 912 ff
Mutmaßlicher Wille 146, 150, 153

Nacheid 743
Nachmachen von Geld 916
Nachrede, üble 457 ff
Nachstellung 337
Nacktaufnahmen 507
Nacktheit 508
Namenstäuschung 814 f
Nasciturus 203
Nebenräume 554
Nekrophilie 47
Nichterweislichkeit 458 ff
Nichtöffentlich gesprochenes Wort
486, 488
Niedrige Beweggründe 49, 51 f
- und Spontantat 54
Not, gemeine 1058
Nötigen 355
Nötigung 354 ff

Obhuts- und Beistandspflicht 164
Objektive Aussagetheorie 725
Objektive Bedingung der Strafbarkeit
1047
- bei Beteiligung an einer Schlägerei
324 f
- bei übler Nachrede 458 ff
- beim Vollrausch 1047 ff
- beim Widerstand gegen Vollstreckungsbeamte 604
Offenbaren von Privatgeheimnissen
536, 541 f
Offenbarung des Schuldnervermögens
756
Offenbarungsbefugnis 543
öffentlich 447, 468
Öffentliche Urkunden 800, 894 ff

Öffnen von Briefen 520
Organtransplantation 308

Parkplatz-Fall 387
Patientenautonomie 145 ff, 149 ff
Patientenverfügung 146, 150
Patientenwille 149 f, 297 f, 302
Perpetuierungsfunktion 778 ff
Person
- schweigepflichtige 536
- sonstige mitwirkende 536, 542
Personensorgerecht 333, 394 f
Personenstandsregister 900
Pfandkehr 650
Pfändung 646, 652
Pflichttheorie 727
Pflichtwidrigkeit 1094 ff
Phishing 872
Pistolenschlag-Fall 262, 264
Polizeifluchtfälle 1031
Polizeil. Kriminalstatistik 27, 208, 423,
946
Postanweisung 799
Präimplantationsdiagnostik 17
Presse 478
Pressefehde 479
Privatgeheimnis, Offenbaren von 536,
541 f
Privaturkunde 800, 894
Prothesen 212
Provokation 35 f
Psychische Zwangswirkung 359 f

Quälen 281, 284

Räumlichkeit 956
Rausch 1044
Rauschtat 1047 ff
Recht am eigenen Bild 507
Recht zum Gegenschlag 479
Rechtmäßigkeit der Vollstreckungs-
handlung 603 ff
Rechtsbeugung 1107 ff
- in der DDR 1126
Rechtsfolgenlösung 39 ff
  *s. auch Mord*
Rechtspflege, Straftaten gegen die 665 f
Rechtssache 1111
Regelbeispiele 35, 356, 617 f
  *s. auch Strafzumessungsregel*
Relative Fahrunsicherheit 996

Respirationsgerät
  *s. Beatmungsgerät*
Retterproblematik   969, 972
Richter   1109
Richtlinien, TPG   23
Rücksichtslos   1006

Sachherrschaft
– Garantenstellung   1036
Sachverständigeneid   741
Schlägerei   292, 315 f
Schlichtamtliche Urkunde   897 ff
Schlichtamtlicher Gewahrsam   659
Schmähkritik   479
Schrotthändlerfall   1017
Schuldmerkmale, spezielle   45, 90 ff
Schuldunfähigkeit, rauschbedingte   1044 f
Schutzbefohlene   282
Schwangeren- und Familienhilfeänderungs-
  gesetz   179 f
Schwangerschaftsabbruch   175 ff
– Beratung   177, 181, 183, 185, 192 ff
– Fristenregelung   175 f
– Indikationen   177, 181, 189 ff
– Indikationenregelung   175
– Konkurrenzfragen   195 ff
– Nothilfe   194
– Tatbestandslösung   181, 192 ff
– unzulässige Werbung   181 f
Schweigepflichtige   540
  *s. auch Personen*
Schweretheorie   291
Selbstbefreiung von Gefangenen   632,
  637, 639
Selbstbegünstigung   73, 676 f, 707, 1014
Selbstbestimmungsrecht   184, 302
Selbstbezichtigung   669
Selbstgefährdung, -schädigung   155 ff, 226
Selbsttötung   28, 112, 116 ff, 121 ff, 125 f,
  129, 134 ff, 1059
– Beteiligung   116, 121 ff, 125 f, 129,
  134 ff
– Freiverantwortlichkeit   116 f, 119, 129,
  134
– geschäftsmäßige Förderung   137 f
Sich-Entfernen   1019 f
Sich-Kenntnis-Verschaffen   521
Sich-Verschaffen (oder einer dritten Per-
  son) von Bildaufnahmen   514
Sich-Zusammenrotten   643
Sichverschaffen von Falschgeld   918 f

Siechtum   252
Siegelbruch   646
Siriusfall   118
Sitzblockade   354, 359 f
Skimming   529, 941
Sperrwirkung   1125
Spezielle Schuldmerkmale   45, 90 ff
Sponsoring   1091
Stabile Zwischenlage   413
Stalking   202
  *s. auch Nachstellung*
Stellvertretung
– beim Zeichnen von Urkunden   816 f
Sterbebegleitung   140
Sterbehilfe   140 ff, 148
  *s. auch Euthanasie*
– aktive Sterbehilfe   141 ff, 148 f
– Behandlungsabbruch   141, 147 ff
– Hilfe beim und zum Sterben   140,
  145
– indirekte Sterbehilfe   141, 144, 152
– passive Sterbehilfe   141, 145, 147
Sterbehilfeverein   137
Sterilisation   306
Strafanzeige gegen Unbekannt   694 f
Strafrechtsreformgesetz, Sechstes   401,
  939
Strafvereitelung   700 f
– im Amt   701, 719 f
Strafverteidiger   482, 536, 699, 707, 709,
  712
Strafzumessungsregel   26, 181, 1103
  *s. auch besonders schwere Fälle* ,
  *s. auch Regelbeispiele*
Straßenblockade   359 f
Straßenverkehr
– Delikte   982 f
– Eingriff   985, 989
– Gefährdung   991 ff
– öffentlicher   983
Sturztrunk   995, 1002
Subjektive Aussagetheorie   726
Suizid   *s. Selbsttötung*

Tat- und täterbezogene Merkmale   37, 86,
  89 ff, 94
Täterschaft und Teilnahme
– bei den Aussagedelikten   761, 763 ff
– bei Mord und Totschlag   88 f
– beim unerlaubten Sich-Entfernen vom
  Unfallort   1036

381

*Sachverzeichnis*

Tätige Reue
– bei Brandstiftung  977, 980
Tätlicher Angriff  599, 622
Tatsachenbehauptung  451 f, 464 ff
Täuschung im Rechtsverkehr  822 ff
Technische Aufzeichnung  849 ff
Teilvereitelung  708
Telefax  798
Titelführung  589
Tod  *s. auch Hirntod*
– Begriff  18, 20
– Zeitpunkt  20 ff
Todesfolge bei
– Aussetzung  170
– Brandstiftung  971
– Freiheitsberaubung  351
– Geiselnahme  415 ff
– Körperverletzung  261 ff
Tonaufnahmen  489 ff
Totschlag  28 f
– besonders schwerer Fall  34
– minder schwerer Fall  35
– Tatopfer  28
Tötung
– auf Verlangen  106 ff
– fahrlässige  154 f
– Mittäterschaft  102
– Systematik der Tötungsdelikte  25 f
– Täterschaft und Teilnahme  88 f, 106
Tötungsvorsatz  29 ff
Tragen von Uniformen  589
Transplantate  212
Transplantation(sgesetz)  21, 23, 308
Trunkenheit im Verkehr  994 f, 1037 ff
TÜV-Plakette  901
Typenkorrektur, negative  42

Übel, empfindliches  369 f, 601
Überfall  234 f
Übertragen  509
Üble Nachrede  457 ff
Unbefugtes Verweilen  568
Unbefugtheit des Handelns  343, 493 ff,
     506, 515 f, 524, 543 ff, 586
Unechtheit
– technischer Aufzeichnungen  858 ff
– von Urkunden  808 ff
Uneidliche Falschaussage  731 ff
Unerlaubtes Entfernen vom Unfallort
     1013
Unfall  1016 f

Unfallflucht  1015
Unfallort  1019
Unglücksfall  131, 1059
Uniformen, unbefugtes Tragen  589
Unmittelbarkeitsbeziehung  261 ff
Unrechtsvereinbarung  1077, 1080, 1096
Unterdrücken von Urkunden  881
Unterlassen durch Tun  147
Unterlassene Hilfeleistung  131 f, 1057 ff
Untersuchungsausschüsse  731
Unverzüglichkeitsgebot  1029
Unwahrheit
– des Urkundeninhalts  810, 891
– einer Behauptung  451, 473
– einer Verdächtigung  678 f
Unzumutbarkeit  131 f, 1024, 1026, 1063
Urkunde  776, 790
– Begriff  776 f
– Beschädigen  880
– Beweisbestimmung  781, 783 ff
– Beweiseignung  781 ff
– Beweisfunktion  781 ff
– Beweiskraft  782, 899 f
– Beweiszeichen  790 f
– Deliktsurkunde  785
– Echtheit  808, 816
– Entwurf  786, 799, 812
– Fotokopie  801
– Gebrauchen  837
– Gedankenerklärung  776 f
– Gesamturkunde  801 f
– Kennzeichen  792 f
– Krankenakte  802
– öffentliche  800, 894 ff
– Unechtheit  808, 810
– Verfälschen  828 ff
– Vernichten  879
– Vervielfältigungsstücke  794
– Vordrucke  799
– Zufallsurkunde  778
– zusammengesetzte U.  803, 831 f
Urkundenstraftaten  775 f

Verächtlichmachen  452
Verbreiten  452
– von Schriften  447, 468
Verdächtigung, falsche  665 f
Verdeckungsabsicht  73 f, 76 ff
Verfallen in Lähmung  252
Verfälschen von Geld  917
Verfälschen von Urkunden  828 ff

Verfolgungsvereitelung 702 ff
Verjährung bei Bestechlichkeit/Bestechung 1106
Verkehrsraum 983
*s. auch Straßenverkehr*
Verkehrsunfall 1016 f
Verkehrsunfallflucht 1015
Verkehrszeichen 803
Verlassen in hilfloser Lage 164
Verleitung zur Falschaussage 767 f, 771
Verletzung
– der Dienstpflicht 1077, 1094 f
– der Vertraulichkeit des Wortes 486 ff
– des Briefgeheimnisses 516 ff
– von Privatgeheimnissen 536 ff
Verleumdung 451 ff
– öffentliche Begehung 455
Verlust
– der Fortpflanzungsfähigkeit 245
– des Gehörs 245
– des Sehvermögens 245
– des Sprechvermögens 245
– eines wichtigen Gliedes 246 ff
Vermögensauskunft 752, 756 f
Vermögensverzeichnis 756
Vernehmungsabschluss 733
Vernichten von Urkunden 879
Versammlung 447, 468
Verschaffen von falschen Ausweisen 842
Versetzen in hilflose Lage 162, 169
Versicherung an Eides statt, falsche 752 ff
Verstrickungsbruch 649 ff
Verstümmelung 257 f
Verteidiger *s. Strafverteidiger*
Vertrauensbruch, verwerflicher 61, 72
Vertraulichkeit des Wortes 486 ff
Verunglimpfung des Andenkens
   Verstorbener 424
Verwahrung 657
– amtliche 657
– dienstliche 657
– kirchenamtliche 657
Verwahrungsbesitz 657
Verwahrungsbruch 657 ff
Verwahrungsgewalt bei Gefangenen 631
Verwerflichkeit
– der Begehungsweise 55 ff
– der Nötigung 372, 379 f
– des Beweggrundes 44
– des Handlungszwecks 73 f, 76 f
Verwertung von Geheimnissen 546

Vis absoluta, compulsiva 362, 370
Vollrausch 1042 f
Vollstreckungsbeamte 594
Vollstreckungshandlung 596, 598, 898 f
– Rechtmäßigkeit 603 ff
Vollstreckungsvereitelung 713 ff
Vorbereiten
– Ausweisfälschung 841
– Daten abfangen u. ausspähen 528
– Geldfälschung 911
– Wertzeichenfälschung 911
– Zahlungskartenfälschung 911, 941
– Zweitausfertigung 795, 798
Vordrucke für Schecks 939
Voreid 743
Vorenthalten 395
Vortäuschen von Straftaten 390, 685 ff
Vorteil 1083
– großes Ausmaß des 1105
– und Rabatt 1083
Vorteilsannahme 1074, 1084 ff
Vorteilsgewährung 1102 ff

Waffe 228, 617 f
Wählerbestechung 1106
Wahrheitsbeweis 458 ff, 473
Wahrheitspflicht, Umfang 760
Wahrnehmung
– berechtigter Interessen 477 ff
– überwiegender berechtigter Interessen
   508
Warnung 367
Wartepflicht 1024
Werdendes Leben 6, 184 f
Werkzeug, gefährliches 227 ff, 617 f
Wertpapierfälschung 936
Werturteil 464, 468
Wertzeichen 938
Wertzeichenfälschung 937 f
Wichtiges Glied 246 ff
Widerruf von Falschaussagen 750
Widerstand gegen Vollstreckungsbeamte
   593 f
Widerstandleisten 600
Wohnung 508, 554

Zahlung fremder Geldstrafen 714
Zahlungskarte 910, 939, 941
– mit Garantiefunktion 940
– ohne Garantiefunktion 939
Zahlungsmittel 912

383

*Sachverzeichnis*

Zeuge 731
Zeugnisverweigerung 544, 712
Zirkumzision 311
Zubehörflächen 554, 556
Zufallsurkunde 783
Zugänglichmachen 492, 506, 508, 511 ff, 515
Zulassungsbescheinigung 901
Zumutbarkeit
– der Duldung des Aufenthalts 570
– der Hilfeleistung 131 f, 1063
– des Wartens an der Unfallstelle 1024, 1026
Zusammengesetzte Urkunden 803, 831 f

Zusammenrottung 579
Zuständigkeit
– zur Abnahme von Versicherungen an Eides statt 753
– zur Eidesabnahme 734, 744 f
– zur Vornahme von Vollstreckungs-handlungen 607
Zwangsernährung 309
Zwangsheirat 336
Zwangsvollstreckung, Vereitelung der 650
Zwangswirkung 359 f
Zweck-Mittel-Relation 381
Zwecktheorie 291